企业管理实践

山东省企业联合会　编

山东大学出版社
SHANDONG UNIVERSITY PRESS
·济南·

图书在版编目(CIP)数据

企业管理实践/山东省企业联合会编.—济南：山东大学出版社,2022.11

ISBN 978-7-5607-7709-2

Ⅰ.①企… Ⅱ.①山… Ⅲ.①企业管理 Ⅳ.①F272

中国版本图书馆CIP数据核字(2022)第244171号

策划编辑 刘 彤
责任编辑 秦大忠
封面设计 杨 波

企业管理实践
QIYE GUANLI SHIJIAN

出版发行 山东大学出版社
社　　址 山东省济南市山大南路20号
邮政编码 250100
发行热线 (0531)88363008
经　　销 新华书店
印　　刷 济南和平印刷有限公司
规　　格 787毫米×1092毫米 1/16
　　　　 41.25印张 718千字
版　　次 2022年11月第1版
印　　次 2022年11月第1次印刷
定　　价 125.00元

《企业管理实践》编委会

前　言

为深入学习贯彻习近平新时代中国特色社会主义思想,全面贯彻落实党的二十大精神,深入实施国家“十四五”规划,按照《中共中央国务院关于营造企业家健康成长环境、弘扬优秀企业家精神、更好发挥企业家作用的意见》和工业和信息化部等6部委联合印发的《关于加快培育发展制造业优质企业的指导意见》等文件要求,山东省企业联合会在中国企业联合会、山东省工业和信息化厅和山东省人民政府国有资产监督管理委员会等部门的指导下,总结推广在全省乃至全国有重大影响的管理创新成果,引导企业切实加强管理创新,深入推进企业管理体系和管理能力现代化建设,有力地促进了企业管理水平的提高,为推动经济平稳健康发展做出了积极贡献。

今年,为推广企业管理创新的最新成果经验,山东省企业联合会主持编写了《企业管理实践》一书,汇集了近年企业管理现代化创新的优秀成果,体现了当前企业在生产运营与基础管理、精益管理与全面风险控制、财务管理与风险管控、企业文化建设与人才队伍管理、数字化转型与智能化服务等方面的最新实践。这些成果源于企业实践,可操作性、可复制性强,是广大企业经营管理人员了解、学习其他企业管理创新成功经验的重要参考。

该书出版之际,我们要感谢广大企业和企业家的积极申报和分享,感谢推动企业管理创新的各级部门的大力支持。我们同时期待更多的企业和企业家在管理现代化创新成果交流的平台上碰撞思想、交流经验、分享成果,为实现“走在前,开新局”、推动企业高质量发展再立新功。

山东省企业联合会

2022年10月

目　　录

生产运营与基础管理篇

精益管理与全面风险控制篇

财务管理与风险管控篇

企业文化建设与人才队伍管理篇

数字化转型与智能化服务篇

生产运营与基础管理篇

源网荷储多元协同调控能力提升管理体系的创建与实施

国网山东省电力公司

摘要：国网山东省电力公司紧扣国家“碳中和、碳达峰”战略目标，通过“建机制”明确用户参与市场方式，通过“汇资源”确定全网调节潜力，通过“搭平台”提供有效调节手段，通过“推试点”引导用户主动参与，推动源网荷储各类资源参与电网运行调整，建设源网荷储协同产业生态圈，实现源网荷储的全局优化和协同控制，合理控制电网建设成本，提升电网运行安全稳定性，提高新能源消纳水平，初步探索出“双碳”战略目标下的新型电力系统调度精益化管理模式。

国网山东省电力公司是国家电网公司的全资子公司。本部设22个部门，下辖18家地市级供电企业、17家业务支撑单位和综合单位，3家新兴产业单位及98家县供电公司，服务电力客户4915万。2020年，全省全社会用电量6939.85亿千瓦时，公司完成售电量4126.9亿千瓦时，同比增长3.96%。多年来，山东电力走出了一条创新发展之路，成为全国第一家“中国一流管理的省级电力公司”，先后荣获全国五一劳动奖状、全国文明单位、中国电力行业责任沟通创新卓越企业奖、首届山东工业突出贡献奖、山东十大责任企业等荣誉或称号，对标、业绩连续多年居国家电网公司前列。

一、源网荷储多元协同调控能力提升管理体系创建与实施的背景

（一）达成“碳中和、碳达峰”目标的重要举措

“碳中和、碳达峰”战略目标是贯彻新发展理念、推动高质量发展的必然要

求，开辟了中国特色能源发展的新道路。为实现“双碳”目标，电网企业必须担当好引领者、先行者角色，充分发挥电网“桥梁”和“纽带”作用，加快建设以新能源为主体的新型电力系统，助力构建清洁低碳、安全高效的能源体系。目前传统的电网调节手段已不能满足系统发展需求，缺乏多元化调节措施；未对社会各类可调节资源进行集中统一摸排，不能准确掌握目前可调节潜力；时段性弃风弃光现象难以避免并愈加频繁，清洁能源消纳能力亟待提升。建立以源网荷储多元协同调控为核心的新型电网运行管理体系，充分挖掘电源侧、电网侧、负荷侧调节潜力，着力打造清洁能源优化配置平台，不断丰富电网调节手段，持续提升清洁能源消纳空间，是达成“碳中和、碳达峰”目标的重要举措。

（二）推动电网投资精益化的必由之路

一方面，随着国家持续推进电力市场化改革，降低企业用电成本，电价不断走低，2018、2019 连续两年一般工商业电价降幅达 10%，电价走势已不可逆转。另一方面，电网企业售电量增速放缓，资产负债率维持高位，电网企业必须把有限的资金用好，实现可持续发展。电网建设遵循满足社会经济需求、适度超前的原则，根据国网能源院估算，负荷侧每增加 1 千瓦用电需求，电网侧需配套投资 1500~2000 元。分析山东电网负荷特性，2020 年全网用电最高负荷 9022 万千瓦，全年高于 97%最大负荷的持续时间少于 24 小时，涉及天数 5 天，电量低于 0.4%；全年高于 95%最大负荷的持续时间少于 58 小时，涉及天数 11 天，电量低于 1%。以保障社会尖峰负荷需求作为电网建设依据的传统规划思路，在新型电力系统建设中已逐渐落伍，经济性上有待商榷，也是对资源的较大浪费。建立以源网荷储多元协同调控为核心的新型电网运行管理体系，通过多元化智能调节策略实现电网负荷削峰填谷，有效降低尖峰负荷数值，合理控制电网建设成本，是电网投资精益化的必由之路。

（三）实现电力市场高速发展的迫切需要

目前山东有三种市场化的电力交易手段：电力辅助服务市场、电力现货市场、需求侧响应。随着电力体制改革的全面深化，电力中长期交易规模不断扩大，电力市场建设进入快速发展阶段，同时存在一些短板。一是各类可调节资源调用机制需研究完善，在传统补偿机制中仅直调公用机组参与调峰辅助服务市场，直调自备电厂、地方电厂、储能设施、负荷侧资源均未参与。二是现货市场建设处在起步阶段，现货市场模式下缺乏火电机组深度调峰补偿机制，通过价格引导机制激励各类资源参与电网调峰模式尚未建立，现货市场体系仍需进一步完善。三是电力辅助服务补偿限价相对略低。建立以源网荷储多元协同调控为核心的新型电网运行管理体系，实现电源侧、电网侧、负荷侧各类可调节资源参与电网调控的同时，使用市场化手段保障系统电力平衡，实现资源优化配置，是电力市场高速发展的迫切需要。

二、源网荷储多元协同调控能力提升管理体系创建与实施的主要做法

为紧扣新型电力系统建设战略方向，充分挖掘、聚合、发挥社会各类可调节资源能力，以市场化竞争激励措施保证参与公平性，多元化电网削峰填谷手段，不断提升新能源消纳空间，源网荷储多元协同调控能力提升管理体系从建机制、汇资源、搭平台、推试点四个方面展开。通过“建机制”明确用户参与市场方式，通过“汇资源”确定全网调节潜力，通过“搭平台”提供有效调节手段，通过“推试点”引导用户主动参与，探索构建适用于新型电力系统的成熟高效调控管理模式，促进源网荷储协同互动，不断提升电网调节能力，形成清洁能源消纳的良好氛围。

本项目在国内首家实现了现货市场模式下的峰谷电价政策调整，引导用户在午间负荷低谷时调整用电策略，优化用电安排，实现电力资源的优化配置，一定程度上缓解了午间电力供需紧张矛盾。

本项目在电力系统内率先建立了适应电力现货市场模式的“双导向、双市场”需求响应机制，实现了电力用户和电网之间的双向选择。

本项目将直调自备电厂、储能设施纳入电力市场辅助服务，填补了省内空白。牵头修订《山东电力辅助服务市场运营规则（试行）》并促请能监办下发执行，省内首次将直调自备电厂、储能设施纳入辅助服务市场，明确其补偿标准和优先调用条件，为自备电厂和储能设施参与市场运营奠定政策依据和经济保障。

本项目在实践中完成了国内首次省市两级日内万千瓦级空调负荷调控，对于负荷侧资源参与电力系统实时调度运行具有里程碑式重要意义。

本项目在电力系统内首次实现了源网荷储协同调控。综合调控地方电厂、配套储能、可调节负荷等资源参与电网调节，验证了电源侧、负荷侧、储能侧资源同步开展源网荷储协同互动的可行性，为后续各类资源常态化参与电网削峰填谷积累了管理经验。

（一）完善健全电力市场机制，为源网荷储协同调控提供政策保障

健全电源侧、负荷侧、储能侧参与电力市场运营政策，制定需求侧响应机制，优化峰谷电价方案，经济上充分调用各类主体参与电网调节积极性，政策上不断提升市场主体运营规范性。

1.燃煤电厂参与市场机制

（1）机制设计。针对靠近终端负荷、输配环节少、对需求响应迅速、管理效率高、利用小时数稳定等优点，研究确认自备电厂采用纯下网方式参与辅助服务市场的做法，即减少发电出力至小于发电基准（自用负荷）的水平。自备电厂按照“报量报价”模式参与电网调峰，调度机构按照“容量优先、按需调度”的原则进行调用，并对其发电负荷低于发电基准时的电量应进行补偿。

（2）费用补偿。分析发电标准煤耗、发电成本、大工业电价等因素，研究确认山东自备电厂的调峰补偿最高价格可定为 0.4 元/千瓦时，即日内机组停机时按最高 150 元/兆瓦时报量报价并适当提高，日内直调公用机组停机时补偿可按 400 元/兆瓦时标准补偿。

（3）费用分摊。自备电厂参与有偿调峰辅助服务补偿费用减少了新能源场站弃风弃光、避免了直调公用火电机组日内启动，其补偿费用可由火电厂、风电场、光伏电站、核电厂、送入山东的跨省区联络线等按厂站共同分摊。参与分摊的火电厂根据发电量进行分摊，参与分摊的跨省区联络线根据受电量进行分摊，参与分摊的风电场、光伏电站按照发电量比例进行分摊，参与分摊的核电厂按照发电量比例进行分摊。

2.负荷侧资源参与市场机制

（1）机制设计。可调节负荷资源主体在电网负荷低谷、新能源消纳困难及电网调整困难时段，通过增加用电负荷或减少发电出力方式，促进清洁能源优先消纳。调度机构按照市场规则，编制日前发电计划，根据电网负荷低谷、新能源消纳及电网调整需求，按照“性能优先、容量优先、时间优先、按需调度”的原则，在山东电力辅助服务市场调峰辅助服务出清价格最高时段，安排可调节负荷资源主体参与电网调峰辅助服务工作，形成可调节负荷资源主体全天 96 点调整功率曲线，作为结算依据。

（2）费用补偿。可调节负荷资源主体前期采用“报量不报价”模式参与电网调峰辅助服务工作，对其调整电量进行补偿。

（3）费用分摊。可调节负荷资源主体参与电网调峰辅助服务的补偿费用，

由发电侧市场从电网公司参与跨区域省间可再生能源电力现货市场形成的资金空间中支出，条件具备时可直接参与山东电力辅助服务市场，按照“谁受益、谁分摊”原则由受益主体共同分摊。

3.储能设施参与市场机制

(1)机制设计。储能系统作为微型综合能源系统中最重要的部分，配置灵活、传输便捷，实现了电池和微型综合能源系统间的能量互动，增大了系统运行的稳定性，缓解了供电压力和过高的负荷波动，维持了系统供用电平衡。

储能设施通过化学或物理方法，在电网负荷低谷或弃风、弃光时段储存电力，在需要时段释放电力，从而提供调峰服务，参加电力辅助服务市场。

储能设施按照自愿原则申报参与电网调峰辅助服务，由电力调度机构按照市场规则，编制日前发电计划，根据电网负荷低谷、新能源消纳及电网调整需求，按照“性能优先、容量优先、时间优先、按需调度”的原则，安排储能设施参与电网调峰辅助服务工作，形成全天 96 点调整功率曲线，作为结算依据。火电机组因参与调峰出力运行至 50%及以下时，优先调用储能设施。

(2)补偿费用。按照储能设施充放电量进行补偿。当日发生直调公用火电机组停机调峰，储能设施补偿价格按照 400 元/兆瓦时执行，采用 AGC 方式参与调峰时，补偿按照 6 元/兆瓦执行。

(3)费用分摊。储能设施有偿调峰辅助服务补偿费用可由风电场、光伏电站、核电厂等按厂站共同分摊。储能设施获得的 AGC 辅助服务补偿费用由火电厂、风电场、光伏电站、核电厂以及送入山东的跨省区联络线按发和受电量比例分摊。

4.峰谷电价激励政策

(1)现行政策问题。由于新能源发电具有时段性且需全额消纳、发电不受限制、不承担调节责任，导致燃煤直调公用机组白天高峰时段上网负荷及报价较低，夜间谷段时间上网负荷及报价则相对偏高，与现行峰谷分时电价时段划分及价格浮动趋势正好相反。如按照现货报价调整我省峰谷分时电价政策，将大幅拉大用电峰谷差，影响电力系统安全稳定运行。必须统筹考虑需求侧和供给侧的特性，并充分考虑对广大电力用户的影响，进行适当调整。

(2)方案调整。将中午 12:00~13:00 由平段调整为谷段，一是利用价格杠杆引导具备调整能力的用户优化用电习惯，调动负荷资源改变用电需求，达到避峰就谷、提升电力系统安全稳定性的目的；二是契合了电力市场的价格特性，提高了直调公用机组发电出力负荷，更有利于发电机组稳定运行和电力市场健康平稳发展。

5.需求侧响应机制

(1)容量竞价方面。紧急型需求响应容量竞价包括紧急型削峰需求响应容量竞价和紧急型填谷需求响应容量竞价两部分。采用"单边报量报价、边际价格出清"模式,根据用户申报的响应量和补偿价格,按补偿价格由低到高排序,对相应申报响应量依次成交,直至达到紧急型削峰需求响应和填谷响应容量需求规模,成交响应量最后1千瓦的申报价格即为市场统一出清价格。

(2)补贴方式方面。紧急型削峰需求响应电能量补偿费用结算,由实际有效响应容量按照削峰时段发电侧加权平均电价结算。经济型削峰需求响应日前市场费用结算,则按照日前市场出清容量与日前市场削峰时段发电侧加权平均电价结算。

(二)汇集各类潜在调节资源,为源网荷储协同调控打下坚实基础

从电源侧、负荷侧、储能侧三方面开展技术可参与性调研工作,电源侧以直调自备电厂、地方电厂为主,负荷侧优先选用响应特性精准、调节性能灵活的用户资源,储能侧将接入电网的储能设施全覆盖,打造种类范围广、调节能力强、协同互动佳的可调节资源体系。

1.电源侧可调节资源

(1)直调自备电厂。对全省8个地市15家直调自备电厂38台机组开展技术性调研,综合考虑机组供热、锅炉稳燃、工业抽气、低热值燃供给、调节速率等因素,直调自备电厂所属企业最高用电负荷640.3万千瓦,最低用电负荷495.0万千瓦,平均用电负荷584.3万千瓦;机组日常总出力上限606.9万千瓦,总出力下限439.7万千瓦,可用上调节容量106.0万千瓦,可用下调节容量83.5万千瓦。

(2)地方公用电厂。对全省17地市地方公用电厂514台机组开展技术性调研,综合考虑机组发电性质、机组供热、锅炉稳燃、工业抽气、调节速率等因素,机组最大发电出力852.0万千瓦,机组最小发电出力487.8万千瓦,上下可调空间达到364.2万千瓦。

2.负荷侧可调节资源

2020年,充分发挥平台支撑能力,积极构建可调节负荷资源库,依托省级智慧能源服务平台(需求响应)和微信小程序等工具,开展可调节负荷资源专项普查,累计完成普查2498户,普查最大削峰负荷为412.3万千瓦,最大填谷负荷为177.8万千瓦。

截至目前，已完成2395个需求响应用户的申报、审核和签约，累计建设448.9万千瓦可调节负荷资源，超出公司目标值14.75%（见表1）；组织开展容量市场竞价，采用“单边报量报价、边际价格出清”模式，完成200万千瓦紧急型需求响应削峰和100万紧急型需求响应填谷竞价出清及结果公示工作。开展需求响应能力测试，采用线上测试和线下抽查的模式对1511个出清用户进行需求响应能力，剔除测试不合格用户，确保用户的响应能力合理有效，提升客户侧响应质量。加强局部精准响应调研，结合需求响应资源位置分布，开展客户级（同一类型负荷）、变电站级和园区级响应能力分析，提升需求响应资源的灵活性和精准性。

表1　需求侧资源汇总表

序号	负荷类型	户数（个）	削峰响应量（MW）	填谷响应量（MW）
1	大工业用户负荷	2056	4255.980	1780.585
2	电动汽车（充电桩）	14	1.800	3.400
3	中央空调	211	170.959	68.541
4	电采暖	4	0.500	7.200
5	智能楼宇	45	14.195	9.610
6	其他	65	45.650	19.260
合计		2395	4489.084	1888.596

3.储能侧可调节资源

储能通过功率变换装置，及时进行有功/无功功率吞吐，保持局部系统瞬时功率的平衡，使不稳定电力平滑输出，维持系统电压、频率和功角的稳定；对于大电网，规模化储能有利于电网削峰填谷，提高供电可靠性的同时，促进清洁能源消纳。

山东电网储能设施以新能源场站配套储能为主，独立储能为辅。目前光伏电站配套储能16座，功率104.5MW，独立储能电站1座，功率1.6MW，储能共计106.1MW，容量212.2MWh。

（三）构建多资源协作互动控制平台，为源网荷储协同调控筑牢实施体系

综合运用“云大物移智链”等先进技术，汇聚公司内及社会上各层级的海量调节资源，构建大规模源网荷储多元协同互动体系，为源网荷储各类资源的可观、可测、可控、可调提供基础支撑。平台技术路线图如图1所示。

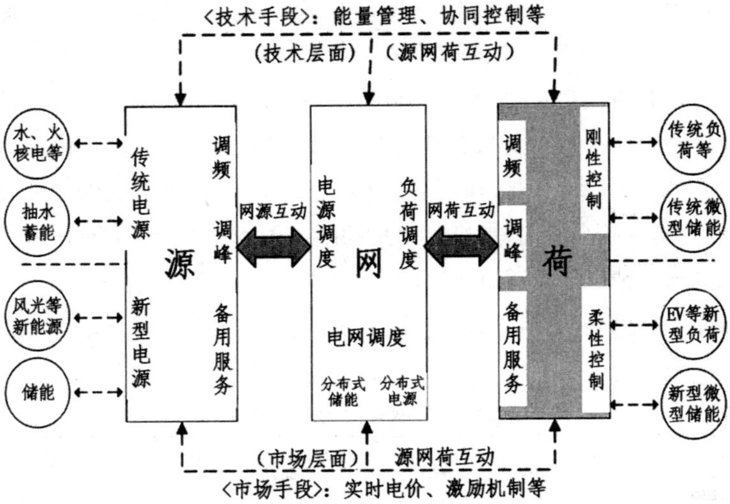

图 1　平台技术路线图

1.平台框架设计

按照省地两级部署，在管理信息安全Ⅲ区基于调控云部署源网荷储协同调控平台，打通与生产控制大区、管理信息大区、信息外网通道，与山东电网网源监督平台、电力现货市场技术支持系统、山东省电力需求侧管理平台、省级智慧能源服务平台、省市县能源大数据中心等平台之间互通互济，保障各类资源广泛接入。总体架构如图 2 所示，主要由调控层、聚合层和资源层构成。

调控层主要结合聚合层提供的源网荷储各类聚合资源，根据电网当前及未来运行状态，对电网正常状态进行优化运行，并将计算出来的策略下发给聚合层，由聚合层进行控制，包括源网荷储协同调控平台、现货市场、省（地）调控系统。

聚合层主要包括省级智慧能源服务平台、国网智慧车联网平台等，将不同类型、不同区域的可调节负荷资源汇集和优化控制，解决可调节负荷资源数量多、种类多、部分单体容量偏小的问题。

资源层主要由源、网、荷、储多形态可调节资源组成，包括自备电厂、充电桩、工业大用户、非工空调、电源侧储能等。

2.资源接入方案

一是构建信息隔离安全接入方式，在互联网大区部署资源采集模块，对外通过防火墙等安防设备接入互联网上的运营商资源，对内通过Ⅳ区与互联网大区间信息隔离接入Ⅳ区数据库，再经Ⅲ/Ⅳ区防火墙接入源网荷储协同调控平台。

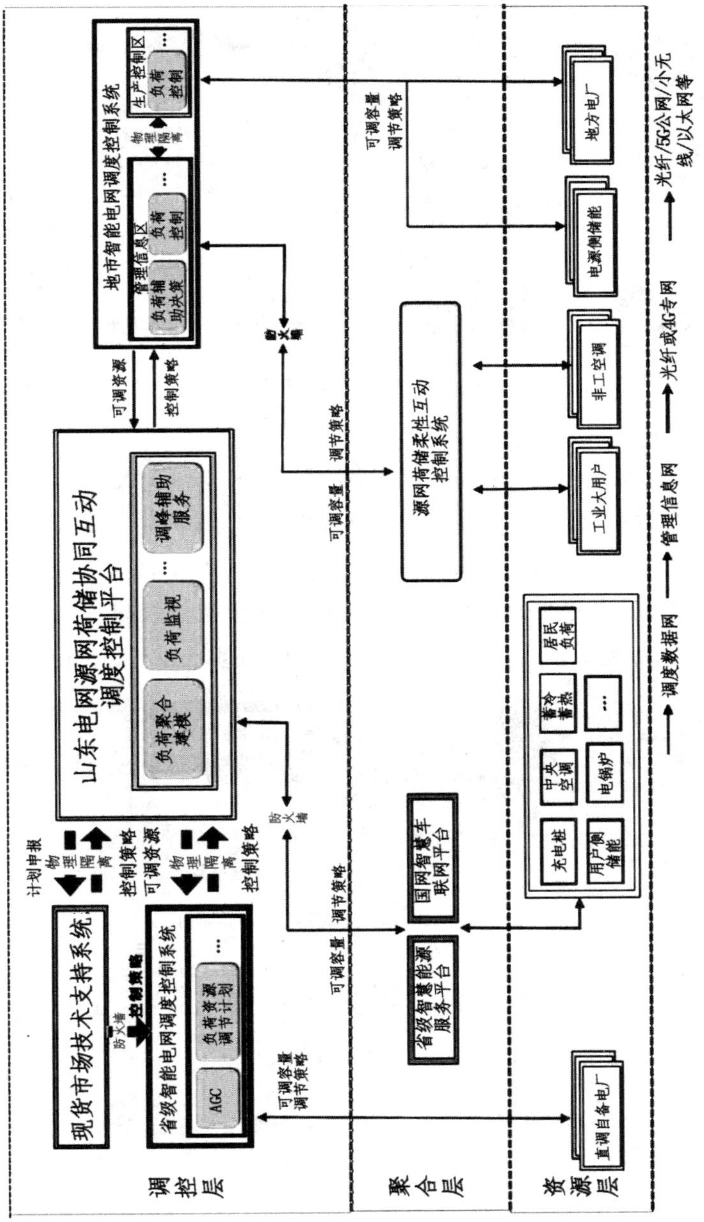

图2　平台总体框架

二是构建防火墙安全接入方式,实现源网荷储协同调控平台与省地智慧能源服务平台、虚拟电厂等公司内部系统的信息交互。三是依托现有调度数据网安全接入方式,实现调度直控对象接入。详见图3。

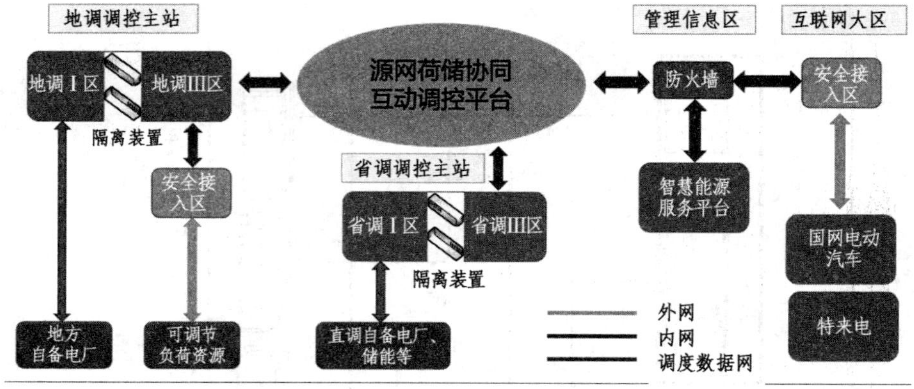

图3 资源接入信息流架构图

3.平台功能应用

平台应用功能包括可调节资源接入、聚合建模、实时数据处理与监视、协同控制等,基于各类可调节资源对象特点建立数据模型,接入可调节资源实时量测数据,实现对可调节资源的采集、分析和可视化展示,承担市场交易出清后生成的AGC指令和计划值的中转下发,支撑可调节资源参与电网调度控制(详见图4)。

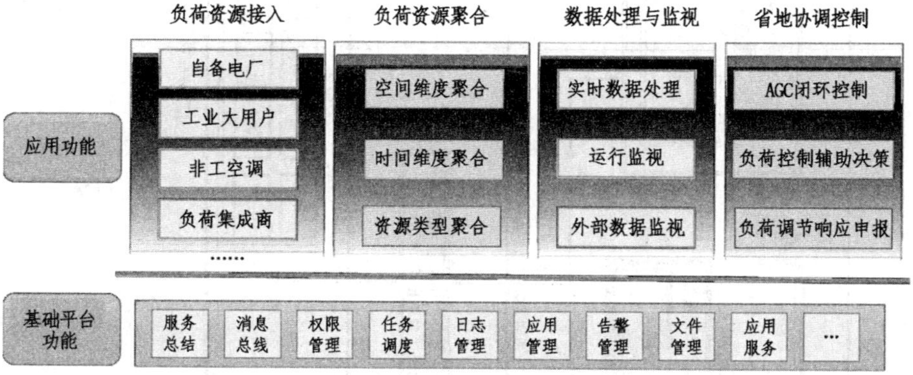

图4 平台功能展示图

(四)推动各地区试点建设,为源网荷储协同调控明确示范路线

1.试点平台建设

(1)济南电网源网荷储集中监控平台。济南电网针对各类可调节负荷资源建立源网荷储集中监控平台,汇集多类资源进行集中分析与监视,对可调节负荷资源在不同时间尺度上下调节,具备负荷实时交换功率、运行状态、上下调节裕度、计划/预测值等数据实时展示功能,实现对各类资源信息的准确掌握。

（2）青岛电网源网荷储多元协同柔性互动控制系统。青岛电网建设部署“精益化源网荷储多元协同柔性互动控制系统”，作为“源网荷储”协同响应模式的控制大脑，实现负荷侧运行信息的全景展示、实时监视、动态调控，根据大电网运行情况进行最优控制，确保全社会能源利用效率达到最优。

（3）东营电网可调节负荷资源展示平台。东营电网基于调控 D5000 系统，搭建东营可调节负荷资源展示平台，充分发挥胜利油田企业网络互通互达、负荷资源丰富、用能规模庞大等优势，将 14 个油田注水负荷接入源网荷储平台，实时展示可调节负荷的设备运行状态、用能实时数据等，以精准切负荷模式实现对负荷的精确控制。

（4）明德朝晖光伏储能控制系统。明德朝晖光伏储能电站建设储能监控系统（EMC），接收上级源网荷储平台的控制命令并下发至储能系统执行，实时上送电池、变流器等设备的运行状态。通过储能设施“源、荷”特性智能转换，充分发挥储能在电网“削峰填谷”中的作用，促进网内新能源消纳。

2.试点资源接入

（1）电源侧资源。东营电网胜利电厂直调自备电厂 2 台 30 万千瓦机组接入平台，可调节能力达到 23.63 万千瓦；烟台、潍坊、东营电网 5 座地方电厂 6 台机组接入平台，装机容量共计 13.3 万千瓦，可调节能力达到 2.1 万千瓦。

（2）负荷侧资源。国网山东电科院中央空调通过防火墙接入平台，可调节容量 450 千瓦；国网东营供电公司调度大楼非工空调通过调度数据网接入平台，可调节容量 430 千瓦；济南市领秀城充电桩通过防火墙接入平台，可调节容量 3.2 千瓦；青岛市特来电电动汽车通过信息安全隔离区接入平台，可调节容量 1300 千瓦；威海市佐耀空气源热泵接入平台，可调节容量 15000 千瓦。

（3）储能侧资源。山东电网配套储能及独立储能电站共 17 座，储能单元 44 组，功率为106.1MW，容量为 212.2MWh，全部接入平台。

三、源网荷储多元协同调控能力提升管理体系创建与实施效果

“十三五”以来，山东电网外电入鲁规模不断扩大、新能源装机迅猛增长、直调公用火电机组供热比例逐年增加，多重矛盾交织使得电网传统调节能力已远不能满足系统发展需求，时段性弃风弃光现象难以避免并愈加频繁。本项目高度响应国家“碳中和、碳达峰”战略目标，积极为建设以新能源为主的新型电力系统做出贡献。优化完善各类资源参与电力市场交易规则，构建公平、合理的电

力市场机制及商业模式，实现各类资源主体主动、安全、规范、有序接入，最终形成竞争充分、开放有序、健康发展的电力市场环境下的能源互联网市场交易体系。通过推动源网荷储各类资源参与电网运行调整，建设源网荷储协同产业生态圈，实现源网荷储的全局优化和协同控制，合理控制电网建设成本，提升电网运行安全稳定性，提高新能源消纳水平，初步探索出“双碳”战略目标下的新型电力系统调度精益化管理模式。

（一）政策机制健全完善，保驾护航电力市场发展

以“安全可靠、公平公正”为原则，遵循市场经济和电力运行客观规律，研究与电力现货市场联合出清交易机制，完善辅助服务市场政策，逐步建立交易品种齐全、功能完善的山东电力市场体系。大力推动负荷侧可调节资源参与电力市场，运用市场机制和经济杠杆，引导电力用户提高用电精细化管理水平，构建各类用户协同参与电力市场机制，形成健康、有序、公平的电力市场环境。立足山东电力实际，加快构建以电网为核心的分层分级的源网荷储协同产业体系，实现电力现货市场模式下源网荷储资源参与市场机制落地运转，主要表现在：

1.国内首家完成现货市场模式下的峰谷电价政策调整

根据现货市场试运行期间市场价格情况，结合市场形成时段的供需关系，研究确认现货试运行期间申报出清价格与现行峰谷分时电价时段划分及价格浮动趋势，统筹考虑需求侧和供给侧的特性，提出峰谷平时段修订方案并获政府批准通过，午间 12:00~13:00 由平段调整为谷段，2021 年 1 月 1 日起执行，国内首家完成现货市场模式下峰谷电价政策调整。引导用户在午间负荷低谷时调整用电策略，优化用电安排，实现电力资源的优化配置。

2.系统内率先建立适应电力现货市场模式的“双导向、双市场”需求响应机制

需求响应建设方面，公司综合考虑山东电网实际情况，通过政府为主导、电网企业为实施主体、负荷聚合商为中介、全社会共同参与，在电力系统内首次建立系统导向的紧急型需求响应和价格导向的经济型需求响应的“双导向”参与模式，及容量市场和电能量市场相结合的“双市场”价格补偿机制，实现了电力用户和电网之间的双向选择，是需求侧管理工作的一次重大突破和实践探索。

3.直调自备电厂、储能设施纳入辅助服务市场，填补省内空白

市场机制建设方面，公司协助能监办修订《山东电力辅助服务市场运营规则（试行）》并下发执行，山东省内首次将直调自备电厂、储能设施纳入辅助服务

市场,明确其调峰电量最高400元/兆瓦时补偿标准和储能设施优先调用条件,为自备电厂和储能设施参与市场运营奠定政策依据和经济保障,丰富了电网调节手段,缓解了直调公用火电机组调峰权重日益增加与供暖比例不断提升的矛盾。

(二)多维度可调节资源库全面建成,提前储备新能源消纳空间

在传统电网调节模式上,公司参与主力是统调火电机组,其调峰能力被不断深度挖掘,潜力已逐渐接近天花板,这种模式已不能适应电力系统的变革发展。考虑负荷类型、响应时间、可调潜力等因素,公司构建多维度、全天候的可调节负荷资源库,为以新能源为主的新型电力系统建设提前准备调节"弹药"。

1.电源侧可调节资源后备力量充足

一是完成全省812万千瓦直调自备电厂、1307.2万千瓦地方电厂调节能力调研,落实最大上调能力189.5万千瓦、最大下调能力364.2万千瓦,有效储备了发电机组调峰后备力量。二是加强对火电企业督导力度,完成滨北热电#1机等五台合计235万千瓦容量火电机组灵活性改造工作,累计提升调峰能力30万千瓦。

2.负荷侧可调节资源显著提升

推动省级智慧能源服务平台建设,完成全省负荷资源调节能力调研,签约紧急型削峰、填谷最大响应能力459.18万千瓦、197.84万千瓦和经济型需求响应能力53.46万千瓦。组织开展容量市场竞价,采用"单边报量报价、边际价格出清"模式,竞价出清及结果公示工作。加强局部精准响应调研,结合需求响应资源位置分布,开展客户级、变电站级和园区级响应能力分析,提升需求响应资源的灵活性和精准性。

3.储能侧可调节资源起步发展

针对独立储能、配套储能两种运营形态,公司调研其调节性能、调用模式,严格执行新能源场站配套储能验收标准,确保储能这一新兴资源投运即见效,累计收纳10.61万千瓦储能调用资源。

(三)协同互动控制平台建设投产,多元化电网调节战术

公司综合运用"云大物移智链"等先进技术,建成"源网荷储协同互动控制平台",打通与生产控制大区、管理信息大区、信息外网通道,与山东电网网源监督平台、电力现货市场技术支持系统、省级智慧能源服务平台等平台之间互通互

济,具备接收公司内外网海量数据资源能力。同时,公司构建大规模源网荷储多元协同互动体系,为源网荷储各类资源的可观、可测、可控、可调提供基础支撑,实现调控过程全景感知。

1.调控过程全景感知

公司搭建源网荷储协同调控平台,完成各类可调节资源数据接入、可视化展示、调节能力评估和跨平台协同控制功能部署,实现了数据采集、策略研判、群控群调的运行态势全景感知。

2.多平台数据共享

公司建设适应负荷资源参与调控的开放架构,实现与阿里云等平台的服务调用和数据传输,满足与公司内外部负荷聚合系统跨平台互联和跨安全区数据交换要求。公司实现了与省级智慧能源服务平台、车联网平台、青岛源网荷储柔性控制系统、现货市场技术支持系统、智能电网调度控制系统互联互通,奠定多平台信息数据共享。

3.调节资源广泛接入

公司广泛接入各类型可调节资源实时负荷,直调自备电厂及地方电厂 1359 万千瓦、需求侧资源 1119 万千瓦、电动汽车充电桩资源 9.5 万千瓦、胜利油田采油注水设施 7.2 万千瓦、新能源场站配套及独立储能 10.61 万千瓦、用户侧储能 0.3 万千瓦。

(四)源网荷储协同互动试点实战,指明电网精益化发展方向

公司试点调用负荷侧、电源侧和储能侧各类资源参与电网调峰,开展现货市场模式下的经济性需求响应和紧急型需求响应,填补了国内、电力系统内多处技术空白。通过源网荷储协同互动服务,动态优化负荷特性曲线,提高电网调频/调峰容量和灵活性,大幅减少或避免调度拉限电数量,降低火电机组日内启停次数,延长火电机组使用寿命,提升电网供电可靠性和客户满意度,创造了巨大社会经济效益。公司累计建成常态化调节"负荷"85 万千瓦,有效降低电网尖峰负荷,可节省电网建设成本 12.75 亿元。每年节约燃煤 42.5 万~63.7 万吨,降低二氧化碳排放量 111 万~196 万吨,有效助力节能减排。

1.国内首次完成省、市两级日内万千瓦级空调负荷调控

2021 年 3 月 23 日,以威海佐耀智能装备股份有限公司的 1.5 万千瓦空气源热泵作为用户侧调控对象,调控指令经省、市两级"源网荷储"协同调控平台传达至用户侧,自动跟踪新能源发电量进行闭环调整,最大上、下调节功率达 1.2

万千瓦,试验全程响应准确,用户负荷在成功纳入全省电网的自动调节的同时,可利用峰谷电价差额,节省年运行成本10%。本次试验实现了全国首次省市两级日内万千瓦级空调负荷调控,对于负荷侧资源参与电力系统实时调度运行具有里程碑式重要意义。

2.系统内首次实现源网荷储协同调控

2020年10月27日,公司通过调用地方电厂、配套储能、可调节负荷等资源,在电力系统内首次成功开展了电网公司综合调控,电源侧、负荷侧、储能侧资源同步参与电网调节的源网荷储协同互动实战演练,同时省内首次验证了新能源场站配套储能设施参与集中统一调控技术路线可行性。累计调用23.7万千瓦源荷储资源填谷,减少1台30万千瓦直调机组日内启停调峰,促进清洁能源消纳44.37万千瓦时,为后续各类资源常态化同步参与电网调节积累了管理经验。

3.公司负荷参与调节起到率先示范作用

公司升级山东电科院、国网东营供电公司中央空调控制系统,通过"源网荷储协同互动控制平台"实时调用其空调负荷,上、下调节空间880千瓦。在山东省内首家开展了非工空调远程柔性调度控制,为社会负荷资源参与电网调节起到了率先示范作用。

4.需求侧响应促进清洁能源消纳

2020年11月26日、27日,"源网荷储协同互动控制平台"与"省级智慧能源服务平台"联合运行,面向社会发起经济型、紧急型填谷需求响应,最大填谷负荷8.8万、60.13万千瓦,促进清洁能源消纳102.68万千瓦时,公司内首次跨平台实现需求侧响应,实现了电力用户和电网之间的双向选择,是需求侧管理工作的一次重大突破。

成果创造人员:王　勇　游大宁　刘航航　初嘉伟　张国强　晋　飞　李　智

基于场景化思维的“1+7+N”卷烟工业企业智造车间建设

山东中烟工业有限责任公司济南卷烟厂

摘要:在国有企业必须加快推进数字化转型升级大背景下,济南卷烟厂将场景化思维运用到卷烟生产加工业务中,以业务场景为基础,上推平台场景建设,下拉技术场景升级,三重场景动态交互,协同共进。基于烟草行业生产经营管理一体化建设要求,围绕车间生产业务和痛点,以生产管理现状为基础建立业务场景。通过对业务场景分类,形成了 7 大场景。在每个业务场景中,围绕突出问题,引进新思路、新技术、新方法形成多项技术场景支撑业务场景提升;同时将 7 大业务场景信息链融合构建一个“Careful”智能制造大数据平台场景,形成了“1+7+N”智能车间建设路径,不断催生智能车间建设的内动力。实施过程中形成 5 项共性关键技术和 4 项共性集成技术,具有较高应用价值,提高了企业数字化转型管理水平和创新能力,在烟草工业企业中具有推广意义。

济南卷烟厂始建于 1928 年,前身是北洋东裕隆烟草公司,现为山东中烟工业有限责任公司直属的非法人生产厂,是全国四家定点雪茄烟生产厂之一。重点骨干品牌是“泰山”,占年产量的 85%以上。2007 年 11 月由济南历城区将军路 80 号搬迁到高新区科航路 2006 号。厂区占地 1260 亩,总资产 45.90 亿元。主要设置有 3 条叶丝生产线以及梗丝线、膨胀烟丝线、试验线、雪茄烟打叶线等配套生产线,32 条卷包生产线,31 台(套)雪茄设备,具备年产百万烟草制品的生产能力。现有在职职工 1358 人,内设 21 个职能部门和 4 个生产车间、“十三五”以来,累计实现税金 291.3 亿元,为国家和地方经济社会发展作出了应有贡献。曾荣获全国“五一劳动奖状”、全国设备管理先进单位、全国烟草行业先进集体、山东省“富民兴鲁”劳动奖状、山东省质量奖、济南市明星企业等多项全国、行业、省、市最高荣誉和专项荣誉称号。

济南卷烟厂坚持打造“五个一流”卷烟工厂发展目标，认真贯彻落实国家局决策部署和山东中烟工作要求，抓紧抓实抓细各项工作，奋力谱写高质量发展新篇章，不断推进济南卷烟厂各项工作迈上新的高度。

一、基于场景化思维的“1+7+N”卷烟工业企业智造车间建设的背景

（一）建设卷烟工业企业智造车间是国有企业数字化转型的必然要求

经济发展进入新常态，经济下行压力大、市场需求变化快、传统要素动力弱等问题的涌现倒逼国有企业必须加快推进数字化转型升级，培育发展新动能。国务院国资委《关于加快推进国有企业数字化转型工作的通知》要求国有企业实现数字化转型，以智能制造为主攻方向，加快建设推广智能工厂、数字化车间等智能现场，推动装备、生产线和工厂的数字化、网络化、智能化改造。在此背景下，卷烟工业企业数字化转型正在加紧展开。扎实推进卷烟工业企业产业数字化赋能改造提升，将能够使得卷烟行业传统生产关系和生产元素按照最优原则重新进行排列组合，进而得到最大化的合理利用，让现有生产关系和生产元素能够产生更高效的生产力价值，对产业与行业变革起到引领、带动作用。

（二）建设卷烟工业企业智造车间是践行烟草行业高质量发展的必然要求

《国家烟草专卖局关于印发烟草行业“互联网+”行动计划的通知》（国烟办〔2017〕127 号）、《关于推进卷烟工业技术改造的指导意见》（国烟计〔2020〕35 号）等文件把推进智能制造作为烟草行业高质量发展的重要支撑。在数字化高速发展的今天，卷烟品牌竞争格局已经发生明显变化，市场竞争重点从“增量共享”转向“存量分割”，倒逼卷烟工业企业从“以生产为中心”向以“消费者需求为中心”转变，但烟草行业现在面临的现实情况是，贯穿“农、工、商、零、消”的数据链条没有完全打通，信息传递相对滞后。纵观卷烟工业企业智能化建设总体情况，往往是思考多、实践少，局部点的应用多，系统性、前瞻性、科学性的规划少。因此，济南卷烟厂需要把握住国有企业数字化转型契机，应用“互联网+”的理念和技术，建设卷烟工业企业智造车间，推进卷烟工业企业智能工厂建设，以更广范围、更高层次、更深程度推进企业数字化转型，助力行业高质量发展。

（三）建设卷烟工业企业智造车间是济南卷烟厂高质量发展的需要

《济南卷烟厂高质量发展规划》明确指出，要“打造领先智能工厂，全面赋能

企业数字转型”。近年来,济南卷烟厂大力推进卷烟工业企业智能工厂建设,在两化融合工作中取得了良好成效,但目前仍存在设备自动化程度高、数字化程度较低、智能化程度低等诸多问题和痛点:

1.生产系统复杂带来柔性不足

车间主要设备因设备厂家、型号、功能、性能各异,存在系统间响应延时、实时信息不对等、上下游协同保障能力不足等问题,缺乏有效集成模式和协同调度。

2.状态感知与信息联通不足

卷烟装备和辅机设备本体缺乏智能自感知、自适应、自控制功能,无法实现对异常变化的准确感知和有效防范。设备未达到全状态的实时感知和数据同步,产品生命周期信息链还未做到精准统一,车间供应链中各环节信息还未做到有效全监控。

3.信息系统复杂带来响应能力不足

因各信息系统的多样性、业务的耦合性,形成了大量信息孤岛,造成了响应与决策的模糊和滞后。

4.目前装备及系统无法满足日益增长的生产和业务需求

例如:设备管理模式改进与精准的设备维保机制的提升,需要切实有效的设备健康状态管理方案;工艺质量管理中产品质量风险预警、自适应控制及信息传导的提升,需要增加设备对产品的检测控制,提升数据获取速度、广度和准度。但目前装备及系统都相对滞后,无法满足日益增长的生产和业务需求。

针对上述不足,济南卷烟厂把握数字化转型契机,以建设卷烟工业企业智造车间为突破口,把大数据、物联网等信息化创新技术融入车间生产管理日常,提高企业全要素生产率;同时加紧锻炼和培养技术管理复合型人才,对企业数字化转型智能制造建设提供充足的人才支撑和技术支撑,探索智能化生产新模式,助力企业高质量发展。

二、基于场景化思维的“1+7+N”卷烟工业企业智造车间建设的做法

(一)明确卷烟工业企业智造车间的建设目标

1.长期目标

以建设卷烟工业企业智造车间为推手,引领模式变更、产业升级,积极推进数字化技术与烟草产业深度融合,着力打造上下贯通、左右连通、内外融通的一体化烟草数字产业链、供应链,为畅通一体化组织运行开拓新路径。

2.中期目标

推进卷烟智能工厂建设,促进互联网、大数据、云计算、物联网等新技术在卷烟生产制造各生产单元的综合集成应用,广泛推进业务场景与技术场景的深度融合,通过虚实结合,打造一体化数字平台场景,实现信息空间与实体生产要素的相互映射、实时交互、高效协同。

3.短期目标

在车间层面通过推进技术场景应用落地,不断提高生产业务管理水平。通过构建一体化数字车间,实现价值链、加工链、供应链与信息链的深度集成与高度匹配,改善车间生产、运营与决策模式,激发车间内生动力。

(二)构建基于卷烟工业企业智造车间建设组织架构

1.建立组织架构,保障项目建设

为确保卷烟工业企业智造车间建设的顺利、高效运行,构筑建设卷烟工业企业智造车间的基本组织架构。其分为三个层次:决策层、管理层和执行层。决策层由企业高层领导担任,管理层由车间、信息处及相关部门中层领导组成,执行层由车间业务骨干组成,共同推进卷烟工业企业智造车间的建设。决策层和管理层组成领导小组,负责项目开展中的重大决策和重要流程评审。执行层组成工作小组,明确责任分工,齐心协力建设智能智造大数据平台,梳理业务场景具体需求,组织开发具体技术场景。对项目相关方进行分析,同时鼓励企业、车间全体员工积极参与,形成人人参与的良好氛围,配合项目的开展。

2.建立管理制度,有序推进项目开展

建立全面管理制度,制定了《建设卷烟工业企业智造车间项目推进办法》,保障项目建设按照计划顺利进行。主要内容包括:由工作小组介绍现阶段工作开展现状,小组成员分析问题讨论解决方案,计划下一步工作计划。由管理层对项目进展情况进行总结,并提出下阶段或本阶段后续项目进展计划及安排,报决策层进行决策。通过制度组织架构和管理制度来保障项目的建设,公司切实发挥了制度管理约束和激励作用,确保了各项工作顺利、高效运行。

(三)建设场景化思维的“1+7+N”卷烟工业企业智造车间总体架构

卷烟工业企业智造车间总体构架:打造卷烟工业智造车间,以 CT、OT、IT 和网络安全体系融合为支撑,将业务管理场景化,形成 7 大业务场景,在每个业务场景中,围绕突出问题,形成多项技术场景支撑业务场景提升,同时打造一个

“Careful”智能制造大数据平台场景，为7大业务场景落地提供具有真实性、完整性、准确性和实时性的底层数据支撑，实现“1+7+N”三重场景智造车间建设路径，不断延伸，形成树状拓扑发展结构，进而实现卷烟工业企业的全透明全局可视、多维度全面融合分析、一体化智能决策运营管理。

1.打造一个“Careful”智能制造大数据平台场景

面对卷烟工业大数据5V特性即Volume数据量大、Velocity速度快、Variety类型多样、Value价值高、Veracity准确性高等特性，对现状进行痛点梳理：企业、车间现有信息系统分散、孤立；缺少对工业系统数据及业务数据深度融合应用的平台；现有成熟框架难以支撑未来业务灵活多变的需求；海量数据需求无法满足，等等。利用IOT、微服务、安全网关、大数据等技术，结合卷烟企业业务需求，打造卷烟工业智造车间的“Careful”智能智造大数据平台，为上层应用提供丰富的大数据采集、处理、计算及分析的等服务，设计数据资源共享平台及数据治理体系，为7大业务场景落地提供具有真实性、完整性、准确性和实时性的底层数据支撑，实现卷烟企业数据统一汇聚、共享开放、激活价值，为卷烟智能工厂建设构建企业数据生态中心。该平台的特点是：具备“Careful”智能制造平台架构，即：兼容性好（Compatible）、敏捷性好（Agility）、可靠性高（Reliability）、扩展性高（Extensible）、灵活性好（Flexible）、实用性好（Utility）、精简性高（Leanness），通过数字底座支撑七大业务场景。

2.建立卷烟工业企业智造车间7大业务场景

围绕车间生产业务和痛点，以管理现状为基础建立业务场景，实现“APS高级排产、质量检测智能点检、设备状态检测、卷烟产品数字化、设备管理科学评价、全流程成本管理、烟用原辅材料追溯”7大业务场景落地。

3.形成卷烟工业企业智造车间N个技术场景

在每个业务场景中，公司围绕突出问题，引进新思路、新技术、新方法形成多项技术场景支撑业务场景提升。其中，在业务场景“APS高级排产”中形成一项“卷包管理驾驶舱”技术场景，在业务场景“质量检测智能点检”形成“包装机质量检测装置多维度可视化点检、包装机质量缺陷在线量化评价、卷烟机质量检测装置多维度可视化点检”三项技术场景，在业务场景“设备状态检测”中形成“包装机多维状态检测及虚实数据融合、卷烟机多维状态检测及虚实数据融合”两项技术场景，在业务场景“卷烟产品数字化”中形成“卷烟产品数字化、卷烟物理指标在线测量统计展现”两项技术场景，在业务场景“设备管理科学评价”中形成“烟机设备的总成数字孪生、基于人机交互的烟机设备可视化诊断系统、AI技术在总成维修中的应用、ZB48 包装机多功能倍福实训台”四项技术场景，在业务场景“全流程成本管理”中形成“包装机全流程消耗、卷烟机全流程消耗程消耗”两项技术场景，在业务场景“烟用原辅材料追溯”中形成“材料自动配盘、ZB47 自动上料机器人应用、一维码技术应用”三项技术场景，通过这 N 项即 17 个技术场景支撑 7 大业务场景，建设上下贯通、左右连通、内外融通的一体化智能生产加工车间。

(四)基于卷烟工业企业智造车间建设的总体技术架构

基于场景化思维的“1+7+N”卷烟工业企业智造车间建设的技术架构自下而上包括接入层、基础设施层、数据层及业务层。以智能单元、智能产线、智能单机、智能传感器、智能终端的应用及设备端边缘计算模块建设等进行接入层的搭建和建设。以资源复用、能力重构和投资扩展等手段合理充分地利用现有基础设施、发挥应用效能，基于现有工业网络、无线网络、物联网实现数据下联，搭建分布式集群实现虚拟化平台建设；以带宽扩容、优化网络建设为基础，以网络安全设施应用优化、密码算法应用等方式实现智能制造网络的高效安全。在数据层以分布式存储为基础，实现离线、实时、时序、内存数据的灵活性存储和多样性应用；在数据层通过建设数据汇聚、数据存储、数据开发三层结构，依托数据治理实现数据的标准化上下行接口和数据弹性灵活应用。在业务层通过采用容器技术和微服务等技术实现数据展现、分析、决策和创新应用七大业务场景满足卷烟工业企业智造车间业务需求，为建设智能卷烟工厂提供基础。

(五)构建 7 大业务场景落地，建设卷烟工业企业智造车间

1.构建 APS 高级排产场景，持续优化生产组织管理

公司通过构建 APS 高级排产建立生产组织柔性调度系统，有效降低全员实物劳动生产率，持续优化生产组织管理。APS 高级计划与排程(Advanced Planning and Scheduling)，是解决生产排程和生产调度问题，常被称为排序问题或资源分配问题。相关联的技术场景有卷包管理驾驶舱，实现卷包生产、设备、工艺、质量、成本等的数据可视化和辅助决策。

一是以济南卷烟厂设备产能布局为基础，建立加工品牌机群，通过设备机群化管理，连通卷包集控系统、制丝集控、物流系统、设备管理系统、MES 系统和 ERP 系统，依据设备结构 BOM、原料 BOM、辅料 BOM、工艺质量清单、人员清单校验各单元生产条件具备情况，建立设备产能动态预测能力，实现产品实时、阶段性加工能力的预算，为高级计划排产提供实时数据支撑。

二是通过连通与生产组织相关的各信息系统，补强各工业生产单元数据采集通讯能力，汇集统计数据与设备实时数据，按照生产计划与物料状态、设备状态、车间生产状态进行实时关联。

三是完善 MES 系统预排产和模拟排产功能，针对各类常规牌号、小牌号和新产品实现一键组织生产，输出合理排产依据，保障生产资源均衡，提高准时化生产能力。

2.构建质量检测智能点检场景，提升产品质量保障能力

通过构建质量检测智能点检，实现设备质量检验装置有效性智能自检功能；引入 AI 视觉成像技术，将产品质量判断由 0~1 转为量化指标，实现对加工过程中的产品质量实时评价，通过结合指标和经验指导设备保养和维护。关联的技术场景有包装机质量检测装置多维度可视化点检、包装机质量缺陷在线量化评价、卷烟机质量检测装置多维度可视化点检。

一是推进包装机质量检测装置多维度可视化点检。对包装机原质量检测装置进行二次开发，实现多维度点检：技术场景落地前，卷烟工业企业对设备质量检测进行验证的方法就是人造“缺陷烟”试验，存在耗时长、样本少、不便操作、缺陷烟流入市场等风险。通过对 ZB47 设备自带质量检测二次开发，重新赋予质量检测新生命、新功能，实现对设备质量检测装置的实时监测、多维度监测和人工零验证。在产品质量检测领域开创了由“人防向机防”跨越的先河。实现可视化实时点检，确定并开发了 20 余项检测点，包括设备部位、检测名称、物理状态自检有效、工位有效、相位有效、剔废计数、智能自检状态等内容，形成质量检测有效性一张表校验清单。实现关键质量检测装置自检准确率为 100%。

二是推进包装机质量缺陷在线量化评价。项目建设前，包装机空头、缺支质量检测采用图像对比技术，存在误剔现象，无法对产品质量进行量化评价，无法对卷烟纸颜色与烟丝颜色相近的产品进行准确检验。为实现包装机质量缺陷在线量化评价具体做法有：

运用 AI 深度学习技术，通过对 AI 相机的研究应用，开发 AI 相机应用于小包和条包外观质量评价，突破了原有 0 和 1 检测结果的惯性思维，实现了产品质量检验的实时量化评价。依靠 AI 相机的能力，在检测装置多重应用方面取得突破，检测小包和条包外观质量同时实现产品二维码信息提取处理，实现了产品追溯和质量检验一“机”两用双重效能，同时有效降低运维复杂度。降低质量检测误剔率小于 0.1%，提高检验准确率不低于 99.99%；实现对烟支空头、缺支检验结果的量化评价，实现烟丝与卷烟纸颜色相近场景下空头、缺支准确检测与剔

除，就卷烟纸颜色接近的强干扰图像检测方面形成技术方案，利用 AI 智能相机多样本自学习功能，准确检测烟支空头和缺支缺陷等质量问题。

三是推进卷烟机质量检测装置多维度可视化点检。通过建设卷烟机质量检测装置多维度可视化点检，对卷烟机原质量检测装置进行二次开发，实现多维度点检；设计一张表点检清单，实现可视化实时点检；关键质量检测装置自检准确率为 100%。

3.构建设备状态检测场景，完善设备信息动态管理

设备状态检测关联的技术场景有包装机多维状态检测及虚实数据融合、卷烟机多维状态检测及虚实数据融合。

在业务及技术场景落地前，卷包设备以事后维修和计划维修为主，无法预知设备状态存在过修和失修，造成浪费；烟机设备复杂，单一维度状态数据难以做到有效表征。

一是明确设备关键运行状态检测参数。包装机、卷烟机多维状态检测及虚实数据融合的建设，采用新一代传感技术、设备通信技术、数据频谱分析等技术，在设备运行、工艺指标、物理状态等方面针对包装机、卷烟机关键部位实现对电机电流、振动、温度、电压、气压、油液等状态进行检测，在模型上输出实体设备状态监测评价结果。

设备运转速度作为其他状态分析的基准和计算依据，是设备健康状态检测中重要的被测对象，通过依据设备控制系统的车速采集与附加转速检测传感器实现设备车速的准确采集，根据车速变化趋势判断设备加工过程中的稳定水平和异常次数。

为了能够实时感知电机运行趋势，提早发现设备劣化迹象及设备异常，降低由于电机、机械传动部件过度损坏带来的损失，通过下位机对卷烟机电流实时采集与上传，在上位机实现电机电流数据展现，实现了电机电流从长时间跨度的整体监视与短期变化趋势的监控，实现了从宏观角度与微观角度分别监视电机健康状况的目的。主要技术手段为采用电流互感器、模数转换、总线通信等技术，设计电机电流采集系统，通过以太网将电流数据传送到上位机，再将电流数据写入 SQL server 数据库，将历史数据和实时数据进行 WEB 展现和数据分析，提前预测电机故障，将报警信息进行推送，从而进行预防性维修。

二是实现设备全流程状态检测，感知设备全方面的状态信息。实现包装机、卷烟机状态数据汇总分析展现，提供标准化数据接口；在阈值判断、趋势研判和设备状态管理等方面形成针对状态数据分析及预警方案，预警信息可用率不低

于70%。通过将设备虚拟状态监测与设备实体状态监测进行关联分析，实现对设备状态的精准评价，建立核心部件的预测性运维体系，并结合设备故障树输出维保策略，降低设备故障停机次数。

4.推进卷烟产品数字化场景，实现精准追溯实时评价

推进卷烟产品数字化，通过对产品追溯现状分析，解决目前设备高速、连续性生产中的数据采集、扩展和同步问题，以卷包为中心向上下游集成，实现制丝、卷包、物流、商业环节的数据串联，通过设备生产、能源供应、辅料供应、工艺指标、产品质量等数据实现整个加工链的产品数字化，达到对各环节、各物料、各业务溯源的目的。相关联的技术场景有卷烟产品数字化、卷烟物理指标在线测量统计展现。

一是构建卷烟产品数字化。项目实施前，包装机没有对小盒、条盒商标纸信息采集，无法实现产品数字化。以消费者需求为导向，以产品加工数据为核心，以卷烟、包装设备生产过程同步为手段，汇聚产品生产加工储运过程中“人机料法环测”各要素数据，形成卷烟产品的数字孪生，以产品质量市场反应为重点实现卷烟生产加工过程的全要素历史回溯、实时镜像和仿真优化。

卷烟产品数字化建设利用产品全生命周期管理，采用实时数据采集存储技术，将制丝车间生产批次细化，融合设备、工艺、质量、环境信息，加强储丝柜、喂丝机与卷烟机的连接、状态、计量数据采集关联和生产时间匹配能力，同步卷烟机与包装机加工过程和原辅料信息，如实现小盒、条盒外观质量成像检测实现烟支商标纸信息采集功能，对烟包、烟条、件烟信息绑定，用于产品精准追溯；实现全加工链数据汇集信息融合串联，建成产品画像，提高可溯源性，实现精准追溯。依托行业一体化生产经营决策系统以消费者需求评价反向优化产品设计和加工过程品质保障。

二是实行卷烟物理指标在线测量统计展现。项目实施前，卷烟产品质量“短偏”“长偏”按1000支取样，不能满足现场检验要求，无法形成取样产品的质量、长度、圆周、吸阻等的CPK，取样结果应用性不强。卷烟物理指标在线测量统计展现实现卷烟产品30支/组和20支/组在线取样，形成取样产品的质量、长度、圆周、吸阻等的CPK展现，实时量化、在线评价。

5.推进设备管理科学评价场景，实现设备管理多维诊断

设备管理科学评价关联的技术场景有烟机设备的总成数字孪生、基于人机交互的烟机设备可视化诊断系统、AI技术在总成维修中的应用、ZB48包装机多功能倍福实训台。

一是实现烟机设备的总成数字孪生。技术场景落地前，车间自主研发的总

成全生命周期管理系统已完成维修业务流程与部分数据集成功能，但是该系统处于单机运行状态，难以对接设备及其他信息系统，无法支撑总成数字孪生建设。通过烟机设备的总成数字孪生建设，依托主机厂统一设备结构 BOM，建立设备信息管理的同一平台，共用同一语言，实现设备资产信息的精细化动态管理，实现国有资产保值增值。将设备档案信息与设备状态信息、设备运行信息、质量数据相关联，实现设备状态多维诊断能力，为现场人员提供快速更新设备信息、一键检索更换备件信息、快速查询设备故障、原因及处理措施等高体验性功能。通过将设备产、质、耗、状态信息与总成关联，完善总成全生命周期管理，并通过关联备件信息实施备件质量评价，建立关键总成数字孪生体，实现了关联分析、虚实结合、数据挖掘。

二是构建基于人机交互的烟机设备可视化诊断系统。技术场景落地前，卷烟机设备电气故障维修依赖经验，卷烟设备人机交互性体验感不足。通过对基于人机交互的烟机设备可视化诊断系统的建设，对卷烟机控制程序进行二次开发，建立电气故障优先级归类流程；对上位机部署人机交互诊断界面，实现人机交互的可视化精准追溯、智能诊断。

三是推进 AI 技术在总成维修中的应用。技术场景落地前，总成维修主要采用师傅带徒弟方式，依赖经验多、差异化大，且维修过程无法记录，后期评价困难。通过引进 AI 增强现实技术，建立总成拆解、组装标准。将图纸与真实维修相结合，将远程指导与现场诊断相结合，将培训指导与操作实践相结合。整个流程主要包含模型转换、数据分析、外观注册、流程设计、外观匹配、目标检测、流程参数计算、信息展现等。根据识别结果及业务类别选择不同信息接口，在维修过程中通过对接状态数据、人工输入和远程支持，实现对已有知识库的模糊匹配，提供可能的解决方案，辅助维修人员实施维修。通过现场数据与远程诊断能够帮助维修人员快速分析问题，制定维修策略。

四是建立 ZB48 包装机多功能倍福实训台。技术场景落地前，维修技术人员现场无法对 ZB48 倍福控制系统进行拆装试验和功能扩展，生产现场不能进行倍福控制系统功能模拟、故障诊断和技能培训等。通过搭建 ZB48 包装机组控制系统的倍福实训台，实现 ZB48A 控制功能模拟、教学培训、故障诊断、功能扩展（四工位工件加工仿真站点）、技能实操与考核等功能，实现设备管理科学评价在人才培育方面作用。

6.构建全流程成本管理场景，完善生产监控全要素管理

构建全流程成本管理场景，围绕卷烟生产过程全流程全要素，以化零为整的

思路实现各个节点产量、原辅料消耗、工艺质量、设备状态、能源供应的数据采集、分析和展现,进而实现全流程生产数据、消耗数据、质量数据追踪和评价。相关联的技术场景有包装机全流程消耗、卷烟机全流程消耗。

对五种关键烟用材料准确计量。以设备运行控制逻辑为基础、网络通信为支撑、数据存储为保障,通过对卷烟纸、接装纸、滤棒、小盒商标纸、条盒商标纸等五种烟用材料的准确计量。按照"1-4-12"(1个流程、4道工序、12个监控点)分解步骤逐步分解。"1-4-12"指1个卷包流程、4道工序、12个关键节点。首先将1个卷包流程拆分为卷接、包装、封箱、入库4道工序,然后进一步分解为接装机入口、接装机出口、小包机入口、小包机出口、小透机入口、小透机出口、条包机入口、条包机出口、提升机、收集机、封箱机、入库等12个关键节点。

实现消耗异常诊断预警。对加工消耗过程数据化,对卷烟纸、接装纸、滤棒、小盒商标纸和条盒商标纸的单耗数据进行实时阈值监控,超限后进行信息推送和预警;先后实现了ZJ112和ZB47、ZJ17和FOCKE350S等包装机六个节点产量数据、停机数据、剔除数据、大小商标纸实时消耗与总耗数据采集分析,卷烟机2个节点产量数据、停机数据、剔除数据,卷烟纸、接装纸、滤棒实时消耗与总耗数据采集分析,进行精准计量、实时感知、即时成本管控。

7.构建烟用原辅材料追溯场景,细化辅料管理颗粒度

构建烟用原辅材料追溯场景,实现卷烟机、包装机各类辅料的信息精细化采集、使用和管理,通过辅料信息与产品信息关联实现产品的快速追溯,通过对设备运行数据、生产数据的关联实现辅料质量评价,包含了相关联材料自动配盘、ZB47自动上料机器人应用、一维码技术应用三个技术场景。

材料自动配盘。技术场景落地前,车间辅料库采用人工配盘方式,劳动强度大,存在安全风险;配盘过程中存在材料损坏情况,无法做到全面检验;材料信息采集应用精细化程度不高。通过材料自动配盘的落地,实现材料全自动配盘、自动配盘过程中的实时质量检验以及每盘材料的信息精细化采集应用,从而实现材料配盘的无人作业、自动供应。

ZB47自动上料机器人应用。技术场景落地前,ZB47高速设备采用人工上商标纸方式,低价值、重复性劳动多,不利于提升全员实物劳动生产率;且人工上料过程中存在不及时、不规范情况。通过自动上料机器人应用,实现ZB47小盒商标纸自动上料,从而降低了劳动强度,提高了工作效率。

一维码技术应用。技术场景落地前,卷包生产过程信息与人员、材料等信息关联不足,来料质量和设备操作运维评价能力不足。通过一维码技术的应用,实

现辅料在检、入、存、配、出、用各环节信息串联，实现产品与辅料信息的绑定，进而实现辅料应用的痕迹化管理。该应用具备辅料批次追踪、防差错和供应商评价等功能，通过数据串联可催生辅料管理中的精细追踪、防差错和评价等。

三、基于场景化思维的“1+7+N”卷烟工业企业智造车间建设效果

（一）夯实济南卷烟厂智能工厂建设基础

通过基于场景化思维的“1+7+N”卷烟工业企业智造车间建设，夯实济南卷烟厂智能工厂建设的底层系统基础，逐步带动制丝、动力智能制造升级，实现上下游单元联动协同有利于实现各车间信息流的无缝衔接。通过业务梳理带动数据整理工作，提高标准化程度，连通 ERP、MES、数采、TNPM、辅料系统、成品系统、嘴棒系统等信息系统，将各信息系统数据解耦，降低各系统间响应延时、实时信息对等、数据同出一源同入一库，引入更精细、更实时、更准确的数据和分析模型，使部门与生产车间信息高效集成、保障均衡生产，提高准时化生产能力。

（二）形成多项共性技术研究成果，在行业内具有深远推广意义

通过基于场景化思维的“1+7+N”卷烟工业企业智造车间建设，形成 5 项共性关键技术和 4 项共性集成技术，且具有较高应用价值，提高了企业数字化转型管理水平，在烟草工业企业中具有深远的推广意义。

（三）车间生产管理指标取得了良好成效

通过基于场景化思维的“1+7+N”卷烟工业企业智造车间建设，2020 年卷包车间整线损耗率同比下降 0.16%，设备大故障次数同比降低 15%，设备百万支小停机次数同比降低 20.3%，机台平均日产量稳定在 165 箱以上，产品投诉率持续下降。通过项目建设、知识管理、标准化培训、多教学技术应用和创新驱动等方式快速实现人才的高质量培训，公司打造了一只专业化智能制造人才团队。

成果创造人员：傅　军　秦承刚　袁朝辉　郭红广　马万强　李　健　陈琳琳

基于“网络效应”的企业创新驿站建设与实践

国网日照供电公司

摘要：日照公司引入“创新驿站”概念，以需求为导向，以创新项目为载体，以管理、技术为纽带，建立具备管理、技术咨询、专业支撑、成果推介等多功能的创新发展交流服务平台，创新驿站串联多层级站点，构建“三个层级三个站点”的管理网络，搭建专业化支撑的专家网络、具有前瞻性的资源网络、多样化服务的信息网络，形成以网络效应为基础、专家人才团队为主体的产学研结合的创新管理模式和服务体系，实施成果孕育到推广的一站式服务和产学研一体化协同创新，锤炼创新人才，激发创新活力，深入推进创新知识流动和技术转移，促进创新要素向企业集聚，为公司创新实现新发展提供支撑。

国网山东省电力公司日照供电公司（以下简称“日照公司”）组建于 1991 年，属国家特大型企业，担负全市电网建设和供电管理服务工作，设 10 个职能部门、8 个支撑机构和 1 个产业单位，下辖 2 个县供电公司。近年来，日照公司以企业需求为导向，以相互协同、统一高效为宗旨，不断优化创新环境，构建企业、科研机构、大专院校协同创新平台，挖掘基层创新项目，培育和推广创新成果应用，深入推进创新知识流动和技术转移，促进创新要素向企业集聚，着力提升公司管理和创新水平，实现生产经营提质增效。公司先后荣获全国质量管理小组活动优秀企业、全国电力行业质量管理小组活动优秀企业、国网公司先进集体、山东省职工技术创新竞赛示范企业、山东省管理优秀企业、山东省质量管理优秀企业、山东省管理创新十佳企业、省公司业绩考核年度进步单位、日照市企业管理创新成果奖等称号或奖励。

一、基于“网络效应”的企业创新驿站建设与实践实施背景

(一)基于“网络效应”的企业创新驿站建设与实践是公司响应国家创新战略提升创新整体效能的重要举措

创新驱动是国家命运所系、世界大势所趋。2016 年,国家发布《国家创新驱动发展战略纲要》,提出“三步走”建成世界科技创新强国,明确了三个阶段目标,确定建立以企业为主体、市场为导向、产学研深度融合的技术创新体系。供电企业作为关系国民经济命脉和国家能源安全的大型国有重点骨干企业和大型服务型企业,坚持科技创新和制度创新“双轮驱动”,以问题为导向,以需求为牵引,在实践载体、制度安排、政策保障、环境营造上下功夫,以实际行动推动“四个革命、一个合作”能源安全新战略落地,是供电企业履行社会责任,支撑和服务于创新型国家建设、助力提升国家创新体系整体效能的具体举措。

(二)基于“网络效应”的企业创新驿站建设与实践是公司落实国网战略实现走在前做表率目标的必然选择

在“十三五”规划收官、谋划“十四五”发展、决胜全面小康的关键之年,国家电网公司确立了“具有中国特色国际领先的能源互联网企业”的战略目标。随着能源生产和消费革命持续推进,生产侧清洁化和消费侧电气化成为当前我国能源体系重要的趋势和特点,以“大云物移智链”等为代表的数字技术与电网技术加速融合,储能和新型用电技术的发展,都对电网技术创新形成倒逼之势。要实现“国际领先、能源互联网”,创新的重要性前所未有。为全面推动国网公司战略落地,支撑和保障公司健康快速高质量发展,公司提出紧抓科技、管理创新战略支点,瞄准能源电力科技前沿、能源转型需求和国际先进管理方法,进一步优化体制机制,探索实施多专业协同、内外部合作的创新模式,提升核心技术攻关水平、提高科技管理创新能力、培育高水平成果,全力贯通“五链”,全方位攻坚突破,为公司和电网高质量发展提供技术支撑和管理保障,实现走在前做表率的目标。

（三）基于“网络效应”的企业创新驿站建设与实践（见图1）是突破公司创新瓶颈、赢得核心竞争优势的迫切要求

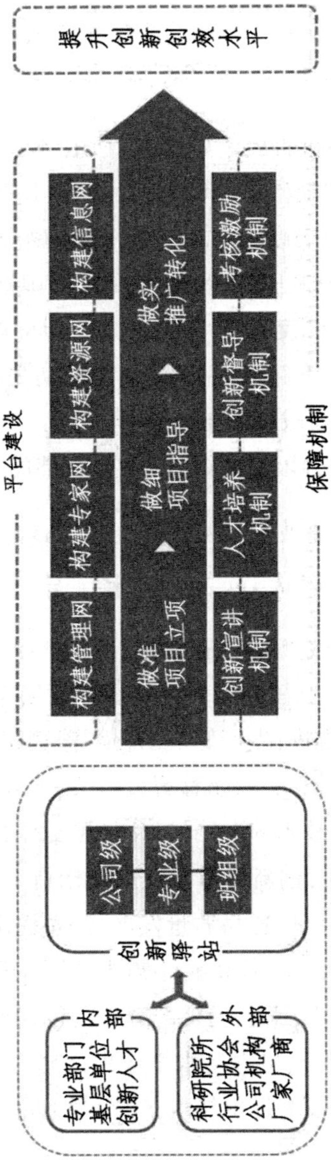

图1 创新驿站摘要图

面对当前众帆竞进的发展环境，创新是保持领先优势的动力源泉，是赢得竞争优势的关键所在，但目前公司创新工作活力不足，存在三个问题制约公司发展：一是缺乏创新综合服务平台，基层单位创新课题立项选题能力不足，不懂如

何通过创新工具、方法改进工作质量和设备技术问题，一些创意和想法无法实物化，而高校科研院所掌握前沿科技及管理发展方向，课题研究与工作实际结合却不紧密，缺乏实用性，缺少检验成果实效的现场，两者之间缺少促成高效合作的桥梁。二是缺少综合型精品创新成果，目前科技创新、管理创新、QC 等创新项目归口单位为发展策划部、工会两个部门，专业指导分别纵向推进，项目单位自行选题研制或联系外部合作方，缺乏统一的成果规划，仅是单一型或专业型小项目，国网及以上高层级科技项目和高质量综合性管理创新项目数量少。三是缺乏实用性强的成果，双创成果推广技术含量不足，大部分创新成果可持续发展动力不足，难以将创新力转化为生产力，无法实现从成果到效益的转变，导致大量专利、成果被束之高阁，造成人力物力的浪费。

基于上述分析，日照公司提出了基于"网络效应"的企业创新驿站建设与实践课题，探索建设创新驿站，逐步解决创新工作中存在的问题。

二、基于"网络效应"的企业创新驿站建设与实践的主要做法

（一）明确驿站思路定位，构建组织体系框架

日照公司以解决创新工作中存在的问题为出发点和落脚点，科学规划驿站定位，精心规划近景和远景目标，建立驿站创新工作机制，确保驿站正常有序运转并发挥实效，打造创新工作新高地。

1.构建体系模型，明确创建思路

坚持"上下联动、共建共享；集成资源、协同创新；规范管理、因势利导"的思路，构建"三个层级三个站点"的创新"网络效应"驿站体系模型：公司层级创新驿站为中心创新站点，设在发展部，负责公司创新驿站的统筹规划、宏观指导；专业层级站点是各职能部门专业管理站点，除具备创新驿站的一般功能外，向基层班所站点提供服务支持，按照公司部署向基层站点提供指导；班组层级基层站点是网络的基本结点，主要是根据日常具体工作挖掘创新技术需求。创新驿站为系统的核心和总链接点，向外辐射至公司内部单位和外部各类创新产业单位，通过体系构建，最终建立产学研一体网络。

2.找准驿站定位，明确工作目标

创新驿站定位为公司内部创新经纪人角色，公司各专业部门、基层单位、创新人才等是驿站内部服务对象，科研院所、高校、行业协会、知识产权公司、科技

评估机构、各类厂家等是外部合作伙伴，旨在打造成一个信息交互平台，架起连接公司内部专业与外部创新机构高效沟通的桥梁，帮助公司借力借智，建立产学研结合的管理模式，多维度护航职工创新萌芽成长，培育打造精品项目成果，确保创新成果有效转化为生产力，公司创新水平获得质的提升。

3.确定运转机制，明确驿站任务

建立“网络化、程序化、规范化”的驿站运作方式，形成闭环工作机制，确保驿站增长有序运转。专家网、资源网、信息网，为创新创意收集、成果培育、成果转化等工作提供基础服务和指导，实现创新工作网络化。制定“深入走访基层、开展需求调查、寻找合作伙伴、交流对接沟通、牵线协助推广”五步工作流程（见图2），实现创新流程程序化。制定日照创新驿站章程，明确创新驿站工作机制，建立月度线上交流、季度线下例会，人员定期赴高校院所等单位学习交流等，在各个站点之间通过植入一种理念，建立一种学习型组织，有效提升创新服务及技术转移服务水平，实现驿站运作规范化。

图2　五步工作流程示意图

（二）搭建协同共享平台，强化驿站自身建设

完善公司创新“专家库、储备库、成果库”，明职责、强支撑、集资源、畅渠道，不断强化创新驿站建设管理。

1.构建驿站管理网络，促驿站职责明晰化

成立创新驿站组织机构，站长为公司总经理，副站长为分管副总经理，综合办公室设在发展策划部，下设3个专业工作组和2个支撑保障组。综合办公室负责驿站建设协调推进，策划驿站功能定位和服务内容，健全管理机制，统筹规划、宏观指导，举办各类交流共享活动等；三个专业工作组（管理创新、职工技术创新、科技创新)、党委组织部负责搭建专家库及资源库,为基层需求提供寻找技术合作伙伴、技术转移、技术商业化等增值服务,包括开展供需对接、知识产权服务、政策法律及技术咨询等创新服务;财务资产部为创新项目提供足够资金支持;公司内部各专业部门、基层班所协同发力,挖掘创新技术需求和高信誉技术合作厂家,深化创新成果实质化应用。

2.构建专家支撑网络,促驿站服务专业化

广泛吸收工作能力强、专家技术水平高、业绩突出,业内或同行公认的企业管理类、专业技术类、专业技能类专家学者,进入创新驿站专家团队,负责创新创效项目立项评审、成果转化推广审查评估、项目指导,为公司提供创新知识培训等工作(专家网络组建流程和评级管理见图3)。

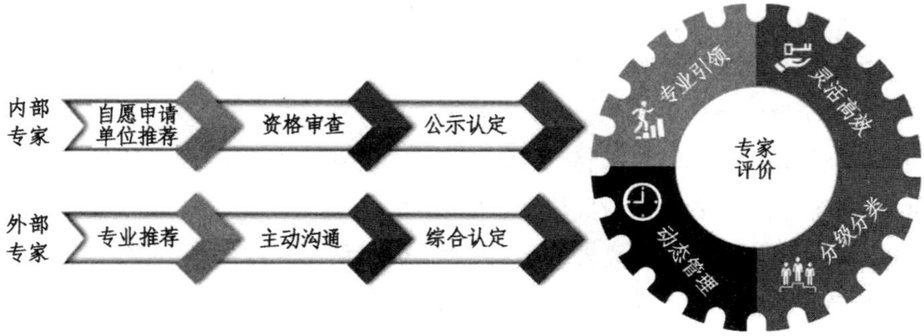

图3　专家网络组建流程及评级管理原则

严格内部专家遴选。开展驿站专家征集遴选,广泛吸收系统内外工作能力强、专家技术水平高、业绩突出,业内或同行公认的专业技术权威、管理专家入库。内部专家优先从公司原创新创效专家中挑选,新入库人员需按照“自愿申请/单位推荐、资格审查、公示认定”流程确定,取得过省公司级及以上优秀创新创效成果、属公司“四级四类”人才的人员优先入库。

广邀外部合作专家。按照“专业推荐、主动沟通、综合认定”流程开展,邀请省经研院、电科院等上级主管部门专家入库,与公司建立长期合作关系的高校、知识产权公司等机构专家优先入库。

规范驿站专家评价。坚持“专业引领、灵活高效、分级分类、动态管理”的原则,对专家库成员实施三年任期和积分管理,每季度对公司内部专家贡献进行排名,排名前两位的专家所在单位给予绩效考核加分奖励,每年度对专家履职情况进行等级评价,对评价列C的专家书面进行警示,连续两年履职评级C级将被退出创新驿站专家团队,通过积分“季排名、年评价”调动专家积极性。为鼓励更多外部专家参与公司创新共建，单独对知识产权公司等盈利性外部专家实施专项评价，由创新驿站、内部创新项目单位，从研讨活动参与情况、创新导师指导作用发挥、信息资源提供情况等方面对实行“四三三”打分，对评价较高的专家所在单位，以后在选择项目合作单位时享有优先权。

3.构建资源共享网络，促驿站服务前瞻化

建立阶梯项目储备库。对创新创意项目成熟度高，具有较高价值的项目优先纳入本年度管理创新、科技创新、职工技术创新、QC 等各类创新项目计划，实现当年立项，当年实施，当年或者次年见效；对处于创意萌芽阶段，但具有较高使用和推广价值的项目，列入公司创新项目储备库，鼓励项目创意者持续跟踪和研究，成熟后优先列入创新年度计划，给予人力、物资的扶持。2020 年公司共征集 28 项科技项目、12 项技术革新、20 项 QC 课题。

创建动态成果资源库。收集近年管理创新、科技创新、职工技术创新优秀成果，编制印发优秀成果汇编，形成优秀成果资源库，并写入内网“共享云盘”，采用强口令加密处理并设置访问权限，实现末端数据实时感知，并定期将每年获奖的科技创新成果、管理创新成果、QC 成果和职工技术创新成果纳入资源库，目前成果库已经有 82 项优秀成果、2155 人次访问量及 985 次资源下载，实现了有效利用。

4.构建信息交流网络，促驿站服务畅通化

搭建高效沟通平台。建立驿站沟通微信群。通过第三方网络公司，在微信群内嵌“图文存储”小程序，搭建后方服务器，实现定期保存微信群内聊天记录，以便作为信息溯源依据。创建“电力创新驿站”公众号。通过微信公众号更新创新驿站工作，推送创新资料，实现创新信息的定向推送。开发手机前端微信小程序。方便问题实时上传、及时锁定数据，提高解决问题的效率，方便企业、科研机构、高校、政府部门等创新驿站成员随时随地掌握创新新政策、新成果，实现创新驿站服务“零距离”。

建立统一的数据库。将创新驿站成果、企业需求等信息共享数据，实现创新信息实施互联、数据自动同步更新，充分运用大数据及先进的三维展示方式，实现企业、政府、高校、科研机构信息精准定位、成果清晰明了、信息推送及时有效，让网格化的治理便捷化、可视化、智能化。

（三）科学研判创新需求，做准项目立项服务

立项是创新工作中重要的基础环节，项目立项不准不精，往往会导致人财物

资源的浪费。公司通过线上线下广征创意,多轮次实地调研进行需求“众筹”(见图4),统筹整合,科学确定项目,为创新活动的开展奠定基础。

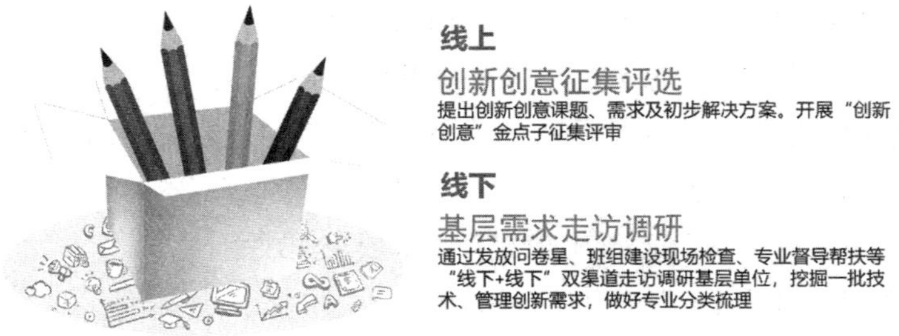

图4　双渠道需求众筹

1.线上征集创新创意,寻基础项目

发布创新创意征集方案,组织各单位围绕专业重点工作、疑难问题及技术发展方向,结合公司安全生产、优化营商环境、市县一体化等实际工作,提出创新创意课题、需求及初步解决方案。组织“创新创意”金点子征集评审,营造创新氛围,促进创意落地,激发创新活力。

2.线下走访调研需求,找实用项目

在创新驿站技术转移路径上,变“成果→企业”为“企业需求→解决方案”。创新驿站人员通过发放问卷星、班组建设现场检查、专业督导帮扶等方式走访调研基层单位,挖掘一批技术、管理创新需求,做好专业分类梳理。2020年1~9月,创新驿站累计走访基层48次,挖掘基层需求35项。

3.内外优化整合确认,立最优项目

改变以往专业、部门各自创新方式,将管理端口前移,严把创新立项,由创新驿站统一讨论整合,合并相近选题后,交由内外部专家统一会审。内部专家对项目行业内创新性、实用性审查,外部专家利用外部视角判断项目前瞻性和推广性,强化内外专家协同效应,避免同质化造成的资源浪费。通过优化整合,公司分类分步实施科技、管理、技术“三个十大”项目和180项一般创新项目,制定科技项目三年规划,形成公司科技创新项目梯队,精准培育精品成果。

(四)统筹驿站专家资源,做细项目指导服务

公司基层创新人员,有丰富的实践经验但是缺少前沿知识,创新驿站发挥桥梁作用,引入外部专家,对项目进行指导帮扶,在项目立得准的基础上,做细项目每一环节,确保出精品成果。

1.多方合作创新，精准对接项目需求

公司依托驿站专家网资源开展项目合作方关系匹配，通过资源库搜集和信息网络平台发布共享创新需求，开展合作伙伴征集，驿站工作组负责收集汇总反馈信息，召集内外部相关人员召开项目对接研讨会。联合智能用电公司合作打造一批过硬科技项目；与省经研院、电科院合作开展科技攻关；与上海交通大学、山东大学等高校建立合作关系，完成了混合储能系统、变压器异响监测等一批项目，为基层单位提供新型工具，有效提高了基层工作效率。

2.精准指导培养，全面提升创新能力

推行“导师+项目”制。以公司创新项目为载体，选聘创新驿站与项目研究方向相近的优秀高校、科研机构创新专家、学者，与公司项目承担单位共同组成研究团队，为公司创新项目“保驾护航”。“项目+导师”制，明确导师作为创新辅导师的职责、义务，把导师的指导与项目创新人员创新能力的培养，通过创新项目有机结合起来，在加快推进项目进展、提高创新项目结题率的同时，于实践中潜移默化地提升团队成员的创新设计能力和把控创新专业前沿知识能力。

3.现场评审改进，创作提炼精品成果

针对重点创新项目，各项成果主要创作人员对拟申报项目成果进行逐个发布汇报，专家从题目、格式、内容等全方位进行点评，查找不足，提出改进意见，梳理成果撰写思路，充分发挥专家人才的“传、帮、带”作用，变“一人指导”为“多人指导”。召开“三个十大创新项目”大讲堂竞赛，采取“初稿提炼—专家指导—集中优化”模式，确保提炼出精品成果，提升成果获奖等级。

（五）多维推介优秀成果，做实项目转化推广

创新驿站借助外部专家、厂家的资源，将员工研制的各类成果进行推荐，将成果转化为实践，转化为效益，保护员工创新创效的积极性，支撑创新创效工作良性循环。

1.集中展览推广，展销优秀创新成果

开展“创新驱动，你我先行”创新成果展，整理近年来公司三类创新成果，制作展示图板，通过公司内网专题、创新工作室对 3 类 50 项优秀成果进行“线上+线下”集中展示（见图 5）。邀请驿站网络内产学研机构参与观摩，同步协助签约成果转化协议。科技创新成果展，展示公司近 3 年获得省级电力科学技术进步奖、电力技术革新奖、电力专利奖的 10 项成果，成果科技含量较高，主要由公司专家人才为项目带头人，与高校合作研发，有科技项目立项、足够资金支撑。

管理创新成果展,展示近3年获得省公司级及以上表彰的20项优秀成果,成果侧重企业管理方面创新,是企业对自身经营管理创新实践经验的总结提炼,突出人无我有、人有我优。职工技术及QC成果展,展示20项优秀成果,体现全民参与和"小、实、新、活",主要是一线班所改进质量、降低消耗、提高效率而取得的成果。

图5　创新成果展

2.内部自行转化,有效解决生产难题

以现有政策和环境为依托,自行研发创新成果后,将研制的创新成果在本单位内部进行转化,自行承担风险、自负盈亏,将创新成果的成果源与吸收体融合一体,使市场交易内部化,无须中间环节,既简化了交易手续,降低了交易费用,又能提供有效的技术支持和后续开发,转化速度快、耗时短、效率高,能够有效解决生产经营中的实际问题(见图6)。

图6　创新成果双模式转化

3.产学一体转化,实现项目推广收益

各方以市场为导向,在创新驿站平台合作进行创新活动,实现资源共享、优势互补。公司各基层单位选择高等院校、科研机构、专利代理机构等一方或者多方,建立新的联合体,共享信息、技术、人才等资源,明确各方的责、权、利,各主体从中受益。各方不仅拥有前期合作基础,从松散型合作逐步发展为稳定的长期合作,而且将相互依赖、优势互补作为合作的重要推动力,把创新成果变成产品,实现项目转化推广收益(见图6)。

(六)完善组织实施体系,保障驿站作用发挥

员工是公司创新工作的主体。创新驿站坚持以人为本,实施员工创新素质提升工程,建立健全考核激励体系,提高员工创新意识、提升创新能力,保障公司创新工作开展。

1.建立创新宣讲机制,营造创新创效环境

开展创新读书日活动。发起主题为"我爱创新"读书日活动(见图7),开展《国网公司管理创新工作指引》《企业管理》赠书活动,倡导员工阅读一本创新系列书籍,进一步激发广大员工的创新潜力,不断提高员工的精神文化素质和专业创新水平。

创新"送培训到基层"宣讲。驿站选派内部专业管理专家到各基层单位进行创新知识普及宣讲,将公司科技创新、管理创新、职工技术创新、质量管理等工作要求和管理流程等知识送至生产经营一线,引导全员树立创新意识,培育创新思维,在日常工作中多总结、多思考,条件成熟后形成小创新、小发明。

图7 "4.23"创新读书日活动

开展"校企融通"交流。邀请上海交通大学、济南大学等教授开设创新驱动发展专题培训班,开阔员工眼界、拓宽思路,双方切磋融通,启发提出公司创新创意需求和意向,帮助提升管理创新的理论水平和实务能力,为创新管理提质增效转型升级、高质量发展提供了有力支撑。

2.探索人才培养机制,培养青年创新骨干

以公司打造“青马学社”为契机，与团委联合实行“青马”工程，开展青年创新能力培养，为公司创新能力建设输送新鲜血液。邀请行业内外专家分别给青年开展各类创新成果专题培训，夯实创新基础功；对被确立为省公司以及公司重点项目的创意项目，实行重点项目攻关青年人才“揭榜挂帅”制，以市场“赛马”和竞争机制遴选和培育创新尖兵做带头人，盘活和使用好本单位青年人才。2020 年有 8 位青年创新人才凭实力挂帅，成为重点创新项目的带头人。

3.深化创新督导机制，推动目标务期必成

实施定期晾晒通报。每月对各单位创新工作完成进度统计分析，通过公司早例会月度进行晾晒、季度进行书面通报，正面典型树红旗，落后单位亮警灯，让工作成效差的单位“红红脸”“出出汗”，形成“你追我赶”的良好创新局面。督促各单位以实事求是的态度自我“诊断”，找出差距，切实重视和抓好创新工作，有力促进创新工作质效提升。

建立创新“述职”制度。每月创新驿站组织重点项目团队进行现场（含视频会议）述职，其他项目书面述职。创新驿站专家通过述职报告并结合创新项目现场情况，对各创新项目推进过程中存在的问题和难点进行指导，对各创新项目计划完成情况、目标达成等方面开展综合评价，项目团队根据述职过程中专家指出意见和建议调整方向和措施，加快推进项目实施。

4.优化考核激励机制，激发企业创新活动

完善创新创效考核体系。在公司绩效考核办法中增加创新创效比重，并纳入公司“六提四创”卓越领先竞赛活动考核范围，月进度、年结果考核。对月度进展报告报送及时、质量较好的项目所在单位在“六提四创”竞赛中给予月度加分奖励，项目主创人员优先推荐为“六提四创”卓越领先竞赛岗位标兵，对成果完成度不高的给予考核。

建立项目带头人激励制度。公司赋予创新项目带头人更多的决策权、受益权，鼓励有能力者勇敢担当，勇挑重担，敢于挑战，攻坚克难，创新突破，调整创新项目带头人创新创效收益分配比例，带头人有权获得不低于一定比例项目创收或者奖金。年度由创新驿站组织对项目带头人从领导力、过程控制、成果效应（效益）等方面进行综合评价，对综合评价前三位的授予创新工作优秀带头人称号。

实施项目团队成员积分管理。创新矩阵管理规范，允许创新项目负责人对项目组成员提出考核建议，对创新团队成员进行积分制管理。创新项目负责人和创新导师根据队内成员专业和擅长，制定创新项目团队内工作分工和计划，经团队集体通过后执行。每月项目负责人根据项目进展情况,对成员工作完成情况进行打分,成员月度得分的平均值即为该成员在项目中的贡献,在项目创作角色署名根据积分排名顺序确定,并以此作为项目效益奖励分配的重要依据。

三、基于“网络效应”的企业创新驿站建设与实践实施效果

通过基于“网络效应”的企业创新驿站建设,拓宽了公司与科技部门、企管部门、高校院所等外部创新资源交流和成果推送申报渠道,锻炼了公司各级管理人员队伍,激发了全员创新活力,加快突破公司发展的技术瓶颈,公司参与竞争、获得优势、创造价值的创新实力不断增强。

(一)构建了创新综合服务平台

通过创新驿站的建立,促进了公司与高校、科研机构等单位技术服务深化合作,建立了产学研常态化交流模式,解决了基层不会创新、不敢创新的难题,破除了制约公司创新发展的瓶颈,为公司创新项目技术服务和后期重大技术攻关课题研究提供了可靠的软实力支撑,也为后期成果转化推广提供了更广阔的市场。

(二)创造了一批高精尖创新成果

利用创新驿站资源,加强重点课题的培育指导,开展相关专业诊断咨询,公司3项管理创新成果获得山东第三十三届管理创新成果一等奖,2项获得2等奖,4项获得三等奖;1项管理创新成果获省公司一等奖,7个管理创新项目被省公司通报表扬;2项成果分获“国优”推荐资格、全国电力行业成果二等奖,1个班组获“全国质量信得过班组推荐资格;4项职工技术创新成果获山东省电力行业职工创新成果二、三等奖;获得国网公司科技进步、山东省科技进步奖二等奖各1项,山东电力科学技术奖3项;《“芯”中有“数”—低成本打造基于“国网芯”的全信息感知智慧台区》成果获国网青创赛三等奖。2020年公司4项成果完成山东电力科学技术奖视频答辩。

(三)激发了全员创新创效活力

在创新驿站专家团队的带动和引领作用,公司创新创效活动扎实开展,打造以劳模工匠命名的贾廷波劳模创新工作室,建成了物资专业、调控专业等4个创新工作室,各创新专业室骨干力量已增加至87名。2019年以来,依托公司创新

驿站和创新工作室共组织开展创新交流、培训活动15次，参与创新创效活动385人次。对创新取得显著成绩的专家、骨干，在人才评选、职称评审、确认及岗位竞聘方面给予加分激励，有力地调动了广大职工的创新积极性，每名职工都成为创新的源泉。

（四）实现了生产经营提质增效

2019年以来，公司11项创新项目实现内部自行转化，有效解决了公司实际生产经营中难点问题，设备使用寿命增加，故障防御能力不断增强，安全生产防线持续巩固，工作效率不断提高，输配电线路故障分别同比下降17.2%、32.7%，客户报修率同比降低48.13%，不停电作业化率达到97.96%，投诉数量同比下降48.76%，为公司节约资金256万元。此外，公司依托创新驿站外部资源，推动“隔离开关双确认”等两项技术成果签订技术转化协议，获得成果转化推广收益10.8万元。

成果创造人员：于安迎　厉建新　卢兴旺　杜善慧　马晓强　史晓霞　梁玲玲

以“智能+”为支撑的复杂环境下城市轨道交通项目标准化管理

中铁十四局集团有限公司

摘要：中铁十四局集团有限公司以国家铁路局、铁路总公司等统一颁发的技术标准为指导，以集团公司《关于深化推进工程项目标准化管理的决定》为契机，确立了项目标准化管理总体思路，搭建了“智能+”标准化管理管控平台，以“智能+”安全生产标准化、“智能+”环保施工标准化、“智能+”标准化样板管理为切入点，通过推进人员配备标准化、管理制度标准化、开工条件标准化、现场管理标准化、过程控制标准化、安全生产标准化、智能监管全面化，形成一套应对复杂环境下城市轨道交通项目全过程标准化管理体系，实现了项目标准化管理水平和企业综合实力的提升。

中铁十四局集团有限公司隶属于世界500强企业之一的中国铁建股份有限公司，下辖16个子分公司、11个区域经营指挥部，注册资金31.1亿元，资产总额542亿元，拥有机械动力设备5475余台(套)，总价值64.79亿元，拥有铁路工程、公路工程、建筑工程、市政工程等4项施工总承包特级资质以及10余项工程专业一级资质，在海内外建筑市场享有很高的声誉。近年来，集团公司积极推进工程项目标准化管理，全面落实“质量、安全、工期、成本、环境、创新”管理，全力建设“铁建一流”企业。

一、以“智能+”为支撑的复杂环境下城市轨道交通项目标准化管理背景

(一)落实集团要求，打造“铁建一流”企业的需要

严格执行集团公司《关于深化推进工程项目标准化管理的决定》文件要求，

坚持高标准、讲科学、不懈怠，精心组织、精心施工、精心管理、全力打造精品工程、百年不朽工程的目标，抓源头、抓过程、抓细节，确保每一个环节、每一道工序、每一项工作都实现闭环管理，让每一项工程都经得起运营检验、社会检验和历史检验。推行工程项目标准化管理，既是全面落实“质量、安全、工期、成本、环境、创新”管理以及建设精品工程、安全工程的要求，也是集团公司快速提升技术管理水平，实现建设“铁建一流”企业的迫切需要。

（二）强化标准意识，应对复杂环境的需要

重庆轨道交通十号线（兰花路—鲤鱼池段）工程主要位于南岸区和渝中区，联系南坪组团、渝中组团和观音桥组团。线路长约 9.86km，其中地下段长度为 8.10km，高架线长度为 1.76km。本工程与 4 条轨道交通线路进行换乘，为环线、3 号线、1 号线、2 号线。标段起止里程为 K4+800～K6+545.597，全长1745.597m。包括南坪站、南滨路站、南坪—南滨路区间及万寿路站—南坪站部分区间。

该项目是典型的山地城镇下穿复杂建筑物群的轨道交通隧道，沿线涉及 13 个社区，常住人口约 11 万人。标段内多为 20 世纪八九十年代建设的老旧建筑，爆破施工中稍有不慎就会造成上盖建筑开裂、沉降、变形，甚至会使其丧失正常使用功能。

南坪站埋深约 70m，属于超深埋隧道。车站附属结构包括 2 个出入口、2 个预留接口，车站南北侧两侧 2 组 70m 深敞口低风井、1 个换乘通道、3 个安全出口、1 个活塞风井、1 个无障碍电梯井等，高峰期 16 个作业面同步施工，所有施工车辆及材料只能通过施工主通道进入。车站附属工程埋深大、通道长、弯道多、坡度陡，施工组织及安全管控难度大。

（三）运用智能技术，消除管理盲区的需要

本项目为重庆市重点工程，工期紧、任务重，主体及附属结构多导洞同步施工管控难度大、安全风险高，同时地处居民区环保要求高，为达到安全、环保、人文和谐须增加大量人力、物力等资源投入，且人的不确定因素影响增大。为降低施工成本，满足人文工地的需要，同时响应“新基建”号召，引进“智能+”集成管理平台，通过区域化、模块化智能监管辅助项目内控管理达到科学管理、精益管理的目的。基于以上情况，中铁十四局集团重庆轨道交通十号线项目部于 2018 年 3 月开始实施以“智能+”为支撑的复杂环境下城市轨道交通建设项目精细化管理。

二、以“智能+”为支撑的复杂环境下城市轨道交通项目标准化管理做法

（一）明确项目标准化管理总体思想，以思想指导行动

根据集团公司《关于深化推进工程项目标准化管理的决定》要求，项目部研究制定《项目标准化实施方案》，结合城市轨道交通施工特点，通过对人员配备标准化、管理制度标准化、开工条件标准化、现场管理标准化、过程控制标准化、安全生产标准化等方面进行细化和持续完善。

第一，从人员配备上，坚持精干高效和扁平化管理原则，严格执行关键岗位人员选聘管理办法要求，优选配置关键岗位人员和技术管理业务骨干，加强专业技术培训和动态考核调整，提高技术管理人员岗位履职能力。

第二，从管理制度上，结合工程项目前期策划方案、实施性施工组织设计、作业指导书、施工工艺、专项方案等，制定综合管理、技术管理、安全管理、质量管理、绩效考核等管理制度，制定详细的过程控制标准，作业要点卡片和安全操作规程等体系文件和标准化手册，使项目标准化管理有章可循。

第三，从开工条件上，注重全项目整体规划，严格执行开工条件和程序，将人财物等要素管理的要求纳入标准化管理，突出抓好工程首件制，大力推行样板引路，典型示范，以点带面，面线闭合，严格工序管理和流程管理。

第四，从现场管理上，坚持以现场管理和过程控制为重心，加强工装设备定置化配备和原材料检验试验工作，重点落实“三统一、四规范、六控制”。“三统一”，即本着保护环境，有利作业的原则，模块化统一现场布置。根据部颁标准，工程特点，统一安全文明标准。按照以人为本，因地制宜的要求统一工地三线建设。“四规范”，即通过配齐骨干，严管善待，规范架子队建设；通过样板引路，落实标准，规范现场文明施工；通过培训教育，纪律约束，规范员工作业行为；通过完善设施，专业操作，规范工地测量试验等检测手段。“六控制”，即坚持“谋划要细，起点要高，开局要快，管理要严，关系要顺，形象要好”，提高质量、安全、工期、成本、环境、技术创新等方面的控制水平。

第五，从过程控制上，结合项目前期策划工作，认真编制实施性施组，严格按照施工图纸、规范和作业标准进行施工。推行首件评估、样板引路、以点带面、面线闭合的工序管理模式。严格三检制度，严格施工过程中的考核考评及检查工作，确保每一个环节每一个工序以及每一道作业都进行闭环管理，使标准成为习惯，习惯符合标准，结果达到标准。

第六，从安全生产上，明确各级安全职责，发挥协同效应，从安全管理标准化、安全技术标准化、安全装备标准化、现场(环境)安全标准化和岗位作业安全标准化五大方面入手，进一步规范从业人员的安全行为，提高机械化和信息化水平，促进现场各类隐患的排查治理，建立起系统、全面、全程沟通的安全生产标准化管理体系，推进安全生产长效机制建设，有效防范和坚决遏制事故发生。

第七，从智能监管上，基于 BIM 技术打造智慧管理平台，把安全、质量、进度、环境、材料设备、能源消耗等紧密结合，同时根据以往施工经验及国内同行业先进水平确立各项控制指标，监测数据实时上传，形成超标预警机制，消除管理盲区。

(二)建立项目标准化管理组织体系，以制度约束行为

第一，项目部成立标准化领导小组，组长由项目经理、项目书记担任，副组长由项目总工、副经理、安全总监担任，成员由项目部各职能部门负责人组成，具体负责标准化管理的规划设计、方案制定、监督实施等。以工区为单位成立标准化实施小组，严格执行项目部制定的标准化实施方案，负责信息反馈、测量分析、整改落实等运行工作(见图 1)。同时邀请公司主管领导作为标准化管理专家顾问，定期检查项目标准化建设运行情况，指导下一步发展方向。

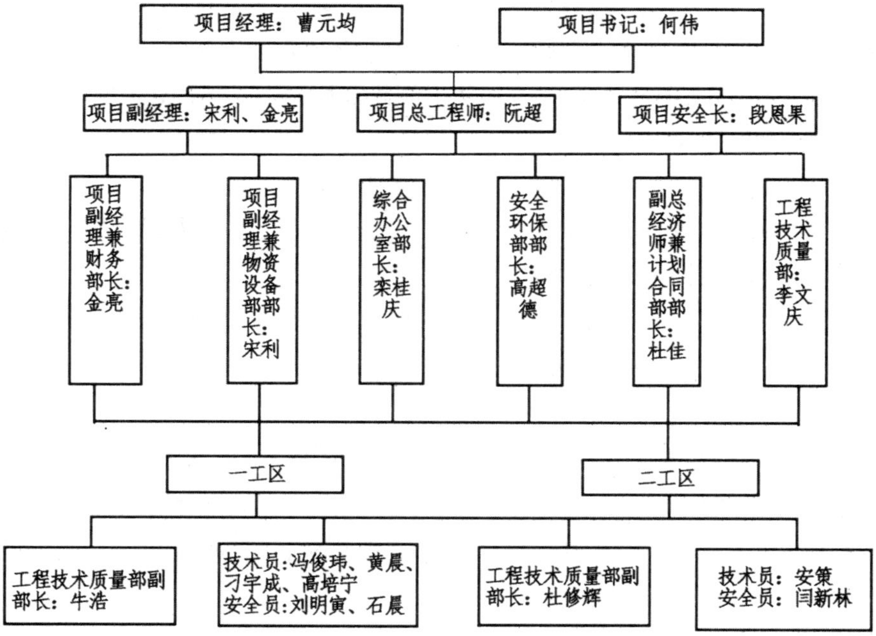

图 1　项目管理组织机构

第二,结合项目前期策划方案、实施性施工组织设计,项目部制定综合管理、技术管理、安全管理、质量管理、物资管理、合同管理等管理制度并汇编成册由项目部主管领导签发并监督执行。同时制定安全风险管控手册、质量管理体系及制度、工序流程及控制标准、二次经营规划、创优规划等体系文件及标准化手册,使项目标准化管理有章可循。为提高全员工作热情,营造积极向上的工作氛围,结合项目实际情况推出绩效考核管理办法、卫生评比管理办法、迎检工作管理办法、宣传报道管理办法,进一步完善项目管理制度,从细节上彰显标准化。

(三)搭建“智能+”标准化管理平台,形成虚拟“微生态系统”

基于BIM技术打造智慧建造管理平台,把安全、质量、进度、环境、材料设备、能源消耗等紧密结合,同时根据以往施工经验及国内同行业先进水平确立各项控制指标,将监测数据实时上传,形成超标预警机制。通过对安全、质量、进度、环境、材料设备、能源消耗等有效结合,实现安全、质量、进度、环保协调发展,形成一个不可分割、相辅相成的虚拟“微生态系统”。

1.“智能+”人员管理

基于智能集成管理平台的人员管理模块完成人员实名制、人脸识别,对人员进、退场和人员洞内定位进行管理,可实现加强工地人员管理,精确掌握工人考勤情况、各工种上岗情况,实现施工现场劳务人员实时动态管理和安全监督,有效提升企业信息化管理水平。同时,使用信息化手段记录工时,有效杜绝谎报工时,提高管理工作效率。

第一,对进入工地的人员进行实名制管理。通过信息化的手段记录施工人员进入工地情况,将数据实时上传至建委平台。人员基础信息采集可采取人脸识别和个人信息卡两种方式灵活采集。

第二,由系统对相关信息进行分析管理,信息实时上传项目现场指挥中心,在手机移动端源筑小程序和办公室PC设备上可随时查询人员进、出洞时间、作业时间情况。

第三,将LED大屏幕安装在施工入口附近,用于实时显示工地内施工人员的信息,使管理先进化,透明化。显示的内容包括:姓名、时间、总人数等,对工地内施工人员情况一目了然;显示各种欢迎标语、宣传标语;通知、提醒、宣传类信息作显示。

2.“智能+”安全管理

第一,开展信息化的安全教育,可采用集中或分散组织相关人员进行学习。

学员可通过手机移动端或电脑网页端进行安全知识学习,也可以利用手机端“源筑小程序”在现场录像上传安全教育培训视频,进行保存,方便以后的查询与学习。

第二,每次安全教育后需对学员学习的情况进行检查,通过考试的方式来验证。将考试命题与安全教育配套,将考试结果与进口道闸联动,未通过者无法通过道闸进入到施工地区。

第三,对三级安全交底进行管理,交底文档电子化,可随时了解交底情况。

第四,对安全检查进行全面记录(可三维显示问题部位、整改人等情况),并对检查中存在的问题进行跟踪,对整改信息进行复核,最终形成一套完整的安全检查记录。对未能及时整改的问题提醒相关人员,敦促整改,提高安全检查管理效率。

第四,利用手机端利用源筑小程序现场记录安全隐患问题,并提交给施工人员整改,设定整改时间以督促完成整改,整改完成之后,安全员进行拍照复查,并上传照片,存档作为整改、复查的依据。

3.“智能+”进度管理

项目部将BIM模型与施工进度有机结合起来,创建四维建筑信息模型,应用动态施工过程模拟、实时进度跟踪等功能支持项目计划与进度控制。基于BIM技术的进度管理通过虚拟施工过程进行反复模拟,提前制定应对措施,使进度计划和施工方案最优,从而保证项目施工的顺利完成。

4.“智能+”质量监督

材料进场后,严格执行监理见证取样,所有原材及预拌混凝土均采用试件二维码,详细记录材料种类型号、使用部位、取样时间、取样地点、取样人、见证人,确保原材过程检测有迹可循,从源头上保证工程质量。

5.“智能+”BIM应用

基于智能集成管理平台的BIM模块,能够将工程项目在全生命周期中各个不同阶段的工程信息、过程和资源集成在一个模型中,方便工程各参与方使用。

通过三维数字技术模拟建筑物所具有的真实信息,为工程设计和施工提供相互协调、内部一致的信息模型,使该模型达到设计施工的一体化,各专业协同工作,从而降低了工程生产成本,保障工程按时按质完成。

第一,BIM+人员定位的运用。将人员定位信息绑定到定位基站上,通过BIM三维展示既能清晰看到定位基站的位置分部,又能看到每个定位基站范围内的施工人员。管理人员通过该功能可随时掌握施工人员在某个区域的位置信息，统计人员数量，实现对人员安全生产的在线监管。

第二，BIM+视频监控的运用。将隧道内视频监控点位在 BIM 模型中集中显示，让管理者能实施看到现场施工情况，方便现场指挥调度工作。

第三，BIM+安全检查的运用。管理人员在安全巡查时，发现隐患，通过手机形成整改通知，发送给责任人，通过与 BIM 模型比对实行动态化整改，实现现场施工信息化全覆盖。

第四，BIM 技术与施工工艺相结合。将项目施工过程的关键工艺技术利用 BIM 模型进行超前动画模拟，通过动态演示开挖步骤及效果，促进工艺流程的优化与改进。

6.“智能+”绿色施工

在各作业面及施工场区设立环境监测大屏，实时监测 PM10、PM2.5、噪音等，设置报警阈值，利用智能集成管理平台自动预警，自动启动雾炮机、喷淋系统。

7.“智能+”资料管理

基于智能集成管理平台的文件资料库模块，提供法律法规参考资料库，以及安全资料库的文件管理，方便工作人员查询资料。

8.“智能+”监控系统

基于智能集成管理平台的智能云监控模块，对施工现场各部位进行网络视频监控，网络监控系统采用的是监控摄像机对工地施工现场各视频点进行 24 小时的实时监控，并搭配洞内电话，以实现现场视频喊话功能。在施工现场重要地点安装视频监控，实现远程管理工地施工，同时，存储工地施工记录。相关信息可作为安全施工的重要监管工具。

（四）打造“智能+”安全生产管理模式，实现安全生产标准化

1.制度建设

项目部进场以来认真学习国家、住建部、重庆市相关文件，形成以住建部 31 号文、37 号令、重庆市《危大工程安全管理细则》，关键节点风险源识别与管控，住建部《安全质量管理手册》为基础的“三驾马车”安全管理模式。以“三驾马车”为主线深入开展安全管理工作，认真落实相关文件要求。

2.人员管理

项目部建立人员动态台账，详细记录人员个人信息、培训学时、考核结果，并形成“一人一档”。项目部积极开展安全培训、警示教育、班前教育，定期组织应

急演练、隐患排查等活动，提高了全员的安全生产意识。

3.开工条件管理

项目部严格执行施工前条件核查，重点检查危大方案、安全技术交底、进场原材料、风险源识别及应对措施、安全防护措施、应急预案及应急物资等，强化工程关键节点施工前风险预控措施，提升关键节点风险管控水平，有效防范和遏制安全事故发生。

4.消防管理

施工现场及生活区配备烟雾感应火灾探测报警器，一旦发生火灾及时预警，同时设立微型消防站，配备灭火器、消防栓、消防沙池等自救设施，定期组织消防演练，提高自救能力。场区内设置应急疏散照明及应急疏散通道，为现场消防提供有力保障。

5.用电管理

现场实行分级配电，配电箱、开关箱安装位置合格。采用“一机、一闸、一箱、一漏”。配电箱、开关箱安装和箱内配置符合规范，接线符合要求，箱体及箱门做接零保护、装置灵敏有效，并定期开展专项检查。

6.机械设备管理

每台设备从进场到退场，建立机械设备“一机一档”档案，全程管理。特种设备操作人员持证上岗，保证特种设备操作安全，对施工队自带设备与操作人员加强管理。每月组织相关人员开展机械设备月度检查，对所有在场设备存在的问题进行排查，留存影像资料，制定整改责任人，限期整改时间等。

7.风险源管理

项目部每月组织召开风险源辨识会及安全生产例会，根据月度施工内容逐一进行环境风险、自身风险、作业风险辨识，同时对每一项风险源制定防控措施及责任人。目前共辨识风险因素 1674 项，其中Ⅱ级风险因素 5 项，Ⅲ级风险因素 101 项，Ⅳ级风险因素 1568 项，并根据施工进度建立动态管理台账。

8.应急管理

项目部定期针对火灾、高处坠落、物体打击、机械伤害窒息、淹溺、滑坡等组织应急演练，提高全员应对突发事件的能力，强化全体人员应对突发事件思维意识。

9.智能监管

进场人员信息录入智慧建造管理平台，人员进出全部采用“人脸识别”，同时检查安全防护用品佩戴情况；“人员定位系统”详细记录人员活动轨迹；“安全管理系统”详细记录人员考核培训信息;安全隐患排查通过智慧管理平台实现动态整改,达到施工场区信息化全覆盖。

(五)建设“智能+”绿色环保管理模式,实现环保施工标准化

1.扬尘控制

第一,明挖土石方开挖后及时对裸土进行覆盖,从源头进行控制,有效防治扬尘。

第二,施工场区配备专用水车定期清洗场区路面,保持地面干净整洁,防止车辆通行造成扬尘。

第三,施工车辆离场前必须按照要求经全自动洗车机进行清洗,特别是车身、挡泥板、底盘、轮胎,不得带泥驶离工地。

第四,施工现场配备专业化环卫工作队专项负责场区卫生清理,定期清洗场区路面及围挡,保持场区整洁无扬尘。

第五,隧道洞口安装降尘雾炮,洞内安装降尘喷雾系统,洒水车安装降尘喷雾装置随时进行喷雾降尘,有效降低场区扬尘。

第六,隧道钻爆开挖严格执行水压爆破,有效控制爆破震动、爆破飞石、空气冲击波和爆生有毒气体的强度和数量、降低爆破粉尘。

第七,外运出渣车辆车厢全部安装盖板,有效规避车辆上路后产生扬尘可能性。

2.噪声控制

第一,项目部积极引进隔振爆破技术及聚能水压爆破等先进技术,有效降低爆破振动及爆破噪声。

第二,为防止隧道爆破噪声对洞口范围居民造成影响,项目部在洞内安装吸声海绵及隔音棉布帘,有效阻隔噪声传播。

第三,传统轴流风机噪声较大,为降低场区噪声对周边居民的影响,项目部引进新型静音型轴流风机。

第四,项目部成立课题攻关组,针对降低城镇地铁控爆施工对周边建筑及居民的影响率。

3.污水达标排放

为防止施工产生废水对周边河流及地下水产生污染,项目部根据地形合理设置三级沉淀池,施工废水有效沉淀并检测合格后方能排入市政管网;同时为保证污水排放合规合法,办理城镇污水排入排水管网许可证。

4.环境监测系统

各工区施工场区设立环境监测系统，动态监测温度、湿度、噪声、PM2.5、PM10 等各项指标，一旦超标及时预警并限时整改。

（六）推进"智能+"标准化样板管理，实现过程控制标准化

1.质量管控

第一，技术先行，以方案保质量。项目部进场后多次邀请集团公司及外部专家到项目部指导，完善优化施工方案，从源头消除质量隐患。截至 2022 年 10 月已完成南坪站车站主体暗挖施工方案、南南区间主体暗挖施工方案、南滨路站车站主体暗挖施工方案等 65 项施工技术方案的编制及报审工作，累计完成技术交底 48 次(399 人次)。

第二，流程导向，以首件说标准。主体工程施工前，层层落实施工技术交底，严格按照规范及设计要求做好首件工程，并经验收合格后方可进入下阶段施工，严格按照首件标准开展后续施工。

第三，质量为上，以样品抓源头。原材料招标时要求厂家提供样品，确保后期过程供货质量；材料进场后，严格执行监理见证取样，所有原材及预拌混凝土均采用试件二维码，详细记录材料种类型号、使用部位、取样时间、取样地点、取样人、见证人，确保原材过程检测有迹可循，从源头上保证工程质量。

第四，层层把关，向细节要品质。施工现场严格执行日、周、月检查制度及三检制度，隐蔽工程影像资料时时上传，每周召开周例会，对现场质量问题进行曝光通报，确保工程质量优质可控。项目部严格执行技术人员夜间巡查制度及周领导带班检查制度，不定期抽检现场实体质量，有效规避质量隐患。

第五，试验检测，以数据说质量。加强半成品及成品质量检测管理，定期分析试验检测数据，根据检测结果指导施工，整理汇总高频率不合格项，制定专项解决措施。

第六，考核评价，以结果论成败。项目部每月对管理人员及各劳务队进行考核打分，对安全、质量、进度文明施工管控情况进行系统评价，考核评价与绩效工资等挂钩，存在安全、质量问题一票否决。

2.进度管控

项目部制定周计划、周考核、月兑现的进度管理办法，智能管理平台详细记录每日施工进度并通过 BIM 模型实时显示现场施工进度、剩余工程量，自动将进度计划与实际进度进行动态对比分析，便于项目部及时调整施工组织。

3.能源消耗

项目部物资部将所有设备型号及油料消耗等实时上传至能源消耗系统，系统每月对现场设备工作时间、油料消耗、电量消耗等进行数据分析，对数据异常设备进行专项检查，从源头解决资源浪费。

（七）积极运用“四新技术”，提高标准化管理水平

项目部成立创新工作室，围绕降低成本、节能减排、技术改造、技术革新、安全生产等主题，组织开展技术攻关、管理创新、课题研究等活动，推广普及先进的创新理念、技术和方法，解决本项目技术发展瓶颈，促进项目发展进步。

1.引进三维激光扫描技术

建立地表建筑物变形实时监控系统，对比浅埋隧道开挖前后建筑物变形情况，确定变形预警阈值，为绿色隧道施工提供依据。

2.研发预切割隔震爆破技术

通过在爆破区域周边钻设空孔，形成隔震带，切断爆破地震波的传播通道；通过爆破区域的分区分段或导坑超前爆破，逐层扩挖，增大既有结构的距离和后续爆破区段的临空面，达到减震效果。

3.引进水压聚能爆破技术

通过调整炮孔间距、增加雷管段位、控制单段起爆药量，同时辅助聚能管、水沙袋、孔内延时等措施对爆破能量进行引导，减少对周边围岩的扰动，达到减震、降耗、增效的目的。

4.固液气三相降尘爆破技术

通过室内试验及现场监控手段，采用降低粉尘量和有效通风相结合，辅以水封爆破技术、降噪吸音棉等环保工艺，利用水雾降尘、内燃机净化等措施创新，提出隧道低等级围岩固液气三相降尘绿色施工爆破技术，效果显著。

5.引进悬臂掘进机

区间隧道及车站穿越20世纪80年代老旧房屋，爆破施工对上方建筑物及居民影响较大，常规机械开挖工效低、间接成本高，通过引进悬臂掘进机提高了施工工效，有效降低了对周边环境的影响。

6.引进新型静音轴流风机

为防止隧道爆破噪声对洞口范围居民造成影响，项目部在洞内安装吸声海绵及隔音棉布帘，有效阻隔噪声传播；传统轴流风机噪声较大，为降低场区噪声对周边居民的影响，项目部引进新型静音型轴流风机。

7.科研课题及 QC 成果

项目部进场后高度重视科技攻关工作,根据工程特点、难点编制创优规划,申请集团公司成立了科技攻关专家组作为后方后盾,并与属地行业内专家及大学院校(重庆大学)联合组成技术攻关团队,以便及时解决现场施工技术难题;已制定《山地城镇轨道交通隧道下穿复杂建筑物群绿色施工关键技术研究》课题并报集团公司审批立项。2018 年由项目部 QC 小组团队开展的《降低城镇地铁控爆施工对周边建筑及居民的影响率》攻关型课题荣获中国铁道建设协会一等奖、中建协全国工程建设质量管理小组Ⅱ类成果。2019 年由项目部 QC 小组团队开展的《降低地铁洞内施工环境对作业人员职业健康的影响率》现场型课题荣获山东省建筑协会优秀成果并推荐参加中建协 QC 成果交流会。五小成果方面项目部发明了《一种隧道裂隙岩体光面爆破精细化控制方法》成果,该方法在施工过程中不断进行动态调整,尽可能地精细控制爆破效果,达到控制超欠挖的目的,提高炸药的利用率,减少炸药的损耗,降低爆破工程成本约 10%。

(八)致力于人员素质培养,实现全员思想标准化

1.团队头脑风暴,助力施工生产

项目管理人员依照“新老搭配、专业分配均匀”的要求,自行组成 3 个竞技队伍,对关键的施工节点开展拓展策划活动,本质上是一个全体人员“传、帮、学、带”逐步渗透吸收的过程。强弱搭配的局面营造出全员学习的氛围,良性竞争让集体与个人都能茁壮成长。

2.引入“思维导图”,巧解工作难题

作为公司第一个重庆轨道交通土建施工项目,主要管理人员也是第一次从事轨道交通建设,而且近两年新毕业学员较多。为便于管理人员对于自己的部门工作系统性的了解与掌握,项目部各部门用思维导图的形式来规划部门工作内容,帮助引导管理人员的思维发散,清晰地梳理工作计划。

3.实施绩效考核和评价机制,实现标准化闭环管理

第一,标准化管理反馈是通过坚持“两会制度”落实执行,一是每天坚持早会制度,会上领导班子全面统筹协调各部门、队伍存在的问题,及时反馈问题、随之集思广益讨论问题,共商对策、对症下药,直至问题方案确定。二是在施工过程中,合理安排施工时间,优质高效地组织施工生产,定期组织各施工班组、技术人员召开施工生产调度会,解决当天生产过程中存在安全、施工、环保等问题。通过早会和生产例会做到“日事日毕”,形成“事事有人管,人人都管事”的氛围,

大到一台设备,小到一块玻璃都有人负责。三是每周在各工区召开周例会,对本周安全、质量、环保及施工组织存在问题进行曝光,同时对相关责任人进行通报处罚,形成了目标、日清、激励三者间的闭环优化和良性循环。

第二,项目部制定周领导带班检查制度,不定期对施工现场安全、质量、环保等进行巡查,发现问题及时在工作群内通报并指定责任人及整改期限。同时,本周安全、质量、环保工作开展情况与带班领导绩效考核挂钩,一旦出现险性事件、居民投诉等问题,根据问题大小对带班领导进行处罚,每季度进行奖罚兑现。

第三,项目部主要管理人员每周制定周工作计划,对本周重点推进工作形成书面资料交办公室汇总,周一早会进行汇报,每天汇报工作推进情况,次周周一对工作完成情况进行通报,项目部主管领导对重点关注的安全环保问题完成情况进行点评,办公室对各部门工作完成情况进行记录,每月进行汇总考核。

第四,为提高员工的工作积极性,在打破原有大锅饭工作模式的同时也避免了激励的随意性。因为薪酬直接和绩效挂钩,所以激励效果明显。绩效考核通过制定标准、测定成绩,由此对个各级人员完成的工作内容的成绩进行判断,判断的标准不仅仅是工作的完成质量,还有岗位履职、工作质量、劳动纪律、工作态度、加分项等内容。通过结果反馈、谈心谈话等形式让员工能够及时地认识到自己工作中的不足并及时改正。

三、以“智能+”为支撑的复杂环境下城市轨道交通项目标准化管理效果

(一)提升了全员综合素质,提高了团队综合竞争力

通过“智能+”管理平台助力实施项目标准化管理,引进后评价机制,打造全员比、学、赶、帮、超的良好氛围,提升了全员综合素质,培养了一批轨道交通项目标准化管理人才,提高了团队综合竞争力。

(二)解决了施工难题,提高了企业效益

项目部通过全面实施标准化管理,强化技术创新、考核评价、智能监控等措施提高了全员标准化管理能力和项目标准化管理水平,有效减少安全事故、环保投诉及炮损赔偿,节约炮损补偿约 600 万元,有效降低了企业成本。同时,通过引进新型爆破工艺,降低爆破成本约 10%,提高了企业效益。

(三)获得了外界认可,提高了企业竞争力

通过项目标准化管理的成功实施,项目安全、质量、进度、环保等优质可控,得到建设单位的肯定及地方政府监管部门的认可,多次获得重庆市建委及重庆轨道集团表扬及表彰,同时多次迎接行业主管部门及兄弟单位观摩交流,提升了公司在重庆轨道交通建设及市政施工领域的竞争力。

(四)促进了环保人文和谐,提高了企业形象

通过项目标准化管理的成功实施,施工过程中降低了对地方居民的影响,为一线工人提供了安全、舒适的作业环境,培养了一批城镇轨道交通施工安全环保标准化管理方面的人才,取得了良好的经济效益和社会效益,得到地方政府及社区的一致好评,获得了良好的口碑,提高了企业形象。

中铁十四局集团重庆轨道交通十号线项目经理部通过搭建"智能+"标准化管理管控平台,以"智能+"安全生产标准化、"智能+"环保施工标准化、"智能+"标准化样板管理为切入点,深入推进人员配备标准化、管理制度标准化、开工条件标准化、现场管理标准化、过程控制标准化、安全生产标准化,实现安全、质量、进度、环保协调发展,形成一套应对复杂环境下城市轨道交通项目全过程标准化管理体系,达到了项目标准化管理水平和企业综合实力的提升。

成果创造人员:李方东　刘　勇　李洪江　曹元均　何　伟　阮　超

基于市县一体化管理的供电所“三级联创”体系构建

国网济宁供电公司

摘要：供电所“三级联创”就是达标、优秀、标杆三级供电所创建，通过将市县一体化管理“一个标准、一贯到底”的做法延伸到供电所，创新开展供电所“三级联创”，系统构建指挥、作战、保障、考评管理体系，季度评选奖励“达标、优秀、标杆”供电所，有力推动了供电所高效履行“管好设备、服务好客户、强化内部精益管理”三大职责。指挥体系突出“党委管总、干部包保”，组织县公司和供电中心班子成员包保全部供电所，与一线员工同吃同住同劳动；作战体系突出“专业主建、站所主战”，分专业制定任务清单和工作模板，自上而下明确怎么办、谁去办、什么时候办、办到什么程度；保障体系突出“党员包保、群众监督”，将供电所打造成坚强战斗堡垒，让职工成为供电所“主人翁”；考评体系突出“动态评价、多元激励”，实施正向引导、多重激励，激发了“扛红旗、干最好、争第一”的内生动力。通过实施供电所“三级联创”，有效提升了供电所管理穿透力、队伍执行力、争先内驱力。

国网济宁供电公司始建于1966年，是国网山东省电力公司所属国有特大型供电企业。供电区域约1.1万平方公里，服务客户388万户。管辖35千伏及以上变电站233座，变电总容量2345万千伏安，输电线路总长6453公里，电网规模位居全省第五。设置职能部门15个、业务机构13个，管理县供电公司10个。共有供电所113个，服务客户350万户、占总量的91.4%。供电服务职工2978名，占全口径用工的30.8%。供电所党支部共有党员1083名，占党员总数的32.5%。供电所管理配变27946台、配电线路2.1万公里，分别占总量的88.31%、89.13%。公司被首批命名为全国一流供电企业，先后获全国文明单位、全国“五一劳动奖状”、全国精神文明建设先进单位、山东省“富民兴鲁”劳动奖状、山东省优秀电力企业、山东省企业文化建设示范单位、山东省为民服务创先争优示范窗口单位等荣誉或称号。

一、基于市县一体化管理的供电所“三级联创”体系构建的背景

(一)乡村振兴需要供电所全面担当作为

习近平总书记在全国脱贫攻坚总结表彰大会上强调:“乡村振兴是实现中华民族伟大复兴的一项重大任务。要围绕立足新发展阶段、贯彻新发展理念、构建新发展格局带来的新形势、提出的新要求,坚持把解决好‘三农’问题作为全党工作重中之重。”供电所是供电公司密切联系人民群众、服务地方经济社会发展的最前沿,是直接服务“三农”的整建制单元。供电所管理质量直接决定供电公司服务质量和在人民群众中的形象,直接关系培育、扩大和释放“三农”内需潜力,为乡村振兴提供持续动能。进一步提升供电所管理水平,更好地融入推进乡村振兴加快农业农村现代化的整体布局,对供电企业履行央企责任、展现央企形象至关重要。

(二)战略落地需要供电所提供支撑保障

国家电网公司围绕建设“具有中国特色国际领先的能源互联网企业”战略目标,进一步明确了“一体四翼”发展布局,要求围绕推进发展战略实施,持续提高效率效益,全面增强公司的竞争力、创新力、控制力、影响力和抗风险能力。国网山东省电力公司坚定不移在“一体四翼”发展中永创最好走在前列,创新实施“5+N”新高地攻坚行动,要求既要针对乡村电气化、供电服务等做强传统优势高地,又要针对客户侧、电网侧数字化、智能化管理等挖掘潜力优势高地。供电所既是供电企业业务执行的“最后一公里”,也是保障高质量发展的基础。供电所工作质量直接决定供电企业发展质量。保障战略落地、扩大高地优势,必须赋能基层实际需要,提高供电所核心业务水平和工作效率,为高质量发展提供强劲动能。

(三)市县一体化管理常态运转需要供电所持续做强做优

在国网山东省电力公司党委的坚强领导下,国网济宁供电公司市县一体化管理三年攻坚行动圆满收官,开启了常态化运转新阶段。蒋斌董事长在市县一体化管理总结表彰大会上要求,各部门、单位要以常态运转为方向,持续完善提升末端治理的机制和质效,更好地助力公司永创最好、走在前列。供电所作为公司生产经营管理的基本单元和重要细胞,是较为特殊的综合型一线机构,在队伍素质、

发展品质、管理效率、经营效益“两质两效”等方面距离市县一体化管理的要求还有差距。国网济宁供电公司作为市县一体化管理试点单位,必须主动扛起责任担当,聚焦供电所管理末端薄弱点,推动供电所管理一体化、标准化、规范化,将供电所打造成供电服务最强作战单元,贡献市县一体化管理常态运转新方案(见图 1)。

图 1　基于市县一体化管理的供电所“三级联创”体系构建

二、基于市县一体化管理的供电所“三级联创”体系构建的做法

(一)围绕供电所“三大职责”,明确“三级联创”工作目标

“管好设备、服务好客户、强化内部精益管理”是供电所必须履行的“三大职责”。国网济宁供电公司坚持问题导向、目标导向、结果导向,通过深入总结和调查研究,针对供电所存在的短板弱项和亟须解决的难点问题,明确了工作目标和努力方向。总体目标为:将供电所打造成供电服务最强作战单元,具体目标为:设备运维好、客户服务好、内部管理好(见图 2)。

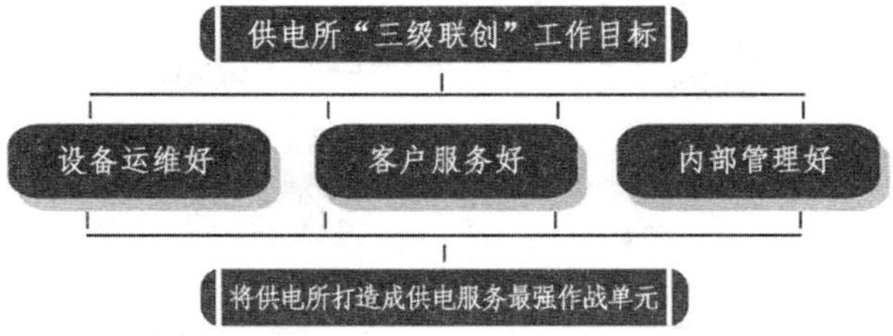

图 2　供电所“三级联创”工作目标

1.设备运维好

把高质量的电网作为高质量供电服务的基础，以可靠供电为着力点，着力消除配网薄弱环节，优化配网专业管理模式，提升配网运维水平，保障更为可靠的供电品质。优化配电线路、分支治理模式，加快完成存量重复停电设备治理，争创 60 个“零跳闸”供电所，频繁停电 3 次及以上台区数量同比下降 30%。供电所安全管理水平和员工安全技能水平显著提升，不发生严重违章和人身伤亡事故，不发生突发事件、安全事件迟报、漏报、瞒报情况。

2.客户服务好

坚持以客户为中心，以优质服务为着力点，精准对接客户需求，统筹调配服务资源，落实客户服务规范，推广应用信息化服务举措，为广大客户提供更加高效、便捷、精准、优质的供电服务。业务处理满意率大于 96%。电价执行准确率达到 100%。“网上办、零证办、一链办”保持在 100%。不发生服务舆情及“三指定”、乱收费等敏感事件。投诉、敏感意见工单实行提级管理，投诉数量同比下降 50%以上，创建 80 个“零投诉”供电所。

3.内部管理好

围绕重点工作，聚焦生产、服务两大业务，健全完善安全生产、供电可靠性、电能质量、营商环境、客户服务等工作的跟踪督导、帮扶指导和考核评价机制，有效提升供电所的精益管理水平，形成了自我改进提升的良性循环。提升供电所线路、台区、表箱、用户档案规范率，高压客户基础档案治理率保持在 100%，低压非居民、居民客户基础档案治理率保持在 99%以上。月度线路、台区高损清零，争创 80 个国网公司线损管理“百强所”。

（二）增强管理穿透，构建“党委管总、干部包保”指挥体系

国网济宁供电公司借鉴“军委管总”模式，构建“党委管总、干部包保”的指挥体系（见图 3），一方面通过党委把方向、管大局，快速响应前线所需所呼，实现

科学高效决策。另一方面，抓住领导干部关键少数，通过包保管理，快速把一线员工的思想认识统一到公司党委的决策部署上来，减少了管理层级，强化了作战思想保障、组织保障。

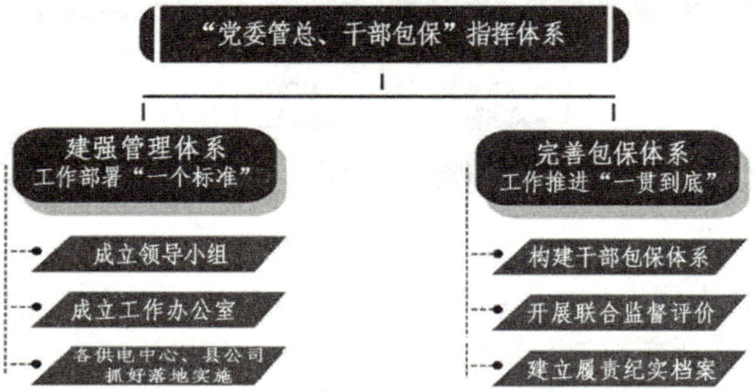

图 3　“党委管总、干部包保”指挥体系

1.建强管理体系，做到工作部署“一个标准”

在传统的供电所管理模式下，营销部（农电工作部）负责乡镇供电所综合管理和营销服务管理，运检部负责乡镇供电所配电设施运行维护检修管理，各相关部门按照专业分工落实管理乡镇供电所的职责。由于权责部门较多，缺乏协同配合，导致了供电所管理链条长、重部署轻落实、穿透力不够、资源支撑不足等问题。国网济宁供电公司成立市县一体“三级联创”领导小组，负责研究深化“三级联创”建设，部署“三好”供电所创建，指导制定工作措施，监督工作成效，统筹安排项目资源，协调解决工作推进过程中的重大问题。成立市县一体“三级联创”工作办公室，负责落实“三级联创”建设部署，组织各专业、各单位完成任务清单编制，督导问题销号，定期通报工作进度，协调解决存在的问题，定期向领导小组汇报；定期组织各部门、单位总结经验，择优通报推广；定期选树专业指导和党员帮扶明星员工，激励员工积极作为、建言献策，持续提升供电所管理水平。各供电中心、县公司作为供电所管辖单位，负责抓好各项工作的落地实施。

2.完善包保体系，实现工作推进“一贯到底”

盯紧关键少数，减少中间层级，全覆盖构建供电所包保体系，每个供电所都由 1 名县公司或供电中心班子成员包保、提级管控，制定包保“到位七件事”，实现包保履责具体化、清单化。包保干部作为供电所的“指导员”，坚持把管人、管事、管思想统一起来，准确领会党委决策部署，吸收转化后向供电所长和供电服务职工讲清楚、讲明白，在基层一线统一思想、形成共识。及时关注员工思想，了解员工作风，倾听员工诉求，通过谈心谈话等方式交流思想、沟通工作、增进理解、凝聚合力。定期组织召开供电所工作调研会、务虚会,通过实地走访、指标分析、职工座谈等方式,摸清供电所工作存在的问题和短板,听取一线员工工作建议,在更高层级上为供电所制定措施、协调资源、解决困难。实施包保干部、供电所长履责定期汇报制度,围绕包保供电所主要指标完成情况及包保履责情况,每季度开展个人供电所包保履责总结。针对重点工作、重大任务,建立包保干部、供电所长履责纪实档案,每月安监、生产、营销、党建、纪检等专业向组织部专项反馈相关工作完成情况和评价结果,纳入干部包保档案。定期发布履责评价报告,纳入干部绩效评价和综合评价,全面激励了包保干部当担作为。

(三)上下联动攻坚,构建"专业主建、站所主战"作战体系

国网济宁供电公司借鉴"战区主战、军种主建"模式,学习实践"三三制战术"原则,打造面向问题和目标的联责联保作战模式(见图4)。安全、运检、营销等与供电所密切相关的专业作为一个个"军种",负责深入一线侦察摸清敌情,参谋指导帮扶,确定重点攻击对象;根据一线实际情况,会商战术打法,集聚管理资源、技术资源,开展专项提升行动。供电所作为一个个"战区",强化内部精益管理,加快业务数字化转型,不断提高供电服务作战能力,聚力攻坚冲上高地呼唤炮火,斩荆扛旗夺取胜利。

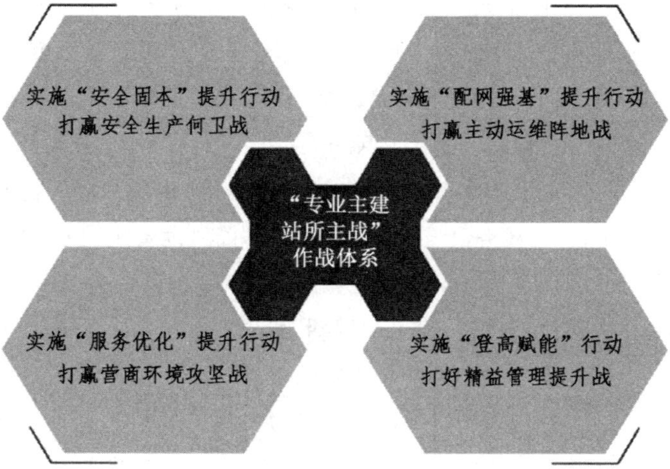

图4 "专业主建、站所主战"作战体系

1.实施"安全固本"行动,打好安全生产保卫战

强化安全技能培训,以安全生产事故分析及风险防范、关键风险点典型库、风控平台应用等为主要内容,统一组织完成全员安全培训,重点针对供电所"三

种人”、台区经理开展“理论+实操”的岗位适应性安全技能培训。强化安全工器具管理，开展“五查”专项行动（查责任落实、查采购验收、查检测试验、查使用保管、查检查考核），全面梳理排查安全工器具全寿命周期管理全过程存在的问题和不足。强化现场安全管控，制定配电停电检修“防反送电”9项措施，规范执行计划前勘察、作业前勘察、方案联合审查、作业前现场复核、检修现场核查督查“五步骤”，模板化推进“一图一表”（检修工作示意图、工作任务分工表）编制实施，明确安全措施布置标准、管控要求及各级人员责任。强化作业计划管控，将每周报送的停电计划、施工作业计划与工程项目计划进行对比分析，全面梳理生产检修、建设施工、小零散抢作业计划，统一纳入安全监控中心管控平台，常态开展“就地+远程”双督查，开发应用到岗到位App，推广持卡监督，严肃查禁违章，确保配网停电检修现场安全万无一失。

2.实施“配网强基”行动，打好主动运维阵地战

优化完善配网网架，对113个供电所配电线路运行和网架情况进行逐一调研分析，形成问题清单，运检、发展专业联合对县公司和供电中心电网“十四五”规划开展逐一审查，科学调整年度规划库项目，细化分解联络项目储备任务清单。严格控制计划停电，实施停电时户数预算式管控机制，将可靠性目标细化分解到每一个专业、每一个班所、每一条线路、每一个台区、每一个表箱，统筹全电压等级停电需求，强化综合停电管理；严格审批停电方案，将带电作业审核作为一票否决项，刚性执行停电计划，确保停电范围最小、停电时间最短、停电次数最少。攻坚重复停电治理，充分利用大数据手段，梳理近年配网线路跳闸高发因素，明确线路绝缘、局部绝缘、通道清障、电缆外破、鸟害、柱上开关及跌落开关等跳闸频发七类共性问题，集中开展配电线路“七防治”专项攻坚。提升配网运检水平，打造“设备主人+网格化服务”专业团队，构筑“设备主人+多劳多得”专业考评体系，引导供电所全面参与辖区配网规划立项、建设改造、竣工验收等全过程，实现设备主人对配网设备“全寿命周期”管理。

3.实施“服务优化”行动，打好营商环境攻坚战

大力开展线上服务，以中青年用电客户为主要目标用户，组织一线推广人员到企事业单位、商业综合体等中青年用户较多的区域开展推广活动，向客户宣传“网上国网”的便捷性；收集推广新用户的联系方式，在“网上国网”充电日前进行电话回访，主动告知客户充电日优惠活动，吸引推广的新用户再次登录。主动开展上门服务，结合党史学习教育“我为群众办实事”实践活动，深入开展“共谋新发展、四进送服务”客户走访，包保干部与供电所台区经理一起深入社区、村

庄宣传线上业务办理和安全用电知识;建立转供电客户常态走访机制,主动宣讲政策、了解用电需求,进一步增强客户黏性。深入开展阳光业扩,积极促请政府印发《关于争创营商环境创新改革示范区的实施意见》,在全省率先明确由政府全额承担1250千伏安及以下永久用电企业电力外线建设费用,实现供电企业投资和输配电价“零增加”,用户外线“零投资”。坚决治理“三指定”问题,按照从严、从重的标准,制定“三指定”考核问责标准,对2019年以来5.2万条业扩工程,开展“三指定”、乱收费等问题“拉网式、起底式”大排查,顶格处理违规行为,形成了“不敢为”的高压惩戒态势。

4.实施“登高赋能”行动,打好精益管理提升战

一体化培养提升队伍素质,围绕“知识型、技能型、创新型、自律型”供电服务职工队伍培养,全面开展台区经理、综合柜员岗位技能轮训,制定实施技能鉴定计划,举办“高手传帮带”等技能竞赛活动,大力培养“一专多能、一岗多能”的复合型人才。以场景化教育增强规矩意识,加强供电服务职工安全、服务、廉洁等从业教育,全面签订承诺书、责任状,引导员工遵规守纪、令行禁止,坚决守好“底线”“红线”“生命线”。以精细化管控推进提质增效,以“百强所、百强县”争创为导向,按月组织开展线损异常分析,找出问题根源,严格按照“日监测、日治理”模式开展异常消缺工作,开展线上、线下多种形式稽查,提高线损治理时效。以数字化转型提升工作效率,推广供电所“开门七件事”管理界面,将工单、投诉、线损、重过载等核心指标全部集成到了一个界面,方便供电所员工有针对性的安排工作该干什么、怎么干的更好;推广“工单驱动业务”新模式,根据设备状况自动研判生成巡视、低电压、重过载等工单,直接主动推送到供电所运维人员手机端,巡视人员对现场关键设备、存在的缺陷可现场实时拍照上传系统,后台可以监督查看线路巡视人员的历史巡视轨迹,完成由线下“管”到线上“监、管、研、评”的转变。

(四)凝聚工作合力,构建“党员帮扶、群众监督”保障体系

国网济宁供电公司大力弘扬“支部建在连上”的优良传统,规范供电所党员责任区、示范岗,组织专业部门党员组团上门帮扶、供电所党员联系群众职工,将供电所打造成坚强战斗堡垒。借鉴“士兵委员会”做法,畅通群众监督渠道,群策群力、凝心聚力,让群众成为供电所“主人翁”。

1.创新内部客户模式

各专业牢固树立“为服务客户的人服务”理念,将供电所作为工作的重心和

战场，积极围绕服务供电所履行好“三大职责”，强化项目、技术和资源保障，切实做到“约法三章”，即基层疑问必须答复、基层诉求限时解决、基层指导一步到位。针对供电所工作存在的共性问题，建立重点工作模板、重点任务清单，增强管理穿透力，自上而下明确干什么、怎么干、干到什么程度，提升一线人员的业务素养、专业标准和作战能力。针对供电所自身难以解决的问题，列出清单、提级管控，落实包保领导和业务部门责任，设立“解题时钟”，实行“超时追责”，确保问题在规定时限内解决完成。

2.创新党员帮扶模式

强化问题导向，针对跳闸、投诉、线损等问题突出的供电所，组织专业部门党员组团上门帮扶，开展送政策、送培训、送技术、送资源“四送服务”，联合供电所集中“会诊”，量身定制解决方案，用帮扶效果检验党性觉悟和履职能力。组织标杆供电所与落后供电所结对共建，建立党员定期交流机制，通过开展一次政治学习、一次指标交流、一次问题攻坚“三个一”活动，营造比学赶超的良好氛围。深化供电所与乡镇党支部结对共建，规范党员突击队、责任区、示范岗建设，带头攻坚创建乡村电气化示范区等重点任务，以实际行动助力乡村振兴。发挥供电所党员先锋模范作用，组建党员群众攻坚小组、互助小组，开展党员“一帮一”“一帮多”活动，带思想、带作风、带技能、带指标，推出“指标领先奖”“最负责任奖”等荣誉，赋能激发供电服务职工成就感、价值感。

3.创新群众监督模式

将“士兵委员会”建到供电所，由党建部和组织部牵头，在供电所内部设立群众监督小组，每季度围绕支部建设、指标提升、问题解决等六个维度，自下而上对干部包保、专业指导、党员帮扶情况进行民主测评，测评结果直接挂钩专业部门绩效考核和党员个人量化积分，工作好不好职工群众说了算，让群众成为供电所“主人翁”。组织办公室、组织部、纪委办公室成立联合督察督办小组，与专业部门建立线索信息共享处置会商机制，公开举报方式，受理投诉举报，主动接受群众监督。通过电话访问、现场走访、客户走访等方式，常态化开展落实中央八项规定精神和供电服务、业扩报装、项目验收、电费管理等关键领域监督检查，检查公司党委部署落地情况、优质服务情况等。

4.创新为民服务模式

在全部供电所党支部设立党员服务分队，做优“彩虹连心”七件事（彩虹实事、彩虹驿站、彩虹联建、彩虹练兵场、“三百”行动、阳光业扩、“绿电”快达），实行“一队一项目”，在尼山、渭河等服务乡村振兴、优化营商环境等重大工程现场，重点医院、居民区、工业园区等重要供电区域，因地制宜布点设立“彩虹驿站”，规范“一旗一约一精神、一牌一图一公示”软硬件标准，组织队员担任“彩虹专员”，定期开展驻点服务，筑牢为民服务的红色桥头堡。建立市县分级包保、各专业协同配合的客户走访沟通常态机制，包保干部带头联系对接重要客户，全面了解供电服务诉求收集及处置情况，对政府部门提出的或客户集中反映的热点、难点问题，实行“一事一议”，组织相关专业部门开展会商，剖析问题根源，找准症结，研究解决措施。建立督办问题清单和销号制度，对照问题，逐一落实责任部门、责任单位，明确时限要求，由包保领导和部门进行挂牌督办，设专人跟踪整改进度，确保问题得到及时、彻底处理，持续提升客户获得感、满意度。

（五）激发内生动力，构建“动态评价、多元激励”考评体系

国网济宁供电公司将供电所管理要求转化成“三级联创”评价标准，不增加指标、不增加资料，月度指导检查、季度考评兑现，激发“扛红旗、干最好、争第一”的内生动力。在“三级联创”中精准识别干部、发现人才，树立“以实绩论英雄、以结果论成败”的鲜明导向。

1.精准化设置指标

围绕“设备运维好、客户服务好、内部管理好”具体目标，加强运检和营销专业管理，深化营配业务融合，明确供电所业务支撑职责。制定《供电所“三级联创”建设评价细则》，明确提升客户服务水平、抢修业务规范、提升办电便利度、台区频繁停电、供电可靠性等19项评价指标及相关工作要求、评价标准、评价方法，同时设置发生安全事件、服务事件、行风事件等9项否决条件。设立分项权重，避免个别供电所短板导致失分过多。强化“三好”导向，促使供电所工作中心向设备、客户和内部挖潜聚集。依托信息化平台和新设备、新技术、新手段，积极推动数据深度应用、指标集中管控，以信息技术帮助供电所不断提高工作效率，让排名靠前的高位运行、持续争先，排名靠后立足实际、奋力追赶。

2.一体化评价验收

建立供电所“三级联创”动态评价验收机制，每月在线提取供电所指标数据，发布评价结果和诊断报告，指导供电所改进提升；每季度开展“四不两直”现场评价，与月度评价结果合并作为创建结果。指标排名第1～10名的供电所评为“标杆”，团队奖金按2021年月均收入增幅10%核定。指标排名第11～30名的供电所评为“优秀”，团队奖金按2021年月均收入增幅5%核定。排名后10名的供电所评为“不达标”，团队奖金按2021年月均收入降低10%核定。同时设

置进退步评价，排名在第31~112名供电所采用进退步考核，名次提升幅度最大的10个供电所团队奖金上浮5%，名次降低幅度最大的10个供电所团队奖金降低5%。

3.多元化激励考核

坚持评价一次、发布一次、兑现一次，及时发布“三级联创”战报，通过精神、物质双重奖励，增强一线员工的获得感。压实属地单位和专业管理责任，根据供电所“三级联创”情况对属地单位进行考核，根据供电所指标成绩对专业管理部门进行考核。由组织部按照供电所得分和现场检查结果评价包保干部工作成效，按照专业部门得分评价专业部门工作成效。由党建部按照党员帮扶得分评价党员帮扶工作成效，纳入党员量化记分和先进评比。探索台区经理“小团队”“小指标”竞赛等模式，用活团队绩效管理机制，实行“队内互助、队间比拼”，用业绩说话，拉大收入差距。从“与目标比、与自身比、与先进比”三个维度创新评价台区经理等一线工作人员，缩短激励周期，推出供电所内部“星光奖”“首创奖”“指标领先奖”“最负责任奖”等奖项，赋能激发职工成就感、价值感。

三、基于市县一体化管理的供电所“三级联创”体系构建效果

（一）为乡村振兴提供了有力支撑

一是供电能力明显提升，全市配网过载线路清零，重载线路、重过载配变比例同比压降83.33%、42.42%，故障停运率同比压降63.27%；频繁停电3次及以上台区数量同比下降30%、全市万户报修率同比压降30%。二是服务水平明显提升，“网上国网”推广104.3万户，“网上办、零证办、一链办”成为新常态；全市投诉同比降低80.19%，95598工单回访满意率96.16%，位居全省前列。三是供电所建设明显提升，实现管理信息化、协同高效化、服务立体化，全力支持农村地区分布式光伏、分散式风电等新能源发展，因地制宜推广电气化育苗、大棚种植、畜牧水产养殖、电烘干等技术应用，全面增强了服务乡村振兴保障能力。

（二）为战略落地打下了坚实基础

一是建立了“一个标准、一贯到底”的供电所管理模式，实现了供电所专业管理模式由各自为政的模式向扁平化、垂直化模式的转变，大幅提高了工作效率。二是建立了模板化、清单化的工作落实方法，消除了工作部署中的层层衰减、变形走样问题，破除了工作执行中的侥幸心理、盲点漏洞和工作短板。三是

建立了干部包保、履责评价和供电所员工激励考核制度，供电所绩效工资最大差距达到15%，员工绩效工资最大差距超过40%，激发了干部员工立足岗位、干事创业的热情，实现了从“要我干”到“我要干”“我们干”“能干好”的转变。截至2021年10月底，供电所人员技能取证率达到92%，其中技师人员占比为1.55%，高级工人员占比为90.48%。

（三）为提质增效提供了强劲动力

一是用精益化管理标本兼治线损问题，综合线损率完成2.69%，同比降低0.8%，降幅全省第三；2021年8月、9月连续两个月国网同期线损百强县、百强所入选数量全省第一。二是用数字化手段优化管理流程、推进减负增效，首批推广供电所“开门七件事”模块，全景掌握辖区内设备状况；率先落地配电“工单驱动业务”模式，巡视工单、0.4千伏抢修工单应用率全省第二。三是用一体化模式促成市县两级政府全部出台1250千伏安及以下永久用电企业电力外线“零投资”政策，实现了供电企业投资和输配电价“零增加”、用户外线“零投资”。

成果创造人员：缪庆庆　赵　岩　张　鹏　路庆东　王武学　胡腾华　马　跃

施工企业以提质增效为目的的大型设备专业化管理

中铁十四局集团第五工程有限公司

摘要：公司依据“统一领导，分级管理”的原则，建立科学的设备管理机制，坚持执行“以管为主，以修为辅”“预防为主，安全第一”的方针，实行“集中管理”和“经营租赁”，扎实推进大型设备专业化管理。公司采取系列措施：成立大型设备管理专业队和专业化管理中心，通过下发各类制度办法，规范大型设备专业化管理，推动专业队及专业化管理中心朝着更为专业化、标准化、信息化、精细化管理方向发展。同时，大胆创新，对公司焊轨中心实施模拟股份制改革，成为行业领先的管理举措，通过品牌效应，公司专业队及专业化管理中心积极对外承揽业务，为企业创造了良好的经济效益，为企业提质增效打下坚实基础。

中铁十四局集团第五工程有限公司（以下简称“中铁十四局五公司”）是由建设部核定施工总承包一级资质企业隶属于“世界500强”企业中国铁建旗下的十四局集团现有员工2080人其中注册建造师89人有职称工程技术和经济管理人员780人企业注册资本金2.6亿元资产总额24.83亿元下辖40余个工程项目部年施工生产能力在50亿元以上公司是集团公司唯一一家具有铁路从线下施工到制梁、架梁、轨枕生产安装、铺轨、高速道岔铺设、焊接、整道、线路临管一体化作业能力的综合工程公司拥有各种大中型机械设备1100余台（套）机械设备总功率107168千瓦机械设备原值10.867亿元净值3.515亿元人均动力装备率66.65千瓦/人公司主要经营铁路铺轨架梁施专业特色明显配备的机械设备主要包括5套高铁提运架设备和1套运架一体机、11台（套）普铁架桥机组（DJ180、PJ165架桥机组）、1套U梁架桥机、2台PK32铺轨机组、4台500米长钢轨铺轨机（高铁、普铁）、5台钢轨闪光焊机、4台捣固车、2台稳定车、2台配碴车、13台DF4B内燃机车和2套轨枕生产线等各类国产、进口铁路、公路、桥隧等施工、生产、运输、测量实验设备。近两年公司施工领域得到新拓展进入地铁管片预制、地铁铺轨等领域　设备投入力度加大设备种类呈多元化发展趋势。

一、施工企业以提质增效为目的的大型设备专业化管理的实施背景

(一)规范建筑行业大型设备管理的必然要求

建筑施工行业作为国民经济的重要支柱,不断推动国家经济的发展。施工行业、施工企业的快速发展离不开机械设备的投入、使用及管理,设备使用管理的好坏影响着建筑施工的发展速度、产能效益。目前,随着企业规模的迅速扩大、企业经营范畴的不断扩张、市场竞争的日益激烈,施工企业机械设备管理存在的问题不断凸显,尤其在设备操作、设备维修保养、设备配件管理、大型设备租赁、设备业务资料管理等方面问题不断。大型工装设备,因专业性强、施工风险高、施工配合要求高等,导致设备管理面临着很多挑战。就国内众多施工企业来看,在大型设备管理方面还不具备一套专业化、标准化、具有可推广使用意义的大型设备管理模式。因此,大型设备专业化管理成为规范建筑行业大型设备管理的必然要求。

(二)充分发挥设备使用效率的内在需求

公司拥有各类铁路铺架大型专用设备,大型设备是五公司的主要生产力。设备的使用效率决定着企业的生产经营水平,围绕管好用好设备,提高设备使用效率,充分发挥设备效能的设备管理理念,公司实行了大型设备专业化管理模式。经过近 5 年的建设运行,专业化管理全面提升了设备使用效率,降低设备闲置率,节约设备维修保养成本,成为公司的特色管理,对企业健康发展有着重要意义。

(三)企业提质增效的必由之路

公司自 1989 年成立以来,从简单的土石方施工,到专业路基、路面、桥梁、隧道等专业化发展,再到以市场为导向,全力开拓进取公路、铁路、市政、水利水电、桥梁隧道等综合施工为主,以铁路铺轨架梁为特色的和核心竞争力的大型施工企业。公司成立初期,设备数量少,机械化程度低,只有兵改工时代的 20 台越野

车、10台黄河自卸车、几台推平碾压的机械，1996年公司购置第一台铁路DJK140型架桥机，标志着公司进入铁路铺轨架梁的新时代。2000年初，随着国内第一条高铁津京城际铁路的修建，中国迎来高铁时代，企业紧跟时代发展步伐，为提质增效，保障施工，公司购置铁路提运架设备、铁路铺轨设备、大型养路设备、焊轨设备、轨枕生产设备等大型设备。2005年，公司仅拥有原值100万元以上设备6台，设备固定资产原值2807万元。时至2016年，公司已拥有原值100万以上设备129台，设备固定资产原值近10亿元，与2000年以前相比，设备数量增加20余倍，设备总资产增加22倍。为管好用好如此数量庞大、种类繁多的机械设备，实现企业提质增效、降本升级，专业化管理成为必然选择。

二、施工企业以提质增效为目的的大型设备专业化管理的主要做法

（一）制定目标规划，确立设备管理专业化的指导思想

定立专业化管理基调，力推专业队建设。2009年，公司多次组织召开大型设备管理专题会议，分析探讨同行业大型设备各类安全事故，并就如何规范大型设备管理，全面培养设备管理专业队管理人才、尖端设备操作人才、高效的专业维修和技术人才、降低机械设使用成本，以及如何打造企业核心竞争力，深入研究适合公司大型设备管理发展的新路子，大型设备专业化管理思路应运而生。专业化过程的实施以设备管理使用为基础，公司依托现有大型设备，组建大型设备专业队，负责PJ165架桥机及配合机械的管理使用。

确立管理指导思想，深化设备专业管理。公司确立加强制度体系和组织机构建设（见图1）、规范设备使用、狠抓设备维修保养、紧盯设备安全管理、控好设备使用成本、延长设备使用寿命、实现设备创效能力最大化的设备管理指导思想，深化设备专业管理。

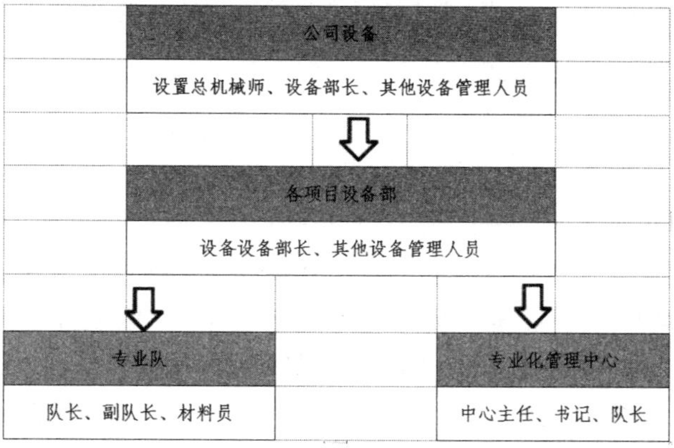

图1 公司设备管理的组织机构设置

(二)构建职能部门、配套管理制度,力推专业化管理

1.机构与人员设置

为全面落实设备专业化管理,公司成立设备部,各单位项目相应成立设备部,设置专职人员,公司设立总机械师一名,做到权责明晰,责任落实到人。按照“统一领导,归口管理,分级负责”的原则,构建了公司、项目部和专业队三级管理平台,共同对大型设备专业化的管理负责。公司设备部负责专业队在组建、调配、转场、息工阶段的管理,施工阶段由项目部统一管理,专业队则具体负责现场施工工作。专业队在建设、人事管理方面由公司设备部、人力资源部共同负责设备管理和人员调配。坚持定岗定责、人机固定、人随机走的设备管理原则。专业队设队长、副队长、专职安全员、操作司机、统计材料员、各工序工班等人员,根据项目设备需要,专业队人员随设备整体调配,未经公司许可项目部不得随意调动人员。稳定关键岗位人员,对表现突出的临时用工人员优先考虑转成劳务派遣或正式职工。

2.配套办法制度

公司建立健全质量管理、环境管理和职业健康安全管理运行体系,下发《设备专业化管理程序文件》《管理手册》《大型设备专业队管理办法》《四大专业化管理中心管理办法》《公司项目对四大中心信用评价办法》《关于大型设备专业队定期召开队级设备安全会议的通知》《关于加强大型设备管理的通知》《大型施工机械管理暂行办法》《特重大设备事故应急救援预案》等文件,明确了专业队管理模式和主要职责,促进了专业队管理制度化、规范化。为管好用好大型设备,总结施工管理经验,编制两册《大型设备管理手册》,作为现场大型设备作业指导书。

(三)明确工作职责,实施专业中心、专业队分类管理

根据大型设备专业化施工特点,公司将所有大型设备集中归类,分为高铁提运架设备、普铁提运架设备、铺轨设备、机运设备、焊轨设备、线路养护设备等。依托大型设备组建高铁架梁专业队、普铁架梁专业队、铺轨专业队、机务运输专业队、焊轨专业队、养路养护专业队等。经过 8 年的发展已组建专业队 21 个,其中箱梁架梁队 6 个,T 梁架梁队 9 个,U 梁架梁队 1 个,公路架梁队 2 个,长铺队 2 个,钻机队 1 个。

为进一步推动专业化管理,公司将原机务运输专业队、焊轨专业队、线路养护专业队及混凝土设备管理专业队等进行整合,成立焊轨、大养、机运、混凝土设备四大专业化管理中心。

专业队负责管理、使用、维修、保养铁路提运架设备、铺轨设备及多功能钻机,四大中心分管专业化程度较高、设备功能相似、集成度高的焊轨设备、大养设备、机运设备及混凝土设备。

(四)依托大型专业设备,强化专业队伍管理

1.专业队管理运作模式

(1)专业队的组建。根据大型设备的专业化施工特点,成立专业队。例如为 900 吨高铁箱梁架梁施工而成立一支高铁架梁队,需配备 900 吨轮胎式搬运梁机、450 吨门式起重机、900 吨轮胎式运梁车、900 吨架桥机等设备,专业队实行队长负责制,下设搬运梁机工班、450 吨门式起重机工班、运梁车工班、架桥机工班,工班负责工序,有机结合,配合施工。

对新组建的专业队,坚持“扶上马、送一程”的帮扶原则。新组建队伍岗位人员分工、设备运输组装方案制定、操作及施工人员培训、人员安全教育、首次开架、开铺、开机施工等,由厂家及公司设备部全程指导帮助,确保顺利进入状态,机制有效运行。

设备部根据项目施工组织设计,在调配设备方面,原则上大型设备专业队队伍要整体调动,单台设备调动坚持“人机固定、人随机走”原则,主司机及相关人员随机调动。根据施工需要专业队“定岗定编”,编制人员花名册报公司备案,设备部定期对专业队人员变动情况进行更新。专业队主要岗位人员由公司统一

下文明确。大型设备专业队工资待遇：队长参照项目部部长，副队长参照项目部副部长，设备司机、设备指挥参照项目一级部员标准，司机在本工作岗位满三年以上的，经考核优秀者按照副队长待遇发放。

（2）专业队管理运作模式。项目进场初期，结合项目工程概况及施工组织设计，确定项目施工生产需配置的机械设备；公司统筹机械设备整体情况，实施配套调配，根据“人随机走”的原则，调配专业队。

坚持“统一归口管理，分级负责”的原则。构建大型设备专业队三级管理平台：公司设备部为一级管理平台，负责专业队的宏观管理及项目间调配协调；项目部为二级管理平台，负责在项目期间对专业队的指导监督管理；大型设备专业队为三级管理平台，为落实大型设备施工的执行主体。

大型设备操作使用管理，必须实行“三包三定”制度：定人、定机、定岗，包使用、包保管、包养修。坚持“人机固定、人随机走”的模式。搞好大型设备专业队的成本核算，把工费、成本消耗、产值、进度、质量、技术状态和安全指标有机结合。严格落实检查和保养计划，坚持定期检查和保养制度。设备操作人员持证上岗，严格安全技术操作规程，确保大型设备正常运转。

在配件管理工作方面，必须严格把好“计划申报、供货质量、到货验收”三关。建立账务清查盘点制度，进出料要收发有据、账务相符，定期检查保养，做到无丢失无损坏、无锈蚀、无霉烂变质。为降低大型设备的采购成本，确保采购质量，对价值较高、使用数量较大的配件，公司设备部统一定点采购。

大型设备退场前由调出项目进行一次全面的修复工作，使设备处于完好状态。大型设备调入后，调入项目要及时对设备进行一次全面的检查、保养和维修工作。

2.专业化管理中心管理运作模式

（1）四大专业化管理中心的组建。公司结合设备类型、专业化施工特色及经营现状，对焊轨专业队、大型养路化机械专业队、机务运输专业队、混凝土制品专业队等进行改制，新成立焊轨中心、大养中心、机运中心、混凝土设备管理中心等四大专业化管理中心。公司专业队和四大专业化中心负责使用管理 5.3 亿元设备，占公司设备总资产 61%。

（2）中心运作模式：各中心设备以租赁形式（工程量承包形式）投入公司各项目施工生产。

焊轨中心、机运中心、大养中心、混凝土设备管理运作模式类似。公司下发《中心管理办法》，明确中心组织机构及人员设置、主要职责与工作目标、经营管理模式、安全质量等要求。

项目使用中心设备时，根据《项目管理规划书》向公司编报《设备资源配置方案》，公司对项目所需设备统筹安排。中心根据公司设备审批计划，做好设备、队伍、人员的调配。中心设备所需材料、配件的采购，由项目部代购，中心主任审批，达到集采规模的，必须纳入公司集中采购（或网购）。

设备保养按照"养修并重、预防为主"原则，建立设备维修保养制度，有计划地进行维修保养，确保设备正常运转。设备使用、日常维修、保养实行队长负责制。中心设备的使用，严格按设备操作手册，持证上岗，禁止违章作业、违章指挥。中心设备闲置时，项目不得从外部租赁设备。中心运作时，与项目签订内部施工合同，根据施工单价及设备闲置期间承担的费用，以实际完成的工程量进行计价。中心购置1万元以上设备配件和维修，报公司设备部审批。

为提高设备利用率，在满足公司内部使用情况下，中心可对外进行设备租赁或任务承揽。

（五）实施模拟股份制改革，试点设备管理新举措

为开拓公司焊轨市场，调动焊轨中心人员积极性，增强焊轨中心团队主动经营、滚动发展的意识和能力，结合焊轨中心任务灵活机动的实际，公司提出以焊轨中心为试点，设定"投入设备三年回本、五年盈利50%，设备基本完好"的目标，尝试推行模拟股份制经营模式设想，经反复调研、论证后，进行实施运作，取得良好成效。

公司以焊轨中心正在使用所有大型设备（焊轨机、车辆）的评估净值作为初始总股本，焊轨中心团队以现金出资购买方式入股，双方具体的出资方式、出资额和持股比例，按照公司以大型设备出资，出资额为设备净值减去焊轨中心出资额，持股比例90.8%；焊轨中心以货币形式出资，出资额为166万，持股比例9.2%。焊轨中心团队拥有的股权不得转让。

焊轨中心所有的投入设备折旧、大修、人员工资、管理费等均按公司成本管理办法、财务规定计入焊轨中心成本。焊轨中心在完成年度上交款后［上交款计算公式：（产值×80%－成本）×70%］，公司将按照实际持股比例对焊轨中心团队进行利润分配。

模拟股份制是公司借鉴股份制理论，将其用于公司内部管理的一种经营模式。模拟股份制实施后，双方隶属关系不变，焊轨中心必须执行公司各项管理规定，经营按照《公司法》约束的股东关系，出资人以其出资额对焊轨中心承担有

限责任。通过股权激励,焊轨中心单位、个人利益与企业利益紧密相联,有效激发焊轨中心团队的潜能,达到企业发展和员工受益双赢目的。

(六)融入多重管理手段,提高设备管理效率

1.以信息化为支撑,实施设备管理无缝覆盖

公司全面推广"设备管理二维码",为设备办理"身份证",通过微信扫一扫,不用翻阅资料随时随地掌握设备信息,包括设备照片、名称、规格型号、生产厂家、设备原值、出厂年月、操作人员、管理负责人、设备履历等。为提升办公效率,节约设备管理业务审批时间,公司引进 OA 协同办公软件,设备管理流程实现网络化,解决纸质审批情况下的时效性差、保存归档不便利等问题。同时,公司为大型提运架设备安装了监控系统,每台设备的司机及专职安全员可以清楚直观地监控设备运行状况,确保设备安全运行。

为确保使用的每盘混凝土都满足设计规范要求,在混凝土搅拌站安装信息化管理系统,通过这一系统,各级管理人员及现场关键人员可实时掌握混凝土质量。为加强大型设备专业化管理,公司设备部建立大型设备专业队管理 QQ 群,对各专业队进行实时、全方位的管理,成为文件通知下发、各队互相交流信息、借鉴技术难题解决方案、相互比学赶帮超、创先争优交流的平台。

公司同时引进设备管理系统、设备物资采购平台、吊装协作网等,通过网络提升公司设备专业化、系统化管理水平。

2.以标准化为前提,促进业务水平全面提高

(1)大型设备管理资料模块化。公司将大型设备管理所有内业资料整合为管理办法制度、设备资源配置、设备台账管理、设备运营管理、设备安全管理、设备成本管理六大模块,公司负责大型设备管理资料编报整理,项目部负责大型设备业务资料的收集、整理、归档,专业队负责现场使用填报。

(2)大型设备管理业务审批流程化。公司将大型设备全生命周期管理过程分 5 项业务 11 项流程,即采购、租赁、调拨、大修、报废 5 项业务和需求、采购、租赁、调拨、合同、结算、付款、列资、报检、大修、报废等 11 项流程。

3.力推成本精细化,把脉大型设备使用成本

在大型设备管理方面力推单机单车核算,全面掌握机械设备使用成本,查找薄弱环节,堵塞漏洞,实现使用成本最小化。公司大型机械设备自投入项目使用后,汇总设备调遣运输费、维修费、安装调试取证费、人工费、配件费、油料费、折旧大修等全部费用,形成设备使用费统计表,公司掌握机械设备使用费成本,将费用核算

到完成单位工程量的成本，通过横向纵向对比分析查找原因、解决问题，降低设备使用成本，实现设备精细化管理。

4.引入第三方检测，强化大型设备安全管理

引进第三方检测，邀请有资质的单位与设备厂家对企业大型设备进行全方位检测，对重要受力构件焊缝进行无损探伤，对刚度进行荷载试验，对整机进行应力测试，最后形成安全评估报告，确保每一台机械设备使用时均安全、平稳、可控。在用的大型机械设备，要求项目张贴安全操作规程，编报拆装设备方案，确保设备安全管理。

（七）加强设备专业化培训，提升专业化人员素质

1.定期培训，提升管理人员综合水平

为规范项目设备管理，公司形成了一整套标准化的管理程序，统一规范，统一标准，统一考核，使设备管理形成一个管理闭环。公司每年定期对设备管理人员组织培训。

2.导师带徒，增强新进员工业务素质

对于新入专业队的员工，根据人员岗位情况，进行专项岗前培训。人员正式入职后由现场工班长或其他负责人进行现场具体指导，手把手教学，直至人员能够胜任岗位工作。对于必须持证上岗的，公司不定期集中组织培训，统一办理，确保持证上岗。

3.集中培训，强化作业人员操作能力

公司取得大型特种设备拆装资质后，为节约大型特种设备拆装成本，定期统一集中对专业队人员进行拆装作业培训，取证后大型设备的拆装均由公司专业队负责，节约拆装成本。

4.活用班会，深化作业人员安全意识

为确保安全施工生产，公司要求专业队必须严格执行班前会制度，每日上班前对当日的工作任务进行部署，强调关键点施工安全，对设备整体情况进行汇报，强化大型设备安全管理，落实工作职责。

三、施工企业以提质增效为目的的大型设备专业化管理效果

（一）提高了设备管理水平

大型设备管理全生命周期执行“人机固定、人随机走”的管理模式，为实现

设备使用管理“知根知底”，安排专人负责，避免设备使用时盲目蛮干与拼设备现象发生，延长了机械设备的使用寿命。管理上落实“队长负责制”，坚持做到“三好四会”，发挥了设备效率，增长设备大修周期，减少设备大修资金投入，降低成本消耗，保证项目正常施工生产。为方便设备维修、配件筹措和供应，防止配件积压，在大型设备配件采购上坚持“零星采购为主、适量储备为辅”的原则，实施“单机单车核算”管理，有效降低大型设备使用成本，通过队级横向、纵向对比，查找设备使用成本提高原因，通过专项整治，降低同类型大型设备使用成本。专业化管理覆盖公司大型设备管理全生命周期，“三级管理”模式有效控制设备使用管理各个环节，有使用、有管理、有监控，环环相扣、层层落实，降低安全风险，为企业施工安全保驾护航。

（二）提升了设备的创效能力

公司自取得特种设备安装改造维修许可资质后，依托专业队组建自主拆装队伍，公司统一组织培训取证，安排专人负责。已安全高效地完成 230 余台特种设备拆装，累计拆装 900 吨架桥机 13 台、900 吨提梁机 18 台、450 吨龙门吊 16 台、普铁架桥机 35 台、其他设备 148 台（套），较外部拆装为公司节约特种设备拆装成本约 1100 万元。

结合公司设备种类多、数量大、分布广、管理难的特点，公司鼓励四大专业化管理中心、专业队，走出去对闲置大型设备采取外租、劳务承包等方式，提高闲置设备的使用效率。四大专业化管理中心利用自身灵活机动的特性，目前已成功承揽焊轨、线路养护、机务运输等施工任务 14 项，签订合同额 1500 余万元。公司通过设备厂家及兄弟单位等渠道，捕捉大型铁路设备租赁市场有效信息，通过现场走访、调查、投标、邀请等方式成功承揽多项闲置设备外租承包任务，签订合同总额近 1000 万元，有效解决了公司设备闲置期间存放场地、设备折旧大修、设备维修保养、人员息工待岗等问题。

今后，公司将不断规范大型设备专业化管理，提高设备利用效率，降低大型设备使用成本，推进企业降本增效、提质升级，实现良好的经济效益和社会效益。

成果创造人员：丁文长　刘元宝　仙进兵

基于工业互联网技术的热电生产全流程管理

山东泰山钢铁集团有限公司

摘要：山东泰山钢铁集团有限公司依托于泰山钢铁工业互联网平台，实现热电公司现场电机、风机、汽机、65MW锅炉等关键设备的连接通讯和全网覆盖，保障设备运行安全稳定，实现远程设备点检；精简岗位人员，降低现场人员的复杂繁重的工作量，提高工作效率，提高现场各种突发和异常故障处理的及时性和高效性；同时优化了煤气发电系统作业方式生产系统，改善和调控了煤气使用流程，降低了成本，具有很强的经济性和实用性。

山东泰山钢铁集团有限公司（以下简称“泰山钢铁”）位于泰山东麓的山东省济南市莱芜区境内，有着近50年的生产经营历史，是一家以不锈钢为主打产品，以精品板带材为主体，集新材料、能源电力、国际贸易、机械制造、物流运输、房产开发、酒店服务等多业并举和产学研协同发展的现代化企业集团。泰山钢铁先后荣获全国守合同重信用企业、AAA级信誉企业、国家新材料产业化基地骨干企业、全国劳动关系和谐示范单位、全国双强百佳示范单位、全国钢铁工业先进集体、山东省第六届专利奖金奖、山东省100强企业、山东省诚信百佳企业、山东省专利园区、山东省思想政治工作十佳单位、山东省企业文化建设十佳单位等奖励或荣誉称号。自2008年以来，泰钢跻身中国企业500强、中国制造业企业500强、中国民营企业500强，企业产品知名度、企业知名度和法人知名度不断攀升，核心竞争力不断增强，在业界享有极高的声誉。近年来，泰钢集团企业品牌不断攀升，综合实力显著增强，并荣列我省制造业高端品牌培育企业品牌价值50强名单中，成为山东省品牌建设领域的一面旗帜。集团公司始终以高质量发展为契机，以新旧能源转换为引擎，按照提质量，树品牌的指导思想，重视品牌培育、不断提升品牌价值，发挥品牌引领作用，走出一条民营企业实施品牌战略的成功之路。

一、基于工业互联网技术的热电生产全流程管理的背景

（一）钢铁企业智能化发展的潮流趋势

钢铁企业的发展与信息化建设越来越紧密结合，包含新技术、新设备、新工艺的专业信息化路线应运而生，信息技术广泛应用于生产、运营、管理等各个层面；同时，信息化的应用也强力地推进了钢铁企业的精细化管理进程，为生产过程自动化创造了手段和平台。在钢铁企业信息化过程中，伴随着技术创新、管理创新、体制创新，钢铁行业智能化、绿色化发展已成为潮流趋势。

当今物联网技术迅猛发展的新形势下，冶金行业生产过程监控和数据采集探索到一种新的方法，物联网技术是在工业互联网技术的基础之上，利用数据通讯等技术实现现场设备的自动监控和生产信息的互联和共享。生产全流程管控系统是基于以物联网技术为基础的生产过程控制和调度自动化系统，通过对现场设备进行在线实时监测和控制以及生产信息的实时采集处理上传，从而实现对整个生产过程的闭环反馈控制，达到智能化远程管控。

（二）泰山钢铁实现热电生产全流程智能管控的必要性

近年来，在董事长提出的“党的领导、思想政治工作、企业管理和科技进步”四轮驱动的发展战略下，泰山钢铁积极响应国家智能制造的号召，能源结构不断优化，设备制造取得突破，科技创新成果显现，绿色发展理念深入，开发实现了无人值守自主计量项目，提出并现场应用了智能机器人等智能化方案，积极推进企业管理向智能化方面发展。

结合热电公司生产实际情况，在当今物联网技术和大数据分析技术发展的环境下，设计实施了热电公司生产过程智能化管控系统的方案，实现了现场主要电气设备的集中远程监控和控制。因此本系统的设计实施是积极推进泰山钢铁信息化、智能化管理理念的一次尝试，此系统的应用提高了热电公司生产和管理的自动化水平，极大地提高了工作效率，为泰山钢铁的 MES、ERP 系统的应用提供了关键的技术保障。

二、基于工业互联网技术的热电生产全流程管理的做法

为了提高工作效率,降低现场设备故障率,节省经济成本,达到精细化管理和节能降耗的目标,泰山钢铁在已搭建的硬件平台基础上,利用上位机监控软件实现现场生产过程的实时监控,并利用力控软件提供的数据库实现现场数据的采集、处理、分析和存储。系统采用 B/S(浏览器/服务器模式)结构,主站服务器具备 WEB 发布功能,充分利用目前的公司级工业以太网络,可满足用户根据系统分配的权限通过办公网络进行登陆的需求,实现了热电公司生产工艺流程的监控和管理以及生产数据信息的共享。

(一)调查生产工艺及数据采集系统现状,制定改造措施

热电公司主要包括 TRT、电鼓、65MW 等系统,采用施耐德 PLC 控制系统、西门子 PLC、新华 DCS 控制系统以及上位机监控软件系统,而现场各生产工艺段相对分散,设备采集点数较多,生产周期长,生产区域分布点多面广,生产工艺控制复杂。因此,改造初期,公司针对各工艺段进行了前期详细调研,确定了业务需求,并根据调研结果进行梳理和分析,确定了合理的改造方案和措施,为平台建设打下了基础。

(二)充分利用先进的信息化技术,为系统搭建提供保障

热电公司生产全流程管控系统采用工业自动控制技术、网络通信技术、数字可视化监控技术,在物联网技术和大数据技术的支撑下建立集图像、数据、现场设备控制于一体的智能化监控系统,为现场设备的嵌入式连接和所有数据信息的分析处理提供了技术平台。本系统还利用大数据技术,实现了现场海量数据的采集、处理、存储与共享,特别是热电生产信息采集系统,将实时数据库和关系数据库集成到一起,发挥了数据库在数据通信、数据存储、数据处理等方面的专业化功能,能够大大降低数据的冗余性和数据不一致的概率,能够为大容量的历史数据的分析应用提供便捷稳定的数据支撑,真正达到热电数据管理控制的一体化要求。

1.根据生产工艺及数据采集系统要求,规划网络架构

热电公司现场每个生产环节都单独使用一套 PLC 控制系统,根据现场工艺分布情况:1#电鼓、3#电鼓、1#TRT、2#TRT 四个生产工艺过程,通过数采机采集现场的生产数据信息,并将集中采集的数据通过 OPC 协议传输给数据服务器;

1#65MW和2#65MW是通过力控通信网关进行数据采集,然后传输到数据服务器,而数据服务器则将采集的数据信息通过WEB发布功能进行信息共享。这样,现场维护人员和公司管理人员可以方便地通过IE浏览器和账号密码对现场工艺过程进行监控和管理,系统网络架构图如图1所示。

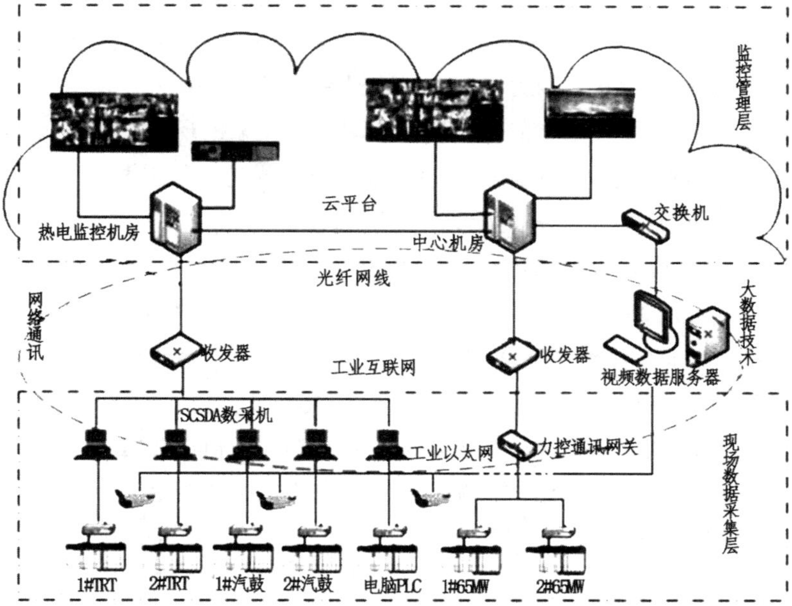

图1　系统网络架构图

2.依据物联网、大数据技术,实现远程管控

热电公司生产全流程管控系统针对各生产工艺的特点,采用物联网技术、大数据技术、视频通信技术、工业自动控制技术等先进技术,实现了热电公司现场关键设备的集中远程监控和控制。同时系统还集成了实时数据库和关系数据库功能,既能为大容量的历史数据的分析应用提供便捷稳定的数据支撑,也充分利用数据压缩技术,大大降低数据的冗余性和数据不一致的概率,综合两者的优势,同时满足控制和管理的要求,真正达到热电数据管理控制的一体化要求。

物联网技术:物联网技术是工业互联网的基础,该技术在企业技术改革中发挥着催化加速的作用,物联网技术将现场设备和仪表连接在一起,进行集中监控,为现场设备的嵌入式连接和所有数据信息的分析处理提供了技术平台。本系统将热电各生产环节工艺设备、仪表等通过传感器进行连接,实现了现场关键设备的互联。

可视化监控技术：热电公司智能化监控系统通过采用智能摄像机和视频服务器，利用视频监测技术、计算机网络技术、无线传输网络等先进的信息技术，实现热电工艺流程可视化、智能化管控。实现对关键设备、关键部位的实时监控录像，实现对设备及人员的移动侦测、事件处理、区域报警等功能，人员可以通过手机 APP 功能查看现场情况，从而达到热电公司设备运行过程的可视化和智能化管控。

大数据分析技术：综合考虑热电公司现场数据容量大，种类多，充分利用公司服务器、数采机、网关以及力控软件的数据库等搭建的私有云平台，集成了实时数据库与历史数据库的功能，采用压缩算法对采集来的现场数据进行处理，可以提高数据加载性能和数据访问能力，实现高效的数据查询，这样可以提高数据库中一些数据的利用率。

力控工业通信网关技术：力控工业通讯网关基于嵌入式平台和实时操作系统，配备 10/100M 以太网口和 RS485/422/232 串口，支持多种协议转换。采用高性能嵌入式计算平台，内嵌通信采集规约库和转发规约库，可以实现采集多个不同子系统的数据，进行数据集中汇总、分类和预处理，并对多个上级调度平台系统进行数据转发。可作为分布式数据采集装置、工业协议转换网关、电力通信服务器或通信前置机等使用，广泛适用于 SCADA、工业自动化、电力自动化和智能交通等行业。

（三）项目控制系统的建设

1.远程视频监控系统

远程视频监控系统主要由前端设备、通信设备以及监控中心构成。结合热电公司现场生产工艺环节，在现场安装海康数字高清监控摄像机、视频服务器等前端设备，通过网络传输设备，在物联网技术和可视化视频监控技术的支撑下，实现了在监控中心机房远程监测现场设备和工艺。远程视频监控系统架构图如图 2 所示。

2.数据采集处理分析

综合考虑分析热电公司现场工艺分布情况，每个生产环节都单独使用一套 PLC 控制系统，根据不同现场不同工艺生产情况，采用数采机和网关两种方式实时采集和处理现场过程控制组网的有效数据，并将采集的数据通过 OPC 协议传输给数据服务器，最终通过 Web 发布功能实现向多个应用管理平台进行数据的实时转发和上传。

热电生产信息采集系统中将实时数据库和关系数据库集成到一起，采用的数据管理模式如图2所示。本系统采用的实时数据库是通过OPC方式进行数据访问,关系数据库是通过结构化查询语言(SQL)进行数据访问。

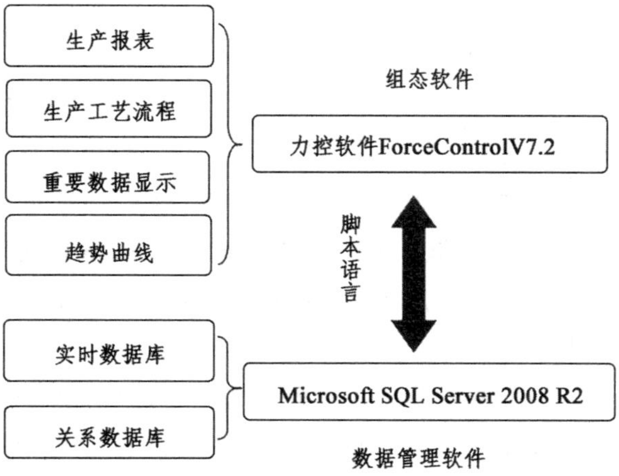

图2 数据采集管理模式图

力控软件提供了强大的实时数据存储、历史数据保存及数据处理的功能,通过对采集的数据进行脚本处理,最终在组态画面上实现了数据画面、报表以及趋势的管理显示。

对有效数据进行的长期归档,可方便相关人查询各个生产阶段的指标情况和当时的生产统计数据波动情况,为提高生产指标提供经验数据。主控室安装故障报警灯和故障按钮后,当现场发生故障时,现场值班人员可以在主控室及时切断现场设备电源或通过对讲设备指导现场工作,进行远程操作,由此实现了热电公司整个生产过程中的电鼓、TRT以及65MW等各个工艺环节的实时管理和控制,保证了热电公司生产环节的安全、高效、稳定运行。

3.该系统现场设备智能监控系统

在现场的自动化设备上安装传感器、控制器等装置,利用数采机和网关采集现场数据,并通过光缆传输至数据服务器。在大数据技术的基础上,该系统实现了对热电公司全厂数据的采集、存储、处理、分析以及现场批量数据融合分析的功能,为安全、可靠、高效、持续的生产过程提供了理论依据。对现场设备的监控画面的展示由力控SCADA监控软件力控ForceControl7.2完成,采用分层、分布式的架构设计,由数据采集I/O Server、数据库DB、画面展示VIEW三部分组成。现场的PLC数据采用工业以太网通讯方式、经由力控I/O Server实现设备的实时数据快速采集;数据库DB对I/O Server采集的数据进行简单的处理,通过VIEW以图形、动画、报表、趋势等手段展现介质的运行状态,完成操作员在上位机上的控制。

（四）项目软硬件平台的开发调试

热电公司智能化管控系统设计开发内容包括硬件平台和软件平台的开发调试。

1.硬件系统的安装

服务器:服务器是整个数据管理系统的中心,该系统服务器采用 PowerEdge R320 机架式服务器;硬件主要配置:Microsoft(R) Windows(R) Server 2003 英特尔至强处理器 E5-2407,内存 4GB,24X DVD-ROM 500GB, SATA II 硬盘,千兆网卡×2。

交换机:本系统交换机采用 H3C S1008A 型号交换机,8 端口,传输速率:10Mbps/100Mbps,与服务器同柜安装。

数采机:计算机选用研华工控机 IPC610,数采机安装与原 PLC 上位机相同的操作系统,并安装 Wincc6.0。其中原 PLC 系统上位机与 PLC 之间为工业以太网通讯方式的数采机,采用双网卡形式;分别用不同网段进行内网与外网的数据交换,外网网段在不影响原来 PLC 系统基础上对各 PLC 系统进行数据采集。

2.软件系统的安装调试

系统网络架构如图 3 所示。

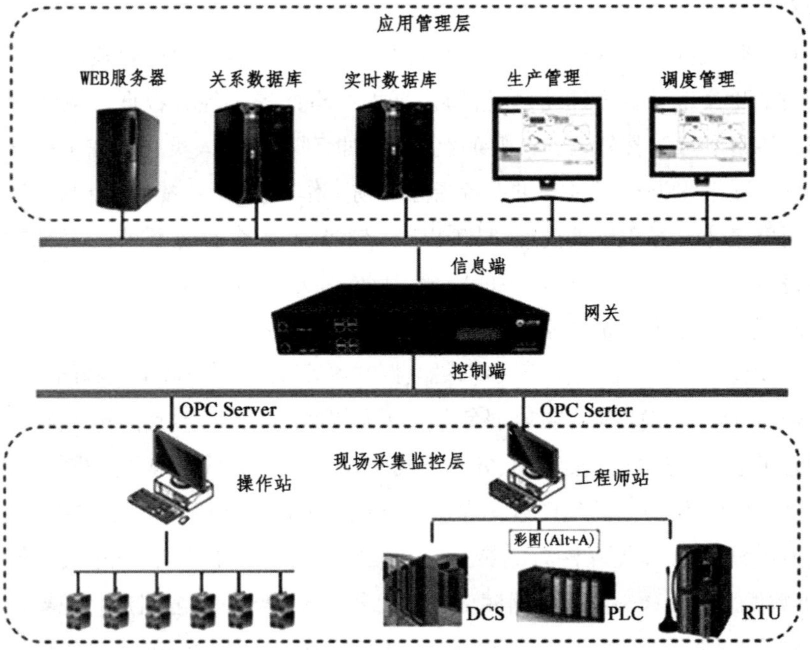

图 3　系统整体架构图

基于物联网及大数据技术的热电生产全流程管控系统网络结构采用中心对多点方式，通过现场设备仪表采集仪表、PLC、DCS 系统将现场实时生产数据处理联网上传，实现生产系统的远程管理和控制。本项目分为现场数据采集层、网络通讯层、监控管理层。

现场采集监控层：热电公司现场设备主要由 PLC 控制柜、DCS 控制柜、操作站、交换机、收发器等组成，现场数据的采集及监控画面的展示由力控 SCADA 监控软件力控 ForceControl6.0 完成。采用实时数据库与关系数据库集成的方式，其中实时数据库处理并存储采集的热电生产实时数据，关系数据库处理并存储业务关系数据，使用关系数据库向导，通过力控脚本实现与 SQL 之间的通信连接；为快速查找所需数据，使用数据库管理软件 Microsoft SQL Server 2008 R2 进行数据管理和存储；数据统计、分析、处理由力控企业级实时/历史数据库 pSpace 完成。通过安装的智能摄像机、相应的逻辑程序控制和视频监控技术，实现现场数据采集以及相关数据统计、分析、处理，主要由力控企业级实时/历史数据库 pSpace 完成。力控 ForceControl6.0 SCADA 软件采用分层、分布式的架构设计。

网络通信层：热电公司生产管控系统的通讯网络在物联网技术的基础之上，主要由网络交换机、网桥、工业以太网光纤、网线构成，现场的 PLC 数据采用工业以太网通讯方式经由力控 I/O Server 实现设备的实时数据快速采集。利用工业以太网光纤作为热电公司生产系统的通讯的主干网络，通过对网络 IP 地址进行统一规划，可以方便地实现网络节点的拓展，易于与其他网络拓展为更加广泛的网络架构。

应用管理层：系统在物联网技术的基础上，在构建的企业私有云平台利用大数据分析技术将热电公司生产系统数据信息进行统一集中监视，其中电鼓、TRT 数据信息通过收发器统一采集到热电公司监控机房，然后通过监控机房传输到中心机房，而 65MW 数据信息直接通过力控通信网关采集到中心机房进行监控。利用力控软件中企业实时数据库为数据平台将企业的生产过程系统，综合大数据处理技术，增强了系统数据浏览功能，提高数据查询功能和数据分析功能，并且最终通过 WEB 的方式进行数据展示。用户可以通过搜客户端、PDA 掌上终端等以方便快捷的方式了解企业信息，掌握工厂能源的使用情况。

软件系统的开发技术方案：

I/O 设备组态和数据库组态

I/O 设备组态：打开力控软件双击进入 I/O 组态界面，选择 OPC 通信方式，进行“设备配置”，填写设备名称、描述、地址以及服务器节点 IP 地址，完成相关参数配置后，保存即可。

数据库组态：主要建立数据库变量。力控实时/历史数据库通过与 I/O 调度程序的通信，以获取现场设备的数据信息；同时作为一个数据源服务器在本地给其他程序如界面系统 VIEW 等提供实时/历史数据。数据库可以完成对生产实时数据的各种操作，如实时数据处理、历史数据存储、统计数据处理、报警处理、数据服务请求处理等，实时数据库可以将组态数据、实时数据、历史数据等以一定的组织形式存储在介质上。

双击进入数据库组态界面，通过新建变量点名、点类型以及相关参数的设置，实现变量的建立连接。同时软件还进行提供了报警参数、历史参数的存储设置功能。

系统功能的实施方案

用户登录：双击系统入口，进入网页版登陆界面，然后输入网址：http://10.164.1.83，选择用户名，填写密码，点击“登录”即可进入选择画面。系统 WEB 发布后需要使用账号和密码才能登录，具体设置程序如下：

```
if(LoginEx(#ComboBox.GetWindowsText(),#TextControl.Text)= =1)then
   display("主界面");
else;
   MsgBox("用户名或密码错误");
endif;
```

用户权限管理：用户登录权限在系统配置下进行设置，同时还进行安全区的管理设置。

通过用户账号和密码登录后，进入生产管理系统界面，进入生产管理系统界面，可以根据实际需求获取不同生产工艺流程的相应生产管理信息，以便于监控和指导生产过程。

进入主系统之后可以具体查看热电公司各分系统的运行情况，可以实时地查看各系统的具体工艺流程以及流程中关键设备的参数信息、报表信息以及历史/实时趋势曲线，下面具体介绍一下相应功能的实现。以“1#65MW 工艺画面”为例，通过画面组态实现各系统的实时数据的采集和显示，点击进入“1#65MW”主界面，可以看到如图 4 所示主界面显示图。

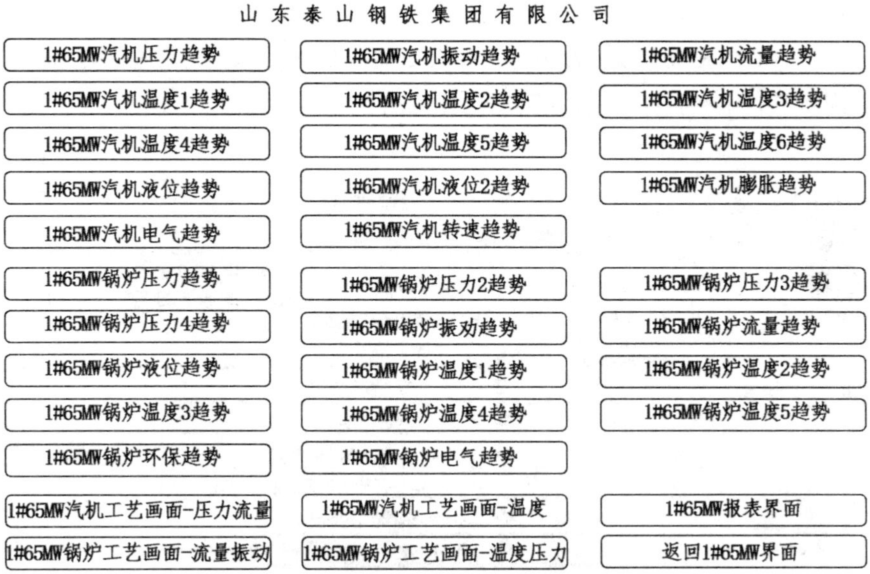

图 4　1#65MW 工艺画面显示

利用力控组态软件工具，采用图表的格式，实现现场重要实时数据的显示，具体如图 5-1、5-2 所示。

本系统使用力控软件自带的基本图元组件，可以方便灵活地实现报表和趋势曲线的显示，检测人员也可通过趋势图下方自带按钮根据自己不同需要完成不同时间段的历史趋势查询功能。根据现场需求，通过脚本语句将历史趋势和实时趋势做到同一个画面中，灵活方便，具体如下：

实时趋势

```
#DGYL2QS.SetCurveType(1);
#lishi.ShowEx(0);
#shishi.ShowEx(1);
```

历史趋势

```
#DGYL2QS.SetCurveType(0);
#lishi.ShowEx(1);
#shishi.ShowEx(0);
```

系统能实时监测所用煤气含量、流量、压力温度等管网周围信息，以清洁生产为基础，以安全稳定运行为根本，着重抓好资源高效利用和节能减排，降低能源消耗，推动绿色发展进程。

力控数据库数据通过自身的趋势曲线功能方便实现不同时间段数据查询功

能，在趋势属性中进行相应变量的连接和参数属性的设置。

以“1#TRT 振动趋势”为例，实时/历史曲线是查看和浏览数据趋势曲线工具，同时可以定制各种功能的趋势曲线（见图 5）。

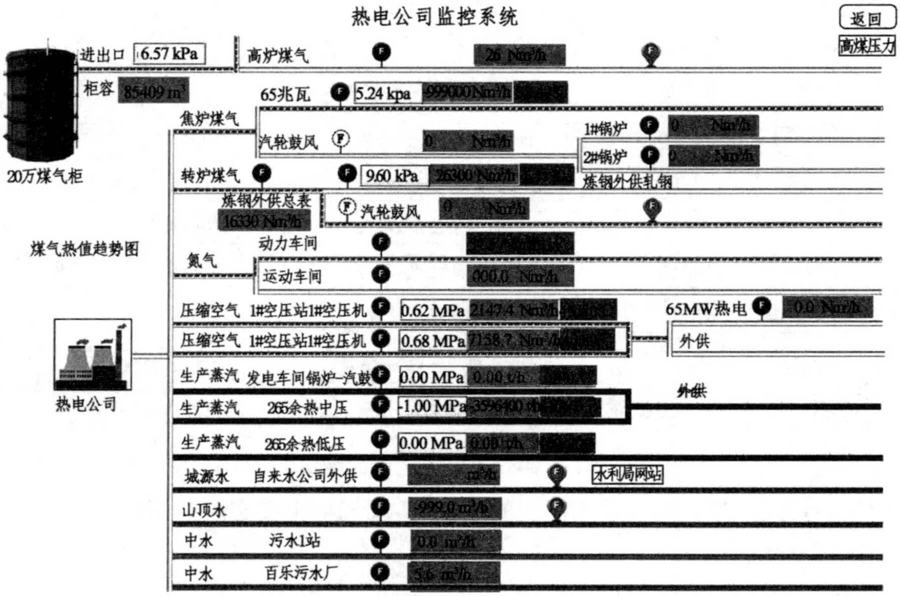

图 5　实时/历史趋势曲线设置界面

同时将采集的重要数据使用关系数据库实现上料报表优化，数据查询速度更快，数据采集准确稳定，系统更加安全可靠；本系统采用了双机冗余功能，保证了数据的安全和不间断采集，可以在线实时查看，也可以通过导出功能，方便历史存档。

实现对每个参数的高低报警的设置。以不同颜色把当前报警、已确认报警和已恢复报警区分开来。

通过通讯软件自动检测网关数据收发和通讯链路是否正常，重启通道和进程处理故障，以恢复正常通讯连接。

三、基于工业互联网技术的热电生产全流程管理的效果

该系统全面上线运行以来，机房服务器、数采机、交换机、网关等通信设备和通信网络运行良好，通过远程监控现场各生产系统运行稳定，各 PLC、DCS 系统未出现异常现象，通过以太网采集的数据高效、准确，能够实时上传至各监控平

台，数据运算分析报表、趋势曲线清晰明了，给现场工作人员带来了极大的便利，提高了现场工作效率。为集团公司今后系统的扩展（MES/ERP）系统开发奠定了基础，具有良好的经济性和很强的实用性。

系统基于泰山钢铁工业互联网平台和云技术，能够在终端设备上远程实现现场生产工艺和设备的点检维护，提高热电生产效率，保证了现场设备安全稳定高效运行。

对热电能源系统中煤气产耗数据进行智能归纳整理决策，优化了煤气发电系统作业方式，提高了发电率，实现降本增效。

（一）运用物联网和大数据技术，实现生产全流程的智能管控

本系统采用B/S结构和具备WEB发布功能的数据服务器，在物联网和大数据技术基础上，可以远程实现热电公司生产过程的监控和管理，建立集图像、数据、现场设备控制于一体的智能化监控系统，能够对多个上级用户管理平台进行数据共享和数据管理，极大方便了热电公司生产管控系统后续的维护使用和升级。

（二）通过信息采集与数据分析，准确高效地指导现场生产

热电生产全流程管控系统是自主设计研发，能够在主控室和机房远程实现对现场设备的实时调节和管控，有效地实现了热电公司现场生产流程和设备的智能化管控，极大地方便了现场生产流程的智能管理，整合了企业过程控制系统数据资源，实现了热电生产流程过程中多种、多套过程控制系统的联网、集成、管理问题；能够满足企业多工段、多车间、多过程集成需要，实现了生产过程中上下游工序之间的信息联络。

本系统依托于物联网技术和大数据分析技术，利用SQL和VB语言开发压缩算法，集成实时数据库和关系数据库功能，实现将热电公司现场TRT、65MW等生产工艺重要关键设备参数海量信息的采集，实现对全厂生产过程的实时在线查看、统计分析、历史数据查询、异常状态报警、事故追忆等，提高了生产工艺流程的可视化操作，并能严格准确高效地指导现场生产，达到降本增效的目标。

（三）整合人力资源，提高经济效益

1.直接经济效益

热电公司智能化管控系统投入使用后，方便了管理部门、技术研发部门以及

现场工作人员及时准确地对现场工艺流程进行监控和管理，能够有效地利用和分析现场生产数据，优化了热电公司煤气发电系统运行方式，改善和调控了煤气使用工艺流程，相关人员充分利用采集的生产数据梳理热电现场生产系统的节能增效点，严格高效地指导现场操作流程，优化生产流程，每年可节省煤气 100 多万立方米、小计约为 120 万元；同时，系统的投入使用精简了现场操作人员 10 人，按照平均工资 6000 元/人/月计算，每年节省的直接经济效益平均为 72 万元；总计每年节省的直接经济效益约为：1.2×1000000+6000×12×10＝192 万元。

2.间接经济效益

项目实施后，实现了热电公司现场生产过程的智能化远程监测和控制，整合了企业过程控制系统数据资源，实现了热电公司各生产流程中电鼓、TRT 以及 65MW 采用的多种、多套过程控制系统的联网、集成、管理问题。能够满足企业多工段、多车间、多过程集成需要，实现了生产过程中上、下游工序之间的信息联络。

该系统提高了现场运维人员的工作效率，减少了现场设备故障时间及频次，降低了企业的生产成本，提高了热电公司的综合自动化和信息化水平，为进一步实施企业全流程智能化打下了良好基础。通过半年的系统运行跟踪，系统整体运行良好，目前系统运行正常稳定，符合项目实施要求，实现了项目确立的目标。

成果创造人员：李　涛　唐巧梅　祁建伟　王　琳　亓晓鹏　李伟实　彭　振

基于信息化需求的电网技经业务精益化管理实践

枣庄力源电力设计有限公司

摘要：基于国家电网公司提出的“具有中国特色国际领先的能源互联网企业”的战略目标，依据设计企业多年的工作经验，通过建立技经精益化管理系统，将“工程量清单”应用到设计全过程，升华并转化为各专业交接模型，实现各阶段量化对比，以达到加大工程造价管理关键节点管控力度，不断提高工程造价管理水平，积极推进施工图预算管理、分部结算管理，以及施工现场造价管理工作的目的。

枣庄力源电力设计有限公司是国网山东省电力公司的全资子公司，具备工程咨询和工程设计“双乙”资质，下设规划评审室、设计室、技经室3个专业机构，与“大规划”“十二项配套措施”体系准确对接。主要负责电网规划、220kV及以下输变电工程勘察、设计及结算评审工作。作为负责枣庄地区宏观经济、能源发展、电源发展体系中的重要一环，公司为提升电网发展质量和发展效益提供坚强技术和业务支撑，同时也为公司建设提供技术支撑。

一、基于信息化需求的电网技经业务精益化管理实践实施背景

（一）适应技经新形势、主动服务国家电网建设的迫切需要

随着电力体制改革、国资国企改革的加快推进，电网企业成为自负盈亏的经济实体，2020年国家电网为深入推进电力体制改革，加强电力统筹规划，强化电网投资监管，对电网建设投资进一步有了明确的规定和要求。作为电力建设的龙头，设计对电力设施成本控制显得尤为重要，是处理技术与经济关系的关键性环节，大量研究和实践表明，设计费虽然只占工程全生命周期费用的1%左右，

但在决策正确的条件下，对工程造价的影响程度达75%~95%，对未来建设智能电网、电力物联网起着至关重要的先锋作用。设计单位兼具电网规划评审职能，在完成“十三五”电网、农网、配网规划滚动修编过程中，工程造价的准确性直接影响到项目建设的时间顺序，甚至决定项目是否能上。运用“工程量清单”提资模式计算工程造价，覆盖各专业、覆盖各阶段、覆盖各审查单位，从而可提升工程造价准确率，提高资金的利用率，不断提高工程造价管理水平，使得电力工程建设能够健康发展。

（二）增强工程造价控制、促进山东省电力公司提质增效的必然要求

山东省电力公司2020年工作会议强调，开展提质增效是应对当前经营严峻形势的有效手段，也是激发企业内生动力、实现高质量发展的战略性举措。工程的管控，需要采集项目各阶段、各专业的成本信息，并分门别类地进行梳理、归类，对作为系统输出的各种效益进行辨识、有效量化，并在效益、不同种类成本之间进行有效平衡，才能达到系统的整体最优，其过程复杂且耗时较多。以“工程量清单”作为专业间交流语言，建立标准数据库，根据工程规模调用相关数据，可提高专业间协作效率，实现建筑、变电、配电、送电与技经的有效衔接，实现估算、概算、预算、结算、决算的即时对比，形成踏石留印、抓铁有痕的工作格局，有效提高技经的精益化、标准化管理水平，从而有效促进企业提质增效。

（三）依托信息化技术、推动枣庄供电公司基础管理升级的有效手段

一是随着社会用电量的高速增长，电网工程项目建设投资规模也在不断增加，在项目建设过程中，造成投资浪费和项目“三超”现象较为普遍，更谈不上落实科学发展观和建设“资源节约型、环境友好型”社会。二是通用设备不全、设备招标时限滞后于施工招标，造成设计质量与设计深度达不到要求，经常出现施工招标的清单工程量与结算工程量不符现象，尽管各阶段按照国家电网有限公司、省公司标准参考价进行严格把控，但是单项工程及分部分项工程造价的准确率依然不够。三是设计专业人员素质有待提高，设计是源头，设计决定造价总额，业务能力强的技术团队有利于专业互补，基础夯实得牢固更有利于造价的控制。四是现场管理，控制好工程和材料采购、管理费用、进度、质量、工期等因素，都是控制工程造价的有效手段。因此，对于设计领域，依托现代信息化技术建立一个技术与技经之间的标准化清单，提高工程造价准确度，提高输变电工程造价基础管理水平，是推动枣庄公司基础管理升级的有效手段。

（四）公司电网项目技经工作面临全新挑战

近年来，造价管理方法模式由基于“概算管理”向“全面施工图预算管理”转变，推行预算管理新模式，提升设计质量及时效已经迫在眉睫。据统计，工程项目在建设过程中，尽管省、市公司对可行性研究、初步设计、施工图设计、竣工图设计、现场签证及设计变更等环节进行层层把关，严格执行国家电网公司输变电工程通用造价、国家电网公司标准参考价，却仍然有80%的工程存在节余现象，影响电网规划实施进度，限制电网整体建设步伐。目前，电力工程计价软件普遍应用江西博微计价软件，其项目划分与国家能源局发布的电力工程定额完全同步，操作相对简单，而技经工作的最难点是在于工程量的计算。工程量计算是指建设工程项目以工程设计图纸、施工组织设计或施工方案及有关技术经济文件为依据，按照相关工程国家标准及规范计算规则、计量单位等规定，进行工程数量的计算活动，在工程建设中简称“工程计量”。经济来源于技术的支撑，目前各技术专业对技经提资没有固定化模式，形式多样，存在工程计量不全、不准等现象，提供的图纸由于设计深度不够导致工程量计量困难，使得工程造价经常存在虚高、缺项、漏项、偏差等各种问题。因此，急需建立一个标准模型，把技术与技经高度统一，形成技术经济一体化系统，提高工程造价的准确度。

二、基于信息化需求的电网技经业务精益化管理实践做法

（一）成立梯级组织机构，促进责任落实

建设项目全过程精益造价管理的顺利实施不仅需要一个完整而有效的组织体系，更需要抓住造价影响的重点阶段和关键环节。项目参与者运用适宜的技术方法，做实做细做精每一阶段造价的确定与控制，是建设项目全过程精益造价管理顺利实施的有效保证。

1.成立电网技经统筹领导小组

公司分管领导任组长、相关单位主要负责人任成员，其职责：一是指导工作小组开展造价控制各环节管理工作；二是决策及协调工作过程中存在的重点、难点问题。

2.成立电网技经工作小组

强化人力资源保障，确保流程有效运转。组建经研所分管领导任组长、各单

位分管领导及主要业务负责人员任成员的技经工作小组，其职责：一是负责落实领导小组决策部署，组建工程量清单平台；二是通过明确各级岗位职责，履行相关职能，做好技经工作的相互配合。充分发挥技经专业人员的重要作用，对原有电网项目纵向业务接口进行了梳理和优化，整理出心得纵向业务接口规范，明确管控环节，提高工程造价准确度，提高工程造价基础管理水平。

（二）构建技经精益化管理系统，实现资源共享

国家电网公司提出“二维设计”向“三维设计”转变的战略方针并要求2019年全面推行“三维设计”。本课题抓住技经工作的核心思想，建立集最新法律法规、设备材料信息价格、国家电网公司输变电工程通用造价、国家电网公司标准参考价、近期建设项目工程量清单及“工程量清单”平台六部分内容的技经精益化管理系统，以信息化全覆盖为导向，加快技经管理体制机制变革，由技经人员进行适时更新，实现资源共享，以造价管理水平的进步适应设计技术水平的进步，通过“适应二维设计”向“适应三维设计”的转变，推进三维设计成果与基建管理深度融合，实现设计手段、造价管理质量和效率上新台阶。

（三）创建“工程量清单”模型，实现专业间高效衔接

1.创建工程量清单模型

充分统计已建、在建工程项目的工程计量，各专业设计人梳理本专业数据，各专业室主任逐条审核数据准确性，确认无误后录入“工程量清单”模型，技经专业汇总大数据并建立起工程计量数据库。通过集中筛查、补录数据，从而提高大数据分析的敏锐性、准确性。技经通过“工程量清单平台”中建立起不同专业的“工程量清单”模型。

2.调用“工程量清单”模型，加强造价实时管控

建立设计人员、项目经理、技经人员三级用户，各自登录，承担发起、一级审核、二级审核并返回的作用，做到权限分明、条理清晰。

各专业登录平台后，根据工程规模在“工程量清单平台”中调用已建立的“工程量清单”模型，新建工程项目后，核对模型中分部分项工程的工程计量，对差异化部分进行修编并进行提报，实现发起功能。专业人员提报后由项目经理通过平台进行审核，确认无误后提交到技经环节，如果发现有问题，将该“工程量清单”退回，由专业人员进行修改完善后再次提报。技经在登录“工程量清单平台”后，可直接调取新建工程项目并开展下一步工作，二级审核工程计量，确

认无误后提出工程造价,并将最终工程造价上传至平台实现返回。三个环节层层把关,闭环管理,发现问题逐级退回,充分发挥通信技术的高效性、时效性,持续优化各专业“工程量清单”模型的准确度,建立技术与技经统一管理体系,从而实现技术与技经的高度融合,给项目的实施提供科学量化依据,突出设计质量,强化全方位、全过程管控,有效支撑项目整体目标的完成(见图1)。

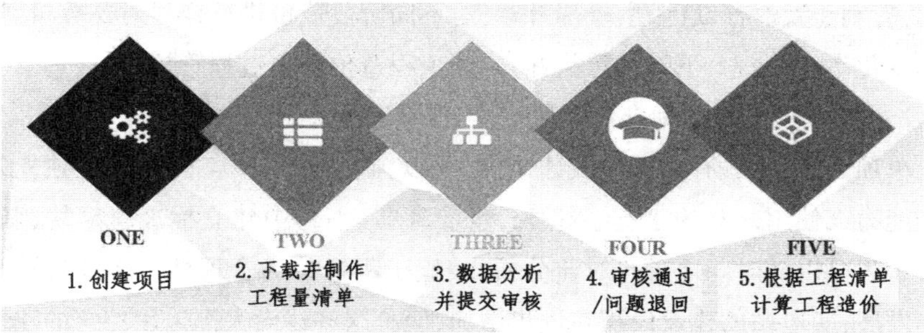

图1　工程量清单平台使用流程图

3.套用“工程量清单”模型,实现技术、经济有效统一

“工程量清单”平台模型专业数据成为技术与技经的纽带,在平时工作开展中,技术与经济存在脱节现象,勘察现场时,技经人员往往不参与实地勘察,这给工作的开展带来了不便。在清单模型共享在平台里,各专业人员、项目经理、技经人员可以随时登录、随时查找、随时调取、随时对比,方便快捷、真空透明。

设计人员与技经人员都可以选取与本次项目规模相近的工程量清单模型,调取其分部分项工程计量,与本次工程进行对比,检验其“量差”的偏离程度是否在允许偏差的范围之内,如偏差过大,则要查找原因,进行修正,以保证指标的确切、实用。测算同时也是对指标质量进行的一次系统检查,对设计方案的一次变相检验。随着不断进行数据分析、校验,清单模型被不断更新,其准确度、代表性越来越强。

(四)强化“两个对比”应用,助力突破投资偏差瓶颈

目前我国电力行业普遍应用的全过程工程造价管理流程,把从工程项目开始到项目实施结束的整个过程纳入造价管理,从项目建议书和可行性研究阶段开始,到项目竣工决算完成为止,对各阶段造价都有着严格要求。近两年国家电网有限公司要求用施工图预算进行工程量清单及招标控制价的编制用以施工招标,这给设计深度提出了更高的要求,也对工程造价的准确性提出了更高的要求。基于信息化需求的电网技经业务精益化管理实践,将会攻克这个难题。

1.有效增强各阶段造价对比,实现工程造价的全过程管控

精益化管理是指要管理到工程的全过程,管理到每一个阶段,管理到每一个专业,管理到每一个单项工程。“工程量清单”平台集合了以往工程、在建工程的相关信息,从一个项目的建议书、可行性研究报告、初步设计……直至竣工图纸全部的工程计量,全部囊括其中,形成有痕管理,永久存档。各阶段清单随调随比,有利于及时诊断问题、查漏补缺,对不同阶段造价进行详尽对比分析,快速计算变化率、节余率、下降率等指标,实现工程造价的全过程管控。

2.强化单项工程与标准化模块对比,诠释细节决定成败

单项工程,是具有独立的设计文件,可以独立施工,竣工建成后能独立发挥生产能力或使用效益的工程。在“工程量清单”平台中建立标准化模块,新建/改造工程可以随时与之进行对比分析,校验工程造价的合理性。伴随着社会经济的发展,变电站的建设面积在逐步增加,但是这些建设大都采用传统的建设模式,其缺点主要有工人劳动强度大、施工速度慢、生产效率低、建设周期长、环境污染大、材料消耗多以及质量控制难等。因此,国家电网公司推行标准化和简约化装配式变电站建设,在南方已经逐步推广,一般以站内建筑物、构筑物、电气二次屏以及电气一次设备作为装配式变电站的主要对象,其中站内建筑物指主控楼、配电室、泵房等。装配式变电站推出后,因为减少了土建基础、土方、地基处理等由于站址变化其工程量差异比较大的因素,所以计价方式更为简便,标准化模块准确度也更高,在进行单项工程与标准化模块对比的情况下,其准确率、可参考性、可实施性、可靠性更高,更有利于对整体造价的把控。

(五)健全“四层管控”机制,实现工程造价有效管控

国家电网公司加快推进坚强智能电网建设,对电网建设和工程造价提出了更高的要求。工程造价涉及国家电网公司经济效益和长远发展,合理控制工程造价是实现“电网发展方式转变、公司发展方式转变”的基础工作,也是推进“大建设”和基建标准化建设的重要内容。

借鉴国网工程设计管控流程并结合省经研院管理模式,枣庄公司建立一套符合自身内部应用的四级管控流程,提高工程设计及技经工作的规范化和标准水平。在工程评审管理的新流程体系下,枣庄公司对原有电网项目纵向业务接口进行了梳理和优化,整理出新的纵向业务接口规范,明确了管控环节,对项目的管控模式由之前的管控主要流程改为四级管控,分别为技经一级管控、通用造价二级管控、评审三级管控、全过程四级管控。

1.技经一级管控

建设项目总投资是为完成工程项目建设并达到使用要求或生产条件、在建设期内预计或实际投入的全部费用的总和,包括固定资产投资和流动资产投资两部分。国家电网公司建设项目一般只考虑固定资产投资部分,即工程造价。工程造价的计算来源于从事技经的专业人员,因此,对工程造价的一层管控也来源于技经。设计人员在设计时,前期需要进行现场勘察、参数计算及 CAD 制图等,花费时间较多,留给技经的时间经常非常紧迫。在时间紧、任务重的情况下,技经可以直接进入“工程量清单”平台调取新建/改建项目工程量清单,工程规模及各专业工程内容直观上变得更加清晰,可以第一时间调取以往类似工程的工程造价,不需要逐条落实每个定额后才能给出工程投资,大大节省了时间,提高了工作效率。

2.通用造价二级管控

通用造价是控制电力建设工程造价的有效武器,通用造价从工程实际出发,充分考虑电网工程技术进步、国家政策等影响工程造价的各类因素,有效控制工程造价。一是在通用设计的基础上,按照工程造价管理的要求,合理调整完善了典型方案种类,进一步明确了年有方案的编制依据;二是由于通用造价是进行工程投资细致分析、比较并作为评价工程投资合理与否的标准和衡量尺度,因此正确分析了与标准参考价的关系更有利于加强工程造价管控;三是通用造价计算了每个典型方案及模块和类费用的具体造价,对于计价依据明确的费用,在实际工程设计、评审管理中必须严格把关;四是滚动发展,与时俱进,通用造价及时体现电网技术进步、政策调整、市场变化,不断满足工程建设的实际工作需要。

通用造价明确了通用典型方案及模块划分说明,按电压等级及输、变电工程等共出版 14 个分册。每个分册并给出主要电气设备材料表、建筑工程量表和概算书,以此作为控制造价的重要尺度,提高投资效益,规范工程管理。然而问题在于,应用起来非常不便。每次进行对比分析都要对通用造价方案进行实地修改,调整若干个子模块。而在建立好相应模块后,即可直接调用模块,不再需要翻看通用造价对应分册而一一增减模块才能计算出与本工程相符的通用造价,直接套取调整过的通用造价,方便快捷、省时省力。

3.评审三级管控

项目评审是工程项目各阶段不可缺少的环节,也是控制造价的关键点,是关于审查和批准项目计划、项目变更和工作进展评价的一个重点步骤。在电网工程建设过程中,重要的评审分为两个阶段:可行性研究阶段、初步设计阶段。工程评审会议会邀请主管领导、建设单位专责、评审专家进行现场评审，基本分为四部分：一是设计单位进行工程汇报，了解项目整体情况；二是专家就各自负责专业进行专业提问、技术指导；三是分组讨论，确定修正方案，给出修改意见；四是技经收口，最终确定工程方案及工程造价。在评审过程中，技术组与技经组是分开进行审查的，技经组对工程项目的了解及更新比较滞后，而有了“工程量清单”，技术与技经人员就可以在平台中直接查看本次工程的规模及清单，让评审专家一目了然，可以更加准确地进行评审。

4.全过程四级管控

在“工程量清单”平台中，对工程可行性研究、初步设计、施工图设计、竣工图设计全过程均留下永久存根、备案，随时可以查阅、随时可以调用，从不同阶段直接进行最直观的对比，有效提高了设计质量。设计单位工程量比较大，图纸更是数以千计，虽然都留有存根，但是设计人员、专业较多，电子版还涉及软件的安装，比如 WPS、PDF、CAD、三维软件等，查阅起来比较困难，很难实现资源完全共享。“工程量清单”平台可以提供以最短的时间、最便捷的方式查阅已往工程主要内容的服务，以清单的方式呈现出来，更加直观、准确。一个设计成品涵盖多个专业，例如一个输变电工程，包括变电一次、变电二次、送电、建筑、配电等多个专业，专业间相互交叉、相互配合甚至相互成全，相关技术人员只有对彼此专业有一定了解才能更好地开展下一步工作，设计得更加精准。

三、基于信息化需求的电网技经业务精益化管理实践实施效果

枣庄力源电力设计有限公司以增强工程造价控制促进公司提质增效契机，按照公司信息化、标准化建设统一要求，组织开发基于信息化需求的电网技经业务精益化管理实践，发挥技经专业对工程立项的准确指导；通过大数据严密分析，完善全生命周期管理机制，支撑项目造价控制的实现。

（一）管理效益与日俱增，技经工作全过程管控得到全面强化

1.纵向层级化管控全面强化

依据“合理造价、合理依据、合理程序、精准高效控制”的造价管理原则，构建了设计公司“工程量清单”平台实时数据库，便于分管领导实时掌控工程进度，便于第三方评审专家实时掌控工程质量。66kV 及以上工程、10kV 农网升级改造工程、10kV 生产技改大中型项目，均实现标准化管理，上报及时率提高

15%，评审通过率100%；10kV及以下电网项目、用户工程实现一体化调控，计算工期缩短22%，客户满意100%。

2.横向专业化管控全面强化

运用“工程量清单”平台建设，项目经理集合各专业设计文件的效率提升，业务集约、末端融合实现提质提效。评估工作效率总体提升12%；变电一次、变电二次、送电、配电、建筑与技经对接效率分别提升8%、10%、22%、20%、27%。“工程量清单平台”真空透明，所有步骤留有痕迹，在运行过程中，各方责任划分明确，专业交接更加清晰，针对设计行业的固有特点——设计过程反复性，以往经常出现的技经未能与技术及时同步这一难题得到克服，风险防控过程的管理意识得以真正树立，有效地实现了国家电网公司提出的依法规范管理由“事后检查督导”向“事前过程控制”的根本转变。

3.市场化管控全面强化

建立精准合理控制的系统体系，运用“工程量清单”平台进行技术文件编制，有效提高了工作效率，同时，利用“工程量清单”模块计算报价书，给出合理报价，更是为中标奠定了坚实基础。2019年，公司共参与国家电网投标六批，共包括32个项目，参与用户工程投标7项，评标得分排名一直名列前茅，保证中标率达到100%，在市场竞争如此激烈的环境下能有如此成绩，实属不易。

（二）经济效益再创新高，企业经营质效得到明显提升

1.设计成果质效明显提升

由于“工程量清单”平台的应用，设计质量、设计时限得到双层提升，2019年完成系统内及客户工程206项，其中包括“三供一业”供电设施分离移交工程，涉及近百个单项工程，总体工程量比同期增长36%，但都保质保量地完成了设计任务，进一步实现了造价控制的精准性、合理性以及明确性，为树立企业品牌形象打下了基础。

2.规划评审质效明显提升

随着“工程量清单”模块的不断完善，项目工程投资更加准确，有利于电网整体规划，有利于电网建设进一步实施。在“工程量清单”模块的指导下，公司实现规划编制完成率100%、可研编制完成率100%、10kV项目评审率100%、电网建设任务完成率100%；配合发展策划部开展无投资边界电网规划研究，关注政府重点项目进展，适度超前布局，重点在电网安全、负荷配置及相关前期等方面下功夫，为电网发展打下基础，做好项目储备。

3.结合新型数字基础建设质效显著

将“工程量清单”平台与现在通信技术有机结合,利用模块化形式给专业与技经人员甚至更多外行人提供了这个平台,以清单的形式展现在人员面前,真空、透明、一目了然,为技术与经济搭建协同平台,为“三维设计”推广提供支撑。

4.全生命周期管理质效显著

造价管理目标由“单纯造价控制”向“全生命周期成本最优”转变,从工程项目的长期效益出发,即时更新“工程量清单”,使之全覆盖在项目各个阶段,实现了项目各阶段计划管控,提升了电网工程全生命周期的本质安全水平,降低了全生命周期运营成本。2019年累计完成系统内及客户工程206项,为用户节省投资900余万元;全年累计各类工程合同总额达4444万元,经营利润达到531余万元,同比增长37%。

(三)社会效益增长显著,企业社会责任感带动产业发展明显加快

通过建立技经精益化管理系统,将“工程量清单”应用到设计全过程,升华并转化为各专业交接模型,实现了各阶段量化对比,加大了工程造价管理关键节点管控力度,工程造价管理水平不断提高,施工图预算管理、分部结算管理以及施工现场造价管理工作得以积极推进。

社会效益增长显著:在枣木高速线路迁改工程结算管理中,结算周期由原来的25天缩短至15天;在十电铁路线路迁改工程中,结算周期由原来合同约定的30天压缩至23个工作日,3个月内即完成了180余项“三供一业”电力分离移交项目的结算工作。鉴于服务政府民生工程成绩突出,2019年公司荣获枣庄市“服务电力客户满意单位”荣誉称号。公司在服务民生的同时,也促进了就业,带动了相关产业的发展,推动了社会经济快速增长。

成果创造人员:陈　宁　李　森　付俊虎　孔祥佩　李　欣　姜玉茹　侯　文

基于绿色制造理念的全过程控制清洁生产体系建设体系

山东鲁泰化学有限公司

摘要：鲁泰化学全过程控制清洁生产体系建设是基于绿色制造理念下污染控制的环境应用场景策略。通过对化工生产的预先控制、同期控制和事后控制，形成全产品生命周期过程中的闭环清洁生产控制系统，达成环境污染最小化和零排放的目的。其中，清洁生产预前控制是指在生产发生前所进行的，包括管理制度完善、控制指标明晰、工艺装备优化、生产计划制定等，通过预设标准化程序以保证清洁生产预期效果达到控制目标和要求。清洁生产同期控制是指在生产进行时所进行的，包括资源能源利用、产污环节识别、排污环节分析等，按照生产流程的每道工序设置程序控制点，以点连线、线成面的方式实现全链接、多层次、大范围的严防跑冒滴漏的绿色制造布局。清洁生产事后控制是指自生产完成后所进行的，包括废水零排放、大气无污染、固废再利用等，围绕着水、气、渣等重点要素进行辨识、替代、减量、回用和无害化，通过末端治理达成减少污染物的生产和排放的重要环节。

山东鲁泰化学有限公司（以下简称“鲁泰化学”）前身为济宁金威煤电有限公司，成立于2003年2月28日，是山东鲁泰控股集团有限公司的全资子公司。公司注册资本金11.7亿元，占地700余亩，现有员工850余人，资产总额33.87亿元。

鲁泰化学拥有先进的生产设备，达到国内一流、国际先进水平。氯碱项目作为公司主导产业，采用离子膜电解工艺生产烧碱和电石法生产聚氯乙烯树脂，设计生产能力达每年36万吨烧碱和每年37万吨PVC树脂；聚合生产分别采用美国古德里奇和日本JNC先进工艺，拥有$70m^3$和$108m^3$两种不同釜型；PVC树脂干燥采用沸腾床干燥等先进技术。

鲁泰化学研发力量雄厚,成立了国内首家石墨烯高分子复合材料研发中心。目前,公司已拥有山东省科技进步奖2项,发明专利2项,实用新型专利51项,软著作权4项,科研成果3项。

近年来,鲁泰化学逐步形成了以"煤、电、盐化工"为主体的循环经济发展格局,创造了良好的经济效益、社会效益和环境效益,被山东省人民政府列为重点培育的循环经济示范企业。先后获评"山东省危废达标企业""山东省科学环境友好型十佳典范企业""污染减排成效突出企业""环保工作先进单位""淮河流域水污染防治工作先进集体""全国绿色企业管理奖"等荣誉称号。2019年10月完成清洁生产审核工作,审核后经总体评价,离子膜法烧碱和电石法聚氯乙烯均符合国内清洁生产先进水平。

一、基于绿色制造理念的全过程控制清洁生产体系建设的背景

(一)"制造强国"战略部署绿色制造的必要性

2015年5月19日,国务院正式印发《中国制造2025》。《中国制造2025》是中国政府实施"制造强国"战略的首个十年纲领,要求中国制造要以促进制造业创新发展为主题,以提质增效为中心,以加快新一代信息技术与制造业深度融合为主线,以推进智能制造为主攻方向,以满足经济社会发展和国防建设对重大技术装备的需求为目标。这一战略特点是:

第一,把绿色发展作为建设制造强国的着力点。加强节能环保技术、装备推广应用,全面推行清洁生产。把发展循环经济、提高资源回收利用效率、构建绿色制造体系、走生态文明的发展道路作为基本方针之一。

第二,把绿色制造作为建设制造强国战略任务。加大先进节能环保技术、工艺和装备的研发力度,加快制造业绿色改造升级。强化产品全生命周期绿色管理,努力构建高效、清洁、低碳、循环的绿色制造体系。

为落实《国民经济和社会发展第十三个五年规划纲要》和《中国制造2025》战略部署,加快推进生态文明建设,促进工业绿色发展,工信部制定了《工业绿色发展规划(2016~2020年)》。规划提出要紧紧围绕资源能源利用效率和清洁生产水平提升,以传统工业绿色化改造为重点,以绿色科技创新为支撑,以法规标准制度建设为保障,实施绿色制造工程,加快构建绿色制造体系,大力发展绿色制造产业,推动绿色供应链全面发展,建立健全工业绿色发展长效机制,提高绿色国际竞争力。主要任务是围绕重点污染物开展清洁生产技术改造,推广绿

色基础制造工艺，降低污染物排放强度，促进大气、水、土壤污染防治行动计划落实。

（二）氯碱行业清洁生产管理亟待升级的紧迫性

我国是化学品生产和消费大国，有毒有害污染物种类不断增加，区域性、结构性、布局性环境风险日益突出。化工企业数量庞大、近水靠城，危险化学品安全事故导致的环境污染事件频发。化工行业废弃物处理问题，一直以来都是化工企业比较棘手的问题。近年来，氯碱行业面临着新形势和新挑战，环保法律法规不断完善，标准要求不断提高，排污许可管理正在实施，水俣公约进入履约关键阶段，国家强制实施清洁生产审核，"三废"治理还存在一些亟待解决的问题。面对新形势，氯碱行业清洁生产工作取得了一定进展，烧碱及聚氯乙烯（PVC）单位产品能耗2021年均比2022年有所下降。但与此同时，由于行业产能的增加，导致2021年PVC废水排放量比2020年增长200万吨，氯碱行业清洁生产工作任务依然繁重。

一是隔膜法烧碱和电石法PVC所占比重大。我国烧碱生产工艺主要分为隔膜法和离子膜法。离子膜法制碱技术具有生产工艺简单、产品质量高、污染少、节约能源等优点，已被世界公认为技术最先进和经济最合理的生产方法。目前，我国离子膜烧碱占很大比重，截至2021年，国内离子膜烧碱产能为4507.5万吨，所占的比例已经达到99.67%；同期，国内仍存在14万吨隔膜碱产能。聚氧乙烯生产主要有乙烯法和电石法。电石法生产聚氯乙烯由于能耗高、污染严重，按传统概念属于淘汰工艺。目前国际上普遍采用乙烯法生产聚氧乙烯，而我国的聚氯乙烯生产主要采用电石法。2021年，我国电石法生产聚氯乙烯占比为78%，乙烯法的比重为22%。

二是汞污染严重。目前，氯碱行业每年耗汞量占国内汞消耗量的60%左右。氯碱企业很难做到含汞废水零排放。除此之外，每年大量含汞废酸，近万吨废汞触媒、大量的含汞废活性炭和含汞废渣等都不知流失去向，存在盲区和巨大的环境隐患。

（三）企业绿色制造清洁生产体系建设的可行性

随着氯碱工业生产的发展和产品品种的不断增加，以及环境意识的提高，对工业生产所排污染物的种类检测越来越多，规定控制的污染物的排放标准越来越严格，从而对污染治理与控制的要求也越来越高，为达到排放的要求，企业要花费大量的资金，大大提高了治理费用，即使如此，一些要求也难以达到。由于污染治理技术有限，治理污染实质上很难达到彻底消除污染的目的。因为一般末端治理污染的办法是先通过必要的预处理，再进行生化处理后予以排放。而有些污染物是不能生物降解的污染物，只是稀释排放，不仅污染环境，甚至有的治理不当还会造成二次污染；有的治理只是将污染物转移，废气变废水，废水变废渣，废渣堆放填埋，污染土壤和地下水，形成恶性循环，破坏生态环境。

传统的末端治理与生产过程相脱节，先污染，再去治理。清洁生产要求从产品设计开始，到选择原料、工艺路线和设备以及废物利用、运行管理的各个环节，通过不断地加强管理和技术进步，提高资源利用率，减少乃至消除污染物的产生，体现了预防为主的思想。

根据山东省生态环境厅《关于下达 2019 年度山东省实施强制性清洁生产审核企业名单的通知》（鲁环函〔2019〕37 号）文件部署，企业应重点关注主要污染物和特征污染物产生环节、产生量、减排措施、污染治理设施的运营管理、在线监控设施安装联网、治污设施升级改造、污染物深度处理和资源优化方案等。鲁泰化学为全面规范绿色制造清洁生产管理，提升环保管理水平，推动建设一流现代化绿色化工企业，率先提出"废水零排放、大气无污染、固废再利用"十五字环保方针，把"十五字"环保方针作为全过程控制清洁生产环境策略，制定环境保护"十五字"方针实施方案，为全过程污染控制、杜绝跑冒滴漏等提供现代化管理的可行模式和手段。

二、基于绿色制造理念的全过程控制清洁生产体系建设的主要做法

（一）全过程控制清洁生产体系建设总体布局

1.绿色制造发展模式作导向

鲁泰化学以绿色制造的现代化制造模式为理念，推行绿色原料、绿色设计、绿色生产、绿色产品、绿色处理、绿色管理，建设绿色工厂，将绿色制造理念融入清洁生产体系（见图 1）。

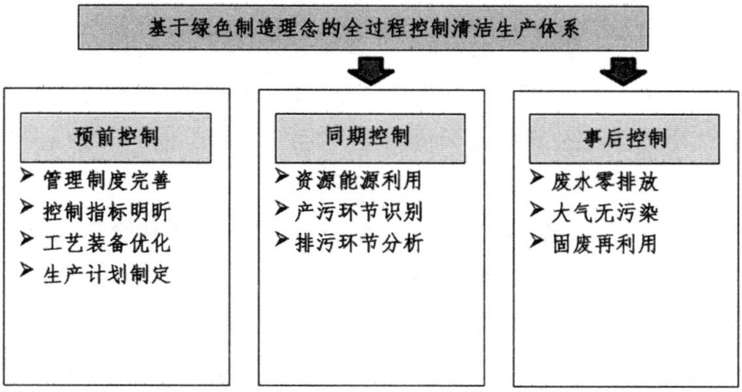

图 1　基于绿色制造理念的全过程控制清洁生产体系

其中:绿色原料是指在产品制造过程中使用更为环保的材料和能源,从原材料、能源、废物角度出发,使用清洁能源,提高能源利用率和废物利用率。绿色设计是指严格遵循“3R”(减少、回收、再利用)原则,将环保意识融入整个产品生命周期流程。绿色生产包括生产工艺的全程优化,通过采用先进低能耗技术的机械设备、先进绿色生产工艺技术来降低能耗和减少污染物排放。绿色产品是指在产品的包装运输、使用以及回收利用过程中,结合绿色理念增加产品品种及增加产品延伸附加值,利用完整的统计管理及分析体系提升产品质量,降低生产成本,降低产品后期循环过程中的能源消耗和环境污染。绿色处理是指针对在产品生命周期过程中所产生废弃物的再利用和再循环,满足水、气、固体三种废弃物减量化等环境保护要求。绿色管理是指在公司内部建立一套科学、行之有效的生产运行管控系统,通过全过程精细化管理手段进行生产过程的数据采集和实时监控,实现模块化、标准化管理(见图 2)。

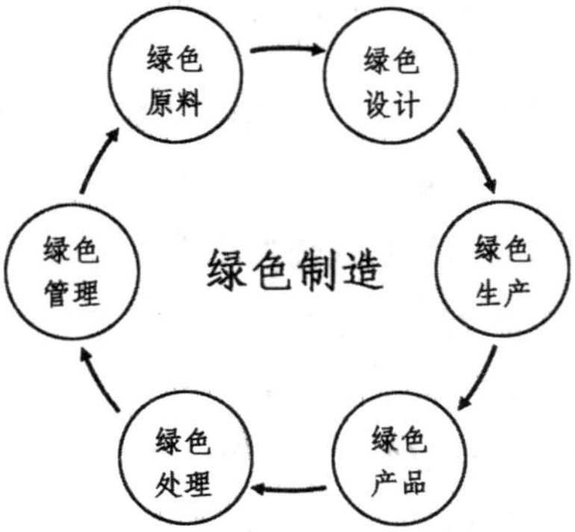

图 2　绿色制造发展模式

2.清洁生产审核作评价基础

鲁泰化学开展全过程控制清洁生产体系建设，始终坚持以行业清洁生产标准作为规范，以清洁生产审核作为审核基础。2019 年环境保护部先后发布实施氯碱工业烧碱、氯碱工业聚氯乙烯清洁生产标准。清洁生产标准根据当前的行业技术、装备水平和管理水平，向氯碱工业提出了一般要求，也为鲁泰化学开展清洁生产提供了审核标准和评价基础。鲁泰化学形成《质量管理程序文件》《环境管理体系程序文件》《能源管理体系程序文件》《环境管理体系管理手册》、认证证书等管理制度评价标准，从生产工艺装备、资源能源利用、产品指标、污染物产生指标、废物回收利用指标、环境管理要求六方面做深入评价，对照各项标准指标进行对比，寻找差距，评估清洁生产水平级别，挖掘清洁生产各指标能力，提升清洁生产等级。

3.环境管控中心作智能支撑

鲁泰化学利用当前移动互联网、大数据、高性能计算机和传感网等新理论和新技术的发展，结合鲁泰化学绿色发展的理念，率先建设环境管控中心。环境管控中心是一项整合工业自动化和信息化技术的管控一体化污染控制技术系统，采用各类智能仪表和控制器对企业生产全过程中各类污染源数据进行实时采集和监测，运用能源管理软件分析各类能源数据，建立以客观数据为依据的能源消耗评价体系，及时提出节能减排的管理措施，实现在信息分析基础上的污染源监控管理的流程优化再造，建立投入产出间的经济平衡，提高能源的使用效率，真正实现清洁生产。环境控制管控中心的建设，实现了对已有污染控制系统管理模式的优化再造，实现了从局部、经验、静态、结果的管理，到系统、科学、动态、过程的管理的转变。

（二）全过程控制清洁生产体系组织架构建立

鲁泰化学搭建全过程控制清洁生产组织框架，设有绿色工厂管理机构，负责有关绿色工厂的制度建设、实施、考核及奖励工作，建立目标责任制，成立了以总经理为组长、分管副总为副组长、环保部经理牵头各职能部室经理或车间主任为成员的清洁生产领导小组。鲁泰化学环保部专门设立清洁生产管理办公室，负责制定具体实施方案，根据现有工艺装备情况开展清洁生产。清洁生产管理办公室下设“工艺技术”“设备管理”“环保管理”“制度管理”专业组，明确了领导小组、管理部门具体责任以及奖惩办法。鲁泰化学结合实际情况，在对人、财、物系统化研究分析的基础上编制工作计划。工作计划决定将清洁生产体系建设分为四个阶段，进行逐级深化管控（见图 3）。

第一阶段（方案设计及架构搭建）：清洁生产体系建设遵循全员参与原则，形成全过程控制清洁生产体系的方案计划，在争取高层领导的支持下，组建公司清洁生产体系建设组织机构，制定工作目标及工作计划，开展宣传教育。

第二阶段（项目实施及场景应用）：全方位梳理现有工艺设备，全面识别排污环节，评估工艺技术水平，加快淘汰落后工艺，应用新技术推进工艺改造，减少排污环节。

第三阶段（目标管理及结构整改）：强化目标责任管理和相关考核，督促各部门开展实施工作任务，组织各部门各专业对各排污环节体系建设开展检查，针对清洁生产体系提出治理和优化建议，提出整改项，督促整改。

第四阶段（优化更新及完善制度）：完善各项环境制度，开展清洁生产审核工作，完善清洁生产体系建设。

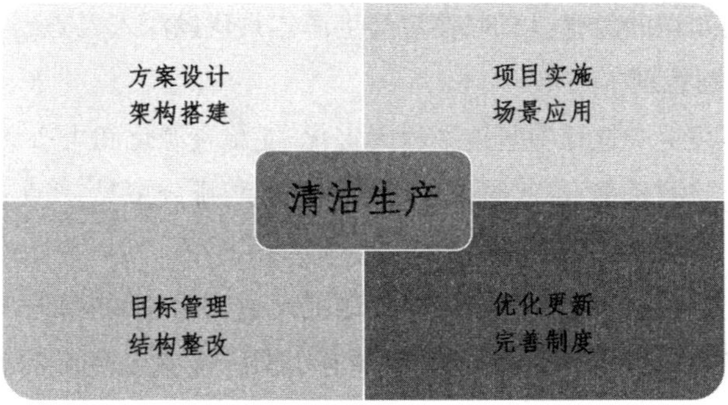

图 3　清洁生产建设四个阶段

（三）全过程控制清洁生产体系建设主要措施

基于绿色制造导向，鲁泰化学打造的全过程控制清洁生产体系具体实施措施主要以前期、同期和后期三阶段为出发点，明确每个环节的重要事项和关键任务，实现清洁生产的全过程管理。

1.预前控制管理

鲁泰化学不断完善清洁生产管理制度体系。发挥最高管理者在绿色工厂方面的领导作用，制定《关于成立绿色工厂管理工作领导小组的通知》（鲁泰化发〔2019〕9 号），对各单位及成员的主要职责进行了规范，支持其他相关管理人员在其职责范围内开展绿色化改造，确保将清洁生产融入组织的业务过程。

鲁泰化学严格遵守清洁生产控制指标，基于 GB/T24001 要求的环境管理体系,制定环境、能源、社会责任等具体评价指标,使产品生产有质可依、工人工作有制可依、管控执行有值可依。

鲁泰化学持续优化厂区基础设施及工艺技术,将绿色管控贯穿于厂区安评、环评、职业健康、消防等各方各面。诸如,全厂区绿化设计,节能型照明设备科学合理布局等。不断实施电机能效提升,对淘汰型设备逐步进行淘汰更换,拟使用的专用设备应符合产业准入要求,为降低能源与资源消耗、减少污染物排放做好基础工作。

鲁泰化学结合计划管理和目标管理手段,制定详细的清洁生产方案,如《年度任务目标分解》《绩效考核管理制度》(鲁泰化发〔2020〕20号)等。实施细则中对考核内容、测算依据、考核方式、考核兑现、有关规定等内容作了详细的说明;考核内容包括经营、生产、基础管理、重点项目等内容,相关部门能够定期按实施细则、考核办法实施考评,并保存相关考核记录。此外,鲁泰化学定期开展绿色制造相关知识的教育、培训,使清洁生产体系建设深入人心。

2.同期控制管理

鲁泰化学在生产过程中坚持原料无害化、能源资源化和生产洁净化管理,并安装环保在线监测系统,可实时查看污染物产生与排放情况,严防厂区跑冒滴漏事件发生。

(1)原料无害化管理。鲁泰化学以绿色制造为引领,持续推动有毒有害原料的绿色替代和减量化,从采购、生产、储存、使用、运输及废弃后处置等全流程进行管控,制定各项原料管理制度,实现了原料规范化全流程管控,最大限度地减少有毒有害物质的使用量,将其对产品和环境的影响降至最低(见表1)。

表1 原料无害化管理

名称	措施	目的
原料无害化	制定原料采购标准优化原料入库程序	减少污染物排放
	低汞触媒高效利用	提高触媒利用率减少汞排放
	加快研发无汞触媒	减少汞排放
	循环水使用无磷助剂	减少外排水总磷排放总量

鲁泰化学采购原料采用无毒无害或者低毒低害的原料,替代毒性大、危害严重的原料。原料无害化主要体现在低汞触媒使用、无汞触媒研发方面。采购使用低汞触媒替代高汞触媒,减少高汞触媒带来的汞污染,完成氯乙烯生产的原料无害化清洁生产。使用过程中,通过增加多台转化器,控制前排转化器混合气的

空塔流速，降低单台转化器运行负荷，减少氯化汞的挥发损失。对装填触媒、触媒活化、混合气通量、泄露处理等影响触媒寿命的环节、各项指标进行规范，提高触媒的使用率，降低消耗，减少汞带来的环境污染。

为彻底解决汞触媒带来的环境污染，鲁泰化学加大无汞触媒研发投入，开发氯乙烯合成新型催化剂及生产工艺，推进无汞催化剂的研发，减少低汞触媒使用量。鲁泰化学建设了非汞催化剂研发实验室，研究开发设计氯乙烯均相、多相合成相关工艺和设备，制备二氧化钛纳米管阵列催化剂，按照光催化合成氯乙烯的技术理论设计出合成工艺，设计优化催化剂组分，重点进行了非汞催化剂的组分、稳定性和催化性能研究。

(2)能源资源化管理。鲁泰化学高度重视能源资源化利用工作，参考先进企业能源管理经验，形成了以总经理为总抓、生产部为主管、各车间工段技术员和统计员为管理节点的三级管理网络，围绕水、电、汽和余热资源的资源化利用，实施资源综合利用改造，提高资源综合利用水平，使能耗降到最低程度。电能方面，主要采取设备改造实现电耗降低。主要涉及隔爆型三相异步电动机更换、北循环水风机变频改造、烧碱循环水泵节能改造。热能方面，主要是余热资源化利用。余热资源化利用涉及烧碱车间界区蒸汽冷凝水回收用于化盐、PVC 界区蒸汽冷凝水回收用于盐酸闪蒸罐补水、转化器热水槽热水用于职工生活水以及盐酸副产蒸汽回收用于聚合干燥流化床、冷冻一期溴化锂机组等。

(3)生产洁净化管理。鲁泰化学注重源头控制，通过过程化控制和工艺系统优化，利用先进的清洁生产工艺技术，杜绝生产现场跑冒滴漏，减少生产过程中污染物的排放(见表 2)。

表 2　生产洁净化管理

名称	措施	目的
生产洁净化	含汞盐酸深度脱析升级改造	减少汞流失提高氯化氢利用
	氯乙烯精馏尾气变压吸附升级改造	保证尾气达标排放提高氢气回收率
	真空抽触媒装置升级改造	减少氯乙烯合成过程汞流失
	废次钠脱析技术优化升级改造	减少废次钠排放
	电石破碎、料仓除尘系统升级改造	减少粉尘排放
	优化设备维修流程制定维修环保方案	减少设备维修过程中的污染物排放

过程化控制主要是对直接或间接影响环境的生产、设备安装和服务过程所采取的生产过程的分析，诊断和监控，对生产过程的环境控制进行系统安排，对直接或间接影响过程质量的因素进行重点控制并制定实施控制计划。过程化控

制主要涉及设备控制、产品控制以及不合格品控制。设备过程控制是对设备使用、维护、维修过程中产生的污染物进行有效收集或避免产生污染物。产品过程控制是确保生产出的半成品和成品及时入库或进入下一道工序，避免在工序中留存，减少挥发和液体流失，在包装和出售过程中杜绝流失。不合格品过程控制是对判定为不合格的产品，要制定环保措施隔离存放并及时做出返工、降级销售或循环利用，禁止报废处置。

清洁生产工艺技术主要通过含汞盐酸深度脱析、氯乙烯精馏尾气变压吸附、真空抽触媒装置、废次钠脱析技术优化升级，减少污染物排放。盐酸深度脱析是将含汞废盐酸通过脱析技术，建立含汞废酸生产平衡，实现汞减排和氯化氢回收。氯乙烯精馏尾气吸附装置升级项目利用一期吸附装置场地建设尾气深度处理吸附装置，大大增加尾气吸附装置的处理能力。真空抽触媒是在氯乙烯生产过程中真空吸取倒翻转化器产生的氯化汞触媒，避免了汞的流失。

3.事后控制管理

针对化工生产过程中的污染物，鲁泰化学严格管控清洁生产末端环节，执行“废水零排放、大气无污染、固废再利用”十五字环保方针。

鲁泰化学对废水的产生、收集、存放、输送、处置进行全过程优化，建立以雨污分流、清污分流为基础的分流系统，通过设备更新、工艺优化、平台搭建、监控升级，在废水产排污识别、水循环运行、排污风险监测和排水应急处置进行结构性调整，利用源头防控、过程治理、末端处置进行综合治理，根据生产特点强化各项措施管控，实现了连续 14 个月废水零排放。

鲁泰化学在充分分析厂区废气来源主要为电石粉尘、酸雾、氯乙烯尾排以及生产现场异味的基础上从废气的减排、治理、再生利用 3 个层次上进行废气循环利用，通过寻求不同工序的最佳匹配，杜绝跑冒滴漏，实现废气产生量的最小化和废气治理的最大化目的，实现废气达标排放，确保大气无污染。

鲁泰化学在废渣利用方面彻底改变“产品—废渣—处置”的直线、单向流动的传统经济模式，深度建立“产品—废渣—利用—处置”的新经济模式，形成废物分类收集、分类利用、分类处理等环节组成的循环长链条。合法合规处置固体废物，提高经济价值，寻求固体废物再利用途径，挖掘固体废物利用价值，由委托处置转变成委托利用，可实现合理、资源化的固废利用。

三、基于绿色制造理念的全过程控制清洁生产体系建设的效果

(一)全过程控制清洁生产体系的环境效益

鲁泰化学将高质量绿色制造发展理念作为企业管理的重要议题,创新全过程控制模式,形成鲁泰化学关于化工行业清洁生产的特色体系。这种控制模式凭借加强管理和技术进步,从化工生产的事前、事中、事后三阶段进行全过程布局,从制度标准、工艺设备、原料选择、运行管理、废物利用等各环节严防跑冒滴漏事件发生,减少乃至消除污染物的产生,增加了生态效率,减少环境污染风险。根据在线监测数据得知,较开展清洁生产之前,鲁泰化学生产每年减少 COD 排放量 1536 吨/年,减少氨氮排放量 52.3 吨/年,减少总磷排放量 43 吨/年,汞排放消减 0.000012 吨/年,颗粒物排放消减 6.264 吨/年(见表 3)。

表 3 全过程控制清洁生产环境效益表

项目名称	COD 排放量(吨/年)	氨氮排放量(吨/年)	总磷排放量(吨/年)	汞排放(吨/年)	颗粒物排放(吨/年)
减少量	1536	52.3	43	0.000012	6.264

(二)全过程控制清洁生产体系的经济效益

通过实施全过程控制清洁生产各项措施,对各个环节的节能、资源的循环利用、生产环节中污染物排放全过程控制,为鲁泰化学节约了较大额度的经济运行成本。根据生产报表得知,较开展清洁生产之前,公司电耗消减 176000 度/年,节省电费 15.8 万元/年;蒸汽消减 6398.7 吨/年,节省蒸汽费用 102.38 万元/年;节省新鲜水 255.5 万方/年,节省可节省水资源税费用 1149.7 万元/年;废水排放量共减少约 223.4 万方/年,减少环保税缴纳 40 万元/年。综上所述,建设全过程控制清洁生产体系共节省经济成本 1307.88 万元/年(见表 4)。

表 4　全过程控制清洁生产经济效益表

项目名称	电耗	蒸汽	新鲜水	废水排放量
减少量	176000 度/年	6398.7 吨/年	255.5 万方/年	223.4 万方/年
节省额	15.8 万元/年	102.38 万元/年	1149.7 万元/年	40 万元/年

（三）全过程控制清洁生产体系模式可推广

基于绿色制造理念的全过程控制清洁生产体系解决了化工行业高耗能、高污染的发展瓶颈和环保现实问题，将绿色生态理念融入生产全过程中的管理体系、基础设施、能源与资源投入、产品、废物排放、绩效等环节，能够最大程度地减少污染物排放和能源资源消耗，打造绿色工厂生产模式。全过程控制清洁生产体系在制度建设、组织架构、目标管理、人员培训、绩效考核等方面具有较强的管理成熟度和可操作性，能够为同行业清洁生产提供可借鉴的先行示范作用，具有推广价值和可复制性。

成果创造人员：张玉标　李宝瑞　陈海天　王加峰　金　鑫

构建以"6S"为核心的高速公路企业招标采购集约管理体系

山东高速四川产业发展有限公司

摘要：为适应企业信息化、高质量发展的内在需要，准确把握采购管理发展方向，近年来，山东高速四川产业发展有限公司持续探索招标采购集约管理，推进采购管理体制机制变革，切实发挥招标采购降本增效的作用，力促企业提质增效。通过采取分类采购制、采购需求计划制、阳光采购制、成本管控制、供应商评价制和协同监督制六项举措，实现了采购人员集约、信息集约，监督管控更有效，采购管理从粗放向精细化转变，打造了集集约采购、供应链管理、全生命周期评价于一体的采购管控体系。集约管理推动了采购管理从成本节约、质量控制向价值创造转变，企业在主营主业、物资采购等方面均取得了良好的经济效益。本文主要阐述构建企业招标采购集约管理的具体做法，旨在为提升企业采购管理水平提供有益的参考。

山东高速四川产业发展有限公司（以下简称"四川发展公司"）是山东高速集团在四川成立的集交通基础设施投资、建设、经营、管理及相关产业综合开发于一体的区域性公司。注册资本30亿元，资产总额174亿元，下辖4家全资子公司、5家控股公司、6家参股公司。投资经营管理的项目有乐宜高速、乐自高速等6条高速公路，遂宁安居市政项目、内江基础设施建设项目、龙泉水环境治理项目、资阳农村公路品质提升项目等7个PPP项目，总投资约260亿元。

四川发展公司深耕四川基建项目十六年，取得了一系列的成绩。乐宜高速为四川省第一条BOT高速公路，也是山东高速集团省外通过社会公开招投标中标的第一条BOT高速公路，荣获"全国加快交通基础设施建设重点工程劳动竞赛优质工程奖"，乐宜公司、乐自公司先后获得"四川省五一劳动奖状"、"四川省重点工程劳动竞赛先进集体"、"最美高速"、"最美中国路姐团队"、"五好"高速公路等多项奖励或荣誉。

一、构建以“6S”为核心的高速公路企业招标采购集约管理背景

（一）集约采购管理是发挥市场作用的重要方式

党的十八届三中全会以来，市场在资源配置中所起的作用由“基础性”变为“决定性”。随着市场经济的逐步完善，市场化对招标采购带来的正面效应愈加凸显，集约采购通过市场化确定的供应商质量得到了提高，同质产品的价格得到了下降。市场为企业构建了良好的招标采购条件，也为供应商提供了公平竞争的平台，企业通过集约采购模式进入供应链更高效了。同时，高速公路企业涉及的施工、货物金额大，市场相对成熟，随着高速公路行业体制改革的推进，运管模式将进一步完善，市场竞争将导致企业之间的合并加快，各地区高速公路企业合并将大幅提高企业招标采购数量和规模，行业对高速公路企业招标采购管理提出了更高要求。

（二）集约采购管理是实现采购管理变革的重要手段

山东省国资委《山东省省属企业阳光采购监督暂行办法》明确要求，省属企业要按照节俭、高效、适用的原则，适应市场化、信息化、智能化和高质量发展要求，准确把握采购管理发展方向，推动采购管理从成本节约、质量控制向价值创造转变，打造集集约采购、供应链管理、全生命周期评价于一体的采购管控体系，持续推进采购管理体制机制变革。

山东高速集团有限公司自 2015 年开始已建立集中采购目录，将办公用品、办公设备等权属单位企业共性的需求统一纳总实施集中采购，企业通过集采成本有了大幅下降；近年来，在办公用品、办公设备等集采的基础上，在招商招租、资产处置等货物类、服务类方面又扩大的招标采购范围，且要求通过阳光采购方式发布信息，发挥市场主渠道，实现收益最大化。

（三）集约采购管理是企业高质量发展的内在需要

四川发展公司贯彻落实山东高速集团发展理念，助推“质量山高”建设，以提高采购质量，降低企业成本。四川发展公司高速公路建设已全部转为运营管理，涉及的业务事项主要集中于高速公路项目的小修保养、机电工程维护、养护专项施工以及设计、检测、监理服务等内容。随着投资落地项目陆续增多，公司“一核多元”的发展格局已逐渐构建，涵盖成品油能源业务、PPP 建设项目、高速

公路输出管理业务等多个板块，招标采购业务范围和种类越来越多。2018 年年底前采用的招标采购模式为分级分散管理，公司仅对达到招标范围的项目进行重点环节监督管理和审批，对未达到招标范围的项目交由权属单位自行实施。但还存在着以下两方面的问题：

1.采购成本居高不下

2018 年自行实施的项目占比全部采购数量的 80%以上，采购事项具有单项采购金额小、采购分散的特点，市场化竞争不够充分，且存在相近时间段内多次组织开展同类项目的采购，规范管理不够。2018 年分散采购事项 37 项，采购合同金额 5294 万元与采购限价相比，仅有 3.3%的下浮，节资率低，采购成本居高不下。

2.分散管理模式监管难度大、覆盖面不全

由于各自独立开展采购工作，难以在总体上管控成本，给公司预算管控带来难度。随着企业多元发展，带来更多的招标采购事项，招标采购数量和广度均增加明显，另外随着业务的迅速发展，新增板块招标采购人员配备不足的问题凸显，也更容易造成监督管理的覆盖面不够。

二、构建以“6S”为核心的高速公路企业招标采购集约管理的主要做法

为了提质增效、加强监督管控，公司通过构建以分类采购制（Sort）、采购需求计划制（Strategic）、阳光采购制（Sunny）、成本管控制（Save）、供应商评价制（Supplier）和协同监督制（Supervision）为核心的集约采购管理体系，打造集集约采购、供应链管理、全生命周期评价于一体的高效率、低成本采购管控模式，实现公司高质量发展，助推“质量山高”建设。

（一）构建分类采购制，打破固有壁垒

1.形成制度管理体系，发挥制度管控优势

公司实现招标采购的管理创新，突破常规做法，加强制度建设，创建适合新管理理念的管理方式。依托制度建设和流程再造，落实集约采购管理。2019 年公司实行集约采购以来，按照国家法律法规、集团公司有关规定，结合实际制定了四项集约采购制度，其中招标采购管理办法、非招标方式采购管理办法主要是针对分类采购的实施流程和分类采购的管控环节，评审专家库管理办法是用于

规范采购行为,集中采购管理办法是持续落实山东高速集团集中采购目录。通过一系列集约采购制度的建立,不但解决了多元发展带来的人力不足问题,还进一步发挥出了集约采购的优势,为企业高效率采购质量优、采购成本可控的产品、服务,有效地缓解因发展迅速出现的生产要素配备不够的难题(见图 1)。

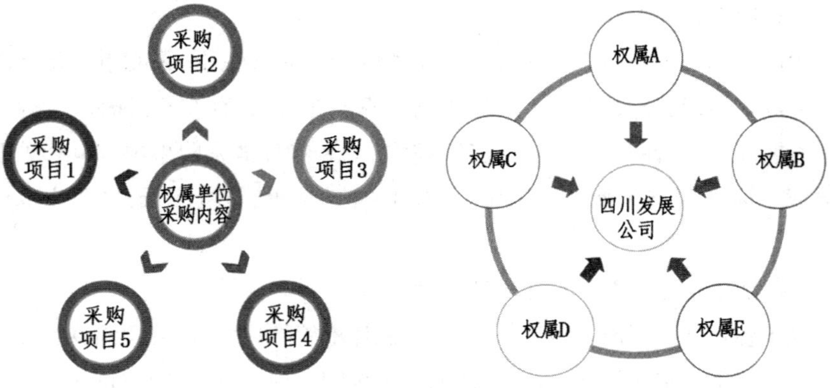

图 1　从分散采购模式到集约采购模式的演变

2.实行管理职能转变,健全管理组织

实现集约管理,四川发展公司打破常规创新机构设置,将由主营业务部门兼顾招标监督的职能剥离出来,成立了招标采购专职部门,实现了管理职能由单一的监督检查到归口采购、协同监督的转变。通过配备一定数量的技术力量充实职能部门,采用培训交流等方式加强技术力量职业素养和能力,全面掌握招标采购法律法规及上级相关招标采购要求,让实操更为专业、采购行为更为规范。伴随职能的转变,公司招标领导最高决策机构的职能也发生了相应的调整,机构重要成员参与到具体环节的审查,深入到业务管理中,通过对业务的审查,对集约管理下的招标采购工作进行全面的领导和监督。

3.厘清各级采购职责,精准实施集采

集约采购不是大包大揽,在职能转变的同时,四川发展公司结合集约采购特点,厘清各层级职责,实行分层级管控负责。明确划分各层级对应的职责,包括需求单位提出的需求精准与否、招标采购管理部门落实招标组织活动的合规与否以及业务管理部门审核的立项请示和限价资料是否合理。通过职责的确立,确保了需求项目自立项、限价审核、采购文件编制以及供应商履约评价全生命周期均有对应职责部门,为精准实施集采提供了有力支撑。

（二）建立采购需求计划制，实现同类项目合并

1.畅通决策流程，避免浪费

对项目实施的必要性进行论证，综合考虑采购事项的提出是否合理、资金预算是否充足、放弃实施是否会造成不良后果等因素，决策采购需求，避免造成实施采购的资金浪费和决策不准。在2020年运营高速公路机电项目专项施工的决策时，公司考虑项目实施的必要性不充分，采取了年度内取消项目需求、后期按实际需要再次论证的批复，至今该项目尚未再次启动，由此减少投入资金1300余万元。

2.主动筹划合并，减少采购次数

公司通过合并同类采购项目，减少了各单位自行实施采购的时间浪费、人力重复投入。将施工类、货物类、服务类各类别细分，依据适宜合并原则，合并各单位同类采购需求，实施统一采购。通过主动筹划合并，采购数量明显降低，目前已累计合并采购项目12项，减少采购次数39次。四川发展公司主业为运营高速公路，每年都会有维修施工，这类养护专项工程具有施工周期短、投入大的特点，且具有极强的时效性，有的项目规划期、采购期远远大于实施期，还会出现因行业主管部门临时性的专项工程实施需求。针对该类项目，公司充分研讨采取集约采购的可行性，结合养护规划分析研判未来项目采购类型，将专项划分为两大类，总结以往每年的费用发生情况，规划未来三年可能投入的项目费用，最终决定以三年周期规划、合并专项打包的模式将专项工程按周期实施采购，打破了传统采购模式，破除了每年花大量精力实施专项招标采购的困境，并应对随时可能出现的新增项目。该模式已实施两年，每年减少招标采购次数2~5次，集约采购节省了时间，为项目在规划、设计阶段留出更多时间进行优化，同时可出具精确的预算，对项目实施提供了时间上的保障。专项集约采购实施效果较好，体现了高速公路运营管理主业实施集约采购的可行。采购需求计划制是集约采购的基础阶段，打好本阶段基础是集约实现的关键环节，为企业提高采购效率、降低采购成本打下了基础。

（三）建立阳光采购制，拓宽采购渠道

落实阳光采购，发挥市场竞价效应，助推集约采购管理模式下的各类采购实施。集约采购形成采购规模后通过信息化手段，广泛发布采购寻源信息，面向社会，让采购信息发布在阳光下。集约采购对潜在投标人形成了足够的吸引力，采购人获得质量高、价格可控的产品和服务。公司处置乐宜、乐自高速公路废旧护栏板，按年度整合2条高速公路因路损造成的废旧护栏板，通过竞争性谈判方式

阳光发布征集公告，吸引了29家潜在报价人，经过激烈的竞价，最终成交价达到了2600元/吨，溢价率达40%。这是公司实施集约采购后首次进行废旧物资处置类项目的发布公告、谈判，为公司增加经济效益29万元。

落实山东高速集团招商项目阳光采购要求，公司将自有的服务区经营管理权以阳光采购发布公告的方式实施采购。集约的体现是将两个公路项目同期实施采购，并按市场规律设置五年周期；通过发布阳光采购公告，成功吸引了12家投标人报名，遍及浙江、四川、河北三省多家企业，通过充分竞争，实现了乐宜高速955万元、乐自高速854万元的招商费用。通过阳光采购、周期规划，集约采购的方式，弥补了疫情反复和路网变化负面影响可能出现的招商空白期，2021年乐宜高速服务区、乐自高速服务区收益同比分别增加17%、62%。

(四)实施成本管控，严控采购成本

1.形成有效的内控成本管控手段

有效控制成本，发挥招标采购价值创造能动性，在实施招标采购集约化管理后，四川发展公司重视过程监管和审核，引入招标限价审核环节。在需求单位确定的限价基础上，由公司职能部门独立开展调研、出具审核意见，以职能部门确定的限价作为最终采购限价。2019年养护专项工程施工项目报审限价3533万元，业务管理部门对材料进行了市场调研，审减173万元，审减率为4.8%；乐宜、乐自高速服务区监控、隧道机电系统升级改造项目报审限价442.3万元，业务管理部门通过审核细部项目审减38.3万元，审减率为8.6%。

2.引入第三方专业咨询机构

公司引入了第三方专业咨询机构，针对公司多元发展需要，组建了由投资、公路、市政、房建、机电等专业人才构成的团队。建设项目投入资金大、工程预算涉及专业较多，引入造价咨询机构，进行工程预算审核、招标限价出具，有效控制了成本。山东高速大厦(四川)第27~28层装修工程报审限价758.9万元，咨询机构审减28.68万元，审减率为3.8%；西坝服务区加油站改建工程施工项目报审限价312万元，咨询机构审减18.66万元，审减率为6%。

(五)建立供应商评价制，形成负面清单

1.完善供应商评价制

建立完善的采购管控体系，形成闭环效应，供应商评价管理是全生命周期评价体系的最后一个环节。供应商的选择虽然是一次性的，但从采购、提供产品或服

务、结算的整个管控周期内来看,是一个连续的、不间断的过程。对供应商在信誉、履约能力方面进行客观评价,有助于总结经验,提高项目采购精准度,掌握市场走向。因此,公司将供应商评价作为采购项目市场信息收集的一个重要方式。

2.建立负面清单,实行动态评价

公司从采购开始到合同履行完成期间持续关注供应商动向,结合各阶段重点环节实行动态评价,为今后项目的采购提供依据。在采购阶段后,重点评价供应商响应招标采购文件的情况、采购阶段报价文件的质量情况等;在合同签订阶段,重点评价供应商在合同谈判环节有无提出其他不合理要求、对采购响应的事项是否不接受;在合同执行阶段,由项目实施单位对中标供应商进行履约考核。招标管理部门汇总阶段评价情况,将被认定为串标行为、信誉差、履约差的单位列入负面清单,实施重点关注,对于情况严重的,三年内禁止其参与公司采购项目的投标报价。

3.引入履约考核

工程、货物、服务项目合同签订后,监督合同执行部门加强履约意识,发现问题及时纠偏、整改,严格落实合同条款,采取合同手段维护企业权益。供应商评价管理的特点是流程透明化和操作公开化,所有流程的建立、修订和发布都通过一定的控制程序进行,保证相对的稳定性。评价指标尽可能量化,以减少主观干扰因素。首先设置考核满意度,按照从“不具备要求”到“完全符合要求且结果令人满意”,分为 5 个分数段,根据各分项要素计算平均得分。如 80 分以上为体系合格供应商,60 分以下为体系不合格供应商,79 ~ 60 分为需讨论视具体情况再定的持续考核供应商。

公司对常年法律顾问服务项目实施评价和考核后,结合考核情况,采取了适度提高需求标准,对法律顾问团队、业绩提出更高要求,重新规划了采购需求定位。通过整合投资、公路运营、PPP 项目建设等常年法律顾问需求,提高采购,上调采购限价,确保了选择优质供应商。通过广泛拓宽采购渠道,吸引了较多优质律所递交报价文件,通过深入谈判、研究决策后,选定了履约能力强、信誉佳的律师事务所。为提高鼓励性,约定两年评分均在 90 分以上的,采购人可按本项目年度成交价再次续签一年,为企业更好防范法律风险提供了保障。

4.组建内部专家库

公司成立内部专家库,提高评审规范性,避免出现人为因素、个人过于主观地进行打分等情况,对非招方式采购项目的评审起到积极的作用。对于评审过程中发现的不规范行为按评审原则予以认定,包括供应商串标、有违反市场制度行为等情况,确保公司利益不受损。

（六）建立协同监督制度，激发内生动力

集约采购模式改变原有的监督方式，实行招标管理部门、业务管理部门联动、协同的监督管控模式，实现监督全覆盖。以往的招标采购项目仅仅是各权属单位自行实施，实施之前其业务主管部门并没有权限、职责去审查、监督，采用集约采购以后，各级职责有了较大转变，招标管理部门和业务主管部门都是采购需求项目的协同监督机构。通过将限价审核权归到业务主管部门，招标管理部门按照业务归属将采购需求单位的采购限价，委托业务管理部门审核，构建起三方责任制。工作机制如图 2 所示，招标管理部门作为枢纽和实施部门，负责在权属单位事项与公司业务管理部门进行衔接，同时业务管理部门具有独立性，独立审核、审查被委托事项，其结果只对四川发展公司负责，并通过招标管理部门实现。通过业务部门对权属单位招标限价的审核，审减项目限价在几千元到几十万元不等，年度核减比例达到 4%，折算金额约 653 万元。

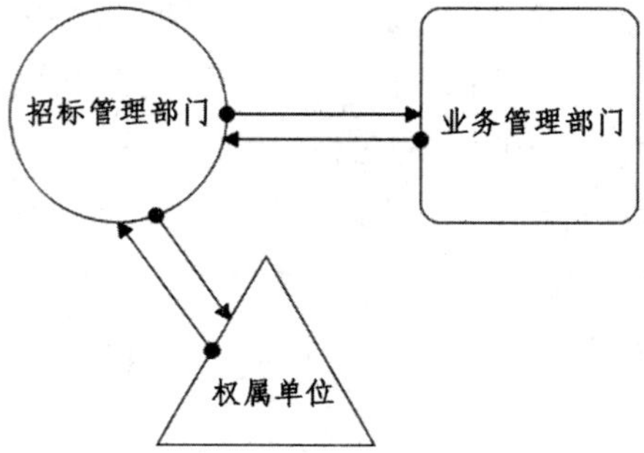

图 2　协同监督模式

通过工作流程、协同制的建立，实现了项目采购主体、业务管理部门、采购管理部门的互相监督，确保了项目公平、公正开展。监督制的完善对解决之前存在的监管难度大、覆盖面不全的问题起到了非常重要的作用，是具有突破性的，是分散采购难以实现的协同监督模式。

三、构建以“6S”为核心的高速公路企业招标采购集约管理体系的实施效果

（一）管理效益

1.提出了一套完整的、规范的实施举措

从立项阶段、限价管控阶段到实施采购、供应商评价，各个阶段有不同

的管理举措，确保了集约采购的实施。集约采购通过计划制统筹规划项目，实现合并采购，会大大减少各权属单位用于采购的时间和人力，如常年法律顾问、员工团体意外险、税务咨询、安全防护用品等事项。据统计，集约采购以来，通过合并项目实现了减少采购数量之多，在人员配备有限的情况下，按期为各需求单位保质保量地完成采购，与集约采购的合并同类项密不可分，计划制和协同监督发挥了巨大的作用。

2.健全了管理模式，实现招标采购由粗放式向精细化的成功转变

采购管理两年多来，四川发展公司累计完成 80 余个项目的采购，涉及生产经营的各个领域，通过系统、全面的管理，实现了集集约采购、供应商管理、全生命周期评价于一体的招标管理体系。

3.实现了“质量山高”新的突破

成本管控制的建设、限价审核的运用，在实现“质量山高”的建设中发挥了降本增效的作用，很大程度上提高了企业的管理水平。在确保质量的前提下，成本大幅下降。同质条件下集中投保员工团体意外险较分散采购节省成本 50%以上，集约采购安全防护用品相较于分散采购大部分产品均有 20%以上的降幅。

（二）经济效益

以“6S”为核心的集采管理的构建，对企业经济效益的提升起到了积极促进作用。自 2019 年集约采购实施以来，年度降本和增效共计 1273 万元，2020 年度降本和增效共计 1053 万元，分别实现经济效益 1093 万元和 873 万元（见表 1）。

表 1　企业招标采购集约管理实施前后经济效益对比

年份	项目总量	年度限价上报总金额（万元）	年度成交总金额（万元）	年度降本增效总金额（万元）	年度节资率
2018 年	37	5474	5294	180	3.3%
2019 年	34	16633	15360	1273	7.7%
2020 年	48	7335	6282	1053	14.4%

注：收益类项目核算金额取计算结果绝对值；

（1）年度限价上报总金额＝该年度内需求单位上报的实施项目限价之和；

（2）年度成交总金额＝该年度内发生项目总计合同金额；

（3）年度降本增效总金额＝年度上报限价总金额－年度成交金额；

（4）年度节资率＝（年度降本增效金额/年度限价上报总金额）×100%。

(三)社会效益

实行招标采购集约化管理模式后,四川发展公司贯彻落实山东省国资委阳光采购的要求,使企业招标采购更加阳光、透明,形成了互相监督的生态环境,降低了自身的廉政风险,为社会带来公平、公开、公正的市场环境,促进了社会和谐发展,保障了招标采购市场生态常青,进一步加强了企业和市场关联,有利于相关主体共同发展、互利互馈。

1.提高了供应商对招标采购项目的参与度

分散采购模式下的采购项目具有金额小、地域性强的特点,供应商参与报价积极性不高,特别是优质、大型企业,基本不参与报价。集约采购以后,规模优势得到了极大体现,越来越多的潜在供应商愿意参与进来,提高了采购项目的市场竞争性,有助于采购到质量高、管理先进、成本可控的货物、服务。集约采购充分激发了优质供应商的热情和积极性,对引导市场的良性循环起到积极作用。

2.为行业内招标采购转型提供了参考

两年多来,以"6S"为核心的集约采购体系运行良好,管理程序规范,标准清晰透明,特别是高速公路运营项目通过集约采购模式转变对企业降低成本发挥了积极作用,通过创新企业管理现代化新模式,为企业降本增效管理增添了新路径,为企业采购管理从成本节约、质量控制向价值创造转变提供了基础条件,对行业内其他企业采购管理职能转变具有借鉴意义。

3.勇于承担国企社会责任

四川发展公司勇于打破固有模式创建新采购模式,构建以"6S"为核心的招标采购集约管理,主动履行国企的社会责任。通过采购需求计划制的决策论证核减项目,减少浪费,坚持绿色可持续发展;通过阳光采购制,加强采购项目评审,公正、规范地选择供应商,为维持良好的供需关系提供了公平透明的平台,构建了健康、良好的企业营商环境。

成果创造人员:邢金雪　王智龙

以“工场作坊”为载体的创新管理体系构建与实施

国网山东省电力公司青州市供电公司

摘要：国网山东省电力公司青州市供电公司贯彻落实创新驱动战略，树立“问题导向、敢为人先、人人创新、重在实践”的全员创新理念，优化组织结构，明确创新组织各级职责，构建“工场作坊”式的管理体系，整合创新项目资源和专业管理资源，建立创新人才梯队，推进组织的协同建设，建立学习培训、过程管控和积分评价三个创新工作机制。发挥“雁阵效应”优势，建立魏玉芳工作室、深蓝工作室、郭红军工作室等，提供职工技术创新展示平台，实施评价激励，创新积分应用，建立健全创新长效机制，实施一体化管理、规范化过程管控，形成员工在实践中发现问题、破解难题、迎难而上的良好氛围，提升管理效率和经济效益，促进企业可持续健康发展。

国网山东省电力公司青州市供电公司（以下简称“青州公司”）是国网山东省电力公司下属分公司，担负着青州市13个乡镇（开发区）的供电经营与服务任务，下设11处乡镇供电所。青州是国家特高压电网的重要承接地，是山东省“西电东送”的重要枢纽。截至2019年，青州境内拥有扎鲁特-青州±800千伏特高压换流站1座、500千伏变电站1座、220千伏变电站4座、110千伏变电站14座、35千伏变电站19座；110千伏线路30条、381公里；35千伏线路37条、385公里；10千伏配电线路232条、2940公里。2019年，完成售电量41.27亿千瓦时，同比增长5.95%；线损率完成3.2%；主营业务收入22.03亿元，同比增长5.73%；内部利润8900万元。公司先后被授予国网公司“文明单位”、国网公司“新农村电气化建设先进单位”、全国“模范职工之家”、山东省“富民兴鲁”劳动奖状、山东省“劳动关系和谐企业”等称号。2019年，公司被评为省公司先进单位、市公司业绩考核A级单位。

一、以"工场作坊"为载体的创新管理体系构建与实施背景

(一)创新创效是应对经济新常态的必然选择

当前,在经济发展新常态下,公司所处的经营环境发生了巨大变化,售电市场疲软、竞争加剧,国企改革、电力改革的不断推进使公司的运营效率和服务水平日益受到社会关注。物质和资源总有枯竭的时候,只有创新才是不竭的动力。如何改变现有管理模式,坚持问题导向,整合创新资源,推动公司健康发展,成为当前面临的重要课题。面对新的形势,公司只有通过创新、创效提升公司竞争力,最大限度地开展全员创新,充分挖掘内部的资源,整合外部资源,进行创新资源有效整合(即把管理创新、业务创新等各种生产要素的重新组合,形成新的生产力),进行全方位的创新,实施创新一体化建设,充分发挥整体协同与创新优势,达到创新成效的最大化,将全员参与创新作为切入点,才能激发企业内部创新活力,保持企业生机,打牢企业发展的根基,提升企业发展竞争力。

(二)创新创效是落实国网公司和省公司的部署要求

国网公司和省公司提出了建设以特高压和智能电网为重点的创新型企业的部署要求,将创新驱动作为发展战略,开展创新创效实践并持续推进。随着市县一体化体系建设的深入推进,专业管理日趋精益化、标准化、扁平化发展。企业坚持创新发展,必须把职工创新摆在核心位置,让职工创新工作贯穿企业发展全过程、全方位,让职工创新在企业、在班组落地开花、蔚然成风,是培育和催生经济社会发展的新动力的需要。只有适应当前创新发展国家战略的需要,切实将群众创新创效工作作为实施创新驱动发展战略的重要载体、推进供给侧结构性改革的重要举措、培植新动能壮大新经济的重要动力,组织开展大量卓有成效的创新创效工作,才能提升企业发展的质量和效益。

(三)创新创效是提升供电企业核心竞争力的客观需要

青州公司在创新创效活动中取得了一定成效,改进了管理方式和工作方法,促进了企业管理水平的提升,但通过近年来的创新活动实践分析,还存在以下问题:全员参与创新热度不够。在原有管理模式下,职工缺乏创新意识,积极主动性不够,导致职工创新活动的参与者多为业务骨干,属于职工精英式的活动,尤其青年员工普遍参与较少,致使创新活动缺少新鲜力量的补充、创新成果推广力

度不够。对创新成果的推广力度、转化程度和普及范围还有所欠缺，大部分创新成果处在“谁创新”“谁应用”阶段，仅有少部分转化成现实生产力，职工创新成果多在本班组、本单位等小范围内推广应用，创新成果价值和效益最大化难以保证；创新中仍缺少技术骨干人才。创新要围绕生产实际，将创新创效的意识、思维和方法吸收、整合、内化到业务管理和作业中，重点解决现场工作难题。但是，由于职工知识水平参差不齐，老员工有经验没学历，新员工有学历没经验，加上大部分岗位员工工作内容单一、缺少与外界的学习和沟通，研发出的部分成果脱离安全生产实际，存在所谓的“创新泡沫”。

二、以“工场作坊”为载体的创新管理体系构建与实施做法

（一）建立三层管理机构，确保创新项目进度和质量

围绕青州公司发展主线，坚持“创新为生产经营服务”的原则，建立决策层、管理层、实施层创新分级管理机构，遵循“凡事有人负责、凡事有章可循、凡事有据可查、凡事有人监督”方针，制定详细工作流程计划（见图 1），提高员工参与创新的积极性，确保创新项目进度和质量。

1.构建严密的管理体系

（1）成立决策层。决策层对创新制度建设、创新方向、资源配置等方面的重大事项进行统筹决策。成立创新专家委员会，组长由公司总经理、党委书记担任，副组长由公司分管副总经理担任，成员涵盖主要管理部门负责人。专家委员会主要职责是负责研究制定创新工作目标、实施方案，引导和培育员工在工作中的创新意识，支持和解决创新成果研究和转化。

（2）设置管理层。管理层在创新指导、协调、审核、评价和激励等方面起到承上启下的作用，推动创新工作的顺利开展。针对自身人才短缺、技术力量薄弱的客观因素，成立创新管理办公室，设在发建部，负责科技创新、管理创新、职工技术创新等创新工作的推进和落实。甄选优秀管理人才和技术人才，通过工作室统一指导、指挥各创新小组开展科技创新活动，推广科技创新成果应用。

（3）培育实施层。实施层具体强化核心技术建设，在各自领域进行优势项目发展，是研发投入的主体、创新活动的主体和创新成果应用的主体。设立多个创新小组，由各部室、班组、供电所负责人任组长，负责本单位的创新工作开展和实施，开展相关领域的创新活动，及时发现在工作中存在的创新点，在工作室的指导帮助下，形成具有实用价值的创新成果。

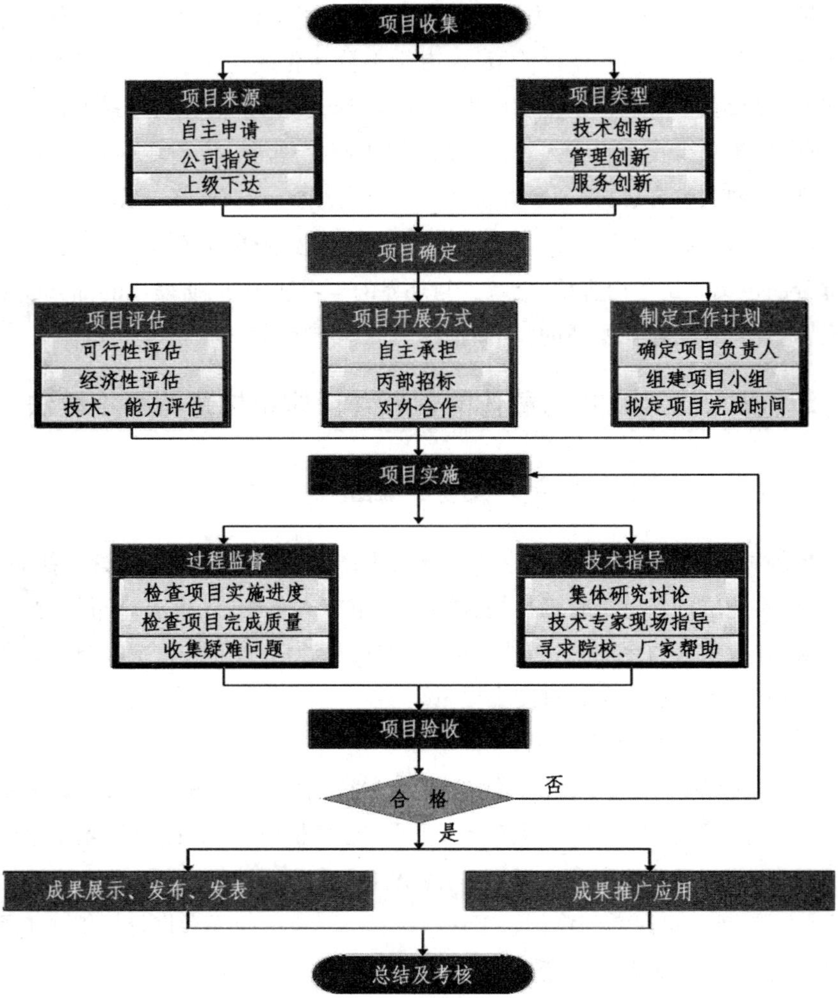

图1　创新项目管理流程

2.完善项目管理。一是优化创新顶层设计布局。以提升青州公司创新引领能力为目标,结合青州公司和电网发展实际,编制关键技术研究框架和技术需求分析报告,提出一批支撑青州公司和电网可持续发展的关键技术课题,解决电网生产、经营和基本建设中的突出矛盾和主要问题。二是优化创新基层设计布局。以解决问题为导向,以技能为重点,以创效为目的,深入开展员工技术创新、质量管理、合理化建议等群众性技术创新活动,广泛开展以应用型、实用型为主的培训,提升员工创新创效能力。

(1)项目立项精准化,确保项目可行。青州公司采用"两步走"(即一分析、二审查)的项目立项机制,抑制了"创新泡沫"现象,切实保证了成果的有效性。

一是分析项目的可行性和必要性。分析企业发展、生产经营状况、内外部环境及发展形势，结合生产实际存在的问题开展项目有效性、必要性分析。二是审查项目的先进性、创新性、实施范围和重复性。首先，组织专家团队对创新项目的先进性、创新性和实施范围进行审查。其次，通过创新成果数据库进行"前后重复""纵向重复""横向重复"的审查。

（2）项目管控精益化，推动有序开展。项目管理采用"层层监督，实时追踪"的新方式，包含项目实施方案制定、方案实施，检查指导，项目总结和项目验收五个标准步骤，确保创新项目工作平稳、有序开展。①编制方案。由项目承担部门在立项后编制实施方案，报送归口部门备案、审查。②月度管控。项目承担部门或单位对项目质量和过程开展自我监督，并以月报的形式向归口部门报送项目进行情况，归口单位根据实施方案，实时跟踪掌握项目进度情况，提出改进意见，并监督实施。③过程督导。青州公司由归口管理部门、专业部门从两个维度组织专家开展定期过程督导，发现创新项目过程中存在的问题，从创新管理和专业管理两个角度提升创新成果的质量。

（3）项目评审精确化，遴选优秀成果。青州公司建立健全项目评审机制，成立以内外部专家队伍为主的评审委员会，确保评选出的成果能够解决生产实际问题、适宜推广应用、代表着青州公司的创新水平。优化评审标准。优化评价指标，细化评审要点，从成果的创新性、安全性、经济性、实用性、应用效果、技术水平和推广前景七个方面分别进行评价，建立科学、准确、客观、公正的评价标准，确保获奖成果能够解决生产实际问题、适宜推广应用。实施"三级评审"机制，即初审、专家评审和综合审定。初审由创新领导小组办公室进行，聘请专业机构对项目进行查新比对，筛选符合条件的成果，确保创新项目的创新性；专家评审由创新评审委员会选取专家，对成果的安全性、经济性、实用性、应用效果、技术水平和推广前景六个方面分别进行评价；综合评定由创新领导小组组织召开综合评定会议，审定年度优秀创新成果名单并报青州公司批准。

（二）实施创新创效"三化"管理，增强全员创新意识

总结和积累知识源泉，推动理论和实践的创新结合，以"三化"管理（工作目标实用化，隐性知识显性化，创新资源网络化）为突破口，形成现实生产力。将技术以及理论、认识、经验、教训、信息、情报等其他对技术发展具有影响作用的资源全部纳入知识管理的范畴，加大开发、利用和保护的力度，为创新提供信息保障。具体来说：

第一,工作目标实用化。以工场作坊为平台,运用头脑风暴作用,统筹协调各项工作,为项目精加工提供场所;以各类创新活动为依托,确定“以人为本、尊重科学、尊重劳动、尊重创新”的工作方向,以“提升管理、多出成果、培育人才、创造效益”为目标,统一管理标准,明确导向、建立机制、狠抓落实,激发员工的主观能动性和创造力。根据各类创新成果特点设定目标,管理创新点面结合、重点突破,专利与技术革新全员参与、孵化储备,质量创新在基层班组全覆盖。做到推动创新实践,提升创新能力;推动全面创新,提升管理水平;推动成果转化,提升效率效益;推动人才培养,提升队伍素质。

第二,隐性知识显性化。自开展创新创效活动以来,积累形成了大量的创新成果、技术手段和实践经验,作为指导继续创新的知识资源。但有很多仅集中在各层级有经验的人员脑海中,未对知识资源进行系统整理,这些经验和知识会随时间的久远而自然散失或折耗。为此开展了信息整理,对有经验人员的理论、认识、实践及经验进行搜集,以文本化和电子化的方式加以固化,定期发布电力信息、专业周刊等,每年度将创新成果印刷成册,采取技术研讨会、论文发布会、成果评审等方式,促进实践经验和认识成果的总结交流。

第三,创新资源网络化。将知识资源流动起来,创造更大价值。坚持“以信息化带动企业创新、以企业创新促进信息化”的理念,利用现代信息技术手段,加强各类创新知识资源的交流与共享。应用办公自动化信息平台。应用营销系统、生产管理系统、协同办公等信息系统,实现创新信息资源的实时化和可视化。整合创新网络资源平台。将创新信息集成信息大陆,开展创新成果信息整合,定期发布创新资源相关信息。创新信息档案共享平台。建立近年来的创新项目汇总,归集成册收集于档案室,以电子数据信息在档案信息网展示,创新会员可针对具体问题查阅相关的创新档案信息。深化应用系统内网络管理创新平台。对创新项目的立项、计划及方案实施在系统内进行过程管控,定期督导创新项目进度,接收专家指导与帮扶建议,应用并借鉴管理创新平台近年来的创新成果资源,指导公司创新项目实施与推进,提升项目落实质量。

(三)推进组织的协同建设,强化全过程管控

统筹各专业资源优势,建立涵盖公司科技创新、管理创新和职工技术创新的跨部门一体化工作机制,发挥各单位的创新创效主体作用,集全公司之力推动公司创新发展。

1.完善创新创效组织机构。公司成立创新创效工作领导小组,决策和审批

创新创效发展方向、重大事项及工作方案。设创新创效工作办公室和科技创新、管理创新、职工技术创新三个专业组。工作办公室设在发展建设部,负责创新创效工作组织管理,与三个专业组协同联动、紧密衔接。专业组分别设在发展建设部和工会,负责落实领导小组的工作部署,负责各类创新工作的具体组织和实施。公司各部门负责组织本专业创新创效工作,促进成果推广应用。

2.统一组织项目征集及立项评审。按照"统一组织、分级管理"的原则开展项目立项,建立公司科技创新、管理创新和职工技术创新项目储备库。工作办公室按照省市公司专业部门通知要求并结合本单位创新课题需求,统一确定立项流程、统一编制申报指南、统一组织立项评审,分别负责开展本专业项目征集工作。鼓励各部门、各单位依托创新工作室、卓越班组等平台,开展跨专业、跨部门、跨层级的协同攻关,提升项目研究深度、广度。评审通过后纳入公司创新项目储备库统一管理,并作为推荐省公司项目储备的依据。

3.统一成果评审。组织开展公司创新成果评审会,加强创新成果总结提炼专题培训,通过创新成果发布、展示,搭建创新交流平台,评选出公司级优秀创新成果,并以最终评审结果作为向上级公司推荐的依据。

4.促进成果转化推广。共享成果,依托创新创效一体化信息平台,建成优秀创新成果库,实现公司科技创新、管理创新、职工技术创新成果分类共享。统一评估,委托公司专业部门分别对成果进行资产评估和产品性能、生产能力评估,以评估结果作为成果转化和推广实施依据。统一实施,依据省公司成果转化和新技术推广目录,工作办公室统一组织各专业组与成果拥有方进行自主洽谈,确定项目,并列入各专业年度计划。

5.动态管理创新创效专家库。按照"自愿申请、单位推荐、资格认定、动态管理"的原则,公司创新创效各专业组分别负责开展科技创新、管理创新、职工技术创新专家的分类选拔、评定,汇总形成集公司各类专家于一体、按专业分类管理的集约式专家库。专家库涵盖领军人才、技术专家、管理人才、优秀"金种子"班组长等多个层面。在立项审查、成果评审、拟转化推广成果评估等环节,根据相关专家委员会组成规则从专家库中选取评审专家。同时根据专家工作调整、专业配合支撑及评审反馈意见,动态开展专家库调整,进一步加强专家库统一管理。

(四)搭建一个转化平台,实施"十步"转化方法

青州公司把创新成果的转化应用及其效益最大化作为对创新者的最大尊重

与褒奖,建立了统一的成果转化机制和平台,强力推进创新成果转化为现实生产力。青州公司强化创新平台间联动,设立创新工作室和企业管理、安全生产、营销服务、供电所建设5个"引擎站",构建一套"十步"转化推广机制,以某项成熟的成果为主线,经过各创新平台间协同分析后,明确联合开展奖项申报、联合推广,减少重复创新,实现合力,最大效能推动全面创新能力提升。

1.依托建立创新成果生产转化基地。联合工程公司、设计院、设备厂牵头的3个创新成果生产转化基地,联合电力行业上下游产品及服务商,打造实体生产基地。建立创新工作三大基地,打造创新工作产业链。为确保创新工作研发、转化和推广应用,积极构建"技术攻关—专利申请—产品推广"产业化模式,用于开展创新项目的确定、研发和样品制作,用于创新成果的实物制作和实验改造,实现成果研发和推广应用的有效衔接。在供电所层面,建立创新实训室,完善培训、创新、科研、展示功能建设,用于创新成果的实用性培训、批量生产和现场推广应用。

五洲电气股份有限公司青州分公司拥有较好的场地、设施、人才基础条件,成为潍坊公司首家成果转化推广试点单位。

2.完善创新成果推广机制。制定《职工创新创效成果推广应用实施细则》,调动各部门、成果转化基地和原创人的积极性,建立了"十步"创新成果规范化生产转化工作流程,实现了闭环管理(见图2)。

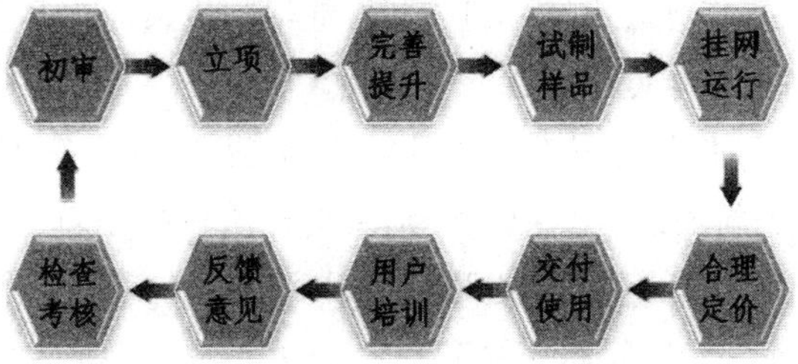

图2 "十步"创新成果规范化生产转化工作流程

(1)工器具类创新成果推广。各转化基地根据各自专业特长申请转化项目,青州公司分配转化任务,成果转化基地试制出的样品经过完善提升、试用、定型后形成相关的生产标准,经专业部门和成果创作人签字确认后进行批量生产,并由省公司进行推广,定期组织转化成果推广发布会,组织推广应用及持续完善工作。

(2)工艺改进、设备改造类创新成果推广。经专业部室研究确定后,进行鉴定及性能完善,根据工艺改进、设备改造成果,修订相关规程。专利成果授权后,由所在创新工作室出具资料,在创新基地进行产品制作;对制作的创新成果,在创新实训场地进行产品试用,发现不足及缺陷,再在创新基地进行改造和完善。

(3)流程改进、管理改进类成果推广。改进后创新产品由成果推广车间进行制造和推广,应用到各生产现场;同时对有市场前景的创新产品加强包装和推广,产生经济效益,实现创新工作链条的有效闭环。专业部室确定试点单位开展试点推广,提出完善和改进的建议,规范流程、职责、制度标准、考核、风险等管理要素,经过试点后评价,由专业部门出台或修订相应的管理细则,落实到信息系统。

3.开展职工创新推广。职工创新创效工作的主战场在基层班组,广大一线职工是创新的主体,青州公司最大限度地动员、组织职工积极参与创新创效活动,解决工作中面临的实际问题。坚持以职工为核心自主开展创新。青州公司坚持以职工为核心,实行开放性的创新创效岗位责任制。开展以"自主提出问题,自主立项选题,自主结盟团队,自主解决问题"的"四自"活动,鼓励职工发挥盈余能力,让职工以主人翁"顺心""顺手""顺带"的姿态和方式,解决大量、经常、反复出现的现场问题。坚持"以问题为导向"开展创新。青州公司紧密结合专业管理提升的要求,提出"发现问题就是进步,解决问题就是创新"的理念,积极引导广大职工立足本职岗位,结合年度重点工作,从小事着眼、从身边做起,发现问题,采取新措施、创造新工艺,推广新技术、转化新成果,重点开展"技术创新、营销创新、服务创新、管理创新"为主要内容的职工创新创效活动。推广创新创效应用说明书。从项目需求单位、专业部门、专业组、创新创效办公室四个层面,建立项目需求单位申报创新项目,填写《创新创效推广应用说明书》,报专业部门、专业组审查通过后,纳入公司创新储备库管理。因此,建立以成效为目的的创新推动体系,要全面加强创新储备库、项目库建设,推广"创新创效推广应用说明书",重点在项目立项评审阶段开展项目创效及推广应用价值评估(见图3)。

以2018年为例,青州公司精选出7项实用性强的创新成果,分2批在省市公司范围内进行了集中转化推广,同时选出13项成果在地市公司之间进行了交流推广,取得了良好的效益。

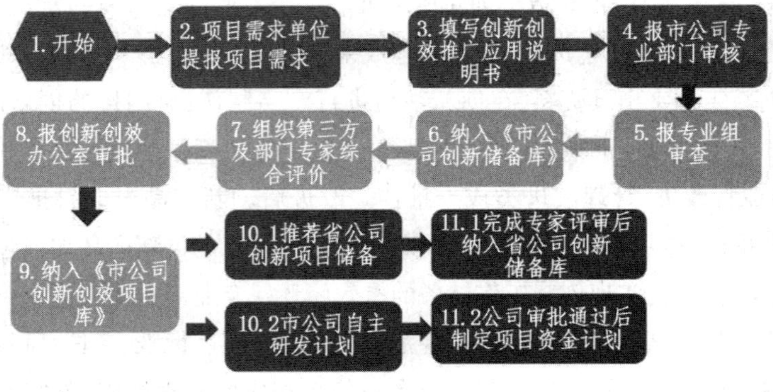

图 3　创新创效“两库一书”项目申报流程

(五)实施评价激励,建立健全创新长效机制

为发挥创新平台的激励作用,建立科学的激励机制,对会员、团队及评价指导小组按活动开展、成果成效等进行积分,依据积分分别评选出各类优秀员工与团队,并将优秀成果纳入人才评定,除对创新会员奖励外,与岗位绩效挂钩,激发会员、团队的创新活力,建立创新长效机制。

1.推行验收评审机制,提高创新成果质量。推行验收评审机制,为成果推广应用注入活力。项目结题后,项目承担单位向创新工作室提出验收申请。经初审合格后,开展验收工作,由验收组对项目完成情况进行总结和评价,形成验收意见报告。科技项目后评价方式分为项目跟踪评价、项目实施效果评价和项目影响评价三种,共分为 7 个步骤(见图 4)。通过后评价,可找出项目管理和执行过程中存在的不足,检查确定投资项目达到理想效果的程度,总结经验教训,为新项目的宏观导向、政策和管理反馈信息,为完善已建项目、调整在建项目和指导待建项目服务,并通过反馈信息不断地提高项目整体管理水平、决策能力和质量水平,为科技项目发展提供决策依据。

2.项目奖励精心化,激发创新热情。青州公司建立健全双创奖励激励机制,实现良性发展。青州公司制定创新创效奖励办法,采用“积分制”和“成果制”两个角度进行奖励和激励。除对评出的创新创效优秀成果给予表彰和资金奖励外,还建立了“人才成长”积分制,将先进模范人物的推荐选树、专业技术人才的选拔、职务晋级、职业生涯发展与创新创效获奖成果挂钩、将活动效果与干部的考评相结合,有梯度、有层次的进行人才培养,激发员工的创新创效热情,推进双创工作走上良性发展轨道。

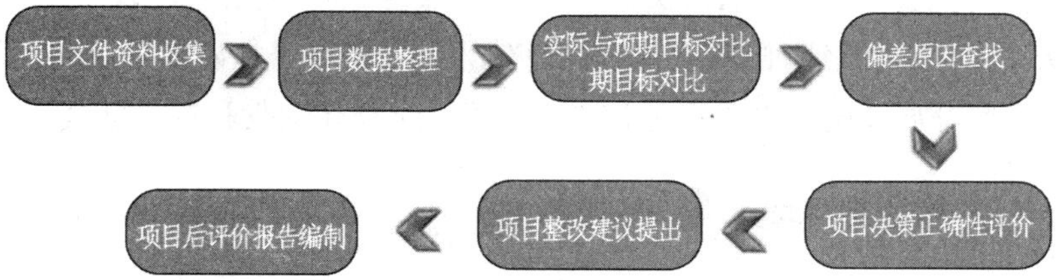

图 4　项目后评价步骤

三、以“工场作坊”为载体的创新管理体系构建与实施效果

经过多年的实践，公司形成了通过以团队协作为核心的创新创效管理体系构建与实的成功经验，已经成为公司挖潜增效、锻炼队伍、改进管理的有效载体，持续推进了全员创新实践，创造了良好的管理效益、经济效益、社会效益。

（一）创新能力显著提高

近年来，通过创新型组织建设与实践，建立了统一的创新组织体系和管理标准，构建统一的组织架构体系，建立内部协同、外部协作的创新提升机制，创新资源得到有效整合，有效提升公司创新创效水平，取得一大批创新成果，全员创新意识明显增强，形成了良好的创新氛围，提升了整体创新能力。仅 2018 年公司就提报创新项目 71 项，立项 60 项，完成 60 项，分别同比增长 16.2%、35.1%、45.3%；举办各类培训班 10 余次，培训人数同比增加 50 余人次；评审各类创新成果 20 余项，统一推广转化 7 项，分别同比增长 53.6% 和 40.8%。自 2018 年以来，青州公司共培育出省市公司及市公司级创新成果 10 余项，国家授权专利 40 余项。企业创新成效连续两年在潍坊供电企业对标中名列前茅，提升了创新水平和竞争力。

（二）建成创新人才梯队

公司创新活动的开展，工场作坊充分发挥了的引领示范与培育作用，有效激发了员工的创新热情和创造活力，调动了广大员工钻研技术、提高技能的积极性，培养和造就了一批知识型、技术型、创新型的高素质职工队伍，形成了创新人才梯队。近两年每年度评选出 20 名优秀创新会员、3 个优秀团队和 1 个创新指导小组，形成了创新管理的常态工作机制，促进了个人和团队共同成长。截至

2019 年 12 月,公司共拥有管理类创新人才 25 人,技术类创新人才 20 人,各类创新团队 23 支;1 人获评“山东省首席技师”,为公司树立了良好形象。通过创新活动的不断开展和创新体系的逐步完善,公司人才队伍愈发具有竞争力。

(三)取得显著社会效益

创新项目的实施与专业管理工作、安全生产等紧密结合,通过创新体系建设,实现创新问题导向,将创新实践与生产经营紧密结合,企业发展实力明显增强,以创新思想解决实际工作中遇到的难题,提高了工作效率、优化了工作流程,提升了业务技术水平和专业管理水平,2018 年、2019 年,公司共解决技术类难题 15 项、管理类难题 19 项;利用创新创造的价值达 200 余万元。公司的创新管理做法在青州电视台和地方主流媒体先后进行了多次报道,提升了企业的社会品牌和美誉度。

成果创造人员:刘　晓　文向东　类　金　刘　静　郝建园　刘　琴　赵　爽

烟草商业企业依托“产业路由器”模式的快消品供应链生态圈建设

济南市烟草专卖局(公司)

摘要:烟草商业企业在“产业路由器”模式的快消品供应链生态圈中的定位是服务商,基于此定位,烟草商业企业依托“产业路由器”的快消品供应链生态圈建设的原理是——提供“连接”“赋能”“升级”三大服务,促进烟草商业企业营销队伍转型。“连接”服务以面向终端网络提供普惠授信为基础,以在线交易为背景,以信用结算为核心,为济南快消品全产业链提供信用交易服务,实现四个连接:连接零售户和商品,连接零售户、经销商和品牌商,连接零售户,连接消费者;“赋能”服务面向银行、物流企业,通过大数据实现普惠金融、统仓统配,提升供应链交易效率,并在此基础上赋能零售户,降低采购成本,并通过建立社区团购模式,帮助零售户增加客源,提升盈利水平,实现多方共赢;“升级”服务面向快消品供应链,实现供应链数字化转型升级,在满足B2B供应链交易服务的基础上,将C端消费者纳入供应链,完善消费者会员体系,拓展供应链服务范围。通过以上三大服务的建设与运营过程,辅以考核激励政策,全面促进烟草商业企业营销人员业务转型,提升素质水平,培养电子商务复合型人才,激发了烟草商业企业的活力与动能,为企业在“互联网+”时代的发展奠定深厚基础。

济南泰山壹伍叁贰经济贸易有限公司(以下简称“1532公司”)成立于2012年3月9日,初始注册资本200万元,2013年7月22日和2014年12月23日分别增资490万元,2017年8月吸收合并山东俱进投资有限公司,吸收合并后注册资本达到3180万元,系济南市烟草专卖局(公司)全资子公司。主要业务范围涵盖卷烟、雪茄烟的零售,白酒、葡萄酒、预包装食品、乳制品、散装食品的批发兼零售等方面。截至2020年11月底,1532公司资产总额为4606.32万元,负债总额为150.12万元,所有者权益为4456.20万元。1532公司内设机构5个,分别为综合行政部、财务管理部、运营管理部、仓储物流部和电商事业部。现有直营店8家、统一银座合作店53家、同业联盟合作店2家。1532公司现有43人，高层管理人员由济南市烟草专卖局(公司)委派，工资由济南市烟草专卖局(公司)支付。

近年来，1532公司以习近平新时代中国特色社会主义思想为指导，认真贯彻落实国家烟草专卖局、省、市烟草专卖局(公司)和市委、市政府部署要求，围绕"走在全省前列、争做'六个榜样'"目标，树立"实真细精深严"工作作风和归零、强基、创新、超越工作基调，坚持不懈抓基层、打基础、强管理、重创新，强短板、补弱项、激活力、抓落实，努力推动企业在新起点上实现高质量发展。2020年，1532公司实现销售额6438.43万元，实现毛利826.81万元。

一、依托"产业路由器"模式的快消品供应链生态圈建设的背景

1.随着"互联网+"上升至国家战略，2019年两会再次提出"智能+"，数字经济的时代已经来临，烟草行业数字化转型升级迎来重要的战略机遇。当前，卷烟市场消费需求拐点已经到来，零售客户在整个卷烟价值链上的角色和地位发生了深刻变化。国家烟草专卖局多次提出要密切跟踪新业态发展动向和趋势，挖掘对"互联网+"、大数据、云计算等在行业的运用，加强基础性、前瞻性研究，超前做好战略储备，积极培育新动能，努力保持行业可持续发展。

2.我国经济发展正处在从"量的扩张"转向"质的提升"的重要关口，烟草行业面临存量经济时代发展基数高、持续高位运行、控烟履约日趋严格的风险和挑战。因此，在互联网、大数据、人工智能不断颠覆产业逻辑的时代下，烟草商业企业亟须密切关注和跟踪商业发展新方向，不断贯彻新发展理念，探索新零售模式，不断提升客户服务和渠道掌控力，努力培植发展新动能，打造新的经济增长点。

烟草行业的卷烟产销量、结构、税利等指标将从高速增长转入中速增长，加之网络电商巨头、连锁零售企业不断增强对传统零售渠道的渗透力、影响力、掌控力，烟草业也在充分利用市场化改革之手不断调整自身与发展和改革不相适应的地方。传统零售连锁企业在国家支持的政策导向下不断扩张，渠道话语权将持续增强。电商巨头渠道下沉加速发展，大举进军实体经济，天猫小店、京东便利店落地实施，传统卷烟零售客户70%以上是食杂店，大部分是夫妻店，这是天猫小店和京东便利店的主要"收编"对象。以"零售通""掌柜宝"为代表的零售平台，覆盖零售店数量先后突破50万家，均计划2019年覆盖到100万家，可

进货,有金融支持和策划等增值服务,已经形成一站式闭环进货渠道。

以当前烟草行业来看,卷烟订购方面已基本转向网上平台“新商盟”订货,微信、支付宝、银联等支付渠道均已开通。线下,由于零售客户盈利水平的提升,客户的满意度和配合度大幅提升,客我关系达到近年来最好状态。但烟草行业也面临着诸多困难和挑战,比如消费格局变动、购买动机削弱、新型烟草制品冲击等,对传统营销模式和工具产生了巨大挑战。如何适应新零售业态,利用新零售“线上线下一体化”“消费数据化”等特性,精准获取消费数据,促进快消品供应链升级,是现阶段值得烟草商业企业深入思考的问题之一。

3.产业互联网要求传统产业必须要突破过去的封闭边界,走向开放、跨界融合,构建产业生态圈,才能实现企业的长足发展。其重要意义体现在如下方面:

一是贯彻新发展理念的必然要求。习近平总书记多次强调了数字经济的重要性,认为新时代抓发展,必须更加突出发展理念。如今是“产业互联网”时代,它诞生于存量经济时代,实现的是供给侧的在线化,目的是实现一个行业多环节的深度连接,目前,烟草行业发展也面临卷烟消费遭遇需求拐点的困境,面临新技术、新业态、新模式不断涌现的压力,挑战和风险不断增加。我们探索的新零售模式,就是在深入推进供给侧结构性改革、持续做好卷烟经营主业的基础上,把新发展理念融入实践,着力打造的新经济增长点。

二是抵御新业态冲击的现实需要。卷烟零售户是烟草商业企业赖以生存的重要保障,增强渠道掌控力是全部工作的出发点和落脚点。近年来,电商巨头渠道下沉、零售模式深刻变革、连锁企业迅速崛起,传统销售渠道面临电商企业、零售连锁企业的冲击和挑战,导致烟草客我关系有所松动,直接威胁到我们的渠道掌控力。因此,通过打通 B2b2C 供应链条,掌控零售户店内快消品的供应,对增强对零售户黏性、把零售户凝聚成为共同推动高质量发展的内生力量具有重要意义。

三是推进产业链重构的有效路径。目前,传统的商品运营模式存在诸多问题:商品流通环节多、效率低;零售户周转资金少、融资难度大。烟草具备整合快消品产业链的条件和优势,应为社会经济发展做贡献。应探索新零售模式,实施产业链重构和赋能,帮助品牌商和零售户节省经营成本、获得资金支持,使银行借助平台开展产业金融、降低信贷风险,让消费者能买到更多价廉物美的快消品。

二、依托“产业路由器”模式的快消品供应链生态圈建设的主要做法

(一)确定新零售平台“产业路由器”和轻资产运营模式

在“互联网+”和新零售模式迅猛发展、数字化经济成为国民经济发展的重要引擎的背景下,1532公司为顺应新零售发展形势,充分利用自身终端渠道和品牌信誉优势,积极建设以“产业路由器”为定位的供应链交互服务平台。以搭建“涌泉云商”B2B快消品交易平台为切入点,提供连接零售商户、供货商和商品信息的“连接”功能;通过企业微信+C开展私域流量运营,提供消费者流量带给零售户的“赋能”功能,通过持续完善金融、物流、数据等服务,形成有效运营、可供借鉴的新零售模式。

(二)以“连接”为核心,建设B2B交易服务平台

以快消品行业运营成熟的模式为基础,设计开发“涌泉云商”B2B交易服务平台。平台以微服务架构进行设计,将“涌泉云商”系统根据业务属性垂直划分为用户微服务、商品微服务、活动微服务、订单微服务、购物车微服务、财务微服务、附件微服务、统计分析、安全监测、接口服务、GIS服务、客户服务等12个可以独立开发、设计和运维的微服务,便于及时拓展、调整新功能。

“涌泉云商”B2B交易服务平台是连接上下游的主要载体,是对外展示的主要媒介,是四流互通的主要渠道。在平台功能上,以阿里零售通、京东掌柜宝为参照,能够实现上游品牌商平台式营销和下游零售户一站式采购,大大提升交易效率,降低交易成本。在支付功能上,除基本的微信支付、网关支付方式,创新性地增加了汇入金余额支付和信用支付的方式,大幅提升零售户购买体验。在拓展方面,有效对接上游品牌商ERP系统、仓配环节WMS、自有代客下单工具等系统实现有效对接,打通快消品全产业链服务。

“涌泉云商”B2B交易服务平台共分四个部分:第一部分是面向用户的部分,包括零售户在线注册、购物、提交订单、付款等操作;第二部分是商城管理部分,包括产品的添加、删除、查询、订单管理、操作员管理、注册用户管理等;第三部分是商家的后台管理,包括产品管理、活动管理、财务管理、人员管理、订单管理等;第四部分是商家的业务员管理,包括代客下单、修改订单价格、业绩排

行等。

在基础的 B2B 交易功能顺利跑通后，达到紧密连接零售商户、商品、经销商和厂商，扩展零售商户商品选择余地，整合供应链资源的目的后，持续与供应链第三方服务提供商进行合作，以供应链赋能第三方，并将第三方提供的服务嫁接至平台，为平台客户提供更多增值服务，达到互惠共利。

一是协调建立仓配物流服务。为促进平台商品推广，提高平台业务覆盖面，积极开展顺丰、中国邮政、唯捷城配等第三方物流企业调研，通过招标方式确定第三方物流合作单位，选取合适的地点建立中转仓库，逐步扩展对五县等偏远地区的商品送达服务，提升供货商商品触达能力。

二是合作提供普惠金融服务。在平台形成交易规模的基础上，与商业银行、保险公司、保理公司等机构展开深入合作，以提供交易流水数据作为银行授信补充依据，在平台设置金融服务专区，线上提供各类贷款产品，服务于零售商户和供货商，降低资金周转压力，增强平台的客户忠诚度，形成平台的核心特色优势。

三是与连锁便利深度合作。积极与统一银座、宜快宜慢、昆仑好客、中商惠民等多家实体和线上连锁店共同开展深度合作，以“共同磋商、友好互利”为原则，逐步实现卷烟经营、快消品采购、供货商共享、数字化赋能等方面的深度融合，提高资源要素配置效率。

四是建立健全平台各项机制。完善供应商入驻、履约、退出管理机制，对日常履约情况进行约束；完善商品引入、退出管理机制，按照月动销情况对动销慢或无动销商品分别采取提醒、整顿、清退等相应措施；完善多渠道采集商品市场价格反馈机制，掌握平台商品价格水平，对明显高于市场价格的商品及时整顿整改。

五是不断优化完善平台功能。及时梳理平台试运行期间发现的各类问题，协同开发商进行修改完善；对前期平台设计时未考虑到的功能，如转盘抽奖、跨商家优惠、不同商品组合订购优惠等功能进行设计开发；对零售户和供应商反馈的操作不便、体验不佳的问题及时讨论、推演并修改解决。

（三）以“赋能”为核心，建设 B2C 交易服务平台

结合烟草行业云 POS 系统，以为零售商户进行数字化赋能、扩展销售途径为目标，在 B2B 平台试运行跑通并具备一定交易规模之后，与第三方公司合作研发 B2C 微信商城小程序，搭建消费者会员体系，进一步拉低零售商户开店门槛，打通 B2B2C 供应链条，提高商品流通效率。

一是搭建微信小商店组件。开发由零售户安装使用,面向消费者的基于微信的小商店组件,零售户在B2B平台下单的商品可自动在小商店上线,实现进货销售一站式服务。在全市选取地理位置较好、具备数字化运营思维的5000个零售户,引导建设微信小商店,通过强化企业微信的拉新、留存和激活等运营维护工作,抢流量、强运营,进一步激发消费者流量活力,建立消费者会员体系,发展零售商户线上销售渠道,提升零售商户获利水平。

二是发展"涌泉优选"社区团购。平台上线"涌泉优选"模块,满足拼团购买使用需求。在消费者会员体系建设初具规模的基础上,协助零售商户尝试并习惯团购、秒杀、直播等营销活动方式,以零售商户为单位,组织周边200个左右消费者建立社区团,由标杆零售商户任"团长"开展团购,以企业微信的消费需求为驱动,逐步建立C2B2B运营模式,为零售商户持续导流。消费者在平台"涌泉优选"模块下单,拼团成功后,前往团长所在商店提取货品,不断增加零售商户到店客源和团购佣金收入,发展平台对C端消费者的触达能力。

三是搭建集成性一站式服务平台。集成各大搜索引擎、各大知名门户网站、各类精品网页以及集消费者吃、喝、玩、乐等服务于一身的集成性平台,为消费者用户提供一站式全程生活服务,主要包括快消品采购、定向扶贫农产品、海外直邮商品、高品质冷链生鲜食品、车辆清洁、精选在线课程等平台的门户链接,尝试研发自有品牌商品,促进平台从单一业务服务商逐步走向互联网多元化业务提供商,为更多的零售商户和消费者提供优秀的产品和服务。

(四)以"升级"为核心,建设"智慧烟网"供应链新生态

通过研究新零售模式,以交易、金融、物流和数据为载体,打造"涌泉云商""涌泉优选"等服务平台,构建连接融合、资源共享、共生共赢的供应链生态网,建设济南烟草集数据网、服务网、诚信网、生态网为一体的"智慧烟网"。

一是搭建"数据网"。依托"涌泉云商""涌泉优选"等平台的浏览交易数据,积累建立商品交易数据库,逐步形成商品画像、商品流通画像、零售商户画像、消费者画像等,设计研发基于热力图的市场数据可视化分析系统,清晰地展示零售户、消费者群体的地理分布和组织结构等;对卷烟和非烟商品市场的数据进行采集、筛选、预处理和可视分析,形成智能分析的数据中台,直观掌握供货商、零售商经营全貌,串联经营全链路核心数据,从渠道、门店、产品等多维度出发,精准掌握经营动态;丰富后台实时看板内容,加入商品分析、消费者洞察、精准营销模块,通过多维度了解商品销售数据辅助营销决策,为零售商户提供智能订单推

送、智能商品推介等服务。

二是搭建"服务网"。在持续做好 B2B、B2C 平台提供基本服务功能的基础上，打造"涌泉"直播间，建设能够面向零售商户开展平台及相关内容的使用培训、能够面向已有或潜在消费者开展平台推广和商品展示、能够协助工业企业进行产品宣传直播等使用场景的演播室；组建全市"涌泉"主播队伍，赴相关优秀企业或电商平台开展理论学习和技能培训，为卷烟及其他快消品品牌营销推广提供新阵地；协助建设智能客服中心，在售后服务、商品和零售商户标签体系建立、以及基于大数据的各类营销活动推广相关功能方面的电子客服和人工客服服务方面提供支持。

三是搭建"诚信网"。全面提升供应链交易服务，以交易数据赋能金融机构，辅助建立完善供应商和零售商户信用体系；在诚信体系建设的基础上，帮助优质品牌规范快消品市场经营秩序，打击不规范行为；通过零售户销售和库存数据测算经营情况，帮助供货商和零售商户节省经营成本、获得资金支持，协助银行借助平台开展产业金融、降低信贷风险，让消费者能够买到更多价廉物美的快消品，形成完善的新零售生态体系。

四是搭建"生态网"。将平台的交易、金融、物流和数据服务等模块实现互通互融，加大与互联网企业、金融机构、物流企业、连锁企业、电商平台等第三方营销服务企业的整合力度；以消费者为切入点，以零售商户为龙头，依托大数据，全面赋能其碎片化需求，深度连接闲置的供给侧的头部资源，将消费者端高频、刚需、海量的需求和流量引入平台，通过实时连接、智能配对，精准对接需求侧和供给侧，形成全新的产业模式。

（五）以"转型"为核心，建设新型营销人才团队

以建设平台为契机，全面提升营销人员素质水平，大力培养电子商务复合型人才。

一是全员全面学习新零售平台知识。充分运用母公司济南市烟草专卖局（公司）员工晋升体系和知汇中心线上学习平台，多层次、多方面、多角度开发新零售相关课程，以平台运行小组成员授课或聘请外部专家讲课的形式，组织济南市烟草专卖局（公司）全体职工学习新零售平台知识，开展线下或线上培训，并将平台相关知识纳入职工定期考试当中，通过多种渠道树立干部职工平台思维，上下一心，形成合力，树立实现一流的新零售供应链交互服务平台的目标。

二是多种渠道做好平台推广运营。以济南市烟草专卖局（公司）现有卷烟

渠道网络的日常拜访工作为契机,客户经理在日常拜访时加强对平台优势和功能完善情况的讲解,加强对近期营销推广活动的宣传,潜移默化地协助零售户养成线上订货习惯,引导客户使用平台订货;每月开展不少于一次的主题营销推广活动,持续开展线上宣传,通过微信群、公众号、企业微信等渠道宣传平台的优质产品和服务,引导零售商户使用平台;丰富宣传方式,通过开展直播、情景视频联播、线下展销会、口碑营销等形式,对平台重点商品进行推广,打造平台爆品。

三是完善平台推广激励考核机制。与济南市烟草专卖局(公司)计划处、人事处等部门协调商讨,不断完善平台推广工作的激励考核机制,优化考核导向,细化考核指标,区分各县(区)烟草专卖局(营销部)及其下属的各基层服务站、客户经理、平台推广专员等不同考核层级,有侧重点、有针对性地建立科学的考核指标体系,激励母公司全体职工不当旁观者、争当"排头兵",各司其职,各尽其责,大力推进平台建设。

三、依托"产业路由器"模式的快消品供应链生态圈建设的效果

2020年以来,1532公司在建设"智慧烟网"、发展新零售思想的引领下,坚持"产业路由器"和轻资产运营模式,积极推动快消品供应链生态圈建设,取得了显著成果,企业管理水平和经济效益得到了全面提升。自快消品供应链生态圈建设以来,平台累计入驻供应商217个,SKU超过万个,平台交易额超过1亿元,预计截至年底达2亿元水平。

(一)推动烟草网络建设发展,产业数据得到聚集

通过建设快消品供应链生态圈,发展了卷烟零售网络建设。自2018年9月以来,济南市烟草专卖局(公司)大力推广基于云POS的卷烟智能零售终端网络建设。通过在全市选取5%的卷烟零售户1327户,采集卷烟销售扫码数据,对零售市场发展水平进行测量与分析。通过建设非烟领域的快消品供应链生态圈,将非烟商品销售纳入了采集范畴。此外,通过快消品供应链生态圈中的B2B交易平台,可提取零售户的进货数据,与扫码销售数据进行交叉分析,从多维度综合判断零售户所在区域的卷烟和非烟经营水平,为母公司卷烟货源投放、提升非烟商品交易提供依据。

与此同时,通过推动快消品供应链生态圈,有效连接了生产厂商、代理商、银行、保险、保理、物流等供应链上游企业及零售户、消费者等供应链下游客户,1532公司累积了多种快消品行业的数据资源,挖掘这些数据资源、提取有用信

息,聚集产业数据,拓展新的商业模式,为1532公司在大数据产业时代的发展奠定了基础。目前,1532公司已经将产业数据初步应用在品牌培育、定点投放、线下直营店建设、定点内容投放等方面,下一步拟运用平台化思维,建设以卷烟销售为中心、非烟经营为重要内容的产业数据平台,在行业内外进行推广合作,推动快消品行业数字化转型进度。

(二)创造客户盈利的新空间,专卖体制得到巩固

以“产业路由器”的平台思维建设的快消品供应链生态圈,对供应链进行数据赋能,在提升供应链运行效率,降低商品供应商、零售户的经营成本的同时,提供了信用支付等金融服务,实现零售户先进货销售、账期结束后支付货款的经营模式,为零售客户创造出更多的盈利空间。通过产业数据分析消费者画像,为零售户日常开展周边运营进行指导,进一步提升零售户的2C经营水平,拓展盈利空间。

通过建设快消品供应链生态,为零售户提供赋能,推动开展数字化转型,1532公司进一步提升了对零售渠道的掌控力。2019年以来,济南市烟草专卖局(公司)积极推动行业“我与客户共成长”战略,建设快消品供应链生态圈即为其中一项策略。在传统的卷烟经营业务之外,对零售户的非烟商品经营情况和经营水平进行了掌握,并依托济南市烟草专卖局(公司)推动的零售户诚信互助小组建设,通过带动零售户提升运营效率,提高盈利水平,将零售户紧密的稳定在生态圈中,与零售户形成稳固的利益共同体,切实提升了零售户的卷烟和非烟盈利水平,客我关系得到进一步增强,成为烟草专卖制度的“护城河”。

(三)孵化了公司员工的经营水平、烟草发展得到增长

拥抱新零售趋势,推动非烟快消品供应链建设,给1532公司内部员工提出新的挑战。在国家仍然实行烟草专卖制度的时代,通过非烟商品挑战新零售业务,从实际行动上为内部员工敲响了警钟,让员工意识到,政策饭吃不长久,只有真正提升经营水平,提升企业及员工竞争力,才是烟草商业企业的生存之本。在母公司政策支持下,成立了新零售平台运行小组,在全市范围内选拔优秀员工,独立运营、发展,参与市场竞争。在平台运行小组的带动与激励政策的促进下,各单位纷纷涌现具有创业精神的人才,参与到新零售快消品供应链生态圈的建设工作。2020年,母公司各基层单位分别创立了平台运行专员岗位,负责本辖区日常的平台运营推广工作,积极联系辖区内的优质供应商,提出新的合作模式

意见建议,拓展辖区内的快消品业务。截至 2021 年上半年前,各单位开展面向零售户的平台、商品宣传直播 24 次,独立开展线下订货会 37 次,推动形成交易额超过 500 万元。

成果创造人员:杨忠武　牛智战　范　聪　刘　丰　徐东冉　于　潇　武兆晗

基于离散协调的创新创效核心机构管理体系

邹平市供电有限公司

摘要:近年来,邹平公司以持续提升创新创效能力为主线,按照“统筹兼顾、重点先行”的原则和创新创效“六统一”的要求,大力开展协同,构建离散协调的创新创效核心机构管理体系。以创新创效工作办公室为核心机构和为中心轴,实行集群式管理,整合优势资源,建立起一套具有邹平公司特色的工作机制。把公司现有的离散、独立的软硬件资源,以及“党建+”创新创效、“互联网+”、创新实训室、创新专家库、创新平台的搭建、星级创新员工的评选、创新成果的转化推广等分散的资源有机融合起来,通过创新创效组织机构的建立、实施方案的制定、管理流程的优化、各种创新资源的有效整合、“互联网+”手段的应用等措施,激发人人想创新、敢创新、会创新的内生动力,在继承中创新,在创新中发展,使创新成为公司的一种管理导向、工作方式、文化气息,不断抢占创新制高点,巩固和扩大领先优势,开创“大众创业,万众创新”的新局面,推动公司“两个转变”再上新台阶,为邹平公司发展提供强大动力。

邹平市供电有限公司属国有中(I)型企业,2016 年 3 月被国网山东省电力公司确定为大供县供电企业。公司担负着邹平市 11 个乡镇、5 个街道办事处、1 个国家级经济开发区的供用电管理和服务任务,供电面积 1250 平方公里,服务电力客户 24.27 万户。现有 110 千伏变电站 11 座、1251 兆伏安,35 千伏变电站 9 座、206.3 兆伏安,110 千伏线路 46 条、263.9 公里,35 千伏线路 36 条、274.5 公里,10 千伏线路 128 条、2059 公里。公司设置职能部门 7 个、业务支撑和实施机构 4 个、乡镇供电所 14 个。公司现有在册职工 197 人。近年来,供电公司以服务全市经济社会发展大局和保障企业、民生可靠供电为己任,抓管理、筑基础,各项工作实现快速发展。“十三五”以来,持续加快电网建设,主网新增变电容量 192 万千伏安,新建输电线路 373 公里;配网新增改造配电线路 368 公里、台区工程1760个,电网保持安全稳定运行良好态势,五年期间年均售电量增长率在14%以上,进入“十四五”以来,公司强化战略思维、坚持系统观念,围绕“坚持八个发展,建设现代化强企”。近年来,公司先后获得山东省电力公司先进单位、山东省电力公司班组建设先进单位、山东省电力公司电网工程建设立功竞赛先进单位、山东省电力行业安全生产先进单位、山东省档案科学化管理示范单位、滨州市供电公司先进集体、滨州市创新示范企业、邹平市明星企业等27项荣誉。

一、基于离散协调的创新创效核心机构管理体系建设的背景

(一)满足国家“双创”工作管理新要求的需要

近年来,党中央、国务院一直高度重视创业创新工作,习近平总书记、李克强总理等中央领导同志多次就这项工作做出重要指示批示。推进大众创业、万众创新是经济发展新常态下的重要战略部署,是增强发展新动能的必然选择和根本举措。因此,邹平公司适应当前创新发展国家战略的需要,认真贯彻落实中央、国网、省公司的部署要求,切实将创新创效工作作为实施创新驱动发展战略的重要载体、推进供给侧结构性改革的重要举措、培训新动能、壮大新经济的重要动力。让创新工作贯穿企业发展全过程、全方位,激发全员创新创业积极性、主动性和创造性,激励广大职工立足岗位推进技术创新,开创“大众创业万众创新”新局面,让创新在供电所、在班组扎实落地,培育和催生经济社会发展的新动力的需要,为公司发展提供强大动力,提升企业发展的质量和效益。

(二)创新是电力企业实现高质量发展的关键动力

企业发展的高质量,具体体现在产品与服务质量的提高,生产经营活动对环境的友好,市场竞争力的增强,盈利水平的改善,这些目标的达成,都必须以创新为关键动力。依靠持续不断的创新,企业可以用更好的技术与装备、更优的资源匹配和管理,实现高质量发展。只有加快创新,企业才能更好地适应市场需要。电力行业是国民经济发展中重要的基础能源产业,是关系国计民生的重要行业,对促进经济发展和社会进步起到重要作用,加强企业创新,输送高质量高标准的电能,提供更优质的供电服务,是电力行业的一项重要工作。随着科技的不断发展,对供电企业“标准化、精益化、信息化”管理提出了更高目标和要求。通过开展创新管理活动,能够解决安全生产、营销服务、企业管理等工作中的难点,提升企业综合实力,确保企业实现效益与效率双丰收。

（三）突破公司当前创新创效管理工作中的瓶颈

创新创效工作作为企业管理中的一部分，始终要服从、服务于企业的战略发展。虽然公司当前创新意识和水平逐年提升，但由于重视程度较低、职工创新意识淡薄、没有更好的协调等，未能充分发挥各专业、各资源的优势，在创新发展方面还存在以下突出问题：一是尚未建立一个统一领导机构。原来的管理模式，都是各个部门负责自己的创新工作，科技创新归发展部管理，职工创新归工会管理，各部门没有一个统一的领导核心来具体负责，造成了分工不明确，职责不清晰。二是未能制定统一的实施方案。在原有的工作机制中，不能够明确各项创新创效工作的整体工作目标、任务明细和进度安排，造成了资源的重叠和目标的缺失。三是创新创效管理流程不完备。创新创效管理体系是创新创效工作健康、有序开展的基石，是企业创新的基本保证。在原有管理模式下，项目立项、项目管理、项目评审和项目奖励实施分散式管理，创新创效资金落实力较差，创新创效奖励机制没有得到很好落实，导致员工创新积极性回落，创新能动性降低，部分项目停滞在某个环节，创新成果持续输出力下降。四是协同创新体系不健全，专业间缺乏有效沟通协作渠道，存在资源独享、重复研发、推广转化率低等问题，创新资源优势未全面统筹，尚未形成一体化创新体系。五是职工缺乏创新意识，积极主动性不够，全员参与创新热度不够，原有管理模式导致职工创新活动的参与者多为业务骨干，属于职工精英式的活动，一般员工尤其青年员工普遍参与较少，致使创新活动缺少新鲜力量的补充。

二、基于离散协调的创新创效核心机构管理体系建设的主要做法

（一）成立创新创效组织机构，加强组织领导

邹平公司领导高度重视，将创新创效作为全年工作主线，为推动创新创效核心体系落地，加强创新实施过程的管控，确保创新工作取得实效，成立以党政主要负责人为组长的创新创效核心领导小组，成立各部门负责人为成员的工作协调小组，下设三个专业工作组，形成层级清晰、分工明确、协同高效的创新创效核心组织机构。

领导小组负责创新创效工作顶层设计，审定相关工作方案与项目实施方案，协调跨部门、跨专业、跨层级业务，全面领导公司创新创效核心工作开展。工作协调小组负责贯彻落实创新创效核心领导小组对创新创效体系各项决定和工作

安排，不定期召开联络、协调会议，指导、协调和督促各部门参与落实创新创效工作，负责创新创效核心体系构架和评价管理体系建设，组织开展过程检查和考核，完成创新创效领导小组交办的其他工作。各专业工作组分类负责创新创效核心工作过程实施，按照创新创效工作实施方案负责组建跨专业、跨部门柔性攻关团队，统筹推动各职能部门、基层单位开展创新资源整合、平台建设，确保创新创效核心体系建设的有序推进，取得实效。

（二）制定创新创效实施方案，明确目标任务

创新创效工作是邹平公司贯彻实施国网滨州供电公司提质增效工作的重要组成部分，是把公司做强做优做大的抓手，是涉及公司系统性的工作机制创新工程，为加强业务部门间协同，确保实现“四个最好”走在前，制定《邹平市供电有限公司创新创效攻坚战实施方案》，与所有专工、班组、供电所签订任务书，从平台建设、体制机制、资源整合等维度，明确整体工作目标、任务明细和进度安排，通过对各种创新资源的整合，实现集群式管理，打造具有邹平公司特色的工作体系；通过创新全流程机制建设，对人、财、资金、场地的整合和统筹，促进创新核心要素在公司内流动；通过选先评优，树立创新典型；通过建立创新积分库，激发创新活力，培养创新人才，不断提升公司发展质量和效率效益。

（三）整合创新资源，建立积极高效的全面协同机制

1.推动各专业的横向协调

结合现有项目立项情况与新项目申报情况，组织各专业工作组进行创新项目联合评审，重点对前后重复、纵向重复、横向重复等项目进行合并与整合，使创新项目专业分布更合理、资源分配更高效。一是创新试点支部联创活动和创新项目的融合，以“整合质量管理资源，提升精益管理水平”为载体，开展基于公司质量管理的党建三级联创；二是建立创新人员跨部门流动机制，构建公司级创新人才资源信息平台；三是重点加强质量管理活动立项阶段横向协同，避免重复立项，集中优势力量攻关重点和难点；四是在实施协同创新的过程中，依托全面创新体系的协同机制，推动联创项目的多方位交流、多样化协同，充分发挥各创新主体专业和人才的互补优势，以协同互动和有效配合提升创新效率和效益；五是开展党建带动创新创效活动，组建 32 个创新攻坚小组，党员人数所占比例超过半数，党员群众结成攻坚对子开展工作。

2.完善创新管理基础建设

公司建立了“梅明伟创新工作室”和“青年创新联盟工作室”，工作室由机械类攻关室、创新实物展示室、技术资料室组成，并建立了完善的规章制度。各专业小组定期开展“传、帮、带”活动，创新创效办公室牵头组织技术培训、业务交流、师带徒等活动，优化资源配置，充分发挥创新工作室“创新+实训”的作用，激发广大员工创新积极性。并在重大和难点攻关领域，开拓合作渠道，建立合作机制，有效整合优化内外部资源，探索多形式的协同创新模式。2019 年以来，开展公司层面的活动 12 次，部门层面的活动 20 次，班组层面的 45 次。通过展板、模型、视频等多种方式向员工传输创新理论、创新知识，培育创新思维，使之成为邹平公司发现人才、培养人才的摇篮。

3.设立创新专项资金

一是设立创新基金。以面向生产现场、强调技术应用、解决实际问题为导向，以员工自愿参与为原则，以提高公司经营效益、安全水平、工作效率、员工劳动技能或操作水平为目标，围绕电力安全生产技术、营销、优质服务等工作，创新设立创新资助专项基金 50 万元，支持公司开展创新创效实践，保障各类创新项目的材料、专家咨询、材料加工、场地租赁、专利申报等必要活动经费，特别是对重大科技创新、管理创新、群众性创新加大资金扶持。二是规范资金使用。创新创效办公室协同财务部、党建部明确基金使用条件、范围和审批程序，实行分级统筹管理，成立创新基金委员会，对项目的立项、计划、经费安排实行全过程管理和评价，统一规范创新资金使用，保证资金使用合规合法。

（四）优化创新管理流程，提升工作效率

为实现创新管理流程高效运作，邹平公司对创新活动过程进行梳理，确立了从项目收集、项目确定、项目实施、项目验收到总结考核的标准化工作流程。通过细化分解每个步骤中的关键环节，做到工作过程有管控、有监督，从而实现每个步骤的闭环管理（见图 1）。

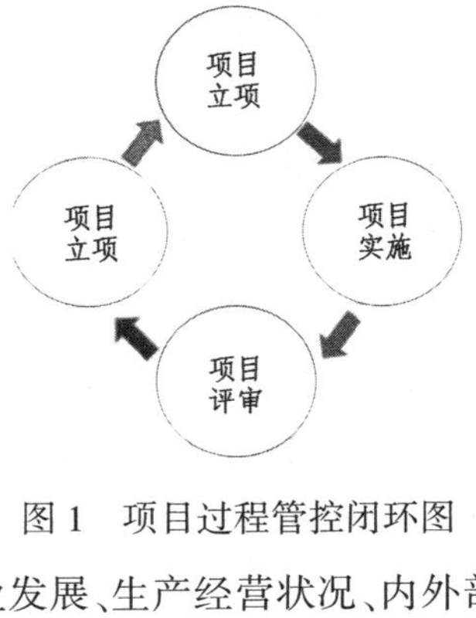

图 1　项目过程管控闭环图

1.项目立项进行分析和审查，确保项目可行

对项目的可行性和必要性进行分析。分析企业发展、生产经营状况、内外部环境及发展形势，结合生产实际存在的问题开展项目有效性、必要性分析。组织专家库人员对项目的先进性、创新性、实施范围进行审查，通过创新成果数据库进行查重，确保项目的可行。

2.项目实施进行全过程管控,推动有序开展

一是由项目的承担单位编制成果的实施方案,明确创新题目、责任人、推进计划、结题时间、预计取得成效等,报创新创效办公室备案。二是建立创新创效工作季度会议制度,每个季度邹平公司创新创效工作办公室组织各创新小组负责人召开工作会,集中听取各单位创新工作开展情况、实施进度和存在的问题,通过讨论交流,提出相应措施,解决各班组的难点、疑点问题。三是充分利用专家人才。由各级人才自愿申报、所在部门推荐,并经创新创效办公室批准,组建公司级创新评审专家库,专业类别覆盖全面创新的各类项目,定期滚动更新,推动跨部门、跨专业创新活动的开展,协助公司组织成果推广及交流活动,不断提升公司创新创效能力。每季度邀请外部专家,对研发的过程进行督导,及时发现和解决创新项目过程中存在的问题,从管理和技术管理两个角度提升创新成果的质量。

3.项目评审精确化,遴选优秀成果

一是发挥专家库的作用。分专业类别组织专家库人员对项目进行初审,重点加强对已开展创新活动,并已解决一定实际问题,具有较强实用性、示范性,但尚不具备评奖条件的项目开展辅导,全方位提升创新活动效益和成果质量选拔出优秀成果,对优秀成果进行集中修改、打造。二是实施成果效益评价。建立由内部专家团队和外部评审共同实施的项目评选机制,制定成果量化评选标准,明确实施流程,推动成果评优和项目外推的科学化、定量化、规范化。

4.项目奖励更加科学化,激发员工创新热情

建立创新创效员工星级评选制度,形成双奖励机制。除对评出的创新创效优秀成果给予表彰和资金奖励外,根据获奖成果级别不同、项目类别不同,权重不同,乘以相应系数,成果按照第一完成人、前 20%、20%~50%、其他完成人,分别设定系数 1、0.5、0.25、0.15 进行积分排名(见图 2)。积分成绩按照 10%、10%~90%、其他评委为 A、B、C。将先进模范人物的推荐选树、专业技术人才的选拔、职务晋级、职业生涯发展与创新创效获奖成果挂钩、将活动效果与干部的考评相结合,有梯度、有层次的进行人才培养,激发员工的创新创效热情,推进双创工作走上良性发展轨道。

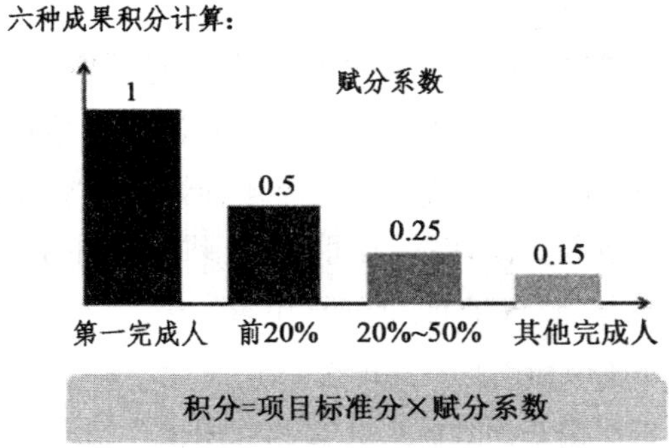

图 2　创新创效评价赋分系数

（五）应用“互联网+创新创效”手段，打造全员创新意识

邹平公司应用“互联网+”形式开展创新创效活动宣传、交流，打造良好的创新创效氛围。一是采用构建交流群。建立创新交流群，加大对先进事迹、创新能手和优秀成果的在内外网的宣传与报道，通过先进理念的引入和身边鲜活可触的典型成果，进一步激发广大职工的创新热情，提高全体员工的创新意识。二是针对青年员工建立“邹电正青春”创新论坛。在微信平台上建立青年员工创新论坛，推动青年员工跨部门、跨专业组成联合创新作战指挥部，与志同道合者一起研究、讨论和打磨，推动个体集结成联盟，发挥团队智慧，适应当前“互联网+”时代的发展需求，增加职工双创工作的吸引力和影响力。三是采取“请进来，走出去”的开拓方式：主动联系山东理工大学电气学院、中国企业联合会的导师来邹平公司指导创新工作；创新创效办公室搜索互联网先进的视频，每季度组织员工进行观看；同时，带领创新积极分子到国网滨州供电公司、国网高青供电公司等地参观学习，营造学术氛围，提高技术攻关水平。结合公司实际，打造邹平创新特色亮点活动。

1.组织开展“感动邹电的青年力量”评选颁奖活动

在“五四”青年节之际，由公司团委牵头，筛选出 35 周岁以下具备深层创新潜力、积极参与创新活动以及获得创新奖项的优秀青年职工，挖掘他们身上的创新故事，用纪录片的形式展示他们参与创新的心路历程和创新成果，在“感动邹电的青年力量”年度颁奖晚会上展播，促进公司创新工作的开展，为青年职工树立创新榜样，激发青年职工参与创新的内生动力。

2.组织开展“创新青年说”系列活动

在“十一”国庆节前后，挑选优秀的团员青年，让他们谈谈对于公司创新工作的理解、在参与创新过程中的感受、遇到的困难和自己的收获，并将上述分享拍摄成短视频，上报省市公司团委的各类媒体，同时在公司内网、公众号播放。在公司内营造浓厚的创新氛围，提高公司创新工作的吸引力，从而吸纳更多优秀的团员和青年职工参与到“青年创新联盟”中来。

3.开展优秀创新成果和创新明星评选

每年12月初，根据创新创效成果获奖和应用推广情况，由青创联盟对积极参与创新的青年员工进行评审，评选出公司“青年创新明星”和“优秀创新成果”，召开创新成果展示会议进行专题展示表彰。

三、基于离散协调的创新创效核心机构管理体系建设的效果

邹平公司大力开展创新管理活动，在推动企业生产力提高、电网建设、营销服务中起到了重要作用，不但使员工受益、实现了个人素质的全面提升，而且使企业受益，全面提高了企业的管理效率、经济效益和社会效益。

（一）管理效益

通过离散协调的创新创效核心机构管理体系的建立和不断完善，公司创新创效管理系体更加明确，管理有进一步提升，创新创效取得新突破。创新创效能力不断增强，邹平公司、抄表班分别获得国网山东电力创新示范企业、示范班组。公司累计获得专利授权56项，其中发明专利25项，实用新型专利31项。“融合内外部资源的电网建设民事协调属地化管理”等3项管理创新成果获得山东省管理创新奖项。“智能“防走空程”微机防误闭锁系统”等2项职工技术创新成果获得滨州市职工优秀技术创新成果奖项。1名员工获得滨州市创新示范能手。班组对标典型经验“技术、管理两手抓推动台区线损率持续降低”入选国网山东电力典型经验成果库。市县一体化2项管理成果在全省推广。多项管理创新、职工创新成果、QC成果等获得国网滨州供电公司成果奖项。

（二）经济效益

通过创新创效成果的应用，以及管理的有效提升，各方面的成果得到了应用，公司安全生产、营销服务、电网建设等方面的工作有了显著的提升。2020年

公司售电量完成45.47亿千瓦时,同比增长4.72%。其中:购网电量39.46亿千瓦时,同比增长4.97%。线损率完成2.66%,同比下降1.56个百分点,低于年度计划0.52个百分点。圆满完成电费回收任务,当年电费回收率达100%。资产总额达17.98亿元,完成营业收入23.47亿元。电价为518.54元/千千瓦时。供电可靠率完成99.955%。综合电压合格率完成99.998%。

(三)社会效益

通过实施创新创效管理新模式,激发了职工参与企业管理的主人翁精神,引导职工爱岗敬业、勤于思考,善于发现,强化解决问题能力,打造"创新型企业"的创新品牌,树立创新发展的企业形象,提升邹平公司社会影响力,服务于当地经济建设,服务于社会发展。近年来,邹平公司获得省公司市县一体化管理先进单位、班组建设先进单位、邹平市诚信服务单位、国网滨州供电公司先进集体、滨州市工人先锋号、邹平市文明单位等荣誉称号。

成果创造人员:董绍立　杨士民　赵红雨　赵见亭　景　彪　王靖靖　孙　晓

电网企业智能化制度标准知识图谱体系建设

济南鲁源电力设计咨询院有限公司

摘要：济南鲁源电力设计咨询院有限公司紧密围绕公司战略部署和“八个发展”目标要求，以服务公司高质量发展和现代化强企建设为目标，以人工智能、大数据技术为基础，以推进制度标准在规划、设计、建设、运维、检修、抢修以及新能源技术的智能化应用为重点，推进各领域制度标准典型业务场景智能化应用开发建设，结合公司泛在电力物联网建设沉淀的数据资源，建成以制度标准为基础“泛在”的“知识物联”体系，打造能源领域“智能+”知识生态，以网络协同、数据智能为两翼，切实解决基层制度标准数量多、检索难、篇幅大、适用差等实际问题和应用需求，全面提升专业智能化管理和基层作业规范化水平，为公司电力泛在物联网建设提供智能知识服务。

济南鲁源电力设计咨询院有限公司是国家电网公司山东省电力公司的全资子公司，具有工程勘察专业类（工程测量）乙级和工程咨询单位乙级资信资质，业务范围涵盖电力行业变电工程、送电工程、新能源发电、火电、水电、核电等领域。2001 年通过 ISO9000 国际质量认证，秉承“质量至上”的规划设计理念，博得了良好社会信誉，多项工程获得国网、省公司及地区优秀设计奖，取得了骄人的业绩。电网规划方面，承担济南电网输电网规划、配电网规划年度滚动修编等各项规划以及规划的专题研究工作，完成汉峪、中央商务区等 26 项片区电网规划和《黄河滩区居民迁建电力专项规划》等 8 项电力专项规划，有效引领了济南电力规划建设工作。输变电工程可研方面，完成了 16 项 220kv 输变电工程可研，29 项 110kv 输变电工程可研，为济南输变电工程落地提供了坚强支撑。输变电工程设计方面，完成了 10 项 220kv 输变电工程，21 项 110kv 输变电工程，为济南电网建设提供了优质设计服务。重点工程咨询方面，完成了《济南工业北路综合管廊》等 5 条综合管廊电力仓的设计咨询工作，完成济南轨道交通 13 座

110kv 变电站的电力咨询设计工作,为轨道交通建设提供强有力技术支持。创新创效方面,发表学术论文 28 篇,其中 EI 检索 7 篇,核心期刊 11 篇,发明型专利授权 7 项,实用新型专利授权 35 项,科技成果奖 25 项,其中省部级以上成果 9 项;优秀工程勘察设计奖 13 项;制定技术标准 17 项。

一、电网企业智能化制度标准知识图谱体系建设的背景

(一)适应产业发展变革与能源互联网建设需求,推进电网数字化转型的需要

当前,正处在新一轮科技革命和产业变革蓄势待发的时期,推动互联网、大数据、人工智能同实体经济深入融合,实现产业模式和企业形态发生根本性转变,是我们面临的重大机遇和挑战。习近平总书记强调,实施国家大数据战略,加快建设数字中国,要求构建以数据为关键要素的数字经济,推动实体经济和数字经济融合发展。

改革发展,制度先行。为实现"具有中国特色国际领先的能源互联网企业"的战略目标,紧密围绕国网公司战略部署和"一业为主、四翼齐飞、全要素发力"总体布局,坚持需求导向和创新导向,利用人工智能、知识图谱、大数据等技术和项目化建设等方式,通过重点业务领域典型场景开发应用,以点带面,推动平台全面深入应用、业务系统融合集成、制度标准智能知识服务支撑等多种形式的业务应用落地,切实解决基层实际问题和应用需求,具有很强的紧迫性。

(二)加快建设创新发展的现代化强企,提升企业管理智能化的需要

近年来,"大云物移智"等新兴技术迅猛发展,能源电力技术与新兴数字化技术逐步深度融合。省公司要求加快建设创新发展的现代化强企。创新是企业发展的最大核心竞争力。目前,公司创新意识有待提升、体制机制仍需优化、数据应用能力不足,需要加快建设创新驱动、改革示范、数字转型的现代化企业,到 2025 年,公司创新活力充分涌流,治理体系和治理能力达到现代化,数字化转型率先完成。增强创新是第一动力。坚持走数字化转型之路,大力实施数字赋能行动,加快智能化提升和数字化转型,推动全业务、全环节数字化转型,推动电网向能源互联网全面升级。拓展"电力+数据服务",要求到 2025 年率先完成数字化转型,数字化发展指数达到 90%,在服务数字山东建设中走前列做表率。

推动企业管理朝着智能化、智慧化方向发展是当前的迫切需求。制度标准

是公司管理能力和知识的集中体现。但目前各方面制度标准管理体系建设不成熟、不完善，传统的制度标准管理已经不能满足当前电网日新月异发展的需要，推出统一规范的管理体系，提升各业务领域的智能化水平，显得格外迫切。为促进公司制度标准有效落地，实现精益化管理，经深入调研、广泛技术交流，研究提出应用人工智能、大数据等互联网新技术，创新建成国际领先的企业级制度标准智能管理体系，作为员工感知的延伸、认知的拓展、决策的外脑，让人工智能赋能企业管理，具有十分重要的意义。

（三）提升基层人员工作质效，优化业务管理决策的需要

推进能源互联网建设，势必面临着各类型的客户需求，差异化、多样化、即时化的供电服务，要求必须有一套明确可靠的制度标准知识图谱，并辅以智能化的辅助决策系统，以适应灵活多变的供电服务形势。但目前的制度标准管理粗放、权责不清，不能适应智能化电网建设运营的需求。制度标准纷繁冗杂，现有的制度标准数量多、检索困难，篇幅大、难查找，一线员工不能“想查就查”；规范规程模棱两可，失去了标准的意义；沟通反馈渠道不畅，业务推进过程中发现的制度缺陷难以改进，缺少制度标准问题反馈、持续优化的条件；制度标准缺少智能，根据单一的制度规程进行决策主要考验业务人员水平，灵活性、可靠性不足，缺乏制度标准的便捷使用、按需适配、友好互动、辅助决策等功能。

制度标准是资源，更是一种服务，如何让员工像用水用电一样地便捷使用标准和制度，是目前迫切需要研究的课题。

二、电网企业智能化制度标准知识图谱体系建设做法

（一）明确制度标准知识图谱体系建设的总体思路

1. 确定体系建设总体目标

紧密围绕国网公司战略部署和“一业为主、四翼齐飞、全要素发力”总体布局，坚持需求导向和创新导向，利用人工智能、知识图谱、大数据等技术和项目化建设等方式，建立制度标准智能管理体系开放式建设模式，通过重点业务领域典型场景开发应用，以点带面，推动平台全面深入应用、业务系统融合集成、制度标准智能知识服务支撑等多种形式的业务应用落地，切实解决基层实际问题和应用需求，取得实用效果。

2. 顶层设计,统一管理

以服务公司高质量发展和现代化强企建设为目标,围绕制度标准感知、灵活互动和决策能力的提升,构建制度标准知识图谱的顶层规划和总体设计。采用顶层设计、专业协同,上下联动的管控机制,实现制度标准智能化平台的统一架构、流程统一标准、审核统一管理。明确各级责任与工作,总部统筹组织,各省公司结合实际情况,分工协作,稳步推进。

3. 专业融合,试点推进

以各专业需求为导向,以制度标准实用化落地为目标,以解决实际业务中遇到的痛点和痒点为方向,按照"自下而上"方式,构建电网业务制度标准知识库。梳理规划、设计、建设、运维、检修、抢修以及新能源技术等相关制度标准,并对标准进行三元组拆解,从而完成业务相关标准制度知识图谱库的建设。充分利用电力物联网建设终端、网络、平台等基础软硬件设施,发挥发展专业综合规划引领优势,统筹各专业资源,通过反复迭代优化,实现人工智能在专业管理中的应用,推进制度标准体系建设与专业管理深度融合。

坚持试点推进、稳步实施。选取重点专业领域、针对性强、有示范意义的典型业务场景开展试点,根据试点成果,以典型业务应用场景为驱动,快速迭代开发,并在试点场景进行完整的验证、试用、总结、完善,形成典型经验与典型方案,成熟以后再各专业领域进行全面推广。

4. 双轮驱动,创新迭代

建立需求、技术的双轮驱动机制,不断创新迭代。紧密将制度标准深化应用融入互联网发展浪潮。通过智能搜索、知识图谱、深度学习、数据挖掘等技术,将制度标准要求与设备、业务相融合,建立与管理对象之间的动态感知、快速响应和友好互动关系。坚持数字化理念,与专业管理共同发掘新需求、新业态、新模式,支撑共享、开放、互动、智能的企业管理体系建设,体现智能管理体系的科技性、时代性。

(二)加强组织领导,构建体系建设的管理体系

1. 组织机构

济南鲁源电力设计咨询院有限公司成立制度标准智能化建设领导小组以及工作小组和管控小组,切实加强制度标准知识图谱建设工作的组织领导。领导小组主要负责全面领导和统筹部署制度标准智能化建设与应用工作;负责决策制度标准智能化建设与应用工作重大事项;负责定期听取工作专班工作推进情

况汇报，协调解决重点难点问题；负责质量把关，对工作专班的工作进度、工作成效进行监督、指导和评价。

成立工作小组、管控小组、业务小组、图谱小组、技术小组，分工负责项目管理、图谱构建和功能开发等工作。项目组织以每两周召开例会、每周书面报告工作进展的方式管控项目进展，及时协调解决过程中的问题。工作小组负责项目建设的顶层设计，统筹安排，推动项目整体进展。专业部门协助负责相关业务需求确认、功能应用测试等。管控小组负责项目的详细管控、进度推进、日常管理，梳理协调问题进展，同时做好其他后勤保障。业务小组负责业务需求梳理及确认，梳理各专业的重点制度标准，制定智能化建设与应用工作方案，具体推进制度标准智能化建设与应用相关工作，负责业务需求与技术工作协调衔接，负责功能测试。图谱小组负责图谱的拆解、打标，负责组织专家开展图谱预处理，负责图谱数据的审核等。技术小组负责系统技术开发、功能测试和推广实施。

2. 工作机制

建立汇报沟通机制。建立周、月汇报制度，及时研究解决试点工作中遇到的问题，定期召开周例会、月度协调会。按省公司要求，每月向省公司汇报上月工作进展情况。

建立协调督导机制。领导小组具体负责工作推进中的督查督办工作，实时掌握进度，协调解决问题，强力组织推进，确保取得实际成效。

建立过程管控机制。通过调研、检查等手段，及时跟踪制度标准智能化建设与应用工作开展情况，建立健全问题台账，针对热点、难点和遗留问题，组织相关班组进行专题调研、集中研讨，实现对制度标准智能化建设与应用工作的全过程跟踪管控。

建立成效评估机制。邀请公司优秀专家，组建专家队伍，制定成效评估标准，开展典型业务场景开发应用成效评估，推进制度标准智能管理体系在基层业务上的应用落地。

建立表彰奖励机制。年底组织对制度标准典型应用场景建设项目进行报奖，并对典型业务场景建设作出突出贡献的专业和个人给予奖励，将建设任务及工作成效纳入各专业业绩考核。

（三）打造制度标准智能化管理平台

当前制度标准涉及规划、营销、配电、运检等多部门，存在数量多、查找不方便、更新不及时、覆盖不全面、获取渠道不清晰等问题。济南鲁源电力设计咨询院有限公司综合运用人工智能、大数据等互联网新技术，创新建成国际领先的企业级制度标准智能管理体系，通过集成融合规划、设计、运检等业务的制度标准，构建“客户端需求快速响应、后台数据融合共享、管理端过程联合调控”的智能化平台，实现业务人员需求快速响应及全业务制度标准调配。

制度标准智能管理体系由数据服务、业务服务、AI 服务、应用层、制度标准智能助手和保障层组成(见图 1)。

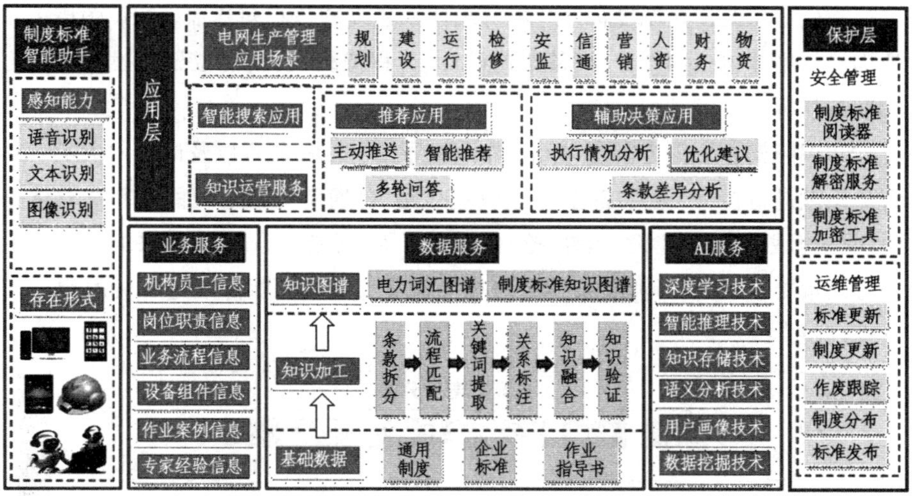

图 1　制度标准智能管理体系架构图

应用场景层为电网生产管理的典型业务场景，提供智能化知识应用服务；应用功能层提供搜索、推荐、辅助决策、知识运维 4 类服务能力；AI 服务负责 AI 技术的集成开发，应用深度学习、NLP 等人工智能算法引擎，为功能应用提供技术基础；数据服务负责制度标准知识图谱的生产，将制度标准以三元组方式，构建成为知识图谱，为 AI 应用提供数据基础。

以往各专业对于制度标准的学习和使用是基于经验，由设计人员学习制度标准—记忆—使用，受限于人脑的经验、能力和记忆水平，制度标准的贯彻执行的准确性无法达到 100%，贯彻执行方式落后低效。为解决这一问题，济南鲁源电力设计咨询院有限公司在智能化平台中增添基于标准知识图谱的技术模块，具体包括制度标准的智能检索、场景识别、智能应用，一方面作为设计人员执行制度标准的边界条件，另一方面作为设计人员便捷化应用制度标准的快速入口。具体来看，智能化平台既面向设计人员，提供制度标准查询、识别、应用等智能化应用服务，同时，作为便捷学习使用制度标准的智能化平台，给客户快速学习和应用制度标准提供可能。改变了传统的学习—记忆—使用的模式,实现了场景识别—应用的快速反应模式,实现设计人员与制度标准之间、客户与制度标准之间互联互通、需求快速响应,提高对制度标准的智能化应用。

(四)构建知识图谱,实现制度标准智能化管理

1.“机器+人工”构建制度标准知识图谱

构建知识图谱是制度标准智能管理体系建设的核心和基础。知识图谱关系架构设计主要包括四部分:设备架构设计、流程架构设计、岗位架构设计和制度标准条款拆解。

知识图谱主要分为制度、标准、作业指导书、设备、流程以及岗位六大类。对每类条款进行梳理,逐层细化,通过流程线路,打通所有值之间的联系。具体来说,收集规划、设计、建设、运维、抢修、客户服务、新能源等相关业务的法律法规、地方政策要求、国家行业及公司各级标准制度, 并对制度标准进行分类整合与管理(见图 2)。

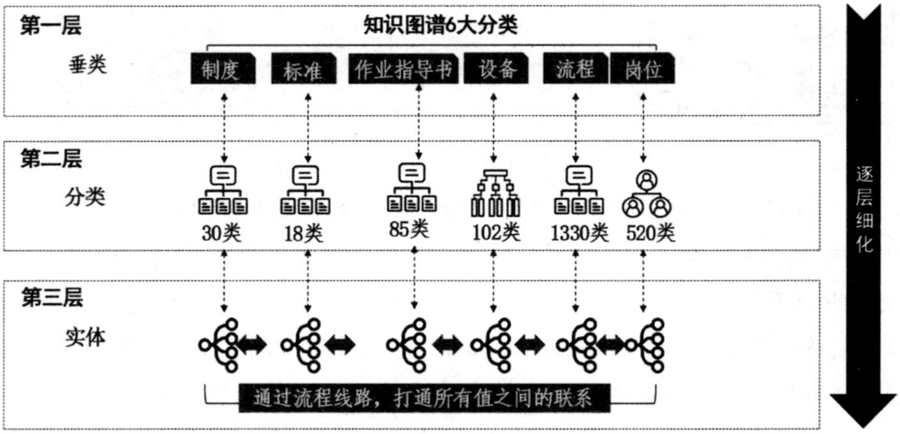

图 2　知识图谱关系架构

基于上述关系架构根据工作实际,在研读标准文本的基础上,明确标准类型、适用设备、标准制度业务类别、适用岗位、需接口的业务系统等;从标准中以规定的形式提取知识点,构建三元组关系(实体—实体—关系),从而为后续实现知识图谱的拆解,实体抽取、关系抽取、数据标注等奠定基础。

构建制度标准知识图谱是要将制度标准中计算机难以分析理解的非结构化知识,以知识和图的形式建立关系,转化为机器可以学习和使用的图谱。具体来说,生产过程包括五个步骤:

一是数据预处理。组织各领域专家对制度标准文档、业务领域文档进行数据预处理，生成数据中间状态，方便后期数据的抽取、标注等。

二是知识本体结构设计。组织数据技术专家、业务专家对本体结构进行联合设计，对制度标准文件进行准自动化抽取。

三是数据标注及算法训练。组织各相关专业的业务专家，人工协助进行数据标注示范，为机器学习提供范本。在此基础上，算法专家设计抽取算法使机器进行自学习训练，从而逐步减少人工标注的工作量。

四是批量数据生产和专家审核。经过上述三步的生产过程，基于机器算法的不断自主学习训练，最终形成知识图谱"机器+人工"的构建方式(见图3)。项目前期、冷启动阶段，人工工作量将占70%左右。但是后期机器将逐步替代人工，完成数据的抽取以及标注工作，实现数据的大批量生产，人工工作量从前期的烦琐、冗杂、耗时的标注工作转为数据审核校验为主，预计工作量可降低至20%左右。

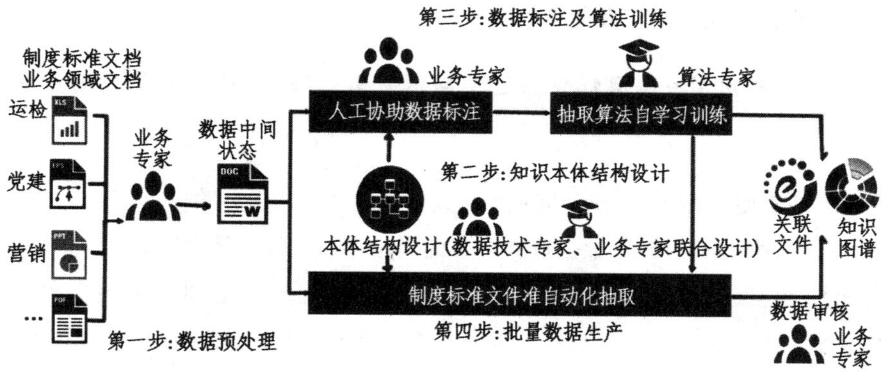

图3 知识图谱生产过程

2.基于用户智能化感知，精准获取条款级制度标准

在以往的制度标准查询中，要求业务人员对所需的制度标准的类别目录进行预判，对业务人员的知识储备以及经验有较高的要求。当业务人员对制度标准不够熟悉时，会出现预判失误，查找的制度与所需岗位不适配等问题。此外，一线员工不能想查就查，制度标准检索困难，也阻碍了公司制度标准的有效执行与落地实施。

制度标准智能管理体系采用语音识别、文本识别、图像识别等智能感知识别技术作为制度标准的智能助手，结合相关算法，成为辅助业务人员"眼睛"和"耳朵"。通过智能搜索和知识图谱技术，将制度标准的具体条款与员工岗位、业务场景、设备进行衔接和适配，服务员工通过文字、语音、图像等多种方式，简单、快速、精准获取条款级制度标准，展现基于业务场景的条款级制度标准搜索结果，使制度标准内化为员工的自觉行动，切实解决基层制度标准数量多、检索难、适用差等实际问题和应用要求，推动制度标准智能化管理落地实施，方便员工准确理解公司业务管理要求，有序开展各项工作。

例如，针对电网工程可研编制与评审，可将所需的可研报告、图纸、材料表等资料批量录入该系统，系统根据配电网相关标准、制度、规范中规定、校验文本中相关描述、数据是否正确，智能匹配可研岗位职责相适应的制度标准，为刚从事可研工作人员提供有效支撑和指导，便于"新人"能够更快、更好地由"新手"过渡到"熟手"。再比如，针对检修业务场景，由一线员工根据现场业务需求，语音提出或拍照输入变压器检修相关问题，平台中的智能搜索引擎基于制度标准知识图谱，结合智能识别、自然语言处理技术，实现智能交互、理解，通过筛选、匹配，展示现场操作所需的条款级制度标准，以知识图谱为基础，实现基于业务场景的可提供智能化的精准搜索。

（五）利用用户画像提供推送及问答服务，实现制度标准管理向主动服务型转变

1.基于用户画像，实现制度标准主动推送

实施用户画像技术，根据业务人员的岗位、流程、设备等真实数据，分析员工的岗位、专业、行为、兴趣等特质，抽象出标签化的用户模型，采用打标签的方式建立多维度、立体化的用户画像，实现业务人员细分聚类；利用数据挖掘技术，挖掘业务人员对制度标准知识的潜在需求。具体来讲，在业务人员登录系统后，系统会读取员工个人信息，分析员工行为日志进行用户画像。

利用用户画像实施多维精准服务，应用主动推送算法模型、个性化推荐引擎等，为用户量身定制个性化推送设置。同时，员工自身也可设置所需的推送类别、频次、显示等规则。系统根据画像结果及推送设置，定期自动推送相关制度标准信息，实现根据员工特性及需求，进行有针对性的定期推送。通过主动推送，实现制度标准管理由传统的考核型管理向主动服务型转变，避免大量"完成任务式"的台账上报，强化员工对制度标准的主动学习和应用能力，使制度标准管理深入员工心中。

2.应用多轮对话引擎，实现制度标准自主学习

应用深度学习技术，将制度标准要求与设备、业务相融合。将现有的多轮对话引擎嵌入智能化平台中，实现多轮场景互动，多轮对话、系统自动解答，建立员工与制度标准之间的动态感知、快速响应和友好互动关系，员工输入语音、文字、图像等多种形式对制度标准进行查阅和学习。比如，业务人员可以通过移动终端，对制度标准相关问题进行提问，系统会自动进行多轮实时解答，并实现语音问答，以知识图谱为基础，提供智能化的人机交互服务，让员工快速成为“解决问题的专家”。

（六）基于海量数据分析，实现智能辅助决策服务

1.执行情况评价，解决公司基础管理“最后一公里”问题

采用大数据技术，对员工使用行为日志进行大数据分析，先从总量和频率两方面系统统计制度标准查询、下载、收藏、评价、引用五类日志的使用情况，然后从不同单位、不同专业、应用趋势等方面进行执行情况分析，科学构建评价指标体系，对制度标准执行及实施进行系统的评价。

通过数据分析方式，评价制度标准执行情况，促进企业管理规范化、生产运行标准化，对制度标准执行落地情况进行量化评价，强化公司制度标准实际落地，解决公司基础管理的“最后一公里”问题。

2.条款差异分析，对比和纠正不同制度标准之间的冲突

新旧制度标准之间往往存在差异，对制度标准的差异性进行解读并了解不同专业制度标准中的冲突性条款，是各业务人员和专业部门的迫切需求。因此，智能平台对设备参数要求、作业流程等制度标准检索条款相似内容，并对参数差异、操作流程、技术条件中存在的差异等相关差异进行标记，系统对各专业条款进行检索比对、检查与分析。在时间维度、专业维度和文本内容维度等多维度层面上，对比和纠正不同制度标准之间的差异和冲突，从而方便员工更加有针对性地了解现有的制度标准，推动新的制度标准落地实施与推广。

3.基于大数据分析，实现制度标准迭代优化

现有的制度标准管理更新速度、优化迭代较慢，使得大量的创新成果、业务人员需求以及实践案例无法更好地服务于新的制度标准的构建与建立。为了制度标准管理制度的自身优化迭代，制度标准智能管理体系可以通过用户登录、检索、查询、问答以及情况评价等多种方式，积累了海量的员工建议、实践案例等数据。同时，实时的创新成果也可以导入系统中，建立制度标准迭代优化所需要的

基础数据库。基层用户可以直接对制度标准提出优化建议,打破了传统制度标准修订的层层关卡,更加贴合和服务现场业务人员的实际需求;海量数据的实时提取也保证了优化建议的时效性。

基于大数据分析等技术,对现有制度标准进行定期的主动检查,系统通过对制度标准知识图谱深度挖掘分析,及时发现制度标准中空白、不适用、冲突等问题以及根据基层业务人员需求整合梳理的需要优化的情况,根据现存的问题,提出合理的优化建议,为后续的制度标准的修订与完善提供支持和保障,从而促进公司管理自身优化迭代。

(七)实现制度标准智能化体系的动态优化与闭环管理

应用知识筛选、智能推荐等算法和技术,建立基于用户前端交互、众筹问答、后台运营三大模块的知识运营服务,提供信息反馈、知识问答、专家众筹三种在线互动模式,建立问题反馈渠道,对知识沉淀、整合、催化、提升,从而实现制度标准智能化体系的动态优化与闭环管理。

用户前端交互模块:系统用户通过手机 App 前端,可以对制度标准智能化系统进行即刻服务评价,问题众筹发布,异常校核反馈。

例如,对于即时服务评价功能,员工对系统回答的每一个问题,有“点赞”“吐槽”两个按钮可以供选择,对回复进行快速反馈。同时,员工在退出对话问答界面时可对服务进行多选打分,系统由此可获得员工的整体反馈。对于异常校核反馈功能,原来是正向校核机制,对条款冲突、空白等问题,员工可以提交一键快速反馈、语音输入反馈等。

众筹问答模块:通过专家邀请、主动抢答和问题众筹池两个功能,实现用户前端反馈问题的处理与改进。具体来讲,员工搜索某些问题,在 AI 回答不准或者搜索不到答案时,员工可以将问题发布到众筹池中,邀请或者主动推送到高级师傅,其他人也可以回答这些问题。回答问题后,后台运营人员正式审核发布这条知识。针对员工经常搜索的问题搜索不到,系统也可主动发起任务,邀请专家等进行后续知识运营处理。

后台运营模块:基于用户前端反馈信息,开展知识服务评价,建立异常问题库,对服务应用进行行为分析,对知识图谱进行更新与校验。利用反馈机制及应用评价双向机制,加强问题反馈处理,确保制度标准智能化体系好用、易用,加强应用评价确保数字员工用到实处。

通过反馈机制及应用评价双向机制,实现体系动态优化和闭环管理。加强问题反馈处理，确保制度标准智能化体系好用、易用，同时加强应用评价以使制度标准管理体系用到实处。

三、电网企业智能化制度标准知识图谱体系建设效果

济南鲁源电力设计咨询院有限公司通过搭建智能化制度标准知识图谱体系，实现了制度标准“精准化查询”“智能化应用”，有力支撑了公司管理、生产、营销全方位智能化建设，创新制度标准管理和应用的新模式，全面提升了专业智能化管理和基层作业规范化水平，促进了公司制度标准科学化有效执行，让人工智能赋能公司管理，推动了公司管理创新实践和企业文化内涵的智能积淀。

（一）大大提升了制度标准的管理水平

基于内网终端和移动终端的智能搜索、智能推荐、多轮问答等功能开发，公司为管理人员和一线员工提供智能应用服务，满足其制度标准的日常管理与应用需求。智能化的辅助决策机制及完善的知识图谱体系，使管理决策的耗时大大缩短，决策下达时间的减少直接提高了工作效率。以公司多维精益管理相关规范落地实施为核心，实现智能搜索、多轮问答等功能，提高管理决策准确性，交互式搜索辅助精准决策。智能化系统助力公司制度标准管理，包括制度标准的梳理、拆解、更新迭代等，通过系统性的制度保障，形成长效机制。全流程的智能化制度标准知识图谱体系，使管理决策依据由点及面，从纵向时间尺度及横向机构尺度两方面综合考虑最优管理决策，显著提高管理效益。

（二）降低了决策成本及事故概率，经济效益显著提高

智能化的标准制度知识图谱体系，可以为规划设计、施工建设、运维检修、营销服务提供全流程一体化的辅助决策支撑。从规划设计的最优选址，到施工建设的合理工期安排，再到运检工作过程中的安全管控，全方位提高决策精度，极大地提高了系统建设运维的经济效益。在检修作业过程中，有效支撑一线班组检修过程的制度标准的获取能力、提升检修规范和作业效率。应对电网突发故障时，迅速帮助供电抢修人员获得相关制度标准，为制定规范化的抢修方案提供辅助支撑，有效缩短停电时间，直接减少因停电造成的经济损失。在用户的供电服务环节，对装表接电流程步骤进行指导，可实现对接线、接电过程和工艺情况进行识别判断，保证用户电能质量稳定安全可靠。强化全过程监督，智能化的知

识图谱凭借人机交互、作业反馈等手段，及时发现各阶段作业过程中存在的问题隐患，查缺补漏，防患于未然，大幅降低了企业运营成本。

（三）致力于营造健康的企业管理生态，社会效益显著提高

济南鲁源电力设计咨询院有限公司依托智能化制度标准知识图谱体系，为电网建设运营提供最优化辅助决策。在变电站、环网柜等大型电力设施选址规划建设过程中，公司综合考虑市容市貌及商业区、居民区分布，力求将电力设备融于城市生活，助力文明城市建设。在故障抢修过程中，快速精准的智能化制度标准辅助决策体系，极大地缩短了故障处理时间，争取做到少停电、不停电，提升客户用电满意度，彰显公司作为民生企业的责任担当，受到社会各界广泛认可。智能化问答辅助一线基层业务人员，针对用户提出的各类问题，有的放矢地进行针对性解答，切中要害地解决用户真正关心的问题，有效支撑一线员工的规章制度获取能力、提升用户问题的反馈效率，使制度标准内化为员工的自觉行动，让员工快速成为“解决问题的专家”。推动公司管理创新实践和企业文化内涵的智能积淀，同时为高效运营好“具有中国特色国际领先的能源互联网企业”提供智慧保障，企业的品牌影响力和美誉度不断提升，社会关注越来越高，社会效益进一步凸显。

成果创造人员：刘双喜　戎晓雪　李泰然　杨　涛　赵旭东　王荣彬　王延安

央企后勤单位以提质增效为目标的阿米巴经营实践

山东网瑞物产有限公司

摘要:2020年,受新冠疫情影响,国家出台阶段性降低用电成本政策,国网公司盈利水平大幅下降、电网投资能力显著削弱,国网公司提出在各级单位开展提质增效专项行动,尽最大努力应对疫情影响。国网山东省电力公司认真贯彻落实国网公司工作部署,提出“计划不调、目标不变、任务不减”要求,奋力完成全年工作目标。山东网瑞物产有限公司(以下简称“网瑞物产”)积极响应省公司要求,创新思路引入阿米巴经营模式,通过构建总体方案、划分经营单元、精细效益核算、开展经营分析、制定考核细则“五步走”,进一步增强经营意识、提升经营效益,为公司建设省管产业标杆单位打下坚实基础。

山东网瑞物产有限公司,成立于1984年12月,现为国网山东省电力公司直属单位、省管产业单位唯一平台企业,注册资本22175万元。近年来,公司改革创新突破,产业链纵深发展,经营范围涵盖工程建设、招标代理、新媒体运营、现代生态农业、新能源汽车运维、电子商务、酒店文旅、教育培训及后勤保障,公司现有24个部门、单位,截至2021年初,员工达1079人。公司具有国家一级物业管理企业资质、电梯维保A级资质、消防维保一级资质、装饰设计与施工二级资质、房屋建筑工程施工总承包三级资质和承装(修、试)电力设施许可证(四级)等,已通过ISO9001国际质量管理体系认证。公司连续21年被山东省工商局授予“重合同守信用企业”称号,连续15年荣获“省级文明单位”称号,2018年荣获“富民兴鲁”劳动奖状,多次被国家电网有限公司和国网山东省电力公司评为先进单位和先进集体。

一、央企后勤单位以提质增效为目标的阿米巴经营实践的背景

2020年,面对新冠疫情的不利影响和上级单位提质增效周工作的要求,网瑞物产在逆境中求变,创新工作思路,引入阿米巴经营模式。公司对各部门、各单位实地调研,总结公司面临的缺乏市场经营思维、缺乏经营人才、网瑞公司需进一步向市场化公司转型的三个主要问题,主要表现在以下方面:

(一)缺乏市场经营思维

目前网瑞物产的主要服务客户是电网内部单位,与客户的服务合同关系稳定,导致经营单位负责人的市场经营意识不强,注重内部客户而轻视甚至忽略潜在的外部市场,开拓市场的意愿较弱;经营单位缺乏核心竞争力和市场竞争力,在外部市场竞争中处于劣势。

(二)缺乏经营人才

受公司内部环境和工作模式影响,员工工作压力较低,存在不同程度的"等、靠、要"观念,平均主义思想根深蒂固,缺乏市场化企业员工的危机意识和竞争观念;加上内部激励力度不足,员工缺乏开拓市场的内生意愿和动力,工作责任心和积极性较差,缺乏经营人才。

(三)公司需进一步向市场化公司转型

网瑞物产的主要业务来自国家公司内部,参与外部市场竞争性业务较少。随着国有企业改革的进一步推进,对国有企业非核心业务改革的力度将进一步加大,网瑞公司向市场化企业发展是一个大方向。因此,网瑞物产迫切需要做强主要业务、培育核心竞争力,塑造好网瑞品牌,为公司市场化转型打好基础。

二、央企后勤单位以提质增效为目标的阿米巴经营实践的主要做法

(一)顶层精细设计,构建总体方案

2020年以来,网瑞物产召开年度工作会议,作出阿米巴经营模式顶层设计;管理部门认真研究,周密思考,出台了阿米巴经营模式实施方案;召开阿米巴经

营模式启动会,公司领导亲自讲课,宣贯培训方案;组织全员培训考试,精选两批六家试点单位;财务部一对一与试点单位研讨,划分阿米巴核算单元、分解预算指标、建立核算制度、完善考核激励制度,用公司全员的实践描绘了一张阿米巴经营模式下从想法走向干法、从试点走向推广的路线图(见图1)。

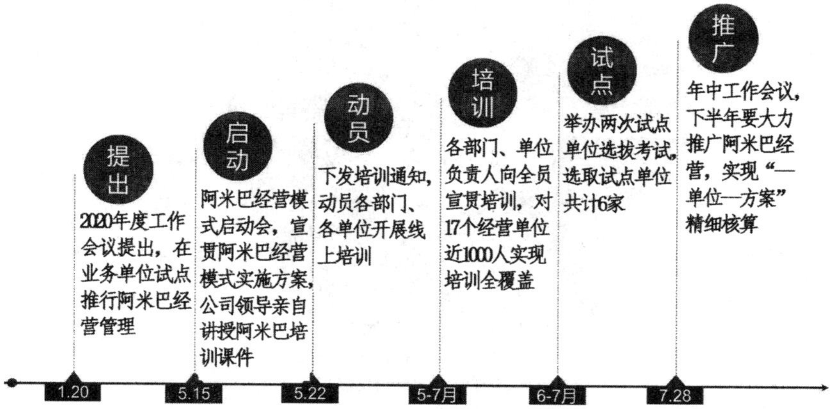

图1　公司阿米巴经营模式路线图

1.着眼改革大局,向精益管理要效益

2020年1月20日,公司在2020年度工作会议提出,在业务单位试点推行阿米巴经营管理,结合公司薪酬管理办法,努力让每个业务单位都成为最精益的成本效益核算单元,努力让每个管理人员尤其是中层干部成为最优秀的市场营销员、最精明是成本管控员,眼睛向外、紧盯市场,刀刃向内、精打细算,开源节流、严控成本,努力向精益管理要效益。

5月15日,公司召开阿米巴经营模式启动会,宣贯阿米巴经营模式实施方案(见图2),从指导思想、基本原则、组织机构、重点工作、工作安排、工作要求六方面做具体部署。公司副总经理、总会计师出席会议并提出工作要求:一是要认清这阿米巴经营工作的重要意义;二是要重视宣贯培训,抓好活动落地;三是结合自身情况,自主参与试点;四是注重过程管控,确保试点成效。

阿米巴经营模式启动会上,公司领导亲自讲授阿米巴培训课件——阿米巴经营与实践探讨,从什么是“阿米巴”、为什么采用“阿米巴”、怎样实现“阿米巴”、如何实现“阿米巴”实践落地四方面进行具体讲解。

2.全员培训学习,以考促学由点及面

5月22日,公司下发培训通知,动员各部门、单位开展线上培训。在公司门户网站通知栏滚动提示阿米巴培训,并准备组织考试选拔阿米巴试点经营单位,

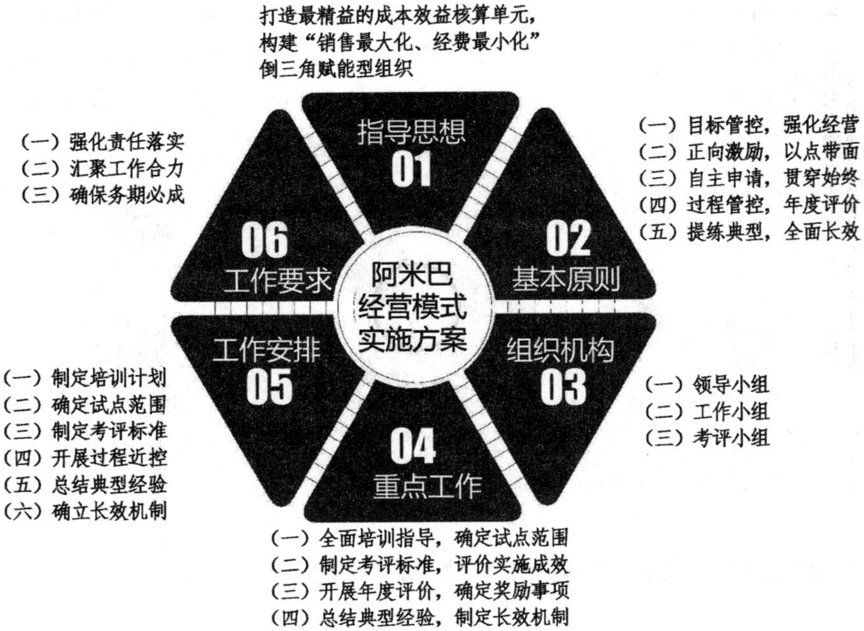

图 2　阿米巴经营模式实施方案

实现以考促学。

5~7 月，各部门、单位负责人通过部门会议向全员宣贯阿米巴培训课件，并结合业务实际划分阿米巴、委任负责人、制定核算模式和建立阿米巴运行制度，实现学中用、用中学。公司对 17 个经营单位近 1000 人实现培训全覆盖。

6~7 月，公司举办两次试点单位选拔考试。经营审计部在各单位自我申请的基础上，结合考试成绩，确定阿米巴经营模式试点范围，提交阿米巴经营模式工作小组审批，择优选取试点单位共计 6 家，包括文化传媒分公司、综合服务中心、商城、汽车服务分公司、物业服务中心、农业基地。

7 月 28 日，公司召开年中工作会议，上半年抓“经营管理”两大理念，择优选定 2 个部室试点金字塔原理，着力提升管理效率；考核确定 3 家单位，试点阿米巴经营，重点改革核算体系，向精益管理要效率。下半年要打好提质增效“组合拳”，大力推广阿米巴经营，实现“一单位一方案”精细核算。

（二）划分经营单元，制定落地方案

财务资产部分别于 7 月 6~10 日、8 月 11~18 日与第一、二批阿米巴经营试点单位研讨会，宣贯阿米巴组织划分、预算全面分解、内部定价机制，一对一进行

沟通交流。各试点单位根据自身经营特点,分别制定阿米巴实施方案。

在确定好阿米巴试点单位后,两批六家试点单位迅速行动,认真研究公司阿米巴经营模式实施方案,并结合业务实际,迅速制定阿米巴经营模式落地方案。下面从中选取4家单位重点介绍其阿米巴实施方案、阿米巴核算制度和阿米巴考核指标设置。

1.文化传媒分公司深入研究阿米巴经营哲学,打造精益管理体系

文化传媒分公司主要经营文化传媒业务,通过对实施方案的认真学习,在新冠疫情后的经济发展时期,决心通过阿米巴经营模式的落地实施,打造公司传媒的“内圣循环”的企业发展基石,并以此为基础打造服务客户的“外王循环”的双循环经济模式创新标杆,实现不断迭代与创新。

为做好独立核算,文化传媒分公司从单一(多元)项目毛利润核算、部门绩效核算、个人绩效核算三个维度进行;为了推进阿米巴组织建设,建立以客户为中心的虚拟经营巴,与开展具体业务板块服务的业务巴动静结合、虚实交叉,并成立以运营数据、综合服务、经营哲学为主要内容支撑的平台巴(阿米巴单元)(见图3);为全面实施正向激励,从绩效指数、价值指数、燃烧指数(阿米巴虚拟值)三个维度进行设计;为有效提升阿米巴培训,增加对自主经营、小组制、人单合一等中国式阿米巴创新模式方面的学习;为更好培养巴长,实现从业务型到经营型,从粗放型经营到精细型经营的转型升级,设立阿米巴委员会,企业高管要转型为阿米巴教练,为巴长提供教练服务;为推进阿米巴模式的有效落地,准备完善阿米巴经营会议制度、阿米巴业务会议制度、阿米巴经营哲学学习制度三个制度;为推进全员经营的积极性,完善业务介绍奖励制度,对新业务开拓和新客户开拓予以奖励;为推进阿米巴模式稳妥落地,研究阿米巴过度实施办法。

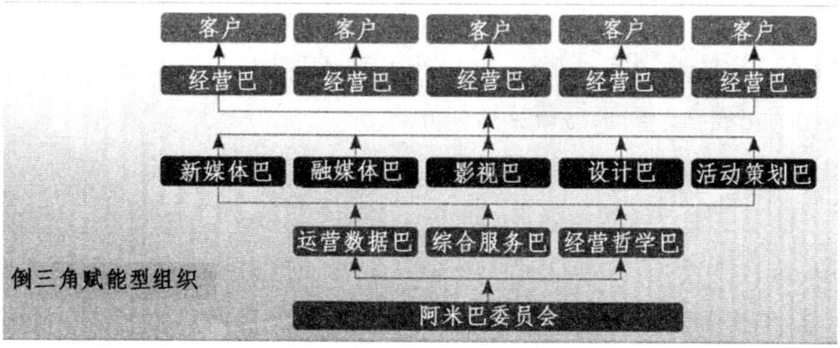

图3　文化传媒分公司阿米巴单元

2.恒源农业三步走构建阿米巴体系,推动农业生产提质增效

恒源生态农业基地以农业生产为主,在公司发展战略指导下,围绕“强基固本·高质量发展”工程有关部署,聚焦“3+1”发展主线,坚持降本增效促发展为目标,以构筑特有阿米巴经营哲学和核算管理为重点,通过谋划设计、推进实施、总结提升三个阶段推进,做好思想文化引领、制度管控保障、工作绩效考核三个方面落实,打造业务阿米巴和管理阿米巴两类组织,不断实现精益核算、量质提升,制定农业基地“阿米巴经营模式”试点实施方案。

3.21°网上商城构建大营销电商平台,实行小单元阿米巴核算

21°网上商城主要经营网上商城业务,经营范围涵盖食材销售、扶贫产品、节日慰问品、堂食外卖等,依托公司内部优势和外部资源,打造“衣食住行”一站式服务的电商平台。商城采取“2+4”经营模式(“2”即农业基地整体营销和公司内部单位食材供应两大服务模块,“4”即职工多元化就餐消费、单位节日慰问品销售、内部单位食材市场化采购、VIP外部市场开拓四个业务创收板块),划分销售组、运营组、体验店三个阿米巴,制定商城阿米巴实施方案。销售组负责扶贫产品销售、单位节日慰问品、VIP外部市场开拓模块和内部食材采购经营模块,创造外部收入和外部利润;运营组负责商城运营,为销售组提供技术支撑,虽不直接产生效益却也与销售组业务密不可分;体验店负责职工多元化就餐消费、自营产品业务,主要是面向省公司本部职工,创造内部收入和利润。

根据三个巴的收入、成本类型,财务资产部指导商城测算全年预算,收入区分外部收入和内部收入,将扶贫产品销售、单位节日慰问品、VIP外部市场开拓模块和内部食材收入在销售组和运营组按照贡献度进行合理划分,将职工多元化就餐消费、体验店收入划分在运营组和体验店中划分;成本区分变动成本(如产品成本、包装费、物流费等)和固定成本(如人工成本、劳务费、技术服务费等),按收支配比的原则在销售组、运营组和体验店中划分,并综合平衡每个巴的经营情况,完成三个阿米巴预算指标分解。

4.21°美食汇实行阿米巴多维经营模式,打造时尚商务快餐

21°美食汇主要经营快餐业务,创新经营模式,引入第三方合作,构建了包括酒店经理、执行经理、第三方经理的管理层,取长补短相互制衡;按照阿米巴经营理念,划分“5+3”阿米巴单元(“3”即门口三个特色外卖窗口,“5”即一楼特色美食档口、二楼宴会、特色礼品、线上外卖和线下盒饭五种经营方式),按档口分解全年预算指标、核算收入利润。自6月份开业后,按照阿米巴经营理念,又根据实际开放的11个档口,试点精细核算,并测算盈亏平衡点及保本销售额、设定目

标利润及销售额，为快餐业降本节支、开拓市场提供依据。建立公司级、美食汇两级考核，酒店经理和执行经理按照“月预支、季核算、年兑现”的方式，员工工资总额按照月度经营情况按月考核，采用联动方式将美食汇总体指标与个人销售指标挂钩，美食汇对员工工资实施二次分配。

（三）精细效益核算，细化核算方案

按照月统计、季分析、年兑现的原则，公司按月统计阿米巴单位经营利润表。在阿米巴年度预算指标基础上，阿米巴单位全面考虑外部销售收入和内部服务收入，按最小单位时间核算经营利润，在财务报表利润表的基础上完成阿米巴经营利润表，全面客观地反映阿米巴单元的经营情况。

1.文化传媒分公司细化单项目核算，力争项目毛利最大化

文化传媒分公司制定阿米巴配套核算制度，一是确定交易主体及定价原则。根据阿米巴划分情况，确定每个阿米巴交易主体及产品价格体系表（展厅、画册、PPT、展板、摄像服务、视频制作、活动策划、活动执行、官方品牌运营等），通过运营数据巴进行审核签字，确保交易主体及产品的市场价格客观公正，确保产品定价具有市场竞争力。二是制定内部操作流程的配套表格。根据传媒业务开展情况，制定阿米巴内部操作流程，及流程所需的经营巴登记表、项目成本利润核算明细表、业务巴月度汇总表、个人月度汇总表等六个表格，在阿米巴运营中使用，确保经营数据及时准确得到汇总。项目成本利润核算明细表将项目收入、成本细分到最末级，通过单项目管理加强对项目利润的掌控，提高阿米巴的经营意识，督促各部门、单位加快收入回收、严控成本开支，提高项目利润率。月度项目核算表按月度统计经营单位项目毛利（边际贡献）指标完成情况，滚动更新项目的投标、合同签订、合同收入、合同成本、合同利润及应收款回收情况，并将责任落实到每个阿米巴长，实时掌握经营指标完成情况。三是试点单位时间核算。运营数据巴将项目数据收集汇总后，根据每个项目的交付回款情况，形成以项目周期为单位的收益核算体系，以此为基础核算出部门项目收入和个人项目收入，通过统计每个项目的运营时间要素，对项目运营、部门运营和个人价值贡献进行横向纵向时间价值分析。

2.恒源农业细化成本全过程核算，严控成本推动降本增效

恒源生态农业基地按照精细核算的原则，从农资采购入库、农资领用出库、生产成本分摊、产品收获入库、产品销售出库农业生产全过程实物流转过程，进行全过程成本明细核算，制定核算科目、核算对象、成本归集核算原则，将成本细

分至每一个阿米巴单元,加强对成本的核算与管控。核算科目上,财务核算使用的主要会计科目采用企业会计准则,较于生产制造企业,重点研究生物资产、存货、政府补助企业会计准则及准则应用指南,将消耗性生物资产、生产性生物资产科目作为一级科目设置。核算对象上,财务核算主要分为果蔬种植、畜禽养殖、苗木和绿植租摆四大板块,每个板块下按品类、区域、茬口期等进行明细辅助核算。成本归集上,农产品成本归集对象主要为直接材料,直接人工,直接相关的土地租金和折旧,以及加工车间及公共区域等需分摊的人工、土地租金、折旧。

3.21°网上商城细化平台核算方式,实现平台资源效益最大化

21°网上商城根据商城扶贫产品销售、职工多元化就餐消费、内部食材采购、单位节日慰问品、VIP 外部市场开拓、体验店等经营模块,财务资产部区分直销代销模式,区分内部外部收入,按照受益原则分摊成本,分模块制定商城财务核算管理办法。

对于内部收入,按照电商平台的运营模式,按照销售额和固定比例确定平台服务费收入,填写商户商品销售月统计表,由商城与内部商户确认,分开核算商城、内部商户的经营收入,按月统计,年度兑现;在商城内部的阿米巴之间,因内部收入主要集中于运营组(线上销售)和体验店(线下销售),按照线上、线下分开核算的原则,将收入分别计入运营组和体验店。

对于外部收入,根据业务类型编制慰问品销售统计表、VIP 外部市场开拓销售统计表、内部食材采购统计表,对于销售内部各商户收入,按照汇总开票、分开核算的原则,分别核算商城和各商户收入;在商城内部的阿米巴之间,按照服务工作量,按照内部贡献度将收入分别分摊到各阿米巴单元,填制商城阿米巴内部收入统计表,由阿米巴巴长确认后,作为阿米巴单元经营收入。

对于需要分摊的成本,商城填制成本分摊明细表,将包装物、运输费等成本按照受益原则分摊到各商户,作为各商户的经营成本;在商城内部的阿米巴之间,按照服务工作量和市场价格,填制商城阿米巴内部服务统计表,由巴长确认后,作为提供服务阿米巴单元的收入和接受服务阿米巴单元的成本。

4.21°美食汇细化档口核算,加强业财融合推动经营发展

21°美食汇细化财务核算办法(见图 4),按照“门口三个特色外卖窗口+一楼特色美食档口+二楼宴会+特色礼品+线上外卖+线下盒饭”的“5+3”的经营模式核算,并将各项经营数据细化到阿米巴单元。区分 11 个档口,按天核算各档口的收入,并区分早、中、晚三个时段;对于成本费用,区分直接成本和间接成本,按月核算,并分摊至各档口、利润等经营指标;按照本量利分析法,核算各档口的盈

亏平衡点，并根据目标利润测算每日营业收入；按照餐饮业经营数据，对客流量、客源、平均每单消费和菜品销量销售额进行分析。

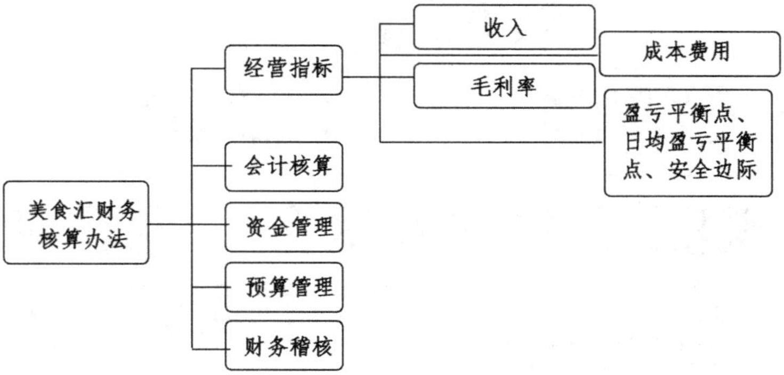

图4　美食汇财务核算办法

（四）定期开展分析，总结亮点成效

以阿米巴经营模式实施评价体系为标准，以试点单位对阿米巴经营模式应用成效为依据，对试点单位进行月度统计、季度评价、年度总结与提炼。每月组织召开经营活动分析会暨提质增效工作分析会，对阿米巴试点单位进行经营情况分析，总结提质增效工作亮点，提出下一步经营建议。

通过经营活动分析会，一是汇报各经营单位的经营情况，各经营单位对指标做到心中有数，对下一步工作明确指导思想和具体做法；二是对阿米巴试点单位进行纵向与横向对比，纵向对比同一单位的收入、利润同比增长率，检验阿米巴实施后对公司经营业绩的提升度；横向对比预算完成率、省管产业单位指标完成率，来比较阿米巴模式对经营单位的适用性。

（五）制定考核细则，加强过程督导

1.制定总体方案，明确考核原则指标

公司制定阿米巴考核办法（见图5），按照分级考核、分类管理，重点突出、正向激励，过程管控、年度评价三项基本原则，设置公司绩效考核指标、财务指标两个维度，公司绩效考核指标维度设置月度工作计划考核指标、专业管理考核指标、专项考核指标三个二级指标，总分20分，按月考核；财务指标设置单位指标和巴指标两个二级指标，单位指标即应收款项压降指标，总分5分，按季度考核；巴指标下设设置巴营业收入完成率、巴利润完成率、巴人均利润指标三个三级指标,分值分别为 30、35、10 分,按月考核。并按照得分计算排名,作为年度兑现依据。

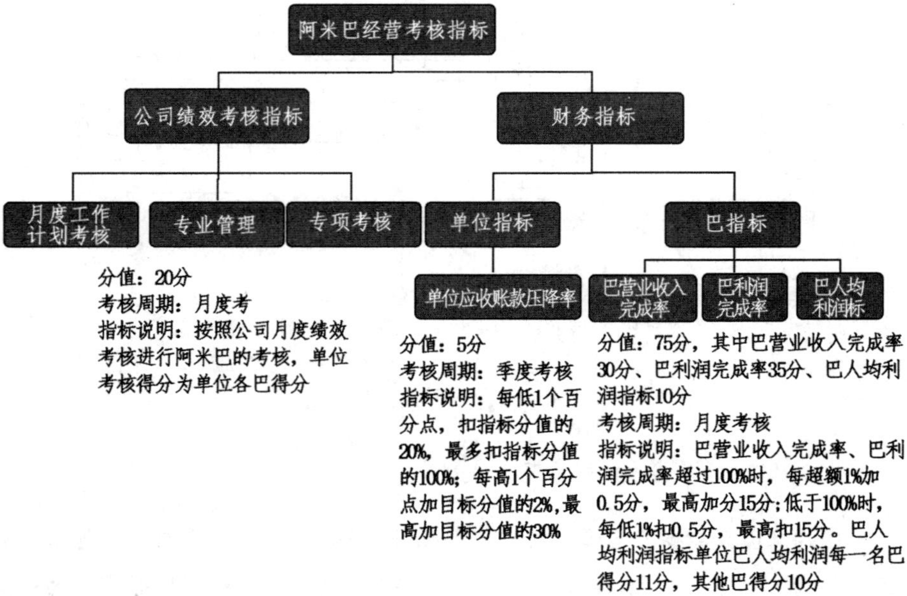

图 5　阿米巴经营考核指标

2.完善阿米巴考核实施细则,强化考核落地执行

(1)制定农业基地各阿米巴单元(业务板块)考核细则,突出内部考核激励,激发工作积极性。

一是多维考核,压实责任主体。在考核层级上,公司对农业基地制定总体指标,农业基地将指标分解至阿米巴,阿米巴分解至个人,实现指标层层贯穿。在考核内容上,主要从提高产量、降低成本及提升管理等三个方面设置考核指标,实现精准考核。

二是承包到人,压缩劳务用工。根据劳务人员专业特长,分别将种植、养殖、苗木园艺生产业务承包到人,培养专业种养。通过选拔承包方式,计划压减劳务 39 人,优化人员结构,降低劳务成本。根据种养殖特点,制定承包奖惩办法(见图 6),设置考核指标六项,并将所有指标承包到劳务个人。考核指标包括:

- 养殖量:2200 头;
- 存活率:100~200 斤阶段>98%,200~300 斤阶段>99%;
- 出肉率>73%;
- 变动成本压降>5%;

- 养殖周期 3 个月；
- 饲料投放量<194 万斤。

在考核维度上，设置班组奖励和劳务个人两个维度。班组奖励，每超额完成一项，奖励班组 2000 元；一项不达标，扣发班组 20%奖金。在存活率指标上设置劳务个人奖励，存活率>98%，每多一头奖励 500 元，存活率<98%，每少一头罚 1000 元；200~300 斤阶段，存活率>99%，每多一头奖励 1000 元，存活率<99%，每少一头罚 2000 元。

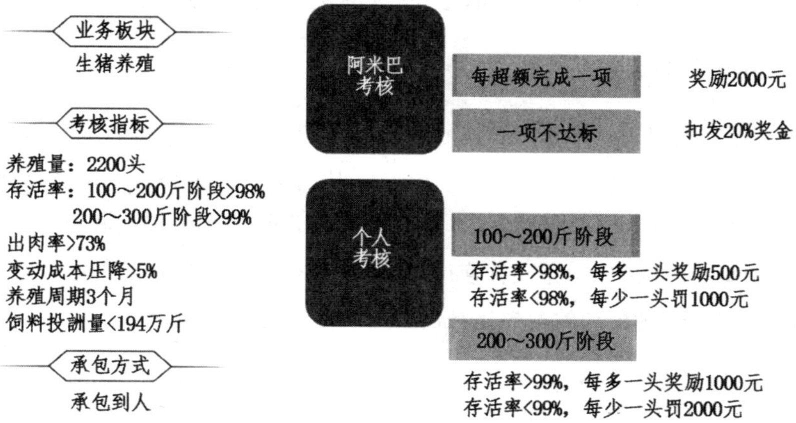

图 6　农业基地承包奖惩办法

三是试点计件，提高工作效率。将捡鸡蛋、除草、施肥、打药等可量化工作试点计件付酬，一是压缩固定劳务人员数量，结合临时用工计件付酬方式，降低劳务成本；二是充分调动劳务人员积极性，多劳多得，提高工作效率。

四是加强监督，确保改革成果落地。每月由计划经营部、党建工作部（监察部）对农业基地上月改革进度和成效进行监督检查，并提出考核建议。年度考核除常规业绩兑现考核外，增设改革成果奖。

（2）制定美食汇经营考核落地建议，美食汇实行分级、分类考核原则，一级考核为公司对美食汇考核，二级考核为美食汇对其各阿米巴档口进行考核。

一是公司级考核。坚持目标导向，执行宏观把控管理。对美食汇经理、执行经理和员工队伍从目标指标、盈亏平衡点指标，进行管控与考核。满足盈亏平衡点收入指标，美食汇即得全额绩效奖金。超过目标指标，美食汇即得奖励。

考核指标设：月度盈亏平衡点营业额、月度目标利润指标；考核奖惩超额部分纯利润按 5%兑现，差额部分纯亏损按 2%扣减。

二是美食汇考核。坚持问题导向，执行经营过程管理。结合公司美食汇考核细则，制订美食汇档口考核办法，采用联动方式将美食汇总体指标与档口销售指标挂钩。对阿米巴档口岗位开展月度评价。依据美食汇月度指标和档口销售指标完成情况进行考核，分解公司级考核总指标。

考核指标设：各档口目标收入、目标成本、目标利润、目标毛利率；考核奖惩各档口超额部分纯利润按5%兑现，差额部分纯亏损按2%扣减。上年度月平均收入为上年度月平均基本工资和上年度月平均绩效工资计算。

三、央企后勤单位以提质增效为目标的阿米巴经营实践的效果

（一）2020年全面完成省公司考核指标

通过全面导入阿米巴经营模式，构建经营会计报表，推行单位时间核算，并定期开展经营分析，提高每个阿米巴经济效益，从而提升整个公司的财务绩效，实现“1+1>2”的双赢效应。2020年试点阿米巴经营模式以来，公司收入、利润、发展能力指标等核心指标均完成省管产业单位考核指标，并取得了综合支撑单位考核第一的成绩，为公司的市场化经营发展奠定了扎实基础。

（二）增强了经营意识，提升了经营能力

公司各阿米巴试行每日记账，通过记账形成关注经营指标的习惯，由“要我经营”向“我要经营”转变，增强了经营意识；管理部门（费用巴）侧重于精益管理能力，对内服务的利润巴侧重于提高优质服务能力，业务转型的利润巴侧重于提高改革创新能力，创收利润巴侧重于提高发展创效能力。

（三）为公司市场化转型发展提供坚实基础

网瑞公司作为央企的省直平台企业，全面引入阿米巴经营模式是一个重大的创新和大胆的尝试。在央企行政体制内，通过划分阿米巴单元，自主经营、独立核算、协商议价，打破部门墙，形成共同经营体，为国企市场化改革提供参考。

成果创造人员：常维华　王军勃　李中华　孙娟子　卢　瑜　刘春晖　尹　航

煤炭企业"双绿"矿山建设的实践

山东鲁泰控股集团有限公司鹿洼煤矿

摘要:"双绿"矿山指的是既通过了国家自然资源部绿色矿山评审,被收入进全国绿色矿山名录,又通过了《GB/T36132 绿色工厂评价通则》评审,取得绿色工厂称号的矿山企业。"双绿"矿山建设体系以突出"双绿"建设为核心,把"绿水青山其外,金山银山其内"作为导向目标,以绿色矿山建设基本原则和绿色工厂评价通则作为理论支撑,将"智能数字矿山""采煤复垦一体化""循环产业建设""科学内部管理"作为"双绿"矿山建设的重点任务,建立一套目标明确、核心稳定、支撑项多的金字塔形发展模式。鹿洼煤矿双绿建设体系的顺利实施,使得鹿洼煤矿绿色开采的经济价值和矿井生产的创造能力得以不断提升,经济效益和社会效益得以明显体现。取得经济效益 1.3 亿左右,年平均经济效益 5200 万元左右,2019 年度经济效益 7000 万元。成为唯一一家获得"绿色矿山"和"绿色工厂"双殊荣的煤矿企业。实现了绿色开采,有力地助推了行业的升级转型,促进了技术创新与实践应用的相互转换,提高了企业的核心竞争力,树立了良好的企业形象。实现了"幸福鹿洼"的企业目标,为打造企地和谐奠定了良好的基础。

山东鲁泰控股集团有限公司鹿洼煤矿(以下简称"鹿洼煤矿")地处山东省济宁市鱼台县张黄镇境内,是济宁市国有市属煤矿企业,山东鲁泰控股集团有限公司二级单位,主要从事煤炭生产。鹿洼煤矿于 1995 年 1 月建井,2000 年 4 月投产。矿井井田面积 20.5 平方公里,为独立井田,核定生产能力 120 万吨/年。煤种主要为低灰、低磷,特低硫,高发热量的焦煤和气肥煤,为优质动力用煤和炼焦配煤。

鹿洼煤矿秉持科学发展、安全发展、绿色发展理念,以打造"两型三化"矿井,建设安全、高质、高效、绿色、幸福矿山为目标,精益管理,稳中求进,先后荣获

"国家级安全质量标准化一级矿井""山东省煤矿安全与职业卫生评估'A'级矿井"等荣誉称号。

2018 年通过国家"绿色矿山"评选,2019 年被工信部评定为国家级"绿色工厂"矿山企业,成为全国唯一一家既是"绿色矿山"又是"绿色工厂"的"双绿"煤炭企业。

一、"双绿"矿山建设的探索与实践的背景

"双绿"矿山指的是既通过了国家自然资源部"绿色矿山"评审而被收入全国绿色矿山名录,又通过了《GB/T36132 绿色工厂评价通则》评审,而取得"绿色工厂"称号的矿山企业。

矿产资源开发在带动社会经济增长和推动工业化进程的同时,也造成了大气、水系、土壤污染和资源损耗等一系列问题。传统的资源开发方式亟待改变,建立兼顾协调环境、生态等多重效益,注重资源与环境的可持续性发展模式势在必行。鹿洼煤矿积极响应国家绿色发展理念的号召,提出了"双绿矿山建设"的研究课题,在现代管理理论及实践创新指导下,以"双绿建设"为引领,转变内部管理模式、创新生产发展方式,力求打造一条全新的绿色开采管理机制。

(一)政策因素

党的十八大以来,国家把生态文明建设放在突出地位,"绿色发展"成为国家的五大发展理念之一。习近平总书记也高度重视生态环境保护,提出"绿水青山就是金山银山"的口号,全面推动绿色发展成为生态文明建设的治本之策。全国绿色矿山名录的公布,标志着我国绿色矿山建设正式进入名录管理时期,2019 年 6 月自然资源部部署开展 2019 年度绿色矿山遴选工作以来,绿色矿山建设成为矿产资源领域研究的热点。加快推进"绿色矿山""绿色工厂"建设是鹿洼煤矿改变传统经营模式、走创新发展之路的必要举措。

(二)企业因素

2016 年工业和信息化部制定并发布了《绿色制造工程实施指南》,并于 2017 年开始征集绿色制造体系建设示范项目,全面推进绿色制造体系。2018 年5 月,《GB/T36132 绿色工厂评价通则》的正式发布,为绿色工厂创建和评价提供了标准支撑。鹿洼煤矿作为煤炭生产企业,将绿色工厂管理体系运用到自身的绿色

发展中，通过强化现有管理体系的有效运行，促进质量、环境、职业健康安全和能源管理体系绩效改善，一方面可以降低产品不良率，减少了原材料消耗；另一方面可以降低能源消耗和减少污染物排放，与绿色工厂倡导的“用地集约化、原料无害化、生产清洁化、废物资源化、能源低碳化”的理念是相一致的，这对于提升企业产品和服务的信誉、树立良好的品牌形象具有重要作用。

(三)理论背景及研究的意义

煤矿“双绿”建设是通过整合绿色矿山评价体系和绿色工厂评价通则，规划出属于鹿洼煤矿自己的绿色管理体系。将绿色发展理念贯穿矿产资源勘查开发利用全过程，在依法办矿、规范管理基础上，通过主动开展科技创新，充分借助信息化、数字化、智能化技术，提升矿山生产运营自动化、现代化、智慧化水平，提高资源综合利用效率、生产运营效率，最大程度减少对矿区周边人居环境及生态环境的不良影响与破坏，最终实现经济效益、生态效益、社会效益三赢，以及以“绿水青山其外，金山银山其内”为目标的矿山。煤矿企业“双绿”体系建设从矿井审批立项到基础建设、生产经营、塌陷地治理，最后到矿井关闭贯穿矿井服务全周期，涉及资源开发、采掘运输、环境保护、矿区和谐等多个方面。根据煤矿特点构建绿色发展标准化管理体系，推进煤矿绿色发展标准化、规范化建设，有助于提升煤矿管理效能。通过科学规范的标准化管理实现绿色发展目标，提高资源利用率，开展科技创新，实现机械化、智能化、节能减排、提质增效，有助于提高企业的行业竞争力，加速企业战略目标的实现。

二、“双绿”矿山建设的探索与实践的做法

“绿色矿山”“绿色工厂”的建设，与自然环境是和谐相生的，“双绿”矿山建设，不能过度依赖自然资源，更不能破坏环境来维持企业发展，鹿洼煤业围绕这一原则，从五大方面进行“双绿”建设。

(一)制定“双绿”标准

鹿洼煤矿根据国家绿色矿山现场核查评价体系标准和绿色工厂评价通则，针对企业自己的实际情况，制定了“双绿”建设的目标：一是大力发展科技创新与数字化矿山，改善矿区生态环境，建成企地和谐的绿色矿山；二是通过提高产品可回收率、降低能耗、提高管理水平，建成减少废物排放、降低环境污染的绿色

工厂。

(二)智能数字矿山——打造科技创新与数字化的标准绿色矿山

1.智能数字开采

鹿洼煤矿秉承着科技创新的发展理念,开展了“机械化换人,自动化减人”科技强安专项行动。

综采智能化。$33_{上}03$ 工作面,煤层平均厚度约 2.2 米,工作面走向长 993 米,倾斜宽 195 米,通过对原综采设备进行系统性智能化改造,实现采煤的智能化,改造主要包括集控系统、采煤机控制系统、电液控制系统、乳化液保障系统、运输系统、视频监控系统六大系统。智能化工作面实现了远程控制、自动跟机移架等功能,无须人工现场操作,提高了安全系数(见图 1)。

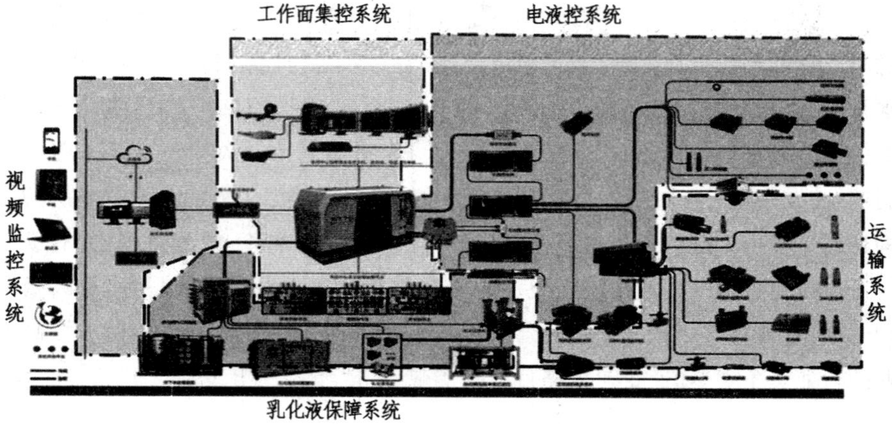

图 1　智能化工作面工艺流程图

将集成控制系统设置为“全自动化”工作模式,通过“一键”启停按键启动工作面综采设备全自动化。“一键”启动:泵站启动、破碎机启动、转载机启动、刮板输送机启动、采煤机截割电机启动、采煤机牵起、采煤机记忆割煤程序启动、液压支架跟随采煤机自动化控制程序启动,全自动化启动。“一键”停机:液压支架动作停止、采煤机停机、刮板输送机停机、转载机停机、破碎机停机,全自动化停止。在运行过程中,实时监控工作面综采设备运行工况,当设备运行异常,可以通过人工干预手段对设备进行远程干预,如采煤机摇臂、液压支架的动作的调整等。

掘进智能化。为解决掘进过程中的安全、环境、效率等问题,鹿洼煤矿改造原有综掘机两台,新购置智能化掘进机一台,对掘进工作面进行了智能化改造,智能掘进系统通过微型计算机(mcu)控制,结合全方位的先进传感探测技术,把操作工位撤离到远离危险的安全区域,从而实现人员后撤作业(远程操作)。为了在远程操作时能够看清现场工况,本系统采用多种先进的视频摄像设备,在掘进机两边及尾部装置超高清摄像仪,用于操作人员观察掘进机四周环境,防止有突然闯入人员或设备偏离故障发生,同时在掘进工作面迎头方向配置超高清摄像仪和长波段感知雷达摄像仪,通过该组合摄像仪,可以清晰观察到掘进工作面迎头煤尘断面以及掘进头的工作状态。另外,本系统通过更换掘进机上原有的手动液压系统,升级为可以手动、电动两用的液压系统,为掘进机的远程操作和自动控制的实现提供方便。本系统同时留设多种接口,通过光缆、局域网络、无线等多种方式传输数据和控制命令,以方便掘进工作面的向前开拓。系统中的数据传输均采用闭环控制方式,传输方式为双向。通过软件系统和传感技术的结合,做到综掘机掘进作业现场无人化,且全面提高了掘进工作面的机械化程度,掘进效率较之前提高了50%以上,提高了安全保障,提升了经济效益。

智慧调度中心升级改造。为满足智慧化矿山建设,推进信息化与工业化融合。鹿洼煤矿改建一座钢骨架结构的两层新智慧调度中心,将原系统可利用设备拆卸搬家装入新建智慧调度中心、落后老旧设备淘汰、新增模块化机房、安防系统、采掘工作面远程控制系统,将原有系统与新系统进行整合改造升级,提升信息化管理,地面监控系统主要实现了对整个工作面实现集中监控及一键启停控制。将综采工作面采煤机、液压支架、刮板输送机、转载机、破碎机、乳化液泵站、喷雾泵站及供电系统等有机结合起来,实现在地面调度指挥中心对综采工作面设备的远程监测以及各种数据的实时显示等,为井下工作面现场和地面生产、管理人员提供实时的井下工作面生产及安全信息;同时实现在地面调度指挥中心对综采工作面泵站、三机、煤机记忆截割及支架自动跟机的一键联合启停功能。

目前鹿洼煤矿智慧化矿山建设实现了远程监控和数据自动采集,提高了对各类问题的准确判断及应急处理能力,实现了矿井的信息化建设,进一步落实采煤自动化,掘进机械化,机房无人化,各系统的监控信息上传至集中控制室,能够实现一键启停,参数修改,运行状态显示及实时监控,完成了辅助生产系统自动化建设。

2.磁化技术除尘

鹿洼煤矿针对现有除尘技术的不足,为高效防治井下煤尘,基于活性剂与磁场磁化耦合雾化降尘理论,提出了活性磁化水高效除尘技术;研发了一种成本低、能与磁场协同作用高效改善水湿润性能的新型活性添加剂，其使用量仅为除尘用水量的0.03%；基于交错排列的永磁体排布方式，利用强弱交替磁化、并联式螺旋推进磁化以及内外磁场磁化的高效磁化原理，发明了一种除尘用磁化装置；研发了一套活性磁化水除尘系统，包括地面蓄水池、活性剂添加与混合装置、喷雾加压装置以及磁化装置；活性水通过高效磁化装置所形成的活性磁化水，通过能交错喷射水雾的喷嘴排布器对割煤滚筒所形成的全方位水雾覆盖面，对粉尘进行高效沉降，全尘、呼尘平均降尘效率都达到了84%以上。磁化装置内外磁铁采用交错排布，形成了具有强弱交替的磁场环境，相对于现有单一磁场环境，实现了对水流持续有效的脉动式切割磁化，达到良好的磁化效果。磁化装置内部水流通道采用螺旋推进结构，一方面该结构增加了水流磁化的路程；另一方面使水的湍流度增加；水流在螺旋推进磁化过程中，相对于一般的磁化通道来说，磁程更长，磁化时间更久，有益于水流的充分磁化。新装置基于内外永磁铁所形成具有300~350mT的强磁场环境，有效解决了现有磁化器磁场强度不足的难题，对水流高效磁化，大幅提高了水湿润粉尘的性能。且装置内部无运动部件，无须外动力，便于井下的安装使用，实现了对井下除尘用水高效磁化的目的。其对水的磁化效率相对于现有磁化器提高了近12%；该井下降尘用高效水磁化方法与装置经综采（掘）工作面的现场应用，除尘效率相对于纯水提高了近13%，有效降低了井下工作面的粉尘浓度。本项目已获国家授权发明专利3项：201410159201.6——一种矿用活性磁化水降尘装置，201510771158.3——一种用于煤矿井下高效降尘的活性磁化水添加剂，201510815034.0——一种综采面活性磁化水除尘雾化喷嘴及其除尘方法。项目成果经有关专家鉴定达到了国际先进水平。

目前，国内防治煤矿井下粉尘主要采用煤层注水、水喷雾、化学抑尘、泡沫除尘、通风除尘等降尘技术，但从煤矿井下现场应用情况来看，这些除尘技术都存在一定的问题，如水湿润煤尘能力弱、化学抑尘成本过高、注水对煤层渗透性要求较高等不足，使得以上技术不能高效地进行粉尘防治。鹿洼煤矿自主研发的高效防治矿井粉尘的活性磁化水技术有效解决了以上除尘技术的不足，高效防治了煤矿企业井下粉尘问题，具有降尘成本低、除尘效率高的优点（与国内同类技术的综合比较见表1），有力保障了煤矿工人的身心健康与企业的安全生产，产生了巨大的经济及社会效益。

表 1　本技术与国内同类技术的综合比较

除尘技术	除尘效率(%)		降尘成本(元/m^{-3}煤岩)
	总粉尘	呼吸性粉尘	
水喷雾技术	35~45	25~36	0.3~0.8
化学抑尘	70~80	68~75	1.7~2.1
泡沫除尘	78~84	76~83	1.83~2.94
通风除尘	40~55	30~45	1.64~2.85
本项目	85~92	79~89	1.1~1.8

(三)采煤复垦一体化——打造企地和谐的标准绿色矿山

鹿洼煤矿认真贯彻中共中央关于实现耕地总量动态平衡、实施“两个根本性转变”和“可持续发展”的战略目标,以土地治理为重点,加强湿地基本建设,调整农业结构,提高水体质量,改善生态环境,促进该区域的经济发展。鹿洼煤矿针对鱼台县清河镇大程村、大薛村等采煤塌陷地区,以十分珍惜、合理利用土地和切实保护耕地的原则,通过项目建设,植树绿化、种植水生植物、改良水质、改善生态环境;增加生产用房、码头、农用设施用地,改善农业生产条件;通过修建拱桥、栈桥、亭子、瓜果长廊、钓鱼台等设施,增加休闲功能,吸引游客。通过统一规划、分步实施、合理布局、因地制宜、综合治理,将采煤塌陷地治理成绿化成片、景观怡人、道路配套,集景观旅游、娱乐休闲、净化水质为一体的生态高效人工湿地。

1.全景土地复垦

全景土地复垦,是指全方位不留死角地对因矿业生产被破坏或退化的土地进行的再生利用及其生态系统恢复的综合性技术过程。

整治河道生态:对原塌陷地范围内东西方向 711 米、南北方向 973 米农田水利沟渠进行了河道整治;疏浚河道断面、增加河道排涝能力,与塌陷大水面形成有效循环,促进水质净化,打造河道生态景观。

完善道路系统:沿塌陷边界修筑 4892 米堤防道路;新建田间 2 米砂石道路 3461 米;完善 6 米主路。

恢复土地环境:土地整理,新增耕地 300 余亩,杞柳、花海特色种植田 500 亩,生态绿岛 100 余亩,湿生植物、水生植物种植浅水区 200 余亩,生态设施渔业养鱼塘 100 余亩。

鹿洼煤矿矿区内已损毁土地主要集中在矿区中部,大程村以南、原鹿洼村址以北的区域,截至 2019 年末,已完成村庄搬迁 5 个,治理完成采煤塌陷地面积

6000 亩，完成了井田面积内所有的土地复垦工作。鹿洼煤矿采煤塌陷地综合治理工作得到了省、市、县各级领导的充分肯定，并对治理成效给予了高度评价，取得了省采煤塌陷地治理工作第一名。

2.打造湿地景观

鹿洼煤矿开采形成的采煤塌陷区主要范围在清河镇大薛、大程等村，以可持续发展为目的，以加强保护管理、生态修复、恢复和改善当地生态环境、增强湿地生态系统的完整性和基本功能为重点，以提高基础设施配备、监测和科研能力为技术支撑，以恢复农田、增加绿岛、水生植被、生态修复等为手段，增强水体自净能力，提高水环境质量，控制污染源，大力促进湿地公园生态系统的良性循环，保护生物多样性和优美的自然景观，为野生动植物的栖息和繁衍提供优质安全的自然环境，为区域社会经济可持续发展奠定良好基础。梳理村落、农田、水体关系，深入挖掘地方人文、经济特色，通过完善堤防、道路等基础设施，形成塌陷水域的清晰界面；同时结合产业、观光及生态修复，在土地整理中布局杞柳田、艺术花田、生态绿岛、水生植物种植区、生态鱼塘等特色产业，变劣势为优势，把该项目区域打造成了集湿地观光、民俗体验、科普教育、特色经济于一体的塌陷地治理示范区。

（四）循环产业链建设——打造节能减碳、提高产品回收率的标准绿色工厂

山东鲁泰控股集团有限公司以打造循环经济产业体为目标，培育形成了“化工、能源、新材料、现代服务业”四大板块竞相发展、相互支撑、协调并进的产业格局，分“煤基”和“盐基”两条主线，打造了以循环经济助推可持续发展的绿色协调生态经济模式（见图 2）。鹿洼煤矿作为集团公司“煤基”线路的源头，严格执行集团公司循环经济体系，通过执行洗选技术升级和矸渣综合利用技术，按照“双绿”建设的标准进行资源综合利用，打造“煤基”线路的其中一条循环产业链，实现了年增效 3500 万元的经济效益。

1.洗选技术升级

增加浮选环节：鹿洼煤矿选煤厂处理原煤煤种为气肥煤，是优质的炼焦配煤及化工用煤煤种，属国家稀缺煤种。选煤厂原有工艺流程为无压三产品旋流器+粗煤泥 TBS+煤泥压滤回收生产工艺，没有设置浮选环节，为增加精煤回收率，工厂进行技术改造，设置浮选环节，充分利用稀缺煤种。本选煤厂压滤煤泥售价约 500 元/吨左右，精煤售价约为 1300 元/吨，增加浮选环节后，提高了精煤回收率，增加了企业经济效益。另外，对煤泥进行洗选加工后，矸石不再随煤一起运往用户，节省了运力，降低了能耗，减轻了对环境的污染，是节能减排的有力措施。

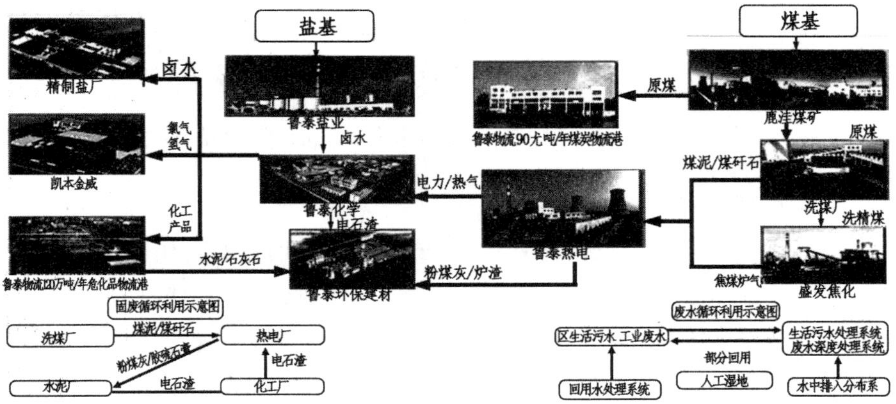

图 2　山东鲁泰控股集团有限公司循环经济图

改造洗煤系统:洗煤系统改造前,洗煤厂设计 3NWX850/600 三产品旋流器生产能力为 160 吨/小时,远远不能达到生产及销售需求的生产能力 230 吨/小时。原洗煤厂工艺中,0.25~0.5mm 粒度精煤脱水后直接混入中煤系统。0.25mm以下原煤未进行分选,作为煤泥进行销售,煤泥中约含有 40%左右未精煤。洗煤系统改造后,提前将系统中 1mm 以下原煤进行了脱泥,0.25mm 以下原煤经分级后进入浓缩池,0.25~0.75mm 原煤进入 TBS 粗精煤分选系统进行分选,0.75~50mm 原煤进入原三产品旋流器系统进行分选。因此洗煤厂洗煤系统更加精细化,入洗能力也得到了提高,预计入洗能力能达到 230 吨/小时左右。同时,TBS 粗精煤分选机可对 0.25~0.75mm 原煤进行分选,解决了原系统中存在 0.25~0.75mm精煤进入中煤问题,提高精煤回收率 2%左右。

2.矸渣综合利用

鹿洼煤矿的产品主要是洗精煤,附属产品是矸石、中煤、煤泥,井下矸石通过副井提升至地面,运送到矸石山。露天堆放的煤矸石弃置不用,占用大片土地。煤矸石中的硫化物逸出或浸入会污染大气、农田和水体。矸石山还会自燃发生火灾,或在雨季崩塌,淤塞河流造成灾害。鹿洼煤矿为充分利用采选阶段出来的煤矸石,设计了一条利用煤矸石及企业产生的固体废弃物电石渣、粉煤灰、炉渣、脱硫石膏等作为原材料,生产熟料水泥的闭环产业链,同时为响应国家节能减排和济宁市新旧动能转换的号召,利用自身水泥生产线建成配套纯低温余热蒸汽发电项目,实现了资源的再一次循环使用。该项目不消耗任何新增能源,只是将现有水泥熟料生产线线排放的余热加以回收,用于发电。并且所发电量全部回用于水泥熟料生产线，不对外供电，不增加电网负荷，对生产线、电网的影响非常小。同时有效降低了水泥熟料生产系统的粉尘排放和废热污染排放，无对外污染物排放，达到零排放节能环保标准，社会效益显著。

（五）强力基础支撑——打造四大体系与内部管理相结合的标准绿色工厂

1.四大体系认证

管理体系是绿色工厂建设和评价标准要求的重要的内容，作为煤炭生产企业，建立、实施和保持完整、有效的管理体系是其实现绿色工厂建设的内在要求，完善的企业管理体系不单是满足评价的要求，同时有利于企业程序化、合理化地进行管理。

鹿洼煤矿依据国标建立了质量管理、职业健康安全管理、环境管理、能源管理等标准管理体系，发布了相关管理手册和过程控制文件，并开展了管理评审工作，取得了四大管理体系认证证书，保持了该矿质量管理体系的有效性、持续性、合理性与程序性。

质量、职业健康安全、环境和能源管理体系为鹿洼煤矿提高产品和服务提出了要求和实施的指南，通过“PDCA”（策划、实施、检查、处置）循环的管理方法形成了一种不断自我循环改善的机制，帮助鹿洼煤矿发现质量管理方面的漏洞并予以改进，使企业在生产组织、清洁生产、能源资源节约、环境减排等方面得到提高和加强。

同时，鹿洼煤矿严格执行环境保护相关法律法规，对废气、废水、固体废弃物、噪声、烟尘进行了深度处理。实行井下技术升级降尘，井上洒水降尘，将烟尘排放量控制在总量范围内；对污水处理厂进行升级改造，实现对矿井污水进行100%处理，进一步完善水表计量，采取循环用水，使得废水处理回用率达到96%以上，并实现污水零排放；对震动较强设备增加防震垫，减少噪声源；空气能热泵洗浴加热代替电加热，减少温室气体的排放。根治了废气、废水、固体废弃物、噪声、扬尘等对周围环境的污染。

2.科学内部管理

矿井自建井生产以来，严格执行相关法律法规，依法履行行政审批手续。作为矿产资源生产企业，鹿洼煤矿始终坚持资源开发合理化，不断通过技术革新、精益管理等手段提高资源开采率和回收率，使每一寸土地、每一吨煤炭资源都得到最有效的开发利用。矿井采区回采率，工作面回采率等指标均达到同行业矿井先进水平。

鹿洼煤矿坚持以人为本,积极推进"幸福鹿洼"文化建设,建立精益管理、创新增效架构。同时,为避免鹿洼煤矿绿色工厂管理体系和企业内部管理体系出现交叉管理、考核指标存在差异等问题,鹿洼煤矿积极应对,成立了以企管科为主的绿色工厂管理体系考核小组,考核小组将绿色工厂各管理机构的考核、奖励和目标责任制纳入现有管理体系,积极组织了多场绿色制造相关的知识技能培训,让员工充分理解绿色工厂、绿色设计产品和绿色供应链的内涵,在绿色物料选择、原材料节约、节能和清洁生产、回收再利用、三废治理、绿色工艺优化等方面充分接触先进技术,开发绿色设计产品,真正做到了管理体系和绿色管理水平的持续改善和提升。

通过完善指标体系,精益文化,降低运营成本,提高经济效益,突出一个工作主题、提升"6S"管理、抓好三个强化、实施四大创新、做实四个支撑、实现五个转向、做好六项工作,逐步形成精益化管理的长效机制,提升矿井整体运营能力。

(1)突出一个主题:突出"精益管理 创新增效"的主题。

(2)提升"6S"管理:将传统"6S"管理根据鹿洼煤矿实际管理情况进行提升创新,打造专属鹿洼煤矿的"新6S"管理,即"33320"安全管理模式(见图3)、内部市场化建设、全员业绩考核、对标管理、降本增效二十条、目标管理考核。

(3)抓好三个强化:强化协同创效,强化经营创效,强化机制推动创效。

(4)实现四大创新:思想观念创新,科技创新,商业模式创新,管理模式创新。

(5)做实四项支撑:做实安全支撑,做实廉政支撑,做实和谐支撑,做实文化支撑。

(6)实现五个转向:实现由单纯节约材料转向既节约材料、又节约工时、节约能耗等综合节约,实现由单纯追求降低成本转向既关注降本、又重视提效"升降"并举,实现由重视"量"的规模扩张转向"质"的内涵提效,实现由固守传统管理方式转向运用新思维、新方法、新技术,实现由单纯靠领导抓降本提效转向大众节约、万众提效。

(7)做好六项工作:向狠抓落实要质量要效益,向开拓市场要质量要效益,向管理提升要质量要效益,向调整优化要质量要效益,向促进"双创"(创新、创业)要质量要效益,向深化改革要质量要效益。

鹿洼煤矿"双绿"矿山建设体系以科学的内部管理作为强力支撑,结合煤矿行业特点以"绿色+"科学管理、矿产资源综合利用、节能减排、科技创新、环境保护、和谐社区建设为发展重点,形成了合理统筹矿山开发的资源、环境、经济、社会等多方面的现代化绿色煤炭企业管理模式,并对建设过程中的风险点进行了

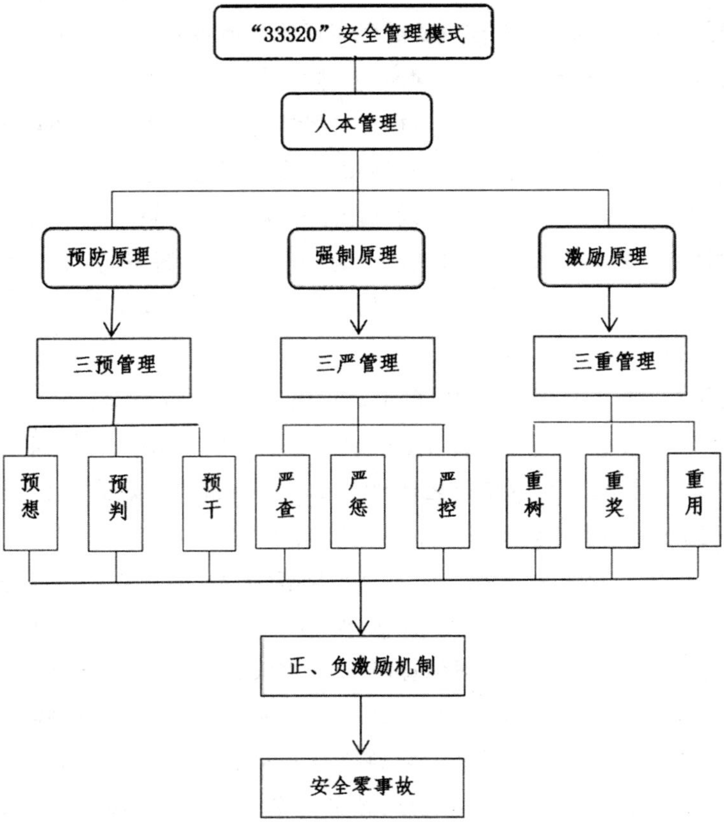

图3 33320安全管理模式

重点分析,实现了资源开发与生态环境协调发展,为实现绿色开采提供了强力的企业管理制度保障。

三、"双绿"矿山建设的探索与实践效果

鹿洼煤矿"双绿"建设体系的顺利实施,使得鹿洼煤矿绿色开采的经济价值和矿井生产的创造能力得以不断提升,经济效益和社会效益得以明显体现。

(一)经济效益

1.绿色矿山方面

(1)智能数字矿山的实施,实现效益大提速。$33_{上}03$ 工作面实现智能化开采后,生产单班人数6人即可满足生产。与传统综采工艺相比单班生产可减少井

下作业人员 10 人，按日均 2 班生产、井下操作工人均月工资 10000 元计算，年节省人工成本 200 余万元。掘进系统智能化改造后，只需 8 人远程操控，月掘进提升至 200m。掘进现场施工人员由 60 人减为 40 人，每年减少人工成本近 300 万元。

（2）磁化水技术改造后，通过应用高效磁化装置，除尘用水中的钙、镁离子形成络合物的可能性大大降低，减少了除尘水对井下设备的结垢现象，延长了设备的使用年限，均摊至每年实现经济效益 33.52 万元。同时，提高了喷雾设施的雾化程度，减少了除尘用水量，$3_{下}$综采工作面平均每天节省水量在 184m^3，一年采煤面正常工作 300 天左右，按每立方水 2.2 元的价格计算，每年节省水费 12 万元；鹿洼矿增产 8 万吨，煤炭平均售价分别为 392 元/吨，同时煤炭综合销售利润率分别为 17%。综合考虑技术、管理等因素对增产的贡献，活性磁化水除尘技术应用对鹿洼煤炭增产的贡献率为 25%，故新增销售额（新增煤炭产量×贡献率×平均售价）为 784 万元，新增利润为 133.3 万元。

（3）采煤复垦一体是一项一次投资、长期受益的兴农工程，工程实施以来，新增耕地 177.59 亩，按照作物种植收益分析（区内以种植小麦、玉米计算），规划了生态设施渔业养鱼塘 64.54 亩（按当年平均效益计算），养殖效益 4000 元/亩，杞柳、花海特色种植田 521.58 亩，经济作物收益约 80 万元，养殖收益 26 万元，种植收益约 35 万元，总经济效益约 141 万元。

2.绿色工厂方面

（1）循环产业建设以来，矸渣综合利用技术的实施，实现了年产环保水泥 100 万吨，节约电力 800 万度，新增收益约 2000 万元。

（2）洗煤系统的改造，大大提高了入洗量，每年约增加利润 1526 万元。TBS 粗精煤分选机解决了原系统中存在 0.25~0.0.75mm 精煤进入中煤问题，提高了精煤回收率 2%左右，实现了每年增加收入 566.5 万元。扣除增加每年电费 130 万元，生产材料及配件成本 100 万元，每年增加利润 1862.5 万元。

（3）增加浮选环节后，浮选精煤作为精煤出售，浮选尾煤作为电煤销售，每年产生经济效益 5086.45 万元，考虑到浮选尾煤灰分较高，尾煤销售不计价，合计每年产生 3500 万元的经济效益。

（二）社会效益

1.实现绿色开采

通过智能化工作面工程实施，裁撤端头支架工等岗位，设置安全监测、设备巡视岗位,生产单班人数6人即可满足生产。采煤设备的自动化、运输系统的连续化、乳化液保障的智能化大幅建少作业准备时间,显著缩短生产周期,生产效率提高了近一倍。与人工操作相比,工作面设备动作精准,工程质量得到有效保证,实现了质与量的双赢。各设备的主要运行参数实时读取、故障类型准确判断,帮助维护人员及时发现并排除设备早期隐患,延长了设备使用周期。工作面数据集中共享,煤炭实现精准开采,进一步提高了资源回收率,达到了绿色开采的目的。

2.实现了生态恢复,再现绿色田园

"双绿"体系的实施,促进了清河镇大薛、大程等村可持续发展,为鱼台县增添了一份姿彩,物质精神双丰收。通过综合治理,恢复和改善了当地生态环境、增强了湿地生态系统的完整性和基本功能,增加了设施农用地,保证了农业持续稳定发展,增强了水体自净能力,提高了水环境质量,控制了污染源,有效促进了湿地公园生态系统的良性循环,保护了生物的多样性和优美的自然景观,为野生动植物的栖息和繁衍提供了优质安全的自然环境,为区域社会经济可持续发展奠定了良好基础。通过土地治理,明确各类用地面积,将其纳入土地用途管理,合法经营土地,对合理使用土地资源、保护区内生态环境均具有重要作用。

3.树立起良好的企业形象

"双绿"体系的实施,是鹿洼煤矿积极响应国家生态环保的实践举措,于2019年7月通过绿色矿山建设第三方评估验收,入选国土资源部备案名录,并于同年7月荣获"绿色工厂"称号,成为唯一一家获得"绿色矿山"和"绿色工厂"双殊荣的煤矿企业。这都有力地助推了行业的升级转型,促进了技术创新与实践应用的相互转换,提高了企业的核心竞争力,树立了良好的企业形象。

4.实现了"幸福鹿洼"

数字化矿山使煤矿工人的工作环境由"脏、苦、险、累"变成在安全舒适的地面控制室内进行遥控操作,大幅降低了工人的劳动强度和工作风险系数,实现了职工快乐工作、幸福生活的目标,为煤矿一线工人的家庭带来了安全保障,增强了社区和谐稳定性。

成果创造人员:李合军　魏忠勋　贾广海　李修磊　贾庆昌　程鹏举　王　谦

基于产业链条利益最大化的全生命周期设备采购

新汶矿业集团物资供销有限责任公司

摘要:传统设备采购只重视设备本身采购、片面追求单个设备采购质量及降本目标,而忽视围绕设备使用过程的配件采购、设备维修、技术服务、设备再制造以及因产品质量不过关、售后服务不及时等造成的影响矿井安全、高效生产的隐性成本,未能整体系统地评估设备全生命周期的使用成本与价值创造。供销公司转变与厂家的传统性博弈思维,利用市场广度吸引供应商,利用战略合作关系维系供应商,使生产厂家更加专注地围绕服务集团进行生产与研发,提供更好的产品与服务,创新性地提出了全生命周期的设备采购管理理念:把一切是否有利于煤炭生产效率作为评判设备采购的唯一标准,整体系统评估设备全生命周期的使用成本与价值创造,将传统的单纯采购设备扩展为从设备设计生产、设备及配件采购、维护维修、技术服务、返厂再制造等全生命周期设备需求打包采购,并通过与一流、顶端设备厂家建立战略合作关系,构建起设备制造商、采购方、用户、维修方高度协同的新型设备管理模式,彻底打破传统设备管理各环节相对割裂的关系,形成设备价值产出最大化、最终利益产出最大化的共同体,为设备高效运行、矿井高效生产提供最优质的设备、最完善的服务保障。

新汶矿业集团物资供销有限责任公司(以下简称“供销公司”)成立于1993年,是“世界500强”企业山东能源新矿集团的全资子公司,注册资本金3亿元,本部位于山东省新泰市,是新矿集团专业的设备采购供应服务单位,并逐步形成了以经营煤矿物资、有色金属、钢材产品、矿产资源为主的大型物资流通企业。供销公司在国内6个省区设有48个分支机构或办事机构,全面经营集团在香港投资设立的贸易公司,形成辐射全国、面向国际的销售网络。2018年,供销公司紧紧围绕新矿集团产业板块总体布局,按照建设国际化现代流通企业的战略定位,以资金管理为中心,构建了以物资供应、物流贸易、实体制造为主体的产业板块,通过强化商业模式创新、大数据应用,经济发展明显加速,社会影响力逐渐增强,全年实现销售收入297亿元,先后荣获“全国守合同重信用企业”“全国先进物流企业”“中国能源物流最佳企业”“省级文明单位”等称号。

一、基于产业链条利益最大化的全生命周期设备采购的背景

(一)适应行业变化,保障矿井安全高效生产

近年来,国家持续加大对煤炭行业安全管控和产能限制力度,对安全的管理、产能的限定、深井的开采、手续不全矿井的监管越来越严格,同时,在环保检查、督查、回头看等方面的工作力度也持续加大,且呈现出动态化、常态化趋势。尤其是2018年下半年以来,全国全省都在加快出台有关冲击地压矿井开采有关的制度法规,并作出“三限三强”等规定,要求冲击地压矿井一律不得提能,严重冲击地压矿井按比例限制核定产能控制产量。

国家对煤炭行业管理的变化带来了煤炭行业两大变化:一是对煤炭行业安全生产的管理越来越严,要求煤炭生产企业必须加大安全投入、提高安全管控力度,确保安全生产;二是随着国家前期去产能工作陆续落地以及安全、手续管控力度加大的影响,煤炭市场库存大幅下降,煤炭供给量不足,煤价高位运行,煤炭生产企业只有高效生产才能实现良好效益。例如,某矿因液压支架质量不合格、维修不及时、不到位造成设备自停产54天共计1350小时,额外投入支护材料及其他人工费用242万元,影响原煤产量31.4万吨,影响利润2739万元,给企业造成巨大的损失。因此,最大限度地保证矿井安全生产前提下最大程度地释放产能,是煤炭生产企业的生产在当前煤炭行业周期内的主题,其本质就是要做到“不出事、多出煤”。

煤炭生产企业需要依靠设备和设备体系进行生产,生产中各个环节要严格地衔接、配合,生产过程的连续性和均衡性主要靠装备正常运转来保持,因此全生命周期的设备采购管理是保障矿井安全高效生产的根本。

(二)解决专业性不强等难点堵点,实现集团整体效益最大化

煤炭生产企业井下生产环境和设备运行条件恶劣,设备在长期高强度运行过程中不可避免地会出现技术性能劣化、设备故障甚至是事故,因此,只有加强设备管理,正确地操作使用,精心地维护保养,进行设备的状态监测,科学地修理

改造，保持设备处于良好的技术状态，才能保证生产的连续、稳定运行。在设备维修、维护、保养以及各类技术性能掌握方面，设备生产厂家比煤炭生产企业更为专业、更加高效、成本也更低。

新矿集团设备维修板块过去由集团内部专业化维修公司组成，虽然近年来集团公司对设备维修板块高度重视，但在设备维修实力与质量上仍有不足，尤其是与生产厂家来比差距更为明显；同时，煤炭生产所需用设备多达上千种，新矿集团维修板块可能对某一或某几种设备的维修质量相对较好，但从人才、技术、研发、管理等方面，难以做到对所用设备的高度专业化掌握。此外，随着设备更新换代，对新技术、新工艺、新设备的了解、掌握仅靠新矿集团自身也难做到与时俱进。因此，要从根本上保障矿井设备高效运行，有效降低设备事故率和事故影响时间，实现矿井连续、均衡、高效生产，必须充分利用原厂家的专业优势、走与原厂家合作之路，尤其是主要设备、关键部件，更是如此。

（三）推动互利共赢，实现设备价值产出最大化

传统的设备采购一般都采用招标的方式，这种方式的弊端主要是过于注重报价，而忽视设备的质量和售后的维修服务。因为设备没有不坏的，从此角度看，售后服务和高质量维修实际是设备生产服务价值的自然延伸和关键指标，只有在设备采购时将本机价值和使用价值合在一起才是一个完整的价值反映，才能实现供需双方合作共赢的最大化，如果将这部分直接决定着有效和持久生产创造的设备价值割裂开来甚至是置之不顾，将给企业正常生产带来巨大影响。

在设备采购运行中，由于设备招标采购预算金额较大、供货商“一捶子”买卖思想重以及招标机制不够完善等，招标结果具有极大不确定性，最终导致购买同一种设备品牌众多，造成设备管理的三大弊端：一是设备通用性差、调剂难、报废处置价值低；二是设备厂家多，单厂家设备新矿市场占有率低，设备安装使用、运行维护、配件供应、技术支持等都不能及时跟上；三是设备管理难，一旦设备损坏，配件价格高、维修成本高、影响生产时间长，甚至造成煤炭企业要付出高达设备价格几倍、十几倍的损失。一种设备即会如此，当企业需用上百种、上千种设备时，这种设备“万国牌”问题会进一步放大，影响整个集团设备管理、使用及后续保障。

对于设备生产厂家来讲，为应对同行业厂家之间繁杂的竞争关系，需要投入较大精力和销售成本，来保证或提高设备市场占有率，如果能够与煤炭生产企业建立长期战略合作关系，会大大减少合作双方的交易成本。同时，通过建立与设

备用户的长期合作关系,保证了对设备使用环境和现场的深入了解,可及时根据用户需求和使用环境状况进行有效的装备改良、升级、创新,形成设备使用与技术层面的深度融合,有效地解决生产厂家在售装备与矿井使用实际条件脱节问题,形成供需双方合作共赢的良好局面。

二、基于产业链条利益最大化的全生命周期设备采购的主要做法

(一)思想引领,树立全生命周期设备采购理念

生产设备特别是直接影响到煤炭生产的核心设备,从采购到投用、再到高质量维修服务直至返厂再制造的过程,构成了一个完整的价值产出链条,如果将其割裂开来去管理,就会只见树木不见森林,甚至因小失大、得不偿失。例如,某矿井煤炭日产量 20000 吨,综合售价 1000 元/吨,综合销售额 2000 万元/天,某工作面皮带机主电机价值 100 万元,损坏后维修时间为 24 小时,矿井将损失 1900 万元,远远超过设备价值。又如,某台采煤机设备报废处置仅仅 50 万元,但是如果返厂再制造生产出原性能设备的成本仅为 450 万元,比生产一台新设备的 1000 万元要低 500 多万元,于生产厂家来讲,设备价值得到有效的延伸与重现。因此,供销公司在设备采购伊始就将后续设备的使用、维修、维护、保养及设备返厂再制造等纳入设备采购范围,形成全生命周期的设备采购管理模式。

在设备全生命周期设备采购管理方面,新矿集团进行了深入的思考与探索,设备生产厂家与煤炭生产使用企业双方对设备的完好管理,必须放在谋求双方利益最大化的格局之下来定位,必须本着互惠双赢的合作原则,推动采购供应、现场使用、专业维修单位与设备生产厂家共同构成一体化的设备完好管理模式,走一条核心设备全价值最大化产出的路子。

因此,我们的设备采购管理理念是实现两个利益最大化,即:通过尽全力减少对煤炭生产直接构成影响的机械装备的故障率和影响生产的时间,使矿井利益最大化(见图 1);通过设备制造厂家通过设备的制造、修理、再制造,延长产业链,增加市场占有率和占有的时间,使厂家利益最大化(见图 2)。

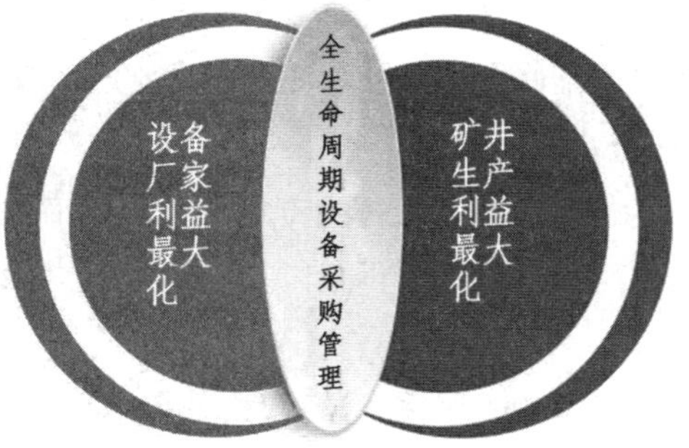

图 1　设备厂家与矿井生产利益最大化内涵图

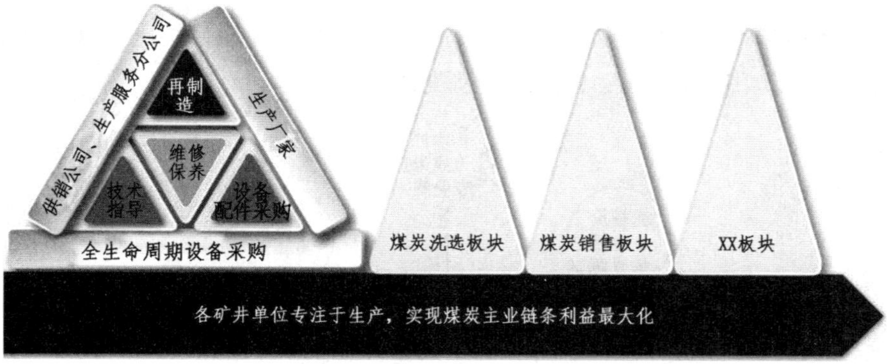

图 2　煤炭主业链条利益最大化内涵图

(二)回归本源,明确全生命周期设备采购思路

1.确立全生命周期设备采购目标

新矿集团供销公司将是否有利于煤炭生产源头效率作为评判设备采购采购供应链条工作是否到位的唯一标准,将设备制造、物资采购、设备维修、井下安撤等专业管理要素紧密衔接,建立起生产厂家、供销公司、生产服务分公司、矿井单位高度协同的新型设备管理模式,打破传统设备管理各环节相对割裂的关系,形成设备价值产出最大化、最终利益产出最大化的共同体,通过确立“五个转变”的具体设备采购目标,为设备高效运行、矿井高效生产提供最优质的服务保障,推动集团公司总体利益最大化和产业链条利益最大化(见图 3)。“五个转变”是指:

(1)变共性为个性。设备招标前充分考虑生产实际,征求工程技术人员、设备操作人员意见,科学论证设备参数和选型,实现量体裁衣,避免“一张药方吃到底”。

(2)变招设备为招供应商。针对设备“万国牌”问题,更加注重设备质量可靠性、运行稳定性和服务及时性，锁定国内外先进的设备供应商，进行规模化的采购，使供应商主动设立维修点、配件库，变返厂为就近区域化的现场维护，保障设备始终处于稳定运行状态。

(3)变各自为战为专业维修。发挥生产服务分公司专业化维修服务平台作用，联合供应商技术专家，对设备进行原汁原味地科学诊断和维护，全面提升设备维修的质量。

(4)变闲置为共享。建塑所有权与经营权分离思路，发挥考核利润杠杆作用，在建立设备信息化平台基础上，结合生产实际和现场需要，对最佳的匹配设备进行调剂使用。

(5)变报废为再造。对不可修理、不可调剂的设备，联系供应商返厂再制造，在全国范围内进行再销售，实现企业与供应商双赢。

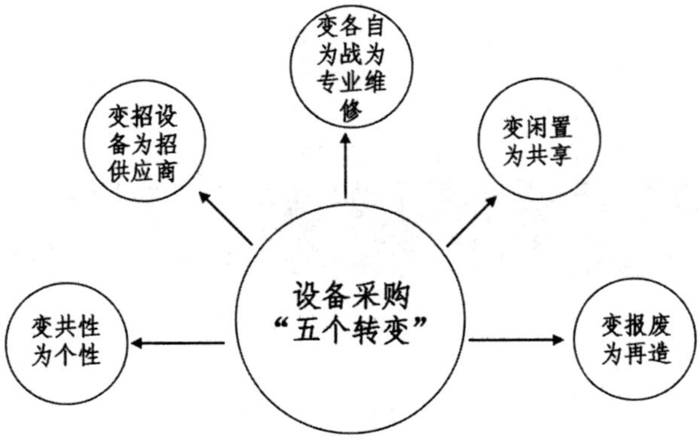

图3　全生命周期设备采购的“五个转变”目标

2.找准与生产厂家合作的切入点

供销公司坚持商道思维模式，从设备价值链条的关联方入手，通过有效挖掘设备本身价值和使用价值，深入掌握生产厂家、供销公司、使用单位三方需求，将生产、采购、使用方需求要素系统串联、紧密衔接，形成生产厂家、谈判方、使用方三方互利共赢的利益共同体(见图4)。

(1)生产厂家的需求。一是通过建立起与使用方、谈判方更加紧密的合作关系从而获得更加稳固的市场；二是通过对设备配件、技术服务等增加设备产品附加值；三是深入掌握使用方需求和设备现场情况，进行产品研发升级，提高产品与市场契合度，解决厂家在售装备与现场使用条件脱节问题，从而提高企业核心竞争力。

(2)使用单位的需求。在设备安装、运行、诊断等设备使用整个过程中获得更加专业、精准、及时、周到的配件供应、技术服务及相关指导,将精力腾挪出来专注于煤炭生产。

(3)供销公司的需求。一是将设备本身及相关的一篮子需求打包,有效增强谈判话语权和影响力,实现设备及配件优先调配、降低采购价格等。二是有效解决使用方在设备使用、运行维护、技术保障、人员培训等方面的难题,提高使用方对采购方的认可度和满意度。三是以设备一体化谈判本身为依托,在开展与厂家战略合作关系,并持续增加合作范围与广度,包括合资办厂、销售渠道共建共享、金融合作等,逐步建立起以采购为平台的产业链和生态圈。

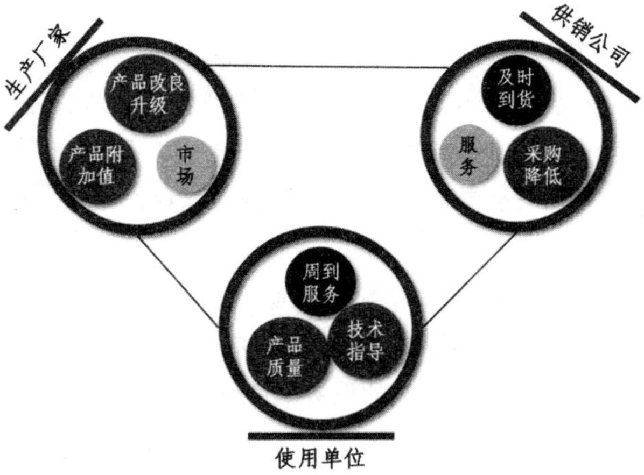

图 4　生产厂家、供销公司、使用单位三方需求分析

因此,我们从生产厂家、使用单位、供销公司三方的需求进行有效切入,生产厂家的需求就是设备谈判最大的筹码,使用单位需求就是谈判的内容,供销公司的需求就是谈判的目标,利益交融的结合点和各自兴奋点就是谈判能够达成的根本。

(三)系统规划,做好全生命周期设备采购的准备

1.成立专门设备采购组织

供销公司成立了全生命周期设备采购领导小组。由董事长、总经理任组长,分管领导任副组长,涉及设备采购、财务管理、经营管理、监督考核、风险防控等相关部分负责人为成员,全权负责设备全生命周期采购工作研究指导、问题协调。

成立装备部,将原业务部、市场部等相关设备、配件购销业务单独剥离并全部纳入装备部管理,专门负责全生命周期设备采购工作,将设备按照采、掘、机、

运、通、生产准备等专业划分，提高装备质量，降低事故率和事故影响时间。

2.最大限度地统一设备选型

一是各矿井将设备投资计划及维简资金计划提报前经过资产管理部门审查，确定是否有闲置可调剂设备可用，避免重复采购；二是将设备计划上报机电管理部门及生产管理部门，在充分考虑井型设计、生产计划安排、与兄弟单位设备通用性的基础上，充分征求工程技术人员、设备操作人员意见，科学论证设备参数和选型的基础上，确定设备型号、技术参数；三是将同一设备厂家不同型号设备替换归并，同煤质条件装备保持选型一致，实现区域设备一致化、标准化，最大限度地保证设备、配件的通用性、互换性。

3.完善供应商资源信息库

供销公司树立选对生产厂家就选对设备的理念，全面挖掘国内外优质供应商资源，建立了涵盖 58113 家的供应商资源库，通过多种方式遴选出各类优质供应商进行谈判合作，并逐步构建科学、完备的供应商评价体系。我们重点建立了两个供应商库：

（1）设备供应商库。根据设备类型、类别、系列，建立了全国所有的顶端、优质设备厂家的资料信息库，确保将潜在优质供应商纳入供销公司谈判视野。

（2）配件供应商库。我们建立的设备配件供应商库是与设备配套的配件供应商库，从来源上分有两种，一种是设备厂家源头配件供应商，另一种是技术、工艺、厂家实力优于或可媲美源头厂家的优质配件供应商。

两个供应库及两个库之间设备和配件有效的对应关系为后续全生命周期设备采购奠定了坚实的基础。

4.设定多样化的采购模式

（1）入围供应商招标。以供应商管理为基础，通过招标确定采购项目的优质设备和配件厂家范围，在入围厂家内通过谈判、竞价等方式确定供货价格、合理设定供货比例，在保证质量的前提下，实现价格、到货、服务的最优组合，保证设备供货服务的稳定性，杜绝设备“万国牌”现象。

（2）设备一体化谈判。以最大限度地保障矿井安全生产和有效集中采购需求为核心，将以设备为主体的设备采购、配件消耗（包括易损件、关键部件、加工周期长配件）、售后服务、管理档案、设备维修、返厂再制造等一篮子需求整体打包与生产厂家谈判，一次性解决全部采购需求，保证设备、配件质高价低，及时供应和高质量售后服务。

（3）集中大批量采购。以同类设备分类管理为基础，将各使用单位同类型、同规格、多个需求周期的设备计划全部集中，最大限度地集中设备采购批量，增强谈判话语权，通过一次谈判、月度报价、按需送货方式，有效发挥集采规模优势，大幅降低设备采购价格、提高设备供应和服务品质。

(4)年度框架招标采购。以减少重复批次招标、提高工作效率为核心，将重复使用且规格、型号、技术标准相同的设备参照年度或者设备更换周期用量进行集中招标，制定统一的框架协议，形成随市场价格变动而价格随之变动、设备批量增加而价格阶梯下降等条款，及时保障使用单位的需求。

(四)细化路径，推动全生命周期设备采购落地

1.区分配件特点，推进设备使用配件一体化采购

有效区分设备相应配件的特点，划分为常用配件、易损配件、关键部件、加工周期长配件，并根据各类型的特点，寻求最有利于设备使用、维护、保养等的合作策略，开展谈判合作。

(1)针对价值极高的关键部件，采取厂家备货方式，保证按时到货，降低储备资金占用。

(2)针对加工周期长的配件，根据加工周期、配件寿命以及设备生命周期等，综合考虑订货时点。例如A部件，加工周期6个月，正常使用寿命2年，则综合考虑采购周期，在使用寿命至少6个月的时点开始订货，合理确定到期更换节点，保证配件及时到位，实现不因加工周期长影响供货目标。在运行过程中，分部、调度指挥中心、采购部门等有效配合，充分掌握各时间节点和设备运行状态，保证程序、流程顺畅运行。

(3)针对常用部件、易损件，充分利用生产厂家信息资源，掌握物资消耗量和消耗周期，合理制定储备量、储备方式、储备地点等，同时充分与设备仓储搭桥，主动融入整体设备仓储管理体系当中，实现合理有效的储备。

2.根据运行需求，实行设备管理全过程技术支持

使用单位在设备使用运行中，往往因具体操作人员存在不会使用设备、不懂关键技术、赶生产任务等情况导致野蛮使用现象出现。因此，要在设备一体化谈判时，充分掌握使用方需求，将其纳入谈判内容中，包括设备使用指导、技术故障处理、一线人员培训等，有效搭建起使用方与生产厂家的沟通交流平台，实现技术服务无缝对接。

3.结合自身能力，推进设备维修再制造合作共赢

充分考虑集团公司维修板块整体维修能力，以保证设备最终维修质量为核

心，针对集团公司维修板块在人员、设备、工艺比较强、能够保证设备维修质量且设备对矿井安全、生产、效率不具备直接影响的，进行内部自行维修；针对影响矿井安全、生产，设备一旦损坏造成较大生产损失、影响产能最大程度释放的，由供销公司充分利用设备采购谈判话语权、长期积累的大量供应商资源以及与厂家形成的紧密合作关系，将具备维修、返厂再制造价格的设备捆绑为一体，整体同厂家谈判，签订长期战略合作协议，保证原汁原味的设备维修以及再制造。其中，针对部分设备，通过设备维修板块提供厂房、场地以及维修工，生产厂家提供专家、技术、专业设备等，通过双方有效资源融合，实现合作共赢。

4.转变招标思路，规避设备采购“万国牌”现象

一是变招标设备为招标供应商，坚持质量和服务优先，将设备质量最好、售后服务最优的知名厂家作为稳定的供应商，分A、B、C三类进行招标，避免设备“独生子”问题，有效降低设备采购、维修、替换、管理成本。二是通过设备配件一体化谈判，提高设备售后服务，保障矿井设备运行。三是将设备使用年限与在用设备剩余使用年限有效结合，通过设备配件集中、跨期、大批量采购，实现按市场价供货。

5.扩大适用范围，实现在用设备全生命周期采购

生产厂家设备销售具有一定连续性，更多的市场份额、更多的销售数量、更高的附加值是厂家追求的目标。充分利用公司作为设备专业采购单位的市场控制力，将前期已采购完成的设备所需的配件消耗、技术服务、再制造等开展与厂家的二次谈判，或者与将要采购的新设备合并与厂家谈判，可以达到同样的目标效果，有效提升当前使用设备对生产的保障能力。

（五）强化谈判，提高全生命周期设备采购的质量

1.组建高质量谈判团队

为更好地发挥集采效能、增强谈判效果，供销公司组建设备谈判团队，根据估算金额、物资品种、专业特点确定主谈、辅谈人员，制定谈判预案和谈判策略，提高价格、质量、付款、到货等关键事项谈判力度，最大限度地发挥谈判效能，推动采购业务由传统操作型向现代管理型转变。

（1）设立谈判专家库。将集团公司招标评标专家库成员、供销公司谈判人员、使用单位技术人员、矿井一线使用及维修人员以及评选的外部专家均纳入专家库范围，保证了雄厚的谈判专业力量。

（2）成立谈判委员会。谈判委员会由供销公司、生产服务分公司、机电装备管理中心、使用单位等单位的人员组成，并根据专业设定谈判组长及副组长。供

销公司将设备部及法务、财务等部门的相关人员纳入谈判委员会。谈判委员会负责制定谈判程序，确定每次谈判的主谈人员、辅谈人员，掌握谈判进度，听取说明建议，决定谈判中的重要事项。

(3)划分谈判等级。设备全生命周期谈判估算金额在2000万元以上的为特别重大谈判项目，500万~2000万元的为重大谈判项目，50万~500万元的为一般谈判项目。其中，特别重大谈判项目由谈判委员会专业组组长牵头主办，重大谈判项目由谈判委员会副组长牵头主办，一般谈判项目由谈判委员会专业部门主办，确保全生命周期设备采购效果。

2.最大限度地发挥谈判效能

(1)谈判前准备。谈判团队充分做好市场调研，掌握谈判设备、配件、维修、服务等的当前市场价、历史价以及近年价格变动情况，调研了解谈判对方的企业规模、生产能力、行业地位、产品品质、企业资质等，明确谈判策略，制定谈判方案与文件。其中，实施特别重大和重大的设备谈判项目时，谈判前组织召开谈判预备会，明确分工、目标、谈判方式、技巧，确保谈判取得最大的效果。

(2)谈判过程控制。谈判团队成员充分掌握对方的意图和条件，找出双方的分歧和差距，对专业细节磋商洽谈，提出解决问题的专业化意见，修改草拟谈判文书或合同，并根据对方情况灵活调整谈判策略，争取最大利益。

(3)谈判结果应用。在保证设备质量前提下，合理降低采购成本，优化付款方式，减少现金支出，延长付款时间，争取配件优先供应权、完善的售后服务保障等；进行综合性谈判时，在确保谈判标的物的同时，要深化战略合作，拓宽谈判合作面，延长谈判效益链，力争谈判效能最大化。

(六)注重共赢，提供对对方具有巨大吸引力的合作条件

为让设备厂家真正全面投入技术、人员，深度参与融入维修、诊断等业务，给矿井提供优质的设备全过程、全循环服务，我们认为要给厂家提供相对丰厚的利润空间、让厂家潜在收益明确展现出来，推动基于产业链条利益最大化的全生命周期设备采购管理有效落地、开花结果。

1.整合需求，拿出诚意

新矿集团通过整合整个集团巨大的设备、配件市场以及数以亿元计业务额的设备维修、再制造市场，有效吸引设备厂家进行资源、要素投入，并通过大包干的形式，由设备制造厂家全权负责设备维修所需设备、配件、人员、技术投入，在以设备厂家为维修主体的大框架下集团现有维修单位通过人员、设备、设施投入

参与联合维修并起到巨大支持协助作用，体现出合作的巨大诚意。以液压支架为例，集团与国内某知名的支架制造厂商 A 建立战略合作关系，由集团下属专业维修单位生产服务分公司与 A 厂商联合成立维修基地，A 提供主要维修装备、管理人员和技术人员，生产服务分公司提供场地和维修工人。

2.目标约束，强化激励

集团公司以最终设备事故率或其他关联指标对设备厂家进行考核结算。对于设备制造商，越低的设备事故率和事故影响时间带来越多的利润回报，为追求利润最大化，投入了足够的技术人员提高维修质量，及时主动地更换必要配件，考核目标约束和激励机制，解决了维修方不舍得更换配件或不使用过硬质量配件的问题。同时为降低操作工人不规范使用对设备寿命的影响，设备制造商会安排专人给予矿井技术指导，监督设备现场使用，有效杜绝野蛮使用问题。对于新矿集团来说，使用原厂配件、“原汁原味”的设备维修服务，维修质量得到大幅提升，同时在设定结算标准时以原来的自修成本为参照，结果证明委外设备厂家维修比原来自我维修也大幅降低了维修费用，实现了设备使用效益最大化。

以液压支架为例，对于新购支架，在质保期内出现问题由设备制造商 A 负责维修。对于旧支架，集团公司根据不同矿井地质条件、使用环境、现有支架状态并结合以往维修的历史数据测算出事故影响时间及维修投入费用，以此为基础制定某工作面对厂商 A 的支架事故影响时间考核标准和对应的结算费用以及相较于标准每延长或不足单位时间的奖励或扣罚费用。设备制造商 A 负责提供维修配件和具体维修工作，制定使用标准并对矿井现场使用情况进行监督指导。

此外，新矿集团还通过将过煤量作为刮板机、皮带机维修标准，将进尺作为掘进机维修标准，将产量作为采煤机维修标准，分别与大型设备制造厂商开展维修合作，效果明显。

三、基于产业链条利益最大化的全生命周期设备采购的效果

(一)专业升级，有效保障矿井安全及高效生产

从采购源头开始，通过将招设备转变为招标供应商，将设备质量可靠、运行稳定和服务及时作为设备采购前提，锁定国内外先进设备厂进行全生命周期设备谈判，与多家国际、国内顶尖一流设备生产厂家建立长期战略合作关系，实现了新矿集团使用的主要设备顶端化和厂家优先制造，保证了设备质量与到货。

利用厂家对设备维修、保养、再制造以及设备备件储备的专业化经验，通过

深化与厂家战略合作,采用“筑巢引凤”方式,把厂家维修技术、专业人才等引进来,提高设备维修能力,开展“原汁原味”的设备供应与服务,短时间内快速提高了设备维修质量。将易损件、关键部件、加工周期长配件纳入生命周期设备采购谈判内容,实现了关键配件原厂化和主机厂家配件的优先调配,最大限度地减少了因备品备件造成的影响。

通过搭建厂家技术人员和矿井现场使用人员的沟通交流平台,将存在的问题第一时间准确地反馈至生产厂家,和厂家一道及时、有效地解决矿方在设备技术和使用方面难题,保障了设备始终处于稳定运行状态。比如:通过与国内某个顶端一流设备生产厂家合作建立了液压支架维修再制造基地,使设备得到的高质量维修服务,因此集团机电事故率降低35%,杜绝了新到设备质量事故,促进了设备价值产出最大化,为稳产高产提供了有力支撑。

(二)效能凸显,设备使用综合成本大幅下降

在设备制造前,由厂家派设备设计人员、技术人员,与我方现场操作人员、工程技术人员一道,根据煤层情况、岩层情况、倾角情况等现场实际以及工人操作需要,共同研究设备制造的参数及个性化方案,进行量体裁衣,实现了设备参数与现场匹配、设备型号区域内统一、性能稳定可靠、服务及时到位。

与设备生产厂家一道建立了设备大数据信息库,根据厂家战略合作中供应商提供的易损件、常用大件及加工周期长的配件消耗规律及集团设备配件历史消耗数据,摸索并制定了科学的物资储备计划及储备周期,降低了集团整体储备,保证及时供应。同时,根据设备运行时间、实际负荷等,动态掌握设备配件消耗及磨损情况,实现了设备及配件到期自动更换提醒以及区域内配件的统一调配,减少了设备配件重复储备,有效提高了集团公司的设备管理水平。

通过与供货厂家建立长期战略合作关系,厂家大幅度降低了设备配件价格及技术服务成本,例如,和某个生产厂家达成战略合作后,设备配件价格普遍下浮达到30%以上,设备全生命周期采购效能进一步凸显。

(三)互利共赢,设备厂家与煤炭企业利益交融

通过构建起基于产业链条利益最大化的全生命周期设备采购,把一切要有利于煤炭生产源头效率提升作为评判产业链各环节工作的唯一标准,将我方几个专业的管理要素与供货厂家紧密地捆绑在一起,形成设备价值产出最大化的共同体和双方最终利益产出最大化的共同体,一方面,使用方设备性能更加可

靠、生产更加可持续;另一方面,生产厂家也能获得稳固的客户和较大的利润空间,延长产业链条,提高维修和再制造产业发展水平,建立良性循环,实现合作共赢。

成果创造人员:巩春海　牛光东　朱　涛　慕龙蛟　郑建波　范国静　白妍妍

石油企业基于共赢共享合作开发的海外项目管理

胜利油田东胜精攻石油开发集团股份有限公司

摘要：胜利油田东胜精致石油开发集团股份有限公司结合海外石油项目的运营内外环境和实际情况开展的管理实践，研究资源基础理论等经济学理论，围绕价值创造中心，在共赢共享合作开发中，研究以价值创造为中心的共赢、共享、合作、效率的关系，开展勘探、开发、生产等各项日常作业活动，按照一定的方式进行油气产品销售，获得利润，其相互联系、相互促进的综合效果决定了项目潜在价值提升空间的大小以及获得国际石油资源和市场收益能力的高低。

构建价值创造为中心的“共赢共享”合作开发的经济合作体制和多方合作机制，建设项目价值驱动因素的互补体系，采用价值引领的效率提升方式，共享项目合作方资源互补关系等，形成企业文化与价值驱动融合，提高海外项目管理效率，实现海外项目合作共赢，为海外石油项目积累经验，为开辟新的海外区块奠定基础。

胜利油田东胜精攻石油开发集团股份有限公司成立于1993年6月29日，以石油、天然气勘探、开发为主营业务，是国内陆上石油行业第一家以股份制形式，油地结合开发难采储量的油公司。国内工区分布在东营、滨州、淄博、潍坊4市11个县区，辖区面积2089平方公里，共19个油田66个区块，探明储量27075万吨，动用程度80.2%，采收率10.6%；国外工区分布在宗巴音油田和查干油田，开发区面积239.5km^2，探明储量2602万吨。东胜公司以经济效益为中心，以精细管理为途径，推崇“精益求精，攻坚必胜”的精神，充分调动各方面积极性，逐渐发展成为年产超百万吨的石油公司，实现了原油生产的跨越式发展，取得了规模、产量、效益的持续增长，为山东省企业的企业转型升级、实现高质量发展夯实了基础，为国家推动共建“一带一路”高质量发展贡献了力量。

一、石油企业基于共赢共享合作开发的海外项目管理背景

党的十九大报告中提出要推动建设相互尊重、公平正义、合作共赢的新型国际关系，推动构建人类命运共同体。2017 年 1 月 18 日，习近平总书记在瑞士日内瓦万国宫出席“共商共筑人类命运共同体”高级别会议，发表《共同构建人类命运共同体》的主旨演讲，提出了“构建人类命运共同体，实现共赢共享”的中国方案。党的创新理论指导实践，为世界经济增长开辟了新空间，为石油企业海外合作提供了新机遇。海关数据显示，2020 年中国原油进口 54238.6 万吨，同比增长 7.3%，在大量进口石油的情况下，必须采取有效措施稳定石油进口、保障石油供给，需要我国立足国内油气主业发展，发展具有海外市场运营、石油勘探、合作生产开发等多方面能力的石油企业，努力“走出去”开发海外石油项目市场，为国家能源战略夯实基础。

2000 年以来，东胜公司积极响应国家“走出去”的发展战略，2003 年一次性取得 ISO9001、ISO14001、OHSAS18001（质量、环境、安全与健康）三项体系认证，以高效合作开发国外石油资源为目标，先后与蒙古、阿尔及利亚、哈萨克斯坦、乌兹别克斯坦等国家进行了海外项目的相关合作。其中，2001 年 6 月获得蒙古国 97PSC 区块 49%的权益，2003 年 3 月获得该区块 100%的权益后在乌兰巴托市注册东胜石油（蒙古）有限公司，同年 6 月通过铁路运回了中国石化系统首批海外分成油，成为中国石化海外能源发展的开端之举。2002 年 10 月中标的阿尔及利亚扎尔则油田项目，则是东胜公司国际化发展道路上新的里程碑。通过东胜公司 20 年的海外油气项目运营，为企业自身的生存和发展开拓了空间，也为中国石化目标“打造世界领先洁净能源化工公司”做出积极贡献。2020 年，通过中国石化多年的国际油气合作，在“一带一路”沿线 17 个国家拥有 31 个油气项目，累计权益产量 3.17 亿吨油气当量，在取得成绩的同时，公司也面临着海外石油项目发展中的诸多困难。

（一）国际环境与竞争日趋激烈，合作模式需更科学的体制机制

石油作为世界各国的战略资源，竞争日趋激烈，部分国家将其作为博弈的筹码，不仅要面对各种各样的地理、社会、政治、文化等条件，还要面对国外石油企业的竞争。海外项目合同类型和合作模式逐渐复杂化，项目的合同与财税千差万别，包括了产品分成合同、矿税制、服务合同等，同一国家可同时存在多种合同

模式，同一合同模式的财税条款也不尽相同，同时，从事石油工程配套的项目招标等一系列的经济活动都受到项目所在国的政局稳定性和政策的延续性等多因素的影响，财税条款随之发生动态变化，甚至合同模式也发生变化，存在类型模式的复杂性、合作类型的多样化，影响到了国际合作方式和项目运营效果。

（二）管理方与战略差异性，拓展海外资源需实现深度互补

由于国际合作双方各自核心竞争力等方面的不同，在制定投资策略时，项目所在国的社会形态、安全环境和财税金融政策环境存在差异性。尤其是中国国有企业和西方企业，因体制建设和管理模式的不同，对战略决策相对各方在运营上存在很大差异，大大影响了合作效率。海外石油项目能否以“共赢共享”为原则，在合作方之间实现优势资源共享共赢，将直接影响海外油气业务的发展时效，影响到中国石化海外油气项目的未来发展与价值创造，影响到石油企业“走出去”战略任务的实现。

（三）合作关系与运营迭代影响，海外区块效益开发需新增长点

在海外油气合作方面受到不同资源国财税体制、合作方式不同、管理体系、关键业务流程迭代等影响，存在适应复杂的国际化竞争环境的管理创新不够，在恶劣气候国家存在因缺水影响区块的钻井、采油、地面工程等稳产要求不匹配，以及设备陈旧老化和能耗过高等问题，同时还存在因物料出入关等多因素影响，需要在立足盘活存量、提高采收率、油藏经营管理等方面加大创新力度，在海外区块合作开发中实现共赢共享，才能在国际石油项目商业运营中得到竞争力的体现和提升。

二、石油企业基于共赢共享合作开发的海外项目做法

石油企业基于共赢共享合作开发的海外项目管理是结合国际合作石油项目的运营和实际情况开展的管理实践，在合作开发海外项目中，各相关企业围绕价值创造中心基于共赢共享及合作效率驱动等因素，按照一定的方式进行油气开发合作，综合项目合同、生产运营、企业文化等多方面的项目管理，合作方相互联系、相互促进，驱动项目价值的提升，获得国际石油资源和市场收益，达到合作各方的共赢共享，使得石油企业的海外项目实现可持续发展（见图 1）。

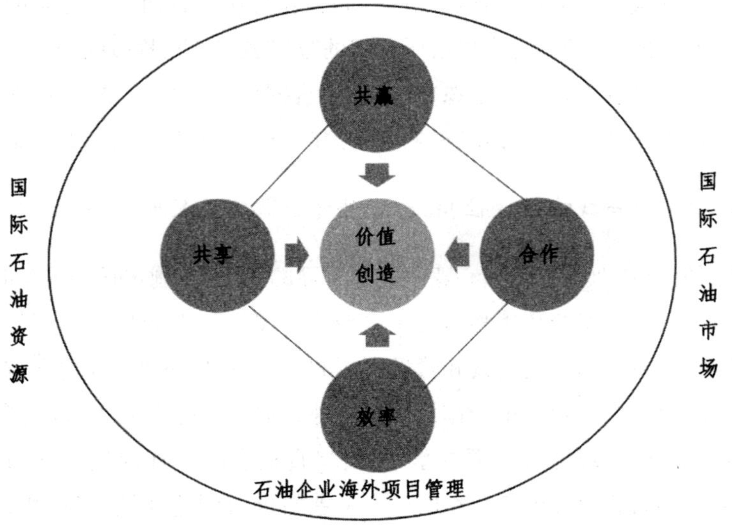

图 1　石油企业基于共赢共享合作开发的海外项目管理

(一)构建价值创造为中心的海外项目共赢共享合作开发体制

海外石油项目以价值创造为中心,遵循共赢共享合作开发原则,各方在共同认可的价值观上建立起共赢共享合作开发体制,在市场、资金、技术、管理和人才方面做到优势叠加互补,获得最佳勘探开发成果,实现最大经济利益。

海外石油项目经营活动会受到各种因素影响,如会受到本国政策和投资所在地政策的影响,研究合适的石油公司与资源国之间的合作模式是海外石油项目生存与发展的关键。海外石油项目是在执行国际商务合同下进行经营活动,其国际石油项目合同模式分为矿税制、产品分成、服务合同、联合经营、租让制、投资性合作模式等多种模式(见表 1)。

表 1　油公司与资源国之间的合作模式

序号	合同模式	简述	优缺点
1	矿税制模式	资源国政府准予外国石油公司在一定的地区和时期内实施各种油气作业的权利,包括勘探、开发、生产、运输和销售等。资源国政府的收益主要来自外国石油公司缴纳的税收和矿区使用费。	优点为其自主权和作业控制权最高,获取潜在或超额收益的潜力较大,合同期限一般比较长,或延期支付的对价较低。缺点为合同与财税条款缺乏灵活性,在项目进入时或生产经营过程中可谈判的空间较小,政府早期获取的收益保障会影响到石油公司收益,降低收益分配的合理性。

续表

序号	合同模式	简述	优缺点
2	产品分成模式	资源国政府保留油气资源的所有权与经营权,外国石油公司承担勘探、开发和生产成本,并就产量分成与资源国政府签订石油区块勘探开发合同。石油公司按照一定计算规则提取成本油进行投资成本回收,通过利润油分成获取收益。	优点是适应性和灵活性较高,石油公司在日常作业中有较大的控制权,且能够更好地处理资源国与石油公司在合同执行过程中的勘探风险,合理控制和安排利润分成关系。缺点是合同框架和内容复杂多变,在项目进入、经营管理、项目延期过程中,双方需要通过较多谈判来确定,使得石油公司收益的实现存在诸多不确定性。
3	服务合同模式	由外国石油公司提供勘探开发资本,通过销售油气收回成本并获取酬金而与资源国形成合作关系的一种模式。在风险服务合同中,资源国与承包商之间是雇佣与被雇佣的关系,资源国大多以现金形式支付承包商酬金。	优点是受油价波动的影响相对较小。缺点是对资源控制权、油气作业管理权、油气产品支配权最弱,可能获得的收益与承担的风险不匹配,无法获得潜在的投资收益。
4	联合经营模式	合资经营:合同双方共同出资组织成立一个独立的法人实体,并按参股比例进行利润分成。 合作经营:借助合同,规定各方分享在合同区所产全部石油中各自的利益。	优点是合作双方在油气勘探、开发和生产经营中共担风险、分享权益。合资经营合作双方共担风险,收益共赢,能够全力支持项目的运营建设。缺点是合作经营仅借助合同,在盈利中可以进行分成,但亏损状态时收益盈亏存在所属国处于主动的情况。
5	租让制模式	传统方式,通常是拥有勘探开发权的业主方,以出租的方式把某一区块交给作业者独立进行油气勘探开发,并收取一定的租让费。因此,租让制模式又称为"勘探许可证模式"或"开发租约模式"。	优点为作业者通过支付全部成本、矿区使用费和缴纳特定税来换取油气勘探开发作业权,和投产后生产、销售和出口油气产品的权利。缺点为在开发中需缴纳一定的储量占用费,在合作方式上以勘探开发的业主方占主要因素,作业者在执行合同上处于较被动情况。
6	投资性合作模式	承包商带资到海外与当地政府签订特许权协议,在一定期限内,按合同要求对东道国的工程项目进行建设和经营,取得收益用于偿还项目债务和投资回报。	优点为受油价波动影响大,承包商带资进行合作,用好用活现行政策,合作形式向市场经济和国际惯例经营管理,取得收益。缺点为在海外政府作为主方也是权威方,要把握好签订协议的执行,制定具有自身特色的经营模式。

通过与资源国之间商务谈判制定的合同模式是海外石油项目的经营关键,在研判合同制定时,深入了解外汇管制、信息投资审批、税收负担等方面有关经营环境,预计可能遇到的问题,消化不利因素。同时要充分利用各种有利的政策,加强跨国经营管理,及时调整投资方向,用最小的风险、最低的投入,取得最

佳的经济效益。东胜公司目前国际合作以产品分成、联合经营、矿税制为主。

1.作业者与资源国政府签订石油区块勘探开发的产量分成经营

作为国际油田合同模式产量分成合同(Production Share Contract),其特点为资源国政府保留油气资源的所有权和经营权,外国石油公司则作为合同方,就产量分成与资源国政府签订石油区块勘探开发合同,承担勘探、开发和生产成本,按照一定计算规则提取成本油进行投资成本回收,通过利润油分成获取收益。

例如:东胜公司与蒙古国97PSC产量分成合同为矿区使用费的7.5%,成本回收40%。1999年美国Nescor Energy公司将97PSC的全部权益转让给澳大利亚ROC Oil(Gobi)公司。东胜公司在中国石化、胜利油田的指导下,于2001年获得了澳大利亚ROC公司97PSC合同区域下49%的权益,并参与联合作业;根据97PSC合同规定,勘探期5年,延长期2次,每次2年(经谈判勘探期至2010年6月),进入开发期20年,可延长2次,每次5年。转开发以后,第一个5年期内免征所得税,第二个5年期内所得税减半,之后全额征收所得税。2003年2月,东胜公司与ROC公司达成协议,成为该合同区唯一的作业者,拥有97PSC项目100%的权益,2003年始通过铁路将海外分成油运回国。目前,该项目各项运行和经营管理良好,在低油价情况下作为海外项目的盈利贡献单位,成为中国石化“小而美”的海外中小项目典范。

2.与资源国(国家石油公司持干股或者任非作业者)合作经营

世界上一些资源国的国家石油公司以合作方成为联合作业协议的合同方,应用联合经营模式。国家石油公司通过干股的方式不参与实际联合作业体的运营,也不承担相应的义务责任,而是向其他作业方征收一定的税金或者以一定条件的实现(比如该区块达到一定的产量或者进入某一个开发阶段)来向其他外国石油公司主张分油权益。该种情况下的资源国国家石油公司一般不具有作业能力,需要依赖于外国石油公司。

例如:2020年东胜公司洽谈的乌兹别克斯坦项目属于该合作关系类型。俄罗斯的新老油田开发项目比较典型,因独联体各国存在大量待开发和需要重新开发的老油田,政府和国家石油公司以已探明的储量和已有的基础设施作为投资,外国公司提供开发所需资金和技术,组建联合经营公司。在这种模式下,国家石油公司参加联合企业的经营活动,并让本国人员在监督经营作业的联合管理委员会中供职。有些联合作业协议中规定,外国石油公司一旦完成回收资本投资,国家石油公司就可充当作业者。这既可以在一定程度上降低合同者所承受的高风险,又可以在合理开发和利用资源国政府油气资源的同时保证资源国政府获得油气经营方面的专业技能和管理经验,但有时较高的国家参股也会降低联合经营对其他石油公司的吸引力。

3.作业者以缴纳税费和矿区使用费为条件与资源国合作经营

在海外石油项目中,作业者与资源国以矿税制模式合作经营。资源国政府向作业者征缴税费和矿区使用费,准予外国石油公司在一定的地区和时期内实施各种油气作业的权利,包括勘探、开发、生产、运输和销售等。矿税合同虽然合同与财税条款缺乏灵活性、合同期限一般比较长,但对于资源国政府管理上比较简便、收益比较稳定,对于外国石油公司授予一定的自主权和作业权利,双方合作共赢潜力较大。中国石化海外项目使用矿税制的主要位于俄罗斯、南美等国家或地区,其哈萨克斯坦的部分区块也为矿税制。

2020 年,东胜公司开展的哈萨克斯坦石油作业者项目采取了矿税制模式,由于哈萨克斯坦阿拉伊公司与哈萨克斯坦能源部签订协议获得阿拉伊区块地下资源使用权,后马多特石油公司收购并与哈萨克斯坦能源部签订协议将勘探期延长。东胜公司利用原来做海外项目积累的多种资源与经验,与其对商务情况、区块情况、环保政策、原油销售、税收条款等重要事项进行研究论证,以矿税制模式开展该海外区块的合作开发。

(二)构建以"共赢共享"合作开发的多方合作机制

1.全方位执行与国际惯例接轨的项目标准

标准是国际合作的通用语言和重要技术基础,在能源及工业基础较为薄弱、缺乏成熟标准体系的发展中国家的油气领域,企业如果能执行标准先行、技术先行的策略,将取得事半功倍的效果。全方位与国际惯例接轨、按国际标准和国际惯例组织生产和项目运作,是企业进入国际市场的前提。

东胜公司坚持执行国际标准,于 2003 年实行"三项体系"认证,是国内陆上首家一次性取得通过挪威船级社 ISO9000、ISO14001、OHSAS18001 管理体系认证的油公司,而国际标准和惯例的接轨,不仅指技术、质量标准要接轨,更重要的是指管理标准、资产运营上与国际接轨。

2.建立完善的最终投资决策(FID)机制

在海外投资方面东胜公司坚持科学决策、慎重投资的策略,采用三个基本评估报告——投资环境评估报告、投资伙伴评估报告、技术经济评估报告。在海外油气勘探开发合作项目中,东胜公司基于国际化视野制定发展战略,与合作方达成共识,建立完善的最终投资决策机制,在决策机制的约束下开展勘探、开发、生产等各项日常活动，按照一定的方式进行油气产品销售，获得利润。加强重大项目管理，建立相对完善的最终投资决策（FID）体系（见图2），更加重视提高重大项目的交付能力。

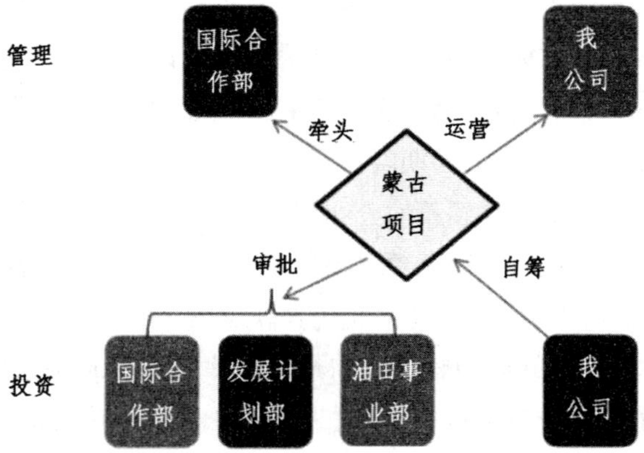

图2 项目最终投资决策流程

除了需要科学的投资决策机制之外，国际油气合作还有以下几个特点：从时间维度来看，油气项目中的合作关系长达数年、甚至数十年；从空间维度来看，项目合作方在规范标准和运行机制指引下，合理配置各方的利益和风险，为资源国促进经济发展、创造就业机会、带动当地社区发展共同开展经营管理；从合同视角来看，油气项目地就是各种类型合同的集合，既包含了确立合作关系基础的联合作业协议、股东协议，也包含了生产经营过程中的各类商业、经济、技术等合同，如油气销售合同、运输合同、技术服务合同、咨询服务合同等；从价值视角来看，价值创造是构建伙伴关系的前提条件，也是对关系建立维护程度的主要判断。因此，无论是通过合资经营还是联合作业的模式，良好的合作伙伴关系是提升油气项目价值的基础，唯有建立和维护良好的合作各方关系，才有可能在很长一段时间内，在油气资源国本着契约精神，相互信任与监督，创造海外石油项目价值。

3.建立预算联管的经营风险防控机制

东胜公司与部分项目属地国政府执行机构成立联管会，建立预算联管经营风险防控机制，在每年年末与该国国家执行机构召开年度联管会，对上一年度的投资计划落实情况进行审查，对下一年度工作计划、工作方案和预算进行论证，审批工作计划和预算。通过规范的国际合作项目，严格规范业务管理流程，全方位联合审计监察及互信共赢的合作制度，共同执行和监管，项目的一切生产及投资活动均须依据属地国法律环境及年度联管会商务谈判的结果进行调整，双方签订的工作计划和预算及联管会备忘录具有与合同同等的法律效力，其投资活动等涉及双方利益的重大事项都是在符合双方合同及该国法律的基础上，由中外双方通过年度联管会谈判来确定的，从而对项目运行情况共同监管，达到联管经营风险有效防控目的，使项目能够高效开发、运营、推进。

例如：蒙古97PSC项目，蒙古国矿产石油局参与项目运行全过程管理，包括原油销售、施工谈判，签批开工许可、完工验收，质量及环保监督等，以确保年度联管会确定事项的执行，保障该海外石油项目的正常高效运营。通过定期对海外企业经营管理、内部控制以及国有资产运营等情况进行监督检查，建立了海外企业生产经营和财务状况信息报告制度，按照规定向中国石化及胜利油田相关部门报告有关海外企业财产状况、生产经营状况和海外国有资产总量、结构、变动、收益等情况，重大问题及时互通，海外石油项目运行良好。

4.建立项目价值驱动的合作共赢机制

油气市场交易带来的合作关系决定着其他利益相关方的认可度、忠诚度、合作意愿与效果。海外项目合作开发是运营项目中有价值的资产，是以价值驱动作为共赢共享出发点，也是对合作各方关系建立维护程度的主要判断。在油气资源国做到相互信任，本着合同契约精神，做到相互信任与监督，才能实现良好的合作共赢目标。

东胜公司按照国内股份制石油公司和海外共赢共享合作开发管理体系，响应国家“一带一路”倡议，2001年采取的产品分成合同(PSC)模式进入蒙古国市场。PSC合同特点是，资源国政府是资源的所有者，掌握监督权和管理权，外国石油公司是合同执行者负责日常开发等运营。若没有商业发现，合同执行者承担所有损失；若有商业发现，合同执行者还要承担相应比例的开发和生产费用(若政府参股或附股)。在开发阶段，国家石油公司代表政府参股，参与经营管理并对合同执行者进行监督，在扣除矿区使用费后，全部产量分为成本油和利润油。成本油用于限额回收生产作业费和投资，利润油在国家和合同执行者间按合同规定分享，并缴纳所得税，确定回收管理机制，用于合同区内石油作业的全部设备和设施通常属资源国所有。PSC模式以价值驱动作为共赢共享出发点，外方石油公司如果盈利，资源国通过所得税获得收益。只有资源国和作业者达到合作开发的石油产出收益，才能实现共赢共享。

5.建立风险共担互信共享的合作机制

资源国政府的目标是通过适度的勘探和开发活动,从本国的自然资源中获得最大财富。石油公司的目标是建立产权和最大限度地扩大财富,其手段是以尽可能低的成本和尽可能高的利润寻找和生产油气。在国际合同基础上,石油项目的合作方通过追求利益的互惠性实现合作共赢,兼顾长远利益和短期利益,考虑企业未来的发展和业务的可持续性,对外油气合作中,对于合作伙伴务必选择具有相同战略目标、具有信任共享、共担风险的合作理念的对象,实现资源国与作业者合作信任,形成一种巩固、稳定、长期的合作关系,同时也有利于在合作伙伴之间形成一种互信、互助、互享的局面。

东胜公司与他国合作方形成风险共担互信共享的合作关系,是海外项目合作开发运行的基石。合作方通过联合作业协议等相关合同,确立项目运行所需的关键资源配置,如人力资源、信息资源、技术资源等,以及关键业务流程与决策方式,其合作盈亏将直接影响油气项目日常作业活动,最终体现为项目价值的提升或减损。

(三)建设项目价值驱动因素的互补体系

资源互补是海外油气项目合作的主要原因和驱动力,提升项目价值是驱动互补的关键。所谓项目价值是指项目未来预期利润收入的现值之和(企业价值等于企业未来现金流量的现值之和),坚持共赢互补的经营和合作理念,合理有效地借助于“外力、外脑、外资”,把项目价值最大化作为目标可以有效促使项目管理者坚持长期行为,将各方的利益分配、价值创造锁定在一起,形成一种巩固、稳定、长期的互补关系。

1.海外项目合作方资源互补关系

国际油气合作是把企业价值最大化作为目标,可以有效促使公司管理者坚持长期行为,在决策时考虑收益的时间性和投资的风险性。各合作方通过结成利益共同体,树立共赢共享的合作经营和资源互补理念,坚持把互利共赢作为所有合作方追求的目标,才能确保合作方实现利润的最大化。合作方在合作共赢都认可的价值观上,必须建立起互惠互利的共同体,在市场、资金、技术、管理和人才方面做到优势叠加互补,获得最佳勘探开发成果,实现最大经济利益。在资源国与外国投资者之间的关系层次,如东胜公司作为投资者与中亚等地区拥有丰富油气资源的资源国合作,但这些国家多数不具备独立勘探开发作业所需的资本、技术与人才,因此需要向外国投资者寻求合作,通过国际油气合作方式建立合作方资源互补关系，才能实现真正的互利共赢。

2.共建优势互补的技术核心团队

海外项目的经理在国内本部有着强大的智囊团，东胜公司优选骨干技术人员专职负责勘探开发工作，融合胜利油田研究单位、工程公司以及油建、设计院等单位专业团队，重点作业工序由国内与国外项目人员联合设计部署，充分实行市场化运营，发挥胜利油田在钻井、井下作业、地面工程、电力系统等方面进行技术与信息互通共享优势，而海外项目则专心做生产运营，在服务国际项目上创佳绩。

如东胜公司与蒙古国政府的合作，因为进入蒙古国油气资源时间早，各项管理标准相对先进，加上双方的信任、理解和友谊，东胜公司在与蒙古国的合作中能够取得有效发言权。公司技术管理部门每年向蒙古项目派驻作业监督员，采取与国内分公司相同的作业监督轮换的方式，既保证了修井、压裂等措施的工作质量，又能交流国内先进的井下工艺，实现了项目价值驱动因素的优势互补。

3.共享属地化的人力资源管理

油气行业作为敏感度高的能源资源开发产业，时常与国家主权和地缘政治挂钩，在合作的过程中更强调共赢。海外石油项目的互利共赢是每个从事国际化经营的企业都应该遵从的理念和原则，中国石油企业从事投资与合作更是要坚持这个原则。而人力资源属地化管理是海外石油项目运营中对资源国开发运营所采取的一种策略，意在创建更高效、更适合当前规模的组织结构。

东胜公司按照项目资源国劳动法及政府决议要求，使用一定比例的外方劳务用工，实施属地化用工管理（主体）方式，降低语言和文化差异等环境适应方面的成本，实现了人力资源的优势互补。除了履行企业的社会责任，在“本地化运营”中不断提升当地化雇员的比例。如蒙古项目的用工主要由中方用工和蒙方用工两部分组成，为提供用工效率和实现人工成本的最低，蒙古项目积极优化中蒙方员工比例，在确保生产高效运行的情况下，使得中蒙员工的比例达到了1∶3。通过人力资源属地化管理，为蒙古国当地解决人员就业问题，取得了当地政府和当地牧民的拥护和支持，也为项目节约人工成本20万元，实现了经济效益和社会效益的双赢。

4.企业文化与价值驱动融合管理

在海外石油公司之间的合作中，项目员工来自中国等不同国家，不同国家之间具有不同的文化、风俗和生活习惯，都有自己独特的企业文化与优势资源。在合作过程中充分发挥资源互补效应，企业文化整合非常重要，将有助于实现

1+1>2的协同效果。所以,对于东胜公司海外石油项目来讲,在仔细研究当地文化和社会环境的基础上,按照胜利文化方式,开展具有多元化、包容性的文化建设,力求不同国籍的员工认可,求同存异,相互尊重,也使项目管理更具人性化,达到企业利益和社会效益的最佳结合。如蒙古项目积极融入当地社会公益,在东戈壁省宗巴音镇开展援建幼儿园、石油公园、修缮游泳池等属地建设,积极与属地政府联合举办体育运动会等活动,丰富了当地人民的生活,推进了企业文化与价值驱动融合,起到了项目员工之间目标同向的效果。

(四)采用价值引领的效率提升方式

在油气项目的日常作业层面,效率的驱动力主要体现在两个层次。效率高低即为执行力强弱,效率的提升有助于降低交易成本、节约生产成本,有利于提前获取市场优势地位;在以"共赢共享"为原则的共同合作中,体现为信息效率、沟通效率和决策效率等,综合起来即为合作效率,是提升项目价值的一个重要驱动力。

1.打造核心技术,提升项目效率

东胜公司高度重视自主创新能力的培养,逐步健全完善科技创新体系,设立科技委员会,每年科研经费投入千万元以上进行科技成果的奖励和推广。通过物质激励、精神激励和成长激励相结合,大力营造鼓励创新、保护创新、支持探索、宽容失败的环境,推动科研成果转化为生产力。公司按照"一藏一策"原则,凭借系统的制度管理体系所激发的强大策动力,在技术创新方面取得了一系列的突破。先后取得科研成果 260 项,发明专利 14 项,其中"稠油热化学驱开发技术"获中国石化科技进步一等奖,"石油勘探开发过程中油层保护与改造新技术研究与应用"荣获国家科技进步二等奖。"气溶胶氮气摇溶技术"突破了稠油冷采降粘、低渗油田增能降含水的关键难点,达到国际领先水平。

东胜公司在海外勘探开发实现"技术极限"的目标案例:为了最大限度地降低开发成本,设定勘探开发以钻井投资为主体的成本"技术极限"目标,围绕钻井极限(钻井成本降低幅度要超过 25%),发展和应用钻井新技术,最大限度地提高了单井产量,成为降低开发成本的最有效途径。例如,项目在查 27 区块由于采用了新型水平井技术,其钻井时间节约了 25%,单位技术成本由 6 \$/bbl 降到了 1.5 \$/bbl,由此增加 3500 万桶的可采储量,而且投资回收期不到两年。

通过提高钻井水平和效率降低企业运营成本,并对现有科研开发体系进行了调整和完善,公司形成以三维精细油藏描述为核心的油气藏勘探技术科研体系,取得了以提高经济采收率为中心的开发采油技术、油层保护与提高钻、测井效率为中心的钻测井及井下作业技术科研体系的技术成果,并充分运用现代数字处理技术所提供的方便条件,最大限度地实现了这三大科研体系之间的资料信息共享和相互的技术支持。

2.依法理顺合作关系,提高管理效率

东胜公司对合作过程中的管理模式进行创新,特别是在参与项目决策方面进行创新,以及引入信息化手段、资源管理软件优化业务流程等等。一是强化整体管控、优化管理架构,通过合作项目主要管理层的任命控制,实现集中决策,保障重大事项决策权的高度集中。二是优化管理流程与汇报路径,通过汇报路径的优化,加强了中国石化、胜利油田对各板块的决策管理职能,也使业务处理流程得到优化和统一,取得了海外石油项目多个成功案例。

东胜公司合作共赢的蒙古项目管理案例:新世纪初蒙古国石油工业基础薄弱,没有成熟的油田勘探开发的技术标准、管理标准和工作标准,缺乏有实战经验的专业人员,加上西方石油公司的相继退出,蒙古国的石油工业面临陷入停滞状态。东胜公司针对蒙古国97PSC项目编制了油田开发总体方案、油藏工程管理规定、采油工程管理规定、油田地面生产系统工程管理规定、开发生产报表、内部管理制度等标准和规范,对钻井、测井、录井、固井、油建等单位明确提出要提供具有国际化施工标准的服务,并加强对其人员、设备及施工操作的监督检查,通过最优的海外项目运营,取得了该项目的成功。

3.激发海外项目资源活力,提升效率

以油气资源勘探开发为载体的商业模式,需要各合作伙伴运用创新的思维,对油气项目商业模式的创新,应从战略全局系统地思考项目价值提升,及时进行优化和调整。东胜公司海外项目重点依据项目运行的商业逻辑,梳理提升项目价值的关键要素、重大决策以及相互关系,寻找其他石油公司创建联合作业体,优化业务流程提高决策效率等,并进行了进一步的合作共赢。如资源国在探讨与完善石油勘探开发领域的各项行业标准的过程中,有许多方面标准都借鉴了东胜公司的经验,这为双方合作打下良好的合作基础、沟通基础和管理基础。

东胜公司与浙江纵横油田合作的创效技术服务,就是成功的案例。位于中蒙边境上南戈壁省和东戈壁省的浙江纵横油田,内有柏油路直通口岸城市甘其毛都,由于该区块生产条件等达不到倒运销原油到国内的情况,无法开井进行生产。通过双方洽谈,东胜公司充分利用自身的技术和管理优势,拓展对外合作范围,与浙江纵横油田蒙古国XI区块达成合作协议,范围主要包括油田恢复运行、日常生产管理、原油代销三项合同,年合同额 120 万元。

4.低成本一体化提高运营效率

东胜公司为了跨国经营的实施更具有效益,牢固树立"控制不了油价可以控制成本"的理念,精打细算,精益管理。采取低成本战略、油藏地质工程一体化运营,降低海外各种因素的影响与制约,避免对跨国经营形成"短线制约",用系统的方法来解决困难,进行了大胆的探讨和艰苦的努力。为了最大限度地降低生产运营管理成本,设定生产运营管理的"生产极限"目标,力求生产运行与钻井、作业、地面工程相统一,实现专业协同共管。

如东胜公司项目实现了生产运营管理的"生产极限"目标。在蒙古项目打破了油田生产的惯性思维,通过创新工作方法降低成本,针对"稳产增产"工作任务,着力提高储量动用率和油田采收率,变革原来的"接力式"按部就班的运行方式,提出了"划船式"加快组织运行的新思路,推进一体化运行管理,环环相扣,统筹运作,提高生产运行效率,提升了风险管控能力,做实了油水井管理基础。自主实施各项作业、地面施工等,实施合罐管输 8 个井组,安装太阳能加温 7 套,每年可节约电费 84 万元;实施油水井作业"设备租赁+技术服务"的合作方式,由井下作业公司负责特种设备操作、技术指导和技能培训,蒙古项目派出劳务人员进行作业施工,单井维护作业费用由 15.1 万元降至 5.5 万元(含设备租赁、技术支持、材料、油料、人工等费用);针对区块没有伴生气,蒙古国电力资源紧张,而煤炭资源丰富,燃煤又符合当地环保要求的情况,发动职工群策群力,研制燃煤加热炉用于管输加热和单井罐加温,取代了伴热带电加温和电加热棒,大大节省了油井加温所耗电费,通过一体化的低成本运营,实现了海外项目生产运营管理的成本最优目标。

三、石油企业基于共赢共享合作开发的海外项目管理效果

(一)海外石油项目经营水平提升,取得可观的经济效益

东胜公司在开拓海外市场阵地过程中,形成石油企业基于共赢共享合作开发的海外项目管理模式,取得可观的经济效益,其中蒙古项目累计生产原油 85 万余吨,阿尔及利亚扎尔则项目商务运营成功后交由中国石化国勘公司管理,取得了巨大的经济效益。

东胜公司海外项目近年来各项工作均超计划运行,年创效等目标均超计划运行。如蒙古项目成立至 2020 年底,蒙古项目实现销售收入 44469 万美元,实

现分成净收入10380万美元，并进入开发期。在低油价时期，绝大部分境外石油行业在停产和巨亏的情况下，海外项目连续多年净现金流为正。同时，为海外石油工程服务的胜利施工队伍创效达1.24亿美元，为我国海外石油市场取得可观的间接效益。

（二）促进资源国经济发展，取得了较好社会效益

东胜公司积极响应国家"一带一路"倡议，本着共赢共享的合作理念，促进资源国经济发展，重视履行社会责任，取得了对资源国环境治理和碳排放较好的环保业绩，并严格遵守属地国法律法规，海外项目累计在资源国缴纳各项税费约合人民币4455万元，促进属地就业2700人次，为资源国培养技术和管理人才，带动社会发展，真正实现了企民心心相通，为公司快速发展提供了良好的外部环境，促进了企业文化与能源合作的双促融合。2020年12月，蒙古国政府矿业重工业部授予东胜蒙古项目"2020年社会责任执行者优秀企业"奖，树立了山东省企业履行国际社会责任的良好形象。

（三）外树国际企业形象，提升了海外环保水平

东胜公司依照属地国法律法规，在海外生态环境改善、安全生产保障等方面作了大量工作。项目遵守所在国家、地区法律，遵守产量分成合同和劳工规定，努力为当地绿色低碳生产履责，取得了对资源国环境治理和碳排放较好的环保业绩，为公司快速发展提供了良好的外部环境，树立了中国石化企业履行国际社会责任的良好形象。

（四）提升海外项目管理水平，成果具有推广价值

东胜公司通过国外近20年的生存发展，在国际合作方面建立起海外石油项目规范、有序、开放的市场和专业化服务，完善了海外项目市场体系和价格体系，积累了丰富的海外项目管理经验，形成了"小而精、偏却美、能盈利"的良好海外运作模式，为我国的能源企业"走出去"战略起到了示范作用。同时，为同类海外石油项目的合作开发提供了丰富而宝贵的管理经验。

成果创造人员：李　山　袁　燚　邱忠俊　王秀峰　许　雷　林文杰　戚墨林

精益管理与全面风险控制篇

电网企业基于业规融合互进的持续可控合规管理

国网山东省电力公司烟台供电公司

摘要:为贯彻落实党中央依法治国战略,更好践行“法治国网”建设要求,切实解决合规管理瓶颈,国网烟台供电公司(以下简称“烟台公司”)建立基于业规融合互进的持续可控合规管理模式。该模式以实现企业合规持续可控为目标,通过“刚柔并济”融合型组织结构及“1+N”制度体系设置,依托线上合规风险库、统一信息化管理平台,保障合规管理体系化建设、数字化执行。通过建立业规融合、内外互进的协同联动机制,实现全领域合规管控。强化人员合规意识培养和闭环整改、动态评估机制,实现合规管理持续化迭代发展。

烟台公司是国网山东省电力公司直属供电企业,下属 14 个职能部室、15 个业务机构和 10 个县级分公司,截至 2021 年 6 月底职工总数 1.01 万人,服务客户 359.4 万户。管辖 35 千伏及以上变电站 299 座,变电总容量 27209.55 万千伏安;管辖 35 千伏及以上输电线路 735 条,总长度 8992.2 公里,规模居全省前列。2018 年以来,烟台公司按照合规管理相关要求,率先开展合规领域探索,确立“大合规”管理理念,建立基于业规融合互进的持续可控合规管理模式,推动合规管理迭代发展,烟台公司先后荣获“全国文明单位”“全国一流供电企业”“全国供电可靠性 A 级金牌企业”“烟台经济发展功勋单位”等称号。

一、电网企业基于业规融合互进的持续可控合规管理背景

(一)落实依法治国战略,适应电力行业发展的必然选择

党和国家自确立依法治国基本方略后,持续深化国家法治体系建设,推进治理能力现代化。在依法治国的大背景下,习近平总书记在全面依法治国委员会

第二次会议上指出,“要强化合规经营的意识,走出去的企业在合规方面不授人以柄,才能行稳致远”。国务院国资委发布《中央企业合规管理指引(试行)》,证监会、银保监会、发改委等多部委相继出台多项专业领域合规指引,对企业合规管理体系建设提出了更明确、更具体、更全面的要求。随着国资国企改革和电力体制改革的深入推进,电力行业市场化交易环节增多,业务界面交叉错综,更易出现违规。为主动适应“大监管时代”新形势,顺应时代变化,推动电力行业良性发展,强化合规管理成为电网企业的必然选择。

(二)践行法治国网建设,保障企业健康发展的客观要求

作为国民经济的重要支柱和国有资产监管的重点,国家电网公司全面推进“法治国网”建设,促进依法合规运营,先后发布《国家电网公司合规管理办法》《国家电网有限公司合规建设规划》《国家电网有限公司合规行为准则》,明确了合规管理建设的目标、路径和主要任务,要求各单位加强合规管理制度与体系的构建,将其纳入全局性工作统筹安排。同时,合规监管的常态化使企业违规成本骤增,强化合规管理体系能够使电网企业防范和化解重大风险,避免重点领域发生违规事件,降低处罚几率,为企业健康发展提供坚强保障。

(三)解决合规管理难题,促进合规工作落地的迫切需要

烟台公司为适应监管要求和践行国网公司战略,在合规管理方面进行了一些初步实践,但总体上处于起步阶段,存在技术和手段还不够完善的问题。具体表现在:合规管理人员配备不足,组织职能分散、主动合规意识欠缺;业规融合性较差,合规管理缺乏对业务发展的系统性、针对性、有效性指引,例如虽然建立起合规管理“三道防线”,但在实际操作中存在“三道防线”信息共享与资源共享不全面、沟通协作不协调等问题,导致合规管理与业务脱节,合规监督沦为“空架子”。以改进以往合规管理中的短板为导向,建立健全能够带动合规部署全面落地的一套新的管理模式,是突破合规管理瓶颈,促进合规管理水平全面提升的重要保障。

二、电网企业基于业规融合互进的持续可控合规管理做法

(一)引入协同理论,确定管理总体思路

协同理论认为,千差万别的系统尽管其属性不同,但在整个环境中,各个系统间存在着互相影响而又相互合作的关系,当系统的发展因内外部作用发生质变时,各系统要素因为相互之间的联系和作用,从不稳定到稳定,从无序走向有序,从弱小走向强大,进而实现系统非线性式上升发展。

对企业而言,协同理论表现为企业内部各部门间、企业同外部企业甚至社会中的其他利益相关者之间都存在着相互影响和相互合作的关系。具体到合规管理层面,体现为企业在外部社会环境和内在变革需求的压力下,通过内部组织机构之间及与外部企业权利义务的重新编排、沟通机制的创新变革建立一个协调的组织系统,最终达到实现企业合规管理目标。

基于上述理念,烟台公司确立了基于业规融合互进的持续可控合规管理思路:以实现持续可控的合规管理为目标,以合规管理与业务开展双向融合、内部合规要求与利益相关方合规期待互促互进为方式方法,开展合规管理工作。将信息化技术嵌入合规管控流程,强调主动防范和过程管控,确保合规管理嵌入主体业务全领域,推动合规管理模式由单一型管理向复合型管理转变,由局部改进向持续优化转变。

(二)构建融合型组织机构与系统的制度体系

组织机构的合理设置是合规管理工作有效运行的基础,完善的合规管理制度(见图1)是开展合规管理工作的主要依据,两者构成了合规管理体系的骨骼和肌肉,保障合规管理工作的全面稳定开展。

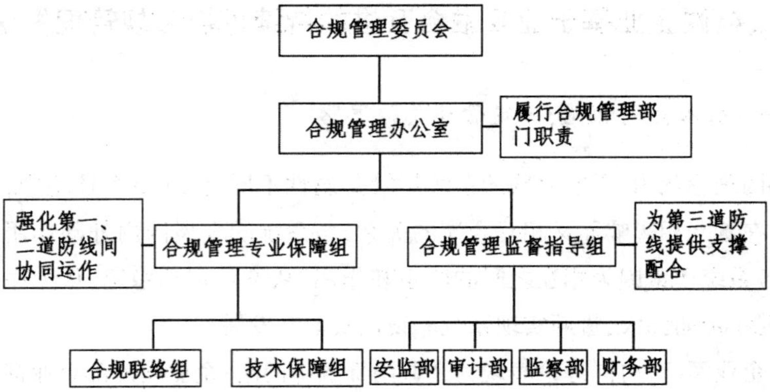

图 1　电网企业基于业规融合互进的持续可控合规管理组织机构示意图

1.完善刚性组织机构,强化决策领导

在领导决策层面,设立合规管理委员会,主任由党政一把手担任,副主任由副总经理担任,各部门、所属各单位主要负责人担任委员,负责合规管理的组织领导和统筹协调,实行季度例会制度,研究决定合规管理重大事项,指导、监督和评价合规管理等工作。

合规管理委员会下设合规管理委员会办公室(设在法律部门),主任由分管法律事务工作的领导兼任,副主任由法律部门主任兼任,成员由各部门、各单位分管负责人组成,承担合规管理日常工作,协助合规管理负责人开展工作,履行合规管理部门职责,如起草合规管理战略规划、年度计划、报告,开展合规管理工作的督导、检查与考评,对公司重点业务环节进行合法合规性审核,建设公司合规文化等。

2.组建柔性组织机构,强化工作执行

在工作执行层面,除了采用业界普遍认可的"三道防线"合规管理组织架构外,烟台公司还设置柔性组织体系,推动实现业务部门、合规管理部门、监督部门"三道防线"横向协作。通过设置合规管理专业保障组,加强第二道防线合规管理部门与第一道防线业务部门协同运作;通过建立合规管理监督指导组,解决第"三道防线"多部门协同不畅、监督不到位等问题。

合规管理专业保障组包括合规联络组和技术保障组,合规联络组由各专业部门选派 1 名负责人组成,负责本部门合规管理联络工作,定期反映业务过程中发生的相关隐患,企业合规管理部门负责人定期与各部门工作联络人对接,对在合同审查、案件处理、违规处罚、外界投诉、负面舆情中发现或收集的合规隐患及违规问题进行通报并提示风险。技术保障组则同样由各部门选派 2~3 名专业技术骨干加入专业保障组，根据需要对合规管理工作提供专业指导和技术支持。

合规管理监督指导组由纪检、审计等合规管理监督部门负责人及专工组成，同时引入外部监督人员，包括由公司顾问律师、高校专家学者等，提供专业合规指导与监督，组长由公司内部专业人员、外部专家各一人定期轮值，负责落实组内协调工作。监督协作组对合规监督管理部门职责范围内启动的合规管理调查、监督进行支撑配合，确保合规监督工作顺畅执行。

3.建设合规制度体系，强化制度指引

构建“1+N”合规管理制度体系，形成以《合规管理办法》为核心，各专业合规指引为补充的制度体系。《合规管理办法》作为公司合规管理的基本制度，明确合规管理的总体目标、机构职责、制度流程、考核监督、奖惩问责等内容，形成合规审查、报告、培训、考核、激励、问责闭环管理。业务部门系统梳理各专业现行有效的法律法规、规章制度、技术规程，分领域、分场景制定 15 项《专业合规操作指引》，法律法规及相关规定和典型案例进行分析说明，明确管控目标、风险防控举措和违规后果，实现不同岗位人员在实务中定制化指导，使相关人员明晰特定岗位存在的合规风险和管理职责，推进各类风险有效控制。

（三）建立线上合规风险库，强化风险源头管控

1.全面识别合规风险，筑牢原始数据基础

烟台公司合规风险信息库的基础数据来源于各业务部门集中梳理的风险隐患：根据主体业务分布情况，确定了十大合规管理重点领域，包括安全环保、廉洁风险、电网建设、招标采购、供电服务、调度交易、财务税收、劳动用工、知识产权、网络安全与数据管理。按照“专业归口”管理原则，由 13 个专业部门对十大合规管理重点领域进行梳理（见表 1），明确《民法典》《公司法》《企业国有资产法》《电力法》《供电营业规则》等法律法规、行业规则中与供电企业相关的规定 560 条。运用案例分析法、访谈调研法、风险场景分析法、流程测试法对风险事件发生的业务场景进行分析，查找潜在风险点及风险事件发生的要素和条件，共识别和发现的风险隐患 470 项。

表1　合规风险梳理分工

序号	专业领域	部门
1	知识产权	法律保障中心
2	劳动用工	组织部
3	财务税收	财务部
4	安全环保	安监部、运检部、发展部
5	供电服务	营销部
6	网络安全与数据管理	互联网
7	招标采购	物资部
8	电网建设	建设部
9	调度交易	电力调控中心
10	廉洁风险	审计部、监察部

2.及时补充新发隐患，实现风险常态更新

合规风险库的后续更新由各专业部门将日常工作中发现具有趋势性、典型性、普遍性的合规风险点，及时上传至线上合规风险库中，每条更新都将包括风险点名称、行为表现、违规后果、应对措施、对应法规、参考案例等内容，在数据库"云端"实现同步更新，使得每条新增风险可以被任何有合规平台使用权限的人员查询下载，有利于全体干部职工即查即用，实现数据源的有效对接和资源的充分共享。

3.科学划分风险等级，提升监测预警质效（见表2、表3、图2）

按照发生可能性和影响程度将线上合规风险库划分为一般合规管理风险（R1）、较大合规管理风险（R2）、重大合规管理风险（R3）、特大合规管理风险（R4）四类。具体评定公式为：合规风险水平（值）= 可能性分析得分×影响程度得分"。评定标准为：得分值在1~5分的事项认定为一般合规管理风险；得分值在6~10分的事项认定为较大合规管理风险；得分值在11~15分的事项认定为重大合规管理风险；得分值在16分以上的事项认定为特大合规管理风险。

业务部门根据风险等级，对本业务领域涉及的风险制定监测计划，风险等级越高，监测频率越高，最终形成监测记录和分析日志，并及时将违规事件及违规危险向合规管理部门发出合规预警，从而将风险从源头进行有效管控，实现管控成本最小化，合规效果最大化。

表2　合规风险可能性分析标准

违规行为发生可能性	发生频率	分值
基本不会发生	每年一次	1
发生的可能性较低	每季度一次	2
发生的可能性一般	每月一次	3
发生的可能性较高	每旬一次	4
发生的可能性很高	每旬多次	5

表3　合规风险影响程度标准

损害程度	影响范围	分值
较小	部门内部	1
一般	单位内部	2
较大	区域内部	3
严重	行业内部	4
特别严重	全国	5

损害程度 / 可能性	较小	一般	较大	严重	特别严重
发生的可能性很高	R1	R2	R3	R4	R4
发生的可能性较高	R1	R2	R3	R4	R4
发生的可能性一般	R1	R2	R2	R3	R3
发生的可能性较低	R1	R1	R2	R2	R2
基本不发生	R1	R1	R1	R1	R1

图2　合规风险等级矩阵示意图

4.发布风险提示书,促进隐患排查整改

合规管理部门定期梳理合规风险库中的新增风险,有针对性的编制《法律合规风险提示书》,系统自动关联至合规风险点处,并转送至相关业务部门学习借鉴、提示排查整改,业务部门排查后线上反馈整改情况,完成提示整改循环,实现风险隐患有整改有落实。合规管理部门也可通过对时事情况的判断、近期内外部检查等情况,维护新的风险点并发布合规风险提示书预警风险,提示应用合规平台部门进行风险防范。

(四)建设合规信息化管理平台,保障合规制度规范执行

合规管理涉及众多领域和环节,人员及数据非常庞杂,需要一套智能化合规

管理系统,引入大数据、人工智能等前沿数字化技术,将分散的人员及数据汇聚整合,结合"三道防线"对合规风险与义务的洞察,实现合规风险自动化、智能化监控和分析,并对合规实施效果进行实时、可视以及量化评价,保证各项合规制度执行落实。

1.上线重大决策模块,严格合规双审机制

业务部门重要制度和文件制定、重大决策、重要合同订立等环节,在提交党委会、总经理办公会审议,总经理或者分管领导审批前,需在重大决策模块提交审核申请,上传待审核的议题或者汇报内容,并先行对是否符合本部门、本单位的权限,是否履行了必经程序,内容是否符合法律法规、监管规定、行业准则和规章制度等开展审查把关,编制书面合规审查意见一并上传,提交业务部门主任审批后报送合规管理部门。合规管理部门出具无保留意见、有保留意见或否决性意见的合规审核意见书,并通过该模块发布合法合规性审核意见并转送至申请部门,重点环节业务未经合规审查审核或审核不通过的,不得提交决策或实施。

2.上线合规报告模块,畅通违规事件上报

建立合规报告模块,合规管理年度报告与合规监测报告通过线上系统开展。合规管理部门负责人于每年度1月前编制上一年度合规管理年度报告,总结上年合规管理工作情况,提出下一步工作计划,在系统上提报,经由合规管理部门负责人、合规管理委员会办公室主任审核批准后,完成系统流转,经合规管理委员会集体审议后转为正式公文下发。

合规监测报告采用月报与特报分类上报的方式,各专业部门每月通过合规报告模块将监测到的一般违规情况进行上传,包括违规事件的种类、数量、采取的措施及处置进展情况,提交至合规管理部门审核留存。对于较大及以上事件,业务部门必须在发生后立即线上登记,描述事件发生时间、涉及人员及情况,同时报告至合规管理负责人或合规管理委员会主任,由合规管理部门配合或者主导事件处置,制定风险整改方案,同时就整改情况向合规管理委员会每周汇报,直至合规风险隐患消除,并通过合规管理办公室检查。

3.上线合规监督模块,落实合规监督责任

(1)建立诚信举报线上平台。员工对发现的违法、违反职业操守或可疑行为,可通过线上实名举报至合规管理监督部门,对于举报人的身份信息,接收举报的监督部门严格保密。对于内部职工举报、提供案件信息的,一经查实给予适当奖励。

(2)整合业务系统日常检查。以信息化为依托,整合内部各业务系统,实施合规风险全流程监控,减少人为失误,降低控制成本。例如,审计部通过审计系统,以定期检查与随机抽查、自查与互查相结合的方式,对业务过程中产生的数据加以抽取分析,发现隐患风险或违规事件,通过合规监督职权对合规管理全流程电子数据进行调取,在合规监督模块中以大数据看板、智能报表等可视化方式对监督过程进行展示,形成监督报告,为合规管理持续改进提供数字化指引。

(3)构建调查平台辅助办公。合规管理"三道防线"均可依申请和依职权启动调查问责机制,也可以协作进行调查,在互相配合调查时,通过合规调查工作台实现调查资料共享,业务部门(第一道防线)通过调查工作台将初步调查结果向平台传送,合规管理部门、合规监督部门通过对线上共享资料(经过保密筛查后)审阅,实现对调查过程与结果监督指导,并对违规人员考核追责提出意见建议,落实第三道防线职责,杜绝监督权架空。

(五)业规融合、内外互进,实现全领域合规管控

电网企业合规管理涉及企业经营管理活动的全领域,保证各项管理合规无死角,不仅需要企业内部"三道防线"积极联动,更需企业内部与外部利益相关方互促互进,将合规要求逐步延伸到各行业领域,提升全社会对合规业务链条所有环节的合规管控。

1.事务协同,促进合规管控与业务流程相融合

合规管理部门深入业务一线,参与项目考察、可行性论证、立项、谈判、合同签订、实施全过程,提供全方位全覆盖的合规保障。项目启动前,开展前期合规审查,配置外聘法律顾问及会计师事务所提供支持,为项目的顺利进行打好基础。项目进行中,实时跟踪评估,防范可能产生的风险,对已发生问题第一时间进行处置。项目结束后,定期进行复盘,组织专项整治,例如,烟台公司合规管理部门与专业部门协同联动,组织开展项目"未招先用""关联交易、靠企吃企"等专项整治行动,严格落实未进行招标先施工的违法违规责任,构建防范违规关联交易长效机制,实现"合规+"业务模式,构建现代合规管理新模式。

2.向外延伸,与利益相关方共建合规行业生态

将合规管理要求传导至利益第三方,实现合作伙伴关键风险领域全流程风险筛查,共建诚信合规行业环境。对发电企业、承包方、供应商等外部上下游企业进行合规管理试点,通过资质审核、履约把控、信用监测、合规承诺、负面清单管理等方式,加强对商业伙伴诚信合规监督审查,杜绝外部违规风险输入引发内部违规风险。例如,烟台公司编制考核体系,细化分包管理责任和工作标准,在

分包商自查、整改的基础上，总包单位、监理、业主对分包商不符合项提出考核意见。不定期组织安全质量督导检查，工程竣工后将整体奖惩情况与资信评价挂钩。定期对上下游企业开展信用监测，对纳入黑名单或重点关注名单的外部企业，建立《外部相关企业失信信息清单》，对列入名单的外部企业加强管控。

3.贴近客户，以社会需求引导合规行为

电力供应面向社会，服务于社会生产和居民生活，具有公用事业性质，电力企业行为将影响居民客户的利益。在优化营商环境的大背景下，烟台公司以客户需求和期望为导向，规范自身行为，树立规则意识、红线意识，尊重用户售电市场自主选择权，逐步完善营销领域合规义务履行和社会责任担当。依托市场营销信息诉求平台，拓宽客户诉求问题归集渠道，溯源客户诉求背后的制度、标准、流程、管理、执行等问题，对服务策略应用前实施法律评估。以营销“承诺制”为抓手，促进协同机制落地，把营销项目合规评价、后评估纳入公司“承诺制”改革事项，实现合规管理与业务开展同安排、同检查、同督导，确保合规评价结果真实、客观。关注经济议题、社会议题和环境议题等用户关心事项，积极向政府建言献策，充分表达利益相关方期望和民生需求。

（六）思想立基，循环改进，实现合规管理可持续化

1.强化全员合规意识，提供思想保障

（1）人员分类管理，实现动态管控。根据岗位发生违规风险程度及人员岗位影响力大小，将职工分为重要风险岗位人员（与合规管理十大重点领域密切相关的岗位）、管理人员、一般人员三类进行管理。其中，对前两类人员实施承诺上岗制度，进行针对性岗前培训、考试，在年度综合评价中进行 A/B/C/D 等级评定，对于考试不通过、评价为 D 或连续两年评价为 C 的，及时予以调整。其他一般人员进行常态化知识普及、签订合规承诺书，实现人员管理有的放矢。

（2）强化培训宣贯，提升遵循意识。利用法律顾问、高校、咨询公司、专家学者等内外部资源，增强合规管理能力，依托“360”尚法工作室、“法德讲堂”等法治文化阵地及微信、微博、客户端等平台，利用党委理论中心组学习、专题培训、主题展览、以考促学、合规宣传周等形式，自上而下开展多维度全员合规培训，有效推广合规理念，使员工内心接受合规文化，从源头规范干部职工行为。

2.闭环整改、动态评估，提供机制保障

（1）以问题为导向，排查管理漏洞。汇总整理实际工作中发生的合规案例，从案件处理、违规处罚、利益相关方投诉、第三方纠偏以及信用监测等方面分析

评估，根据暴露的管理问题，深入反思合规制度执行及体系运转中的不足，补充完善既有合规义务清单，改进相应制度与工作机制。例如，烟台公司在信用监测中发现某县公司环保评价得到“黄标”评价，暴露出工程建设环评手续履行欠缺的问题，立即组织该县公司进行整改，按规定履行环评手续，同时将此事件转发至烟台公司各部门、其他县公司警示学习，强调工程建设前期规划及环保手续的重要性，进行全面排查整改。

(2)动态优化完善，持续闭环整改。逐步优化现有合规管理模式，推动合规整改与日常工作紧密融合，针对行业内外各类合规检查结果和实际运行中的问题，进行分析类比、制定整改方案。建立问题动态循环管控机制，完善问题描述、原因分析、责任分析，查验问题整改情况，把责任考核与业务考核结合起来，追溯责任人员执行和管理责任，确保专业管理人员通过已发现问题，深挖合规风险隐患，从管理上持续夯实企业健康运行基础，实现合规工作与业务管理同步部署、同步推进，同步检查和同步考核。

(3)分类分主体开展效果评估，客观评价合规体系运转情况。对合规管理运转情况的常态化评估，以业务部门周期性的自我评估为起点。每季度由业务部门合规负责人选择 10 条具有典型代表性的业务，对本部门所涉人员的业务行为的规范性进行评估，形成员工合规执行力评价。合规管理部门抽检合规信息化管理平台中的过程文件和支撑文档，利用调查问卷、访谈的形式对合规体系运转过程进行评估，对于企业合规管理体系的运行情况，重大项目、重要合同、重大决策等的执行情况，合规管理部门聘请外部专业机构进行评估，以此客观评价合规体系运转情况，逐步优化现有合规管理模式。

三、电网企业基于业规融合互进的持续可控合规管理效果

(一)合规瓶颈得以有效解决，管理实现可持续化

将合规管理贯穿审查、决策、执行、监督、评估全流程，实现合规管理闭环整改与动态改进，解决以往合规管理系统性、针对性、有效性不足的问题，形成了一套可自我发展与更新的管理体系：健全职责清晰、分工明确的合规管理刚性和柔性组织体系，组成合规联络组、技术保障、监督协作组 33 个，配备业务和合规双专业人员 128 人。打造覆盖企业经营管理全部重点领域和业务活动的合规管理体系，规范全部分支机构与职能部门、员工的行为，营造了主动合规的企业文化氛围。“三道防线”职责权限通过责任分工、制度建设、信息系统应用得到充分

发挥,推动合规工作向更高层次发展,真正实现企业经营全过程合法合规。

（二）违规风险得到有效遏制,涉诉成本显著降低

通过实行电网企业基于业规融合互进的持续可控合规管理,烟台公司因违法违规造成的诉讼案件数量、行政处罚、失信惩戒的次数大幅减少。通过日常电网运行风险评估预警、风险暴露后提示整改、诉讼发生后总结应对与追责,有效控制了因电网规划、建设、运维风险引发的案件与负面评价。自2019年至今,烟台公司触电案件逐年递减,较2016~2018年平均数同比下降30%,触电人身损害类案件减少60%,因合同违规订立、不当履行等涉诉案件减少至个位数,累计挽回经济损失1382.15万元,企业涉诉费用减少50%,避免因违规造成法律或监管惩罚风险、财务损失或名誉损失,遵守法律法规、监管规定、行业标准的合规管理企业全面建成。

（三）社会效益显著提升,利益相关方实现互惠共赢

强化上下游企业合规要求,促进合规理念向外延伸。自实施以来,因上下游企业违法违规牵连烟台公司的事项由2019年的6项减少至1项。利用与利益相关方优势互补的条件,积极开展合作,增量配电项目兴华站全面投运,推动烟台地区电力行业健康有序发展。同时,考虑客户期望和社会需要,更好地推进社会与环境风险防范、综合价值创造,实现了"外部期望内部化,内部工作外部化",增强了企业软实力,展现了国有企业的责任和担当。

成果创造人员:姜凯月　罗璞琳　刘　虎　刘　庆　杨　涛　刘述欣　孟庭如

“碳达峰、碳中和”目标下电力系统安全防御体系构建

国网山东省电力公司电力科学研究院

摘要:针对“双碳”(碳达峰、碳中和)、“双高”(高比例可再生能源、高比例电力电子装备)电力系统新形势下系统特性认知水平和电网故障防御能力明显不足的问题,国网山东电科院以省地一体化仿真数据管理为抓手,以规范新能源场站实测建模为重点,以提升全电磁暂态仿真能力为支撑,以省地远程协同计算为依托,以拓展在线监测与预警功能为基础,探索系统仿真手段升级,提升大电网特性认知能力,在国网系统内实现了6个第一(率先实现地市公司对国网仿真中心超算资源的远程调用、率先完成省级电网110千伏及以下建模、率先完成新能源场站“一场一特性”精细化建模、率先开展二三道防线数模仿真测试、率先建成电力系统恢复在线决策系统、省级电网范围内率先实现全电磁仿真)。通过实施一系列创新举措,显著提升了在“双碳”目标下电力系统的安全防御能力,为其他省级电网公司提供了可复制推广的经验。

国网山东省电力公司电力科学研究院(以下简称“电科院”)前身系1954年成立的鲁中电业局中心试验所。作为省政府唯一授权的全省电力技术监督机构、国网山东省电力公司的业务支撑单位、科技创新的“龙头”,主要承担电力技术监督、技术服务、技术研发、设备状态检测评估、调度控制运行技术支持及物资质量检测等职能。电科院作为科技创新的“龙头”,认真贯彻国家“双创”工作部署,大力推进科技成果孵化转化,在网源协调、新能源、电工新材料、职业卫生等领域取得一批具有自主知识产权、应用前景广阔的科技成果。“十三五”以来,获省部级科技奖励60余项,授权专利900余项。荣获全国文明单位、全国五一劳动奖状、国家电网科技工作先进集体、山东省富民兴鲁劳动奖状、山东省高新技术企业等称号或荣誉。科技创新始终是山东电科院发展的不竭动力,科技的创新更需要管理创新的

支持,只有紧跟时代脚步的先进管理方法才能适应科技的不断发展。

一、"碳达峰、碳中和"目标下电力系统安全防御体系构建的背景

(一)承接落实国家"碳达峰、碳中和"目标的重要举措

2020年,习近平总书记在第七十五届联合国大会一般性辩论上宣布,中国将采取更加有力的政策和措施,二氧化碳排放力争于2030年前达峰,努力争取在2060年前实现中和。习近平总书记提出"碳达峰、碳中和"目标,是党中央作出的重大战略决策,体现了我国未来发展的价值方向,对构建以国内大循环为主体、国内国际双循环相互促进的新发展格局意义深远,是一项重大的政治任务。"十四五"是碳达峰的关键期、窗口期,摆在首位的重要任务就是"构建以新能源为主体的新型电力系统"。面对新能源快速发展的机遇和挑战,电力系统呈现高比例可再生能源、高比例电力电子设备的"双高"特征,在保障电网安全运行和可靠供电上面临巨大考验。如何加快构建以新能源为主体的新型电力系统,以期达到电力保供和新能源快速发展之间的统筹协调的目标,迫在眉睫。

(二)助力实施国网山东电力能源低碳转型的务实路径

山东省是东部经济社会发展大省,同时也是能源消费大省,能源结构较重,低碳转型需求迫切。国网山东电力深入学习贯彻习近平总书记重要指示和党的十九届五中全会、中央经济工作会议、中央财经工作会议、山东省经济工作会议精神,积极落实国家电网公司"碳达峰、碳中和"行动方案。积极服务"碳达峰、碳中和"目标,是国网山东电力坚决贯彻党中央决策部署,充分发挥"大国重器"和"顶梁柱"作用,积极推动构建山东省清洁低碳、安全高效现代能源体系的重要举措,是一项重大政治任务。实现"碳达峰、碳中和",是一项复杂艰巨的系统工程,面临诸多严峻挑战。山东推动实现"碳达峰、碳中和"时间更紧、难度更大,必须探索一条经济持续稳定增长情况下,既能保障能源电力安全供应,又能实现碳减排的电力系统转型建设路径,助力实施山东能源低碳转型。

(三)引领推动国网山东电科院"永创最好走在前列"的必然要求

经过多年发展积淀,国网山东电科院积累了殷实的物质条件,创造了鲜明的专业体系,为持续高质量发展奠定了坚实基础。"十四五"期间,能源转型加速推进,电力系统面临"双碳"(碳达峰、碳中和)、"双高"(高比例可再生能源、高

比例电力电子装备)新形势,系统特性认知水平、电网故障防御能力明显不足。传统机电暂态仿真手段的局限性日益凸显,无法准确刻画电力电子的复杂控制过程,且缺乏含新能源实测参数的电网模型数据,无法准确分析大规模新能源接入电力系统后的稳态和暂态特性。电力系统等效惯量水平降低,抵御故障能力大幅下降,恢复方法对电网电源变化的适应性需提高。作为山东省电网业务技术支撑单位,国网山东电科院肩负的责任更大、要求更高,亟须构建“碳达峰、碳中和”目标下电力系统安全防御体系,发挥“数据大脑”作用,在支撑建设具有中国特色国际领先的能源互联网企业中永创最好、走在前列。

二、“碳达峰、碳中和”目标下电力系统安全防御体系构建的做法

(一)布局多方联动,明确系统安全防御体系构建的总体思路

国网山东电科院坚持统一指挥、分工协作,打造纵向到底、横向到边并贯穿各层级、各专业、各地区的指挥领导体系,协同联动的集团化运作体系,系统完备的管理制度体系,明确电力系统安全防御体系构建的总体思路(见图1)。

1.加强顶层设计,明确组织流程制度化

为有力统筹推进“碳达峰、碳中和”目标下电力系统安全防御体系的创新和构建,国网山东电科院成立由院领导挂帅,系统、保护、调频、调压、调峰等专业涉及部门负责人共同参与的领导小组,负责电力系统安全防御体系的构建工作,统筹相关部门及专业内人员的协调,确保各系统按计划推进。

2.强化技术交流,确保路线水平引领化

依托中国电科院、南瑞集团的技术支持,克服疫情影响,建设具有国内领先水平的电力系统安全防御体系;积极协调国电投山东分公司、华能新能源山东分公司、山东龙源风力发电公司,开展三座典型新能源场站实测建模工作;加强与北京四方、山东大学的合作,召开“三道防线”管控、大电网风险在线评估等技术协调会8次,明确责任分工和关键技术路线,为项目顺利开展奠定了坚实的基础。

3.统筹项目建设,推进现场施工规范化

项目建设推进实行周例会制度,各负责人进行进度汇报。各负责人按照计划完成模块功能和展示研发,工作组专工负责汇总,抄送山东电力调控中心和国网山东电科院领导。现场施工实行日报制度,由现场监理完成日报编制,每晚20:00前发微信群,内容包含施工内容、计划完成、需协调事宜、疫情防控(两次测温)及现场人员等。

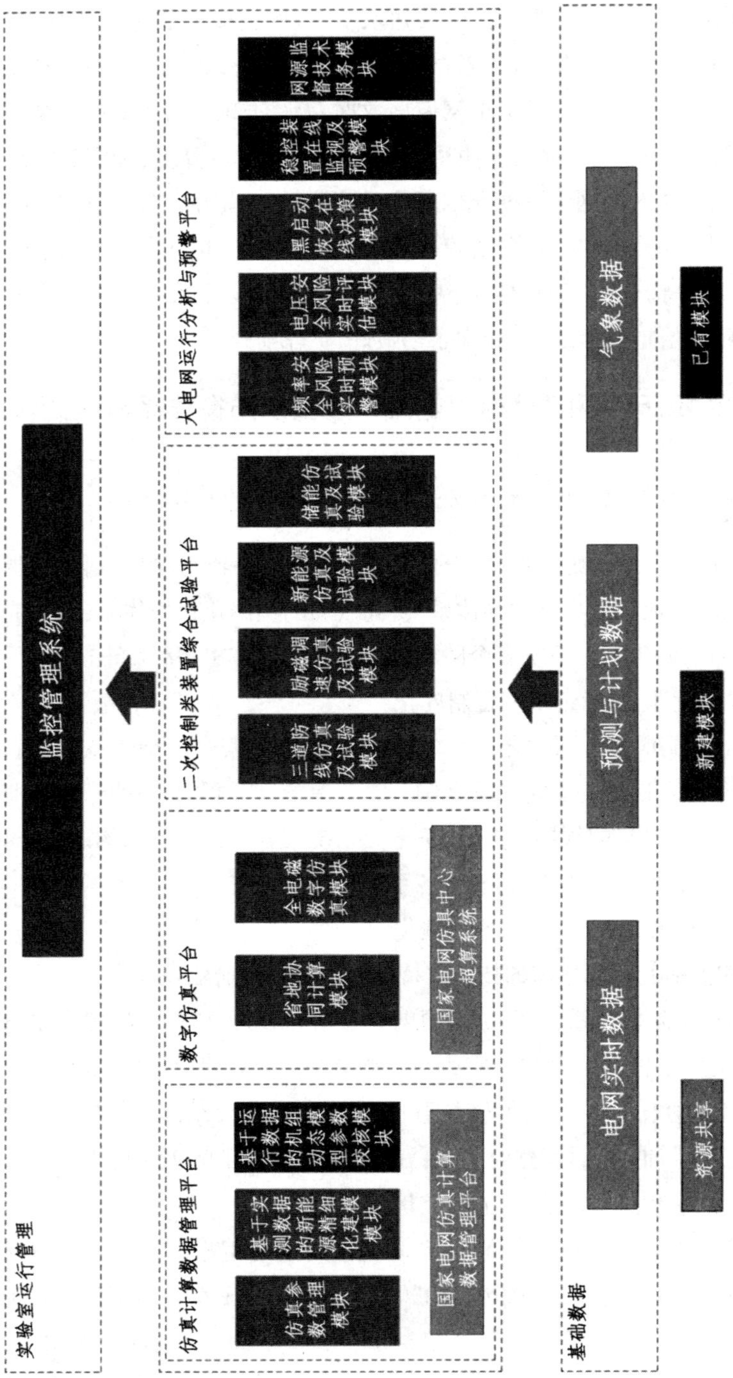

图1 "碳达峰、碳中和"目标下电力系统安全防御体系构建总体思路

4.编制管理制度,协调合作单位模式化

发布《山东电网省地联合仿真计算数据管理规范》《省地联合仿真计算数据录入指导书》等,规范山东电网运行方式联合仿真计算数据管理工作,确保仿真计算数据的正确性;印发《山东电网备自投装置配置原则及动作逻辑技术规范》等,全面排查现有备自投装置闭锁逻辑、充放电信号上送等是否满足要求;编制《新能源场站实测建模工作总体方案》《新能源场站人工短路试验方案及措施》,明确组织措施、试验计划、测试大纲、危险点分析、事故预案等内容,确保新能源实测建模现场试验工作有序开展。

(二)推进省地一体,提升仿真计算数据管理平台的覆盖范围

目前,国网公司系统内的220千伏及以上电网仿真数据统一存储在国家电网仿真计算数据管理平台上。按照国调中心的工作分工,中国电科院负责发电机、直流系统等模型的参数维护,各省公司负责属地220千伏及以上交流电网、新能源场站等模型的参数维护。然而,该平台只覆盖到了省公司一级,省公司系统内的所有地市公司均不具备维护110千伏及以下电网仿真数据的能力,因此无法实现低电压等级的新能源场站仿真、合环调电以及短路电流仿真计算等工作。

1.规范仿真模型管理,延伸数据管理平台

国网山东电科院构建了山东省地一体化仿真数据管理平台(见图2),将原国家电网仿真计算数据管理平台向地市公司一级延伸,率先实现了省调、地调、县调的协同数据管理。相比于其他省公司,山东各地市公司能够从本地客户端通过浏览器登录平台,实现多人、异地、并行维护数据,率先实现省地县三级数据的全周期、长时间尺度管理,提高对低压电网数据维护质量的专业管理水平,数据维护工作模式也从串行转变为并行,数据维护效率提高了20倍。

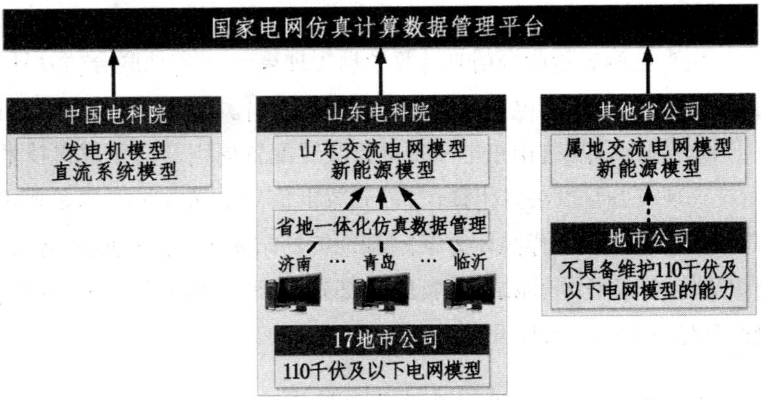

图2 省地一体化仿真数据管理工作技术路线

2.筑牢全电压等级建模,实现电网精细仿真

新能源大多是通过110千伏及以下低电压等级并网,而目前各省的仿真数据仅建模至220千伏,无法有效考虑低电压等级并网的新能源的动态特性。对此,国网山东电科院开展了110千伏及以下电网的仿真数据建模工作,在国网公司范围内率先建成10~1000千伏全电压等级的电网仿真模型,涵盖各电压等级并网的新能源场站,为精细化仿真“双碳”背景下以新能源为主体的电网特性奠定了坚实的数据基础。

3.开发自动建模功能,提高模型维护效率

低压配电网中含有大量T接的开关站,总量达到2000余个,通过人工建模的方法将耗费大量的时间,建模效率低下。对此,国网山东电科院主动对接中国电科院,提出功能需求,与中国电科院合作开发了自动建立T接站和T接线路的功能模块,并在山东省地一体化仿真数据管理平台中部署应用,有效提高了仿真数据建模效率。

(三)提升建模精度,规范新能源场站精细化建模的业务流程

山东已成为光伏装机全国第一、风电装机全国第四的新能源大省,其中新能源发电设备厂商众多,机型超过上百个。不同厂商不同型号的设备结构和特性差异显著,现有的通用数据模型已不能满足“双碳”目标下对以新能源为主体的新型电力系统仿真分析的需要,亟须在电力系统仿真分析中采用基于实测数据的新能源模型参数,详细反映新能源场站高电压/低电压穿越、有功/无功功率控制过程等动态特性。

1.夯实新能源参数辨识建模,精确模拟控制器特性

针对存量新能源场站和新建新能源场站,提出两种不同的建模技术路线,并行推进新能源实测建模工作。省内现有存量的新能源场站,不再进行试验测试,而是充分利用已有型式试验报告,通过参数辨识的方法实现存量新能源场站的实测建模。针对新建的新能源场站,则开展实验室测试,通过控制器硬件在环仿真的方法,实现新建新能源场站的实测建模。同时为提升新能源厂家建模积极性,联合省调控中心出台相关管理文件,将新能源实测建模报告作为新能源厂站并网验收的前提条件,从而保障了新能源场站实测建模工作的有序推进。

2.实施新能源厂站现场试验,验证场站模型精度

为了验证这两种新能源实测建模方法的有效性,国网山东电科院联合省调控中心、中国电科院等多家单位,对双馈型风电场、直驱型风电场和光伏电站各选取一座典型场站开展现场试验,成为国网公司内首家通过新能源场站现场实测完成新能源场站级建模的单位。新能源场站现场试验完成后,对比实际录波数据与实验室实测建模得到的仿真数据,二者高度吻合,充分验证了所提实测建模方法是准确有效的。

3.推进实测模型数据应用,把控电网运行特性

全面应用新能源实测模型数据开展仿真分析工作,并与过去采用的新能源通用模型数据进行对比分析,重新评估新能源场站对山东电网电压稳定性以及特高压长南线稳定性的影响。应用新能源实测模型数据开展山东电网交直流受电能力专题计算分析工作,制定新能源正常及大发方式下山东电网交直流受电限额,指导“双碳”目标下山东电网的安全可靠运行。

(四)升级仿真手段,增强高比例新能源电网仿真的技术能力

“双碳”目标下,新能源的快速发展导致电力系统电力电子化比例的不断提高,传统的机电仿真方法的精度已不再满足“双碳”目标下大电网仿真需要,亟须开展仿真精度更高的全电磁仿真。目前在国网公司系统内,只有中国电科院具备全电磁数字仿真的能力,各省公司尚不具备这种能力,无法准确模拟特高压直流、新能源等电力电子设备快速控制特性对山东电网的影响。此外,国网仿真中心的协同计算平台仅覆盖到网省公司一级,各省的地市公司人员均无法远程调用国网仿真中心超算资源进行大批量作业的扫描,仅能采用单机版的仿真程序线下串行进行计算,存在计算速度慢、效率低的问题。为提升电网仿真技术能力,电科院做了以下工作:

1.统筹计算资源,部署全电磁数字仿真功能

国网山东电科院完成了全电磁数字仿真功能部署,能够综合利用本地计算资源与国家电网仿真中心超算资源,开展山东电网全电磁仿真分析工作,在省级电网中率先具备全电磁数字仿真能力。同时,提出本地计算资源和云端超算资源的协调机制,对于单个全电磁仿真作业的调试,由于需要频繁调整仿真参数和迭代计算,利用本地计算资源进行全电磁仿真,将单个全电磁仿真作业提交到本地的后台服务器;对于大批量全电磁仿真作业的扫描,优先采用远程调用国家电网仿真中心超算资源的形式,当遇到超算资源紧张的时候(度夏、度冬及年度方式集中计算期间),则利用本地计算资源进行全电磁仿真作业扫描。

2.应用电磁仿真,开展高精度计算分析工作

全面应用全电磁数字仿真,仿真精度由过去的毫秒级进入微秒级,精度提升200倍(见表1)。电科院利用全电磁仿真技术,开展高渗透率新能源接入对"外电入鲁"能力的影响分析,定量分析影响电网稳定性的关键因素,提出提高电网稳定水平的优化控制措施,显著提高了对"双碳"背景下的大电网运行机理的认知水平。

表1　传统机电仿真与当前全电磁仿真的区别

	机电建模仿真	电磁建模仿真
仿真步长	毫秒级,典型步长10毫秒	微秒级,典型步长50微秒
表示方式	基频相量值	abc三相瞬时值
发电机模型	忽略定子电磁暂态过程	考虑定子电磁暂态过程
线路模型	集中参数	集中或分布参数
变压器模型	忽略磁饱和特性	考虑磁饱和特性
直流模型	准稳态模型	高频动态模型
负荷模型	恒阻抗+电动机	恒阻抗+电动机

3.优化功能部署,提升平台智能化应用水平

仿真分析中,工作耗时主要集中在仿真故障卡的建立和电网方式的调整两个环节。对此,山东电科院主动对接中国电科院,提出技术需求,合作开发智能化模块,提升工作效率。一是将公用故障卡独立于工程之外存储,实现跨工程调用;二是增加公用故障卡读写权限限制,降低误操作风险;三是增加批处理作业的导出功能,实现计算任务的本地备份;四是增加仿真结果的筛选功能,提升仿真结果的输出速度;五是优化扫描结果的展示界面,提升结果查询的易用性;六是开发电网方式自动调整模块,提高仿真计算的智能化水平。

4.整合计算平台,实现跨地市联合仿真计算

国网山东电科院联合中国电科院,将国分省协同计算平台向山东地市公司一级进行延伸,实现单机版仿真程序与超算平台的交互,增加可由本地单机版仿真程序直接调用超算的功能,在省级电网中率先实现国网仿真中心超算资源的大规模远程调用。基于该功能,国网山东电科院多次成功组织地市公司通过远程调用国网仿真中心超算资源完成山东电网次年年度方式和2~3年省地联合仿真计算工作(见图3),成为国网公司首家利用国网超算资源完成多地市异地联合仿真计算的单位,计算速度取得了质的飞跃,这对于提高电网方式计算工作效率、管理水平具有重要意义。以完成1500个潮流作业计算任务为例,过去单机版仿真程序需耗时15小时,而现在通过调用超算仅耗时8分钟,仿真速度提高105倍,有效地提高了方式计算和事故分析的工作效率。

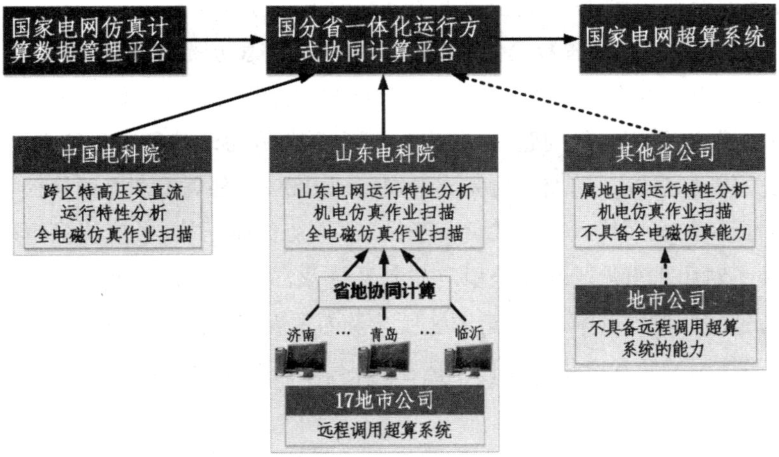

图3　省地远程协同计算工作技术路线

(五)完善监测预警,助力电力系统安全防御战线的整体前移

为了保障电力系统的安全稳定运行,电网共设置了三道安全防线。由于这三道防线涉及大量的自动化控制装置,这些装置本身的健康状况、通信状态、压板状态、定值状态等等对于保障大电网的安全运行起到至关重要的作用。同时,随着特高压交直流交互影响的加剧、新型电力电子设备的增多,电网故障形态由过去的单一型故障向现在的连锁型故障演变,亟须加强对这些自动化控制装置的在线监测,将安全防线前移,实现安全隐患提前预警,防止故障蔓延引发大面积停电事故。

1.构建继电保护装置在线监视与智能诊断系统,实现"一道防线"管控在线化

打通、整合了继电保护信息、故障录波联网、整定计算、定值在线校核等现有系统,依托调控云平台,融合多源信息,建成继电保护装置在线监视与智能诊断系统。通过装置运行状态自动巡视、定值在线校核及预警、动作行为监视与分析三大功能建设,实现了装置采样、压板投退等运行状态巡视由离线转为在线,实现了差流异常、PT多点接地等隐性缺陷"排雷"由事后转为事前,实现了继电保护动作行为分析和评价由人工转为自动,实现了定值的在线比对和智能防误,提升了装置的运行可靠性。目前系统已接入500千伏变电站11座、保护装置618套、运行信息36641条。创造性地将区块链技术应用到继电保护定值执行工作中,构建了"区块链+电网第一道防线"的主动防误体系,实现保护定值等关键数据防伪造、可追溯,对定值执行过程进行在线化管控,确保了装置现场运行定值与调度下发定值的完全一致,全面巩固电网的第一道防线。

2.开展安全自动装置数模仿真测试,实现"二三道防线"管控过程化

在省级电网内率先开展二三道防线数模仿真测试,发现并解决100余项装置逻辑错误、功能不全等问题。完成11428台开关传动试验和835套装置检验,装置开关传动完成率、超期未检完成率均实现100%。部署山东电网稳控装置监视及预警系统,全面接入精准切负荷子站、常规切负荷子站、稳控装置的运行信息,实现了对山东直流受端安全稳定控制系统及常规安自装置等运行状态的实时监测。同时,对电网第二、三道防线所涉及的常规切负荷可切量和精准切负荷可切量等控制资源常态化开展日评估工作,有效提升了对第二道防线的专业管理水平。

3.构建电网恢复决策支持平台,实现电力系统恢复决策在线化

大电网停电后能否采取及时正确的恢复策略,将直接关系到停电范围、停电时间是否扩大。针对山东公司缺少电力系统恢复在线决策手段,且提前编制的黑启动预案存在无法考虑故障发生时刻电网实际拓扑结构等问题,国网山东电科院构建了国网公司首套电力系统恢复在线决策系统,针对山东电网全停、局部电网停电的预想场景,在线自动生成包括黑启动、网架重构和负荷恢复的电力系统全过程恢复方案,并以图形化的形式动态展示恢复路径和恢复过程,为调控人员提供电力系统恢复的模拟演练环境,帮助调控人员对恢复预案进行分析和训练,全面提升山东公司应对大面积停电事故的调控应急处理能力(见图4),国调中心领导对该系统给予了高度评价。

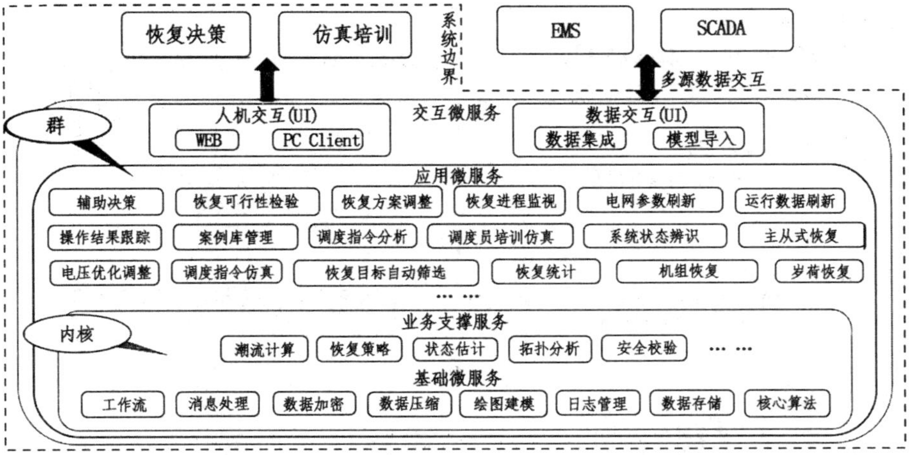

图4　电网恢复决策支持平台软件方案

4.构建安全稳定在线评估与风险预警平台,实现大电网安全分析多源融合化

提升网源监督服务技术平台应用水平,目前已接入180余台直调机组,占直调机组的90%以上,全面实现了机组调频、调压、调峰能力在线监测评估。部署山东电网稳控装置监视及预警系统,实现全部稳控装置压板状态、告警信息等实时监视。以此为基础,结合电源侧实时评估结果和电网实时运行数据,并充分融合继电保护、稳控装置等二次设备的在线监视结果,建成山东电网安全稳定在线评估与风险预警平台,完善电网运行风险管控手段,在基于多元信息融合的大电网风险预警方面走在国网前列。

部署频率安全风险预警与辅助决策功能,全面监视山东电网动态频率,实现频率时空分布可视化展示;基于预想故障集合进行暂态频率偏移安全风险快速评估,对特高压直流闭锁、新能源出力波动等引起的大功率缺额事故进行前瞻预警;开展大电网惯量在线评估与预警,实时监视电网转动惯量水平,分析维持电网频率稳定所需的最小安全惯量;深入挖掘多种功率控制措施的调频能力,形成含抽水蓄能、旋转备用和负荷控制等的综合一体化频率控制辅助决策方案,有助于保证特高压直流群安全稳定运行,提高可再生能源发电消纳能力(见图5)。

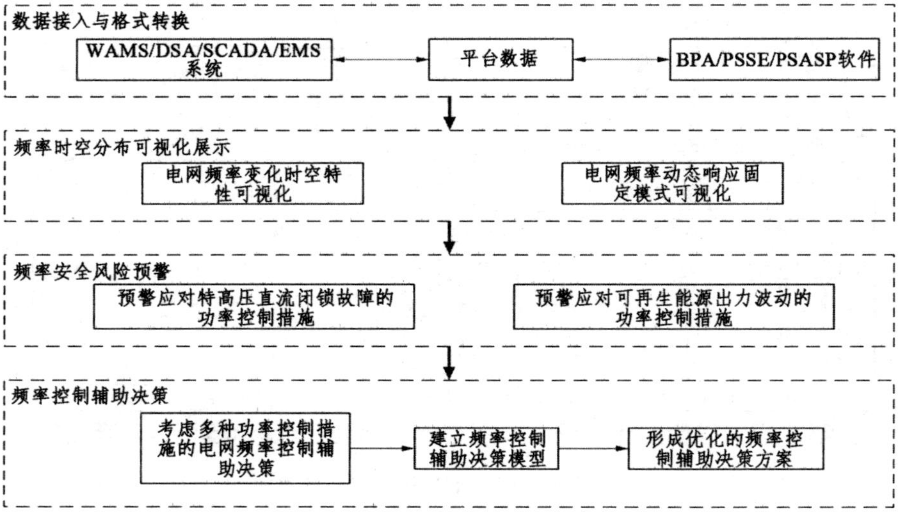

图 5　频率安全风险预警与辅助决策功能框图

开发基于人工智能的交直流混联电网电压安全风险快速评估技术(见图6),部署电压安全风险快速评估功能,实现对电网稳态电压风险和动态电压安全的快速评估,把握特高压交直流混联电网的电压安全特性,制定优化的控制决策方案,降低山东电网电压安全风险。

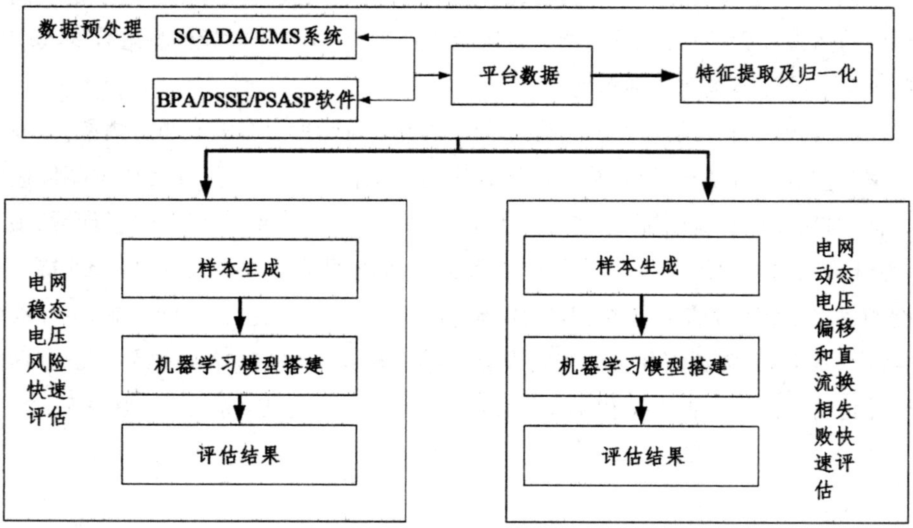

图 6　电压安全风险快速评估功能框图

三、“碳达峰、碳中和”目标下电力系统安全防御体系构建效果

(一)管理运维水平持续改善

率先完成省级电网10~1000千伏全电压等级的电网建模,能够真实反映接入低压电网新能源的拓扑特性,解决了过去采用等值建模时无法准确反映新能源场站动态特性的问题,新能源场站精细化建模能力跻身国网公司前列;在省级电网范围内率先实现了地市公司对国网仿真中心超算资源的远程调用,仿真计算效率提高了100多倍,方式计算的整体工作时间由15天缩减至3天;建成了国网公司首套电力系统恢复在线决策系统,显著提高了山东公司对大面积停电事故的应急处理能力,国调中心对该系统给予了高度评价;完善电网运行风险管控手段,在基于多元信息融合的大电网风险预警方面走在了国网公司的前列。

(二)经济运行效果持续向好

通过升级电网仿真分析手段、提升“双碳”目标下大电网认知能力,提升了山东电网的受电能力,提高了电网企业的经济收益;通过对服务器硬件进行统一管理与资源调配,避免应用“烟囱式”建设,实现了各类用户、各类应用之间对资源的共享和复用,有效节省对软、硬件的资金投入;通过开展省地远程协同计算,山东省调、电科院与各地调的仿真人员可在本地开展运行方式的联合计算和分析,有效节约了参加集中计算的会议费、住宿费、路费等开支。

(三)社会生态效益持续优化

通过构建电力系统安全防御体系,全面掌握电网运行数据,对电网可能发生的事故进行分析和预警,有效防止局部电网事故持续恶化蔓延引发大面积停电事故,避免造成恶劣社会影响;提高电网供电可靠性,减少停电给用户带来的损失,减少其他行业因停电而产生的安全事故,提高用户对电力企业的信赖度;显著提升对新能源发电的消纳能力,在节能减排和环境保护方面发挥积极作用,全力促进“碳达峰、碳中和”目标的实现。

成果创造人员:蒋　哲　李　山　周　宁　赵　康　郝旭东　田　浩　张志轩

高速公路企业基于危险预知训练的安全管理体系构建和实践

山东高速股份有限公司

摘要：危险预知训练是针对生产特点和作业全过程，以危险因素为对象，以作业班组为团队开展的一项安全教育和训练活动，属于群众性的“自主管理”活动的一种。烟台运管中心以“精、细、实”管理为遵循，立足企业安全管理目标要求，以危险预知训练的开展和实践为切入点，对现有的安全管理体系进行改进和完善，通过创新安全管理方式、建设安全人才团队、共享安全信息资源等形式，以期在短时间内建成全新的安全管理体系，实现安全管理水平高、安全培训质量高、人才队伍素质高的管理目标。

山东高速股份有限公司烟台运管中心（简称“烟台运管中心”）成立于2018年，主要负责我省高速公路网络中的重要“一链”——烟台至海阳路段高速公路的运营管理工作，现有职工180人，管辖总里程80.61公里，下辖3个职能科室、7个收费站和3个业务单位。自成立以来，烟台运管中心坚持“责任、进取、卓越”的企业精神，以“让社会公众走最安全、最畅通、最舒适的路，享受到高品质的出行服务”为目标，充分践行“精、细、实”理念，形成了拼字当头、求真务实、奋发向上的工作作风。长期以来，致力于山东高速事业的发展，取得了良好的经济效益和社会效益。

一、企业基于危险预知训练的安全管理体系构建和实践的背景

（一）高速公路行业安全管理的要求

2019年，我国高速公路行业实现省界站撤销和全国联网，收费模式和收费环境发生了较大变化，行业内安全管理面临新形势和新挑战，管理难度日渐加

大。近年来,国家对安全生产的重视程度达到空前的高度,习近平总书记多次强调要加强交通运输、消防、危险化学品等重点领域安全生产治理,遏制重特大事故的发生。如何加强新形势下高速公路行业的安全生产治理,积极避免安全隐患事故发生成为行业内的新挑战。

(二)实现企业安全生产的要求

《国家安全法》要求:管业务必须管安全。管生产经营必须管安全。安全生产不仅关系到企业的长治久安还关系到职工的生命健康安全,是一道不能答错的"必答题"。山东高速股份有限公司非常重视企业安全生产工作,明确提出"杜绝安全责任事故,避免员工死亡事故发生"的安全管理目标和"安全第一、预防为主、综合治理;以人为本、安全发展"的安全生产工作方针,将企业安全生产和职工生命健康安全摆在了重中之重的位置。

(三)提升基层单位安全管理水平的要求

2018 年,山东高速股份有限公司完成了机构改革,改革后企业内部的管理机制和管理方式发生重大改变,基层运营单位从原分公司时代粗放型管理模式转变为以"精、细、实"为导向的现代企业管理模式,新的管理模式对安全管理工作也提出了新的挑战,要应对挑战、解决症结,首先要解决以下四个短板:一是安全管理基础薄弱。运管中心安全管理团队成立时间较短,成员较为年轻,无论在安全管理人员的安全素质、管理经验和管理方法,还是在安全人才储备,广大职工的安全意识和知识技能等方面都存在较大短板,总体安全管理形势不容乐观。二是安全培训效果不明显。现阶段的安全培训方式偏向培训频次、培训时长及培训人数,对培训形式的创新性、培训内容的实时性和培训效果的最终验证缺乏有效把控。三是安全管理亮点较少。目前,安全管理尚不能万全契合日常管理,缺乏工作亮点,基层单位各部门之间、各员工之间安全管理水平和安全意识参差不齐。四是广大职工安全工作参与程度低。现阶段的安全工作,主要依靠各部门的安全员大包大揽进行"输血式"管理,广大职工仍是被动接受,一定程度上难以吸引全员有效认可,安全管理工作缺乏"造血式"突破。

二、企业基于危险预知训练的安全管理体系构建和实践的主要做法

（一）加强领导、营造氛围，强化组织保障

1.加强组织领导。烟台运管中心先后召开 1 次动员会议和 2 次专项工作会议，成立了以主要领导和分管领导为组长、副组长，各部门负责人为成员的危险预知训练小组，全面负责烟台运管中心危险预知训练的实施和安全管理体系更新的相关事宜，下设烟台运管中心危险预知训练办公室具体实施。

2.营造良好氛围。由危险预知训练小组起草，小组组长亲自签发“动员令”，通过专题会议、视频会议、月度例会、微信群等形式，向广大职工讲明危险预知训练的构建与实践思路、讲清危险预知训练的活动实施步骤、讲透危险预知训练的巨大正向作用，将“形式创新”“内容精彩”“过程科学”“结果有效”等系列关键词植根职工内心。

3.坚持做好表率。“火车跑得快，全靠车头带”，危险预知训练小组率先垂范，成立了烟台运管中心第一个活动小组，小组组长亲自带队验证活动环节，亲自为活动做“代言人”和“推销员”，使得广大职工充分见证危险预知训练的创新性和重要性，明确运管中心坚决做好危险预知训练，并以此为基础，更新安全管理体系的决心。

4.压实工作责任。小组成员对各自部门进行点对点管理，全面负责各自部门危险预知训练的实施工作。工作内容包括：原理讲解、跟踪监督、过程指导、考核定级、查漏补缺等。各部门考核成绩与部门和各部门负责人绩效考核成绩挂钩，确保危险预知训练在运管中心逐层传导、层层压实。

（二）明确思路、制定方案，做好规则设计

1.明确活动思路。通过对现有安全管理方式和安全管理体系的系统梳理，找准背景中的四个问题，围绕“安全管理基础薄弱”建立全新的安全管理体系，围绕“安全培训效果不明显”建立全新的安全培训方式，围绕“安全工作亮点较少”打造安全管理体系新亮点，围绕“广大职工安全工作参与程度低”搭建全新安全工作平台，实现广大职工广泛参与。

2.制定活动步骤。一是利用危险预知训练创新日常安全管理方式，实现管

辖区域内职工的广泛参与。二是依托危险预知训练绩效,选拔优秀人才组成内部讲师队伍进行授课,重点围绕公司安全方针、安全规章制度、安全专项、安全知识等方面开展安全工作,消除安全管理盲点、组建专业人才队伍,建立全新的安全管理体系。三是将危险预知训练和内部讲师授课成果择优入选成果库。成果库面向职工开放,实现成果来自职工,服务职工的目的。

3.设定危险预知训练活动规则。一是做好活动准备。根据上级安全文件精神、工作实际情况、不同岗位环境等,确定出危险预知训练活动方向。每位活动人员根据各自的作业任务,查找本岗位安全隐患,并初步思考应采取的防范措施,对分析过程和结果进行个人记录,为小组讨论做准备。二是设定活动方法。小组组长亲自参与制定了危险预知训练活动方法,即“4R”工作法。具体释义是:“1R”为掌握现状,即以现场和具体物件为中心,以3~5人为活动单位进行轮流分析,找出潜在的危险因素,预判可能出现个各种后果;“2R”为追求根本,即在所发现的危险因素中分析找出1~3个主要因素;“3R”为制定对策,即针对主要危险因素,每人制定出一套具体的、可实施的对策,并合并成1~2项最可行的对策;“4R”为目标设定,即统一思想,在所有对策中选出最优对策,作为重点安全实施项目(见图1)。三是明确活动要求。第一要求各小组成员要明确发言顺序和发言内容,确保发言规范;第二要严格按照“4R”工作法中的步骤要求进行讨论;第三是设定专人,及时记录发言内容;第四是将相关活动信息整理成危险预知训练活动记录表,注意危险源描述准确、对策具体可行、目标突出重点;第五是设定小组行动目标,开展整改活动。四是抓细活动落实。利用“月度例会”“安全例会”“周例会”“班前会”“班后会”等方式对危险预知训练活动记录表进行落实,对落实过程中新发现的危险因素和防范措施进行补充,活动结束后,参与人员做好资料汇总,并就本次危险预知训练活动情况进行评价,提出改进意见。五是压实活动责任。将危险预知训练活动方法及内涵层层传导至运管中心每个部门,提出“全员参与”的基本要求和“全员提升”的基本目标,实现上至运管中心下至各个部门的全覆盖,确保活动在运管中心最大范围内开展,为全体职工的广泛参与打下坚实基础。六是完成考核评价。由烟台运管中心危险预知训练小组牵头,办公室具体负责统计各部门活动开展情况,按照下表(见表1)考核项目和权重等项目,周期性地对参加活动人员进行综合打分,作为验证危险预知训练实施情况以及安全管理体系更新和完善的依据,并做好公示和留存。

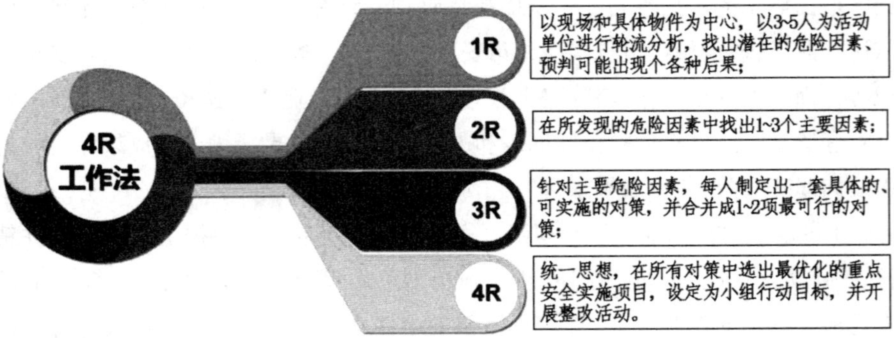

图1　4R工作法释义

表1　危险预知训练活动参与人员考核得分(部分)

人员类别	考核项目	权重	考核人	被考核人	分数	综合得分
专职安全员	查找安全隐患数	40%	烟台运管中心	×××	88	89.2
	隐患有效情况	60%			90	
兼职安全员	查找安全隐患数	40%	烟台运管中心	×××	73	80.8
	隐患有效情况	60%			86	
路政员	查找安全隐患数	40%	烟台运管中心	×××	91	83.8
	隐患有效情况	60%			79	
信息员	查找安全隐患数	40%	烟台运管中心	×××	92	90.8
	隐患有效情况	60%			90	
收费员	查找安全隐患数	40%	烟台运管中心	×××	90	83.4
	隐患有效情况	60%			79	

(三)完善制度、突出特色,构建安全体系

1.建立健全规章制度。一是制定了《烟台运管中心危险预知训练实施标准》《烟台运管中心危险预知训练考核标准》《烟台运管中心危险预知训练活动台账》《烟台运管中心安全内部讲师考核细则》等规章制度,对危险预知训练的实施方法、活动步骤、考核标准及内部讲师绩效考核等方面进行了细致规定,实现了用规章制度对危险预知训练活动实施的全程规范。二是在找到"轮值安全员"专项活动和KYT训练的共同点后(两项工作的重点都是查找安全隐患),完善了《烟台运管中心"轮值安全员"专项活动实施方案》,运管中心将危险预知训练纳入轮值方案第三章节,利用"轮值安全员"专项活动现有机制,带动危险预知训练更好的落

地。三是将上述规章制度,纳入安全管理体系,指导安全体系运行。

2.建立安全内部讲师队伍,打造特色安全管理体系。(1)打造讲师队伍。按照既定规则,从运管中心各部门选拔出在危险预知训练中绩效出色的职工组成烟台运管中心安全内部讲师团队(见图2);运管中心危险预知训练小组对安全内部讲师团队集中进行岗前培训,培训结束后进行考试和试讲,筛选出最优秀的内部讲师,保持安全内部讲师队伍的竞争力。(2)打造特色安全管理体系。①围绕安全内部讲师队伍初步构建全新的安全管理体系。由运管中心危险预知训练小组制定“必修课清单”和“课程表”,将公司安全生产理念、安全规章制度等通过安全讲师团队层层压实到每个基层部门,包括安全规章制度的学习和效果验证,各专项活动的部署、过程和验证,组织各类安全检查、安全会议和安全培训等,完成安全管理横向到边和纵向到底。②创新内部讲师授课方式,打造安全管理体系亮点。一方面以各部门危险预知训练为切入点,采用理论与实践相结合的方式,围绕安全理念、安全技术、行为追溯、违章分析、事故教训等方面内容,由区域对口讲师对职工进行定制式授课,同时根据实际教学情况,有的放矢调整授课内容,达到对症下药、精准施策,提升安全培训水平的目的(见图3);另一方面以广大职工为落脚点,根据职工实际需求另行设置“选修课清单”,即以内部讲师考核周期为周期,每期开设两堂“选修课”,由运管中心危险预知训练小组下发选课意向书,职工根据自己喜好选择培训课程、培训形式和内部讲师,得票高的培训内容和内部讲师进行“选修课”授课。

3.打造运管中心危险预知训练知识库。一是完善危险预知训练活动知识库科目。将知识库科目总结为基础类、专业类和拓展类,根据知识库科目类别,详细记录发现经过、处置流程、预防措施、影像资料及其他关键信息,由运管中心危险预知训练办公室进行审核,对入选危险预知训练活动知识库的知识点,按照《烟台运管中心危险预知训练考核标准》和《烟台运管中心安全内部讲师考核细则》给予相应考核加分,成绩纳入危险预知训练活动绩效。二是共享知识库成果。运管中心对全体职工开放危险预知训练活动知识库,以内部讲师考核周期为周期,将知识库成果汇编成册,下发至各个部门,组织安全学习,传授安全知识。同时结合内部讲师进行推广、验证,完成自危险预知训练开始到危险预知训练成果结束的闭环程序,实现“成果源自职工、职工共享成果”的目的。

4.把危险预知训练同日常管理进行有效结合。一是将危险预知训练同各类会议相结合。在工作例会、安全例会等会议中设置专门板块汇总活动成果,共同交流探讨隐患发现情况以及整改措施,同时设置专门台账记录隐患排查及整改

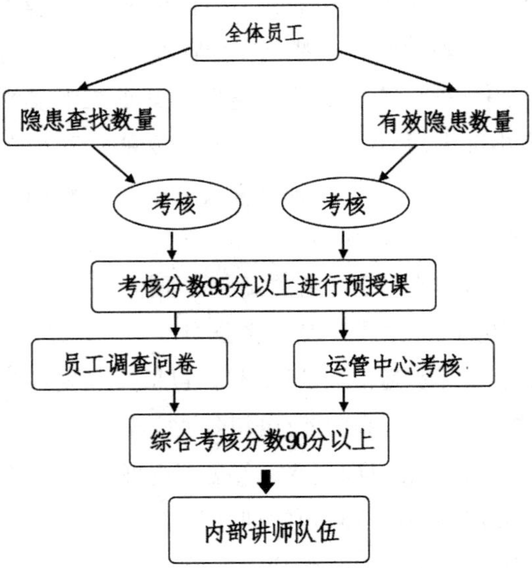

图 2　内部讲师选拔流程

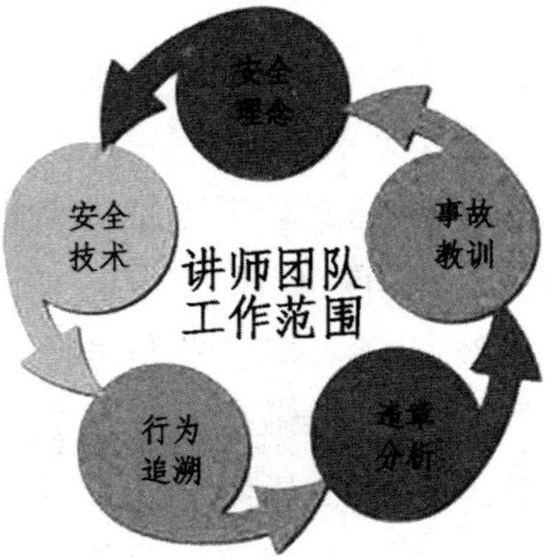

图 3　讲师团队工作范围

情况,并针对典型案例交流预防措施。以月为周期,定期查验危险预知训练相关台账和内业资料。此外,要求一线部门将危险预知训练充分融入“岗前十分钟”和班后会,采用值班管理人员跟班参与和实时监控录像回查等方式,确保活动充分落地、开展有效。二是把危险预知训练同企业内部安全管理 App 相结合。我单位安全管理 App 是集隐患发现和整改于一体的安全管理软件,我单位要求各部门用好安全管理 App,为危险预知训练提供详细影像资料;利用危险预知训练为安全管理 App 完成更加系统的隐患整改。三是将危险预知训练同安全管理专项活动相结合。结合“安全生产月”、危险源辨识、防火防盗、防风防汛等专项活动,统筹推进危险预知训练,将危险预知训练压实在各个安全专项活动上,确保危险预知训练与日常管理充分结合。

(四)结果导向、正向激励,用好考核机制

1.对危险预知训练进行检查和考核。一是在效果检查方面,运管中心危险预知训练小组根据《烟台运管中心危险预知训练考核标准》,每月对各部门危险预知训练活动情况进行检查,做好检查记录并打分;小组成员每周对本部门活动情况进行检查,并写明指导意见,建立检查记录;各活动班组负责人每班次对班组活动开展情况进行检查,并建立检查记录。二是在考核方面,对活动规范、效果良好的活动班组,按照《烟台运管中心危险预知训练考核标准》进行相应加分;对下列问题按照相关规定予以考核,并纳入活动成绩:对班组成员不熟悉作业危险因素和防范措施的,按规定考核班组组长;对隐患指正不到位、隐患整改不到位的班组成员考核班组组长;对未按要求开展危险预知训练活动(包括流程不规范、数量不达标、质量不合格等)的部门,考核部门负责人等。

2.对安全内部讲师进行检查和考核。一是运管中心采取走访基层、调查问卷和热线电话等方式,对内部讲师的授课质量进行考评。依据《烟台运管中心安全内部讲师考核细则》,设计内部讲师考核得分表,明确考评项目和占比权重,以半年为一考评周期,对每名内部讲师进行积分定级。周期积分优异者,给予相应奖励;周期积分末端者,暂停讲师资格,同时按照危险预知训练相关标准,选拔优秀人才入选讲师队伍补缺,充分调动安全内部讲师队伍的工作积极性,实现人员"能上能下"、人才库"活水"运转的良性循环。二是运管中心与各部门达成内部讲师积分认证共识,由危险预知训练小组按周期汇总讲师积分情况至对口部门,建立考核积分与绩效工资挂钩、与职位晋升挂钩、与评先选优挂钩的结果运用体系,旨在激发讲师队伍潜力,实现讲师队伍效能最大化,完成讲师队伍的闭环管理(见表2)。自2018年以来,烟台运管中心区域内共有22名一线职工入选安全内部讲师队伍,有3名职工根据《烟台运管中心危险预知训练考核标准》和《烟台运管中心安全内部讲师考核细则》要求,因绩效优异、成绩显著,晋升为基层管理岗位,在更广阔的安全管理平台上发光发热(见图4)。

表 2　考核标准

<table>
<tr><th colspan="2">标准</th><th>来源</th><th>说明</th></tr>
<tr><td colspan="2">积分情况(权重 70%)</td><td>隐患考核表、有效隐患考核表</td><td>年度积分值 * 70%</td></tr>
<tr><td colspan="2">技能资格(权重 10%)</td><td>技能资格证书</td><td>获得安全生产管理人员资格认证:70 分×10%
获得安全评价师:80 分×10%
获得注册安全工程师:90 分×10%</td></tr>
<tr><td colspan="2">学历(权重 10%)</td><td>简历</td><td>安全工程硕士或在职研究生 100 分×10%</td></tr>
<tr><td colspan="2">工作表现(权重 20%)</td><td>定性评定</td><td>根据日常安全工作进行评定,满分 100 分,根据实际评定分值×20%确定工作表现得分</td></tr>
<tr><td rowspan="2">加分项 5 分</td><td>安全方面管理创新</td><td>行业、公司表彰</td><td rowspan="2">根据实际情况酌情加分</td></tr>
<tr><td>安全论文著作</td><td>权威报纸、杂志发表</td></tr>
<tr><td rowspan="2">否决性</td><td>出现安全事故</td><td>公司通报</td><td rowspan="2">一票否决</td></tr>
<tr><td>出现违规、违纪行为</td><td>公司通报</td></tr>
</table>

图 4　员工职业发展通道

(五)持续改进、不断创新,实现管理常态

烟台运管中心坚持未来视角,立足当下,再接再厉,通过巩固危险预知训练的实时性,保障活动长效运转。

1.巩固基础。运管中心危险预知训练小组通过每月安全检查和专项检查等形式对各部门活动开展情况进行检查和效果验证,并充分发挥绩效考核的正向作用,本着"公平、公正、公开"的原则,定期对各部门活动情况进行考核通报,同时将《烟台运管中心危险预知训练实施标准》《烟台运管中心危险预知训练考核标准》《烟台运管中心危险预知训练活动台账》《烟台运管中心安全内部讲师考核细则》等规章制度,并入烟台运管中心管理体系,逐步实现危险预知训练的常态化和有效化。

2.不断创新。"纸上得来终觉浅,绝知此事要躬行。"烟台运管中心危险预知训练小组坚持边推进边改进,边推进边调整,根据实际情况不断修订活动目标和活动范围。新增安全游戏、轮岗体验、心理辅导、邀请外部专家授课、对标学习等课程;同时,继续优化内部讲师考核细则,鼓励内部讲师不断丰富授课方式和创新授课内容,增设"优质课""示范课""汇报课"等科目,引导广大讲师不断实现自我突破。在持续改善运行短板和弊病中,干部职工的安全工作热情和安全工作作风发生了积极转变。自 2018 年活动开展以来,烟台运管中心累计换岗体验 8 次、小组成员和内部讲师完成职工心理辅导 42 次、组织安全类知识竞赛和游戏 2 次等、邀请外部专家授课 2 次、外出对标学习 2 次,获得较好效果。

3.发挥党建统领作用,多维度实施危险预知训练。将危险预知训练同运管中心特色党建工作相结合,充分发挥党组织的政治优势,统筹调动区域内各方力量齐抓共管,形成"人人肩上有指标,众人拾柴火焰高"的建设格局。

三、企业基于危险预知训练的安全管理体系构建和实践的效果

一分耕耘,一分收获。通过不断探索和实践,烟台运管中心危险预知训练已实现常态化,安全管理体系基本更新完毕。通过实施,区域内安全生产形势在短时间内发生了积极变化,所辖 9 个部门的安全管理全部得到优化,安全自主管理水平、安全人才储备、安全培训效果、员工安全意识等得到了较大程度的提升(见表 3、图 5)。

表 3　训练前后人均每月隐患发掘情况对比

年份	危险辨识	危险预知	危险应变	危险排查	危险整改
2018	1.1	0.8	0.6	1.3	1.3
2019	3.5	6.1	6.0	3.2	3.6

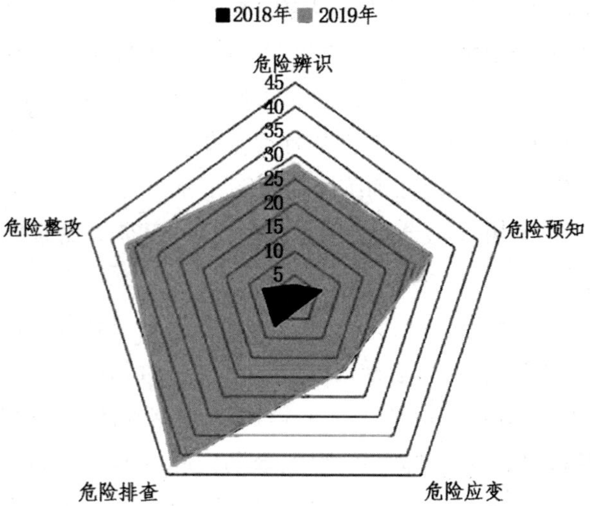

图 5　2018 年、2019 年危险预知效果对比

（一）安全管理水平持续提升

运管中心通过危险预知训练，更新完成了从危险预知训练活动到日常安全管理到安全人才队伍建设到成果共享的安全管理体系，有效解决了安全培训效果不明显、职工素质参差不齐、管理人员能力不足、人才储备相对匮乏、缺乏工作亮点等问题。在运管中心危险预知训练小组的统筹指导下，各部门积极投身活动通过完善各项制度、强化过程落地、注重安全教育、严格监管考核等方式，实现了运管中心区域内以点带面、面面俱到，履职尽责、勤奋工作、积极向上的良好工作氛围。2018 年至今，烟台运管中心区域内未发生任何安全事故，连续两年被公司授予“安全生产先进单位”称号，2 人获得“集团公司安全生产先进个人”称号，8 人获“股份公司安全生产先进个人”称号，安全方面获得公司 1 项管理创新良好成果，安全形势持续稳定。

（二）人才队伍建设成效明显

烟台运管中心通过危险预知训练，打造出一支质量过关、水平较高、思维活跃的安全内部讲师团队，极大地扩充了运管中心专项人才储备，同时为职工团队建设提供了新思路。

1.通过危险预知训练，培养部分优秀职工组成内部讲师队伍，针对各部门活动开展的实际情况定期进行授课，讲师们通过精心备课取得较好的培训成果，很大程度上拓展了自身知识面，内部讲师队伍的整体素质稳步提升。运管中心因材施教、量才培养，为广大职工专业化发展提供全面帮助，2018 年至今，运管中心辖区内已培养 2 名“注册消防工程师”、2 名“注册安全消防师”，人才队伍专业化程度不断提升。

2.运管中心内部讲师考核成绩是以《烟台运管中心危险预知训练考核标准》和《烟台运管中心安全内部讲师考核细则》为依据，以职工意见为主导，由运管中心危险预知训练小组牵头，以月度为单位对各内部讲师进行综合测算。内部讲师根据考核成绩获得相应积分，以半年为一考评周期，对讲师周期成绩进行汇总，位于考核末端的讲师，暂停讲师资格，同时从 KYT 活动绩效较好部门进行选拔递补，实现讲师队伍的内部良性运转；将内部讲师的考核情况，与各类评比挂钩，实现整个 KYT 活动的完整闭环，为运管中心人才梯队建设，提供全新思路。

（三）安全保畅能力稳步提高

1.通行环境持续改进。2018 年至今，烟台运管中心重点改善运营环境，消除安全隐患，截至目前，无一起因安全措施不到位发生的事故，无一起因不安全环境因素导致的投诉。

2.社会服务形象持续提升。2018 年至今，烟台运管中心圆满完成重大节假日、“两会”等重大安全保畅任务，积极开展与高速交警和当地派出所的联防联动，保障辖区安宁和谐，获得烟台市委市政府表彰。

下一步，烟台运管中心将尝试在现有危险预知训练的基础上，通过信息化技术，完成“智慧 KYT”平台建设，力求为广大职工提供更加便捷、有效的服务，打造日常管理的新亮点。同时持续强化管理创新工作、科技创新工作和质量小组工作，全力打造运管中心创新工作平台，完善运管中心创新工作的标准化运行机制，实现创新工作新突破。

成果创造人员：夏青林　刘松峰　孙树潼　曹庆平　林鹏飞　孙静洋　翟浩然

以电力降损增效为目标的四分同期线损管理

国网山东省电力公司菏泽供电公司

摘要：实施“四分同期”线损管理，深化同期线损系统应用，促进线损管理由结果管理向过程管控的转变，全面实现分区、分压、分元件、分台区的模型配置，数据提取，线损计算；线损管理的新局面由此形成。本管理创新成果以“四分同期”线损的模型构建为目标，以“基础业务平台融合”为手段，整合 D5000 系统、PMS2.0 系统、营销业务应用系统、电能量采集系统、用电信息采集系统等源端系统数据，实现了“四分同期”线损统计分析；并开展以“数据反校”为特征的变电站电能量平衡分析，确保准确定位计量异常间隔信息，实现线损业务横向拓展。

国网菏泽供电公司隶属国网山东省电力公司，担负着牡丹区、定陶区、曹县、成武县、单县、巨野县、郓城县、鄄城县、东明县及菏泽市经济开发区、菏泽高新技术产业开发区的电力供应和服务任务，是菏泽电网规划、建设、调度、运行、检修和电力服务中心。供电面积 1.2 万平方公里，服务客户 366.39 万户。菏泽电网现有统调电厂 3 座，装机容量 310 万千瓦，地方并网电厂 18 座，装机容量 46.7 万千瓦，光伏等新能源装机容量 59.6 万千瓦；通过 4 条 500 千伏、3 条 220 千伏线路与省网相连。网内有 500 千伏变电站 2 座，变电容量 350 万千伏安；35 千伏及以上变电站 220 座，变电容量 1647 万千伏安；35 千伏及以上输电线路 367 条，线路长度 4987 公里。全市全社会用电量 236.24 亿千瓦时，位居全省第 11 位，同比增长 15.28%，增幅位居全省第 3 位；其中工业用电量 143.35 亿千瓦时，位居全省第 12 位，同比增长 14.29%，增幅位居全省第 4 位，工业电量占比 60.68%。公司先后荣获“全国文明单位”、全国“六五”普法依法治理先进单位、全国五四红旗团委、山东省先进基层党组织、山东省职工技术创新示范企业、山东省富民兴鲁劳动奖状等荣誉。

一、基于“四分同期”的线损管理背景

线损率是综合反映电网规划设计、生产运行和经营管理水平的关键技术经济指标，线损管理是公司开源节流、降本增效的重要抓手。菏泽公司始终把线损管理工作放在突出位置，加大电网建设与改造力度，推广节能新技术、应用节能新产品，优化调度运行，推进“四分”管理，落实责任分工，加大反窃电力度，节能降损工作取得显著成效。2017 年公司线损率完成 6.35%，同比下降 1.26 个百分点，节约电量 2.39 亿千瓦时。随着公司智能电表推广、用电信息采集系统建设以及调控、营销、运检业务系统的不断完善，公司信息化管理已覆盖电网输变配售全过程。营配调贯通深入推进，专业融合和数据共享水平不断提高，为开展“四分同期”线损管理奠定了坚实基础。

（一）线损“四分”管理是经济新常态下公司提质增效的必然要求

经济下行压力增大，全省加快结构性改革，推动去产能、去库存、去杠杆、降成本、补短板，对用电需求产生较大影响。公司售电市场疲软、竞争加剧，电费回收困难，经营风险明显加大，稳健经营、提质增效任务非常艰巨。电力改革深入推进，市场主体多元化、利益诉求多样化的趋势日益显现，公司面临市场流失，电价下调压力明显增大。与此同时，电网持续大规模建设，特高压电网和配电网发展进入关键阶段，投资需求持续高涨，发展需求与投资能力矛盾问题更加突出。传统依靠电量高速增长支撑电网和公司发展的模式难以为继，进一步降本增效、向管理要效益成为当前公司发展的重要内容。强化线损管理是节约成本、提升效益最直接有效的手段，建立与实际电网运行一致的四分线损模型，以真实的线损率水平来反映电网运行水平，是线损管理人员工作的首要任务和必备素质，做实线损“四分”管理是提质增效的必然要求。

（二）“四分同期”线损管理是工作模式转变的有效手段

传统线损管理采用人工抄表统计、逐级上报的模式，存在着人工抄表工作量大、统计效率低、数据失真、缺乏有效闭环监督手段等弊端，结果实效性、针对性、客观性不强，难以准确定位重损元件、高损设备，线损精细考核难以推行，现有的管理手段难以适应线损精细化管理的要求。为彻底扭转供电量、售电量不同期导致线损率大月大线损、小月小线损的问题，国网公司统一推进同期线损系统建

设,固化线损计算系统模型,自动采集源头数据,自动生成指标结果,灵敏监测异常信息,解决了指标虚报、漏报、人为干扰等问题,杜绝了数据失真,真实反映了线损、电量指标和经营管理现状,可及时暴露计量采集不稳定、专业档案更新不及时、数据要求不统一、业务协同不到位等问题。推动“四分同期”线损管理,是新时代工作模式转变的必然要求,是夯实各专业管理基础、消除管理短板、打通专业壁垒的有效手段。

(三)提升数据融合水平是实现“四分同期”线损管理的必然要求

目前线损管理基本处于业务切块管理状态,生产、营销系统缺少统一的信息交换平台,设备状态难以可控在控,有时存在信息流转不及时和信息丢失等现象,数据标准不一、来源分散、有效性差等问题依旧存在,这就迫切需要融合各专业源端数据系统以提升线损基础管理水平。因此,实现线损“四分同期”计算,最关键的是融合各专业部门源端数据系统。通过生产管理系统、营销业务应用系统、用电信息采集系统、电能量采集系统、D5000 系统等专业系统,建立完整的电量与线损数据库,实现对设备档案信息、拓扑关系数据、电量数据、电能质量信息的全面集成,推动关口管理、电量管理、线损管理、智能监测和降损辅助决策业务与调控、运检、营销等相关业务融合互动,实现线损全过程闭环管理。菏泽公司严格按照国家电网公司数据集成要求和省公司的决策部署,创新管理模式,梳理管理流程,整合现有系统信息资源,依托同期系统,进一步推动各专业强化数据治理,贯通专业间、上下游数据,打破封闭独立、壁垒保护的桎梏,形成标准全网适用、来源唯一可靠、信息及时共享的信息化企业数据架构,有力支持了用数据管理企业、用信息驱动业务,服务于公司电网的全面发展。

二、基于“四分同期”的线损管理做法

坚持“统一标准、专业引领、密切配合、协同推进”的工作理念,由发展策划部统一组织推进系统建设,相关专业部门紧密协作,打破专业壁垒,彻底改变“分区数据难校验、分压数据不切实、分线模型零覆盖、台区数据不归真”的现状,不断提升线损四分管理水平,推动线损管理更加数据化、模型化,实现线损过程化管理。从模型构建、数据治理、数据应用三个阶段完成“四分同期”线损率的计算,逐步提升线损率与设备实际损耗的对应,并对其应用程度制定管理标准化流程,固化线损管理新模式。

（一）逐级细化，构建“四分”线损模型

同期线损系统属于数据接入型系统，系统中的核心业务数据，包括档案数据、运行数据均来源于源端业务系统，模型的构建是以变电站内的开关为基础，在完成开关与计量点或采集测点的关系勾稽后，结合分区、分压、分元件、分台区的管理方式，确定输入与输出组成单元及表计正反向运算关系。具体构建方式如下：

1.分区线损模型

分区线损模型按照管理单位级别主要划分为市级、县级区域模型。各级线损模型单元组成性质不同，具体划分如图 1 所示。

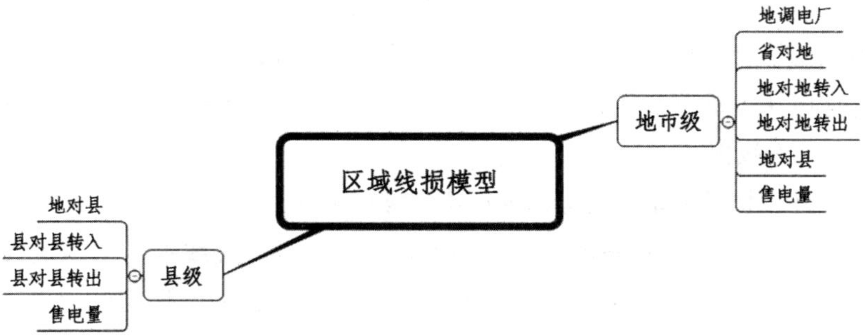

图 1　各级线损模型单元组成性质划分

以市公司分区线损模型为例，明确分区模型的组成单元，输入侧为省对地、地调电厂、地对地转入关口，输出侧为地对地转出、地对县等关口，售电量即为所在单位管辖范围内高、低压用户合计。

2.分压线损模型

分压线损模型按照电压等级进行划分，包括 400V、10kV、35kV、110kV、220kV 等，县公司层面参与 400V、10kV、35kV 及 110kV 分压管理。以地市公司 110kV 电压等级的分压线损模型为例，其构成如图 2 所示。

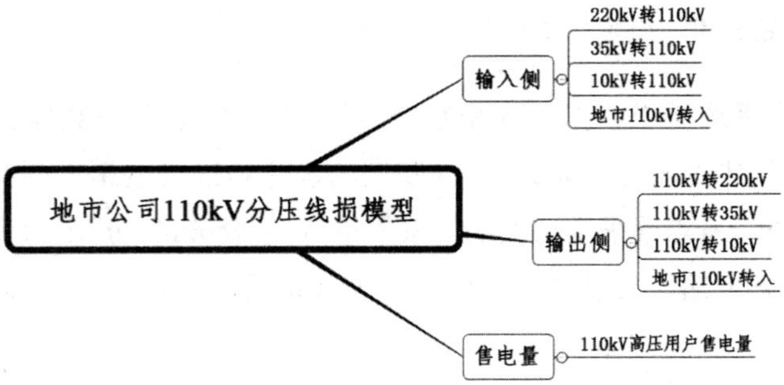

图 2　110kV 电压等级的分压线损模型

地市公司 10kV、35kV、220kV 分压线损管理模式与 110kV 的相同。400V 分压是指台区分压管理，实现对省、地、县、供电所管辖范围内台区线损管理，是分台区线损的综合管理。其中供电量为台区总表及台区下分布式电源合计，转出电量为该电压等级下台区总表反向合计，售电量为台区下全部低压用户合计。

3.分元件线损模型

分元件线损模型是以变电站为单位，按照“站-变-母线-线路”进行划分管理，实现对站损、变损、母平的综合线损数据监控。分元件线损模型的组成单元相对单一，其中变电站模型，输入侧为进线母线前开关关口，输出侧为出线母线后开关关口；变压器模型，输入侧为变压器高压侧开关关口，输出侧为变压器中低压侧开关关口；母线模型，输入侧为母线前开关关口，输出侧为母线后开关关口。

分线线损模型分为输电线路与配电线路线损模型，其中输电线路线损模型分为输入、输出侧关口，均为站内开关关口，配电线路线损模型则有所不同，其中供电侧为站内 10kV 开关关口，售电侧为线路下高压用户及台区。

4.分台区线损模型

分台区线损模型是以台区为核心，利用“台区-配变-计量箱-电能表”关系得到的台户关系实现了台区模型的建立。针对分台区模型，输入侧即为台区总表及台区下分布式电源合计，输出侧即为台区总表反向，售电侧即为台区下低压用户合计。

（二）核查数据，治理提升模型质量

1.模型评价标准

完成“四分”模型构建后，以调度 D5000 系统电气主接线图为依据，结合现场实际运行方式，自上而下地逐级校验模型一致性，即上级的母线输出必须为下级输电线路的输入，直至推演至配电线路的出线关口。

为量化模型归真程度，设立了4个考核指标加以规范。分别为供电关口模型平衡率，线路母线模型计量点方向一致率，分级线损模型一致率，分区、分压线损模型一致率，其指标定义如下：

供电关口模型平衡率：供电关口对应母线、线路月线损率均达标的关口个数/供电关口总数×100%。

线路、母线模型计量点方向一致率：线路与其对应母线模型中计量点方向一致的线路条数/线路总条数，其方向一致指输电线路输入计量点应对应母线输出计量点、输出计量点应对应母线输入计量点。

分级线损模型一致性：市公司分区同期损失电量与其所属下级单位损失电量之和偏差小于0.5%。

分区、分压线损模型一致率：县公司分区同期损失电量与各电压等级分压损失电量偏差小于0.5%单位个数/县公司单位总数。

通过以上指标的达标情况，可直观地反映出模型构建的正确性。

2.数据治理流程

在确保模型构建正确的前提下，针对系统数据质量和线损计算结果深入开展数据治理工作。

“四分同期”模型的数据治理流程是指在发现异常后返回源端系统进行治理的流程，如图3所示。

(1)工单化数据治理。为加强数据治理工作过程管控，明确各节点责任人及时间要求，留存工作轨迹，对于所有异常数据治理采用工单形式进行流转。管理部门发现异常数据后，形成异常数据工单，工单中要求对异常情况进行简要概述，同时明确治理责任部门、整改时间，由治理责任部门签字确认后，限期反馈工单治理情况，形成数据治理的闭环管理。

(2)差异化数据治理。根据数据异常性质，数据治理工作主要分为基础档案、运行信息和拓扑关系三大类。其中，基础档案类主要包括发电设备、输电设备、变电设备、配电设备、低压设备、供电计量、营销业务等档案信息；运行信息类主要包括电能量计量(来源于电能量计量系统、用电信息采集系统和配电自动化系统)、营销电量数据、遥测遥信等数据信息。拓扑关系类主要包括站-线-变-户的连接信息。

为建立健全管理体系，强化数据管理的组织协调，根据分类不同，发展、运检、营销、调控明确职责分工，固化各类数据治理流程，确定近、远期数据治理工作重点。

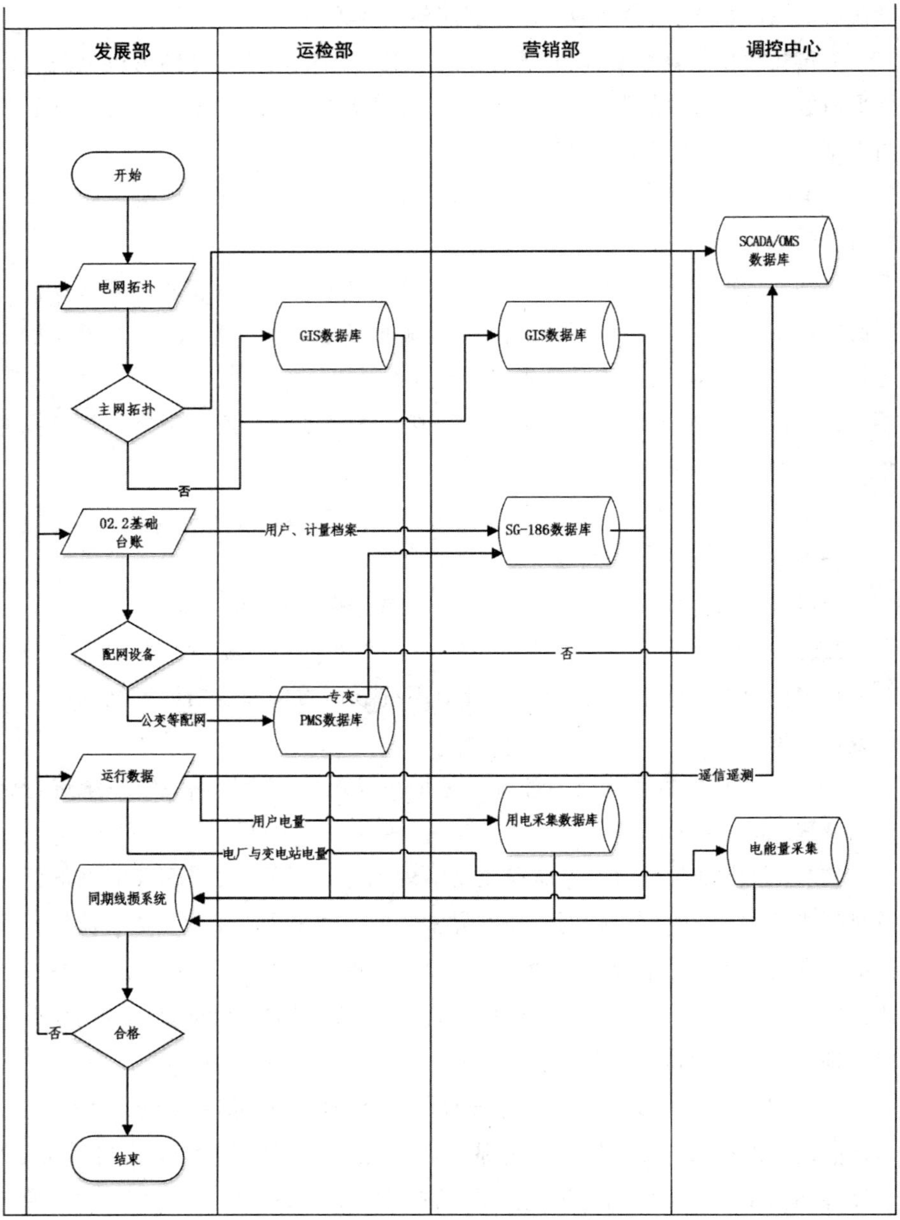

图3 “四分同期”模型的数据治理流程

(3)可视化数据治理。为更直观的展示异常数据,采用可视化图形对分区、分压、分线、分台区线损以及母线平衡情况进行展示,实现电量与线损的智能化、自动化管理。

(4)标准化数据治理。在数据治理过程中,及时总结常见问题,从日常操作、线损计算及分元件常见异常,编制了同期线损系统Q&A,大大缩减了原因分析时间,提高了问题处理效率。

(三)专业协同,“四分同期”模型落地应用

经过长期数据治理,集中力量对关口档案信息、计量档案信息、公专变信息、低压用户档案信息进行核查整改,各模型达标率基本满足数据应用要求。

1.基础档案管理水平大幅提高

同期线损系统作为一个数据接入型系统,其数据均来自各源端业务系统,因此对接入数据的规范性提出了很高的要求。通过“四分同期”数据应用,梳理出往年多处档案不规范甚至是错误数据,由于对于业务部门的直接业务没有影响,导致长期被忽略。如在公用台区的新增上,其台区总表计量点分类应为“台区关口”,但由于对直接的抄表收费无影响,导致业务部门在进行属性维护时随意设置,极不规范。

2.计量设备运行维护日趋规范

利用“四分同期”线损管理,借助同期线损系统日计算功能,开展平衡分析评估工作:一是通过电能量系统开展变电所的母线平衡、主变平衡、不同变电所的线路平衡,及时反映计量表计及其回路中存在的问题,及时开展专项整改;二是开展购网电量与趸售电量、直供区域供电量间的电量平衡,掌握网损水平及其波动规律;三是通过与负荷管理系统的整合,实现变电所与用户电能表计(采用加线损模式)的平衡,实现专用变用户电能的实时平衡。

3.拓扑关系前清后乱问题根本解决,反窃电成果明显

受技术原因影响,市县公司过去对于配电线路、台区的线损管理往往采用以供电所为单位打包核查的方式进行,导致系统内线变关系混乱,线路负荷切改等流程处于管理真空状态,无法及时发现及精准定位异常设备。实行“四分同期”线损管理后,随着线—变—户关系的逐步梳理,供售电量的逐层穿透,可快速、准确定位异常设备。

2017年菏泽公司共查处窃电户1488户,追补电量共计246.12万千瓦时,追补电费及违约使用电费617.51万元。

(四)问题导向,建立闭环线损管理标准化流程

以“四分同期”线损管理为抓手,以组织体系、变电站母线、10kV线路、配电

台区和营配调信息集成为关注点，重构线损管理标准化流程，分工明确、责任到人，实现全员、全过程参与线损日常管理，公司线损管理效率得到全面提升。

1. 工作组织协调常态化

搭建高效的工作组织体系，充分发挥各专业的技术优势，按周召开例会，集中解决业务协同、系统应用中的难点问题，实现了发展、运检、营销和调控等专业的业务融合互动，确保线损档案数据的准确接入和同步更新。

2. 变电站电量平衡管理制度化

协同运检、营销、调控和信通等专业实时监测计量设备运行工况，以“异常工单”为切入点，形成缺陷闭环处理流程，促进分区、分压和分元件关口计量点的采集成功率准确率大幅提升。

3. 10kV 线路线损业务流程规范化

以“问题”为导向，全面梳理归类“计量装置故障、采集失败、档案错误、偷窃电”等线损异常情况，构建了纵向市、县两级贯通，横向运检（配网检修、改造和抢修）与营销（业扩、计量采集和反窃电）专业协同的线损异常处理流程体系，实现线损分析处理的全过程闭环管控。

4. 配变三相负荷不平衡监测调整标准化

建立配变三相负荷不平衡监测调整评价指标体系，充分发挥同期线损管理系统配变低压线损率的监测功效，根据配变负载率、功率因数、三相负荷不平衡率、持续时间段和用户负荷分配等信息对高损配变进行评估，配网运维人员与营销业扩人员协同对不平衡配变进行调整，有效降低配电网损耗。

5. 配网营配信息集成一体化

借助同期线损系统 10kV 配电线路日、月同期线损监测功能，及时发现“站-线-变-户”档案关系错误，反校营配调信息贯通质量，进一步巩固提高营配信息集成工作质量。

6.高损台区、10kV 线路反窃查违精准化

利用同期线损系统台区日、月同期线损监测功能，建立基于同期线损系统的数据分析规则，加强大数据分析诊断准确性。开展基于同期线损系统的台区用户用电电量、用电行为的周期性大数据监测分析，深入挖掘并锁定高损台区窃电嫌疑用户，将高损台区及窃电嫌疑用户明细形成问题工单传递营销专业，督导治理。同时，借助同期线损系统，滚动建立高损台区、高损线路台账，实行台区、线路降损治理销号制，开展相邻台区、线路的高损和负损关联性分析，通过同期线损系统大数据的深化应用，提高台区、线路反窃查违效率，实现高损、负损线路精

准化治理。

三、基于“四分同期”的线损管理效果

本管理成果以专业管理转型为主线，自实施以来，创新性地建设、应用同期线损系统，推行工单化管理、差异化管理、数据化管理、可视化管理，提高了市县公司“四分同期”线损管理水平，切实转变了线损管理思路。

（一）管理效益

1.线损考核有序开展，统计效率明显提升

提高工作效率，通过同期线损系统的深化应用，实现了线损“四分同期”数据的自动计算，避免了人工抄录数据速度慢、易出错的缺点，减少了人工工作量，大大提高地县公司人员的工作效率，满足上级部门快节奏的报表填报要求，大大节省了人力物力。

2.信息准确有序流动，企业基础管理水平明显提升

通过“四分”同期线损管理，菏泽供电公司对自主网至配网的设备各项基础档案信息进行了再梳理，并整合优化其流转流程，形成了自生产至营销，自管理层至执行层间有序流转的通道。

同时，针对线损率异常开展基础治理，有效解决营配基础台账不一致、采集质量不稳定、计量装置故障等问题，基本实现了“数据 100%接入、关系 100%准确、电量 100%完整、线损 100%合理、检测 100%有效”的目标。档案接入率、电量接入率由系统上线初期的 66.9%、66.4%提升至 100%，线损“四分同期”达标率由上线初期的 33.4%提升至 99.9%，基础管理水平得到了明显的提升。

（二）经济效益

1.线损指标下降明显，节能降耗成效显著

自 2017 年开始，菏泽供电公司通过推进“四分同期”线损精细化管理，及时发现线损率过大或波动异常的线路、台区，有针对性地进行检查分析，通过及时整改，线损率取得了明显下降。直接经济效益计算如下：

2016 年综合线损为 7.65%，自 2017 年推行“四分同期”线损精细化管理后，2017 年综合线损下降为 6.39%，同比下降 1.26 个百分点，降损节能成效明显，按照 2017 年供电量 190.0216 亿千瓦时计算，累计减少损失电量约 2.3 亿千瓦时，

2017 年公司平均电价为 534.91 元/千瓦时,全年累计增收 1.23 亿元。

2.线损分析深度提高,降损计划针对性明显加强

一是提升了线损分析整改的及时性,通过一体化电量与线损系统可方便地按日进行线损统计分析,一旦发生线路或台区实际线损超指标,及时进行分析,查找出原因、提出整改措施并落实,减少电量损失。二是有效的指导节能降耗规划工作,实施“四分同期”线损管理后,通过对线损统计数据与线损理论计算进行关联性和逻辑比较分析,查明电能损耗的组成和分布情况,发现主、配网结构及规划方面存在的问题,以进行针对性的改进。三是有效地支撑了反窃电工作,通过一体化电量与线损系统的线损数据统计,及时发现窃电行为并针对性地开展反窃电工作,打击社会窃电行为的嚣张气焰,整顿电力市场用电秩序,提高公司经营效益。

(三)社会效益

通过“四分同期”线损管理,快速准确定位了菏泽公司高损配变,在针对性地开展管理降损、技术降损的同时,有效降低了线路、台区的供电半径,电压质量得以改善,供电可靠性进一步提高,优质服务效益明显,得到了广大电力用户的支持与肯定。

成果创造人员:姜良民　张　磊　荆树志　徐　珂　王　洋　李泽鹏

烟草生产企业基于信息化系统的全员全过程全系统设备运维管理

山东中烟工业有限责任公司青岛卷烟厂

摘要：本次设备管理创新通过精确数据管理和精准状态预测，及时掌握设备健康状态变化，提高对设备精益管理的基础保障作用，让数据说话，解决具体问题，有效支持决策，改进管理，科学评价。设备创新管理与专业队伍建设和创新研究有机结合起来，以创新驱动发展，以问题带动需求，以需求培养人才，用人才解决发展中遇到的实际问题，形成稳步提升的 PDCA 闭环管理模式。

基于信息化平台以充分调动操作人员、维修人员、管理人员的全员工作积极性为抓手，以对设备运行过程、保养过程、维修过程实行全过程管控为目标。通过依托信息化平台，从数据管理、状态管理、专业维修、成本控制、现场改善和队伍建设六个方面，对设备运维进行全系统管理。通过明确设备运维管理总体思路和指导思想、明确职责和规范制度、优化数据管理和融合信息化系统、实时数据监控实现超限报警、语音短信报警监控设备异常、进行 FMEA 分析实现分级管控、进行设备故障预知性维修、实现设备维保精准执行、设备运维成本精算控制、完善培训体系进行队伍建设等主要做法，实现对现场设备运行维护工作的全面管控、对设备全生命周期的管理，提高设备的有效作业率。

通过本次设备运维管理创新，大幅降低了设备维修费用和备件库存费用，切实提高了设备管理能力。降低设备故障停机率，对保证产品质量和提高生产效率具有十分重要的作用。

山东中烟工业有限责任公司青岛卷烟厂始建于 1919 年，目前已发展为年产突破百万箱的中国北方最大的卷烟厂，位居中国烟草行业骨干企业、国务院确定的重点国有企业行列。

多年来，青岛卷烟厂十分重视企业的可持续发展能力建设。新厂建设广泛采用新工艺、新材料、新设备，创造了12项国内烟草行业的第一，企业技术装备水平达到国内先进水平。企业信息化建设走在全国前列，2006年，青烟"十五"易地技改工程和"十五/863CIMS"项目两大工程相继完工，一座数字化、花园式现代化工厂傲然出现在美丽的崂山风景区。2007年，青岛卷烟厂年产量连续突破100万箱，成为烟草行业年产量过百万箱的卷烟生产企业之一。青岛卷烟厂主要卷烟产品为"泰山"，在全国拥有广阔的市场，在消费者中享有盛誉。

近年来，青岛卷烟厂认真贯彻上级工作部署，紧紧围绕"四个一"，即"做好一包烟，建好一个厂，带好一个队伍，树好一个形象"，不断深化企业内部改革，全面提升精细化管理水平，全力打造一流的卷烟制造基地，努力构建资源节约型、环境友好型企业，在企业管理、技术创新、用工分配制度改革、信息化建设、企业文化建设、"优秀卷烟工厂"创建等多个方面取得了显著成绩，保持了企业持续、平稳、健康发展。全员开展精益管理与"降本增效"，获得"烟草行业精益十佳"荣誉称号。

一、烟草生产企业基于信息化系统的全员全过程全系统设备运维管理背景

（一）贯彻国家烟草专卖局创新设备管理方式的必然要求

青岛卷烟厂一直深入贯彻《中国烟草总公司设备管理办法》，探索设备管理精益化内涵，创新设备管理方式，完善设备管理体系，深化具有青烟特色的"六精"设备管理模式，以机制创新保障人员能力，以人员能力保障设备状态，以设备状态保障工艺水平，以工艺水平保障产品质量，以产品质量满足市场需求，力求实现顾客满意、公司发展、员工成长，保持设备技术状态和运行效能最佳的精益管理模式，为企业全面实施设备精益管理奠定了基础。在此基础上，以质量管理体系转版为契机，以提升设备对产品实现能力的支撑保障水平为核心，完善设备、能源、计量管理体系建设，创新全员全过程全系统的设备管理模式，升级设备综合管控平台，探索设备维修智能决策，持续提升设备管理精益化水平。

（二）烟草行业设备管理精益化转变的必然途径

"从经验管理向科学管理转变"是烟草行业设备管理精益化的"三个转变"战略之一，也是企业管理精益化的基本特征。而数据管理是科学管理、精益管理的基础，是经验管理到科学管理转变的首要环节。2014年度行业企业精益化现

场会明确提出“数据文化、改善文化、人本文化”的精益文化思路，将数据管理作为企业精益化的管理基础。

在设备管理方面，《卷烟工业企业设备管理绩效评价体系》和行业设备管理系统的实施，有力推动了行业设备管理数据化的进程，对设备数据资源管理和设备数据应用奠定了基础规范和应用框架。

（三）推进企业降本增效与智能化设备管理的内在需求

随着设备使用年限与维护成本的持续上涨，企业面临的经营成本压力越来越大，降本增效、优化生产迫在眉睫，这就要求企业敢于打破传统粗放式设备管理方式，实施创新驱动发展，建立基于数据挖掘的设备健康管理新模式。

近些年来，卷烟企业工业自动化方面得到了长足的发展，建立了底层数采、集控和状态监测等系统，管理层也建立了大量的应用系统，这些工业自动化系统和应用系统中存在大量的设备数据资源，但在设备管理方面的数据管理和数据价值挖掘水平并不高，导致大量数据资源的浪费，不能有效支撑精益管理。

设备状态与产品质量息息相关，设备健康水平的高低直接决定产品质量是否合格，设备异常停机将导致生产效率低下。因此，提高设备健康水平，降低设备故障停机率，对保证产品质量和提高生产效率具有十分重要的作用。

二、烟草生产企业基于信息化系统的全员全过程全系统设备运维管理做法

（一）坚持顶层设计，科学规划，明确全员全过程全系统设备管理总体思路和指导思想

国务院于2015年发布《中国制造2025》。烟草行业紧跟国家战略布局，2015年5月，中国烟草总公司下发了《中国烟草总公司关于开展2015年行业设备管理专题研究的通知》。在这一大背景下，青岛卷烟厂提出继续深化设备精益管理模式，推动企业设备管理水平持续提升。依据精益管理“利用最小的资源创造最大价值”的思想，树立“一次把事情做对和彻底消除浪费”意识，基于信息化系统利用物联网技术、监控技术、状态监测技术和数采技术等技术加强设备管理底层数据建设。在数字化工厂的基础上，通过资源整合、系统集成、信息融合以及人才培养搭建起企业智能工厂架构和完善的工厂价值链，基本实现智能工厂建设目标。在公司和厂部统筹规划下，明确了全员全过程全系统设备管理

的目标思路和指导思想。

一是把握“基于信息化系统的全员全过程全系统设备管理”的总体要求，合理分解全员全过程全系统设备管理的目标，充分保证目标分解的合理性，探索建立基于信息化系统的全员全过程全系统设备管理模式。以行业生产设备管理现状和卷烟工厂设备管理实践为基础，导入数据驱动的理念，明确基于信息化系统的全员全过程全系统设备管理的主要内容和功能，结合行业高质量发展、精益管理和企业生产、工艺、质量保障的要求，明确各环节改进需求。对设备管理的各环节进行再设计，明确各环节设备管理的功能要求。

二是全员全过程全系统设备创新管理以前沿技术为导向，以信息化系统为支撑，充分利用现有技术平台和人才资源，不断创新，与时俱进。全员全过程全系统设备创新管理的核心和目标是加强设备精益管理水平，依托信息化平台，对设备运维的操作人员、保养人员及维修人员作业过程进行全方位的指导、控制、评价及提升，打造专业保障团队，提升企业智能制造水平。

（二）明确职责，规范制度，健全设备管理组织和制度保障

1.健全组织机构，明确管理职责

在进行此次设备创新管理工作开展过程中，公司领导高度重视，多次组织建设研讨，成立了设备创新管理领导小组及工作小组。以“建章立制，统筹协作”为原则，加强顶层设计，成立了以企业第一负责人引领的设备创新管理领导小组，明确设备管理岗位的管理职责。领导小组主要负责设备创新管理工作的统一组织，引导并推动各部门广泛参与，定期组织召开研讨会，整体推动设备创新管理工作落实。

领导小组下设工作小组，聘任专职的设备创新管理负责人。设备创新管理工作小组设在设备管理处，作为卷烟厂设备管理职能部门，工作小组负责设备管理的具体实施、协调落实设备管理工作相关事宜。各车间成立设备创新管理小组，由车间主任任组长，有关技术人员为组员，形成卷烟工厂三级设备创新管理网络，确保“基于信息化系统的全员全过程全系统设备管理模式”的顺利构建（见图 1）。各生产车间按照层级自上而下地任命设备创新管理负责人，进一步完善了设备创新管理组织机构。

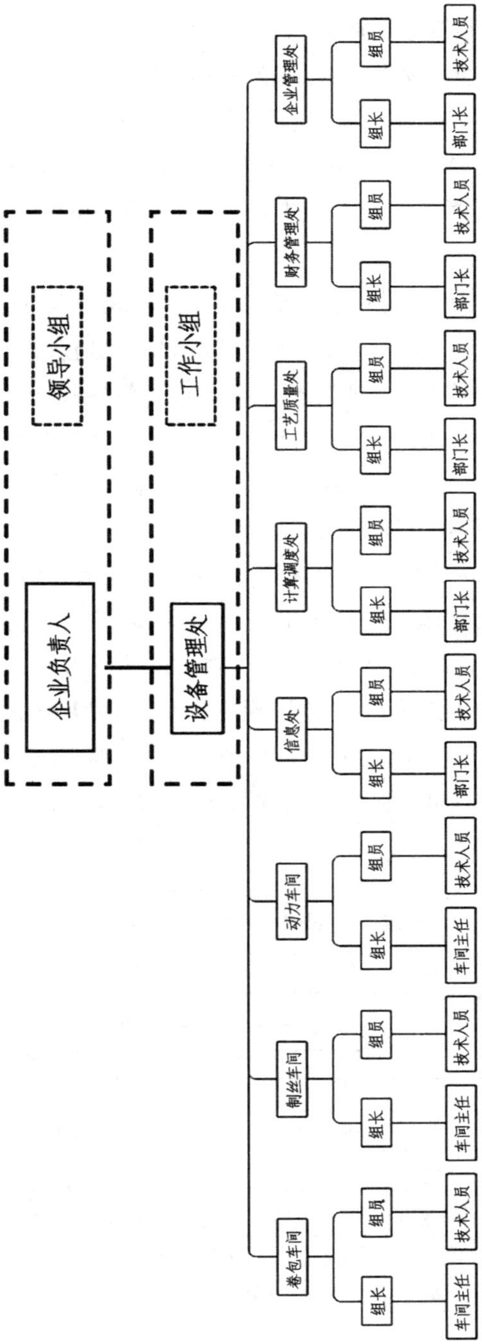

图1 设备创新管理组织结构

2.完善管理体系,优化设备管理流程

近年来,青岛卷烟厂相继开展质量、环境、职业健康安全、测量和能源管理体系建设,以进一步优化企业流程为目标,规范各项业务活动,在管理体系推动下,设备管理工作围绕提升工艺水平、产品质量、员工维修和操作技能,细化技术文件,健全管理制度,明确工作规范,逐步实现了由专项管理向体系化管理的转变,设备管理整体水平实现了质的飞跃。通过文件评审和内部审核,实施动态管理,确保体系有效性和符合性。

以设备创新管理思路为指引,结合当前设备设施管理标准,优化《设备前期管理规定》《设备使用、状态监测、维修管理规定》《设备现场改善与创新管理规定》《设备事故管理规定》等4个企业管理标准,修改了《设备设施控制程序》《备品备件管理规定》《设备大(项)修、改造管理规定》等16个控制程序文件,对相关管理规定和作业指导书按设备管理体系要求进行了修改完善。

3.健全技术标准体系,规范设备管理活动

近年来,青岛卷烟厂按照"完善体制机制、优化资源配置,增强竞争实力、全面提升水平"的行业发展总体思路,全面启动标准化体系建设工作。在设备创新管理方面,明确工作职责和业务流程,理顺工作接口,结合生产组织、人员配置等因素,制定使用、保养、点巡检、维修作业、现场管理等作业层面标准,明确设备技术要求、技术参数和管理要求,以设备完好、维修技术、监视测量为抓手,制定现场管理标准、点巡检标准和作业标准,形成协调统一的以技术标准为主的设备管理标准体系(见图2)。

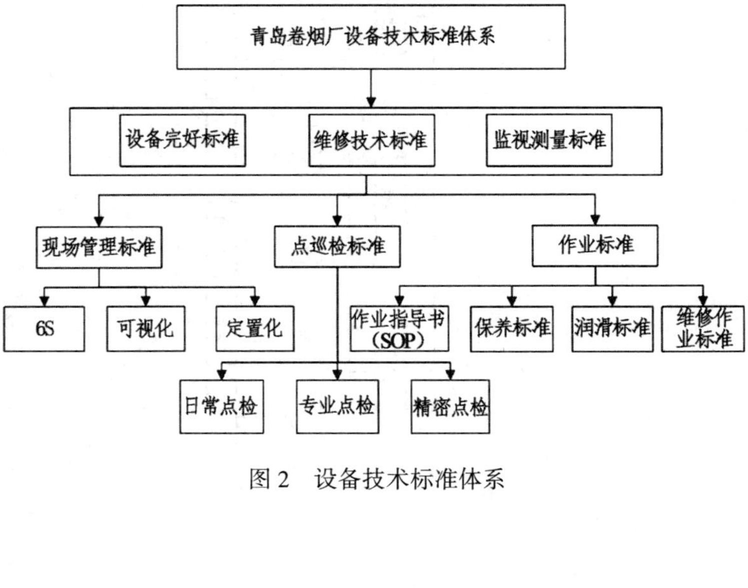

图2 设备技术标准体系

(三)优化数据管理,融合信息化系统,奠定设备创新管理的数据基础

1.辨识并把握目标需求,对数据实行分级分类管理

结合企业战略目标和设备创新管理目标,辨识各层级设备管理人员的设备数据分析需求,同时将设备数据分为设备基础信息、设备本体状态数据、设备运行状态数据和设备效能数据,通过挖掘设备采集数据,让数据说话,解决具体问题,有效支持决策,改进管理,科学评价,为设备管理科学化提供数据支撑(见图3)。

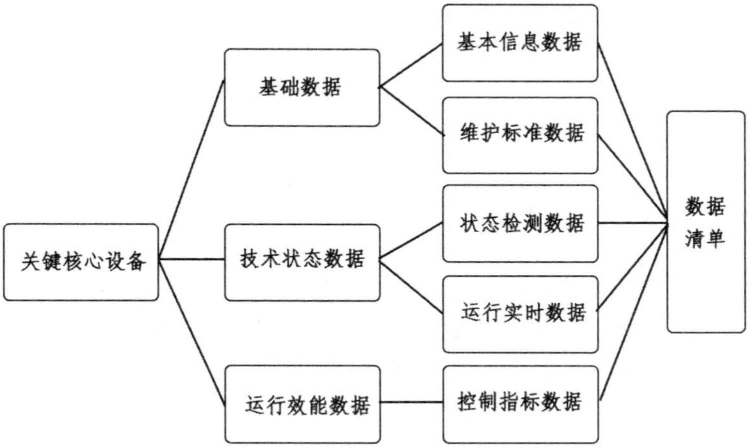

图3　设备采集数据分类

2.融合信息化系统,清查数据资源,统一数据采集标准

通过可视化看板管理、信息系统融合等技术手段与日常管理工作对接,有效发挥数据的作用,挖掘数据价值。按照需求分析结果,对各级信息系统、设备自动化控制模块中的数据资源进行清查和梳理,找到具体数据源头,形成数据资源清单。对 MES、ERP、TsPM、设备自动化控制模块等数据进行充分挖掘,针对管理流程和现场操作进行数据采集管理设计,制定数据采集标准,统一数据命名规则、采集周期和数据格式。搭建技术平台,进行实时数据采集。以底层 PLC 控制平台为基础,通过数据批处理等工具进行系统实现。实时数据采集的步骤见图4所示。

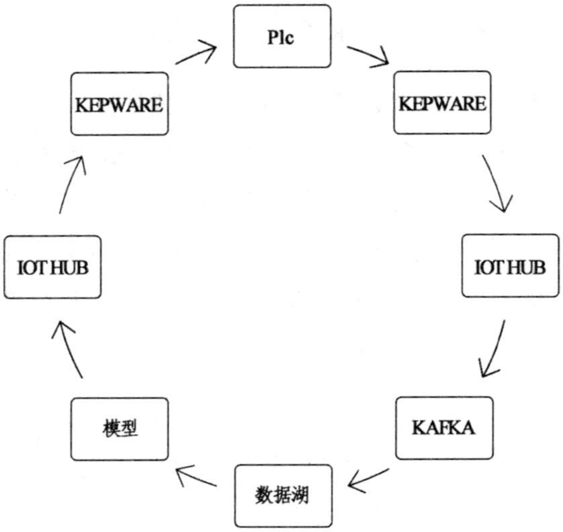

图 4　实时数据采集路径

3.集中存储，统一管理，搭建企业级数据中心

搭建企业级数据中心，打破各车间、各部门的数据壁垒，打破各产线间的数据断层，实现数据集中存储。由信息管理处牵头搭建企业级数据中心，涵盖汇总制丝车间、卷包车间、能源动力处、设备管理处、生产供应处等部门的生产信息数据、设备状态数据、设备管理数据等全部数据。对企业级数据中心，实行统一管理，集中管控，对网络安全、数据安全、信息安全、存储备份等方面进行统一管理。搭建企业级数据中心为实现全员全过程全系统设备管理打下了坚实基础。

4.建章立制，落实管理制度，保障设备数据管理过程有效运行

建立设备数据管理保障组织、数据质量维护机制、数据资源开发机制、信息安全机制、存储备份机制等，落实管理制度和考核办法，保障设备数据管理过程有效运行。形成设备数据管理与应用的水平评估标准，建立常态化评估检查机制，发现数据管理问题，及时整改修正，形成《设备数据管理规定》。

（四）监控数据，发现异常及时报警，实现设备运行过程的异常推送

1.标准驱动，全员参与，实现全过程管控

企业根据设备维保策略，针对设备维护全员，按岗位（操作、机械维修、电气维修、状态检测等）生成相应设备运行维护（点检、润滑、保养、计量期间核查、周期维修）任务，各岗位人员根据任务清单开展相应设备运行维护工作，对设备运行、保养、维修全过程进行管控。生产过程中，通过观测工艺质量波动是否超过

设定的标准值，监控设备技术状态。参数运行超过工艺质量标准的限制时，则表明当前生产不符合要求，需要及时分析，明确并解决问题，查找导致工艺标准超限的操作不当、设备性能不稳定、生产环境不符合等原因。为了达到对超限指标及时掌握、及时处理的目的，根据标准上下限，设置工艺参数过程与结果报警机制，保证工艺标准运行的准确性。

2.过程监控，超限推送，实现设备运行过程全追踪

生产过程中，当参数超限时，通过将参数变成红色并辅以文字弹窗警示关键参数出现问题，精准提醒操作人员即刻处理异常。

设备正常生产过程中，当发现空头剔除率（正常范围：0～0.15）等产品质量指标超限持续10分钟后参数报警，现场报警黄色指示灯闪烁，机台操作工查看报警信息，按报警提示消息处理 。持续30分钟后，现场报警红色指示灯闪烁，报警信息发送至当班包机维修工，维修工到达现场询问报警信息、确认故障后协助操作工处理报警信息。设备停机持续1小时后，报警信息被推送至设备主管，一旦超过2小时信息则被推送至设备主任。

各工序生产结束后，统计类指标数据自动匹配、校验相应的工艺标准，将统计类超标信息自动推送给管理人员，相关团队及时开展问题分析，实现对生产异常的快速感知、响应及解决。

3.通过设备异常情况下的语音短信报警，实现设备异常数据的实时推送

企业开发的语音短信报警平台，对采集的设备状态数据进行实时监控，在设备运行过程中可辅助操作人员监控运行状态，当水池液位、温湿度指标、蒸汽压力等设备运行数据超限时进行语音播报，提醒操作人员关注设备运行状态，及时进行设备调整，保证生产运行过程满足工艺质量要求。在设备维保方面，通过安装传感器监测设备运行过程，判定设备是否异常停机，设备异常停机时进行语音报警，并将停机信息以短信的形式发送给维修人员及设备管理人员。如此一来，设备维修及管理人员能够在第一时间对设备开展紧急抢修，大大降低了设备停机时间，减少了生产损失。在设备清扫方面，通过安装压差计等传感器，监控过滤器的堵塞情况，当过滤器发生堵塞时自动进行语音播报，并将故障设备名称、部位、地点等信息以短信的形式发送给维修及管理人员。

（五）推行FMEA分析，分级管控，实现设备功能单元精准控制

1.引入FMEA工具，分解功能单元，识别潜在失效模式

坚持以问题为导向，为更好地分解设备结构，把握潜在失效模式，引入

FMEA 分析工具，按照 FMEA 工具的内容，分析失效的潜在要因，分别计算相应失效模式的严重度、频度、可探测度和 RPN 值（见表 1）。同时对现行过程的控制措施按照操作工、维修工、设备机内测试的类别进行分类，分析当前控制措施的局限性，明确下一阶段的改进方向。RPN：RPN＝S（严重度数）×O（频度数）×D（不易探测度数）。

表 1　设备关键重点功能单元识别（FMEA）

系统[1]	功能单元[2]	功能/要求[3]	潜在失效模式[4]	潜在失效影响[5]		严重度(S)[6]	失效的潜在要因/机理[7]	现行过程							RPN[15]	重要度
				局部影响	最终影响			控制措施[8]				频度(O)[12]	控制探测方法[13]	可探测度(D)[14]		
								设备机内测试[9]	维修工[10]	操作工[11]	其他					

2.分级管控，合理分配资源，实现设备功能单元精准控制

引入安全管理中安全风险管控的分级方法，按照 RPN 值的大小，划定重要程度区分范围，分别用红、橙、黄、蓝四个颜色进行区分。评级：红，RPN>100；橙，50<RPN≤100；黄，20<RPN≤50；蓝，0<RPN≤20。按照重要程度评级的高低分配维修资源，综合考虑企业设备运维作业实施的人力、维修工具、信息化系统等资源以及组织架构、生产班次运行模式等因素，结合数据驱动运维模式涉及的数据采集、管理、分析及运维计划执行等业务，对现有的设备运维资源、工作内容、工作分工、工作方式机型创新或变革，指导维修工作计划的制定与优化，并加强维修过程管理与平衡调整，提高计划维修的针对性、准确性，保证设备运维目标的实现。

（六）强化状态管理，重视健康监测，实现设备故障预知性维修

1.采集数据，监测状态，识别设备故障部位

通过安装振动传感器、温度传感器及压力传感器等在线检测工具，依靠对设备运行数据的及时准确地监测和测量，实时监控设备状态。通过运行效能检测和技术状态检测“两维”检测方式，对设备的加工性能和设备性能进行实时跟

踪,通过在线监测与三级点检,深入挖掘设备的潜在隐患。通过对设备重要部位进行实时监测,掌握设备各部位劣化趋势。将设备劣化检查分为两类:一类是良否检查,适用于性能降低时的劣化测定,通过检查泵、风机及其他机械设备的性能,判断设备是否运转正常。另一类是倾向检查,通过测定突发故障型的劣化倾向,判断预防修理的时间,以便及时做好准备,通过预测管道、塔槽类设备壁厚、磨损量的壁厚测定,掌握壁厚较少的趋势,判定修理时间,减少设备停机的同时防止设备损伤扩大(见图5)。

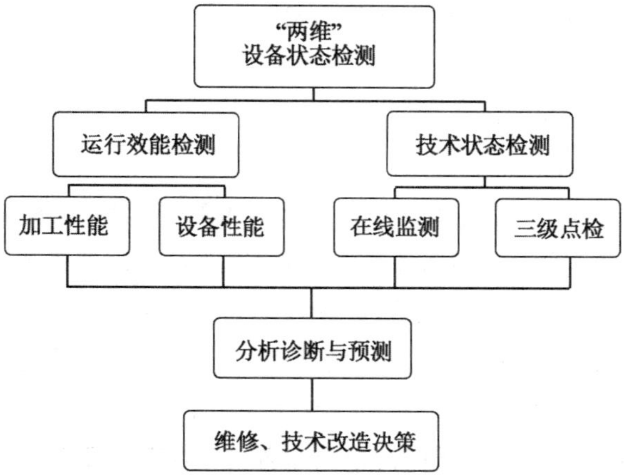

图5　设备状态检测架构

2.分析诊断,及时决策,实现设备故障预知性维修

运用量化指标,综合分析设备技术状态和运行效能,明确设备异常的临界数值,掌握设备状态劣化趋势和隐患,预测设备故障,制定精准的维保计划,指导设备改造和技术更新。通过分析轴承等关键功能单元的振动值,判断关键功能单元的劣化趋势,避免维修活动。通过分析设备状态数据,对设备的实际状况进行周期性实时监控及处理,为设备维修计划的编制提供准确、切实的数据,根据实际收集的数据,使我们的维修活动可以按照"需要"为基础进行设备维修安排,不依赖于设备的平均无故障时间,避免了维修不足及维修过剩,延长了设备的寿命,降低了维修成本,提高了设备的利用率和可靠性。

(七)推行专业维保、过程统计,实现设备维保精准执行

识别重点设备和关键状态控制点,健全设备技术标准体系,建立设备维护保养三级预防机制,规范设备维保过程,加强设备故障统计分析,提高设备保障能

力。

对于设备保养过程建立自主维护、专业维护和维修预防三级预防机制。通过设备分级、功能单元分级、更新维保模式及优化资源配置等方面,优化设备维修策略。通过完善设备清扫保养标准、点检标准、润滑标准、维修作业标准、维修技术标准等技术标准,实现依托标准指导的设备维护保养。依托状态监测等技术手段,实现设备维保“按需”执行。

依托信息化、可视化、定置化等支撑工具,实现对于能够直接指向设备部位的异常或者工作任务,直接将相关任务下发至责任人,并完善检查管理流程,实现信息的及时反馈处理。将设备运维计划,通过设备管理平台、短信、微信、电子看板等终端方式,将设备异常、故障信息、故障判定和标准作业等内容准确推送至维修项目负责人,实现信息找人。

建立设备维修作业标准,将针对设备部位维修的操作步骤和要求,进行细化、量化及优化,用来指导和规范维修的工作的技术文件,并保证维修操作过程最优化。设备运行维护需要按照维修 SOP 进行,确保维修过程的标准化与规范化,同时需要做好设备维护现场管理。运行维护需要根据维修进程过程中遇到的实际问题,实时调整维修计划及资源管理配置,并执行反馈。具体包括故障现象与实际情况的关联、备件上机时间以及备件的批次管理等。运行维护需根据设备功能要求进行维修质量评价,促进维修工作达到实际需要。

(八)加强成本控制,精算成本,精实绩效管理

在保证产品质量和运行效能的前提下,以信息化为支撑,精准分析成本数据,确定维持成本构成和改进方向,细化维持费用定额管理,提升费用控制水平。明确价值导向,梳理管理流程,优化资源配置,加强备件、供货商和节能降耗等管理,使成本控制精细到设备维护各个环节。

1.依托信息化系统,建立成本模拟平台,实现维修费用精准核算

依托 ERP 信息系统,建立设备维修订单,通过成本模拟平台,逐级归集费用。依据公司定额,将成本费用指标逐级分解至部门、工段、班组、机台,在内部实行经济核算。建立维修费用、备件成本数据及时收集、精细分析、成本评估和改进机制,强化责任意识,细化过程管理,在保证产品质量的同时,切实降低设备维持费用,提升精细化管理水平。

以定额管理优化资源配置,定额管理对内与预算管理、成本模拟相结合,对外与行业开展的对标、创优活动相结合,做到前有组织、后又责任,前有定额、后

有分析,前有问题、后有措施,前后指标,后有考核的管理模式。

2.备件分类,联合储备,降低设备备件占用资金

根据备件重要程度(备件使用设备、部位、部件等)及其价值对备件实施分类管理,优化备件采购和库存策略。改善前:A类备件占总品种数的5%~10%,占年消耗量金额的60%~70%;B类备件占总品种数的20%~30%,占年消耗量金额的20%;C类备件占总品种数的50%~70%,占年消耗量金额的15%以下。以历年备件实际消耗统计数据为基础,按照备件磨损规律和寿命分布,科学合理制定和修订备件储备定额及备件计划。对于A类备件引入联合储备备件管理方式,提高上机率,对专业性强、价值高和供货周期长的战略备件采用联合储备管理。根据维修订单,自动生成备件采购计划,并对计划执行进行全过程跟踪,提高备件上机率。大幅度减少库存占用资金,提高资金周转率。对于B类备件,采用寄售制方式进行备件管理,降低备件库存。与管理相对规范、业务量较大、有长期合作潜力的烟机零配件供应商签订合作协议,对价值相对高、消耗量大的国产备件,实时寄售制管理,减少资金占用压力,降低备件库存。分析备件使用数据,优化库存结构。

(九)现场改善,状态可视,夯实设备管理基础

通过6S管理、定置化、可视化管理,强化过程精细化控制,提升现场管理水平。规范的6S管理对于养成良好作业习惯和素养,创造干净、整洁、舒适的工作现场,维持高品质、高效率生产,杜绝不合格品产生,保证员工和物料安全提供了条件。

通过清晰的可视化管理,将设备管理要求和作业标准传递到岗位、落实到过程、深入到人心,使员工在直观的体验中易于接受、易于遵守、易于比较,标准培训效果和执行力度显著提升,过程防差错能力得到加强,实现了操作过程可控、设备状态可控。

(十)加强队伍建设,完善培训体系,搭建人才培养平台

完善人才队伍培养机制,根据企业现状和管理规划,完善员工职业生涯成长通道和机制。建立全员培训体系,开展常态化培训,持续提升全员能力。进行定期考评,以岗位技能考评、竞赛等活动为载体,检验员工技能水平。建立评聘等激励制度,发挥高素质人才引领作用,促进全员技能水平提升。

三、烟草生产企业基于信息化系统的全员全过程全系统设备管理效果

通过开展基于信息化系统的全员全过程全系统设备管理，取得了丰硕的成果。实现了全年设备的安全平稳运行，提高设备管理水平，为生产提供了保证。设备故障率明显下降，降低了设备的维护费用，设备能耗指标明显下降，促进企业设备管理的精细化水平的提高，实现了精益管理的理念。提升了员工的能力和工作的积极性、主动性，加快了青年员工的成长成材。

（一）提高了设备管理效率

通过探索与实践基于信息化系统的全员全过程全系统设备管理，充分调动操作人员、维修人员、管理人员，对设备运行过程、保养过程、维修过程实行全方位管控。

基于信息化平台，通过数据监控，异常报警，实现了设备运行过程的实时监控，对设备运行质量进行全面管控。通过 FMEA 分析，提高设备管理分级管控合理化，实现设备的精准维保。通过状态监测，设备维修由事后维修转变至预测维修，大大降低了设备故障率，有利于防止设备故障扩大化。通过优化备件管理，降低了设备备件资金占用率。通过融合信息平台，推行现场设备管理工作的自动化、信息化，真正实现对现场设备运行维护工作的全面管控、对设备全生命周期的管理，提高了设备的有效作业率。

基于信息化系统融合，全面梳理了设备管理流程，细化了设备的管理体系，明确了人员的责任分工，打造了专业的维修队伍，实现了信息化的设备运维管理体系。为设备的高效、安全、平稳运行打下了坚实的基础，为实现设备的精细化、信息化提供了有益的借鉴。

（二）企业经济效益得到显著提高

2020 年，即使受到疫情影响，公司目标和考核指标也得以圆满完成，生产计划完成率、工艺标准落实率等指标均达到 100%，检修计划的准确率明显提升，工作的针对性不断得到提高，检修准确率达到 100%，预防性维修使设备故障发生率由原来的 0.13%下降至 0.02%，下降了 84.6%。实现间接经济效益 100 多万元。

通过本次设备创新管理，将设备维修由原来的事后维修改变为预测性维修，

预测性维修在降低设备故障停机率的同时,降低了设备故障的扩大化。通过优化备件管理流程,降低了备件资金占用率,2020 年设备备件库存金额同比降低 580 余万元。通过本次设备创新管理,企业提高了设备健康水平,降低了设备故障停机率,对保证产品质量和提高生产效率具有十分重要的作用。

成果创造人员:张　彤　高洪波　李东方　张　建　苗　强　赵　坤　曹　凯

构建政企同向共进的县供电企业生物多样性保护管理

国网山东省电力公司荣成市供电公司

摘要：突出"自由呼吸·自在荣成"城市品牌内涵，助力荣成"大天鹅之乡"建设，靶向为大天鹅创造更具开放、更加广阔的生存空间。通过政企"共商、联动、协同、合作、携手"的方式构建起内外协调有序的沟通体系、对周边生物多样性影响较小的合理电网布局、能提高绿色能源覆盖率的电气化推广模式、以电能替代和综合能源为合力清洁能源模式、共鸣式生物多样性保护常态的管理模式。用绿色电力的带动力、影响力，推动全社会共同关注生物多样性保护，努力形成节约资源和保护环境的空间格局、产业结构、生产方式及生活方式。

荣成市位于山东半岛最东端，三面环海，海岸线500公里，有湿地近60万亩，浅海、滩涂蕴藏丰富的海藻、贝类、软体动物和鱼虾等食物链。众多海湾、数十万亩沿海防护林、丰富的食物来源，使这里成为冬季候鸟重要的迁飞通道和栖息地，也是我国以保护天鹅及其栖息繁殖地为主的三大国家自然保护区之一，区域的生态系统具有典型性、稀有性、脆弱性和多样性等特点，对保护生物多样性具有重要的科学研究价值。国网山东省电力公司荣成市供电公司（以下简称"国网荣成市供电公司"）是山东省电力公司下属分公司，现有员工951人。荣成电网依托荣成市南北狭长的地理特点，分别以220千伏益成站、荣成站、石岛站和镆铘站为主要电源布局点，以110千伏输电线路为主网架，35千伏和10千伏为配电网架的区域电网，拥有35千伏及以上线路746.924公里，10千伏线路2882公里，承担全市41.3万客户的电力供应任务，2019年售电量完成30亿千瓦时。公司被评为"国家电网公司一流县供电企业"，先后荣获"全国电气化建设示范单位""全国企业文化责任建设先进单位""全国模范职工之家""山东省电力安全生产先进单位""山东省富民兴鲁劳动奖状""山东省劳动关系和谐企业"

"荣成市改革开放30年功勋企业"等荣誉称号或奖励。

一、构建政企同向共进的县供电企业生物多样性保护管理背景

(一)改善地方生态环境质量的需要

党的十八届三中全会强调要加快生态文明制度建设,党的十九届四中全会对"坚持和完善生态文明制度体系,促进人与自然和谐共生"作出系统安排。山东省生态环境保护大会暨"四减四增"三年行动动员大会要求,将生态文明建设融入经济、政治、文化、社会建设的全过程。而生物多样性是体现一个地区生态环境保护成效的重要标志,县级市供电企业作为国家电网公司生态环境保护在基层单位的实施主体,在深入贯彻落实国家环境保护政策要求,服务生态立市,为地方生物多样性提供无障碍"天高海阔"空间方面,承担着十分重要的责任和义务。

(二)传承保护地域特色文化的需要

荣成有着"天鹅之乡"和"中国黑尾鸥之乡"的美称。其沿海周边区域内存在芦苇沼泽、滩涂和浅海及泻湖四种湿地类型,优越的湿地生态系统成为西伯利亚天鹅越冬的首选地。每年有近万只大天鹅来此越冬,也是世界上已知最大的大天鹅越冬种群栖息地。成山天鹅湖保护区是荣成地区大天鹅较大的栖息地之一,保护区总面积1675公顷。保护区是鸟类南迁北移的重要中转站和越冬栖息地,也是国家Ⅱ级保护动物大天鹅在国内最大的种群越冬栖息地,每年有成千上万只大天鹅来此越冬。同时荣成千里海岸线上生存着白鹭、海鸥、水鸡等等数十种海鸟,拥有万亩山林的槎山、伟德山和万亩松林的成山林场,山林中活跃的鹿、獾、野鸡、野兔等野生动物十几种,以及上百种野生鸟类,以山海湖河为载体的生物多样性保护,成为传承和繁荣区域生态文化及海洋文化的重要途径。

(三)培植高质量绿色电能的需要

保护生态环境就是保护生产力,改善生态环境就是发展生产力。县级市供电企业最根本的服务宗旨是服务地方经济建设和满足民生需求,县级市供电企业的成长与地方经济的发展是紧密相连的,地方政府对生态环境的保护与供电企业培植绿色电力是一脉相通的,在保护生态环境的大背景下,县级市供电企业必须主动把绿色发展理念融入地方经济社会发展各方面,推进形成绿色可持续

的发展方式。根据国家出台的《输变电工程环境保护规定》《国家电网公司环境保护监督规定(试行)》等文件精神,迫切需要构建一种生态优质高效、环境友好、绿色发展的现代化电力经济体系,推动地方绿色供电行业高质量发展。

(四)电网运营与地方生物多样性协调发展的需要

由电力繁衍出来的多种新生态能源,由于其自身的固有特点,在建设运营中不可避免地会和周边的生态环境产生一定的制约关系。

在电网规划方面,世界8条候鸟迁徙线路有3条途经我国,而3条线路之一的“中亚迁徙路线”就途经荣成,候鸟沿着有规律的、相对固定的路线、定时在越冬区进行长距离的往返,构成大规模生物迁徙。在变电站选址、输电线路架设中,涉及西伯利亚天鹅等珍稀鸟类越冬聚集地及迁徙线路,护鸟保电成为重要课题。

在电网建设方面,变电站变压器、电抗器等主要声源设备的噪声及输电线路土地占用等方面,都将对大天鹅的栖息产生影响。输电线路交错复杂,大大地压缩了鸟类的活动空间,尤其是在迁徙季节,鸟类容易误触位于鸟类聚集区和鸟类迁徙路线的架空输电线路,导致出现伤亡;特别是沿海海雾较重,能见度低,也会导致鸟类误碰线路,尤其是体积较大的鸟类极易发生死伤情况。

在电力检修方面,鸟类在输电线路筑巢、排泄等行为也严重威胁了输电线路的安全稳定运行。鸟类引起的线路跳闸断电次数仅次于雷击和外力破坏,排在线路故障原因的第3位。

在电能替代方面,由于当前电煤比重与电气化水平偏低,而且大天鹅保护区内及周边散烧煤和燃油消费给区域水、大气、土壤等环境造成较严重污染,不利于多样性生物繁衍生息。

在电力营销方面,存在重电网成本、轻生态影响,重经济效益、轻社会效益的思想,迫切需要通过“绿色”电力营销策略带动地方企业向绿色环保方向发展,共同改善多样性生物栖息地环境。

二、构建政企同向共进的县供电企业生物多样性保护管理的主要做法

构建政企同向共进的县供电企业生物多样性保护管理的主要做法的主导思想:以习近平新时代中国特色社会主义思想为指针,以“绿水青山就是金山银

山”的绿色发展理念为宗旨，把绿色电网建设贯穿电力生产全过程，用绿色发展全盘指导考量电力文明生产实践；以国际《生物多样性公约》“共建地球生命共同体”为蓝本，探索将生物多样性保护纳入电力发展战略路径，助力精致城市可持续发展的自然解决方案，共同建设美丽地球家园；以山东省生物多样性保护战略与行动计划（2011～2030 年）为引领，以建设绿色电网为目标，创新绿色电网服务管理内涵和主要做法，着力解决县级供电企业电网运营对周边生物多样性的影响因素。

构建政企同向共进的县供电企业生物多样性保护管理的主要做法的基本原则：坚持人与自然和谐共生，深度参与环境治理，产业生态化，生产文明化的导向原则。

（一）政企共商，构建协调有效新体系

以地方政府成员单位的身份主动融入地方环境保护的落实主体，带头执行国家生态保护红线制度，以深度推进生物多样性保护企业社会责任管理为目标，以省内外先进企业为参照，结合自身实际，构建企业权责明确的责任关联体系、指标评价体系、目标考核体系（见图 1）。

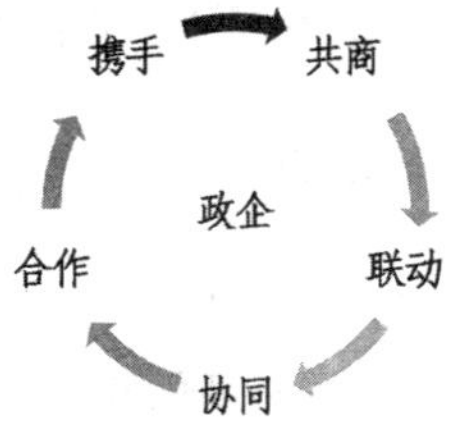

图 1　政企同向共进的县供电企业生物多样性保护管理示意图

1.建立责任关联体系

主动与政府部门的沟通协商，积极促请市政府成立由分管副市长为组长的“绿色电网”电力建设协调领导小组，由市委农业农村委员会（市委农办）、发改、安监、建设、自然资源等相关单位及开发区、管理区、镇街政府主要负责人参与的“政企共商”组织保障体系。建立分管副总经理对接分管副市长，发展、运检、安监、营销等部门对口对接市委农工办、国土局、发改局、建设局、安监局等市政府相关部门，综合协调“绿色电网”建设与绿色电网规划建设、大天鹅保护区、生态产业园区和全市重点污染企业供电服务的衔接。绿色电网规划纳入《荣成市乡村振兴战略规划》《各级党委政府及有关部门环保工作职责》《网格化环境监管体系建设实施方案》《海岸带生态保护管理办法》等规划条例中，为电网企业在

多样性生物保护中，充分发挥作用奠定了组织保证。同时，发挥电网企业“市-县”一体化管理的优势，与市政府共同打造生物多样性保护先行试点区域，探索科学保护的引领路径。

2.建立指标评价架构

以国家电网公司发布的12项社会责任实质性议题为基本框架，参照政府制定的有关规划条例，将涉及绿色电网的相关指标划分为部门职责、镇街职责、保护区职责、客户职责、企业职责等，形成立体化的职责个体与职责共同体。借鉴省内外相关的指南与标准，将一级指标划分为电力在经济增长绿化度、电力在资源环境承载潜力、电力在政府政策支持度等经济、社会、环境三大方面，构建起易于外部感知理解和操作的电网企业社会责任考核框架。

3.建立考核权重系数

在对外考核上，把绿色电网考核系数列入政府年度工作目标责任制考核办法中，统一考核指标名称，由专业阐述改为社会化表达，把相关指标考核系数与市政府环境保护成员单位共享，与参与考核的相关部门形成系数匹配。在对内考核上，把对生物多样性保护列入公司各部门、基层电所年度考核内容，列入项目规划实施的必备考核指数，列入电网建设招投标评标依据，并逐步增加考核权重系数，为生物多样性保护质量评价体系提供科学考核依据。

（二）政企联动，构建电网规划新格局

对接《荣成市国民经济和社会发展第十三个五年规划纲要》《荣成市乡村振兴战略规划（2018~2022年）》，结合城镇化和新农村发展趋势，在电网规划中，对千里海岸线上的村企、内陆山区的农业生态园区等重点区域进行重点谋划，充分考虑随着农村空间格局变化，给多样性生物生存空间带来的变化。因此，国网荣成市供电公司把电网的规划设计放在能源转型这个大框架之下作出整体战略设计，在大环保的宏观体系下对电网规划作出整体考量（见图2）。

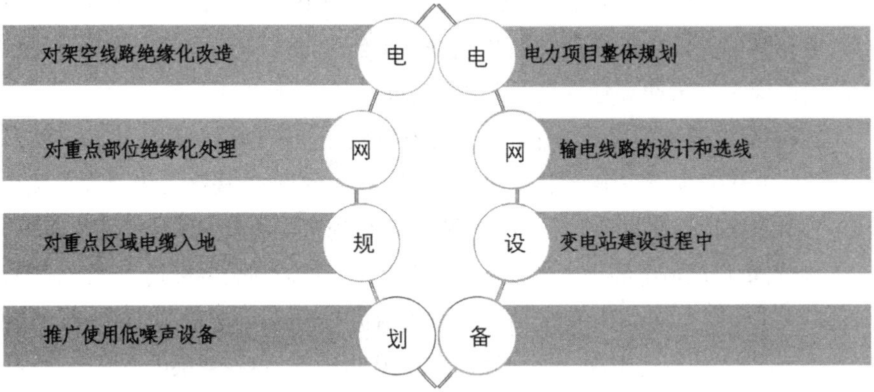

图 2　能源转型大框架下的电网规划

1.最大限度地减小电网规划对区域生物多样性的影响

一是在电力项目整体规划前期，把对生物多样性的环境影响纳入前瞻视线，联合荣成大天鹅国家自然保护区管理处，根据管理处掌握的鸟类迁徙数据、鸟类活动规律，对生物多样性影响进行分析与评估，确定重点评估内容和评估因子，科学预测建设和运营过程对各项评估指标产生的负面影响，从而提出生物多样性的对策和措施。

二是在输电线路的设计和选线过程中，严格遵守当地发展规划的要求，按照沿河、沿路、沿海等原则选择路径，有效减少土地占用。尽量避开居民密集区、风景名胜区、自然保护区等各类保护目标，以减轻线路施工和运行对周围环境产生的影响。全面推广应用同塔双回、同塔多回线路，压缩走廊宽度，减少线路通道数量，有效地减少了线路走廊的宽度和塔基占地，在塔基部位设计必要的挡土墙、防洪沟和护坡等水土保持措施，同时综合考虑整体景观设计，实现输变电设施与周围环境的和谐。

三是在变电站建设过程中，优化变电站平面布置，采用 GIS 电网地理信息系统技术，确保电网规划能够最大限度地利用自然资源，同时充分考虑远近期结合，使相关规程、规范、生产工艺流程、主变压器等声源设备，在符合生物多样性生存环境的前提下，做到布局合理，噪声达标排放。还多方考虑变电站设计地埋式生活污水处理系统，处理后的污水回收利用于站区绿化或定期清理等，确保不外排。整体建设过程中尽量做到降低能耗，减少对周边生物多样性干扰和影响。

2.最大限度地降低电网设备对区域生物多样性的影响

一是对架空线路进行绝缘化改造。对大天鹅保护区、活动区、迁徙线路，鸟类生活繁殖区等区域线路进行绝缘化改造,截至2019年,先后对荣成天鹅湖、烟墩角、樱花湖等处的大天鹅保护区周边30.48公里的架空线路全部实施了绝缘化改造,确保了大天鹅等迁徙鸟类起飞降落的安全。

二是对重点部位进行绝缘化处理。在对变电站及配网线路的改造中,通过对变压器、柱上开关、隔离刀闸露桩头等处加装绝缘罩的方式,提高各供电设备接头、接点、刀闸等故障频发的部位的绝缘化程度,降低周边生物触电事故的发生频率。

三是对重点区域电缆做入地处理。配合全市开展农村公共环境卫生整治规范行动,确立了线缆"上改下"入地、杆线迁移整治提升行动,对天鹅湖2159米架空线路实施了电缆入地改造工程,对大天鹅保护区内的村庄,由各基层电所牵头对辖区电缆采取入地处理,减少裸露的金属导线受风雨雷电雾、污秽的破坏而给多样性生物造成的安全隐患,既有效地腾出了生物活动空间,又确保了供电可靠性。

四是推广使用低噪声设备。在工程招标及商务谈判中,严格按环境影响评价报告书提出的环保措施及国家环境保护部批复文件的要求,将设备噪音污染纳入规范要求中,选取满足环保要求的低噪音输变电设备,严格控制变电站变压器、电抗器等主要声源设备的噪声水平。

目前,荣成市10千伏公用配电线路绝缘化改造1368公里,综合绝缘化率达到47.5%。架空配电线路发生的鸟害、异物及树线矛盾故障,由2017年的82%,下降到2019年的48.6%。

(三)政企协同,构建电气化推广新业态

围绕落实市委市政府《关于推进乡村振兴战略的实施意见》《推进供给侧结构性改革的实施意见》《关于加快新旧动能转换推进突破式发展的若干意见》《环境空气质量全面优化行动计划的通知》及年度工作要点等,结合国家电网大力推动乡村电气化的工作部署,国网荣成市供电公司全面推进农业生产、乡村旅游、海产品加工电气化,最大限度提高绿色能源覆盖率,为区域生物多样性保护提供绿色港湾。

1.参与政府电网规划编制

以绿色发展为主导,将农网发展指导思想、重点任务、建设规划、发展建议全纳入《荣成市"十三五"电网发展规划》和《荣成市"十三五"城乡农网发展规划》,与市政府行政管理部门联动,强化农网规划与各专项规划有机衔接,将规划成果纳入重点民生实事、社区整改、煤改电等相关规划,提高项目的可实施性。

2.建立推广组织机构

协调政府成立电能替代及综合能源业务推广领导小组,负责落实工作开展的决策部署,审核确定总体工作目标,指导开展推广工作的方案编制、实施等一系列工作,研究解决电能替代及综合能源业务的重大问题,督导公司系统推进有关工作(见图3)。公司成立电能替代及综合能源业务推广工作小组,负责贯彻落实领导小组工作部署,组织市场拓展团队建设;组织做好配套政策争取工作;组织开展政企客户、居民客户电能替代市场推广;组织做好电能替代工作成效评价及相关激励工作。两个小组定期牵头组织召开土地、林业、消防、规划等部门和乡镇政府协调会,重点解决农村电气化改造中遇到的征地拆迁、选址选线、道路开挖、青苗赔偿等工作中存在的问题,形成"政府主导、企业实施、多方努力、共同参与"的项目建设常态协调沟通机制,为乡村电气化提升提供有利的外部环境。

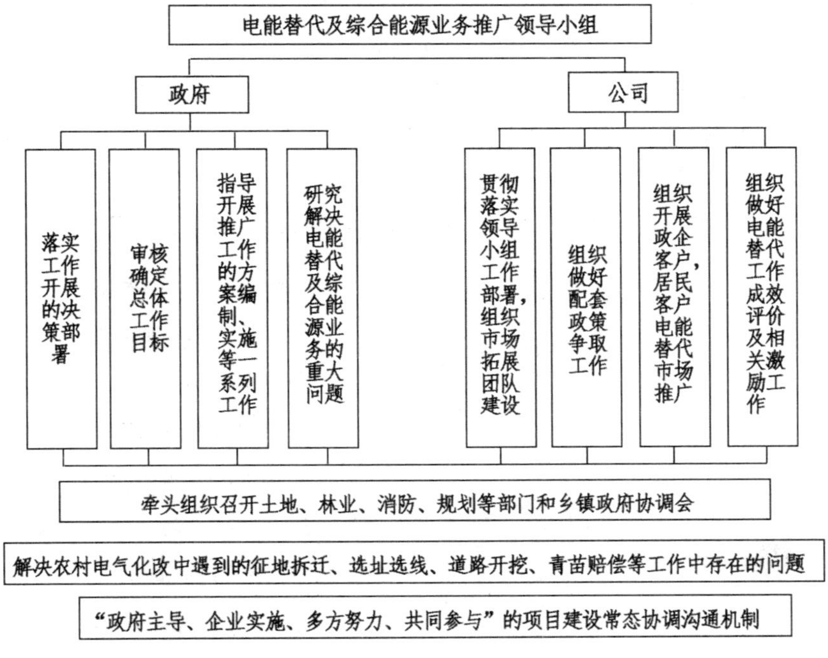

图3 电能替代及综合能源业务推广领导小组的构成及工作机制

3.明确"电气化"推广范围

国网荣成市供电公司从工业、交通、农业、水产养殖以及休闲旅游五个领域着手,代表政府走访集中供暖、工业锅炉、公共事业单位、钢铁企业、非金属矿物质企业、旧村改造小区等客户,全面摸底全市电能替代潜力,有重点地向电气化应用方向推广引导(见图4)。在工业领域,重点推广清洁能源全覆盖;在交通领域,重点加大电动汽车充电庄建设,倡导绿色出行,在港岸码头实行“港口岸电”工程;在农业种植领域,重点推广农业大棚电保温等成熟农机具电气化技术;在水产养殖领域,推广电制氧、电加热育苗、水体保温等智能养殖技术;在休闲旅游领域,聚焦特色小镇、农(渔)家院、乡村民宿、休闲观光园区等,在旅游经营过程中的制冷、供热供暖、餐饮等环节推广电气化技术。

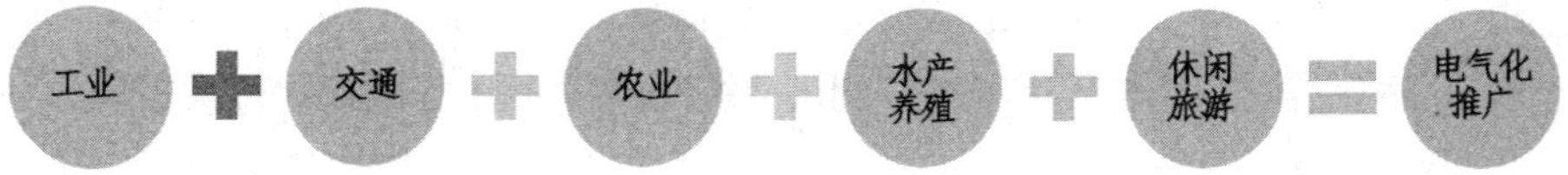

图 4　电气化推广的五大领域

(四)政企合作,构建清洁能源新模式

企业依靠政府的推广组织,获得政府在产业规范、推广力度、财政扶持等方面的政策支持,有力壮大清洁能源产业。而政府依靠企业的技术创新,使政府能够实现推广新能源、保护生态环境、促进经济发展等方面的目标(见图 5)。国网荣成市供电公司内部组建专业团队,形成电能替代、综合能源推广合力。建立外部合作机制,引导社会力量积极参与电能替代以及综合能源的技术、业态和运营等创新。目前已经拥有 7 种可再生能源项目和 4 种新能源项目,覆盖面积显著提高。

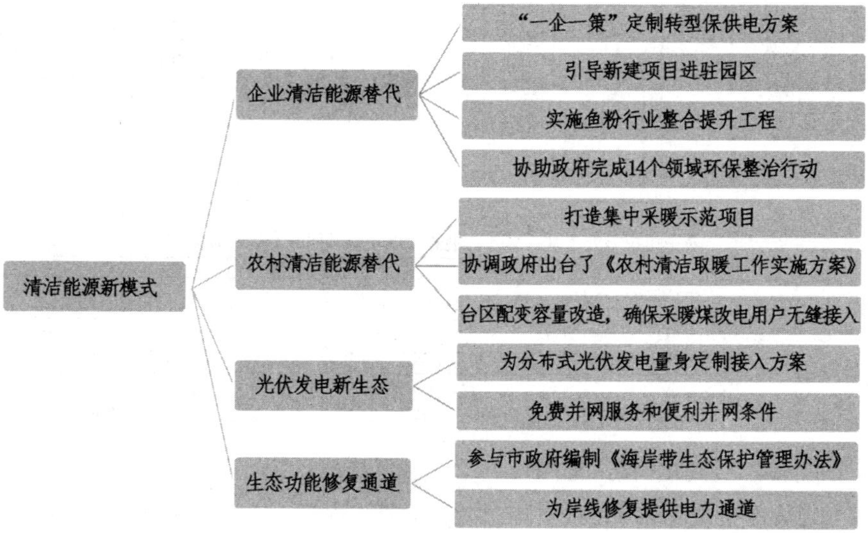

图 5　政企合作的清洁能源新模式

1.打造企业清洁能源替代新模式

针对荣成鱼粉和传统水产育苗产业急需解决的燃煤小锅炉清洁能源替代问

题，按照“一企一策”的思路，为企业量身定制转型保供电方案。配合市政府实行最严格的产业项目准入审批制度，严把产业政策、规划立项、资源消耗、环境保护“四道关口”，引导全市90%以上的新建项目进驻园区；实施鱼粉行业整合提升工程，将186家企业压减到13家，建成全省海产品加工电能替代示范基地。配合市政府为新建干海产品加工园、石材产业园设立电力能源专线，推动作坊生产向工厂智造跃升，倒逼730多家企业淘汰关停。协助政府促成“煤改电”项目84个，按照生态环境全国全省领先标准，实施鱼粉石材、扬尘腥水等14个领域环保整治行动，对所有燃煤机组安装脱硫脱硝除尘设施，淘汰燃煤锅炉625台、2500多蒸吨，全年压减煤炭消费11万吨，分散燃煤小锅炉基本实现“清零”。近年来，国网荣成市供电公司公司牵头或配合全市实施150多个节能改造项目，万元GDP能耗比下降17%，规模工业万元增加值能耗比下降21%。全市空气质量明显改善。

2.打造农村清洁能源替代新试点

促成市政府、山东省综合能源公司和本市能源企业成立省内首家混合制公司，打造海水源热泵、空气源热泵及电热地膜供暖等多个示范项目，全市集中电采暖面积153万平方米。协调政府出台了《农村清洁取暖工作实施方案》，明确了工作目标：2020年完成60个省定贫困村清洁取暖设施改造，解决全市55%以上村庄清洁取暖问题；2021年解决全市75%以上村庄、2022年全市农村全部实现清洁供暖的目标任务和进度计划。2019年，完成20个配电台区改造，确保了4608户农村清洁采暖煤改电用户接入。在大天鹅保护区之一的烟墩角村，全村清洁能源改造达到了100%，有效改善了空气、地质和水域的生态环境质量，更有利于多样性生物的栖息和繁衍。

3.打造光伏发电新生态的发展模式

国网荣成市供电公司为分布式光伏发电量身定制接入方案。坚持“支持、欢迎、服务”的方针，简化报装流程，及时组织进行现场勘查，组织营销、运检、调度等专业人员，制定细致可行的接入方案，确保每一户的接入都科学合理。为了能够更准确、细致、便捷地为客户提供信息咨询，在全市营业厅设立服务专柜，对受理业务人员定期培训，实现服务工作有序开展。同时，为保证并网的新能源发电设备安全，专门组建技术服务队，主动提供上门服务，了解客户并网需求，为客户提供政策指导、技术咨询等服务，全程“一站式”跟踪服务。结合定点扶贫工作，指定专人受理光伏发电项目，大力宣传相关政策，为项目发电并网开辟绿色通道，优化报装流程，主动协调解决电站建设和并网运行存在的各类难题，让新型产业惠及广大百姓，让广大百姓脱贫致富。针对山区地形复杂、农户较为分散的现状,充分考虑地形、光照、地质灾害等复杂因素,积极引导农户在本户屋顶上、户前屋后空闲地进行安装建设;对农户相对集中的,采取联户集中建设的方式建设,确保装得上、能发电、收入有保证。同时,根据山区电网特点,农户分布式光伏电站采取220伏就近上网。上网收益模式由最初的"自发自用、余电上网"变为"发用分离、全额上网"。将通过为分布式电源项目业主提供免费并网服务和便利并网条件的同时,采取一系列措施把分布式光伏普及到寻常百姓家,打造绿色能源新生态的发展模式。

4.打造生态功能修复新通道

牢固树立保护优先、预防为主的理念,在全市海湾和岸线修复保护通过中,国网荣成市供电公司参与市政府编制《海岸带生态保护管理办法》,开展关爱行动(见图6),在实施桑沟湾北岸、天鹅湖等12个岸线修复项目中,为修复提供电力通道,使自然岸线保有率达到60%,恢复生态湿地2万亩,把最好资源还给自然,把最好的环境留给多样性生物。还协助市政府实施非煤矿山修复行动,全市47家石材矿山除保留5处集中开采区外,其余全部关停,并进行生态修复。对大天鹅和成山头自然保护区整改,清理养殖海域2万多亩,整改问题98个。

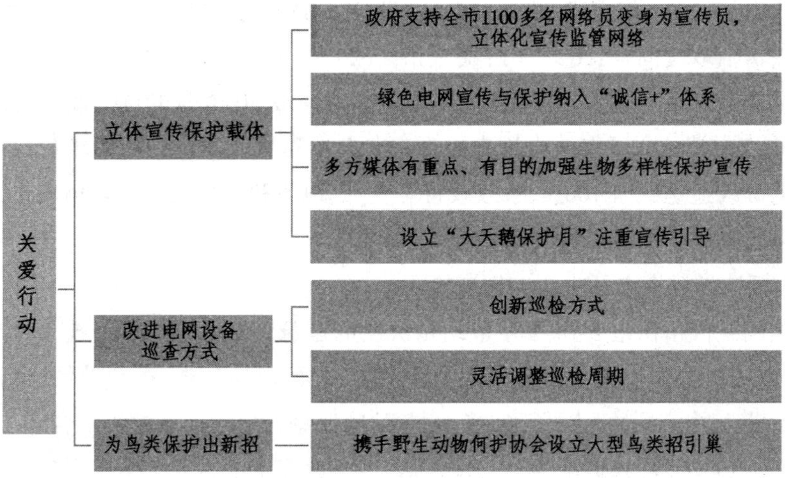

图6 "关爱行动"框架

(五)政企携手,构建关爱行动新常态

1.创新机制,建立立体宣传保护载体

争取市政府的支持,聘请全市1100多名网格员,作为绿色电网关爱行动宣传员,开展网格化宣传,把线上与线下宣传监管有机结合起来,形成良性互动,打造立体化宣传监管网络;与全市诚信建设结合起来,充分发挥“诚信+”的引领作用,把对绿色电网宣传与保护列入《荣成农村居民信用管理办法》,予以诚信加分或减分;积极与当地主管部门、行业协会、设备厂商以及报刊、广播、电视等主流媒体开展合作,以“绿色能源”为主题开展电能替代、综合能源系列宣传活动,倡导绿色电能消费;以“世界环境日”“世界地球日”和“法制宣传月”等活动为契机,通过各种渠道、利用各种形式向公众宣传电网建设情况、环境保护方面开展的工作及生物多样性保护关爱的必要性。在部分输变电工程施工现场,向沿线居民发放《建绿色电网创和谐家园》手册,介绍电磁环境科普知识;结合荣成大天鹅迁徙时间,将每年的 11 月至次年 3 月定为“大天鹅保护月”,组织员工在线路通道沿线、重点区域设立爱鸟护线点,通过发放爱鸟宣传手册等方式向沿线居民开展爱鸟和电力设施保护宣传,鼓励举报违法行为。

2.创新措施,改进电网设备巡查方式

国网荣成市供电公司发挥专业优势,创新巡检技术,在鸟类频繁活动区域安装视频监控设备,时刻掌握线路运行状况和鸟类活动规律,确保线路稳定运行和鸟类栖息安全。2019 年底,巡线人员发现多对东方白鹳在 220 千伏输电线路铁塔上筑巢后,专门改变了巡检策略,针对有鸟巢的杆塔线路,巡线人员将巡检周期从 1 次/周改为 2 次/周,并对经常出现鸟类迁徙活动痕迹的线路重点关注。

3.创新方法,为鸟类保护出新招

以往在线路维护中,通常采取加装驱鸟板、驱鸟刺等方式防止鸟类在电网设备上筑巢,对很多珍稀野生鸟类造成了一定的伤害。国网荣成市供电公司员工通过在杆塔下方的安全地带制作椭圆式、木桩式等形状各异的鸟巢,吸引鸟类主动在安全位置进行筑巢。这种筑巢招引工程也被荣成市野生动物保护协会采用,先后在大天鹅湿地保护区内 30 多公里的线路沿途架设了 60 余个大型招引巢。这些人工鸟巢成为大天鹅的“新家”,招引成功率逐年上升。

三、构建政企同向共进的县供电企业生物多样性保护管理效果

(一)管理效益

1.促进了公司管理水平提升

公司不同层级的管理者和员工都明确了自己应该承担的社会责任,提高了公司整体的协同配合能力,在消融“部门墙”方面起到了一定的作用。同时,也加强了各部门业务工作与地方发展规划及目标的衔接,增进了利益相关方和社会对公

司发展的利益认同、情感认同和价值认同，为电网发展和公司发展赢得了利益相关方的理解、信任和支持。公司先后被授予“威海市文明厂区”“全国电气化建设示范单位”“全国企业文化责任建设先进单位”称号。

2.给供电企业带来发展机遇

按照2020、2030、2050年非石化能源占比分别达到15%、20%和60%国家能源发展战略的要求，电网企业面临着开展综合能源服务各方面的机遇和挑战。因此，在服务生态文明建设的大局中贡献国网力量，能更好地展现企业责任担当的良好社会形象，增进地方政府、群众对公司的理解和信任，为公司开展电力服务工作提供更好的氛围和条件，从而加快企业新旧动能转换，推进高质量发展。近几年，国网荣成市供电公司在变电站建设、线路规划等方面涉及地方政府的规划批复、土地指标、市政道路及绿化带占用、工程许可、消防手续等方面的问题给予大力支持，成功地帮助化解各类民事协调难点问题148项，保证了属地工程项目顺利推进。政府还对园林移苗等费用予以减免，部分线路土建部分由政府出资，实现了政企共建电网的新突破。

3.促进电力智能化水平的提高

国家电网公司要求，不断提升能源资源配置能力和智能化水平，着力推进电网高质量发展，将全面环境管理理念贯穿公司发展各环节，为满足人民日益增长的美好生活需要、服务美丽中国建设贡献力量。将电网发展与生态保护相结合，能够促进电网绿色发展的加速和电网智能化水平的提升。国网荣成市供电公司的实践证明，近年来，为推动生态保护和绿色发展，先后实行停电无感知排故抢修、架空配网线路全绝缘化改造、无人机巡检、激光清除异物等智能化技术的应用推广，从而带动了荣成电网的运行效率、安全水平、科技水平和智能化水平的全面提升。

（二）企业经济效益

国网荣成市供电公司电能替代及综合能源工作呈现了多点开花的良好态势。累计建成投运光伏发电项目1063个，总容量4.9万千瓦；促成建设汽车充电站26座、共计136桩；2个国家级码头实现岸电上船；全市集中电采暖面积超过153万平方米；推动建成燃煤锅炉电能替代项目84个，淘汰燃煤锅炉625台。各类项目年可实现替代电量1.6亿千瓦时以上，综合能源收入3000万元/年。带动了荣成的售电量的持续增长，2019年售电量首次突破30亿千瓦时大关。

（三）社会效益

1.社会经济效益

成山地区以“大天鹅”之名，形成了一大批展现胶东风景的吃住游玩于一体的精品民俗产业，涌现出“天鹅村”烟墩角、“日出天鹅拍摄地”华星宾馆和车祝沟村等一批“民宿+旅游”“民宿+互联网”的大天鹅“打卡地”。大天鹅越冬栖息的品牌效应，带动旅游业发生着翻天覆地的变化，仅俚岛镇的烟墩角村每年就吸引游客10万人次，旅游总收入近1000万元，依靠特色旅游，景区周边商户的户均年收入增加3万余元。目前全市旅游总收入突破100亿元。

2.社会文化效益

以天鹅生态品牌为依托，荣成持续打造“天鹅之城”，通过完善旅游、文创、科普等服务设施，开展相关国际学术交流、全国摄影大赛、天鹅摄影艺术季、油画雕塑展等丰富多彩的活动，统筹乡村振兴、民俗传承、休闲旅游、新旧动能转换等工作，打造了天鹅民宿村、省级天鹅艺术小镇等文化品牌，形成了吃渔家饭、住海草房、拍大天鹅的冬季天鹅经济圈，吸引着国内外游客近百万人，形成了国内无法复制的天鹅文化效应。2019年11月，天鹅保护国际学术交流会在荣成召开，这种以“保护天鹅”为主题的国际会议在国内乃至东亚尚属首次，亚欧五国天鹅研究保护领域的权威专家悉数到场，并发布了天鹅保护《荣成宣言》。

3.社会责任效益

生态环境改善，生物多样性呈现逐步向好的趋势。大天鹅数量有由2004年3000余只增加到现在的万只以上，同时沿海保护各种珍稀鸟类急剧增加，目前有国家I级保护鸟类东方白鹳、黑鹳、中华秋沙鸭、大鸨、白头鹤、金雕等6种；国家II级保护鸟类大天鹅、黄嘴白鹭、鸳鸯、白鹅雁、灰鹤、小杓鹬等17种；属于濒危野生动植物国际贸易公约保护物种17种；中澳候鸟保护协定保护鸟类36种；中日候鸟保护协定保护鸟类94种。生物多样性作为人类生存与发展的基础，国家对生物多样性越来越重视，目前正逐步形成“政府引导、行业推动、企业实践、公众参与”的生物多样性保护模式。

成果创造人员：王录刚　毕伟峰　隋鹏飞　鞠淑娜　徐莹瑛　王　越　王路平

国内陆上石油第一家油公司“一体化”油藏经营管理的探索与实践

东胜精攻石油开发集团股份有限公司

摘要：东胜公司始终牢固树立油藏经营理念，坚守低成本高效开发难动用储量的初心，锁定“用最优投入创造储量最大价值”的油藏经营目标，一直求生存、求创新、求变革、求突破。2019 年以来，在低油价的严峻形势下，为确保“45 美元内部收益率 8%”的效益目标，东胜公司实战验兵，聚焦油藏增量经营责任，充分发挥油公司机制优势，围绕高效产能建设，坚持一体化高效运营思路，本着继承与创新并行、完善与提升并行、价值与效益并行的原则，以构建高效运营体系、完善共赢市场体系、提升超前保障体系为依托，打造了油藏经营管理五个标准化模块。采用超常的理念、超常的措施，取得了显著的经济效益和社会效益。

东胜精攻石油开发集团股份有限公司（以下简称“东胜公司”）成立于 1993 年 6 月 29 日，是中国石化集团股份公司控股，胜利油田分公司管理，国内陆上石油行业第一家以股份制开发难动用储量的油公司。以石油、天然气勘探开发为主营业务，矿区分布在山东省东营、滨州、淄博、潍坊等 4 市 11 个县区，辖区面积近 2089 平方公里，管理着 19 个油田 66 个区块的 2406 口油水井，区块零散，分布范围广，油藏类型多，以低渗透-超低渗透、稠油为主，油藏埋深大，地质上油层描述难度大，开发上单井产能低，效益上经济评价低，管理和动用难度大。分别于 2017 年、2018 年、2019 年蝉联山东省“文明单位”，在中石化第五届、第六届“五项劳动竞赛”中胜出而成为“红旗采油厂”，在第九届又成为优胜采油厂，公司产值和利润均排在胜利油田分公司开发单位的第一梯队。2019 年东胜公司资产总额 78.57 亿元，净资产 64.02 亿元，生产原油 77.72 万吨，产值 26.11 亿元，上交利税 4.5 亿元。

一、国内陆上石油第一家油公司“一体化”油藏经营管理探索与实践的背景

（一）应对国内外严峻形势考验的客观需求

目前，传统石油开发正面临三大考验。一是美国“页岩革命”改变了全球油气市场对传统供需平衡的认识，要求石油企业由拓展资源向降本增效转型；二是巴黎协定等全球性气候及环境治理行动安排，要求石油企业由高污染、高能耗向低碳化、集约化转型；三是随着信息化、智能化、数字化的广泛应用，要求石油企业通过效率变革、动力变革，实现管理由粗放式向精益化转型。在石油企业转型升级的过程中，涉及生产进度、成本、质量等多个因素，任何一个环节出现问题，都将影响东胜公司的持续发展甚至生存。实现高效油藏经营管理，成为当前企业安身立命之本，同时也是实现油藏效益开发的客观需求。

（二）构建企业现代化管理体系的实际需求

中国石油企业成立初期，物探、钻井、测井、地面工程建设、石油装备制造等方面因实际需求都要自己组建队伍，经过 50 余年发展，形成了“大而全、小而全”的生产运作模式，这种模式存在管理层级多、队伍规模大、人工成本高、人力资源优势难以发挥等弊端，不能满足现代化企业管理体系运行的新形势。要想继续实现油藏的效益开发，必须打破传统理念、惯性思维，跨越系统的藩篱、划开机构的框线，用创新的思维、创新的机制、创新的做法，焕发油田老企业新的活力。

（三）支撑东胜公司可持续发展的迫切需求

自 2019 至今，国际油价持续走低，作为中央重点能源企业之一，东胜公司全体员工积极响应国家、省委省政府、中石化号召，带头讲政治、顾大局，广大干部职工迎难而上，顽强拼搏，自我加压。面临疫情防控与低油价的双重冲击，需要改变传统生产经营思路，应对“鸡肋储量”再创价值，营造“全员会看、全员会算、全员会干、全员会赚”的良好氛围，助推效益稳增长，实现低油价形势下创造油藏经营最大值的良好局面。

因此，东胜公司油藏经营管理从抓好源头、过程控制、标准化模块推进、保障

有力等方面统筹考虑运作,探索了一体化的运营模式,形成此成果。

二、国内陆上石油行业第一家油公司"一体化"油藏经营管理探索与实践的主要做法

(一)找准定位明方向,构建油藏经营一体化运营体系

油藏管理涉及多专业、多部门、多系统,东胜公司坚持一切工作向价值创造聚焦、一切资源向价值创造流动,开创了全员、全过程、精细算、精益干、精准赚的全新局面,持续完善提高各项运营体系建设,在项目攻坚、效益评价、产能建设方面开展了体系建设的创新实践。

1.项目攻坚一体化

在机关职能优化的基础上,东胜公司进一步打破部室的壁垒、跨越系统的藩篱、划开机构的框线,按照统筹引领、业财融合、一体推进原则,形成产能建设项目攻关模式,组建"懂经营、会管理、善协调、技术强"的项目组,建立综合、技术、保障团队,明确项目组业务职能和责任使命,做到"项目组吹哨,组合团队报到",集中优势力量、集中优势资源,聚力聚智攻坚。

2.效益评价一体化

东胜公司围绕优化百万吨投资费用结构,牢固树立"今天的投资就是今天的成本""花一元钱是责任,赚一分钱是担当"等理念,将产能建设项目全生命周期高效益作为评价标准,先算后干,算"盈"再干,边干边算,干完再算。方案制定坚持"双重论证",在产能建设项目技术论证可行的基础上进行经济评价,在达到油田评价标准(油价 50 美元,内部收益率 8%)的前提下,提高效益标准(油价 45 美元,内部收益率 8%),前 5 年利润为正,满足公司扭亏脱困的需要。项目决策坚持"三不一否决",观念上不经过一体化的洗礼不推进,管理上不经过多维度的优化不定型,方案上不经过多轮次的打磨不落磬,效益不过关的坚决否决。项目实施坚持"业财融合早介入、方案把关慎投入、全程论证算产出、评价提升避失误",把每一分钱花在刀刃上,集投资成本联合之力,做看准的事,做长远的事。

3.产能建设一体化

东胜公司转变传统产能建设"串联式、接力式"运行模式,坚持油藏价值最大化的理念同向、目标同向,地质、油藏、钻井、采油、地面各专业齐向效益看、紧盯效益算、围绕效益干。各专业在一体化的链条中,超前为下一环节考虑,主动

向其他专业反馈信息，关键要素之间彼此关联、彼此支撑、彼此成就，纵向统筹兼顾、横向交叉互补、不断迭代提升，从“点、线、面、体”不断优化组合，寻求产能高效建设的最优解，全方位提质、提速、提效、提产，实现专业衔接零等待、一体化运行无缝隙，创造投资优化的极限可能。

（二）优化环境强规范，构建油藏经营一体化市场体系

东胜公司坚持全方位地融入市场、全开放地利用资源，在有利于油田高质量发展方面、有利于油藏经营管理提质增效方面、有利于合作单位互利共赢方面，不断优化市场运行体系，规范市场运行秩序，为油藏生产经营创造更优的市场环境。

1.构建内部服务市场

建立机关部门、科研两所与管理区甲乙方市场关系，厘清公司与管理区职责界面，制定服务定额价格体系，签订内部服务框架协议，与服务质量、效益挂钩，加强监督与激励，探索优质优价模式，进一步做实管理区油藏经营和风险管控的主体责任，提升服务中心、科研单位服务质量，充分激发内部市场的活力和效力。以“措施挖潜与措施培养相结合”“质量与效益相结合”为原则，东胜公司将各类措施方案汇总，编织成数据库。管理区可根据需求，在超市中自主“选购”，科研单位做好“售后服务”，在单井设计、现场施工、技术分析等方面给予服务，管理区支付技术服务费。2019 年建立 120 口井的措施库，并按效益进行排序，根据效益和油价确定实施时机，对达不到预计效益的措施井实施先期培养，确保最低投入前提下的增油效果。

2.搭建科研技术市场

东胜公司与研究院所联起手来，以区域风险承包为突破口，将科研院所的技术创新实力与开发单位的资源潜力相结合，促使理论技术从研究院进入公司，解决不同类型油藏面临的开发矛盾，形成利益共同体。通过与科研院所多轮次转周时机研究，开展采收率提高评估方法调研等，不断深化机理研究及认识，针对边底水稠油油藏含水高、产能低的问题，合理利用院所先进设备与物料，创新思维方式、创新开发技术，创新研究出“稠油冷采降粘、降粘复合驱技术”，取得了不错的效果。

3.扩建外部合作市场

坚持“没有不合格的乙方，只有不合格的甲方”“让乙方有利润，甲方才能有效益”的理念，开展合作创新实践。

一是洽谈时坚持“三个主动”。在产能建设方面，坚持“主动谈”，与钻井公

司坐到投资优化的“一条板凳”上，商讨投资优化的最大可能性；坚持“主动算”，不当“甩手掌柜”，改变以往“大包”方式，共同逐项分析钻井工程定额费用构成，寻找效益增长点；坚持“主动保”，在优速优价、优质优价的基础上，为乙方保证提供充分的后续工作量。

二是运行时抓实“一体融合”。与现河、纯梁采油厂保持良好的合作关系，在保障基础油的前提下，通过精细管理与技术提升，在增量油上也见到了效益，以此为基础，加大油藏地质资料共享力度，实现一体化运行。

三是风险上筑牢“一道屏障”。围绕风险共担、合作共赢的原则，研判市场形势，与采油工程院开展风险承包，签订风险协议，将增油量作为硬指标进行考核，倒逼乙方提升服务质量，共同解决开发技术瓶颈，在推进公司效益发展的同时实现互利共赢。

（三）无缝衔接夯基础，构建油藏经营一体化保障体系

东胜公司持续加强完善各项生产经营保障体系，尤其是在油地协调、物资保障、应急处置等三个方面体现出了东胜特色。一方面，立足效益论证一体化，以经营生产早介入、早见效、早创效为抓手，油地关系超前协调、物资供应超前保障，最大化地缩短建产周期、提高产能贡献时率。另一方面，做到日常运维与特殊应急处置相结合，把做好疫情防控和油藏经营作为巩固“不忘初心、牢记使命”主题教育成果的实践战场。

1.油地关系超前协调

近年来，饮用水源及规划水系等生态红线、自然保护区及林地保护等政策收紧，新井临时用地手续办理涉及地方部门多、资料收集难度大、办理周期时间长，油田勘探开发布局与地方规划和经济发展的矛盾日益突出，油地协调工作成为制约建产周期的“难点”之一。

一是强化内外协调，提早落实用地。东胜公司生产部门与地质、计划部门紧密沟通结合，靠前掌握新井上报审批、资金落实的进度，对地质方面预勘确定的井位，提前办理用地手续。经国土系统落图、地方政府同意施工后，及时与地方签订协议，准备勘测定界图、环评报告等 16 项资料，编制《土地复垦方案》，经专家论证审批后下发批复函，把办理时间节点、办理批次递次推进。通过与地方政府等相关部门密切联系和沟通，在依法合规的前提下，尽可能简化流程节点程序、缩短审批周期，形成一套简化办理流程，切实提升临时用地办理时效，保障早开钻、早施工。通过超前协调、内外协调，目前东胜公司临时用地手续办理时间

由原来的50天有效缩短至35天以内。

二是细化工农协调，消除过程问题。油地协调人员前期全面了解方案需求，在定井位前，超前现场落实建设项目所处的村情、民情、土地现状和地类地貌，为井位布局提供现场优选方案。在现场摸底的同时兼顾到后续地面建设配套优化，在选定井位后结合现有区块生产配套布局，落实电力线路、管线走向地面情况，提出建议，指导设计方案编制时避开复杂路线，确保后续井位部署、地面配套等方面的可实施性，为钻机搬上及投产提早做好工农保障。

三是统筹井场布局，扫除后续障碍。油地协调先难后易，将硬骨头先啃掉，扫除后续施工过程障碍。在新井选址和地面配套办公时，在前期摸底拿出的多套方案中结合各方意见，选出最优方案。新井选址时尽可能利用老井场，并择优选取面积较大、道路状况良好、靠近交通主干道的老井场，充分考虑老井场位置的现有布局，新井完钻后，新老抽油机位置合理不冲突，电器设备位置不影响后续作业施工，减少作业期间的工农纠纷。

2.物资供应超前保障

为有效缩短供货周期，实现物资保障供应与生产实际无缝匹配，物资保障从源头高效调配、提速运转入手，达到所需即所供，用时已到位。

一是源头高效调配。面对公司区块一远、二散、三不靠的地域特点，以及所需物料种类多、单项数量少，调配运行复杂的现状，物资管控部门主动将触角前伸，与需求单位建立沟通协调机制，大力强化信息资源共享、技术互联互通、需求高效响应的“三强”策略，从源头加快物料调配节奏，实现“厂—供—建”三家强化信息共享、新技术融合应用，高效集聚内外部资源和数据信息，提高物资需求预测精准度。通过量身定做物料采购方案，做到“三明确”，即明确工程所需物料种类、规格型号、总需量、单价等内容，明确甲供及自行采购的物资具体要求、审批程序和质量承诺，明确工程监理、实验室对主要物资试验的性能标准。通过这些信息的掌握，使采购方案更加优化科学、提报时间更加合理快速，实现了物料保供与运行需求的极致匹配。

二是供应提速运转。改物料保供垂直单向作战为交叉深度融合、协同推进，提升供应链运转效能。计划下达按物资供货周期提前规划部署，计划提报实行每一环节运行不超两天，对监造周期长的物料进行重点监控，积极发挥协调职能，介入生产领域，抢进度抢出厂，打通“原材料—生产装备—物资供应”链条。

三是过程保供到位。物资保供每月一次协调会、每周一次汇报会，每天一次动态会，核计划、追到货、报分析，追踪每一笔物料运行轨迹，确保不超期、不延误。将物资供货周期由原来的三个月降为一个半月,有力保障了未动用储量开发早投产、早见效。加强计划审核管理,确保不提报过剩需求、不合理需求,保证资金的合理分配和使用。构建全息多维价格参照体系,寻求物资价格最优方案,发挥 EPC 平台采购及万元自购的快捷辅助作用,寻求优质优价服务厂商。

3.与疫情防控紧密衔接

一是以油藏经营早见效、早创效为目标,以统筹谋划超前运行为抓手,疫情期间油藏经营按照“全管起来”(油区内我方员工、施工方人员全部纳入油田全面防控、全面监管)、“先动起来”(人员先到所在县区乡镇接受当地隔离、提报复工验收申请)、“再干起来”(隔离完成后能马上开工)的工作要求,积极协调各地政府防控办公室,在油藏经营各项工作中步调一致,实现经营全过程各项协调保障工作紧密高效衔接。

二是充分运用信息化、自动化装备,减少基层工作人员总数,提倡在家人员与在岗人员结合、远程办公,基层注采站依托 PCS 系统,对井口压力、载荷情况、掺水流量进行阈值精细设置,保证对异常能及时发现,及时处理。定制了业务在线审批流程,实现在线签批,大幅加快了业务流转和审批进度,提升了审批效率,减少了人与人之间的接触,降低了疫情感染风险。

三是按照“扶躺井优先、高效措施优先、井网完善优先”的原则,积极优化作业运行,作业施工队伍依人员构成、居住地、施工设备原有分布情况等原则组建,按区域优化运行方式,尽可能避免跨区域作业与人员流动,对跨区域作业人员采取集中驻地的管理方式,作业所需管杆泵分区域运输、存放,保障作业施工的顺利开展。

(四)价值引领创效益,构建油藏经营一体化示范模块

在低油价的严峻形势下,东胜公司本着价值与效益并行的原则,不断探索实践,在确保“45 美元内部收益率 8%”效益目标前提下,不断朝着油藏增量经营的最佳目标——“少井高产”奋力前行。秉持“价值引领、创新引领、示范引领”的工作理念,选取低渗油藏牛 25-42A 区块作为一体化创新实践的阵地,促进地下地上充分融合,打造地质、油藏、钻井、采油、地面的一体化、低成本、可复制、可推广的示范模块化运行模式,以示范模块为突破口,引领未动用储量高效开发和常规油藏经营。

1.极准定位,创建地质工程示范模块

地质工程作为产能建设的龙头,是油藏经营价值最大化的关键,也是控投资

规模、优投资结构的关键。

一是注重“靶向研究”。找准劣质低品位油藏的“病灶”和“痛点”，在做好“常规研究”的同时，坚持“静态与动态并重、宏观与微观并重、定性与定量并重”，开展油藏多维度全过程研究。配伍不同油藏类型，对标常规研究的 28 种宏观参数，新增 17 种靶向研究要素，增强地层、构造、储层、流体、油藏五大模型的“3D”效果，最大限度地呈现地下油藏“真容”，为油藏、钻井、采油、地面提供最准确的技术指导。

二是注重“精准刻画”。针对区块埋藏深、识别难、风险大、投资高等特点，力求通过多元多轮技术攻关，挑战评价储层和产能、规避地质风险的极限。坚持一轮论证戴好“瞄准镜”，以沉积规律为指导，立足层序地层学开展储层精细评价，判断储层发育有利位置，瞄准地质储量；坚持二轮论证拿起“放大镜”，在地质研究的基础上增加科研经费，地质研究所与外协单位“背靠背”研究论证，精细物探识别，放大地质储量；坚持三轮论证使用“显微镜”，先期部署开发准备井进行验证，将物探与地质深度融合，“手拉手”精准定位地质储量。

三是注重“迭代提升”。充分发挥一体化的反馈功能，建立“完钻—认识—优化—实施”的迭代流程，紧跟钻井反馈，优化方案井部署，稳步提升钻遇率。牛25-斜72 完钻后，我们发现钻遇厚度与预测误差超过 20%，立刻重新组织反演描述砂体展布；牛 25-斜 73 井完钻后，又发现该砂体可细分 3 小层，再次对油藏砂体进行精确刻画，有效提高了后续井位的实钻符合度。通过迭代提升，实现砂体认识的“螺旋性上升”，钻遇油层相对误差越来越小，为高效开发奠定了坚实的物质基础。

2.极尽设计，创建油藏工程示范模块

油藏工程作为连接各专业的桥梁，对产能实施精准预测、开发投资优化调整起着决定性作用。东胜公司在地质精准定位的基础上，个性化定制油藏工程方案，精巧挖掘地质储量。

一是选准开发方式。以提升初期产能、增加累计产量、扩大动用储量为目标，从低渗透油藏渗流特征入手，根据采油技术的最优能力，确定油藏开发的最优方式，提高单井产能及储量动用程度。针对牛 25 区块低渗透油藏原油流动困难、压力维持困难等特点，反复论证、优中选优，最终确定“增能缝网压裂+先期注水开发”的最佳方案。

二是布好开发井网。井网井距设计突破以往油藏“单打独斗”的设计理念，向前融合油藏地质特征，向后融合储层改造新方法，推进思维和技术双突破。设计方案时，充分考虑“前置 CO_2增能+同期注水开发”可以增加技术驱油半径、增能缝网压裂能够增加压裂改造半径，从而极限扩大注采井距，单井控制储量实现翻倍增长。通过巩固井控储量、缝控储量与极限井距的“油藏效益三角”，实现了开发方式和开发井网井距相互结合、相互支撑、相互促进。

3.极致优化，创建钻井工程示范模块

钻井是重点，钻井投资在产能建设投资中占比最高。东胜公司通过“思考—学习—探索—实践—再实践”的过程，建立钻井工程优化的学习曲线。

一是管理上做实“三个优化”。优化材料供应，套管的采购、结算主体由乙方改为甲方，节约了套管取值费用；实施丛式井泥浆循环利用，节省了材料费用。优化施工工序，严格把控固井施工全过程，固井质量变每井必测为抽测，或根据地质需求，在作业搬上后进行补测，提高了工作时效。优化施工衔接，技术人员坚持钻井二开、油层验收提前到场，固井协作会提前筹备、当天必开，固井监督人员全程驻井参与，实现了钻井全过程“零等待”。

二是技术上做实“四个改善”。加大新技术推广应用，针对地层特点，改善钻具组合，全井采用“高效螺杆钻具+高效优质 PDC 钻头”模式，钻井二开选取最经济的两趟钻方案，减少了非生产时间，提高了钻井时效。改善钻井液处理方式，上部地层优化 $CaCl_2$加量，中部地层转换复合盐钻井液体系，优化加盐工艺，实现了快速钻进。改善钻井一开表层深度，一井一策优化表层套管下深，提速降费，缩短了钻井周期。改善钻井方案编制方式，方案设计均由公司自主完成，节约了方案编制费用。

4.极力释放，创建采油工程示范模块

地质选准储量、油藏描述储量、钻井保护储量，采油工程的任务就是要精致激活储量，最大限度地释放油层潜力。东胜公司坚持向地质和油藏要底气、向钻井要信心、向海量技术资源要方案，开展革命性的探索实践。

一是思想解放再解放。2019 年以来，考核油价从 60 美元/桶降至 45 美元/桶，效益评价的门槛越来越高，倒逼公司上下必须解放思想、突破常规，挑战技术创新的极限。东胜公司以提高缝控储量为中心，不断打磨升级压裂技术，在不同的油价下，实现了“常规压裂”“转向压裂”“增能转向压裂”“缝网压裂”“复合压裂技术”的五级跳，单井产量不断攀升，形成了不同油价下的配套工艺技术体系，全力踢好采油工程“临门一脚”。

二是技术突破再突破。根据施工过程的不断认识，通过多部门协调运作，公司实现了设计及时优化、施工无缝衔接、效益不断提高、管理灵活多变。比如在牛 25-斜 76 井前置 CO_2增能+缝网压裂技术成功的基础上，我们对牛 25-斜 75 的技术方案进行优化升级，通过靶向压裂规避断层，压裂液量由 800 方增至 1000 方，验证了断层影响小，可继续扩大规模。于是我们极致提升牛 25-斜 74 的技术方案，对效益进行进一步的测算，投资进一步追加，CO_2由 500 吨增加至 1000 吨，压裂液量由 800 方增加到 1200 方，加砂量由 44 方增至 60 方，极尽动用了断层周边剩余储量。

三是效果提升再提升。通过技术升级、机制调整，追求油层潜力释放、再释放的极限，单井采油工程投资提升了 1.6 倍，投资占比由最初的 15.5%增至 24.9%。单井缝控储量提升了 1.8 倍，由 5.32 万吨增至 9.72 万吨，在低油价下依然保持了稳健的投资收益率。

5.极简配套，创建地面工程示范模块

地面工程是一体化运行的助推器，地面方案由各专业反馈、商议达成一致，共同调整，实现方案最优，实现地面工程由“被动接”向“主动推”、由“链条式”向“一体化”转变提升。

做到方案编制早介入，采用多井式标准化井场布局同台建设，既可节约土地资源，又便于后续管理。做到新区与老区、近期与长远双兼顾，结合新老区管网部署，将新井管线并入老区管网；根据采油工艺方案与周边油井运行情况，提前配置管输阀组，确保前期放喷和后期投产的平稳运行。做到临时与永久、分散与集中、新建与利旧三结合，在推广绿色节能网电钻机的同时，一次性设计、架设配电线路，解决井台后续用电负荷供电，实现资源合理利用。做到布局、规模、设备、参数四优化，创新“短小简串”建设思维，采用模块化生产单元和撬装式工件，确保建设过程模块化；调整生产用电思路，将生产用变压器容量负荷调至最佳，实现节能、效益双优。通过超前运行，无缝衔接，地面工程投资占比下降至10%，设计变更率降低 15%，同比建设周期缩短了 20%，实现了交井即投产、见产即见效。

三、国内陆上石油企业第一家油公司“一体化”油藏经营管理探索与实践的效果

（一）油藏经营水平显著提高

油藏运营向经营油藏提升。增强经营油藏意识，油藏推进会上不再是简单汇报产量、工作量，而是把吨油真正换算成效益，先干后算、边干边算、干完还算，

让花钱的项目早创效,让有效益的项目早实施。通过市场化运营模式,将充足的工作量打包给服务方,“以量代价”,提高服务方积极性,促成优惠的劳务服务价格。牛 25 井组 5 口井,需要租赁压裂井口进行大型压裂施工,通过商谈服务方给出 10%的价格下浮;通过作业零等待紧密运行,单井作业占井平均缩短 12.6 天;通过综合运用技术、经济手段,一体化决策,减少投资风险,最终实现缩短地面工程施工工期 15 天。

(二)经济效益水平显著提高

加强一体化运行模块的复制推广,先后在车 408、大 8、义 37 等产能建设项目中进行应用,共优化投资 5600 万元。公司整体盈亏平衡油价从 49 美元/桶降至 43 美元/桶;产能建设 50 美元/桶内部收益率提升至 19.2%,45 美元/桶内部收益率提升至 9.4%。2019 年新井平均投产周期同比缩短 13.1 天,增加效益产量 1985 吨。实施油井措施 100 井次,比计划减少 40 井次,增油 4.58 万吨,同比超产 0.83 万吨,综合递减控制在 5.2%。分注率从 65.1%上升到 66.5%,注采对应率从 80.5%上升到 82.4%;全年老井自然产量完成 68.5 万吨,稀油自然递减控制在 10.4%,较计划降低 2.8%,实现产值 26.11 亿元,上交利税 4.5 亿元,经济效益水平明显提升。

(三)社会及生态效益显著

在举国上下同心协力抗击疫情之时,作为中央重点能源企业,东胜公司围绕落实国家能源战略,充分发挥央企的特定功能和示范引领作用,积极响应国家、山东省、中石化号召,带头讲政治、顾大局。广大干部职工迎难而上,按照可持续高质量发展需求,在为社会创造价值的同时,认真践行“绿水青山就是金山银山”的发展理念。自 2018 年开始全面实施绿色企业行动计划,持续提升清洁生产水平,打造绿色竞争优势,为社会提供绿色能源和环境友好产品。已谋划布置总装机规模 4388.23kWp 分布式光伏发电项目,按 25 年衰减率,平均年发电 526.6 万千瓦时,实现年碳减排 5476.6 吨。

成果创造人员:李　山　刘小波　郑廷震　李修伟　南红刚　盖海峰　王义刚

管资本背景下地方国有资本投资公司管理体系变革研究

山东省鲁信投资控股集团有限公司

摘要:鲁信集团在习近平新时代中国特色社会主义思想指导下,深入贯彻落实省委、省政府深化国资国企改革有关精神,以管资本为导向,围绕改建国有资本投资公司,通过理顺管理体制、完善公司治理体系、改革市场化经营机制、优化管控模式、加强主业管理、强化党的领导等一系列举措,构建了管资本背景下国有企业新的管理体系,有效提升了国有资本运营效率,带动了山东金融业发展,促进了国有资本做强做优做大。

山东省鲁信投资控股集团有限公司(以下简称"鲁信集团")创立于 1987 年,经中国人民银行和山东省人民政府批准设立。2015 年改建为国有资本投资公司,承担贯彻实施山东省委、省政府战略意图,引导带动全省经济转型发展、创新发展的功能。鲁信集团业务领域涉及金融资产投资与管理、创业投资及新能源新材料、现代海洋、印务投资、石油天然气等投资运营业务。目前拥有山东省国际信托股份有限公司、山东鲁信实业集团有限公司、鲁信创业投资集团股份有限公司、山东省鲁信金融控股有限公司、山东省金融资产管理股份有限公司、山东省石油天然气股份有限公司、山东鲁信天一印务有限公司、鲁信科技股份有限公司和山东省投资有限公司等 10 余家权属机构。

在长期发展过程中,鲁信集团不断提升研发创新能力和资产管理能力,积极致力于推动产业转型升级,服务经济社会发展,盈利能力位居地方国有资本投资公司前列。鲁信集团是中国投资协会国有投资公司委员会副会长单位、创业投资委员会联席会长单位。鲁信集团(本部)被中央文明委授予"全国文明单位"称号,2019 年荣获"山东省优秀企业"。截至 2021 年末,集团注册资本 306 亿元,资产总额 1769.42亿元,负债总额 1069.36 亿元,所有者权益700.06亿元,资产负债率60.44%。

2021年实现营业收入94.02亿元,利润总额26.2亿元,净利润25.3亿元。

一、管资本背景下地方国有资本投资公司管理体系变革研究的背景

(一)国有企业管理体系变革是顺应新时代国资监管变化的必然趋势

自21世纪初国务院国资委组建成立以来,经过多年探索发展,逐步形成了一套“管人、管事、管资产”相对完整的国有资产管理体制,促进了国有企业不断发展壮大,实现了国有资产的保值增值。但随着近年来国企国资改革的逐步推进,国资委原有的管理方式已经不能适应新时代改革需要。原有管理体制不仅对国有企业管得过细,过多束缚了国有企业活力,而且国资委既作为出资人持有国有企业股份参与市场活动,同时又作为国有资产监管主体,双重身份不仅导致股东情结过重,监管职能弱化,而且容易产生政企不分、资政不分。党的十八届三中全会《决定》提出,完善国有资产管理体制,以管资本为主加强国有资产监管,改革国有资本授权经营体制。在此形势下,作为介于政府国资监管部门与实体企业之间的中间层和过渡地带的国有资本投资运营公司应运而生。相应地,由原来国有企业改建而来的国有资本投资运营公司也需要顺应新的监管形势和整个国资管理体制的变化,在管理体系和模式上作出相应的变革和调整。

(二)国有企业管理体系变革是新时代建立现代企业制度的内在要求

建立中国特色现代国有企业制度是国有企业改革的基本要求,而现代企业制度的基础是现代产权制度。事实证明,只有紧紧围绕产权这个核心、以产权为纽带进行管理体系变革,国有企业建立现代企业制度才能真正破题。在以管资本为主的监管模式下,设立或组建国有资本投资运营公司,有利于所有权与经营权分离,有效促进国有企业公司制股份制改革。国有资本投资运营公司作为出资人代表,以资本和产权关系为纽带,依法制定和完善公司章程、优化董事会和监事会结构,通过建立规范的公司治理机制管理下属企业,进而促进国有企业加快建立现代企业制度。对国有企业自身而言,管理的重点和重心不再是对出资企业具体经营活动、事项的管理,而是要突出更好发挥产权这个纽带作用,通过大力实施和推进混合所有制改革,完善健全下属企业公司治理,加强科学管控,达到国有资本投资运营公司的最终目的。建立完善以产权关系为纽带的管理体系,是大势所趋,顺应了新时代国资国企监管的方向,也是新时代建立中国特色

现代企业制度的应有之义。

（三）国有企业管理体系变革是做强做优做大国有企业、提高国有资本运营效率的重要途径

近年来，随着我国对外开放和市场化进程的加快，我国经济社会各领域都发生了重大变化，包括外资、民企在内的市场主体都在不断发展壮大。作为我国社会主义市场经济的主体力量，国有企业如何迎接新时代出现的系列挑战进一步做强做优做大，成为必须面对的重要课题。随着国有企业改革的深入推进，国有企业体制机制僵化、运营效率低等深层次、根源性问题开始暴露，国有资产整体运营效率低下，对全社会资源配置效率的影响力并没有相应的提高，净资产收益率甚至低于同期民企和外企的净资产收益率。这些都表明，原有国有企业的管理模式、管理体系不能完全适应市场竞争形势的变化，成为制约国有企业做强做优做大、提高国有资本运行效率的重要瓶颈，必须做出相应的变革和调整。而在以管资本为主加强国资监管的情况下，国有资本运营效率和国有企业经营业绩考核更具针对性和可操作性。在以管资本为主的管理体制下，国有资本投资运营公司更加强化国有资本运营，可以根据实际情况确定在不同领域的控股比例并动态调整和退出，推动各种所有制资本取长补短、共同发展，促进国有资本合理流动，这将有利于国有资本跨企业、跨行业流动，使国有资本投向效率更高、综合效益更好的行业领域，从而进一步提升国有资本运营效率，实现国有资本收益最大化。

（四）地方国有企业发展基础稳固，具备了管理体系变革的条件

国有资本投资运营公司的设立和组建，是国企国资改革深化的产物，需要具备一定的基础和条件。对鲁信集团而言，一是企业规模和总体实力实现了稳步提升。鲁信集团经过 30 多年的发展，企业总资产、净资产、利润总额、归母净利润等主要经营指标稳步增长，市场份额逐步扩大，行业影响力和知名度不断提升。集团主要经营指标均领先全国国有投资公司行业优秀值，获得 AAA 的主体长期信用评级。二是业态布局持续完善，具备了打造综合金控集团的基础。鲁信集团在金融各相关领域持续发力，业务已涵盖信托、银行、保险、证券、公募基金、金融资产管理、融资租赁、小额贷款等金融、类金融门类和创业投资、私募股权投资、基础设施投资、战略新兴产业投资等领域，业务布局更加丰富完善，已成为山东省金融业务门类最丰富、投资领域最广泛的国有投资控股集团。三是企业制度体系和公司治理逐步完善。鲁信集团坚持依法经营、规范运作，不断加强

制度建设,公司治理结构逐步完善,集团制度体系更加健全,投资管理能力企业抗风险能力进一步增强。

二、管资本背景下地方国有资本投资公司管理体系变革研究的主要做法

鲁信集团作为山东省首批试点单位改建为国有资本投资公司,围绕改建定位,瞄准功能发挥,坚持创新驱动,以改革为根本动力,全面开启转型创新发展高位突破的新局面。

(一)顺应"管资本"的要求,改建国有资本投资公司

以管资本为主加强国有资产监管,即用经营资本的方式管理和运营国有企业,更加强化国有资本,客观上需要进一步改革国有资本授权经营体制,首先要明确谁能成为国有资本出资者代表授权的运营主体,以更好地发挥市场配置资源的作用。中共中央、国务院关于深化国有企业改革的指导意见提出"改组组建国有资本投资、运营公司",明确了国有资本投资运营公司成为国有资本运营主体。因此,在原有国资监管体系框架下,通过设置中间层公司履行该项职能,从而建立"国资监管机构—国有资本投资运营公司—国有出资企业"的三级管理架构。2015 年 6 月,经省委、省政府及省国资委批准,鲁信集团正式改建为国有资本投资公司。改建后的功能定位是:承担贯彻实施省委省政府战略意图,引导带动全省经济转型发展、创新发展的功能,以金融投资和资产管理为主,兼顾基础设施和战略性新兴产业投资运营,打造项目融资和投资理财综合解决方案提供商,到 2020 年成为国内一流、具有一定国际影响力的综合性金融投资控股集团。改建国有资本投资运营公司,是山东省深化国资国企改革的一次重要创新举措,也是鲁信集团发展史上里程碑式的重大事件。对鲁信集团而言,通过改建为国有资本投资公司,赋予了新的功能定位,明确了未来发展方向,同时也需要适应新构建的国资管理和国有资本运营体系,对自身组织架构、业务布局、制度体系、管理机制进行优化和调整。这是一个理念更新、功能重塑、组织重构、业务重整、机制重建进行全方位转变的过程。

(二)理顺管理体制,明确权责边界

建立三级管理架构以后,如何理顺国资监管机构(国有出资人代表)、国有资

本投资运营公司与出资企业间三者之间的关系，明确彼此权责边界就成为关键环节。国资监管机构主要履行行政管理职能，主要负责定方向、定规则、定考核，在管理方式上对国有资本投资运营公司实施清单管理。清单以外事项由企业依法自主决策，将应由企业自主经营决策的事项归位于企业。2014 年以来，山东省国资委多次下发通知取消、下放了一批管理事项，不再干涉，不再直接管理具体经营活动，实现了“放得下”充分授权。作为中间层，鲁信集团则以落实董事会职权为核心，加强董事会建设，提高公司行权能力，有效承接省国资委授权放权事项，确保“接得住”。集团公司董事会严格按照有关要求在授权的事项范围内行使相关职权，确保将各项职权落实到位，做到尽责不逾界，履职有规范。一方面，鲁信集团将国资委授权放权事项写入《公司章程》，在董事会职权中进行了明确，有效承接省国资监管机构放权授权事项，进一步扩大了企业自主经营空间。如，原来需要由省国资委审批、核准或备案的年度投资计划、高级管理人员任免、考核和薪酬管理，出资企业改制、产权转让管理、工资总额管理、重大财务事项管理，视情况不同程度地下放给了集团公司，由鲁信集团董事会决定；国资委则更多通过董事会、委派的董事来进行监督管理。另一方面，鲁信集团按照管资本为主的要求，以产权关系为纽带，明确与所出资企业的权责边界。结合公司实际，制定《集团对所出资企业权责清单》，对出资企业以股东身份按出资比例依法行使相应权利。集团公司以股东权利为边界，按照“谁的事谁决策，谁的责任谁承担”的原则，就出资企业的重大问题出具股东意见，将有关 60 余项事项的决策权限下放，原则上不再干预企业日常各项经营管理工作，对出资企业进行“松绑”，调动了权属企业的积极性。各权属企业作为利润中心，承接集团下放的部分业务决策权限，不断改善提升决策流程、优化决策机制，同时按照国企改革改制的要求大力发展混合所有制，以创造价值和增加利润为目标，实行专业化、市场化经营，打造依法自主经营、自负盈亏、自担风险、自我约束、自我发展的市场主体。

（三）优化公司治理，加强公司行权能力建设

出资人代表机构授权之前，必须首先健全公司治理体系，构建完善的行权能力，确保“接得住”。鲁信集团按照中国特色现代国有企业制度要求，完善企业法人治理结构，加强集团党委会、董事会、经理层各治理主体建设，把加强党的领导和完善公司治理统一起来，建立健全决策执行监督机制。一是有效发挥集团党委的领导作用。通过修订公司章程，明确了党组织在公司法人治理结构中的法定地位，将党组织研究讨论作为公司决策重大问题的前置程序。通过全面加

强党的领导,按照党管干部以及“双向进入、交叉任职”的原则,将党组织内嵌和融入公司治理结构当中。修订完善党委会议事规则,明确了党委常委会决策事项、前置研究事项的范围和程序,发挥党组织把方向、管大局、保落实的作用。二是充分发挥董事会决策作用。董事会在国有资本投资公司治理体系中有着至关重要的作用,落实董事会职权是核心内容。鲁信集团以建立规范高效的董事会为目标,建立了集团董事会及各专门委员会。董事会在重大事项决策、深化企业改革发展等方面依法行使决策权,保证了董事会决策的权威性。重视发挥外部董事的作用,7 名董事中外部董事有 3 名,其中薪酬与考核委员会、审计委员会、风险控制委员会均由外部董事担任主任委员,按照议事规则发表相关领域的专业意见。三是积极发挥经理层经营管理作用。集团董事会对经理层充分授权放权,通过公司章程及《业务决策管理办法》,明确了董事会对经理层授权。探索实行经理层契约化管理,建立职业经理人制度。实行经理层契约化管理后,鲁信集团经理层由省管干部改为董事会聘任,2019 年底面向社会公开选聘职业经理人,董事会依据契约对经理层进行考核。四是优化规范运行机制。明确了集团公司党委常委会、董事会和总经理办公会各项职权,理顺了各治理主体间的沟通协调机制,保障各治理主体间运转协调,初步形成了科学规范的公司治理结构。同时,强化股权为纽带治理模式,积极推动各权属公司建立规范、完善的法人治理结构,依法委派董事、监事、财务总监和纪委书记等形式行使股东权利,协调推动持股企业规范化发展。

(四)改革内部机制,释放企业活力

国有企业改革的根本目的是调动企业内部活力,运用一切可以应用的手段充分调动干部员工的积极性、主动性和创造性。因此,必须坚持市场化导向,不断改革和优化企业内部机制。鲁信集团结合公司实际,研究探索了“国有体制、民营机制、有效激励”的运行模式。一是探索通过多种方式,积极推动股权多元化改革。2017 年 12 月,鲁信集团主业山东国信在完成增资扩股和股份制改造基础上,在香港 H 股成功上市,实现了内地信托公司 23 年来赴港上市“零”的突破,成为内地信托登陆国际资本市场第一股和港股信托第一股。2018 年,山东油气成功引入战略投资者中燃集团,对山东油气实施全方位改造优化。2019 年,鲁信天一寻求引入战略投资者并实施员工持股计划。同时在增量上,新设公司、基金全部实行混合所有制,鲁信创投实施跟投政策。通过股权多元化改革,鲁信集团股权结构不断优化,发展活力逐步增强。截至 2019 年年底,鲁信集团

103 户企业中有 79 户企业成为混改企业，混改企业户数占比为 76.70%，混改企业资产占比为 96.14%。二是扎实推进三项制度改革，最大限度发挥人力资本潜能。围绕三项制度改革，鲁信集团加强制度建设，构建了从员工引进到管理人员选拔任用规范完整的制度体系。健全选人用人机制。在集团经理层全部契约化管理的基础上，市场化招揽了多名职业经理人担任权属公司总经理。实施“青年金融投资人才集聚提升”工程，注重选拔使用年轻人才，一批年轻后备干部走上领导岗位。下放权属企业用人自主权，在机构设置、编制、标准条件、流程、结果“五控”的基础上，赋予权属公司更大的选人用人自主权。建立完善容错机制。宽容干部在工作中特别是改革创新中的失误，引导广大干部员工打消顾虑、轻装上阵，营造勇于创新、大胆改革、干事创业的良好氛围，鼓励大家“创闯冒试”，大胆闯、大胆试。强化激励考核约束机制。健全完善以工资总额预算管理为主要调控方式的收入分配体系。加大对关键岗位、骨干人才的激励力度，对权属企业积极开展员工持股、基金跟投等改革，探索建立中长期激励机制，通过绩效薪酬、弹性薪酬、员工持股等激励约束机制，打造资本所有者与劳动者利益共享、风险共担的责任共同体。三是割除赘肉顽疾，加快机制转换。深入推进国企“倒计时”改革，针对国企改革中的难点、痛点问题，剖根源、定措施，下狠功夫、硬功夫。结合各公司情况，“一企一策”制定了亏损企业治理、僵尸企业处置、压缩管理层级、低效无效资产退出、“三供一业”资产划转和管理职能社会化移交等工作方案，抓重点、补短板、强弱项，使企业发展真正甩掉包袱、轻装上阵，实现更好更快的发展。

（五）变革管控模式，提升运营质量和水平

随着从“管资产”向“管资本”转变，以及国有资本投资运营公司的相继设立，国有企业的功能定位、组织架构、业务重心等均发生较大变化，管控模式经常出现“越位”“缺位”“错位”现象，基于原有框架建立起来的管控体系呈现一定程度的不适应、不匹配。为顺应新时代国有资本监管新形势，必须对原有管控模式做出变革和调整。为此，鲁信集团积极探索建立与国有资本投资公司功能定位相适应的管控模式，确保“管得好”。总体上，按照优化资源要素配置、助推集团高质量发展的整体思路，以管资本为纽带，以市场化为导向，以支撑战略发展、提升组织效率、管控整体风险为原则，梳理优化集团总部与权属公司的权责边界，不断优化管控条线，明确管控内容，制定管控措施，完善管控制度，规范管控体系运作流程，形成管理有度、上下联动、责任清晰、充满活力的管控体系。一方面，

结合鲁信集团改建国有资本投资公司的功能定位和担负的使命任务，围绕六大中心建设，加强集团总部职能建设，强化集团在战略布局、资源整合、资本运作、制度建设和治理管控等方面的能力，着力构建以战略管控和财务管控为主的管控模式，切实履行好集团总部“战略方向指引、投融资决策、绩效考核与薪酬、风险管理、高级管理人员任免和调配”等核心职能。另一方面，在明确集团总部与权属公司在各业务条线上的分类授权程度和管控事项基础上，对权属公司实行差异化分类管控。结合各权属公司专业化特点，根据其资产规模、产权结构、业务模式、发展阶段、治理能力等，实施不同的差异化管控策略。各权属公司在使自身成为决策主体、利益主体和风险承担主体的同时，接受集团公司在战略实施、经营业绩、财务指标、风险管理等方面的监督与考核，实现了授权与管控相结合、放活和管好相统一。加强风险防控体系机制建设，防范化解金融风险情况。同时，重点加强风险管控。坚持风险“可测、可控、可承受”的原则，构筑以各业务部门和权属公司为第一道防线，以董事会风控委员会、项目评审会和风险合规部为第二道防线，以董事会审计委员会和审计部为第三道防线的风险控制“三道防线”，不断加强金融风险的过程管控和动态监控。权属企业根据监管要求并结合业务实际情况，建立了相对完善的金融风险防控体系和应急处置机制。整体上，集团构建形成涵盖各条线、各部门、各权属公司的多维风控体系，坚决守住不发生系统性风险底线，为集团持续健康高质量发展打下良好基础。

（六）加强主业管理，强化投融资和资本运作

国有资本投资公司主要目标是优化国有资本布局、提升产业竞争力。简单说，就是围绕做产业开展投融资、资本运作等业务。围绕这一目标，鲁信集团发挥金融优势业务优势，积极优化业务结构，并通过投融资、企业孵化、重组并购多种途径和手段，在壮大金融业发展的同时，积极推动相关产业转型、业态升级和化解产能过剩。一是做“大”做“强”金融类业务，带动引领全省金融业发展。聚焦金融主业，积极推进信托、银行、证券、保险等金融全牌照布局，充分发挥金融主业优势，不断培育核心竞争力。以山东国信香港上市为契机，围绕回归信托业务本源，持续发力家族信托、慈善信托、文化信托、消费信托等领域，不断开拓新的增长点。通过投资入股济南农商行，成为并列第一大股东。试点布局保险领域，发起成立了全国性寿险公司中援人寿。成立省内第一家从事不良资产收购处置业务的地方资产管理公司，公司注册资本和资本实力位居地方 AMC 首位，根据省委省政府安排部署，入股恒丰银行进行重组，有效维护了区域金融稳定。

聚焦“支农支小支微”的金融服务方向，积极发展普惠金融、供应链金融、消费金融，鲁信金控相继推出“航旅通”“惠农贷”业务，不断丰富完善金融产品体系，服务乡村振兴，助力扶贫攻坚。二是做“专”做“优”投资类业务，优化资本布局。推动各类基金实施行业聚焦、产业聚焦、领域聚焦，塑造优势突出、特色鲜明的投资专长。坚持做专投资团队，做产业的“专家”，围绕产业赋能提供有针对性的增值服务，助推企业成长。充分发挥鲁信创投国内A股首家上市创投机构平台作用，瞄准战略性新兴产业和“双创”类企业，在生物医疗、新材料、新能源、智能制造等领域布局了一批发展前景好、科技含量高、成长空间大的企业，逐步形成定位清晰、功能明确、优势突出的投资业务体系和可持续的盈利模式，入选国务院国资委国企改革“双百行动”。探索推动VC/PE+上市公司的产融并购，以此为引领，集聚集团旗下106只基金群向新旧动能转换领域倾斜，向“四新”企业和“十强”产业聚集，引领、撬动更多社会资本和金融资源投向新旧动能综合试验区“三核”区域。三是做“精”做“实”产业类业务，提升产业竞争力。以“提升产业集中度、增强盈利能力、提高可控制力”为目标，优化存量、淘汰落后、布局新兴。受山东省委省政府委托，划转接管了山东省油气公司，成为山东油气的第一大股东，并通过增资扩股成功引入战略投资者中燃集团，被确立为省级储气设施建设主体和省级天然气投资运营平台，承担全省天然气管网环网建设，进行全产业链布局。推进鲁信天一“智慧印厂”建设，综合实力在全国同行业中处于领先水平。此外，还积极探索产融结合，抓住现代农业、大健康、大环保发展机遇，开始布局海洋牧场、海洋科普旅游、休闲养生、健康环保等新兴业态，加快推进业务模式转型创新，培育新的业务增长点。

（七）搭建各类平台，集聚优化整合资源

国有资本投资公司要在产业、资本更高层面发挥更大的作用，必须要搭建各类平台。事实上，国有资本投资公司本身就是一个平台，各类资源、各种生产要素、不同主体借助国有资本投资公司这个平台进行输入转化，通过发挥其内在的特殊机制，实现深度的集聚、融合，从而发挥更大的作用。鲁信集团作为山东省属骨干金融企业，借助其行业地位和业务优势，积极搭建各类平台。一是搭建投融资平台。充分发挥山东信托横跨三大市场金融牌照优势、香港上市国际化平台优势，整合境内外资源，创新业务模式，努力为市场主体融资提供多元化服务方案。2019年累计为各类企业提供信托融资1600亿元，投向实体经济的信托资金规模占比达到70.3%。充分发挥鲁信创投国内A股首家上市创投机构平台

作用，用足用好“双百行动”政策，新增投资全部投向“十强”产业。2019年，鲁信创投及所属各基金完成“十强产业”投资项目22个，总投资7.1亿元；探索推动VC/PE+上市公司的产融并购，全年实现4个优质项目在深交所和纳斯达克上市。此外，围绕助力山东省新旧动能转换重大工程建设，集团先后发起设立了新旧动能转换创投母基金和新旧动能转换海洋产业基金，其中10亿元的创投母基金作为全省新旧动能转换工程第一批创投类母基金，在基金落地、项目投资方面实现“双第一”。二是搭建“双招双引”平台。贯彻落实省委省政府“双招双引”工作要求，着力打造“双招双引”平台。围绕“招商引资”，通过山东国信境外上市，吸引境外资金，通过山东油气增资扩股，吸引了省外资金。借助基金运作模式，发挥基金运作优势，在美国“硅谷”和以色列分别设立了基金公司，通过放大国有资本功能，聚资聚力支持我省发展。围绕“招才引智”，组建了鲁信发展研究院，以此为平台，建设了鲁信集团博士后科研工作站，并与清华大学合作培养博士后。鲁信发展研究院被确定为山东省首批重点新型智库建设试点单位，平台作用得到了更好的发挥。把握金融科技发展大势，依托泰山产业领军人才，搭建人才聚集高地，积极探索“产学研”相结合的运营发展模式。三是搭建资源聚集平台。近年来，鲁信集团引入了国投委并购基金、国信控股、航天科技等合作伙伴；与国新资本等央企签订战略合作协议，与山东能源等省属企业开展了洽谈合作，搭建了国企战略协同平台，形成了服务山东的资源“高地”；以山东金融资产“一台一金”建设为载体，搭建地企合作平台，提供不良资产处置等特色金融服务，化解区域金融风险，确保区域经济健康稳定发展。集团“走出去”步伐明显加快，与昆明、合肥、宣城等地政府签订了战略合作协议，与保利集团、云南子元集团等合作开展业务，国内业务布局更加优化；整合集团海外资产，打造统一的境外投资平台，为海外业务开展奠定了基础。

（八）加强党的领导，为管理变革发挥引领和保障作用

坚持党对国有企业的领导是重大政治原则，是我国国有企业的独特优势，将党的领导以法定形式融入公司治理当中，意味着党建工作成为国有企业内部治理机制和管理体系的重要组成部分。改建国有资本投资公司，做强做优做大国有资本，更需要加强党的领导，通过加强党的全面领导，统领改建改革各项工作，把确保国企“姓党”贯穿到改革全过程，推动企业改革始终沿着正确政治方向前进。鲁信集团党委深刻把握习近平总书记对加强国有企业党的建设和建设中国特色现代国有企业的一系列重要指示精神，把加强党的政治建设摆在首要位置。

充分发挥国有企业党委在新时代的领导作用,坚持党对国有企业的领导不动摇,把好深化国有企业改革的方向,服务全省经济社会发展。同时把好主业方向,心无旁骛做主业,围绕主业谋发展,确保符合国有资本投资公司的功能定位。在具体方法上,鲁信集团党委坚持集体领导、科学决策,围绕国有资本投资公司功能定位,抓住改建进程中的主要矛盾,不断调整优化战略,确保改建工作始终符合现代国有企业建设方向。严格贯彻落实"三重一大"事项集体决策制度,坚持凡"三重一大"事项必须由集团党委领导班子前置研究,不断健全完善议事和决策机制,明确权责边界、议事规则和工作流程,实现了政令畅通、决策科学、责任到位。此外,鲁信集团党委充分发挥抓落实中坚力量作用,多措并举,集聚合力,推进改建工作落地落实。一是健全组织。鲁信集团党委明确提出,"资本到哪里,党的作用就发挥到哪里",管资本和管党建必须相统一。创新性开展支部建在项目上、建在基金上,让党旗飘在第一线,实现异地项目部(基金)党组织全覆盖。各权属公司配备了专职纪委书记和党纪办主任,形成统一归口、责任明晰、有机衔接的党建工作领导体制,夯实了抓改建工作的组织基础。二是建章立制。集团党委不断细化完善"管资本"形态下的党建工作规则、流程、措施,通过制度的刚性约束确保改建的顺利推进。制定了党委会、董事会、总办会议事规则,明确各治理主体的权责边界,既维护了董事会对企业重大问题的决策权,又保证了党组织的意图在重大问题决策中得到体现,现代国有企业法人治理结构持续优化。三是开展特色党建。集团党委坚持把党建工作放到全面从严治党新常态中来把握,打破原有的条块化管理模式,从"千条线"变为"一根针",形成了以党委为中心,党建组织、群团宣传以及纪检监察等部门齐抓共管、配套联动的工作局面,汇聚起了公司齐心协力促改建的强大合力。

三、管资本背景下地方国有资本投资公司管理体系变革的积极效果

鲁信集团改建国有资本投资公司5年以来,围绕功能定位,瞄准作用发挥,以管理体系变革和优化调整为抓手,抓重点、强弱项、补短板,成为鲁信历史上发展最快、成绩最好、亮点最多的时期。

(一)企业管理绩效水平逐步提升

通过管理体制变革和调整,重新构建与国有资本投资公司功能定位相适应

的组织制度体系，通过精简机构、压缩层级、整合内部资源和优化业务结构，实施制度流程再造和管控模式优化提升，企业运作效率和管理效能显著提升。2019年，全员劳动生产率同比提高20.5%。机构臃肿、人浮于事、机关作风等现象大大减少，员工干事创业热情充分迸发。

(二)推动集团整体实力迈上新台阶

5年来，鲁信集团实现了高效高速发展，先后推动了山东国信赴港上市、AMC成立、山东油气引进战投、鲁信创投“双百行动”、重组恒丰银行等一系列重大工作，公司整体实力显著增强，全面开启了鲁信集团高质量发展的新局面，被评为“山东省优秀企业”。

(三)促进了经营业绩快速增长

改建5年间(2015~2019年)，鲁信集团资产总额由327.88亿元增加至2015.73亿元，增长514.77%;净资产由173.54亿元增加至666.39亿元，增长283.99%。5年来，鲁信集团累计实现利润总额122.6亿元，累计实现投资收益78.24亿元，累计实现归母净利润53.01亿元;金融资产占集团国有资本的比重由62.17%增加至91.38%，增长29.21个百分点。集团主要经营指标均领先全国国有投资公司行业优秀值，获得AAA的主体长期信用评级。

(四)集团未来发展潜力明显增强

实践证明，通过改建国有资本投资公司和管理体制的变革，鲁信集团形成了经营业绩向好、业务布局向优、内部机制向活、发展质量向高的良好态势，公司整体发展质量显著提升，不仅实现了集团“十三五”圆满收官，而且为“十四五”良好开局奠定了坚实基础，全面开启了鲁信集团高质量发展、打造省级金融控股集团的新征程。

(五)取得了显著的社会效益

鲁信集团改革经验得到广泛认可。《人民日报》《上海国资》等都刊发文章介绍鲁信改建国有资本投资公司经验，中国大连高级经理学院、吉林森工集团、河南投资集团等数十家单位到鲁信集团就改革等方面的情况进行调研交流。

成果创造人员：荣　刚　王大莉　李太光　高　位　韩其栋

证券公司“自上而下”系统性金融风险防范体系

中泰证券股份有限公司

摘要：防范系统性风险是资本市场永恒的主题。以往系统性金融风险防范工具多面向宏观监管层面，而对于“自上而下”面向金融机构的映射落地鲜有研究。本成果挖掘系统性风险的动态传导时序，开展输入性、交叉性风险传导分析，在此基础上构建了契合系统性风险演化传导规律的预警指数体系，以全面反映证券公司所面临的宏观系统性风险状况；最后，围绕风险管理全覆盖、控制措施精细化的管理目标，以战略为引领、以业务为载体、以技术为保障，从建立系统性风险指数预警体系、优化风险监控管理流程、强化风险应对机制、加强风险管理信息技术系统建设等一揽子举措着手，探索系统性风险监测预警完整体系，以期为有效衔接我国证券市场宏观系统性风险管理与经营机构微观业务风险管理、更好地防范系统性风险有所裨益。

中泰证券股份有限公司（以下简称“中泰证券”）是全国大型综合类券商，按照“建设系统重要性现代投资银行”的战略目标，全力推进包括经纪、信用、投行、资产管理、金融创新等在内的全牌照业务体系建设，形成了集证券、基金、期货、直投、国际业务为一体的综合性证券控股集团。截至2018年底，中泰证券总资产1175亿元、净资产311亿元、营业收入70亿元、净利润12亿元，分项行业排名分别为16、15、16、14，位于行业前列。凭借良好的专业能力和业绩表现，中泰证券得到了社会各界的广泛认可，并在投行业务、研究咨询、风险管理、创新能力等方面获得诸多荣誉。

一、证券公司“自上而下”系统性金融风险防范体系背景

（一）贯彻落实党中央战略部署化解重大风险的有力抓手

改革开放以来，我国证券行业自诞生之后经历了快速的发展，而证券公司从无到有，历经兴衰与磨难并不断成长，但自2003年开始的三年时间里，国内19家证券公司被托管或破产关闭，7家公司被撤销，4家公司被撤销业务许可，14家公司和9家营业部被暂停业务，这一时期证券业所显现的行业性系统性风险给整个社会经济敲响了警钟。世界性金融危机与经济衰退中，美国五大世界级投行“全军覆灭”，显示了即使在国外成熟市场，金融机构系统性风险预警管理依然具有必要性。因此，构建全面有效、动态前瞻的系统性风险监控管理机制具有重要的现实意义，更是贯彻落实党中央坚决打好防范化解重大风险攻坚战的有力抓手。

（二）促进省属国有企业资产保值增值的有效途径

加强系统性风险监控管理是省委、省政府及省国资委的切实需求。在过去20年中，山东部分地区金融风险集中暴露，从2004年天同证券因巨额亏损导致挪用客户保证金最终被中国证监会关闭清算，到震惊全国的齐鲁银行诈骗案和烟台商行高层挪用巨额资金、集体腐败案，到鲁中地区的民间借贷纠纷，到齐星集团恶性债务违约事件，这些令人触目惊心的风险事件表明，山东金融体系还存在着风险防范漏洞，部分风险事件还存在进一步放大的趋势，对山东经济金融稳定造成了较大影响，引起了各级各部门的高度重视。2016年，省政府公布《关于金融支持实体经济发展的意见》，明确提出各级要建立健全金融市场风险监测制度，加强重点领域金融风险预警，落实好金融突发事件应急预案，坚决守住不发生系统性区域性金融风险的底线。2017年7月，省属企业金融风险和财务风险防控工作会议召开，会议明确要求切实维护省属企业的金融稳定，为加强企业国有资产监督管理，防止国有资产流失做出应有的贡献。为贯彻落实省委、省政府及省国资委的战略部署，中泰证券积极作为、敢尝敢试，大力推进系统性风险监控管理，以及时、准确识别系统性风险，确保中泰证券稳健经营，国有资产保值增值。

（三）维护公司可持续发展的首要前提

中泰证券在积极拓展发展空间的同时，也清楚地意识到唯有全面、有效地管理风险才是公司经营的首要前提。为此，中泰证券坚持稳中求进的工作总基调，紧紧围绕风险管理全覆盖的管理目标，从完善风险管理制度体系、健全风险管理组织架构、加强风险管理信息技术系统建设等多个维度全面提升中泰证券风险管理能力，取得了较大的实效。系统性风险是证券公司面临的最重要的风险之一，然而此前中泰证券对于系统性风险的预判依旧停留在经验判断和定性分析管理阶段，且预警信息未能有效地映射到公司经纪、承销、证券投资、资产管理等业务的风险管理实践中，无法从根本上解决对风险的“事后处理多，事前风险防范少”的问题，缺乏有效的能全面反映中泰证券风险状态的风险监控工具。因此，吸纳国内外先进的风险管理理念与技术，建立一套符合中泰证券自身业务特征的系统性风险监控管理工具，优化公司风险管理体系，已成为中泰证券面临的紧迫任务。

二、证券公司“自上而下”系统性金融风险防范体系做法

中泰证券紧密围绕风险管理全覆盖、控制措施精细化的管理目标，以战略为引领、以业务为载体、以技术为保障，从建立系统性风险指数预警体系、探索风险监控管理流程、强化风险应对机制、加强风险管理信息技术系统建设等一揽子举措着手，探索建立系统性风险监测预警体系，以确保中泰证券风险可测、可控、可承受。主要做法如下：

（一）研究制定系统性风险监控管理总体思路，设计完善的量化监管工具

深入贯彻落实山东省委、省政府《关于金融支持实体经济发展的意见》精神，中泰证券结合行业特点和公司实际，围绕风险监控管理机制设计与实施工作，开展大量调研、分析和探索工作，实施系统性的前瞻性规划，制定多项重点措施，提出总体目标：按照法律法规和现代企业管理的要求，完善中泰证券系统性风险管理体系，提升中泰证券风险管控水平；全力推进系统性风险监控管理机制建设，充分发挥其在公司经纪、资产管理、证券投资、承销等业务决策中的指导作用，建立适应市场快速变化的业务调整机制。

1.挖掘系统性风险的动态传导时序,开展输入性、交叉性风险传导分析

中泰证券基于经济全球化与金融自由化背景下的开放性视角,采用层层递进的方式,由宏观到微观,依次探讨跨境、跨市场风险传导效应,并最终将跨境、跨市场分析落实到金融产品层面,透过金融产品层面对风险传导路径进行全面的解析与刻画,为公司制定针对性的危机免疫策略、兼顾各个业务的统筹协调性提供依据,有效避免市场的负向冲击。该部分技术路线如图 1 所示。

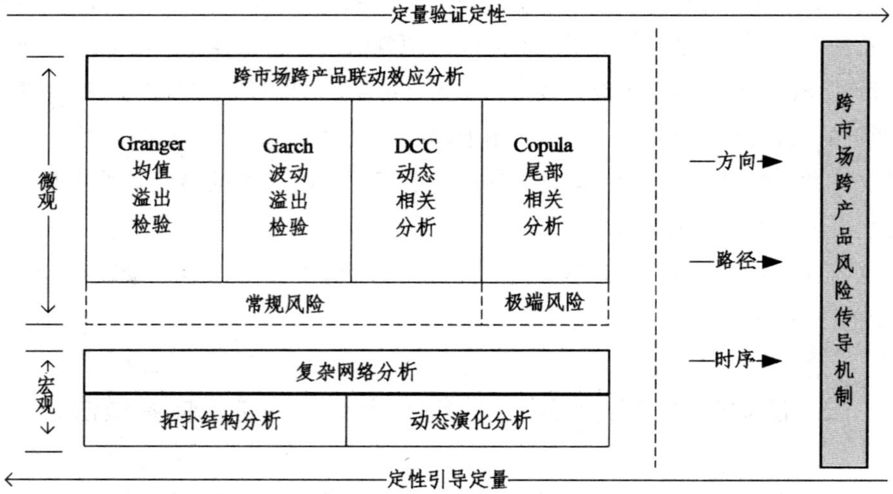

图 1　跨市场跨产品风险传导机制

宏观方面,通过拓扑结构分析以及动态演化分析构建复杂网络视角下金融市场的拓扑结构以及区域特征分析模型。

微观方面,采用 Granger 检验、DCC-Garch 模型对跨市场联动效应中的常规风险进行分析;采用 Copula 模型对金融产品之间的尾部相关性进行分析,实现对极端风险的度量。

2.构建系统性风险预警指数体系,全面反映业务风险状况

(1)构建风险偏好指数,全面测度系统性风险水平

中泰证券基于系统性金融风险的跨地域、跨市场、跨产品传导规律,分别从与我国资本市场具有较高联动性的境内外金融子市场中挑选代表性产品指标,构建能够全面反映市场预期与波动的系统性风险预警综合指数与子指数。相较于部分国内已有风险预警指数体系,该指数体系具有以下几个方面突出优势:完全采用基于市场价格数据的实时指标,有效克服指数时滞问题;利用波动率衡量投资者风险偏好与金融市场风险状况;依据风险传导规律确定指数维度与指标

选取。基于该框架的系统性风险预警指数体系能够有效识别可能的风险源头，把握风险扩散路径，以便于针对性地采取应对措施。所构建出系统性风险预警综合指数，以及各子指数的变化对整体系统性风险预警指数综合指数变化的贡献，如图 2 所示。

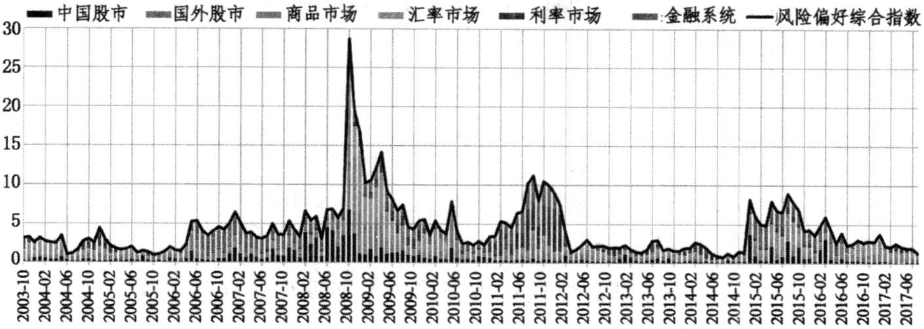

图 2　风险偏好预警指数及其构成

该指数体系预警结果与市场历史金融风险区间匹配良好，风险预警准确率达 80%，预警误差在预测判别方法可接受范围之内，具有一定的应用价值及突出优势，能比较有效地识别中泰证券所面临的宏观系统性风险。

（2）构建系统流动性风险指数，全面测度资金紧张状况

流动性作为金融市场的血脉，其在系统性风险的形成、累积、扩散等整个演化过程中如影随形，市场风险、信用风险等基础风险问题均是通过转化为流动性冲击作用于市场，并可经“流动性螺旋”效应引发流动性危机，流动性枯竭更是历次金融危机爆发最直观的反映。因此，防范系统性风险的关键在于防范系统流动性风险。结合系统流动性风险形成、传导规律，构建系统流动性指数预警体系。考虑我国异质性金融结构，指数体系涵盖银行间市场、非银市场、离岸人民币市场、企业四个维度子指数与反映整体风险状况的流动性波动率综合指数与流动性水平综合指数（见图 3）。

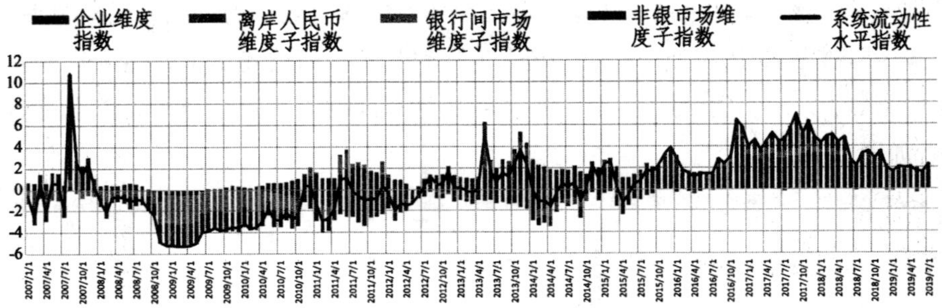

图 3　系统流动性指数及其构成

3.建立健全与国际标准接轨的风险计量方法论，提升风险识别、计量、监测、报告能力

风险计量方面，中泰证券建立较为完善的内部模型法计量风险。采用国际通用的风险指标体系，例如风险价值（VaR）、StressedVaR（压力 VaR）、Expected-Shortfall（ES）、RNIV（Risk not in VaR），以及风险敞口分析、敏感性分析、波动性分析、希腊字母、压力测试等方法进行风险评估，并实现公司总量风险的计量与分解，全面覆盖公司自营投资、做市业务以及其他投资活动涉及的权益类、利率类、汇率类与商品类等风险类型。

风险限额管理方面，中泰证券根据公司发展战略，明确公司总体风险偏好陈述为"公司以追求收益、资本和风险的动态平衡为目标，强调规模、获利与风险承受度的匹配，不因对利润的追求而牺牲对风险的管控；公司可以承担适度的市场风险、信用风险、流动性风险，避免操作风险，拒绝合规风险，厌恶声誉风险"，并经公司董事会审议通过。中泰证券采取自上而下、自下而上相结合的方式，将全部利益相关方纳入风险偏好的制定流程，完善风险偏好制定、风险限额分解机制，分析、评估风险限额设置的合理性，实现风险限额的计量信息化。

风险监测方面，中泰证券建立完善的风险限额管理体系，建立了限额分配的方法论，并完成了市场风险 VaR 限额在证券投资、衍生产品、柜台市场、固定收益和新三板等市场风险承担部门间的分配。中泰证券依托集中监控系统自主开发市场风险限额监控系统，对风险限额进行每日监控。

（二）健全完善风险管理组织与制度，为落实系统性风险监控管理提供保障

2016 年，为确保风险预警体系取得实效，中泰证券建立健全风险管理组织架构，设立了专职首席风险官、合规总监，分设风险管理部、合规管理总部，建立包括风控、合规、法律、审计稽核在内的大风控业务线；从境外引进了高端风控人

才，组建了近百人的合规风控队伍；按照风险为本、风控优先的理念，建立符合自身发展战略需要的全面风险管理体系，覆盖各类风险、各业务条线、各分支机构、境内外所有子孙公司，实现风险管理全覆盖。2017年，中泰证券董事会及时评估公司管理现状，不断完善风险管理组织架构，进一步明确、细化各层级的全面风险管理职责和首席风险官的任职条件、履职保障，进一步健全中泰证券风险管理组织架构，为公司管理层依据系统性风险监测预警体系做出科学决策、精准决策提供了强有力的组织保障（见图4）。

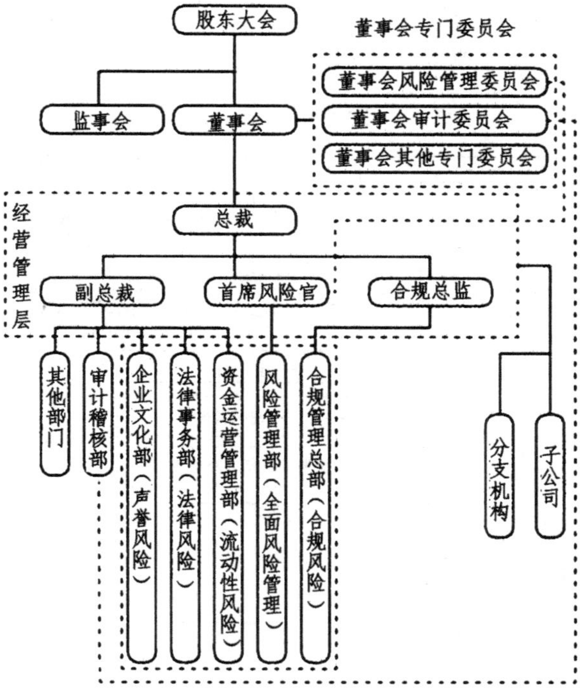

图4 中泰证券风险管理组织架构

如图3所示，中泰证券建立三个层级、三道防线的全面风险管理架构。董事会及其风险管理委员会作为公司风险管理最高决策层，承担最终的风险管理责任，高管层负责组织落实董事会风险管理决议，监事会监督检查董事会、高管层风险管理职责的履行情况，风险管理部作为日常全面风险管理工作的执行部门，其他各部门均在风险管理体系中承担相应职责。业务部门、风险管理部门、审计稽核部门共同构成风险管理三道防线，实施事前、事中与事后的风险防范、监控与评价工作。

（三）明确风险监控管理流程，为科学管理系统性风险提供系统保障

中泰证券依据构建的系统性风险预警指数，遵循“监控→预警→应急”相结合的链式连锁反应，设计系统性风险监控管理流程。该流程总体分为两个步骤：风险监控与预警、预警原因识别与反馈。为更直观地显示风险不同的预警级别，选取交通信号灯的方式，基于预警阈值对风险进行红、黄、绿等级的界定。通过识别和判断系统性风险预警指数的状态和拐点，确定系统性风险管理的范围和力度，从而启动相应的系统性风险处置方案，选择与系统性风险水平相适应的风险回避、降低、转移和承受等应对策略（见图 5）。

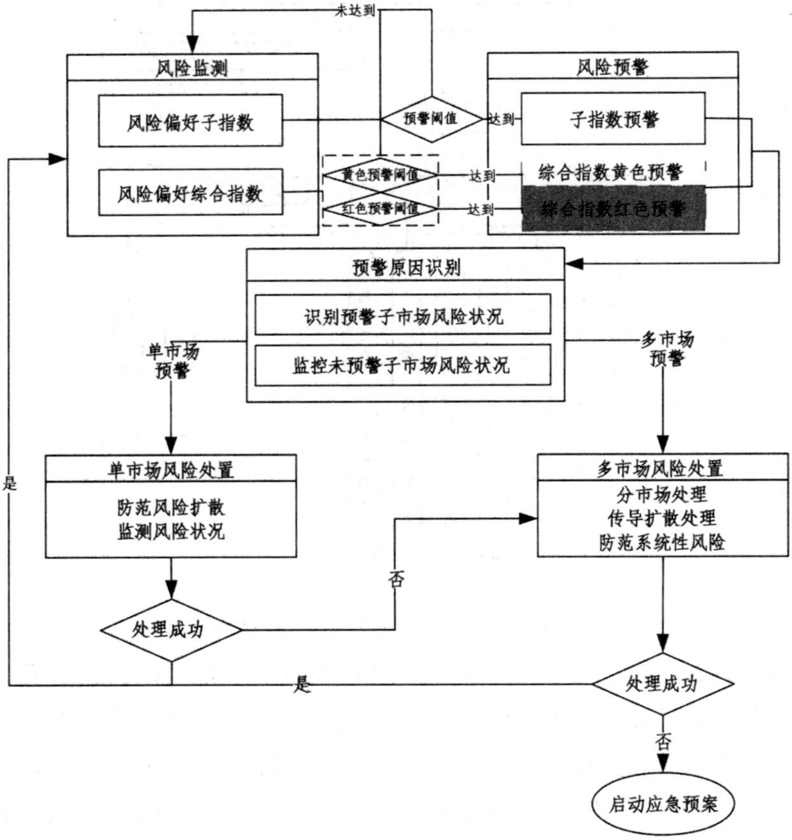

图 5　系统性风险监测预警机制流程图

(四)构建全面风险管理系统,为系统性风险智能监测预警提供技术保障

中泰证券风险管理部深度挖掘数据价值,打造数据精准、功能强大、展示直观的证券公司全面风险管理系统,全面覆盖净资本、市场风险、信用风险以及公司总体风险。同时,中泰证券构建了风险管理领导驾驶舱,以全面展现业务风险,实现由流程驱动转为业务驱动。本系统模块一是将风险数据以图表、图形等多种可视化形式呈现,极大地提高信息传播效率;二是将关键风险点、持仓分析、集中度分析、流动性分析等指标模块化,实现智能化、多维度、多切面数据分析与展示;三是可根据监管、内部管理需要灵活调整格式和内容,提高后期更新维护效率;四是全面覆盖公司各业务风险数据,使高管和监管部门全面了解、快速识别公司风险,实现由流程驱动转变为业务驱动,实施科学风险管控。

三、证券公司"自上而下"系统性金融风险防范体系效果

系统性风险作为金融企业面临的最重要的风险之一,其风险防范体系的设计,不仅是提升金融企业风险管控水平的重要措施,更是全面深化金融改革的关键突破,其直接或者间接产生了良好的管理效益和社会效益。

(一)设计开发了系统性风险预警的可靠工具,完善了公司系统性风险管理体系

中泰证券在国内证券行业建立首个可高频监测资本市场风险水平与流动性状况的工具—系统性风险预警指数体系,引领了行业创新发展。首先,中泰证券采用基于市场价格数据的实时指标构建系统性风险预警指数,有效克服指数时滞问题,而以往指数大多采用宏观经济数据(通常为月度、季度的低频数据)与金融市场数据相结合的混频数据,低频数据的加入往往会弱化高频数据的突变特征,隐匿关键的风险信息。其次,中泰证券利用波动率数据衡量市场风险状况,依据系统性风险跨地域、跨市场、跨产品传导规律构建风险偏好指数,结合流动性的内外部影响因素,构建系统流动性风险指数。经有效性验证,指数预警结果能够有效反映了公司所面临的宏观系统性风险,具有一定的应用价值及突出优势。

(二)提升了公司系统性风险管理水平

中泰证券积极探索风险管理优化实践,实现了公司 2019-2020 年全年重大

风险事件“零发生”、各项风险控制指标持续符合监管规定的风险管理目标，公司经营业务在“稳中求进”的发展总基调下实现了新突破。通过日常监测，及时预警异常指标、敏感市场行为40余次，提出核查、客观评估、持续跟踪并反馈处置措施和结果的要求，各业务风险得到了有效防范和及时处置，将系统性风险的破坏性降到最低，保证了公司业务在整体风险可控可承担的范围内稳健经营。

（三）获得了广泛认可，提高了公司美誉度及核心竞争力

围绕系统性风险监控管理研究工作，中泰证券接待了多家金融机构的调研交流。该创新成果部分内容已分别获得“中国证券业协会2017年重点创新课题”“中国证券业协会2019年重点创新课题”“上海证券交易所风险管理委员会课题”立项，并通过了中国证监会、上交所、中证协等单位及业内权威专家的多方评审，顺利结项。另外，部分内容已公开发表于《金融经济学研究》《新金融》《中国证券》以及 *Information Discovery and Delivery* 等国内外核心期刊，在学界与业界均产生了较大影响力。

通过全面、系统地研究系统性风险监控管理机制，中泰证券提升了公司创新项目独立研发能力和创新项目管理能力，强化了公司整体的风险防控意识，提高了相关项目人员的专业知识技术水平，加强了公司在风险管理领域的核心竞争力。

成果创造人员：胡开南　李滨　王雯

以“六法合一”为支撑的工程项目全生命周期成本管理

山东省鑫诚恒业集团有限公司

摘要：山东省鑫诚恒业集团公司坚持“精专新强”的发展要求，以“争创推动区域经济发展和国企高质量发展标杆”为目标，逐步实现由管资产向管资本转变，由把国有企业做大做优做强向把国有资本做大做优做强转变，在行业领域内建立起“资产”和“信誉”双重优势，实践以“六法合一”为支撑的工程项目全生命周期成本管理，建立项目建设成本控制全生命周期的指导思想，工程项目的成本控制贯穿于工程建设的全生命周期。探索形成以“党建统领成本管理战略法”“成本管理三析基本法”“三期五阶段成本管理分段法”“引入外脑成本管理借力法”“财务资金管理成本总控法”“考核奖惩管理成本激励法”六大方法为支撑的融合管理模式，以工程项目建设决策、设计、工程招标投标、施工以及竣工为成本控制关键点，在保证满足工程质量、工期、合同要求等的前提下，对实施过程中的各项费用进行全面综合管理，完善、创新成本控制体系，构筑项目建设成本控制的制度基石，运用科学化、规范化、标准化、制度化的成本控制方法降低工程成本投入，把建设投资的发生控制在批准的限额内并随时纠正发生的偏差，以保证项目投资目标的实现。同时，确保工程质量以及工程进度目标得以实现，加强劳务人员管理，做好人工成本的有效控制，达到项目建设经济效益的最优化。用专业力量解决项目管理知识缺陷，用党风廉政建设助力项目过程监管，达到风险控制的目标。公司将立足发展实际，主动面向市场，为建一流企业而不懈努力，为全面助力即墨区高质量发展而不懈奋斗。

山东省鑫诚恒业集团有限公司成立于2012年，系经青岛市即墨区人民政府批准的具有独立法人资格的区属国有独资平台公司，股东为即墨区国有资产运营中心，注册资本20亿元人民币，在即墨区政府授权范围内行使国有资产所有者权能,管理经营政府资产项目和服务功能区内基础设施配套及公共事业项目、土地开发整理及征用。公司下设青岛龙泉投资有限公司、青岛华航通达投资开发有限公司、青岛鑫诚创智文化传媒有限公司、青岛鑫诚嘉源投资开发有限公司等 21 家子公司。公司按照“1234”发展战略,不断提高发展站位和发展格局,积极争创推动区域经济发展和国企高质量发展标杆。围绕即墨区“8+4”重点功能区建设,重点服务即墨经济开发区、汽车产业新城、蓝谷高新区通航小镇、通济新区国际职教城四大功能区建设发展,同步联动镇街打造多个特色产业园和乡村振兴文旅示范区;以取得 AA+信用评级为契机,创新资本运作,招大引强,成功参与奇瑞汽车、奇瑞股份、双星集团混改,推动公司由把国有企业做大做优做强向把国有资本做大做优做强转变,培育形成了“音乐文旅+医疗大健康+智能制造+资本运作”四大产业板块。未来,公司将立足发展实际,主动面向市场,全力打造引领即墨区城市建设发展的城市综合运营商。

一、以“六法合一”为支撑的工程项目全生命周期成本管理的背景

(一)世界环境下经济全球化的必然趋势

在经济全球化的背景下,从工程全过程造价管理向工程全生命周期成本管理的转变是必然趋势。作为项目管理的实践,其萌芽于 70 年前著名的“曼哈顿计划”并快速渗透到各个领域,如今已然从理论的高度上升到哲学的高度,世界各国不断运用新技术、方法论探索项目的本质。

第一是全球竞争压力增大。大力发展的交通运输和 4G/5G 通信将更多的竞争者带入全球市场。无论公司规模的大小,都被国际竞争所提供的机遇所影响。因此,国际客观情况要求公司利用控制成本提高劳动生产率和盈利能力;第二是服务产业的增长。随着传统的制造业(烟囱式工厂)重要性的降低,二、三产业融合发展成为必然趋势,三产的独有特点要求企业必须扩展和采纳符合这一行业的成本管理。同时,服务产业竞争的加剧也使得管理者更加有意识地进行计划、控制和决策。第三是信息技术的进步。随着大数据和人工智能在生产中的广泛运用,许多企业的生产已从传统的劳动密集型转变为资本密集型与技术密集型。直接人工成本在总成本中的比例由 20 世纪 70 年代的 40%下降到 80 年代的 20%,再到 90 年代后期的 10%。同时,间接成本比例大幅度提高,成本结构内容更加复杂,客观上也要求一种更加灵活地适应更加复杂的产品成本计算

的成本管理方法。

（二）国内大环境下发展质量和经济效益的需要

中国的建筑行业历经40余年的改革开放，伴随着国民经济持续快速增长、固定资产投资规模高位运行，已经成为关系国计民生的支柱性产业之一，目前，中国在建的工程项目数量达到上百万个，在建工程总额达几十万亿元，工程全生命周期成本管理的思想、项目管控的实践每进步一点，所带来的社会效益、经济效益、环境效益都是积沙成塔的成功。财政部根据国务院指示，联合证监会、审计署、保监会四部委分别于2008年、2010年发布了《企业内部控制基本规范》和《内部控制配套指引》，并自2011年1月1日起在上市公司和大中型企业中分步实施，这标志着我国内部成本控制规范体系搭建已经基本完成。但是，在传统的社会认识中，建筑行业仍是劳动密集型产业，长期处于粗放式的经营管理模式，尤其是国有企业内部所制定的成本控制的规章制度部分脱离了企业的实际情况，欠缺对细则可操作性的充分考虑，没有形成系统有效的管控手段，造成即使在精细化成本控制的推行中做了努力也仍不能有效执行下去的局面。而实际情况是随着企业的快速发展和市场宏观环境的变化，很多原有的制度并不适合企业现有的管理水平，企业必须逐步完善成本控制的监督考核制度，才能够使其发挥作用。另外，国有企业成本控制中的具体项目还存在不具体和不全面的问题，导致对成本控制的精细化不能落到实处，不能达到期望的成本管理目标。

（三）急于创新的企业环境下的自身发展现状

随着国际国内市场的形势发展，工程建设行业竞争越来越激烈，全行业处于“微利”时代，“项目难、利润少”是当下工程建设行业面临的第一现实问题，特别是全过程中的体制机制不完善所导致的经济效益下滑，严重威胁了企业生存和发展，为打开局面，一部分先进人士已经开始探索创新模式和自身改变，向管理要效益已经成为一批先行企业的共识。

但是大部分企业在项目全生命周期成本管理中仍没有形成控制意识，不论是企业的管理层还是执行人员，都对成本控制全生命周期的认识不够深刻。在管理者看来，推行全生命周期成本控制在国有企业的实行大多停留在机械照搬、模仿国外大型企业的成功案例，没有对全生命周期成本控制有系统、完整的学习和认识；在执行人员方面，从业人员由于学历偏低、相关知识结构不合理、后期培训不足等原因，没有对这一理念形成充分的认识。两个方面的片面认识严重影响了项目全生命周期的成本管理思想在国有企业的推行。

综上所述，在这样的背景下，作为区属国有平台企业的山东省鑫诚恒业集团有限公司在工程项目全生命周期成本管理上面临着巨大的挑战，如何追上世界大浪潮，摆脱根深蒂固的历史遗留，在国内同行业形成竞争力，道阻且长，但行则有望。

二、以“六法合一”为支撑的工程项目全生命周期成本管理的主要做法

（一）以“党建统领成本管理战略法”确保项目全生命周期成本管理的思想指导

公司在坚持以习近平新时代中国特色社会主义思想为引领，认真学习领会党的十九届历次全会精神以及习近平总书记视察山东、特别是青岛的重要讲话精神，在贯彻落实国资国企改革发展新政策、新要求，积极融入国家“一带一路”、山东省“省会+胶东+鲁南”三大经济圈一体化发展、“打造乡村振兴齐鲁样板”、青岛建设国家中心城市、即墨打造支撑青岛发展重要一极的战略部署中，围绕公司“1234”发展战略，探索形成以党建统领融入企业战略的“党建统领成本管理战略法”，固根基，创品牌，强思想、促建设。

一是坚持党的领导，压实政治责任。深刻认识坚持党的领导、加强党的建设是国有企业的“根”和“魂”。把党的领导融入公司治理各环节，将党建工作要求、措施纳入管理体系并使之进入操作流程。将党建文化与企业文化有机结合，搭建公司党建信息化管理系统，打造“党建 ISO 质量标准体系”，对每个支部和每名党员在每个环节都提出规范化要求，指导岗位实现“明责、知责、履责、尽责、免责”，真正将党建“融入”企业肌理。

集团公司主要领导积极履行第一责任人的政治职责，切实抓好全面从严治党主体责任，制定《党风廉政建设主体责任和监督责任清单》，明确班子及科室全面从严治党工作职责，严格“一岗双责”责任；定期召开会议，专题研究部署党风廉政工作，对重要工作亲自部署、重大问题亲自过问、重点环节亲自协调，构建自上而下的压力传导机制；结合集团业务制定《项目建设廉政风险防控手册》，梳理项目建设全过程内部管理关键节点，对每个关键节点进行责任分解，明确部门责权，列出廉政风险防控重点并提出防范措施，为集团业务开展提供流程依据的同时，将风控落实到每一个执行者、决策者身上，督促员工依章办事，依法办

事，通过事前预防避免因违法乱纪行为导致建设成本增加，形成横向到边、纵向到底、覆盖完整、责任落实的党风廉政建设责任体系。

二是深化作风建设，推动公司工作。坚持“理论中心组学习”“两会一课”“两学一做”等学习制度，持续开展“不忘初心、牢记使命”主题教育，发挥党员先锋模范作用、党支部堡垒作用，将作风建设融入工程建设项目成本化管理实践中，定期对各部室的执行落实情况开展专项检查；通过晨例会大大提高全处生产经营信息共享，工作布置效率、落实效率，起到了各部门协调配合的积极作用，有利于团队精神建设。坚持平时考核、日常督查与年终考核相结合。根据考核结果，从严处理未完成工程目标任务、工作失渎职等行为。

三是突出教育预防，推进廉洁从政。以集团党员职工为核心，深入开展岗位廉政教育、警示教育等，定期组织开展廉政谈话，帮助职工发现问题，提高职工队伍思想认识，防范职务廉政风险，保持警钟长鸣。大力推进廉政文化建设，通过参观警示展厅、观看廉政电影等形式把廉政文化与公司工作结合，加强党员职工廉政意识，提高党性修养和道德品质。严格执行“三重一大”制度、重大事项报告制度、诫勉谈话制度、廉政档案、廉政风险点防控等制度，确保廉政教育的全面性、针对性、可操作性，切实增强全体干部职工守纪意识，确保项目廉洁建设的规范化。构建起“党总支主体责任、纪委监督责任、职能部门监管责任、新闻媒体和群众积极参与”的监督大格局。弘扬社会主义核心价值观，倡树正能量，营造干事创业、风清气正的良好氛围。

（二）以“成本管理三析基本法”确保项目全生命周期成本管理的分析法则

项目成本计划是项目成本控制的一个重要环节，是实现降低施工成本任务的指导性文件。如果针对工程项目所编制的成本计划达不到目标成本要求时，就必须组织施工项目管理班子的有关人员重新研究寻找降低成本的途径，重新进行编制。同时，编制成本计划的过程也是动员全体施工项目管理人员的过程，是挖掘降低成本潜力的过程，是检验施工技术质量管理、工期管理、物资消耗和劳动力消耗管理等是否有效落实的过程。鑫诚恒业集团在实践的基础上，形成“三析”基本法，通过对成本性态、核算方式、本利量三方面进行分散统筹预算分析、定量分析、决策分析，最终形成成本计划，从而保证工程项目全生命周期初始源头上的管控。

1.成本性态分析

根据成本习性，企业的全部成本可以分为变动成本、固定成本和混合成本，其特性也尽不相同。按照鑫诚恒业集团现有业务来看,市场偏向趋近于混合成本,它包含不受业务量影响而保持相对稳定的成本因素,又包含受业务量影响而相应增减的变动成本因素。

2.成本核算方法

工程项目管理要建立项目成本控制系统,包括 5 个步骤内容:一是成本图表,二是成本计划,三是数据采集,四是成本报表,五是成本工程。

相应地,需要建立以 WBS 为工具的目标分解分析和以 PDCA 为工具的循环理论分析。WBS 将项目系统分解成可以管理的若干工作包,准确地确定这些单元的费用分析,便可分析出项目的可行性。PDCA 循环是指计划-执行-检查-行动,以此模型在广泛项目中不断循环,将以数据库的形式积累项目分析,达成不断更新成本核算的方式。

3.本量利分析

本量利分析是指通过项目成本、业务量、利润三者之间的依存关系方程式来分析其项目最终利润总量的分析方式,是成本控制分析的最终目的。

其基本公式为:

利润=销售收入-总成本

=销售收入-(变动成本+固定成本)

=单价×销售量-(单位变动成本×销售量+固定成本)

=(单价-单位变动成本)×销售量-固定成本

鑫诚恒业集团通过分析本量利的相关指标,对项目的保本点、保利点、安全边际线、变量临界值、利润敏感性进行逐项分析,确定项目本量利的可行性分析,从而达到指导成本管控的作用。

鑫诚恒业集团自 2012 年成立,通过逐年摸索积累,在传统三析基本法上深化改革,将三析法变化应用于各项目的决策,通过分析数据与承包单位达成谈判一致,确保项目甚至单项的成本控制,效果明显。

(三)以“三期五阶成本管理分段法”确保项目全生命周期成本管理的过程实施

项目的成本控制贯穿于工程建设的全生命过程。鑫诚恒业集团建立“三期五阶段”的模型法将工程项目细分为项目建设决策、设计、工程招标投标、施工以及竣工五个阶段,找出各个阶段精细化成本控制关键点。

1.通过工程项目建设前期策划论证参与成本控制

由于工程项目涉及政策调控、市场竞争、施工工期等一系列制约因素,存在根本上的不确定因素,集团在面对这些风险时,需要在前期策划论证阶段就制定全方位统筹兼顾的管控方案,确保为后续工作的开展保驾护航。

一是对项目未来实施计划进行有效评估。集团公司制定了项目评估机制,严格建设项目投资前期调研论证,科学研判项目建设标准、功能定位、投资规模、建设周期、项目收益等项目决策要素(详见“成本管理三析基本法”)。

二是选择实力第三方进行论证。为保证论证的科学性,集团公司制定强制引入第三方尽调机构的制度,针对项目可行性论证分析、投资估算和融资方案、风险分析。在项目立项前,聘用毕马威、普华永道、洪泰智造等咨询机构开展尽调分析,解决行不行、上不上的问题。

引入琴岛律师事务所、中伦(青岛)律所等律师机构,在法律层面进行顶层保障。在项目建议书、可研报告、项目评估报告编制阶段,择优选择业内有实力的可研编制咨询机构,主动组织技术指标研讨会、寿命期经济价值论证会等为科研机构提供详细的基础信息和编制要求,确保项目论证分析到位,为项目方案设计提供合理依据。2015 年,公司通过三方论证引入管道照明、太阳能、光伏发电等先进的工程设计理念,在实施过程中先后被评为国家级绿色环保、节能工程。

2.通过工程项目建设中期招标管理参与成本控制

基于竞争工期、质量和成本目标的招标,是工程成本控制的有效方法和关键环节,做好该项工作既可降低工程成本、保证工期质量,又可避免工程腐败,促进廉政建设。鑫诚恒业集团公司在这方主要下措施得当效果显著,以资金额度为标准,集团公司设定不同的招标采购流程。对于非必须严格采取公开招标程序的,灵活采取公开比价、公开询价等简易流程,在确保效率的基础上,扩大项目参与范围,压缩项目成本;对于必须采用公开招标流程的,严格履行招标流程,制定了明确的招标文件编制制度及招标流程执行规范。

一是招标文件起草阶段。针对招标文件起草及发布,制定集团内部参与及监督机制。招标文件必须由分管业务部门以外的公司副总参与制定,共同讨论确定报名条件设置、商务及技术指标、评标办法细则,参与人员需经抽签选取,以保证随机性。

二是招标文件的编制阶段。严格管理招标控制价的编制,设置双造价单位制度。涉及设计、施工、物资采购等建设项目达到公开招标要求的,集团规定采取双造价单位计算造价的机制。其中一家造价单位匿名开展工作,信息传递实行多人单线联系，信息传递人员实行保密管理，切断投标意向单位干扰标底确定。两家及以上造价单位的标底计算结果误差小于3%时，选取较低的一方计算成果作为标底，对误差较大组织预算评审，仅通过控制价编制可节约工程成本3%～5%。

三是在招标文件的代理阶段。针对招标代理、造价、监理、勘察、测绘等专业机构选取，均采取严格公开招标或非公开采购招标采购制度。收费标准在各级政府指导价格引导下，以市场同类价格为标底，大幅度降低中介机构及专业咨询的收费标准，集团公司选定的全过程造价团队的收费水平仅为国家或省市规定的4折。以集团公司实施70亿项目为基础测算，直接节省约2100万元；监理费用支付采用按照项目投资额或项目总面积监理单位实际派遣制，在收费标准上按照市政30%、房建37%或人员的数量和专业出勤计算费用。

四是招标文件发布阶段。文件发布过程必须全程公开，网上发布平台不得少于两个，至少使用一个国家级招标信息发布平台。集团公司于2014年以来除采用国家规定的招标平台发布信息外，自建网上招投标平台，率先在青岛市即墨区实现招投标流程全程网络化。该平台具有完备的询价发布及应答功能、招投标发布及投标功能、网上答疑机制、招标文件及图纸获取功能。现场开标前全部流程均采取匿名的形式进行，隔离组织招标的工作人员与投标人之间、投标人与招标代理之间的联系，集团内部对信息发布、开标信息查看、获取权限再次进行分解，随机抽取三名工作人员掌握开标密码，杜绝开标前泄露投标人信息。另外，投标保证金采取线上缴纳，密码由组织招标人员以外的匿名工作人员控制，不到时间节点无法获取打款信息。由于全部信息沟通均在线上匿名进行，阻断了招标人员、投标单位、招标代理之间在投标期间的私下联系，杜绝了围标、窜标现象的发生。

3.通过工程建设中期施工过程参与成本控制

一是完善现场管理制度。在工程招标结束、合同签订后的工程实施中，最易增加工程支出就是工程变更签证，集团公司在成立以来，为保证重点工程项目有效推进，对接规划、建设、市政、审批、财政、审计等相关单位专家，狠抓基础制度建设，在2012年以来先后制定《房建工程及公园项目工程签证管理暂行办法》《市政工程土石方签证管理暂行办法》《关于进一步明确工程签证单审核责任的通知》《工程材料设备询价定价工作暂行办法》等规章制度，明确建设施工、监理、造价咨询在工程建设过程中的各自职责，建立规范的流程，明确设计变更、工程量确认、工程签证等流程设计，制定标准化工作模板、强调奖罚措施，理顺现场管理。形成了10万元以上工程变更必须经总经理办公会集体研究决定,10万元以下工程变更必须由专家论证、部门讨论后决定,有效地逼退了不合理变更和签证。

二是建立工程询价批价机制。工程结算管理是工程管理建设与施工最关注的重点之一,在实施BT项目建设时,我们首先理顺建设单位(业主)在工程管理中的地位,依据《中华人民共和国政府采购法》《项目投资建设与回购合同》,在工程材料的选购主要采用了三种方式:

(1)对于钢筋、木材、水泥、商品混凝土、预拌砂浆、地材六类材料由施工单位直接购买,价格依据《材价信息》予以确认,施工单位所选购的品牌需征得我方同意。

(2)对于一般性材料,采用建设单位与施工单位联合询价定价,施工单位采购方式。

(3)对其他大宗工程材料品牌、质量及价格,实行建设单位以购买(甲供),电梯、冷水机组、锅炉、供水球铁铸管、供暖钢管等。

材料管理方面,严格把控材料品质,优选专业品牌厂家材料,避免劣质材料导致的工程质量与返工等问题。按照工程表现选购材料,做好材料从采购、保存维护与使用各环节的监管,落实责任制,避免管理人员责任推诿。基础材料直接由施工单位按照《材价信息》予以确认,保证工程进度有效规划,提高了施工单位积极性,缓和了询价批价材料设备矛盾;对其他大宗工程材料品牌、质量及价格,实行建设单位购买(甲供),减少建设单位与施工单位的争议。

对于一般型材料采购及日常批量材料采购工作,设置工程专业部门主管施工单位整理提报批价需求,批价部门通过市场询价、企业考察、网络平台询价等手段收集市场信息,综合评估后确定材料价格。同时,聘用外部询价专业咨询机构匿名开展询价工作,两个询价机制同时运转、各自负责、后台比较,材料询价的合理化程度显著提高。

以2013年2月完成的给水球墨铸铁管、供热螺旋焊接钢管两宗22个规格材料采购为例,施工单位上报金额为3057.50万元,建设单位采购合同金额为2288.97万元,比施工单位上报申请金额核减768.53万元,占合同价款的33.58%。

4.通过工程建设后期结算参与成本控制

建设项目结算是成本控制终点环节,如何做好这项工作是集团公司决策工作重点。随着2017年以来集团公司建设项目陆续开始竣工验收,集团公司依据

《中华人民共和国合同法》、财政部《建设工程价款结算暂行办法》(财建〔2004〕369号),编制印发了《山东省鑫诚恒业集团有限公司关于建设工程竣工结算审计管理办法(试行)》,明确了工程结算程序。

一是建立项目结算审计工作小组联席会制度。小组由工程实施机构管理人员、工程监理单位、审计人员结算、材料设备管理部门、监督检查部门,对结算报审资料、结算结果等进行集团审计。

二是引入优质造价咨询审计机构。在重大或复杂的单位工程项目中,均采用委托第三方审计,通过即墨区审计局、建立审计库,纳入25家审计单位,确保审计权威性和公正性。

通过两方面审计保证,2017年至2019年,施工单位送审金额20.27亿元,已审计定案金额17.69亿元,审减1.75亿元,审减率12.7%,极大地保证了项目建设后期的成本控制。

5.通过工程建设后期档案管理参与成本控制

一是建立档案制度。集团本着"铸存历史,服务未来"的理念,通过制定《档案管理办法》对集团档管理案,特别是基建档案管理,形成细致的管理流程,在明确存档事项的基础上,对存档内容、存档时间、制成方法、责任人员予以明确。

二是规范档案质量。在集团档案审计部的基础上,各部门形成专职档案员,对项目档案予以确认、整理。集团每年至少开展一次档案检查,邀请区市级档案管理专业人士参与抽查档案质量,档案质量不达标的需补充完善,部门档案质量与集团内部奖惩制度挂钩。

三是狠抓档案实施。集团明确将建设项目存档做作作为前置条件和必要过程,将档案工作与工程付款、项目验收、项目结算挂钩。在工程建设中,项目完成后,不完成档案制作及存档不进行下阶段工作,不完整统计,2013~2018年集团公司档案室共存储档案108000盒;2019年存储档案112项,1230余盒;2020年截至3月,存储档案96项,约570余盒。自2018年至2020年3月,累计接收竣工档案3168盒,为后期审计提供了充分的档案支撑。

(四)以"引入外脑成本管理借力法"确保项目全生命周期成本管理的难题解决

1.建立"引力引智"系统制度,引入专业团队解决项目成本控制难题

有道是,内行看门道,专业的人管专业的事,则事半功倍。鑫诚恒业在自身成长过程中,不断完善自身借力制度,引入专业机构贯穿工程全生命周期建设,

形成了“引入外脑成本管理借力法”，以此完成对工程建设项目全生命周期中存在的自身不足的弥补，确保成本管理难题的解决。如上所述，在论证阶段引入三方论证、引入造价和咨询阶段三方监控等。

在公建建设过程最复杂的机电工程和弱电智能化部分，公司依托人力资源管理和项目管理，搭建《引入临时技术人员工作方法》，聘请专业团队进场。如2012年以来先后引进了青建集团技术团队、和和机电、青岛蓝湾信息科技有限公司，通过外聘专业团队驻场办公，为项目建设提供全程技术咨询。针对集团建设项目多为大型公共建筑，机电设备安装、信息化建设等专业领域需要高端人才解决技术性难题的现实，提供包括技术论证、设备定型、参数建议、现场监管、项目验收等多领域工作。通过专业人员的工作，先后通过建议修改供水设备数量减少、公建建筑重点项目弱电智能化、强电无补偿系统工程，节约投资3300万元。

2.建立项目经理责任制，建立并完善项目成本核算的管理体制

建立项目经理责任制和项目成本核算制是实行项目管理的关键，企业经营核算部门作为一个施工成本管理与核算的职能部门，应当充分发挥应有的职能，研究建设工程成本管理存在的问题与对策，分析挖掘其内在的潜力，调动其工作人员的积极性，使项目管理人员真正认识到施工成本管理在项目施工管理中占据着不可替代的重要地位。在抓进度、质量的同时，严抓施工成本核算管理，创造良好的经济效益。对项目的施工成本管理员应进行集中管理和统一调配，成本核算员进行施工项目成本核算时必须具有独立性。因此，改革现行的成本核算员管理体制，由公司对各项目成本核算员实行统一委派，集中管理，不定期轮岗，定期或不定期交流、考核、激励并实行竞争上岗，使工程项目成本核算员切身利益与工程项目分离，才能建立健康有序的施工成本管理与核算工作程序。

（五）以“财务资金管理成本总控法”确保项目全生命周期成本管理的根本目标

施工企业要建立和完善预算编制、审批、监督、考核的全面预算控制体系，预算范围由单一的经营性资金收支计划，扩大到生产经营、公建、投资等全面资金预算。针对鑫诚恒业集团推演施工企业的特点，实施资金预算管理应遵循以下程序：①自下而上逐级编制资金预算计划。②自上而下，通过一定的会议形式审批预算。公司职能部门对所属单位段预算计划，通过收集整理，确定公司下月财务预算。③执行严密的预算调整程序。原则上，各级预算一经批准确定，不得更

改;但因特殊事由须调整的,应遵循严密的审批制度。④建立严格监督制度。资金管理的实质就是对各个环节现金流的监督与控制,也就是对施工生产、任务承揽、设备购置和基建投资等过程的现金流采用预算管理,实行动态监控,量化开支标准。

在编制资金预算时,本着轻重缓急的原则,将营运资金区分为生产经营资金和非生产经营资金。生产经营资金包括承揽任务、项目施工和正常管理费所需资金,是保证生产经营的必需资金,应按照企业内部各个所属部门、单位的年度、月度计划,统筹调配,保证生产经营部分资金供应。非生产经营是跟生产经营相对联系不太紧密的资金,这部分资金须本着节俭、必需、适度的原则,力求压缩总额开支。

1.从监控制度上进一步加强资金周转各环节的可控性

这是对推行全面预算管理的跟踪补充。要树立"资金流到哪里,管理、监控就紧跟到哪里"的观念,将现金流量管理贯穿于项目全生命周期管理的各个环节,高度重视企业的支付风险和资产流动性风险。严把现金流量的出入关口,对工程项目资金管理的各个环节进行严格管控,对当期的实际资金支出与预算是否存在差异及其原因进行分析。

2.从技术手段上灵活运用资金结算工具,提高资金使用效果

鑫诚恒业集团立足工程项目高度分散的现实,探索实施资金集中管理的做法,积极规避财务风险。建立完善内部结算中心制度,实施资金的集中管理,及时调剂余缺。建立结算中心制度,严格控制多头开户和资金账外循环,实现了对资金的集中管理、统一调度和有效监控,对分支机构做到了"你的钱,我看着你花"。结算中心一个口径对银行,下属单位除保留日常必备的费用账户外,统一在结算中心开设结算账户,可以发挥结算中心汇集内部资金的"蓄水池"作用。与银行协作,探索、实施"网上银行"结算方式,将本系统的资金高度集中,有利于资金决策,加强了对资金的统一调度和调剂能力,降低了财务风险。

(六)以"考核奖惩管理成本激励法"确保项目全生命周期成本管理的刺激作用

在项目建设全生命周期的最后一环,鑫诚恒业集团以"激励法"反哺企业成本控制制度,建立明确的成本目标完成情况和成本管理工作业绩双考核标准的"考核奖惩管理激励法"。目的在于贯彻落实责、权、利相结合的原则,促进成本管理工作的健康发展,更好地完成施工项目的成本目标。

1.明确项目成本考核的内容

(1)企业对项目经理的考核。包括目标成本的完成情况考核,以及总目标及其所分解的施工各阶段、各部分或专业工程的子目标完成情况;建立以项目经理为核心的成本管理责任制的落实情况考核。

(2)对各部门的考核内容。包括本部门、本岗位成本的完成,本部门、本岗位成本管理责任的执行情况。

(3)对各施工队的考核内容。包括对劳务合同规定的承包范围和承包内容的执行情况,劳务合同以外的补充收费情况,对班组施工任务单的管理情况,以及班组完成施工任务后的考核情况。

2.奖惩结合的进行建设项目成本的考核

(1)建设项目成本的考核采取评分制。鑫诚恒业集团按照考核内容进行评分,以 7∶3 的比例加权平均。即:责任成本完成情况的评分占七成,成本管理工作业绩的评分占三成,不同的施工项目可以根据自身情况进行调整,将相关指标的完成情况作为奖惩的条件。

(2)强调项目成本的中间考核。建立以“月度成本考核”“阶段成本考核”和“竣工成本考核”为主的项目成本中间考核制度,月度成本考核根据月度成本报表的内容进行考核,作出正确的评价,推动今后的成本管理工作,保证项目成本目标的实现;阶段成本考核按项目的形象进度划分为基础、结构、装饰、总体四个阶段分层考核;项目的竣工成本,是在工程竣工和工程款结算的基础上编制的,它是竣工成本考核依据,是能够反映工程全貌的、正确的项目成本,竣工成本是项目经济效益的最终反映,直接关系到国家、企业、职工的利益。

(3)建设项目成本奖罚。项目的成本考核,如上所述可分为月度考核、阶段考核和竣工考核三种。对完成情况的经济奖罚,也应分别在上述三种成本考核的基础上进行兑现。此外,鑫诚恒业集团对完成项目成本目标有突出贡献的部门、施工队、班组和个人进行随时奖励。这种奖励形式往往能够在短期内大大提高员工的积极性,往往能起到立竿见影的效用。

三、以“六法合一”为支撑的工程项目全生命周期成本管理的效果

通过建设以“六法合一”为支撑的工程项目全生命周期成本管理,项目管理各项工作衔接更加顺畅,工作效率进一步提升,员工队伍素质进一步提高,员工

的成本意识及经营意识显著提高,有力支撑了集团各项业务发展。

(一)工程项目全生命周期成本管理实现了管理最优和收益最大两者的协调统一

在工程项目建设过程中,公司坚持推进工程项目全生命周期成本管理,精心实施,精细管理,认真做好项目生产的各项要素管理和文明施工,严格做好进度、质量、安全和成本控制。

一是实现了管理最优。加大了标准化工地建设力度,积极开展了“文明提升施工月”和“工程建设创优年”等活动,自推行工程项目全生命周期成本管理活动以来,项目部的各项工作发生了新的变化,取得了显著成效,通过明确的责任管理有效提升了有关人员的管理积极性,保证监督管理工作落到实处。同时,对合同做动态性的监督管理,保证有关工作流程的落实,在简化有关审批流程时,提升了管理效率,保证了管理质量,施工进度明显加快。

二是经济效益稳定增长。2019 年度,鑫诚恒业集团实现营收 12 亿元,其中,因实施项目成本化管理,创造间接性经济效益约 2 亿元,形象进度突出,领跑全线,多次受到监理、业主和上级单位的高度评价和肯定。全员成本意识明显增强,在工作中精打细算,开源节流,降耗增效,各种材料使用、消耗均控制在设计计量和规定指标范围之内,有效控制了项目成本。2013 年开询价批价机制以来,当年共完成工程材料批价 32 个大类,1461 项材料,共批价约 45822.9259 万元,核减资金约 15131.6154 万元;2014 年共完成工程材料批价 100 个大类,8687 项材料,共批价约 29138.7252 万元,核减资金约 11461.0688 万元。2015 年共完成材料批价 134 个大类,7735 项材料,共批价约 28279.4449 万元,核减资金约 9756.9711万元;2016 年共完成材料批价 226 个大类,2376 项材料,共批价约 10737.5 万元,核减资金约 5032.2553 万元。2017 年完成工程批价 34 批次,474 项材料,共批价约 487.22 万元,核减资金约 129.87 万元。截至 2019 年 12 月底,共完成材料批价约 350 项,计约 2400 万元,施工单位申报批价约 2800 万元,核减资金 400 万元。同时,这也在一定程度上提升了公司的知名度,为公司创造了良好的社会效益和经济效益。

(二)工程项目全生命周期成本管理实现了国企助力和即墨区域的融合发展

围绕落实区委、区政府决策部署,鑫诚恒业集团以工程建设为主责产业之一,突出项目成本化管理,积极履行社会责任,在服务全市重大战略和经济社会发展中走在前、做表率。通过工程建设项目全过程成本控制,有效地节约了集团公司财务成本,以一定的财务成本扩大了集团公司固定资产总额,在不断深化改革、做强做优做大的同时,也集中其聚零为整的力量办大事,作为支撑青岛未来发展的重要一极,即墨区2017年完成规模以上固定资产投资10446亿元,其中,鑫诚恒业完成固定资产投资38亿元;即墨区2018年完成规模以上固定资产投资1140亿元,其中,鑫诚恒业完成固定资产投资44.93亿元;即墨区2019年完成规模以上固定资产投资1290.4亿元,其中,鑫诚恒业完成固定资产投资56亿元。公司为即墨的区域经济发展贡献了重要力量,加速了国有资本和国有企业结构调整和优化组合,并不断向关系国民经济命脉的重要行业和关键领域集中,做好重大项目建设和产业平台打造,推动了国有企业攥指成拳,重塑竞争优势。

成果创造人员:王　雷　黄祖超　于周文　赵亚奇　邵向阳　刘世昌　于雅雯

财务管理与风险管控篇

以“价值共创”为核心的财务共享管理

海尔集团公司

摘要：以“价值共创”为核心的财务共享管理源自海尔13年的实践经验，适应了物联网时代信息技术的发展趋势，以及企业管理转型升级的客观需求。颠覆传统财务共享的以“效率”为中心，海尔将财务共享中心从传统模式下的“交易处理者”，迭代升级为资金控制者、风险管控者、预算和绩效支持者、资源整合者，成为“价值创造者”。海尔财务共享通过去中心化的组织转型，将传统职能部门转型为开放式的财务共享服务平台；内部并联集团业务节点，打通业财税深度一体化的并联服务流程，变事后算账为事前算赢；外部打通与银行、税务局、客户、供应商间的系统直连，打造直连互通互信的体系和应用，提效降本，规避潜在风险；同时，应用大数据、区块链等新一代信息技术，打造数据中台，提升数据加工处理及分析应用能力。此外，企业区创新“云端抢单、增值分享”的激励机制，有效激发了员工的创造性与积极性。

海尔集团创立于1984年，是一家全球领先的美好生活解决方案服务商。物联网时代，海尔已从传统的家电制造企业转型成为开放的创业平台、共创共赢的物联网社群生态，旗下拥有海尔智家、海尔电器、海尔生物医疗、盈康生命等4家上市公司，成功孵化5家独角兽企业和22家瞪羚企业，其中，海尔智家位列《财富》世界500强和《财富》全球最受赞赏公司。目前，海尔在全球布局10大研发中心、25个工业园、122个制造中心、108个营销中心，服务全球10亿+用户家庭，遍布全球160个国家和地区，连续11年稳居欧睿国际世界家电第一品牌，并在全球首创物联网生态品牌，成为BrandZ历史上首个也是唯一一个进入全球百强品牌的生态品牌。物联网时代，海尔将携手生态合作方持续建设场景品牌与生态品牌，构建衣食住行康养医教等物联网生态，为全球用户定制个性化的智慧生活。

一、以“价值共创”为核心的财务共享管理背景

（一）传统财务共享模式难以满足企业经营管理的升级需要

20 世纪 80 年代，福特在欧洲设立历史上第一个财务共享服务中心，将下属公司的共有的、简单的、重复的标准化财务业务集中，实施全集团的财务共享，此后越来越多的大型跨国企业陆续建立了自己的财务共享中心。在财务共享中心支持下，企业的财务核算流程与标准实现了统一，核算成本有了大幅度的下降，财务管理水准得到优化。但随着时代发展，传统财务共享模式逐渐难以适应当代企业经营与管理的需要。

第一，传统财务共享只着眼于企业的财务数据与交易处理，缺少对业务的深入了解，这导致两个明显的后果：一是无法及时把握企业在财务方面的需求与痛点；二是削弱了共享中心的创新能力，许多潜在的创新机会往往因为共享中心对业务缺少了解而被忽视。

第二，共享中心缺少与利益攸关方的深度合作影响了财务业务的办理效率，增加了企业管理成本。传统模式下，财务共享中心的系统与银客户、供应商之间无法实现直连，数据不互通导致信息不对称、不透明，此时进行结算就需要提供大量的纸质资料，烦琐的填写、打印、传递、审核、验真不仅拖慢了业务完成进度，同时也使企业承担了大量的管理成本。

第三，财务共享中心的数据处理能力不足，对于企业经营过程中产生的各种数据不能充分利用。一方面共享中心只侧重于会计报表数据的研究，对于企业经营数据不够重视，不会主动深度挖掘数据的潜在价值。另一方面，财务共享中心的信息化水平不足，对于海量数据的处理加工能力较弱，难以筛选出有价值的数据信息。

第四，传统财务共享模式面临着人才培养难、人员流失率高的问题。在传统财务共享模式下，共享中心对每个岗位与角色都进行了细致的划分，每一位员工只负责财务核算工作中的一小部分，长期从事大量的重复的交易处理工作，缺少综合性财务工作能力的提升，对员工的工作热情和积极性造成了打击。

（二）新一代信息技术带来财务共享管理变革的契机

以大数据、区块链、人工智能为代表的新一代信息技术的发展和应用为财务共享管理的变革带来了契机。一方面，信息技术的快速发展，催生了“平台+生

态”的全新商业模式,在跨界融合的新模式下,企业之间的边界被打破,平台需要连接上下游、供需端与买卖方等多个节点。为了支持企业平台化的转型,满足新的商业模式下企业财务管理的需要,财务共享也必须打破原有的组织边界,与银行、客户、供应商等外部节点实现直连,保障业务数据、财务数据能够在各个节点间无障碍地传递,支持整个平台的持续发展。

另一方面,大数据、区块链、人工智能等新技术的发展与应用也为财务共享管理的升级提供了技术保障。以 OCR 影像识别技术为例,传统财务共享中心日常需要人工处理大量的纸质单据,而借助 OCR 影像识别技术,财务共享中心可以自动提取单据上的关键信息,自动录入系统,实现了单据的电子化。新一代信息技术的应用也为实现财务共享中心与税务局、客商、银行间的数据直连,应用人工智能自动处理单据,提供无感化智慧化的财务共享服务奠定了基础。

(三)深化集团物联网战略转型的客观需要

物联网时代,海尔以人单合一模式为依托持续探索企业战略转型,已从传统制造企业转型为开放的创业平台、共创共赢的物联网生态,从提供产品转型为提供场景化解决方案,以物联网场景品牌、生态品牌为依托,为全球用户定制美好生活。其间,海尔颠覆传统科层体制,转变为开放的网络节点组织,海尔 4000 多个小微独立运作,围绕用户需求,自主开放链接全球资源构建资源生态,共同为用户提供场景化、定制化解决方案。

海尔的企业平台化、生态化转型对财务共享平台提出了新的战略要求:提供活而不乱、事前算赢、价值创新的共享服务。这也就要求共享中心能够根据各个小微的发展现状、经营需求,提供定制化服务。因此财务共享中心打破原有的组织边界,融入企业的经营管理,升级为一个开放的财务共享服务平台势在必行。

二、以“价值共创”为核心的财务共享管理做法

(一)明确“共创、共治、共享”的指导思想与原则

自 2005 年以来,海尔持续探索人单合一模式创新,深入推进企业互联网、物联网的战略转型,始终坚持以用户为中心,满足用户需求、创造用户体验。物联网时代,海尔已由传统制造企业转型成为开放的创业平台、共创共赢的物联网生态,小微成为海尔平台上的基本单元,围绕用户需求,自主开放整合全球资源,搭建满足用户需求的资源生态,共创物联网场景品牌、生态品牌,为用户提供定制

化、场景化解决方案。在海尔物联网生态模式下，用户、企业、供应商等攸关方生态共建、成果共享，不再是传统的零和博弈，而是生态共创共赢。

为加快财务共享管理转型，海尔明确了“共创、共治、共享”的指导思想与原则，不是企业单打独斗，而是与攸关方并联共同创造用户价值，目标是打破传统的组织的边界，建立开放互联的财务共享服务平台，通过链群生态，让企业、政府、银行、客商等多方共同参与到财务共享体系的建设中，通过与用户零距离的交互，共同提供满足用户需求的场景解决方案，并持续迭代用户体验，实现各方的合作共赢。

（二）构建开放互联的平台型组织

针对传统模式下的财务共享仅仅是提供财务核算工作的职能部门，存在明显的组织边界，无法与企业、利益攸关方并联协作的问题，海尔财务共享打破原有的部门边界，共享中心内不再设置垂直串联的管理体系，而是通过去中心化、去中介化，将财务共享由传统的职能部门转变为以企业需求为导向的敏捷型组织，打造开放式的服务和赋能平台。至此，财务共享中心成为海尔集团网络化组织中的节点，并联集团小微精准获取企业的服务需求与体验痛点，同时开放整合外部优质的生态资源，共同形成社群生态，搭建了多个无边界的网络化组织，持续为小微企业、客商用户等赋能、服务。

依托开放式平台化组织的转型，海尔财务共享以用户体验为核心，聚焦“用户零距离，流程零签字，体验零延误”三个零的目标，从员工场景、法人公司场景、利益攸关方场景等三大类场景切入，为用户提供智慧化、无感化的财务共享服务。所谓用户零距离，即财务共享打破组织原有的边界，建立与用户深入交互的触点，精准获取用户痛点，自组织创建资源生态；流程零签字，即每个人对自己的工作成果负责，从而推动传统串联流程转变为节点并联体系，取消冗余的签字审核环节；体验零延误，即实时获取用户最新的使用体验，并以此为依据推动组织持续的优化与迭代，实现资源生态自进化、解决方案自优化。

在具体实践方面，以聚焦员工差旅场景的“智慧出行”解决方案为例，依托开放的平台与各方共创的无边界组织，海尔财务共享推动了员工差旅体验的革命性升级。在“智慧出行”上线前，员工差旅报销涉及的各个节点间都是线性串联的，员工首先需要在人力管理系统中填写出差申请，审批通过后进入携程等第三方平台自费购买前往目的地的机票、车票、预订当地的酒店，出差返回后需要进入财务系统，录入差旅行程与支出明细，并整理相应的发票提交给共享中心，才能最终完成一笔差旅报销业务。整个过程中系统的操作烦琐、报销等待时间长,员工还可能面临发票丢失破损、不合规导致无法正常报销的问题。为解决员工差旅报销的痛点,海尔财务共享中心并联人力管理系统、商旅服务系统,同时与集团外住宿、交通、出行等生态资源并联共创,打造了统一的“智慧出行”平台,实现各个系统之间的数据直连互通,最终让员工在一个系统里面就可以完成出差申请、预订机票、预约酒店等工作,同时差旅相关费用全部由员工所在公司代为支付,避免了个人事先垫付、事后报销的烦琐流程。“智慧出行”上线后,员工只需带一部手机,就可以解决商务出行中的吃、住、行的问题,真正实现了零贴票、零报销。

(三)打通业财税一体化的财务共享服务流程

针对传统模式下企业的日常经营、财务核算、税务管理都是独立运作,彼此间缺少沟通与协作,导致企业业务办理效率低下,产生管理风险的问题,海尔建立了业财税一体化的并联服务流程,变事后算账为事前算赢,帮助企业优化经营管理,规避潜在风险,提升企业市场竞争力。

具体来看,海尔业财税一体化的共享流程打破了企业中业务、财务、税务三大板块之间的壁垒,建立起了统一的全业务流程,让企业的每一笔业务,从合同签订产生订单开始,领料生产、入库发货、收款结算、账务处理、税金申报等一系列工作都能够在一个统一的平台上完成并记录下相关的信息。流程统一后,业务人员的每一份合同都可以到查看后续的执行以及付款情况,每一笔税款在申报时也都能查询到对应的业务信息,最终实现了在统一的财务共享平台上完成业务、财务、税务的处理,有效提升企业的运营效率,降低企业管理成本。

以企业中常见的签合同付款业务为例,打通业财税一体的共享服务流程后,海尔财务共享以系统的自动取数校验取代人工审核,有效提升业务办理的效率。传统模式下,业务人员签完合同后,需要准备好相应的纸质材料向共享中心申请付款,共享中心的财务人员会对业务人员提交上来的合同/发票/订单等进行审核,确保相关信息真实无误,一旦发现异常,就会退回给业务人员要求整改。退回之后,业务人员需要进行修改并再次申报,由共享中心的人员再次审核,直至所有问题得到解决才能转入付款流程,整个业务流程显得异常烦琐。而在业财税一体的流程下,用户在订单系统下单后,订单会自动匹配校验合同签约方、付款方式、有效期限等信息,发票开出后也会关联订单系统和稽核系统,自动校验发票信息等等。此外,在此流程下,业务、财务各个节点都是相互连通的,只要有一个节点校验不通过,系统就会提示错误,要求修正。此时业务人员申请付款,系统会自动获取并检查相关节点的数据,校验无误后自动跳转进入付款流程,免去了人工操作的烦琐。

同时,海尔业财税一体化的服务流程帮助企业实现"事前算赢",在风险规避的同时有效提升企业的市场竞争力。在并联的服务流程下,共享平台将财务与税务的相关与规则植入到业务系统中,确保企业业务的开展符合税务与财务的相关要求,从而规避经营过程中会出现的种种风险,实现事前算赢。同时也可以通过对财务数据与税务数据的分析,挖掘企业经营方面的优势与不足,为企业的业务开展提供合理化建议,提升企业竞争力。与此同时,为进一步做好企业财务经营的事前算赢工作,海尔集团内部会定期召开会计委员会,由财务共享中心出具集团下属部分企业的科目解析报告,分析这些企业的财务数据,挖掘企业在经营过程中存在的不足以及业务流程中存在的风险,会后财务共享会协同该企业制定相应的解决方案,优化业务流程,提升企业核心竞争力。

(四)打造与税务局、客商、银行等直连的互联互信体系和应用

为解决传统模式下共享中心与税务局、客商、银行等因为信息不对称导致业务办理效率低、日常管理成本高、风险管控困难等问题,海尔积极探索与各利益攸关方建立互联互信的共享新模式。海尔财务共享分析不同业务的特点,针对需要传递与审核的数据,与相关节点并联明确的数据来源与统计标准,并借助信息化手段,搭建数据直连互通的系统端口,让数据信息代替传统的纸质单据,在各个节点间自由流动,实现企业与各利益攸关方之间信息的透明互信,从而推动业务的快速办理,降低管理成本的同时有效规避各种风险的产生。目前,海尔财务共享已打造了海尔财务共享与政府机构、金融机构、供应商客户等多类直连的体系和应用。

政府机构直连体系:以海尔"智税通"为例,"智税通"解决税企之间"最后一公里"的障碍,实现了税企双赢。传统办税模式下,企业进行税务遵从时要以月度和年度为周期提供大量的报表,一些大中型企业尤其是年度缴纳税额达到国家税务总局管理服务标准的千户企业,每年还要额外报送大量报表。这些报表的申报过程中需要填报大量的企业基本信息与经营数据,而人工填报的效率低,准确度又得不到保障,这大大提升了企业办税的成本。"智税通"平台上线后,海尔平台上的企业可调用集团 ERP 资源,与税务局大数据进行直连,实现税务的智能申报。首先,借助"智税通"系统与前端业务系统间的映射关系,报税人

员在做税务申报时可以操作系统自动取数并计算出纳税申报所需各项数据，并基于纳税申报数据自动生成企业的申报表推送至税务局进行处理，从而提高企业申报效率，避免手动填报造成的误差，一键就可完成法人公司的纳税申报工作，彻底颠覆传统的办税模式。在"智税通"平台的帮助下，发票处理、申报表生成和税务风险管理等企业税务管理人员日常投入精力最多的痛点均得以有效化解。目前，通过海尔"智税通"平台进行一家法人公司的全税种申报，所用时间从行业平均的4个小时已经下降到5分钟，极大地提升了企业税务遵从的效率；同时"智税通"平台也免去了税务部门烦琐的审核环节，有效解决了有关部门日常管理中的痛点。

供应商客户直连体系：以海尔"票联网"结算为例，"票联网"彻底颠覆传统模式下的购销双方间结算方式，构建了企业与客商之间互联互信的新模式。海尔财务共享基于结算业务，内部整合税票、资产、费用、收付、往来平台资源，外部链接税务和法务等资源，有效并联供应商、小微、客户、资源方以及相关的信息化平台，最终形成的一个内外部协同的"票联网"链式结算生态。在过去，由于彼此间信息的不透明，购销双方在进行结算时必须基于合同、发票、对账单等纸质单据。海尔"票联网"体系则实现了结算双方系统的直连与信息的互联互信，用真实的交易数据再现购销双方采购、付款、销售、运输、收款的环节，让订单流、业务流、资金流全流程透明闭环，实现了"零对账"的自动结算。例如，在海尔集团与供应商M集团的结算中，海尔和M集团将各自的订单、收货信息和发货明细传输到区块链上，由"票联网"系统基于双方既定的结算规则进行自动对账，系统对账完成后利用智能合约平台，基于对账的结果驱动M方系统完成发票的自动开具，待发票信息自动传送到海尔方后，海尔方依据发票信息进行智能校验和进项抵扣，并由系统自动完成记账工作。最后基于双方的记账信息以及智能合约平台中合同约定的账期与付款方式，海尔方到期自动对M公司发起支付。在新的结算体系下，企业结算周期由T+15下降至T+1，结算效率提升了31%，结算成本下降了20%。

在与金融机构的直连方面，海尔财务共享与国内外36家银行间建立了系统直连，确保财务系统与银行业务系统账户信息的一致性的同时，实现了收付款自动执行、自动记账。

（五）利用大数据、区块链等技术深入挖掘数据价值

物联网时代，数据逐渐成为企业最重要的资产。如何应用新一代信息技术

深度挖掘这些数据的内在价值并指导企业的经营,成了企业财务共享中心亟须解答的难题。海尔财务共享通过应用大数据、区块链、人工智能等信息技术,搭建数据中台体系,在促进财务共享服务数字化、无感化的体验升级的同时,也实现数据应用与数据增值的迭代升级。

以大数据、区块链技术的应用为例,依托大数据技术,海尔财务共享应用统一的数据统计口径与传递端口,实现了集团数据的统一与汇集,集团每天的经营管理数据都汇入到财务共享中心,从而建立起基于大数据技术的集团财务数据池,这不仅是共享中心实现数据加工与应用的基础,也奠定了与客户、供应商、国家机关等攸关方实现数据直连的基础。而通过应用区块链技术,海尔帮助企业搭建了与合作伙伴间互通互信的分布式数据存储结构,成为企业与利益攸关方并联协作的有力支持。以海尔"票联网"为例,"票联网"是海尔基于区块链技术中心化、防篡改性、智能合约和唯一性的特点,搭建的链式结算体系,以合同为驱动,系统数据贯穿于采购、付款、销售、运输、收款、用户口碑等业务场景,将结算双方的发货数据和收货数据都放在区块链平台上,并基于自动匹配的结果驱动秒开票、秒校验、秒记账、秒结算,有效提升了结算的效率与准确性,降低了成本,实现了零人工、零违规。

同时,依托新一代信息技术的应用,海尔建设了全新的数据中台体系,更加全面地收集、处理集团在日常经营中的各种数据,并深入挖掘数据的潜在价值用于指导集团的经营与管理。以海尔财务结算中台为例,海尔财务共享将过去结算体系升级为资金聚合结算中台,将用户通过银行卡、支付宝、微信等结算方法支付的资金聚集起来形成一个庞大的资金池,进入资金池的资金可获得每年2%的增值收益。同时海尔财务共享利用资金池的规模优势,与银行、支付宝等结算机构议价,为海尔智家专卖店赢得了手续费从每笔6‰降到3.2‰左右的降费成果。

结算中台的搭建带来的不仅是海尔专卖店手续费的减免,最重要的是推动了海尔集团的零售转型。过去海尔智家在各地专卖店的货款收付情况完全依靠手工清算,专卖店的销售、回款、库存、售后等数据没有统一的信息化系统来收集处理,专卖店向总部订货主要是依靠店主个人预估,而这就很可能出现误差导致库存积压与供不应求的情况。结算中台建成后,海尔财务共享实现了资金数据的实时传输,进账、出账、物流状态等信息能够实时显示,帮助店主实时掌握专卖店的各种信息。同时,结算中台能够通过大数据分析各地域、各门店的销售情况和用户特征信息,为专卖店主挑选适销对路的产品,提供个性化的销售和进货建议，帮助专卖店压缩库存成本，加快资金周转效率。据统计，基于海尔结算中台，企业的结算效率由过去每笔 5 分钟降至 0.5 秒，结算成本较行业平均水平降低 60%，每年为企业创造出的经济价值超过 3000 万元。

（六）建立开放抢单、增值分享的激励机制

为解决传统财务共享模式员工积极性差，创造力差，人员流失严重，人才培养困难的问题，海尔财务共享基于“人单合一”模式与链群合约，创新以用户付薪为核心的创客激励机制。不同于传统的企业付薪，海尔的用户付薪机制坚持创客创造价值与分享价值的统一，创客的薪酬不是由企业根据岗位、资历支付，而是根据创客所创造的用户价值的大小，由用户支付给“创客”相应的薪酬，让创客在创造用户价值的过程中实现自我价值。以用户付薪为原则，海尔财务共享通过建立链群实施“云端开放抢单”“增值分享”的激励机制，有效地提升了共享中心的工作效率与创新活力，也为员工价值创造和学习成长提供平台、资源和机制的保障。

首先，各方通过签订“链群合约”建立链群。链群合约是一种多方对赌的契约，各方通过约定各自的权利与责任，实现了去中心化的“自组织、自驱动、自增值、自进化”，让员工、企业与生态方都能在链群中找到自己的定位，同一目标，共同实现链群整体目标，并实现各攸关方的成果共享、利益兑现以及整个链群生态的升级。

其次，云端开放抢单。创客通过自主、开放的抢单抢入链群来完成用户的某项需求，实现自身价值与用户价值的统一。海尔集团 1200 余家法人公司的业务信息（包含费用审核、收入确认、款项收付、税务申报等）都汇集在“云单池”系统中，创客可以在平台资源上根据绩效成果自主抢单，并可以随时随地查看绩效、损益等完成情况，持续获得综合能力的提升。“多劳多得、不劳不得、零误差、零延误”的机制保证创客每处理一笔业务都能得到相应的报酬，有效地激发了创客工作的积极性。以出纳节点为例，通过云端抢单机制，员工的收入有了增长，积极性获得激发，目前海尔财务共享的 3 名创客就能承担过去 62 名员工的工作单量，共享中心业务处理效率得到了极大提升。

再次，增值分享。“增值分享”是海尔财务共享平台对创客价值共创成果的认可机制，进一步提升了创客的积极性与创造力。在海尔财务共享管理体系下，员工为企业实现降低运营成本，增加现金流入，规避风险等目标，均可视为对企业的“价值共创”成果，从而获得超利分享。这部分收益对创客来说，常常会高

于日常“抢单”获得的收益，在“增值分享”模式的激励下，智税通、票联网、易付宝、智慧客商等新场景应用不断涌现出来。例如，海尔“智慧客商”针对对账数据纸质化、结算效率慢的痛点，创新账单上云，让结算双方在线交互并确认账单，实现对账结算由过去的线下操作转变为云上管理的高效体验，提升结算效率的同时有效地规避了风险。据统计，“智慧客商”在2019年度实现了300万元的成本节约，为企业创造资金价值近2000万元。

此外，在“开放抢单、增值分享”机制驱动下，海尔财务共享成了集团会计人才的培养基地、财务管理人员的成长摇篮，不仅涌现了一个又一个“价值共创”的优秀案例，更为集团输出了大量优秀人才。每年都会有80余名共享平台的创客转入集团其他企业的管理等重要节点，助力小微企业实现快速发展。

三、以“价值共创”为核心的财务共享管理效果

（一）有力地助推了集团的物联网战略转型

以“价值创造”为核心的财务共享管理为集团在物联网时代的创业创新搭建了基础系统、平台和新规则，有力保障了海尔转型物联网生态、创建生态品牌战略的落地，成为引爆场景品牌和生态品牌增长引擎的助燃剂。

目前，海尔财务共享依托专业财务团队和自主研发的智税通、票联网等系统应用，构建了3大类26个智慧化财务共享服务场景，为集团4000多个小微，全球100万+业务用户提供全方位、一站式、多流程的财务共享服务，有效赋能了GEA、Candy等海外事业部，推动“人单合一”模式的全球化复制推广。2019年海尔集团全球收入实现逆势增长，全球利润总额突破220亿元，同比增长10%，集团从原先的12个大类中细分出3万多个场景，涌现出卡奥斯、食联网、衣联网等多个生态品牌，海尔也成为BrandZ全球百强品牌中首个也是唯一一个物联网生态品牌。

（二）有效地助力了集团抗疫、复工复产

面对突发的新冠疫情，海尔财务共享在不交单、不见面的情况下，利用“无毒报销”“在线结算”“机器人7×24h在岗”“云端付汇”“结算中台”等应用创新有效地保障了集团各项业务的正常开展，有效助力了集团的防疫抗疫、复工复产。

“无毒报销”：海尔“无毒报销”的解决方案充分保障了集团员工在疫情期间

的费用报销需求，让员工可以过手机和电脑在线提交报销材料，完成报销业务的办理，整个报销过程不交单、不见面、零签字。仅 2020 年 2 月份海尔财务共享中心就完成了近 2 亿元费用的核销工作，保障了集团各项业务的开展。

“在线结算”：在“票联网”链式结算体系的帮助下，海尔和供应商实现了自动对账、自动开票和自动结算，保障了疫情期间结算工作的正常完成，助力集团快速实现复工复产。

“机器人 7×24h 在岗”：海尔的财务机器人“海旺”7×24 小时在岗处理相关业务与数据，满足了设在菲律宾、俄罗斯、意大利、德国等的多个海外事业部的财务需求，保障了海尔集团全球业务的正常开展。

“云端付汇”：针对疫情期间境外付汇业务办理困难，海尔财务共享并联税务机关、银行打通线上结算通道，实现在线云端办理境外付汇业务，业务办理零跑腿、零打印、零接触，提高内外部节点效率 50 倍，一季度成本节约和价值实现达 200 万元，保障了集团海外业务的正常运转。

“结算中台”：结算中台为海尔专卖店的终端消费者提供了货款保障模式，让消费者在线上购物时更加安全放心。在结算中台的支持下，疫情期间集团的终端零售业务由线下转型到线上，最大程度上规避了疫情带来的风险与损失，2020 年一季度，海尔集团以 23.4%的市场份额领跑国内家电市场，实现了逆势增长。

（三）“税企直连”等模式获国家级认可与推广

海尔财务共享与税务局、海关等利益攸关方建立了互联互信的合作模式，解决了企业管理成本高、效率慢的难题：（1）与国家税务局全网直连，实现企业发票认证、税务申报、退税全网直连，优化了企业涉税业务办理，提升了效率；（2）与海关全网直连，实现出口退税周期从月到天；与外管局直连，实现结汇备案 T+1 天（行业公司普遍 3 天），提升了企业资金周转效率，降低了资金压力；（3）与全球 36 家银行建立互联，业务发生即可完成账务处理，提高了会计处理效率，提升了企业管理水平；（4）与客户、供应商直连，共建“票联网”结算体系，实现双方线上秒对账、秒结算，大幅降低了企业管理成本。

与利益攸关方的互联互信，不仅优化了企业自身的经营管理，也给攸关方带来了显著的优化与提升，为政府优化营商环境提供了可复制、可推广的新模式。如海尔“智税通”模式，上线后税企双方涉税效率都得到极大提高，有效降低了税务部门日常的管理成本，这种模式还得到国家税务总局认可，并在全国范围内以海尔为样板推广“智税通”模式,吸引了上海市、四川省和吉林省等多地的税务系统实地观摩交流。

(四)初步探索形成了物联网时代的财务共享新模式

海尔以“价值共创”为核心的财务共享管理,颠覆了传统财务共享以“效率”为中心的管理模式,重新定义了财务共享服务的角色与价值:从传统模式下的“交易处理者”,逐步迭代升级为“资金控制者”“风险管控者”“预算和绩效支持者”“资源整合者”,到真正的“价值创造者”,并得到业内专家学者的普遍认可,曾荣获 CIMA 最佳共享服务中心、2014 年中国轻工业企业管理现代化创新成果一等奖、CGMA-2019 年度最佳共享服务中心大奖、ACCA 卓越成就和最佳雇主等多项大奖。

与此同时,海尔以“价值共创”为核心的财务共享管理得到业内高管的广泛认可,已为万达、中南、华强、金轮集团的财务共享转型提供辅服务,获得用户高度认可和赞扬,截至目前,已有 5000 余家企业的总裁、CFO 等高管走进海尔,交流学习财务共享转型模式实践经验。

成果创造人员:张瑞敏　周云杰　展　波　邵新智　宋金成　李素珍　王凤芹

电网企业基于“数字化营销审计生态圈”的全链条审计管理

国网山东省电力公司济南供电公司

摘要：数字化营销审计生态系统是一种具有很多生态特征的组织活动，它以营销专业数据流作为核心媒介，以营销部、互联网部作为数据审计服务机构，以审计部作为数据流动的调控者和监督者，共同构成数字化审计生态环境的主体；而特定的政治、经济、文化、道德、信用和法制环境是生态主体共同面对的营销专业外部环境；审计生态主体和审计生态环境在审计生态调节机制的作用下共同维系着数字化营销审计生态系统的运行。

国网济南供电公司是国家电网大型重点供电企业之一，担负着全市 11 个区、县的供电任务，服务客户 291.49 万户。公司现有 14 个职能部室、16 个业务机构、6 个县公司，共有 86 个营业窗口、57 个供电所。公司现有全民员工 3962 人。2020 年，公司实现售电量 277.23 亿千瓦时，同比增长 3.59%。

济南电网是山东电网的重要枢纽骨干电网，有 1000 千伏泉城站、500 千伏济南变、长清变、闻韶变、蟠龙变、天衍变，以及黄台电厂、章丘电厂和石横电厂共 9 个电源点，构成了坚强的电源支撑。拥有 35 千伏及以上变电站 325 座，变电总容量 2992.07 万千伏安；35 千伏及以上输电线路 434 条，总长度 4524.31 公里；10 千伏配网线路 2466 条，总长度 2.79 万公里。2020 年电网最高负荷 650.8 万千瓦。

近年来，公司认真贯彻落实国家电网有限公司、国网山东省电力公司和济南市委市政府工作部署，凝心聚力，干事创业，企业管理基础、整体素质、发展能力、发展水平得到明显提升。公司先后荣获全国文明单位、中央企业先进基层党组织、全国电力行业优秀企业、全国厂务公开民主管理先进单位、国家电网有限公司文明单位、先进集体、大型供电企业业绩进步单位、安全生产工作先进集体、山东省供电示范企业、企业思想政治工作先进单位、国网山东省电力公司先进单位、先进基层党委、济南市安全生产先进单位等称号。

一、电网企业基于“数字化营销审计生态圈”的全链条审计管理背景

(一)顺应内外部审计发展趋势

随着我国经济飞速发展,电力供应需求与日俱增,电力体制改革越来越深入,供电企业营销业务不断转型升级,正处在数字化、智能化转型时期,供电企业不仅需要应对其他能源企业的威胁,还要参与各类售电主体的市场竞争,独立售电公司和拥有配电网运营权的售电公司在电力营销业务上,也对供电企业营销产生影响,营销覆盖面广,业务数据链深,是内外部审计检查监督的重要内容。营销为供电企业与电力用户连接的渠道,更好地实施营销业务审计,有助于提升企业的市场竞争力,扩大市场规模,完善营销服务策略,实现企业持续健康发展。审计是党和国家监督体系的重要组成部分。习近平主持召开中央审计委员会第一次会议强调加强党对审计工作的领导,更好发挥审计在党和国家监督体系中的重要作用。国资委 2020 年 9 月 28 日印发了《关于深化中央企业内部审计监督工作的实施意见》,要求促进中央企业落实党和国家方针政策以及国有资产监管各项政策制度,做到应审尽审、凡审必严,提升公司治理水平和风险防范能力。因此,本着转变审计模式、创新审计思路的原则,供电企业营销审计以业务为支撑,以全业务数据链为基础,构建多方位、跨专业审计生态,以大数据和互联网技术全面分析外部环境发展变化,科学地制定政策策略,促进业审融合,为营销审计进一步适应外部审计环境日益加快的发展步伐、持续提升企业管理水平提供强力保障。

(二)护航依法治企建设发展

近年来,审计署、国资委、财政部等有关部委采取了一系列措施,强化对中央企业的管理、考核和监督,对企业依法经营、从严治企提出了更高要求,随着供电企业规模的日益增长,企业营销管理中存在的风险点、发热点、出血点也逐步显现,对企业依法治企进程的推进提出了一定的挑战。习近平在 2020 年“表彰全国审计机关先进集体和先进工作者”会议上提出:“审计机关要在党中央统一领导下,适应新时代新要求,紧紧围绕党和国家工作大局,全面履行职责,坚持依法审计,完善体制机制,为推进国家治理体系和治理能力现代化作出更大贡献。”

审计署《2020 年度内部审计工作指导意见》指出，要建立健全工作机制，提升指导监督实效，提升内部审计规范化法制化水平。构建数字化营销审计生态圈，有助于继续深化依法治企工作，进一步加强对重点风险领域审计监督力度，注重成果运用，全面分析企业营销管理异动，及时发现营销业务流程短板，为企业制定持续改进措施提供决策依据。

（三）赋能营销审计监督质效

习近平强调，要拓展审计监督广度和深度，消除监督盲区，加大对党中央重大政策措施贯彻落实情况跟踪审计力度，加大对经济社会运行中各类风险隐患揭示力度，加大对重点民生资金和项目审计力度。落实在审计监督中聚焦主责主业、坚持科技强审工作要求，主要运用数字化手段对公司电力购售业务管理落实党和国家重大政策措施情况，相关内部控制与风险管理健全性、有效性，业务活动合规性、真实性、完整性进行全面审计，在深入研究理解国家政策、公司经营环境的基础上，提出审计意见和建议，促进提升购售电业务现代化管理水平；在树立数字化审计思维、深入应用数字化审计中，探索总结数字化审计模式和方法，推动审计模式由传统审计向前置审计、持续审计、预警审计转型发展。

二、电网企业基于“数字化营销审计生态圈”的全链条审计管理做法

“数字化营销审计生态圈”是借用生态学的概念对营销审计环境的运行系统所做的形象描述，是营销审计环境运行必须具备的基础条件，是一个具有一定结构特征、执行一定功能的动态平衡系统。数字化审计作为审计生态系统的一个子系统，存在于一定的审计生态环境之中，又对营销和审计生态环境的良好运行发挥着不可替代的作用（见图 1）。

数字化审计是影响审计生态系统的重要因素，处于整个营销审计生态系统的管理环节，不断作用于审计生态的各主体以及审计生态系统的内外环境和要素，构成审计生态系统的一个子系统。审计生态环境运行中的各要素分工协作，维护着审计生态的平衡，共同完成营销业务数据流从最初供给者向最终需求者的让渡或转移。营销审计生态圈理论拓展了审计生态系统的运行视野。

数字化审计生态圈和单一专业有着较大区别，其重点并非仅仅是事后审计，而是整个数字化审计体系核心力的共同提升，做宽专业，提升效率，实现全方位

的"前置、持续、预警"审计。

在数字化审计体系里,各个专业占据着重要位置,将审计和各个专业不再各自为战,而是有着共同目标,相互支撑、相互共生,打造"营销支撑审计,以审计促进营销"的发展格局,形成一个完整良性闭环。

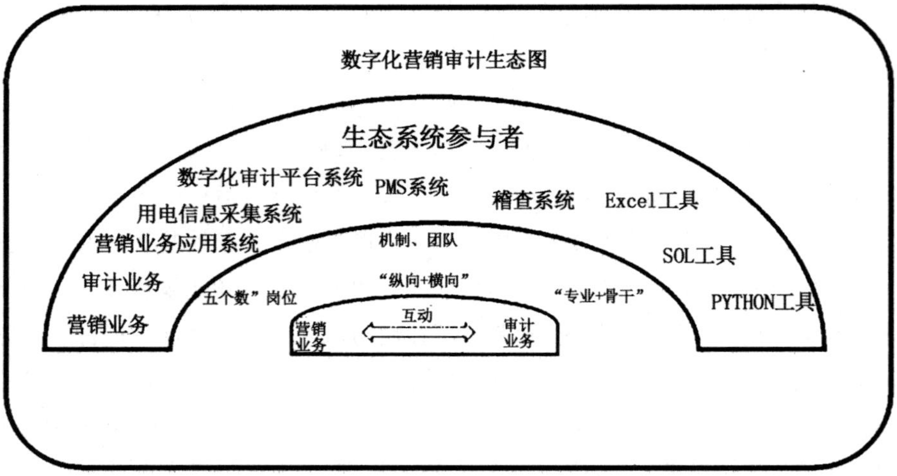

图 1　数字化营销审计生态图

(一)统筹"全要素"数字生态参与者

数字化审计生态系统是一种具有很多生态特征的组织活动,济南供电公司以营销专业数据流作为核心媒介,以营销部、互联网部作为数据审计服务机构,以审计部作为数据流动的调控者和监督者,共同构成数字化审计生态环境的主体;而特定的政治、经济、文化、道德、信用和法制环境是生态主体共同面对的营销专业外部环境;审计生态主体和审计生态环境在审计生态调节机制的作用下共同维系着数字化营销审计生态系统的运行。

以点带面,将所有跟营销数据有关的元素都纳入数字化营销审计生态圈,在业务方面包括审计业务和营销业务,营销业务又包括计量管理、电费管理、业扩管理、采集维护、用电服务、用电稽查等专业方向;系统方面包括营销业务应用系统、用电信息采集系统、PMS 系统、稽查系统、数字化审计平台等业务系统;应用工具方面主要包括 Excel,SQL,PYthon 等数据分析软件和工具。

多面联动,发挥各业务、各专业优势,充分融合跨专业管理需求,突破专业部门传统意识和数据壁垒,促使业务系统数据与审计专业数据相结合,建设营销要素数据审计库,充分应用数据技术,部署数据溯源监控工具,真正发挥数字化审计对营销活动中各专业风险点的预警作用。市县一体，对业务数据及审计数据进行集中采集、集中处理、统一部署，以部分单位、部分业务作为试点，开展研究成果应用，先行先试，逐步推广。

通过统筹“全要素”的参与者，对市县公司的营销审计计划、日常审计、业务管理、整改成果管理等工作进行集中管控，济南供电公司形成了数字化营销审计市县管理“一盘棋”局面，持续推进业审数字化有机融合，实现各业务系统间的端口对接、业务数据的一体融合、项目资料的实时共享，不断提高全系统信息共享和高端应用水平，形成职责明确、上下贯通、协同联动的一体化内控审计管控机制，保障企业持续健康发展。

（二）构建“全数化”审计组织体系

济南供电公司大力引入“数据、技术”等要素，增加数据在综合要素中所占比例，围绕“决策重点、管理难点、企业风险点”整合营销审计资源，对审计内容、覆盖对象进行统一规划，同时满足内部审计业务实时全覆盖的工作要求，线上统筹决定审计项目确定、审计团队构成及管理模式。

1.采用“纵向+横向”十字交叉工作机制

国网济南供电公司营销审计以数据为载体，将各类业务及相关资源进行分析，融入营销业务活动各个流程，全面强化业务风险管控，整合业务、应用系统、操作工具等要素，构建全要素、一体化审计生态圈。一是建立审计与营销专业稽查中心会商机制，由审计部牵头，定期召开专业会，共享双方稽查和专业信息，实现纵向联动。二是横向贯通，设立团队内部周汇报机制，保证审计内部信息流共享共用，提升数据挖掘融合度。

2.组建“专业+骨干”团队

数字化的难题往往不是制度、技术等方面的难题，而是来自审计团队人员。为建设高素质专业化的审计队伍，济南供电公司围绕“业务理解—数据科学—技术实践—审计核查”的主线，来组建审计团队，在数据驱动型审计项目中，将单一审计人员团队模式转变为既有审计人员还有数据专家、营销业务能手、IT技术人才等构成，形成一个跨专业、多部门、大协同的精干高效联合审计数据分析团队，切实提升了审计专业能力、大数据能力、应用信息化能力。团队善于获取数据、分析数据、运用数据，努力参与数据分析技术的学习、应用等活动，构建完善的大数据分析、处理、审计体系。

3.以“计划+数据”驱动审计项目

审计项目确定方面，梳理工作流程，明确各层级、各专业审计工作重点，梳理制定审计项目管理制度，形成从审计计划提出、编制、调整、分析的全过程管理体系，从以人工制定计划为驱动的项目立项的单一模式，转变为以数据驱动为主、计划为辅的审计项目立项模式，同时统筹协调各种审计方式，将常态化审计、非现场审计、现场审计、日常管理审计纳入审计项目，完善管控机制(见图2)。

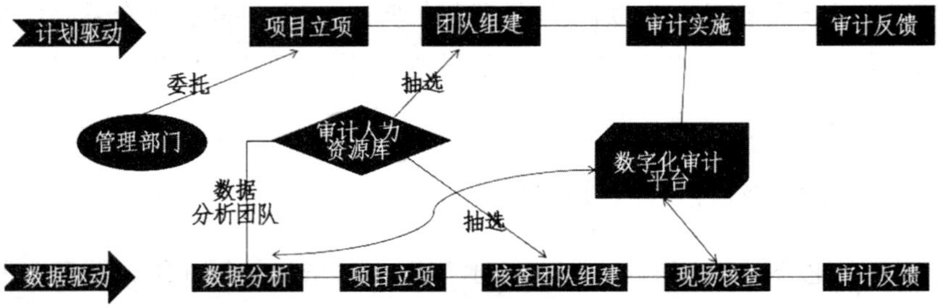

图2 “计划”和“数据”驱动项目审计流程

4.打造“五个数”岗位流程

济南公司以数字化为基础，以数据传输流为导向，市县一体，结合人力资源配置情况，抽调市公司2名营销专家，1名数据分析人才，2名审计业务骨干，以及县公司2名营销能手组成数字化小组，充分发挥各专业特长，提升数据挖掘、多维度分析能力。积极创新举措，打造“数据提取、数据核实、数据建模、数据分析、数据汇总”五个流程模块，构建了“X/Y/Z/T”型四种工作链，既可以满足对大数据的分模块单独把控需求，又能实现对全数据流的线索传递，让数据模块化、职能化、互联网化，实现对审计数据点、线、面的全方面数字化覆盖。

(三)打造“数智化”审计生态模式

审计模式数字化是指运用数字化技术、大数据手段，依托数字化平台出具数据分析结果报告和疑点线索工单，基于报告和线索工单，精准锁定范围开展数字化审计查证过程。

1.营销业务研究及模型建立

营销业务分析专家和审计人员共同梳理各板块业务体系、关键业务流程、主要的风险控制点，形成业务模型，包括专项业务模型、上下游业务模型、通用业务模型，通过上述模型的建立，最终建立一个业务全覆盖、规则全嵌入、内外统管的纵横交错的业务模型。

2.电子化数据的汇集

众所周知,公司营销业务繁杂,各类业务基本均通过各类信息系统进行管理,但这些数据基本是离散和分离。审计数字化的最基础工作就是将数据化的业务数据纳入数据仓库,构建审计业务数据中心,进行统一管理。IT 技术人才则根据数据共享协议,与相关信息系统的业务主管部门和技术部门就数学模型需要的数据建立数据采集接口和协议。根据数据采集协议和接口标准定期或自动采集数据到审计数据中心,并按照数学模型的规范和要求对数据进行清洗、加工等预处理。

3.数据分析和现场核实

数据分析人员利用已经实现的数据分析程序、可视化的操作界面和自动化的报告工具,对全业务流程开展历史数据集中分析、实时数据在线监控、未来数据趋势预判全链条全覆盖审计,出具集中分析问题报告、风险预警报告和趋势发展报告。

(四)建设“资源型”审计生态中台

济南供电公司数字化平台是在传统的、基于数据库技术上,逐步构建基于数据仓库、数据湖,并运用云计算、大数据、人工智能等新型信息技术进行数据加工、处理、分析的数字化审计云平台,在营销审计中,充分发挥国网审计平台的作用。

应用信息化管理建设成果,组建数字化审计工作室,以全业务统一数据中心为基础,集成现有审计信息系统,按照“典型设计统一展示”的模式,多方面多层次满足审计管理和审计作业需求,建设“开放、动态、融合、智能”的数字化营销审计中台。

数字化审计中台的构建按照“门户、管理域、作业域、基础数据域”四个部分进行。其中,审计门户是数字化营销审计中台的统一入口和成果展示平台,总部可以通过级联方式穿透查看各单位门户内容。在原有管理系统基础上,对系统功能进行扩展、深化、优化,并入审计门户中审计项目统计分析功能,以完成数字化管理域建设。数字化基础域从多渠道获取审计数据,以全业务统一数据中心数据为主要数据来源,打破部门、专业、系统壁垒,理顺数据链的上下游,互相链接不同专业、不同系统、不同部门的数据信息,实现审计数据抓取的共享共用,通过数据优势、信息优势,整合数据,实现数字化审计的灵活、高效、精准(见图 3)。

数字化作业域通过整合 ERP 审计系统、管控业务系统、营销系统、智能分析系统,将分散、重复、单纯查询式的功能点进行合并优化,按照营销业务逻辑流程,参照功能点分类体系和营销业务实际,形成具有查询穿透力强、多维综合分析、智能疑点筛选功能的模型体系,并增加模型试验和自主分析等高级应用功能。

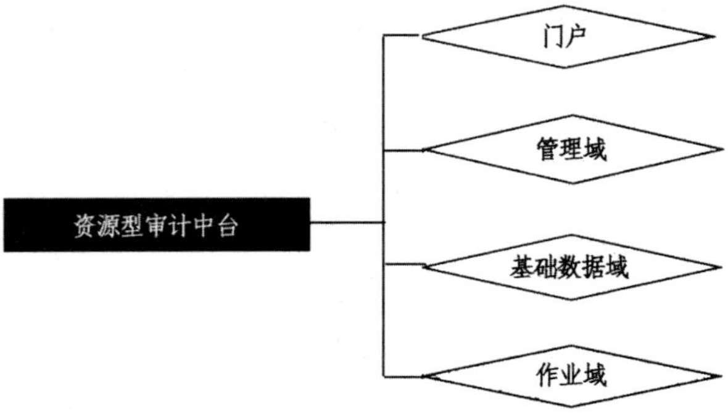

图 3 "资源型"设计中台示意图

(五)开展"互动式"线上审计跟踪

济南供电公司积极落实科技强审要求,全面探索实践"总体分析、发现疑点、分散核实、系统研究"的数字化审计模式,结合自身实践情况,着力打造"互动式"线上审计。

1.优化线上审计生态

就电力改革和营销业务的发展来看,仅仅在单一专业内做文章,就专业谈专业,忽视制约审计生态系统的各个因素是不行的。优化审计生态圈显然离不开数字化生态系统的综合推动作用。作为生态系统中主体的审计部,应以减少营销专业中业务风险、优化营销环境为基本价值取向,充分发挥好审计的监督、评价和鉴证等功能。

数字化营销审计作为内部审计的一个重要组成部分,为了优化营销审计生态环境,审计部应当发挥综合治理功能,加强对营销政策环境学习、研究,对营销生态因素强化监督和引导,对营销内容强化合规性审计,对营销中购售电双方强化信用延伸审计,从多渠道优化营销和审计生态环境。通过业务与审计的互动,增加企业价值,维持营销体系效率,将优化营销和审计生态作为数字化审计的出发点和归宿点,保证整个审计生态系统稳定。

2.完善审计数据反馈

审计人员在现场核实过程中可能会发现部分业务没有涵盖到,业务流程发生变更但系统没有及时变更，部分业务流程没有匹配的数据模型，数据模型存在设计缺陷，报告列示的问题与实际不符，诸如此类种种问题。审计人员可从问题符合度、不符合的表现、改进措施和建议等方面向数据分析组反馈，数据分析组对不符合的数据模型进行变更和完善。

3.实施审计数据信息共享

通过对关键敏感字眼（例如单位名称、人员姓名等）运用模糊预处理技术，可实现审计成果的多维度、多层次、全面、集中展现和共享。通过共享数据接口，还可向公司其他监督体系如纪检、内控等、业务管理单位、公司管理职能部门、管理层开放共享，实现审计成果最大化共享。彻底打破现有的以“保密”为“挡箭牌”的共享壁垒，促进审计成果既要在审计体系“审计部门、业务科室、审计组、审计组成员与成员之间”实现全面共享，也要在监督体系内部和业务管理单位及管理层之间实现最大化共享，逐步形成“互通有无、一审多用、一果多用”的透明、共享体系。

4.引导生态功能多元化

审计生态系统通过破除专业壁垒，打通部门通道，完善数据传递方式，调节数据传递的效率和规模，不断优化结构，强化功能，提高营销和审计系统的内控水平，推动业务和流程创新，增强审计结构的稳定性和适应性。按照业务发展的规律，积极引导生态系统向着结构优化、功能增强、效率提高的方向发展。

（六）应用“知识化”云上档案存储

审计档案作为企业管理的重要信息，大部分需要永久保存。为了进一步加强企业审计人员对工程审计档案的保存和管理，提高审计人员对审计成果的应用率，济南公司建立和实施了审计档案自动云盘备份的管理模式，该管理模式以审计档案文件夹标准、文件模板标准、权限制度标准和过程审批制度标准为主要管理基础，确保审计档案的工作质量和安全。

1.构建审计档案自动生成模式

利用网盘本地盘映射、WebDav、FTP 等技术实现简便的文件上传，将相关个人企业审计档案数据、审计业务项目公开文件、审计工作数据和流程文件等数据统一在一个数据存储平台上进行管理、存储。充分利用先进的技术手段使常态审计、现场审计、审计档案整改等审计问题和结果自动转化形成明确的审计专业分类、统一的审计标准、便于审计人员查询和整理检索的数字审计档案，提高了档案查询和整理的质量和效率。建立和强化审计人员管理档案的标准，明确有关审计档案数据和附件的记录以及审计附件的管理和收集等审计标准，提高了审计人员管理档案的质量，保证审计档案的规范化、进度可控。

2.构建智能化的审计档案数据库

对审计制度、审计成果、文件模板、审计数据分析结果等信息进行了智能的分类和筛选，设计了智能查询和检索的工具，参考公司的审计档案管理文件和智能重用数据实现价值的最大化。同时，设计审计问题和结果智能分析报告表，通过分析审计的问题和结果发生的频率、风险的严重程度、专业分类、整改工作效率等方面，梳理公司审计管理发展过程中的缺陷和薄弱点，提供决策支持。

3.加强审计档案数据安全防护

采取“一主两备”的审计档案存储策略，在保证日常审计档案使用主机储存的同时，设计两台备用存储装备，用于定时接收主机推送的档案数据进行及时备份。实现审计档案全生命管理，整合集成各类安全防护技术，实现从终端加密、传输防泄漏到数据销毁与恢复的一站式管理。遵循“人员绑定、强身份认证”的原则，加强账号防护，实现审计业务系统应用权限的动态更新。保障审计档案数据的安全性和保密性，将审计档案信息利用特殊的加密算法进行保密处理，提升对审计档案存储的安全保障。

（七）实施“智慧型”四个能力工程

审计作为一项具有独立性的监督活动，审计监督是审计本质的体现和客观要求，审计充当“营销业务卫士”的作用，监察和督促营销业务主体的各项业务在规定的范围和正常的轨道上运行，督促营销环境中各要素充分发挥其职能。审计监督有利于检查生态系统各要素对政策的执行情况和执行效果，对业务活动、流程不完善、政策落实不到位的问题进行揭露，促进营销活动的真实、规范。为此应努力实施“智慧型”四个能力工程（见图4）。

图4 “智慧型”四个能力示意图

1.支撑能力

立足数据服务、系统服务和数字化网架体系，构造“智慧营销+智慧审计”平台，打造“大审计”云，实现专业信息数据上云，审计数据上云。整合现有应用系统资源，打通 PMS 系统、用电信息采集系统、营销稽查监控系统和电力营销业务应用等系统的信息壁垒，实现各应用系统数据共享，为数字化营销审计提供数据支撑，并在营销各专业审计项目实施和审计数据分析过程中，不断充实、完善和更新数据，让数字化营销审计数据库逐步壮大，通过语言编程和数据运算，形成有时间长度、有范围广度、有内容深度的有限资源池，越来越强有力地为数字化营销审计提供多源数据融合碰撞分析，挖掘数据资源价值最大化。

2.培养能力

在审计云之外，生态圈还延伸了“线上+线下”结合的培养能力，不断充实数字化营销审计经验方法库。在审计中，注重总结积累行之有效的手段、方法，对方法库中典型经验进行培养、修正、完善。结合营销业务中的难点、痛点、堵点情况，通过生态圈的自我学习，在审计实践中检验方法库的可行性，形成“实践—总结—学习—实践”的数据分析培养模式，并通过审计云端，将大数据信息进行汇总记录传承。

3.创造能力

生态圈还有一个特征就是良性互动和“新物种孵化”能力。结合营销业务的新流程、新要求、新政策，以数字为传递方式，采用“营销数字化+业务数字化”方式在数字化审计中构建的数据模型，就是“新物种孵化”能力的一个体现。通过对生态系统中数据的加工、应用、反馈，我们构建了多个营销审计模型，并且采用人工智能思维，对新的数据模型能够进行自我学习和完善，创造出审计业务的新思路、新方法、新经验，努力实现生态圈的自我创新能力。

4.发展能力

生态圈涉及营销业务、审计业务、数据业务，形成以数据为中心、通过数据链带动营销业务和审计业务的上、下游相关专业，启动针对审计成果跟踪管理和审计问题库管理的优化提升工作，构建了“三级问题分类+四级底稿范本”的审计问题库管理模式，并完成审计问题整改跟踪的闭环管理，实现生态赋能，打造数字化审计的“数字 3.0 时代”。

三、电网企业基于“数字化营销审计生态圈”的全链条审计管理效果

数字化审计生态圈的构建就是要探索一条科技强审之路，济南供电公司通过建立完善的审计数据治理体系，完善业务数据中心，逐步建立起适应新型业务审计模式的制度体系，科学规范地利用审计大数据。创新审计管理模式和组织方式，逐步建立起业务全面覆盖、营销规则全面嵌入、人员灵活组织的“数据生态”驱动型审计组织模式；加大审计、业务专业、大数据处理等技术的相互融合和人才培养力度，逐步打造大数据背景下的“生态圈”，推动审计工作方式的转型升级，特别是对营销业务“全流程、全链条、关键业务、重点领域”开展“历史数据集中分析、实时数据在线监控、未来数据趋势判断”，并逐步在实现营销审计由单一审计向大数据审计的转变，为营销业务发展提供决策参考，企业管理水平进一步精益化，取得了良好的管理效益；进一步降低工程支出，取得了良好的经济效益；确保国家重大政策有效落地，取得了良好的社会效益。

（一）持续监督，科学建立营销审计全过程监控

通过实施“数字化营销审计生态圈”审计管理，济南供电公司实现审计过程实时在线，审计现场情况、进度情况、阶段性报告等实时在线反馈，在线审计率达到100%。强化了重点领域风险控制，前移审计关口，深化开展营销重点项目专项审计监督，开展重大决策落实部署、购电侧管理、售电侧管理等各类审计1089项，提出审计意见建议102条；查找营销业务过程中的薄弱环节和风险隐患，强化重点环节审计监督；建立审计整改验收销号平台，对近年来内外部审计检查发现的及以前年度尚未整改到位的问题，开展整改专项跟踪督导，通过建立审计整改验收销号平台，整改完成率100%；通过利用“问题整改台账”信息管理系统开展督导工作，规范完善审计项目档案资料，同时也促进各专业和部门从根本上消除业务管理、流程管理等方面存在的管理漏洞和薄弱环节，为今后接受内外部监督检查奠定了坚实的基础，提升审计工作管理成效。

（二）提质增效，全面强化营销审计质量

济南供电公司通过打造生态圈，应用数字化审计平台和营销专业系统，构建新的数据模型，从营销内部控制、重大决策落实部署、购电侧、售电侧管理方面，

实现了对业务的前置、持续审计。数字化审计业务的开展规范了营销业务开展，同时营销业务的发展也促进了数字化审计业务的进步，实现了业务和审计之间的良性互动。

在应用中，2020年结合多家县公司的数字化营销审计，实现对数字化审计平台92个功能点的使用，开展业扩报装、抄表、电能计量、光伏、供用电合同等方面疑点核实400多项，审计营销业务相关金额3959.24万元，用电稽查规范率提升3%，增加了公司售电收入，有效防范了相关营销业务风险。

（三）多措并举，助力提升供电服务质量

济南供电公司将数字化手段全面融入营销审计各个流程之中，通过营销业务拓展审计的服务职能，优化审计生态圈的运行功能。用营销促进审计，以审计服务营销，实现营销业务与审计的良性互动，顺应数字化审计发展趋势，构建良好审计生态圈。拓展审计的服务职能，树立互动、共生、协作的服务观念，为审计生态圈的良好运行把脉、诊疗，使审计人员成为名副其实的业务专家，有能力分析生态系统各要素存在的问题，并对解决问题的方法提供咨询与服务。

以数据、创新、变革为驱动，以数字化为导向，通过打造数字化营销审计生态圈，实现了数字化审计的数据共享和专业协作，形成了一个完整、良性、有效的审计模式，促进了营销和审计专业的同进步、共发展，提升了公司效益，为电网企业应用数字化技术开展投资工程审计起到了良好的示范推广作用。电网企业作为中央企业，承担了优化营商环境、降价清费政策落实、疫情防控期间电价降价、煤改电、扶贫等国家重大政策部署落地工程，将审计资源向有助于提高安全、质量、服务、效益的国家重点战略工程倾斜，推进全链条审计监督，突出实时动态审计监督，2020年开展全过程审计65项。公司通过对重大决策部署落实情况、营销内部控制、购电侧管理、售电侧管理等方面进行跨专业、跨年度、多维度、立体化数字分析，发现普遍性、共性问题，有力贯彻执行党中央、国务院各项决策部署，提升供电服务质量，提高人民群众“获得电力”的便捷性，提升企业服务社会经济发展能力，助力区域社会经济总体发展。

成果创造人员：刘　晨　李秀文　刘红霞　王冬莲　张胜男　彭传刚　王伟建

卷烟企业智能化全流程核销系统设计应用

山东中烟工业有限责任公司济南卷烟厂

摘要：为全面提升财务运营效率，实时会计服务管理精细化，以现有资金管理监管系统、ERP 系统、电子审批平台、采购管理系统为依托，总结原有模块实践中的现状及痛点，按照财务数智化全流程核销的理念，合理规避财务审计流程节点中出现的风险点，加强财务风险管控，提供企业多维度的税务风险预警和税务分析。在实时会计、智能财务、高效管控的基础上，以票据核销为管控入口，优化与改造设计山东中烟智能化全流程核销系统。

济南卷烟厂始建于 1928 年，前身是北洋东裕隆烟草公司，现为山东中烟工业有限责任公司直属的非法人生产厂，是全国四家定点雪茄烟生产厂之一。厂区占地 1260 亩，联合工房生产车间内主要设置有 3 条叶丝生产线以及梗丝线、膨胀烟丝线、雪茄烟打叶线等配套生产线，32 条卷包生产线、31 台(套)雪茄设备，具备年产百万箱烟草制品的生产能力。曾荣获全国"五一劳动奖状"、全国设备管理先进单位、全国烟草行业先进集体、山东省质量奖、济南市明星企业等多项全国、行业、省、市最高荣誉和专项荣誉称号。企业被授予"烟草行业抗击新冠肺炎疫情先进集体"等荣誉称号。

一、卷烟企业智能化全流程核销系统设计应用的背景

(一)财会行业迈入财务管控数智化时代

数字技术的发展正在改变会计数据的获取、传递、存储方式，对多维精益管理和业财融合能力、深度、广度提出了更高要求，对会计改革发展方向、企业财务组织架构和人员结构提出了新的更高层次的要求，数字技术已成为会计嬗变和重塑的关键驱动力量，甚至会引起会计行业历史性变革。对数据的深度挖掘和

融合应用已成为数字化、智能化的主要标志。当前发展趋势由自动化转变为智能化、网络化、数字化，财会行业也应由 ERP 时代迈入财务管控数智化时代，即以票据核销为管控入口，使业务流程进一步优化，信息系统更加有效集成，彻底打通业财信息孤岛，实现数据的单点录入、全程共享，实现实时、智能、高效的管理新价值。

（二）国家政策推动会计数字化转型步伐

《中共中央关于制定国民经济和社会发展第十四个五年规划和二零三五年远景目标》中提出："加快数字化发展，发展数字经济，推进数字产业化和产业数字化，推动数字经济和实体经济深度融合，打造具有国际竞争力的数字产业集群"。2021 年 4 月，《会计改革与发展"十四五"规划纲要（征求意见稿）》明确提出："积极推动会计工作、审计工作、会计管理工作数字化转型，切实加快会计审计数字化转型步伐，为会计事业发展提供新引擎、构筑新优势。"

（三）烟草行业明确了财务创新的方向

随着信息技术进步和新经济时代的发展，烟草行业内外都面临着加速财务数智化的转型。国家烟草专卖局明确提出要积极主动使用现代化财务审计管理要求，推动互联网、大数据和人工智能技术在财务审计工作中的创新应用，推进行业财务审计技术和管理创新。

（四）财务管理数智化转型成为企业实际需要

财务管理存在的主要问题有业财融合程度有待提高，少量业务流程有待优化，财务数据标准有待建立，会计数据质量有待提升，财务管控能力有待加强，各类分析报告有待支持，财务转型工作有待推动。现有的财务开支电子审批已经难以满足高效的财务核销。有的业务无数字化系统支撑，有的系统未做到业务节点全覆盖。

二、卷烟企业智能化全流程核销系统设计应用的主要做法

（一）通过现状分析确定管理痛点并构建业务矩阵

1.全面调研现有财务流程管理现状及痛点

济南卷烟厂在卷烟企业智能化全流程核销系统设计应用过程中，全面调研

现有财务流程管理现状，全面解析财务工作存在的痛点。在调研分析过程中，面向员工、业务部门、会计人员、财务人员和决策者，从报销、核销、管理和系统支持等方面收集意见，建立了济南卷烟厂财务管理痛点树图（见图1）。充分发掘现

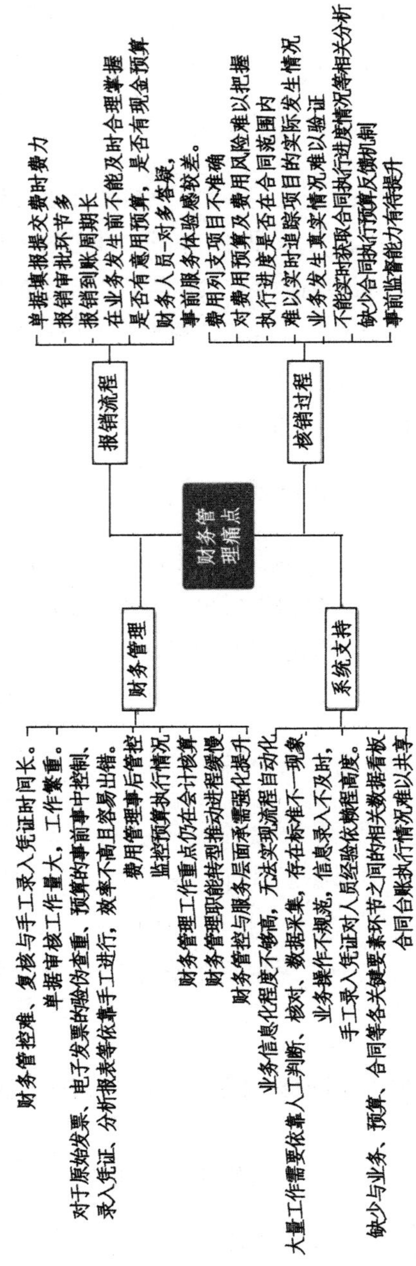

图1 济南卷烟财务管理痛点树图

实财务工作中存在的问题，基于问题导向驱动思考解决方案。从而在引入智能化技术的过程中，有针对性地解决问题，从而将多重智能技术综合应用并深度嵌入财务场景，获取财务智能管理的重大价值。

2.建立财务管理的流程事件矩阵

实施核销流程智能化的基础是业务和财务的深度融合和协作，如果业务和财务不统一、不协作，财务管理的作用就很难发挥。济南卷烟厂基于痛点分析基础上，首先梳理财务管理流程，建立财务管理的流程事件矩阵。通过明确事件和事件管控的风险、标准和规则，夯实核销智能化设计的基础（见图 2）。

在梳理财务流程和财务核销事件基础上，全面梳理与核销流程相关的业务角色、业务流程和信息系统。通过梳理首先明确业务流程、财务管理各流程和核销流程之间的逻辑关系，建立业务流程逻辑架构。以业务流程逻辑勾连信息信息系统，形成智能核销系统的信息架构基础。明确各管理角色在核销流程中可能产生的影响，为智能风险防控打下基础（见表 1）。

表 1　济南卷烟厂财务管理业务矩阵和系统支持示例

角色	业务人员	业务部门负责人	供应商	财务人员	领导
总体架构	合同管理	预算管理	财务管理	资金管理	资产管理
	合同立项	预算编制	费用管理	账户管理	转资管理
	合同审核	预算控制	往来管理	资金结算	在建工程管理
	合同执行	预算调整	税务管理	银企互联	投资管理
	合同台账	预算分析	薪酬管理	银行对账	计提折旧
			资产管理	大额资金	资产处理
			成本管理		
			总账管理		
	接口平台	采购管理系统	电子审批系统	预算管理	OA 系统
		ERP 系统	HR 模块	金税系统	资金监管平台

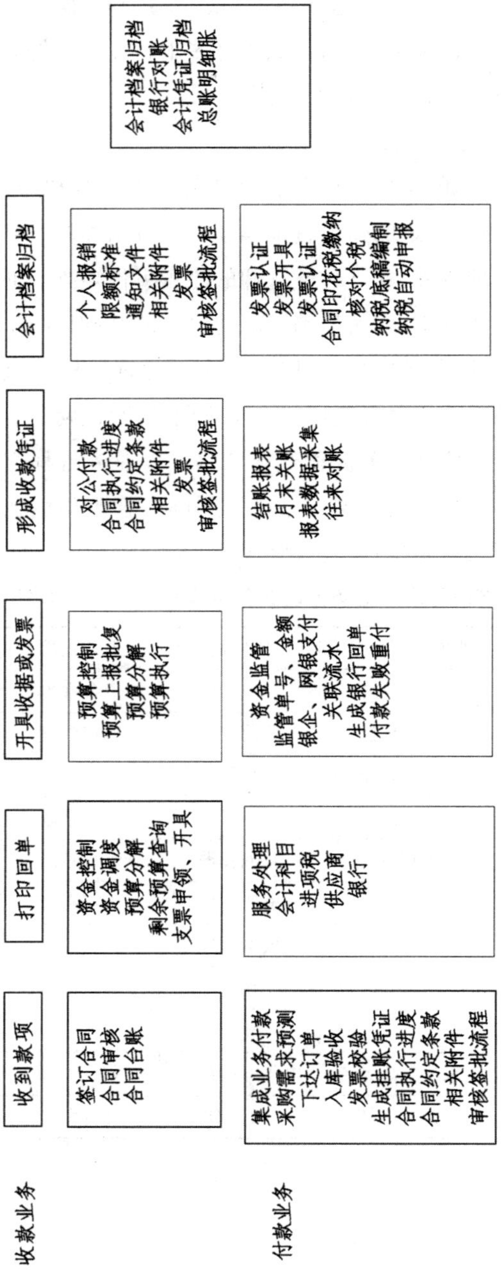

图2 济南卷烟厂财务开支管理流程矩阵示例

(二)形成智能化全流程核销系统构建方案

1.明确智能化全流程核销系统建设的基本定位

通过建立智能化全流程核销系统。以票据核销为切入口,通过智能化全流程核销系统,数智化财务管控体系全流程管理,实现智能数据化财务共享,结合政策、规则、流程、系统、数据和标准统一的基础上,达到业财融合。使业务驱动财务,财务规范业务,实现企业中业务、财务和管理的一体化的精细管理。

2.细化智能化全流程核销系统建设的具体目标

一是打造核算标准化、自动化、智能化,含自动稽核和记账凭证自动生成(凭证文本、核算会计科目、凭证附件)自动化。二是资金结算集中化和自动化,银行对账及银行余额调节表自动化,资金管理、账户管理可视化。三是税务计算申报自动化,发票认证自动化,验伪查重自动化。四是报表生成自动化。五是合同管理自动化,合同台账管理规范化,合同执行进度可视化,合同执行预警系统自动化。六是预算控制前置化、预算管控实时化、可视化和预算报表填制自动化。七是会计档案管理电子化、自动化。

3.明确智能化全流程核销系统建设的总体架构

一是引入智能助手,与企业业务信息系统紧密融合,集合智能技术,建立智能管控服务系统,包括财务核销平台、预算管理平台、税务管理平台、资金管理平台、合同管理平台。细化流程节点,打通全流程智能管控系统(见图3)。

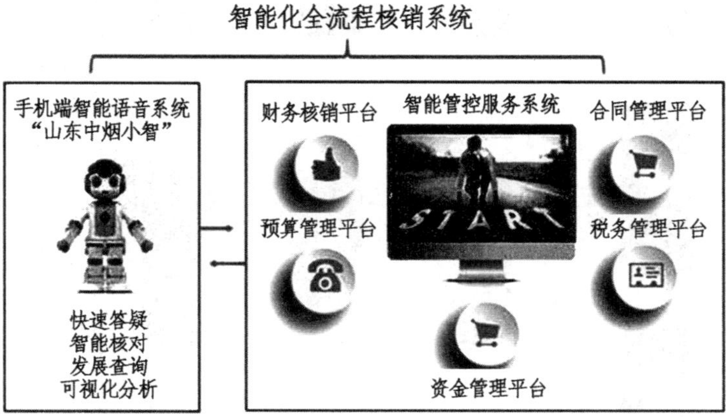

图3　智能化全流程核销系统架构图

二是基于智能管控服务系统构建基础上，与外部信息系统包括紧密融合，实现互联互通，建立功能矩阵。通过智能审批系统，实现业财连接、财务控制、发票管理、会计核算、资金管理、税务管理、往来账款及合同管理等模块、ERP 系统、金税系统、资金监管平台、采购管理系统等有机融合，实现记账凭证自动化，通过各系统之间对财务数据进行匹配和预警，实现业财数据的一致性和合规性(见图 4)。

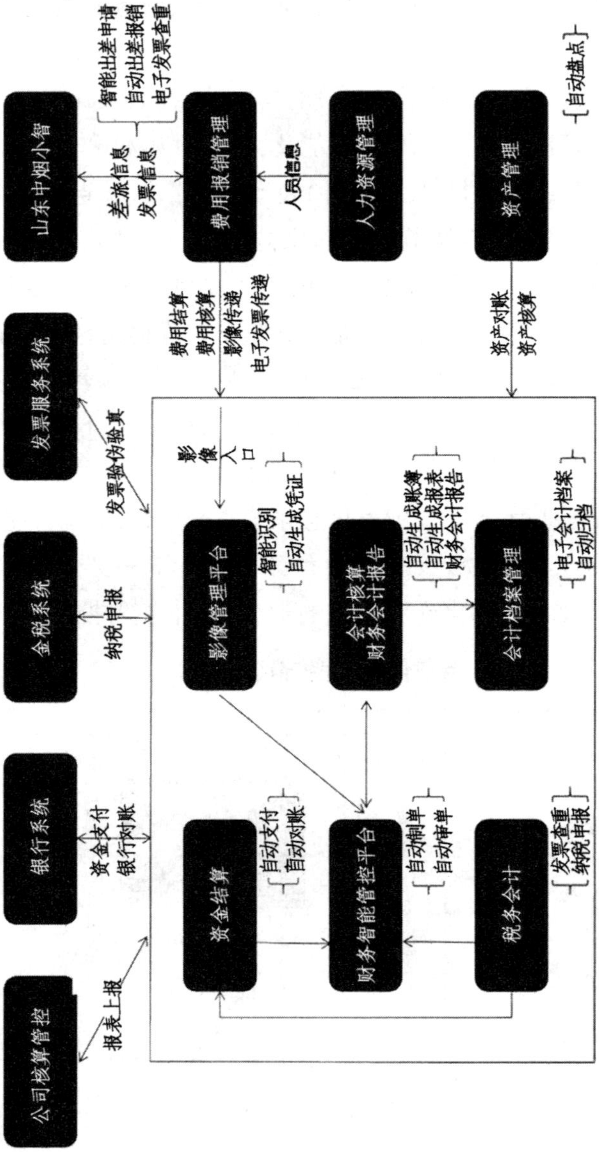

图4 智能化全流程核销系统功能图

基于费用报销管理基础上，智能识别自动生成凭证建立影像管理平台。基于影像管理平台实现资金结算的自动支付、自动对账，财务智能管控平台自动制单、自动审单；会计核算财务会计报告自动生成账簿、自动生成报表、模块化形成财务会计报告，税务会计进行发票查重和纳税申报。同时与企业外部系统勾连，实现向公司核算管控的报表上报、向银行系统的资金支付和银行对账、向金税系统的纳税申报、向发票服务系统的验伪验真。

三是构建财务档案形成的功能结构（见图5）。

4.打造数智化财务管控体系全流程管理架构

财务智能化急需推动财务管理转型，改变过去的传统工作模式，有效避免过去不合理的管理方式和制度。通过职能转型，提高财务管理体系的预测能力、动态决策能力和风险管控能力。济南卷烟厂基于财务智能化基础上建立了财务转型的目标流程图，在不同的业务模块明确管理职能，信息系统对业务人员、报账人员、审批人员、稽核人员进行评价，推动运营管理人员主动改变管理理念。通过对财务风险的评价管控，推动业务管理和运营管理主动应对风险，真正推动财务会计向管理会计转型（见图6）。

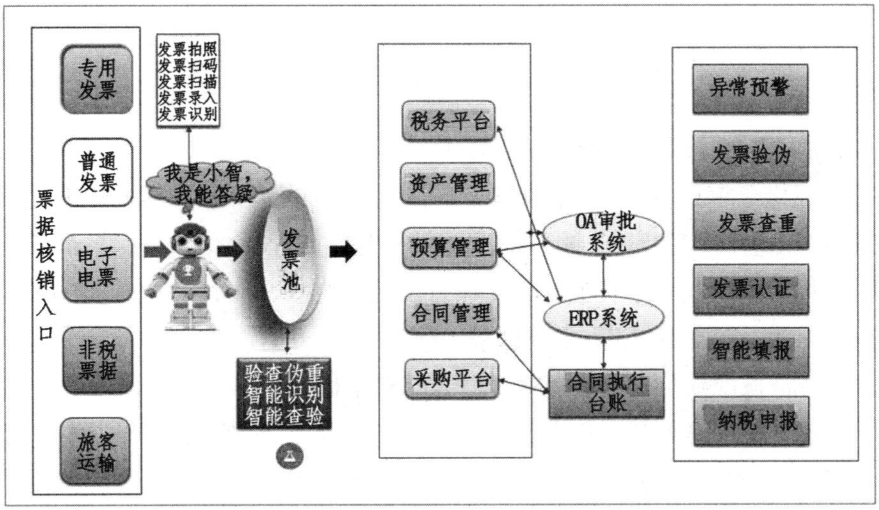

图5　智能化全流程核销档案功能图

（三）建立智能交互式平台，实现智能服务（见图6）

济南卷烟厂引入手机端智能语音系统“山东中烟小智”，实现方便快速答疑、智能核对、发票查询等交互式智能服务。

1.通过人机交互,实现智能答疑

结合《中华人民共和国增值税暂行条例》《票据管理实施办法》《企业所得税税前扣除凭证管理办法》《财务开支管理规定》《差旅费管理办法》等各项规定梳理业务流程节点,依照业务开支所需依据、单据流程管理、电子发票核销、各项预算等要求,引入手机端智能语音识别系统“山东中烟小智”,通过人机交互,实现智能答疑。

2.实现智能核对、发票验伪查重

通过扫描、拍照或手工录入发票号码进行自动智能识别,并将识别信息自动生成发票信息,实现智能核对、发票验伪查重。使业务开展初期流程化、标准化、可视化。

3.实现人机交互与智能核销系统无缝衔接

通过系统之间关联,做“山东中烟小智”与智能审批系统的接口,使票据信息等相关数据自动上传到智能审批系统中,为智能核销、单据验伪查重做好准备。同时自动上传金税系统票据号码等数据,使所有核销票据进入山东中烟系统发票池。

(四)建立财务核销平台,实现智能稽核和自动凭证

1.建立财务核销标准化

通过电子审批系统,使业务发生具体化、标准化,以条目形式标准化财务开支,杜绝不合理费用支出。标准化付款业务流程,避免重复付款和手工稽核风险。标准化业务类型与收支项目匹配,避免报销、付款业务中的人为错误。标准化科目填报,力求数据来源准确,减少人为干预。

2.将稽核规则与报销流程紧密融合形成智能稽核

在报销流程紧密融合财务标准化要素和稽核规则,实现智能化服务、智能稽核和自动凭证,通过差旅费基本流程的流程运转能够充分理解智能化核销的实现方式(见图7)。

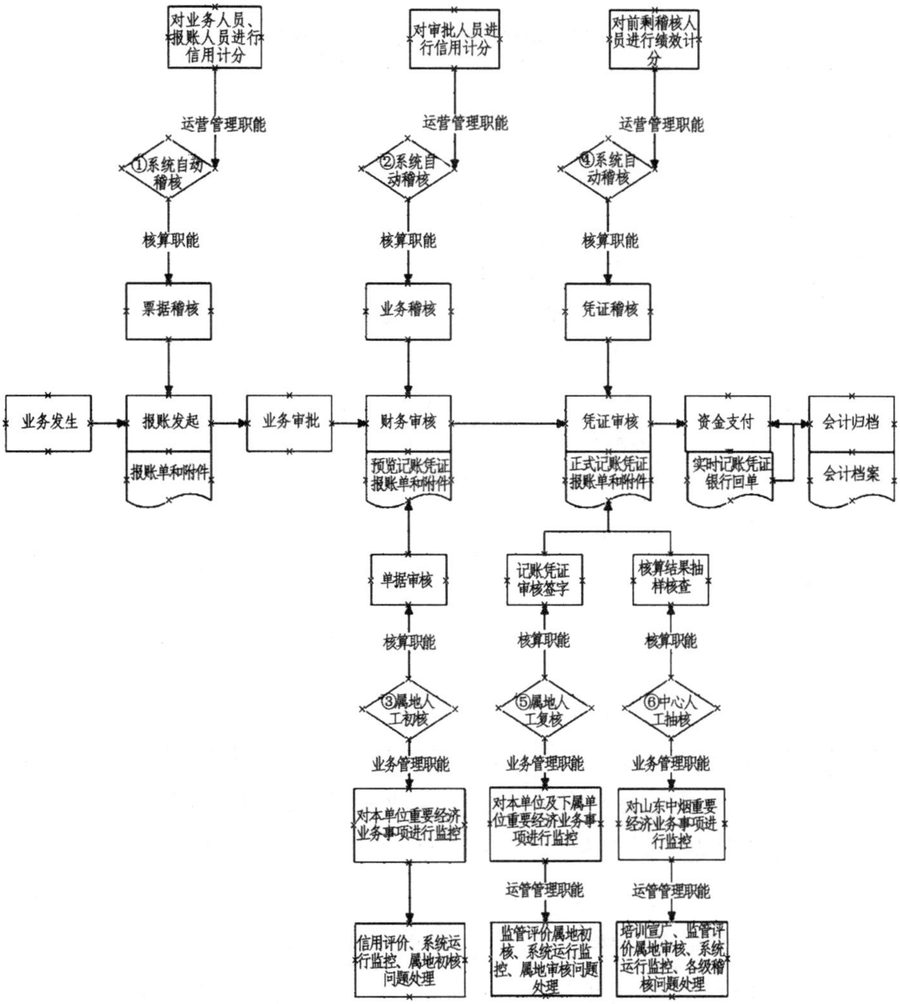

图 6　智能财务管理目标流程图

一是明确报销流程的稽核原则，明确具体稽核要点及智能稽核方式，如表 2 所示。

二是稽核原则落实到报销流程各个环节。

在出差审批环节，业务人员根据工作计划，填写出差审批单。同时结合职务级别、出点地点等因素，填写预计费用。结合出差城市，自动链接并显示补助、住宿等费用定额。

在费用核销环节。业务人员上传票据后，点击生成付款申请单，系统按照费用类型选择相应财务开支流程。结合费用定额规定，系统自动识别住

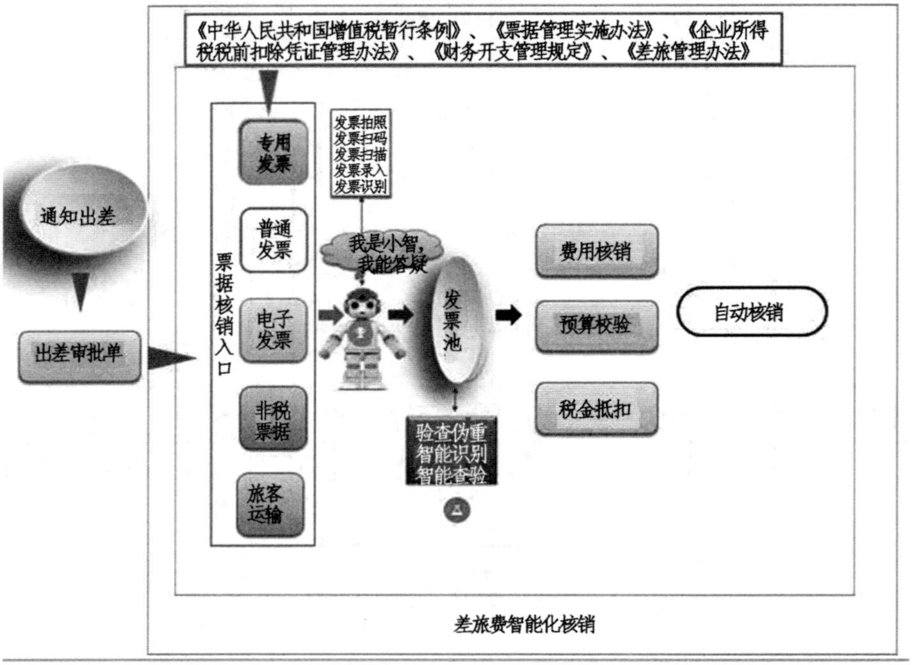

图7　差旅费智能化平台示意图

宿费等相关费用是否超标。如超标,则自动提示,超出《中华人民共和国增值税暂行条例》《票据管理实施办法》《企业所得税税前扣除凭证管理办法》《财务开支管理规定》《差旅费》管理办法中的相应条款,不予核销。市内交通费标准,识别车票城市、车票时间、车票号码等相关信息,自动计算应抵扣增值税进项税额。费用核销要点如差旅费示例中稽核要素。

在预算校验环节,费用预算校验业务人员完成相关票据资料上传后,系统结合预算管理模块系统中维护的预算数据,自动校验。如校验不通过,则显示“校验未通过”,且自动通知业务人员及部门预算员。现金预算校验按照申请部门资金预算,系统自动校验。如校验不通过,则显示“校验未通过”,且自动通知业务人员部门预算员。

票据核销环节,财务人员点击“票据导入”,将已经传递至智能核销系统中票据导入,同时将已经申请的出差审批表,导入费用核销模块。

票据审核环节,首先系统判断出差人员是否有前期员工借款。如有员工借款,则首先应按照员工借款还款等相关流程核销。如无借款等事宜,按照智能核销系统中同步上传的票据,根据相关制度及审核要点,系统自动将相关数据生成报销审批单。增加上传相关原始凭证等功能,审核完成后,并传递至下一关口。

表 2　差旅费的稽核规则

稽核原则	序号	稽核要点	智能稽核方式	应用效果
真实性	1	发票金额与审批是否一致、报销事由是否规范	智能稽核	智能稽核由系统按审核要点逐一自动稽核,人工稽核为财务费用核销岗位人员稽核,稽核后,点击审核,一键生成凭证,自动上传资金监管平台
合法性	2	发票要素是否齐全,是否符合《增值税管理办法》和《中华人民共和国发票管理办法》要求	智能稽核	
	3	发票的抬头与税号是否正确	智能稽核	
	4	进项税是否在认证期间内	智能稽核	
	5	差旅费可否作为进项税抵扣	智能(人工)稽核	
合规性	6	是否有出差审批单	智能稽核	
	7	发票粘贴是否符合规范	人工稽核	
	8	纸质发票与系统发票是否一致	人工稽核	
	9	发票金额和报销金额是否一致	智能稽核	
	10	是否符合差旅费住宿标准	智能稽核	
	11	是否在规定时间内报销	智能稽核	
	12	是否在本部门差旅费预算内	智能稽核、费用预算校验、年度预算校验	
	13	是否有现金支出预算	智能稽核、现金预算校验	
	14	相关费用是否超标准	智能稽核	
	15	行程轨迹是否合规	人工稽核	
合理性	16	发票城市是否在出差地域范围	智能稽核	
	17	发票时间是否在出差期间	智能稽核	
	18	发票是否多张连号(出租车票)	智能稽核	
	19	费用科目选择是否正确	智能稽核	
	20	资金支出类别选择是否正确	智能稽核	

纳税人购进国内旅客运输服务,其进项税额允许从销项税额中抵扣。智能化核销计算逻辑设置如下:取得注明旅客身份信息的航空运输电子客票行程单的航空旅客运输进项税额=(票价+燃油附加费)÷(1+9%)×9%;取得注明旅客

身份信息的铁路车票的铁路旅客运输进项税额=票面金额÷(1+9%)×9%;注明旅客身份信息的公路、水路等其他客票的公路、水路等其他旅客运输进项税额=票面金额÷(1+3%)×3%。

资金支付。实时抓取资金计划数据到财务智能核销系统,进行资金计划校验,校验通过后,出纳付款环节进行资金信息流检查,开展资金支付。

生成凭证。按照系统维护的凭证模板、现金流项目等业务规则,模拟生成会计凭证,传递至ERP系统,需财务人员复核后,点击已审核。凭证自动生成后,后台链接至税务管理模块,完成进项税抵扣认证工作。凭证处理包括凭证生成、凭证暂存、凭证修改、凭证审核、凭证过账及凭证查询等功能。

3.业务合同模块和核销模块紧密勾连形成智能稽核

济南卷烟厂针对经济合同业务,将合同管理模块与核销模块紧密融合,相互关联并建立稽核规则。通过维修费基本流程的流程运转能够充分理解合同智能化稽核的实现方式。

一是建立维修费合同稽核原则,明确具体稽核要点及智能稽核方式,如表3所示。

二是合同稽核原则融入报销核销流程各环节。

维修费基本流程中的费用核销、报销申请、预算校验等与差旅费基本流程相似。维修费核销中加入合同系统因素。与合同管理关联,链接采购管理系统,即在经办人提交维修费核销单据时,识别关键字段,自动匹配合同签订金额、合同累计付款金额,合同执行中已结算金额、发票开具金额。超出合同或计价金额时,应预警无法填制信息;建立合同执行台账,明细合同执行节点,通过与财务核销系统实时链接,能自动生成合同统计台账、合同执行情况报表。在付款环节中,付款类型付款申请单;发票合计金额超出合同条款金额,不能提交审批;本次付款金额大于发票累计金额,不能提交审批;付款金额与合同结算金额不等,不能提交审批。

4.自动生成记账凭证

由系统自动智能化稽核和人工稽核后,提取关键因素,在ERP中自动生成记账凭证的所有内容。(1)记账凭证涉及内容包括:①报销事由,按照会计基础规范的要求填制,作为记账凭证的文本事项。②核算附件:一是外部接收或合同附件,如验收报告,通过拍照、扫描等形式进行线上传递、存储,线下进行纸质传递;合同通过系统进行线上关联传递。二是纸质发票或电子票据。同时识别为数据进行传递、存储,线下进行纸质传递。如接受增值税电子普通发票或财政票据，通过小智或扫描以电子审批单据号进入财务管理电子档案存储池，直接以原始文件进行传递。三是企业内部自制凭证，如收货单、费用分割单。(2)稽核规则，稽核原则为业务真实性、合法性、合规性、合理性。(3)稽核要点，则按《中华人民共和国增值税暂行条例》《票据管理实施办法》《企业所得税税前扣除凭证管理办法》《财务开支管理规定》《差旅费管理办法》等要求。

表 3　维修费合同稽核原则

稽核原则	序号	稽核要点	智能稽核方式	应用效果
真实性	1	是否按照合同要求结算、付款	人工稽核	智能稽核由系统按审核要点逐一自动稽核，人工稽核为财务费用核销岗位人员稽核，稽核后，点击审核，一键生成凭证，根据业务挂账和付款不同，提取关键要素后，在ERP中自动生成凭证。付款业务自动上传资金监管平台
	2	是否存在合同预警提示	智能稽核	
	3	发票金额、付款记录与审批是否一致	智能稽核	
合法性	4	发票要素是否齐全，是否符合《增值税管理办法》和《中华人民共和国发票管理办法》要求	智能稽核	
	5	是否按照合同约定交纳履约保证金等	智能稽核	
	6	是否按照合同约定进行结算，结算金额是否在合同范围内	人工稽核	
	7	发票的抬头与税号是否正确	智能稽核	
	8	进项税是否在认证期间内	智能稽核	
	9	维修费可否作为进项税抵扣	人工稽核	
	10	是否存在合同质保金预期情况	智能稽核	
合规性	11	是否涉及合同结算、付款信息关键页	人工稽核	
	12	发票粘贴是否符合规范	人工稽核	
	13	纸质发票与系统发票是否一致	人工稽核	
	14	发票金额和核销金额是否一致	智能稽核	
	15	是否符合维修费标准	智能稽核	
	16	是否在规定时间内报销	智能稽核	
	17	是否在本部门维修费预算内	智能稽核、费用预算校验、年度预算校验	
	18	是否有现金支出预算	智能稽核、现金预算校验	
	19	是否取得增值税专用发票	智能稽核	
	20	报销事由是否按规定填制	人工稽核	
合理性	21	是否附有合同约定的结算条款相关要求附件	智能稽核	
	22	费用科目选择是否正确	智能稽核	
	23	现金类型选择是否正确	智能稽核	

（五）建立预算管理平台，构建全面预算管理的智能支撑

全面预算管理子系统，针对预算管理流程，从预算编制、预算审核、预算控制、预算调整、预算分析及评价等五方面解决全面预算管理中的实际问题。在ERP系统中实现独立的自有预算系统功能，可单独编制与控制，支持预算系统数据导入功能，实现费用、现金预算的自动控制。同时，与资金监管平台、合同采购系统的费用预算校验、现金校验、合同校验相连接，实现ERP系统和OA审批系统无缝连接，业务部门及财务人员随时掌握预算发生的实时性。

（六）建立税务管理平台，构建税务筹划预警的智能支撑

税务管理平台与电子发票管理系统深度融合，金税系统连接，建立山东中烟发票池，实现电子发票的自动验伪查重。严格进项发票查重、验真与发票认证，自动开票，实现发票的全生命周期管理；与合同采购系统连接实现自动归集印花税；与劳资HR模块连接自动归集核对个税。为纳税申报、税务分析、税收筹划，风险预警等提供数据支持。

（七）建立资金管理平台，实现资金的智能化管控

资金管理平台与资金监管系统、ERP系统等连接，实现银企直连资金收付管理，在ERP系统中实时提取数据，在资金监管平台实时提取银行流水，实现银行实时自动对账，自动生成银行余额调节表。提升资金管控水平和使用效率。优化资金集中管理方案，强化大额资金的申请和审批，完善资金预算控制体系，提高资金归集度和归集效率。建立资金预算控制、资金集中支付、资金业务集成、资金资源统筹的管控体系。

一是提高财务人员的付款、收款、对账的效率和准确性，减少人为干预带来的资金管理风险。

二是多维资金计划模型，按周、月、季、年等不同维度编制计划，按照计划对资金调拨和资金使用进行计划控制，控制的方式按重点费用、日常费用、其他费用等，具备多样性，例如：严格控制、提示性控制、不需控制。对计划执行的结果实时进行数字化分析和考核。

三是通过财务管控平台，形成中短期资金预测和计划，智能化预算管控流程，资金平衡后，提示发起资金结算。

四是付款结算与财务开支发起无缝衔接，资金业务集成共享协作，实行全流

程、系统化管控。

五是形成资金资源的有效归集,上划下拨,内部调拨业务协同与资金共享。

六是加强与投资项目管理、工程和资产管理等的集成应用,统筹资金资源、资金计划、资金调度和流动性管理,保障资金的安全和合理性。

(八)建立合同管理平台,实现风险的智能化管控

结合采购管理系统,增加合同台账模块管理。对合同执行数据进行处理分析,集成供应商的数字档案,建立合同与供应商的关联数据链,统一归集结算发票、合同付款及合同内容执行情况,实现逐一实时提取合同执行进度情况,为合同及业务风险预警(是否拖欠民营企业款项、质保金到期提醒等)提供数据支持。同时与 ERP 进行接口设置,集成全部合同供应商数据,形成供应商往来账款账龄分析表。建立一个完整的收付机制,对合同进行一个定时提醒,并定期自动推送到相关负责人的邮箱,告知合同收付款到期明细。收到客户回款,并及时与销售发票进行智能核销,更新应收账款及应收账龄分析。支付的款项也需要及时与采购发票进行核销,更新应付款及应付账龄分析。

三、卷烟企业智能化全流程核销系统设计应用的效果

(一)智能化全流程核销系统达到标准化、集中化、自动化、电子流程化、一体化

1.业务流程标准化

通过对业务流程的有效整合和梳理,使各个项目的核算标准和流程规范统一,根据会计核算的专业化分工,实现了标准化流程处理。

2.资金收付集中化

资金管理通过全流程核销系统实现了统一收付。资金实现了统一集中化。银行对账及信息采集实现了实时化。

3.凭证生成自动化

将业务凭证生成规则定义到系统中,实现了业务自动化生成凭证,提高了工作效率,减少了人为操纵会计核算的因素,达到标准化核销,提高了会计信息质量。

4.自制票据、电子票据认证电子流程化

根据《财务开支管理规定》《差旅费管理办法》等要求,统一规范了自制票据

格式，并将其定义到系统中，实现了自制票据电子化管理。统一规范了电子发票内容，将其定义到系统中，实现了电子发票实时认证、验伪查重，同时实现了外来票据影像化、电子化、可存储化。

5.系统集成一体化

实现了各业务模块系统集成、无缝衔接，实现了业务前端风险控制、服务发起、系统集成一体化目标，搭建了财务信息平台。

（二）智能化全流程核销系统提高了管理效能

1.提高了业务部门满意度

智能化全流程核销系统借助移动端自动操作方式，财务开支不受时间和地点限制，操作简单快捷，通过人工智能技术应用和优化流程，缩短了报销和咨询业务周期，提高了业务部门满意度。

2.强化了管控能力

通过企业费用的全流程控制，规范了企业开支行为，保障了财务开支管理等各项规定的执行，逐条修改了企业《财务开支管理规定》。增强了企业集中管控能力，做到了风险管控有抓手、领导审批有依据、业务真实可验证。

3.数据智能化实现全流程处理

智能管控打通了税务平台、资金平台、财务系统，可实现一站使用申请、审批、报销、自动生成凭证等全流程服务，实现了财务开支实时全自动处理，提高了重点费用、日常费用、其他费用等智能化、自动化程度，提升了业务财务一体化程度和工作效率。

4.实现实时化、可视化咨询

通过“山东中烟小智”实现了多维度精细化的费用、预算执行图表及费用审批流程展示，对重点费用、日常费用、其他费用可进行快速处理和可视化分析，提供直观、即时、准确的咨询与解答。

5.实现事前控制

通过系统对财务开支进行事前控制，从源头规范了业务部门财务开支行为，将管控职能前移，变事后审批为事前控制。

6.省时省力，提高了效率

通过全流程自动核销系统，根据审批直接自动生成会计凭证。实现了财务系统、合同管理系统、资金管理系统等自动匹配核对，减少了财务和业务部门的繁重工作，省时省力，提高了效率。资金周转率提高，智能化清理往来账款43

笔,涉及金额1386万元。同时,降低了财务管控风险,供应商满意度提高,企业诉讼风险费减少了5万元。

成果创造人员:李 华 刘荣华 陈 阳 姜若晨 张 悦 马 萌

基于"E 键审"平台的投资项目全流程管控体系

国网山东省电力公司济南供电公司

摘要:国网济南供电公司通过整合现有信息化资源,基于全业务数据中心,以数据库、人工智能、机器算法等现代技术手段为运行基础,构建包括工程日常监督、工程现场审计、整改成果管理、工程审计档案管理的投资工程审计全过程标准化流程体系,高效地搭建电网工程审计模型,实现投资工程的"全过程、全方位、全覆盖"的审计监督。"E 键审"投资工程全流程审计管控体系以工程各阶段风险程度为导向,采取健全内控机制、优化业务流程、重点工作督导等措施,多层次、立体化防控风险;以工程全过程风险管控为主线,实现县域覆盖、项目覆盖、过程覆盖、范围覆盖,全过程、全方位管控风险;以市县电网企业一体化管理为依托,统一选聘外部中介机构,审计成果资源共享,高效率、一体化地治理风险;以工程审计项目为核心,自上而下固化审计工作标准,自下而上反馈审计实施数据,高标准、规范化地管理风险;以市县电网企业协同整改为基础,通过明确主体责任、监督责任和考核责任,形成协同管控机制,优化整改跟踪机制,推广审计成果,健全协同防范机制。建设"E 键审"平台的投资工程全流程审计管控体系,将信息技术手段和数据分析方法融入投资工程审计管理之中,逐步实现对配电网工程、农网工程、小型基建工程、营销类工程等各类投资工程的全过程数字化审计,进一步优化投资工程审计手段。

国网济南供电公司是国家电网大型重点供电企业之一,担负着全市 11 个区、县的供电任务,服务客户 269.64 万户。公司现有 15 个职能部室,16 个业务机构,6 个县公司,共有 86 个营业窗口,61 个供电所。公司现有全民员工 4035 人。济南电网是山东电网的重要枢纽骨干电网,有 1000 千伏泉城站、500 千伏济南变、长清变、闻韶变、蟠龙变、天衔变,以及黄台电厂、章丘电厂和石横电厂共

9个电源点，构成了坚强的电源支撑。拥有35千伏及以上变电站354座，变电总容量3118.42万千伏安；35千伏及以上输电线路439条，总长度4474.37公里；10千伏配网线路2299条，总长度2.06万公里。2019年电网最高负荷655.3万千瓦，公司实现售电量269.75亿千瓦时，同比增长4.65%。近年来，公司先后荣获全国文明单位、全国电力行业优秀企业等称号。

一、电网企业基于"E键审"平台的投资工程全流程审计管理的实施背景

（一）适应外部审计环境的发展需求

随着我国经济发展进入新常态，电网企业投资工程建设由以往重规模、重速度、粗放型的发展模式转向重质量、重效益、精细化的发展模式，要适应供给侧结构性改革的要求，就要淘汰落后产能，大力实施"三去一降一补"，降低杠杆率，最大限度降本增效。投资工程项目投资巨大，建设期和回收期长，投资规模对未来回报率、内含收益率等效益指标影响较大，同时也是内外部监督检查的重点内容。更好实施建设项目全过程跟踪审计，促进投资成本降低和工程管理水平不断加强，是新时期对企业内审部门提出的新的课题。审计是党和国家监督体系的重要组成部分。习近平在2020年"表彰全国审计机关先进集体和先进工作者"会议上提出："审计机关要在党中央统一领导下，适应新时代新要求，紧紧围绕党和国家工作大局，全面履行职责，坚持依法审计，完善体制机制，为推进国家治理体系和治理能力现代化作出更大贡献。"审计署《2020年度内部审计工作指导意见》指出，要建立健全工作机制，提升指导监督实效，提升内部审计规范化法制化水平。因此，电力企业需要转变审计思维模式，坚持投资工程审计以数据为核心，树立数据先行的思想，利用大数据技术全面分析外部环境发展变化，科学地制定宏观政策，促进业审融合，为投资工程审计进一步适应外部审计环境日益加快的发展步伐，持续提升企业管理水平提供强力保障。

（二）推动依法治企建设的有力护盾

近年来，随着电网公司业务规模的日益扩大，公司投资工程建设管理中存在的薄弱环节、风险点和发热点也逐步显现，对企业依法治企进程的推进提出了一定的挑战。2020年，国家提出加快新型基础设施建设进度的工作部署，国网公

司明确提出要加快电网新基建工程进度，也对工程审计提出了新的要求。2016年国资委进一步要求持续改革审计方法，全面推动工程审计全过程管控，科学高效地开展工程审计。国网公司“两会”对审计工作进行了部署：“完善管理体系，坚持科技强审，推进审计转型，加强审计监督，突出审计重点，强化问题整改，提升审计质量。”建设投资工程全流程审计管控体系，有助于继续深化依法治企工作，进一步加强对重点风险领域审计监督力度，注重成果运用，全面分析公司投资工程建设管理异动，及时发现工程建设流程短板，为企业制定持续改进措施提供决策依据。

（三）拓展工程审计监督的强力保障

随着电网企业信息技术应用的日益加深，企业的组织管理机制也不断进行改革，审计监督的内外部环境、技术手段和重点等也将发生深刻的改变，投资工程审计原有的技术手段也会受到较大的影响。另外，为满足市县一体化统一管控的工作要求，国家电网公司进一步对审计职能进行集约，县供电公司审计职能向上集中至市供电公司统一管理。但从运转情况看，还存在审计监督机制需进一步优化、审计大数据技术没有充分应用、持续动态监督不到位等问题。为此，应依托信息系统整合和审计资源集约优势，打造投资工程全流程审计管控体系，加大投资工程审计实时管控力度，强化投资工程关键环节审计监督，加强市县审计一体化建设，确保审计集约工作有效开展，促进审计监督效能提升。

二、电网企业基于“E键审”平台的投资工程全流程审计管理的做法

（一）打造“全景化”多维立体组织体系

国网济南供电公司投资工程审计以企业为整体，将组织各类资源及活动进行整合分析，融入投资工程风险防控各个流程之中，进一步强化问题风险导向，建立市县数据一体化审计机制（见图1）。

具体来说，首先是实施横向联动，发挥各专业管理职能，充分融合跨专业管理需求，突破专业部门传统意识和数据壁垒，促使业务系统数据与审计专业数据相结合，建设投资工程审计业务库，充分应用数据技术，部署数据溯源监控工具，真正发挥数字化审计对投资工程中各个专业风险点的预警作用。

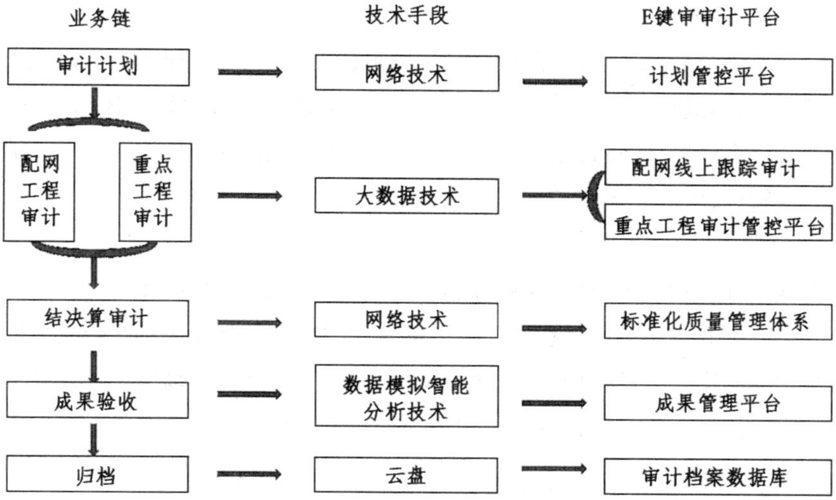

图1　投资工程全流程审计管理体系

其次是实施纵向联动，统一对企业市县公司及集体企业工程业务数据及审计数据进行集中采集、集中处理，同时对市县公司的投资审计计划、日常审计、项目管理、整改成果管理等工作进行集中管控，统一部署。选择基层单位作为试点，开展研究成果应用，先行先试，逐步推广。进一步打造“纵向至底，横向到边”的多业态全景化。

通过建设“全景化”的多业态组织机构模式，济南供电公司形成了投资工程审计市县管理“一盘棋”局面，持续推进业审数字化有机融合，实现各业务系统间的端口对接、业务数据的一体融合、项目资料的实时共享，不断提高全系统信息共享和高端应用水平，形成职责明确、上下贯通、协同联动的一体化内控审计管控机制，保障企业持续健康发展。

（二）统筹“一体化”工程审计计划管理

缺乏计划性的审计就如同“没有地图的旅行”。济南供电公司制定投资审计计划，围绕“决策重点、管理难点、社会焦点”整合投资工程审计资源，线上对全市域的各类型投资工程审计项目开展统筹计划管理。

1.突出计划引领作用

计划制定坚持问题导向，投资工程审计项目设置要始终围绕着国家重点、民生热点、企业管理风险点，对审计内容、覆盖对象进行统一规划，同时满足三年内部审计业务全部覆盖的工作要求，有明确重点地提出审计工作计划。

2.完善计划管控机制

梳理工作流程,明确各阶段各层级单位审计工作重点,梳理制定审计工作计划管理制度,形成从审计计划提出、编制、调整、分析的全过程管理体系,同时统筹协调各种审计方式,将常态化审计、非现场审计、现场审计、日常管理审计纳入审计综合管控计划,完善管控机制。

3.强化计划刚性执行

加强审计计划线上跟踪,明确计划的量、质、期要求,并编制计划执行指导意见,确定项目制下的审计力量,增加二级审核制度,在计划编制与调整时,需要由二级领导共同审核确认,制定计划执行考核评价制度,确保各级单位审计计划全面实现刚性控制。内控审计计划管理模块如图2所示。

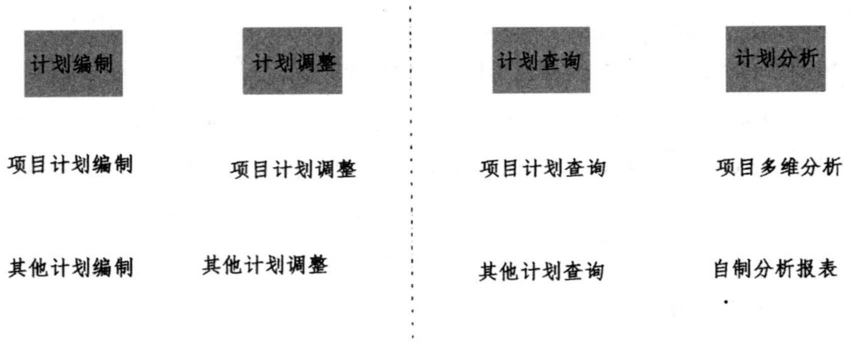

图2 内控审计计划管理模块

(三)开展“常态化”配网审计线上跟踪

配电网工程是国网济南供电公司投资项目的重点构成,占全部投资项目的60%左右。由于配电网工程所占比重大、增量多、地点分散,对人员力量相对薄弱的内部审计提出了很大的工作挑战。开展“配网审计”的全过程跟踪,是以配电网工程业务流程为主线,由数字化手段为主导,探索“全样本、全覆盖、数字化”的工程审计方式,对公司配电网项目开展全流程数字化追踪审计。

1.打通关联审计系统

依托公司全业务统一数据中心,及时、完整、准确地获取数字化内控审计需要的全业务数据,实现审计作业及管理系统间贯通交互,用户在审计综合管理系统中可以直接应用作业系统的模型规则,实现跨专业系统查询分析,通过数据交互,审计过程可以实时采集营销、财务、工程相关业务系统的业务数据进行疑点分析,打通数据壁垒,从而保证投资工程审计业务系统间数据分析,以及实时持续监督工作需要。

同时,应用 Hadoop 大数据框架、大数据采集技术、机器计算、数据挖掘用户画像、自然语言处理等技术,支撑审计模型和技术手段的拓展,实现配网审计线上跟踪工作全面覆盖。

2.统一工程持续审计流程

一是梳理业务流程及数据流。以配电网工程建设过程为主脉,整理出配网工程各关键节点所涉及系统功能点及数据类型,并构建配电网工程审计数据分析表。

二是归集整理审计业务规则。基于审计问题的发现和风险的警示,将配电网工程各流程间业务关系、数据结构、内部审计人员的审计经验、审计人员合理的预测等方面相结合,整理审计规则,通过经营分析及风险分析明确审计重点。

三是获取数据并建立中间表。运用分析财务管控系统、生产管理系统、ERP系统等业务系统及审计作业分析系统,收集包括工程预算、会计核算、物资材料信息、项目全过程系统数据,设计分析模型进行深度分析。根据业务系统数据流,利用项目定义、资产编码、设备编码、台区编号等关键字段开展数据汇总工作,整理设计成中间表。

四是根据规则开展审计建模。基于上述数据中间表,建立不同数据集的交集,挖掘系统、模块功能点应用及数据在不同系统之间的交互,开展不同审计需要的关联数据分析。

五是初步筛查疑点项目数据。根据建模分析结果,分析疑点数据结果,逐步精准定位疑点,确定下一步现场工作重点。

六是重点疑点数据现场核查。通过审计现场核查,除验证了上述部分疑问项目外,在此基础上结合现场核查和数据分析,还可能进一步引申出其他问题。

3.建立业审预警机制

以工程建设里程碑计划为标尺,全面跟踪电网工程项目重要节点,将质量、风险、进度、资金等的审查和评价贯穿工程建设管理各环节,优化业审联动流程,基于审计平台共享数据资源,对项目建设过程中审计发现的问题以及历年类似项目事后审计发现问题及时向专业管理部门预警,并定期召开建设管理协调会,及时"消缺",协同改进、实现跟踪项目"全过程审计,全流程整改",全面提升工程建设管理水平,共同提高防范和化解风险的能力。

（四）搭建“标准化”重点工程管控平台

重点投资项目由于其投资大、流程复杂、验收标准高，因此为保障内部控制程序的有效性，工程审计需要对其从立项开始的全过程进行重点关注。基于重点投资项目的敏感性、重要性及特殊性，审计人员需要深入现场，实时进行现场审计跟踪。因此，重点工程审计的信息化平台建设需便于现场审计人员应用，确保审计的时效性。

围绕着以“与现场审计人员为一体”的目标，国网济南供电公司自主开发工程项目审计全过程管理“E 键审”App，同时部署内网管控平台。通过手机 App“E 键审”终端，及时掌控全过程跟踪审计到位情况、项目日志、通知、管控、周报、审计结果、工程问题处理、签证时效性、工程款支付进度合理性。

审计人员进驻施工地点，对项目建设工作开展现场审计，利用“E 键审”App 终端，加强项目全过程管控，严格控制工程造价、建筑规模和标准。

在 App 立项后，通过项目信息可以掌握项目编码、开工时间、具体地址、现场内审实施单位及派遣人员。利用 App 中“通知”功能可以对审计现场人员提出具体的工作要求。

审计现场人员填报的项目进度可以帮助相关人员实时掌握工程进度，并对隐蔽工程等需关注风险点进行重点管理，提升审计质量。

制定现场审计周汇报制度。根据审计现场人员填报的审计周报可以了解上周完成情况、本周的实施情况、本周审计进展情况、本周现场发现问题、下周工作计划、隐蔽工程完成情况。

“E 键审”App 充分应用大数据存储、采集、转换、挖掘技术，对数据进行统一规划，提升数据源的质量，确保底层数据的完整性和准确性。拓展数字审计类型，从单一应用结构化数据扩展至文本、图像、网页、音频、视频等数据，拓展数据来源，实现了内部数据和外部数据融合应用。通过应用大数据、云计算、移动终端微应用等多种最前沿的技术，创新了审计方法手段，大力推进了数字化工程审计模式。

通过建设项目审计全过程管理“E 键审”App，做到现场施工与审计同步，充分利用数字化手段内外网数据传输，可实现远程可视化监督模式。规范审计日志和报告格式内容，可将跟踪审计内容、审计到位情况、遇到重大隐蔽工程签证复核等日常工作做细、做实，将问题消灭在萌芽状态，提高审计人员审计效率，实时进行现场审计管控，规范作业标准，达到工程内控审计项目按标准、按流程、按计划完成的审计目标。

（五）建设“规范化”中介机构管控体系

随着社会经济的发展，济南供电公司工程项目体量日趋增大，以公司内部审计人员力量难以全面覆盖对全部投资工程项目的审计跟踪。因此借助外部中介审计人员力量，成了电力行业内审工作的必然选择。工程竣工后的审计工作是中介机构的审计重点，中介机构人员要从整个项目的实际情况入手，对工程的预算执行情况、资金来源及盈余情况等开展审计，但这需要中介机构审计人员具备较高的专业综合素质，推动中介机构审计的规范化发展，有利于提升电网企业工程投资审计的质效，促进电网工程安全、有序建设。

1.制定明确的外委审计流程及质量考核意见

根据电网基建工程、小区配套工程、维修技改工程、营销类工程等不同工程类型和工程结算审计、工程决算审计、工程签证审计、工程全过程跟踪审计等不同业务性质，从多个维度制定工程内控审计流程，明确内控风险，设立汇报机制，实现外委项目规范化管理。工程项目审计工作结束后，以内审部门为主，同时结合业务处室及施工企业组成评价小组，采用百分制对各个中介机构工作质量开展综合考核评价，进一步加强约束中介机构，保证工程审计工作质量，实现委托审计业务的工作目标。通过持续加强电网企业委托社会中介机构实施审计工作监管力度，进一步提高委托审计工作效能，保障审计质量，防范审计风险。

2.建设中介机构标准化质量管理体系

在中介机构的管理上，公司实施“四规范”标准化质量管理体系，规范中介机构准入程序，规范审计工作方案和工作流程，规范结果质量考核，分别从源头把关、工作质量、流程规范、工作考核四个方面进行管理，强化对中介机构的动态管理，充分发挥专业优势，保证审计业务的质量。

（六）构建“有序化”审计成果验收机制

国网济南供电公司通过借用数据模拟和智能分析等信息技术，打造投资工程审计成果管理平台，对内控审计项目及日常内控审计管理中发现的问题进行整改跟踪，实时动态地反映各被审计单位审计问题整改进度，切实发挥内控审计“免疫系统”作用，实现内控审计整改工作流程闭环。

1.建立审计整改验收销号平台

国网济南供电公司构建的审计和整改工具是改进后全功能闭环审计和管理工具，也是通过全闭环构建多维分析审计问题的信息管理平台，从对问题的审计和存储、问题的整改和分发、问题的整改处理过程的监控、问题的整改验收解决、注销等多个方面提高系统审计的能力，完善审计控制和管理机制，实现举一反三，防止出现重审计轻“整改”的现象，全面地支持公司的日常审计管理。

根据审计问题，公司明确整改单位，通过上级单位内审部门发起问题整改流程，并在系统中限定整改时间，经审计部对应负责人审批后，系统自动下发问题整改通知，被整改单位接收后，开始问题整改。被要求整改的单位负责人需按照企业整改的要求，提供整改单位相关的企业整改管理信息佐证和材料，确认其无误后在整改管理系统中立即完成整改确认。

按照有关部门下发的管理审计问题和整改的流程，平台对已启动的整改问题进行整改的流程实施跟踪管理，实时在线进行流程监控。对即将逾期的整改单位，自动向整改单位相关的责任人或有关部门发出整改或者逾期的预警和提示。上级整改单位负责人可以及时地了解这些问题的整改完成进程，下达催办整改的通知。对被整改单位提交的问题，经当地上级整改单位有关部门组织的监督抽查或其他各种形式的监督核查确认整改无误后，在整改管理系统中对该整改完成问题的标记修改为“销号”，整改即告完成。

对高发频发及具有共性的问题，审计部门提出针对性强、可操作性强的管理建议，督促相关专业经营管理部门和相关基层单位进一步建立经营管理长效机制，排除潜在风险，解决经营管理过程中的漏洞。

2.构造审计问题整改管理模型

国网济南供电公司建设的审计问题整改管理模型，以审计信息技术应用中心功能管理平台为核心和基础，通过对审计问题纠正管理平台的成功建设和广泛应用，构建对审计过程中问题的纠正管理模型，并在网上审计平台发布整改纠正的意见和建立审计标准纠正模板，加强对被整改单位长效机制建设的指导，以加快对现有的制度、方法和审计业务流程的建立和完善，健全审计决策、实施、监督和风险约束长效机制，从源头上防范和有效化解各种审计风险。同时，完善整改督导机制，制定审计问题整改标准，开展对整改结果的审查，督促和指导公司完善长效的管理机制。

3.创建重大工程项目后评审机制

为进一步落实审计监督全覆盖的工作要求，不断加大对重点领域、关键环节的审计监督力度，指导公司各单位发挥内部审计职能，构建重大工程投资项目后评审机制，遵照“宜简则简、避繁就简”“与业务部门求同存异”的工作原则，紧密结合输配电价改革及成本监审的深化实施、公司多维精益管理体系的建设完善等，公司依据新建模型，站在独立、客观、公正视角分析项目的有效资产构成，科学构建评审指标体系，采用完全收入、完全成本量化、相关效益统计分析项目效益，据实测算项目投入产出，合理预测投资项目经营期内各项效益指标，对试点项目的规划目标、建设实施、经营效益、社会责任和环境影响进行全面客观的系统分析与评价，实现了全电压等级、全效益类型后评审指标体系和测算模型全覆盖，真实反映了投资价值贡献，提出了针对性的管理建议。

同时，审计与业务部门求同存异，全面推动后评审成果深化应用，积极引导发展部门在开展项目后评价工作中充分借鉴后评审工作经验和测算思路，提升后评价工作的精确性和规范性。

在此基础上，公司可持续分析经济效益因素在项目立项阶段的影响权重和指标体系划分，以分类评审、专项评审为基础，研究合理权重系数，形成综合评审标准，实现对效益类、网架类、社会责任类等各类输变电项目投资、运行、管理的全面客观评价。

（七）实施“知识化”审计档案云盘存储

审计档案作为企业管理的重要信息，大部分需要永久保存。为了进一步加强企业审计人员对工程审计档案的保存和管理，提高审计人员对工程审计成果重用率，济南公司建立和实施了工程审计档案自动云盘备份的管理模式，该管理模式以审计档案文件夹标准、文件模板标准、权限制度标准和过程审批制度标准为主要管理基础，确保工程审计档案的工作质量和安全得到了控制。

1.构建审计档案自动生成模式

利用网盘本地盘映射、WebDav、FTP等技术实现简便的文件上传，将相关个人企业审计档案数据、审计业务项目公开文件、审计工作数据和流程文件等数据统一在一个数据存储平台上进行管理、存储。充分利用先进的技术手段，使工程常态审计、现场审计、审计档案整改等审计问题和结果自动转化形成明确的审计专业分类、统一的审计标准、便于审计人员查询和整理检索的数字审计档案，提高了档案查询和整理的质量和效率。建立和强化审计人员管理档案的标准，明确有关审计档案数据和附件的记录以及审计附件的管理和收集等审计标准，提高了审计人员管理档案的质量，保证审计档案的规范化、进度可控。

2.构建智能化的审计档案数据库

对审计制度、审计成果、文件模板、审计数据分析结果等信息进行了智能的分类和筛选，设计了智能查询和检索的工具，参考公司的审计档案管理文件和智能重用数据实现价值的最大化。同时,设计审计问题和结果智能分析报告表,通过分析审计的问题和结果发生的频率、风险的严重程度、专业分类、整改工作效率等方面,梳理公司审计管理发展过程中的缺陷和薄弱点,提供决策支持。

3. 加强审计档案数据安全防护

采取"一主两备"的审计档案存储策略,在保证日常审计档案使用主机储存的同时,设计两台备用存储装备,用于定时接收主机推送的档案数据进行及时备份。实现审计档案全生命管理,整合集成各类安全防护技术,实现从终端加密、传输防泄漏到数据销毁与恢复的一站式管理。遵循"人员绑定、强身份认证"的原则,加强账号防护,实现审计业务系统应用权限的动态更新。保障审计档案数据的安全性和保密性,将审计档案信息利用特殊的加密算法进行保密处理,提升对审计档案存储的安全保障。

三、电网企业基于"E 键审"平台的投资工程全流程审计管理的实施效果

济南供电公司通过实施基于"E 键审"平台的投资工程全流程审计管理,特别是配农网、黄河滩区、煤改电等工程,使审计监督覆盖了从工程招投标、合同签订、工程设计及变更、物资及招投标采购、隐蔽工程管理,直到工程款支付的全过程,工程审计由仅进行工程竣工结(决)算事后静态化审计,发展为现场动态化审计,企业管理水平进一步精益化,取得了良好的管理效益;进一步降低工程支出,取得了良好的经济效益;确保国家重大政策有效落地,取得了良好的社会效益。

(一)服务公司发展,科学建立工程审计全程监控机制

通过实施基于"E 键审"平台的投资工程全过程审计管理,实现了审计过程实时在线审计,审计现场情况、人员到位情况、进度情况、阶段性报告等实时在线反馈,在线审计率达到 100% 。强化了重点领域风险控制,前移审计关口,深化开展重点投资工程专项审计监督,开展电网基建、维修技改等各类项目结决算审计 1299 项,提出审计意见建议 261 条;查找工程建设过程中薄弱环节和风险隐患,强化重点环节审计监督;建立审计整改验收销号平台,对近年来内外部审计检查发现及以前年度尚未整改到位的工程类问题,开展整改专项跟踪督导,通过建立审计整改验收销号平台,对近年来内外部审计检查发现及以前年度尚未整

改到位的工程类问题，开展整改专项跟踪督导，整改完成率 100%；通过利用“问题整改台账”信息管理系统开展督导工作，规范完善审计项目档案资料，同时也促进各专业和部门从根本上消除工程建设管理、物资招投标等方面存在的管理漏洞和薄弱环节，为今后接受内外部监督检查奠定了坚实的基础。同时，不断提升审计工作管理成效。

（二）促进精准投资，全面发挥工程审计降本增效作用

国网济南供电公司通过“E 键审”平台，发挥协同优势，强化业审联合，以资金和建设程序为主线，紧扣项目开工、施工、竣工结算、决算等重点环节，全程在线跟踪审计，揭示问题、提示风险。2019 年，审定金额 245959.24 万元，核减工程支出 10033.43 万元；2020 年上半年，开展电网基建、大修技改等各类投资项目审计 242 项，审计工程结决算 49855.52 万元，核减工程支出 4320.46 万元。这就有效控制了工程成本，减少了支出。通过对电能替代工程实施全过程实时审计，2019 年替代电量完成 10.82 亿千瓦时，2020 年上半年完成电能替代电量 8.96 亿千瓦时，增加了公司售电收入。

（三）完善平台建设，持续保障国家重大政策落地实施

国网济南供电公司将数字化手段全面融入工程投资审计各个流程之中，高效搭建“E 键审”平台，创新性地提出了全业务标准作业、工程全流程审计、后评估审计成果应用机制等，通过工程投资审计流程再造，重点打造高效工程审计模式，为电网企业应用数字化技术开展投资工程审计起到了良好的示范推广作用。电网企业作为中央企业，承担了重点配农网、黄河滩区、煤改电、扶贫等国家重大政策部署落地工程，将审计资源向有助于提高安全、质量、服务、效益的国家重点战略工程倾斜，推进工程全过程线上审计监督，突出实时动态审计监督，2019 年开展全过程审计 491 项，强化贯彻执行党中央、国务院各项决策部署，优化营商环境，提高人民群众“获得电力”的便捷性，提升企业服务社会经济发展能力，助力区域社会经济总体发展。

成果创造人员：石 灿 王洪波 刘 晨 张同乔 姜 琰 张胜男 刘 晓

“三联动”业审融合审计体系构建与应用

山东中烟工业有限责任公司青州卷烟厂

摘要：青州卷烟厂以IIA“三线模型”为支撑，提出“三联动”业审融合理念，并在此基础上构建企业“三联动”业审融合审计管理体系，即：上下联动，建立审计成果与高层决策上传下达机制；左右联动，形成审计监督与党组织监督、纪委监督、财务监督、规范管理监督“五位一体”监督合力；业审联动，通过参与式审计、协同式整改、互动式成果运用、专项式服务，建立审计与业务的融合对接机制。旨在通过纵向、横向、多向全方位业审联动，事前、事中、事后全过程业审融合，激发协同效应，减少管理内耗，精益开展专项审计工作，助推业务部门提升规范意识与规范能力，提升审计监督与服务水平，实现审计提质增效。

青州卷烟厂始建于1948年，前身为华东野战军随军卷烟社，是一家具有光荣革命传统的军籍企业，年生产能力50万箱，截至2020年年底，共上缴税收422.59亿元，为地方和行业发展作出了应有贡献。企业先后荣获全国文明单位、全国精神文明建设工作先进单位、全国企业文化建设工作先进单位、全国守合同重信用企业、全国质量效益型先进企业、全国工业旅游示范点、全国模范职工之家、全国内部审计先进集体、“十三五”中国企业文化建设优秀单位等称号，树立起了良好的烟草形象。

特别是自2020年以来，青州卷烟厂高举习近平新时代中国特色社会主义思想伟大旗帜，践行山东中烟“重在状态、重在提升、重在持续”指导思想，坚持党建引领，坚持传承融合创新突破“八字方针”和“1+483”工作思路，以卓越绩效管理为抓手，以全国文明单位创建为助动力，引领党员干部职工克服新冠肺炎疫情影响，思进思变思发展，创业创新创一流，坚持“一身正气”做人、“一马当先”做事，推进“一目了然”的企业管理，打造“一尘不染”的精神家园，全面铸就“一甲品质”，全力建设功能多元、开放共享、气质独特的现代化工业园区，持续提升核心竞争力，推进建设中高档卷烟制造基地、工业旅游示范基地、企业文化建设示范基地，实现了高质量发展。

一、"三联动"业审融合审计体系构建与应用的背景

（一）围绕内部审计新定位，推动组织实现目标的需要

2018年3月份，国家审计署下发了《审计署关于内部审计工作的规定》，明确界定了内部审计的职能：内部审计是对本单位及所属单位财政财务收支、经济活动、内部控制、风险管理实施独立、客观的监督、评价和建议，以促进单位完善治理、实现目标的活动。与原定义相较，增加了"建议"职能，将监督范围拓展至内部控制、风险管理领域，将目标定位为"促进单位完善治理、实现目标"。

青州卷烟厂正处在技改发展阶段，迫切需要内部审计发挥职能，在推动企业实现目标方面发挥强大作用。针对审计署提出的内部审计新职责，创建多方联动的业审融合审计体系，充分激发内部审计效能，与管理层各职能之间建立互动关系，已成为青州卷烟厂审计管理的首要任务。

（二）贯彻烟草行业"大规范"及山东中烟"三聚焦"新要求，推动企业完善治理的需要

2020年全国烟草工作会议指出，要按照"大规范"理念全面加强制度建设，形成系统完备、防治一体、运行有效的规范管理制度体系，注重提倡规范与专项监管有机结合，形成行业规范监督的强大合力。2020年山东中烟财审工作会议提出，内部审计各项工作安排要更加主动地融入企业发展中心任务，聚焦贯彻落实公司决策部署，聚焦防范化解企业风险，聚焦权力规范运行和责任落实，围绕重大决策、重点项目、重点领域、重点岗位、重点环节、重点资金、重点费用、重大风险，发挥审计"经济体检"作用，精准地"查病"，有效地"治已病、防未病"。

贯彻行业"大规范"体系建设要求以及审计工作主动融入发展要求，必须转变审计管理方式，构建"三联动"业审融合审计体系，加强审计监督服务于企业发展决策的功能，增强审计监督与其他监督的协同合作，强化审计与业务的融合提升，已成为青州卷烟厂提升审计管理的必然途径。

（三）突破企业审计管理瓶颈，推动审计提质增效的需要

近几年，青州卷烟厂审计工作主要是以日常监督以及配合行业上级组织的

各项审计任务为主,开展增值型管理审计较少,内部审计效能作用发挥不足,与企业发展目标的融合度不够,出现的管理瓶颈问题亟须解决:

1. 审计立项不够精准,与企业发展联系不够紧密。年度审计计划均由审计部门自行确定,审计人员对企业战略目标关注不足,对业务部门工作重点与难点了解不够,导致审计项目立项局限性较大,立项项目与企业发展需重点解决问题衔接度不够高、不够紧密,审计工作的开展不能为企业发展提供更为有效的服务。

2. 审计质量、效率不高,为企业发展出谋划策不足。审计项目的实施绝大多数是由审计部门独立完成,审计采用单兵作战模式,业务部门参与度低。限于审计人员对不同业务的熟知程度,审计过程中对审计发现问题分析不够深入,未能深层次地挖掘问题产生的根源,导致审计评价和建议质量不高,为企业高层决策服务不给力。同时,缺乏监督职能部门联合,有时会出现一个事项存在多部门重复检查等现象,给业务部门增加了工作量。

3. 问题整改不够彻底,为企业保驾护航成效不够明显。部分审计建议未能从业务部门实际出发,也缺乏可行性,导致问题整改难度加大,整改工作战线拉长。再加之,审计发现问题整改监督力度不够,审计监督事项考核未能充分发挥作用,导致业务部门重视程度不高,存在边改边犯现象,最终导致业务不规范问题依然突出,未能有效降低企业经营风险。

面对瓶颈问题,青州卷烟厂管理层意识到,必须加快内部审计转型,着力提升内部审计发挥增值作用,突出内部审计第三线职能,建立上下联动、左右联动、业审联动的"三联动"业审融合审计体系,以管理审计为抓手,实现审计为企业发展服务,为企业决策服务,为业务规范服务,促进企业完善治理,推动审计提质增效。

二、"三联动"业审融合审计体系构建与应用做法

青州卷烟厂以"内部审计提质增效"为目标,分别制定了6项实施措施,搭建完成"三联动"业审融合审计体系。主要做法如下:

(一)精心筹划,明确管理提升总体思路

青州卷烟厂确定审计管理提升的总体思路,即以"内部审计提质增效"为目标,突破审计管理瓶颈制约,实现内部审计的"传承、融合、创新、突破"。具体来说就是:运用"三线模型"管理理念,突破审计部门第三线职能与其他部门一、二线

职能的边界管理思维，转变传统审计方式，成立联合监督部门、业务部门共同参与专项审计的组织机构，制定实施方案并构建审计创新服务模式，采取横向、纵向、全方位业审联动综合应用，采取事前、事中、事后全过程业审融合路径，精益开展专项审计工作，持续提升审计质量，强化问题整改，加大审计成果运用，促进业审深度融合，实现内部审计价值增值，协助业务部门思想上增强规范意识、工作中提升规范能力、管理中持续防范风险，不断提升企业管理水平，实现企业发展目标。

（二）核心推动，提出业审融合管理思想

青州卷烟厂本着“提高审计实效，增加审计价值，助推规范运营，促进企业发展”的原则，提出企业的业审融合管理思想：通过内部审计与企业业务部门、其他职能部门之间相互协作、协调统筹，使企业风险管理形成合力，减免企业营运损失并提高业务执行效率，优化企业业务流程，实现价值创造。以企业发展目标为核心，以协同审计项目增强业务管理、强化审计建议服务企业决策、共享审计成果形成监督合力“三位一体”，达成实现多维联动、激发协同效应、减少管理内耗、助推业务规范运行和发挥审计价值增值“五合一”良性循环的目的。业审融合管理思想内涵见图1。

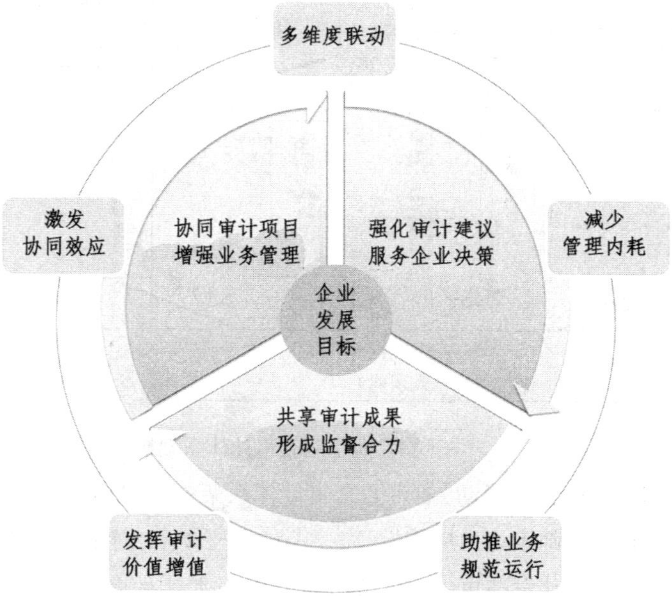

图1　业审融合管理思想内涵

(三)匠心铸造,搭建"三联动"审计体系

青州卷烟厂结合企业内部审计工作实际,运用业审融合管理思想,提出构建"三联动"业审融合审计体系。该业审融合审计体系的"三联动"分别是上下联动、左右联动以及业审联动。具体为:上下联动,以企业内部审计委员会为领导,审计部门(第三线职能)与企业治理层之间,建立审计成果与高层决策上传下达机制,助推企业实现发展目标。左右联动,以审计监督为核心,与管理层第二线职能部门之间,建立大监督联合机制,形成审计监督与党组织监督、纪委监督、财务监督、规范管理监督"五位一体"监督合力。业审联动,以审计项目为纽带,与管理层第一线职能部门之间,通过参与式审计、协同式整改、互动式成果运用、专项式服务,建立审计与业务的融合对接机制,助推业务规范高效运行。"三联动"业审融合审计体系架构见图2。

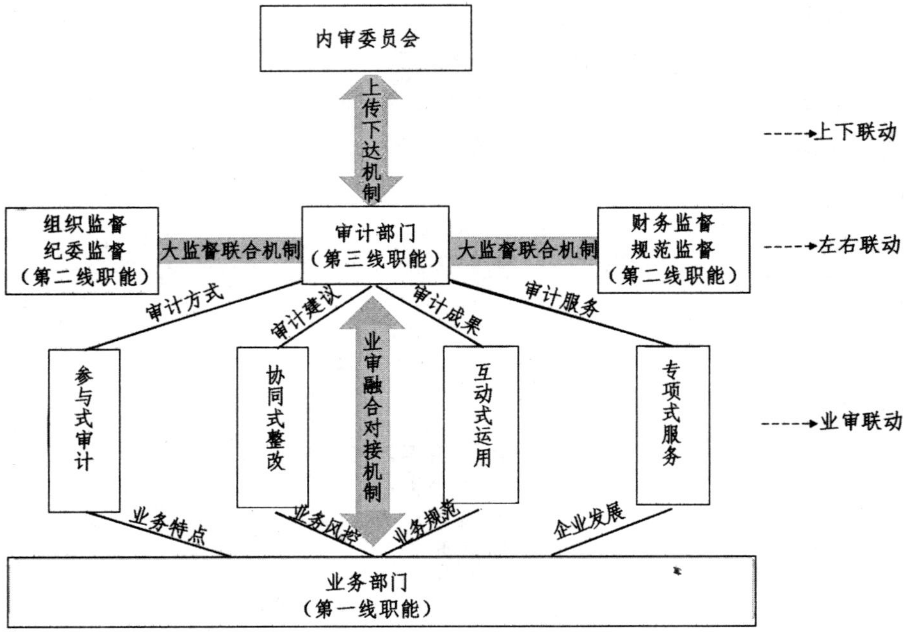

图2 "三联动"业审融合审计体系架构

青州卷烟厂根据"三联动"业审融合审计体系架构,以"内部审计提质增效"为目标,分别制定内部审计顶层建设、完善审计内控体系、创建三项融合机制、构建内控评价体系、组建专项审计方式库以及建立专兼职融合平台等6项实施措施,搭建完成了"三联动"业审融合模式的审计管理体系(见图3)。

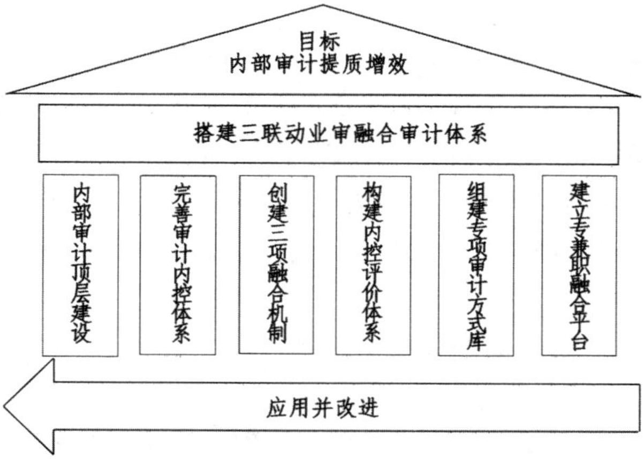

图3 “三联动”业审融合审计体系搭建实施框架

1. 内部审计顶层建设

成立企业内部审计委员会,完善内审委员会议事规则。企业一把手任审计委员会主任,其他高层领导任副主任,成员由纪检、审计、财务、人力资源、风险管理、规范管理等部门负责人组成。加强党对审计工作的领导,提高内部审计工作站位,增强内部审计的独立性和权威性。同时,监督部门的加入,从组织体系上建立起企业的监督架构,增强审计监督合力,为“三联动”业审融合审计体系提供组织保障。

2. 完善审计内控体系

建立“规定+办法+细则+方案”四级审计内控体系。以内部审计管理规定为统领,建立财务收支、工程项目、物资采购、合同管理、审计档案管理以及审计监督考核等方面审计管理办法,对重点的工程审计、物资采购审计等建立实施细则,对常态化的工程项目、物资采购、合同管理等专项审计制定审计实施方案模板。通过搭建四级审计内控体系,实现审计工作的制度化,并将审计制度转化为审计治理能力,实现审计对企业全部门、全领域、全过程的闭环监督管理,为“三联动”业审融合审计体系提供制度保障。

3. 创建三项融合机制

针对“三联动”业审融合审计体系的特点,就每个联动环节建立相应的融合管理机制,保证各联动工作顺利有效开展。

(1)上下联动,建立审计上传下达机制

成立专项研讨组,实施审计建议集体研讨,基于可行性研究成果报告及时提报可供企业生产经营预判或决策的信息资料,打造服务于厂内战略目标制定和业务行为实施的审计“智库”，打通审计建议的“上传”通道。

依托于厂内审委员会，根据企业管理层顶层战略决策布局，召开内审委员会会议，确保年度专项审计工作计划、专项审计方案、审计报告以及管理建议书等审议事项的“不脱节”和“不跑偏”，为战略层重大措施落实到位保驾护航。酌情采用内审委员会扩大会议形式，组织各部门党政负责人参会，全面安排部署，传达规范要求，落实问题整改，全面协调业务部门深化规范意识，完善审计整改“下达”通道。

(2)左右联动，建立审计监督联合机制

共享专业人才。审计、财务、企管、监察、人力资源等部门组成联合审计组，协同开展专项审计工作，各自从审计监督、财务监督、采购监督、纪检监督、组织监督以及规范管理等角度发现问题，相互探讨法规依据，取长补短，全方位促进审计提升监督评价能力，促进业务完善内控并有效执行，形成“大监督”专项审计模式。

共享审计成果。明确企业审计问题清单、同步审计全流程监督明细表，形成“对照风险，监督审核”模式，建立企业级审计成果共享平台，列示业务风险，强化监督责任，统筹监督检查资源，促进审计优化项目计划，促进业务提升工作效率，形成“大监督共享”成果运用模式。

共享审计计划。审计处制定年度专项审计工作计划，通过由相关监督部门参与的内审委员会会议审议，共享审计工作计划，监督部门之间统筹监督工作安排，提高监督工作效率，同时，也减少业务部门被查频次，提高业务工作效率，形成企业“大监督”格局。

(3)业审联动，建立业审融合对接机制

建立“全过程”业审融合对接机制：按照专项审计流程，在审计计划阶段、实施阶段、报告阶段、整改阶段及成果运用阶段，全面建立业审融合对接点。从审计部门与业务部门在专项审计中发挥各自的职能出发，分别梳理审计与业务的工作切入点、运行控制点以及结果输出点，分析形成业审融合点，全流程实施审计与业务的管理融合(见图4)。

4. 构建内控评价体系

拓展业审融合的广度与深度，从企业内部控制视角出发，分别激发管理层三线最优职能，嵌入业审融合思想，建立企业内控评价体系，促进企业完善治理。以内部控制审计为抓手，建立内部控制审计评价制度，明确内控评价流程、总结内控评价方式与方法，逐步建立健全企业内部控制评价体系。通过开展企业内

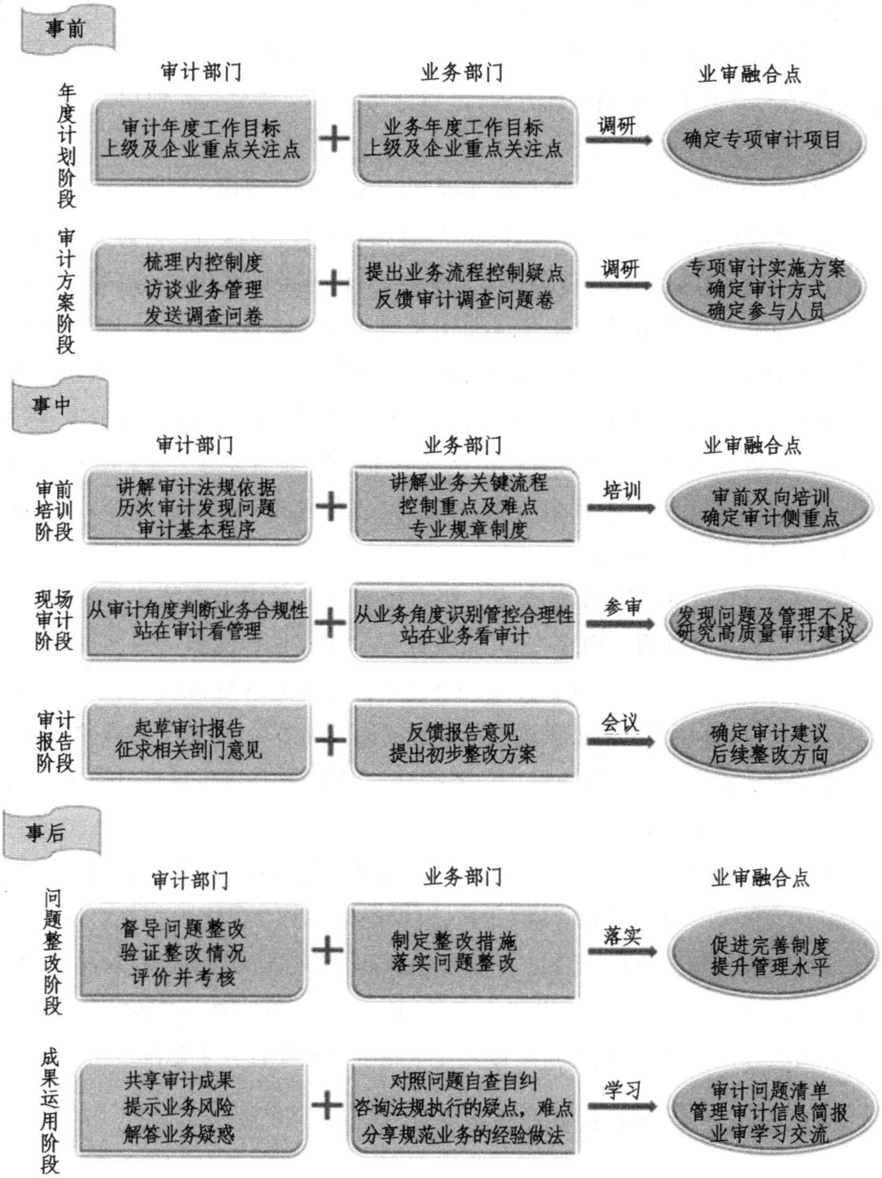

图 4　业审联动融合对接机制

部控制审计，找出企业内部控制中的薄弱环节并加以改进，以风险为导向，强化企业风险管理，由事后审计转向事前防范，逐步完善企业各领域治理程序，在业务流程与管理控制中持续发挥审计价值增值。

5. 组建专项审计方式库

鉴于专项审计内容的多样性,需要采用与之相适应的审计方式,以便达到更好的审计效果。青州卷烟厂分析近 5 年的专项审计项目特点,结合工作开展的实际,总结形成了 3 种专项审计方式,可根据实际工作情况选择使用,具体审计方式如下:

专项审计方式 1:业务自查与审计抽查同步开展。适用于涉及业务部门多且专业跨度小的审计项目。业务自查与审计检查并行,加强相互沟通交流,对问题疑点相互交叉印证。促进业务提升规范意识,促进审计提升专业素质。

专项审计方式 2:先业务自查,后联合审计组复查。适用于涉及业务部门多且专业跨度大的审计项目。业务自查,通过对照自查内容,自查自纠、边查边改,辅助实施审计考核,逐渐形成企业“业务自律”工作模式;审计复查,由审计、财务、纪检、企管等部门组成联合审计组进行审计抽查,统筹监管力量,从各自监督视角更加精准地发现问题,形成企业“大监督”工作模式。促进业务提升规范能力,促进审计提升监督能力。

专项审计方式 3:直接由联合审计组实施审计。适用于涉及业务部门少且专业跨度大的审计项目。由审计部门、业务部门和其他职能部门共同组成联合审计组,利用各自专业优势取长补短,推行“站在审计看管理,站在业务看审计”的审计理念,从审计规范角度发现业务管理的问题和不足,从业务管理角度审视审计建议的建设性和合理性。促进业务提升管理水平,促进审计提升质量效能。

6. 建立专兼职融合平台

转换专职审计人员单打独斗的思维定式,统筹其他专业力量,集合各专业技术骨干,组建兼职审计员团队,建立团队组织框架,制定团队管理制度,同时,完善兼职内审人员培养路径,建设“专职带动兼职、兼职推动专职”的双向互动审计队伍,打造业审“人才库”。搭建业审学习和发展的线上线下“学城”平台,完善复合型人才的激励机制,为持续深化业审融合管理奠定人才基础。

(四)齐心融合,开展四式业审融合对接

青州卷烟厂审计工作在山东中烟公司审计部及厂党委的正确领导下,运行实施“三联动”业审融合审计体系,开展业审融合四式对接,审计质量不断提升,审计成效显著增加,审计价值持续增值,为推动企业高质量发展发挥卓越职能。

1. “参与式”审计,实施审计方式与业务特点的融合对接

实施“计划调研”。审计处调研基建技改处、设备管理处、生产供应处等9 个业务部门,关注业务重点,寻求审计与业务工作的契合点,制定《2020 年度专项

审计工作计划书》:根据公司经济责任审计工作部署,提前立项厂内经济责任审计自查;把握行业采购管理制度修订动态,提前立项物资采购专项审计;服务厂就地技改前期拆除工作,提前立项废旧物资审计调研。年度中期,按照厂党委工作部署,结合企业营销目标修订实际,及时跟进调整审计计划,修订立项零修工程管理审计,切实深化业审融合工作效能,为实现企业年度经营目标提供了保障。

开展"联合审计"。一是采用"业务自查与审计抽查相结合"的形式,开展经济责任审计自查等专项审计2项,就法规制度、业务流程进行沟通交流,对问题疑点相互交叉印证。二是采用"业审联合直接审计"的形式,开展废旧物资管理审计调研等专项审计2项,推行"站在审计看管理,站在业务看审计"的审计理念,从审计规范角度发现业务管理问题和不足,从业务管理角度审视审计建议的建设性、合理性。

建立"审计人才库"。制定《青州卷烟厂兼职审计员管理办法》,在全厂范围内征聘兼职审计员,23个部门的35名业务骨干入选,专业涉及工程、统计、法律、会计、物流、信息管理等多个领域,与专职审计人员一并纳入企业审计人才库管理。采用年度综合培训与审前培训相结合方式,不断提升兼职审计人员综合素质,推动专业审计人员专业多元化发展,为深入推进业审融合提供人才保障。

2."协同式"整改,实施审计建议与业务风控的融合对接

创建"督导—评价—考核"的审计整改管理模式。一是根据审计发现问题及审计建议,建立审计督办单落实整改事项。二是开展后续审计3次,累计验证整改问题110项,整改评价率达到100%。三是建立审计监督考核办法,以考核促规范,实施考核4次,提升业务管理水平。

创建"对照问题,规范业务"的业务自查模式。审计部门建立厂审计问题清单74项及部门问题台账191项,发送业务部门,提示业务风险;业务部门对照自查自纠,防止重复问题项发生,进一步规范业务管理。

3."互动式"成果运用,实施审计成果与业务规范的融合对接

创建《管理审计信息简报》。宣传审计理念,让业务部门了解审计动态,学习最新法规,增强审计人员与业务人员的综合素质。同时,整理收集业务部门在法规制度执行方面的疑点、难点,形成审计解答,纳入简报内容,共享风险防控信息,提高审计与业务的管理水平。

开展业审学习交流工作。分部门、分专项实施业审互动学习8次,审计向业务部门宣传审计理念,讲解审计发现问题及原因,提示业务风险,从源头提升业

务规范意识;业务部门向审计讲解业务制度及流程,反馈管理难点,提报咨询需求,实现“业务部门提升规范意识与规范能力,审计提升监督与服务水平”的双赢效果。

4.“专项式”服务,实施审计服务与企业发展的融合对接

起草就地技改审计服务系列制度。靠前服务,制定《就地技改项目审计监管及服务实施方案》《就地技改工程审计管理办法》《审计中介机构管理办法》等3项制度,为技改工程顺利开展提前准备,实现业审融合新发展。

实施技改项目审计专项学习交流。一是审计部门牵头组织外出学习EPC工程项目总承包模式,做到项目立项,规范先行。二是组织工程项目审计相关知识培训。通过宣贯审计理念、审计基本流程等,提高技改项目人员规范水平,实现业审融合新提升。

开展企业内部控制审计工作。一是建立企业内部控制审计体系,制定《内部控制审计管理办法》及《内部控制审计实施细则》,加强审计为业务靠前服务。二是实施资产管理内部控制审计,评价资产管理内控的合理性与有效性,从资产管理源头,协助业务明确控制目标,发现控制风险,建立控制措施,健全控制过程,提升业务管理水平。

(五)悉心改进,完善“三联动”融合体制

青州卷烟厂通过“三联动”业审融合审计体系的构建与应用,认真总结实施过程中出现的不足之处:体制不够健全完善,监督计划统筹方面仍需加强,审计质量与业审人员能力有待进一步提升。针对上述问题,组织有关人员分析研判,并采取系列措施进行改进提升:

推进大监督统筹化管理。增强左右联动监督部门之间的沟通力、配合力,强化统筹各监督计划,依托企业年度工作会议,监督部门分别汇报各自工作计划,形成企业“大监督”年度工作计划,统筹专项审计及各项企业内部检查的时间、监督重点以及人员安排等,确保重大决策、重点项目、重点领域、重点岗位、重点环节、重点资金、重点费用、重大风险的重点监督,建立起企业“大监督网格化”管理模式,持续完善企业大规范体制建设。

推进审计质量全员化提升。一是风险防范清单化。强化采购业务审计监督,建立《采购风险防控清单》,在采购业务全流程梳理风险点,建立防控措施,为业务部门靠前服务,加强采购业务事前防范。二是审计监督模板化。建立采购文件审核模板、采购过程监督模板以及合同文本审核模板,监督过程逐项核

实,加强对监督事项事中管控,提升审计监督管理水平。三是专项审计项目管理化。运用OPPM项目一页纸管理模式推进审计项目实施,加强审计项目过程控制,保障专项审计任务落到实处。四是质量控制全方位化。落实审计责任制,规范底稿、报告写作,保障审计结论和审计意见客观公正;推行审计项目审理制,对重大项目审计项目全过程进行审理,提高审计透明度;建立和完善审计质量检查、考核评比等制度,进行有效激励,确保审计质量更上新台阶。

推进业审人员素质化加强。建立业审联动培训计划,举办“业审融合大课堂”,开展业务与审计法规知识培训交流、专兼职审计人员培训交流、专项业务规范能力提升培训等,增强业审联动人员素质全面提升;强化专项审计审前培训,充分发挥企业讲师作用,持续双向提升业审人员规范意识与规范能力,切实提升“三联动”业审融合审计体系建立成效。

三、“三联动”业审融合审计体系构建与应用效果

(一)发挥审计“谋士”作用,提升审计建议水平

通过内审委员会会议平台,审议审计报告、指导问题整改、完善企业治理,提升了审计监督权威性,并全面协调各部门提升了规范意识。精准定位企业发展重点战略目标,以目标为导向自上而下地解决以往审计立项不够精准的问题;建立审计结果报告机制,2020年审计部门为组织经营管理层提出50余条具有建设性意义的管理建议,实现了审计成果紧密服务于高层决策。

(二)发挥审计的“卫士”作用,增强监督协同效应

审计部门与纪检、企管、财务等其他监督职能部门统筹联动,共享审计成果十余项,合理优化监督资源,避免了对同一业务事项的重复监督以及对同一问题的重复整改。对于业务而言,提升了业务工作效率,缓解了对监督的抵触压力,增强了主动规范意识,助推业务部门提升自我疗伤的能力;对审计而言,增强了监督协同效应,降低了企业管理内耗,通过跨部门协作和内外脑联动,实现专家资源共享,促进发现业务风险点和管理薄弱环节以及问题背后的深层次原因,提高了审计效率与审计质量。

(三)发挥审计"医士"作用,提升审计工作效能

一是促进审计发现问题的整改落实,减少业务部门边改边犯问题,确保专项审计工作切实取得实效。2020 年,督导落实审计问题整改 110 项,经后续审计,问题整改完成率 94%,较 2019 年提升 18 个百分点。二是提升审计工作质量,推动业务人员由"被动接受型"向"主动参与型"的工作态度转变,开阔业审双方管理思路,促进企业完善治理。2020 年,日常审计监督提出建议 226 条,审计建议率达 84%,较 2019 年提升了 20 个百分点;管理审计发现问题 45 项,提出审计建议 49 条,提出审计建议促进完善内控制度 10 项,促进优化业务流程 9 项,较 2019 年提升了近 3 倍。

通过"三联动"业审融合审计体系的构建与应用,青州卷烟厂审计管理水平持续提升,彰显了企业审计团队的高素质形象,2020 年,审计处荣获"全国内部审计先进集体"荣誉称号。

成果创造人员:孟庆华　高长胜　董志燕　魏　征　蔡传淇　周立建　刘国忠

新经济下的大数据投资管理模型应用

国网山东省电力公司东营供电公司

摘要：通过对新经济概念的深入研究，结合企业行业的机会和威胁，同时研究企业内部的优势和劣势，优化资源配置，构建新经济下投资模型。一是通过大数据分配公司预算资源，达到电网投资预算科学合理。二是重视项目经济效益审查，结合历史成本、预算执行、标准成本，按照从严从紧、适应监管的原则安排预算，实时管控预算执行情况。三是提出的“里程碑计划编制法”，应用机器学习流程自动化，保障持续提升投资预算精细编制水平。四是建立大数据下的资本控制模型，从以业务为核心转变为以效益为核心，投资预算执行地更加精准。五是搭建标准成本体系和应用目标曲线，挖掘大量竣工项目历史数据，不断精准工程投资预算。六是建立全口径管控模型，联系生产系统、SAP等信息系统进行对比分析，切实发挥投资预算引领价值创造。

国网东营供电公司是山东省电网公司下属公司，下属五个分公司，服务客户76.97万户。截至2019年年底，公司所辖电网拥有35～220千伏变电站165座、变电容量1898万千伏安，输电线路总长度4262公里，配电线路总长度11532公里，公司售电量207.4亿千瓦时，电费回收率100%，全口径劳动生产率220.93万元/人·年，安全生产记录达10323天。

近几年，随着区域经济的发展，国网东营供电公司售电收入以15%左右的增速稳步增长，每年固定资产投资额约12亿～15亿元。为抢抓黄河流域生态保护和国家战略机遇，实施新旧动能转变，当地政府大力“双招双引”。高水平石化、橡胶、有色金属、石油装备、新材料和生物医药等产业发展迅猛。计划建成国内领先、国际一流的绿色循环高端石化产业区域经济体。

一、新经济下的大数据资本管理模型应用背景

相对于凯恩斯的传统经济学，现代经济学界提出了新经济、新估值学的概念，即全球经济一体化及金融自由化导致的资金流、信息流、物流、生产流的高速流动，使得经济从牛顿力学运动经济变成量子力学运动世界。未来测不准公司价值，只能测准动态值，公司价值具备正态分布周期及均值回归特征，我们既要做价值投资者也要做趋势投资者。在新经济趋势下，企业需要做的提升有：加快传统产业数字化、智能化，为经济转型发展提供新动力；重塑企业管理的面貌，提高企业管理的前瞻性和洞察力；以坚实的大数据为基础，使得企业全面预算管理、资金集中管理、内部控制能够更加高效、顺畅地运行和开展。同时，在新经济学理论中，宏观经济改革方向应是降低生产要素成本和大规模退税。电是最重要的生产要素之一，不断通过市场化竞争及行政降价等降低电价，会释放改革的红利。

（一）三个"不均衡"不符合新经济理念对公司管理模式的更高要求

1.原有的管理模式与新经济发展模式之间的不均衡

近几年国家提出了"实施国家大数据战略"，全面推进大数据发展，加快建设数据强国，并要求以大数据驱动信息产业格局加速变革，加快传统产业数字化、智能化，做大做强数字经济，为经济转型发展提供新动力。我公司现在拥有完善的信息化体系，营销、财务、基建、发策的数据，但是却不能有效联系在一起，进行立体化的多层次的分析，数据价值难以被有效挖掘利用。新经济需要重塑企业管理的面貌，提高企业管理的前瞻性和洞察力显著增强。以坚实的大数据为基础，使得全面预算管理、集团资金集中管理、内部控制能够更加高效、顺畅地运行和开展。

2.公司的社会责任与经济效益之间的不均衡

在新经济学理论中，宏观经济改革方向应是降低生产要素成本和大规模退税。电是最重要的生产要素之一，电力体制改革要求电网企业成本更加透明，不断的降价政策会造成电网企业赢利空间大幅度下降甚至巨亏。电网企业作为重要的国有骨干企业、公共事业企业，既要承担既有的社会责任，即电网基础建设必须适度超前，为社会经济发展提供支撑，同时作为企业，其本质属性又决定了其要承担必然的经营任务，即创造经济效益。在输配电价成本监管办法中，明确

要求新增电网投资要与电量增长、负荷增长、资产运营、服务效率相匹配，低效、无效投资不能计入有效资产。

3.公司扩大市场需求及下降的利润及有效的资源之间的不均衡

新经济理论下要求电网企业成本更加透明，尤其在遭遇诸如全球性经济下滑、金融风险、新冠病毒疫情等宏观形势下，为扶持社会企业尤其是中小企业发展，降低用能成本等，电网企业时常要承担阶段性降低电价及其他特殊电价政策等社会责任，此类不可控因素造成电网企业赢利能力大幅度下降甚至巨额亏损。因此，基于新电改背景下的电网投资预算编制及执行控制研究迫切需要提上日程。

（二）供电公司生产经营面临三个挑战

1.外部监管环境对电网持续发展提出严峻挑战

国家进行输配电改革后，电网企业的运营模式将由“统购统销、价差收入”逐步向“过网费、准许收入”转变，电网企业发展需更加注重有效资产的有效增长，监管要求由“先投资再算价”转变为“先算价再投资”。在输配电价管理模式下如何合理测算投资能力、安排投资预算，给电网企业带来了新挑战。

2.精准评估应用对精益内部管理提出挑战

一是投入产出效益不能精准评估，预算指标考核更多的是对预算执行情况的追踪，投入产出效率、成本精益化分析等深度不够。二是价值链与业务链未深度融合，各业务之间存在割裂，未能将价值创造与信息流、物流或资金流联系在一起，未能集中体现公司价值竞争优势。业务数据线下获取，业财交互无信息化功能支撑，数据共享度低，可追溯性差，质量无法得到保障。缺少财务数据快速转换为经营指标的手段，财务各专业协同融合度低，影响了财务支持公司决策的能力。

3.加强业财协同对工程管理提出挑战

电网企业的工程管理涉及发展、财务、物资及多个项目主管部门，随着外部监管以及内部精益管理要求的逐步提升，电网工程跨部门协同管理日益成为管理趋势。电网工程投资预算管理水平很大程度上决定了公司优化资源配置、实现挖潜增效的能力。但是，预算编制过分依赖于投资计划和项目管理人员的职业判断，财务人员对投资预算编制依据掌握不充分，各明细项目的年度预算编制准确性不足，同时预算执行的过程分析及事后的绩效评价流于形式，投资预算不能充分发挥管控和增效作用，利用预算手段推进项目转资的力度不强，仅依靠财务人员较难管深、管透。为此,公司应加强业财联动,关注项目成本管控,支撑项目转资工作,进一步体现工程投资预算的管控效率与效益。

二、新经济下的大数据投资管理模型应用做法

新经济与供给侧改革需要制度的创新,新的信息技术的发展为管理创新提供了技术支撑与灵感。被誉为“大数据商业应用第一人”的舍恩伯格,在《大数据时代》中发布大数据应用的前瞻性研究,指出大数据带来的信息风暴正在变革我们的生活、工作和思维,大数据开启了一次重大的时代转型。

大数据投资管理模型结合企业行业的机会和威胁,同时研究企业内部的优势和劣势,优化资源配置,形成投资管理模型,主要做法有:

(一)通过大数据分配公司预算资源,构建新经济下投资模型

1.售电量预测

通过营销大数据,预测电量及收入增长,通过电量收入与利润之间的关系,深度挖掘数据,结合政府统一规划,地区 GDP 增长速度,建立多函数公式,通过线性回归、BP 神经网络回归、随机深林回归等多种回归方式,经过回归评估进行评估,测算企业未来 2~3 年的收入及利润,从而确定年度投资总额。通过区域售电量的增长数据及电量,深度挖掘重点行业与重点企业增长点,各县区公司之间进行资源匹配,达到电网投资预算科学合理。

东营供电公司通过对市域售电量情况报表、各县区公司售电量报表、各县区全行业销售电量情况统计表、重点企业分析追踪等多种形式,结合统计部门发布的地区行业 GDP 增长速度,分析公司电量,对重点行业及企业的发展情况、新上项目情况进行精确预测。

经计算,东营供电公司电量近几年处于平稳增长趋势,结合公司疫情影响及政府整体投资规划及公司重点客户如石油加工、炼焦及燃料加工业等重点行业与企业的生产经营情况,根据 GDP 与公司电量之间的线性关系,预计公司 2022 年电量增长 13.5%,公司售电收入达 160 亿元。

2.购电量预测

通过历史数据建模方式,预计不同的上网电量,预测购电量及购电支出波动。国网东营供电公司对风电进行预算,因为扣除统调机组后,国网东营供电公司所在地区风电占比达到 60%。运用稀疏时间序列、移动平均、灰色预测等数据

模型,将真实风电购电数据与预测数据进行比照分析,数据一致性较高。通过模型预测,可较为准确对接下来2~6个月的购电支出进行测算,通过区域购电量的增长数据及电量,合理研判资金流量。

3.现有成本分配原则分析

分析东营供电公司现有投资分配原则及分配比例,选取公司2014~2020年电量、售电收入、人员、内部利润、存量资产等多个指标进行作为自变量,以前年度预算安排作为因变量,通过机器学习中的随机森林回归、BP神经网络回归等多种回归方式进行机器学习,并通过回归评估进行评估,评估后选取随机森林回归为最优回归方式,并进行模型输出。这样就可以迅速取得确定售电量、收入等下的投资最优解,对于以后年度的投资预算安排就有重要参考。

4.建立战略标签相匹配原则

新经济学背景下,本着投资有效性是电网投资的核心准则这一要求,电网投资决策应转化为以投资有效性为根本导向,同时考虑到不同配电网地区的电网发展阶段性特征、电力需求增速、电网结构增强、供电质量、供电规模等差异,通过大数据系统按照必要性、紧急性与战略相关性建立数据系统,分析战略标签,对战略标签相同的项目进行筛选,在预算安排上进行识别。此外,还在宏观上对公司项目安排进行总体的把握与调整,均衡投资布局。

通过大数据系统,一是按照必要性、紧急性与战略相关性建立数据系统,并通过分析战略标签(既项目对应指标),可以迅速提取同一战略标签下的同类项目,从而对战略标签相同的项目进行筛选,对项目进行综合排序,在预算安排上进行识别,根据不同类别标签迅速识别需保留项目,将同一类将预算安排更数字化、标准化。二是通过热力图可迅速直观地看出不同地区在不同的战略标签下的预算安排。在新电改背景下从公司战略角度出发,可以根据不同地区实际情况、优势及弱势指标,将公司实际的短板与公司重点发展方向相结合,并与投资计划进行对比分析,从而在宏观上对公司项目安排进行总体的把握与调整,均衡投资布局。

5.确定公司利润增长区间后,通过优化完善现行投资能力预测模型

确定公司利润增长区间后,通过优化完善现行投资能力预测模型,充分考虑输配电价核定对于电网投资发展能力的影响,立足于新一轮输配电价改革的政策要求,深入剖析各项监管要求对电网企业投资能力的影响,结合基于多维报表的分析结果,构建以输配电价约束为条件的投资能力预测模型,具体步骤如下:

步骤一:根据电量增长,预测因电量、电价增长而引起的利润增长,确定利润

增长量，根据省公司下达的目标利润，计算除去人工、材料费等自然增长外，计算公司因资产投资产生的折旧增长，根据折旧允许的最大值测算一个投资金额 A。

步骤二：根据 2015~2017 年现金流量增长率结合售电收入增长，确定 2018~2020 年现金流量增长金额，用现金流量增长金额加上折旧（非付现）增长金额，测算一个与投资能力最大金额投资金额 B。

步骤三：新增输配电价约束条件下的投资能力预测模型

考虑电网投资与输配电价的相互影响与制约关系，根据“准许收入＝收入成本+准许收益+价内税金”恒等式，构建基于输配电价约束的投资能力预测模型。针对一个监管周期（3 年），利用准许收入恒等式，建立输配电价与电网投资能力之间的函数关系，求解输配电价约束条件下的电网投资能力。公式如下：

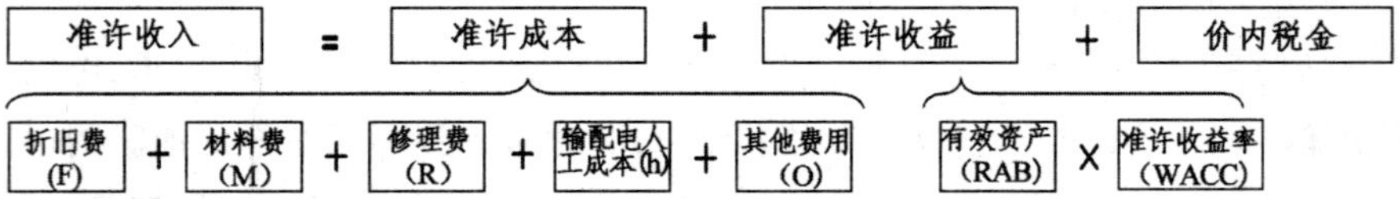

其中，应按照核定的输配电价和预测输配（售）电量计算准许收入，按照发改委《输配电定价成本监审办法》核定准许成本，主要有：按照发改委要求的更加细化的资产分类及新的定价折旧率核算折旧费用，新增电网投资的转固系数，材料费、修理费、其他费用等，分费用类型参考监管周期期初前三年历史平均水平，与新增固定资产原值的固定费率水平计算得出的费用规模比较取最小值，按照有效资产和加权资本收益率计算准许收益，综合考虑监管周期内当年投资对后续年份的影响，包括折旧、费用、收益等。根据恒等式测算有效资产及原有资产加新投资资产的金额，得出最大投资额 C。

如果投资额 C 小于投资金额 A 且小于投资金额 B，则应按照投资额 C 进行投资。如果投资额 C 大于投资金额 A 或投资金额 B 中的任意一项，应按照投资金额 A 或投资金额 B 中最小者进行投资。

6.出具投资能力决策的管理建议书

通过前端模型建模出具固化的工程财务管理建议书，结合市县公司未来收入增长潜力，深度挖掘电量增长、利润增长、投资增长、现金流量增长之间的关系，通过神经网络回归，建立匹配模型，根据回归结果，在市县公司建立均衡的匹配关系，确定各县区公司资产投资总额。支撑监管期完成核定输配电价水平下的准许收入规模，合理安排满足三个约束条件的未来期电网投资。

(二)重视项目经济效益审查,提高新经济下储备项目质量

大数据解决的是对海量的数据进行挖掘和分析,从而使数据变成信息。人工智能是采用通过机器学习提高生产力,实现数字创造价值。考虑输配电价成本监审对于投资须与售电量等匹配的要求,重视项目经济效益情况的可研经济性审查。通过以下两种方式,从源头上提升项目可研深度和储备质量,提高后期工程投资预算执行精准度,减少因项目可研宽裕度大带来的投资结余。结合历史成本、预算执行、标准成本,按照从严从紧、适应监管的原则安排预算,重点保障安全生产、薄弱电网资金需求深化应用项目预算全链条数据,进行多环节监控、多维度分析,实时管控预算执行情况。

1.以历史数据为基础,结合投资回收率,分工程类型测算单位规模经济投资

东营供电公司收集历史项目的财务决算数和项目建设规模(变电容量、线路长度等),分别测算不同电压等级、不同项目类型的单位规模经济投资,作为项目可研经济性审查的参考,提出投资压降建议,从源头控制投资成本,提升投资预算安排效率;分析以前年度投产项目,工程决算与批复概算中的差额;按类别寻找平均数值,确定预算与电压等级、线路长度等的函数关系。对于同类别项目,投资额超过平均数20%的予以重点关注。

2.根据项目产生电量带来的现金流量的增长,与项目实际产生的现金流量支出,确定项目实施的可行性

搭建投资经济性评价测算模型,选取典型项目,分电压等级、工程类型统计该电压等级的平均负载率、项目变电容量以及未来项目运营期内的电量增长率、平均输配电价、综合折旧率以及运维成本占固定资产比值等基础参数的历史平均水平,同时根据工程现金流量支出予以折现、叠加,以此作为工程项目可研财务审批的参考标准,对筛选出的高于限额的工程进行重点审查,从而提升财务可研评审效率,强化投资效益引导。

新电改通过成本监审,严格核减与售电业务不相关资产、不合理成本,倒逼企业加强投资成本管理,这就要求企业合理安排预算,不能让不合理的预算挤占正常投资预算。电网工程投资预算一般包括总投资预算和年度投资预算,总投资预算依据工程概算、工程标准成本等进行编制,而年度投资预算因其受到的制约因素较多,进行精准编制存在难度。东营公司提出的"里程碑计划编制法",分类考虑预算编制因素,应用机器学习流程自动化,进一步优化预算编制方法,将总投资预算有效分解成年度投资预算,保障持续提升投资预算精细编制水平。

（三）优化预算编制方法，精确新经济下项目预算编制

电网工程投资预算一般包括总投资预算和年度投资预算，总投资预算依据工程概算、工程标准成本等进行编制，而年度投资预算因其受到的制约因素较多，精准编制存在难度。东营公司提出的“里程碑计划编制法”，分类考虑预算编制因素，应用机器学习流程自动化，进一步优化预算编制方法，将总投资预算有效分解成年度投资预算，保障持续提升投资预算精细编制水平。

1.里程碑计划加强工程编制预算标准化

财务成本进度与里程碑计划节点高度相关，里程碑计划节点的细化有助于总投资预算的精准分解，东营公司设置可研批复、初设评审、四通一平、工程开工、土建施工、设备到货、工程投产、竣工结算、施工图交付、安装调试等关键节点，细化工程成本每项费用与各关键节点的理论对应关系。

从 2016~2019 年决算项目中分类别选取工程，一是测算出工程里程碑计划关键节点的理论投资预算，在此基础上，利用近年累积的大量历史数据，对理论投资预算进行修正。二是通过计算里程碑时间节点与实际工程成本支出、实际工程付款之间的时间关系确定时间差，优化测算模型。编制工程投资年度预算，提高了投资预算年度的分解精准度，避免了工程管理部门盲目的报送投资额，使年度投资额确定更加数字化、合理化。

2.分类考虑预算编制因素

结合不同类型工程特点，引入新的投资预算编制考虑因素。一是对于大型变电站新建工程，因民事关系协调较为复杂，一旦出现民事关系协调困难，将严重影响施工进度，所以应将民事关系处理引入工程年度预算编制，合理安排投资节点。二是对于技改工程，由于存在施工工期短、施工安排受停电计划影响大等特点，为进一步提高技改工程投资预算编制准确性，财务部门与业务部门充分沟通项目建设要求、施工安排、迎峰度夏、停电计划等影响因素，合理确定里程碑计划时间节点，测算并运用技改工程里程碑节点投资预算系数，编制年度投资预算。三是对于小型基建项目，由于易因设计变更、装修标准等导致超概问题，财务通过介入前端可研及概算编审环节，会同专业管理部门，在确定工程基本条件的基础上，综合考虑建设规模、工程特点等差异因素，搭建项目通用方案及可选子方案。然后运用历史数据进行计算分析，形成各方案相应的标准成本，组合编制年度投资预算。

3. 创新投资预算编制模式

通过对 2016~2019 年决算工程大数据的分析，建立了自动的投资预算编报系统，提高编报效率和准确度。东营公司创新开展辅助编报投资预算。结合标准成本体系、电网工程投资预算里程碑计划编制法等工具的应用，系统梳理编报操作流程，确定合适的操作环节：一是根据工程管理部门填写的工程里程碑节点报表，根据以前大数据统计信息，根据类别自动计算出累计投资金额。二是从 ERP 中自动查询项目累计发生数及抵扣税金金额，并按预算编报模板的明细费用层级自动归集。三是根据工程里程碑节点自动计算出的工程累计投资金额减掉以前年度发生额，编制年度投资预算。四是根据工程实际情况，考虑工程施工过程中特殊因素，核实修正，以提高编报质量。

（四）政府提出的深化供给侧改革，就要是提高投资质量

建立大数据下的资本控制模型，从以业务为核心转变为以效益为核心，要求投资预算执行得更加精准。东营公司充分利用财务、计划、基建、物资等大数据，搭建目标曲线并滚动更新，在同一时空坐标体系下绘制同一项目四条目标曲线（建设进度、成本、资金、投资曲线）和对应的实际曲线，以目标曲线作为项目执行全过程管控标准，与实际执行曲线动态对比、分析、预警，支撑投资预算执行实时跟踪管控、年度投资预算调整、项目资金需求预测等，实现工程进度、投资预算、资金预算、投资计划执行的协同管控。

1.充分挖掘业财信息，创建目标曲线模型

一是基于项目里程碑计划，构建建设进度预测模型。建设进度预测主要是测算项目建设期各月份的计划完工百分比，在统计各单位工程计划开始、结束时间及计划工期基础上，按照单位工程、里程碑计划节点、单体工程、输变电工程自下而上顺序汇总计算。二是依托建设进度及总投资规模，构建成本预测模型。结合估（概）算，确定总投资规模，基于里程碑计划以及施工进度计划确定成本分摊时间，根据成本特性确定分摊方法，从而将工程总投资预算分解到项目建设各年度各月份。三是构建资金预测模型。在成本预测模型的基础之上，梳理、分析东营供电公司物资、服务资金实际支付特点和规律，制定各项费用资金支付的付款条件、付款时间以及付款比例规则标准，结合资金支付承诺期规定，构建资金预测模型。四是依托建设进度模型，构建投资进度预测模型。参照成本预测模型搭建思路，基于工程建设进度计划以及含税概（估）算，区分建筑、安装、设备和其他费用，构建月度工程投资进度预测模型。五是建立动态纠偏机制，滚动

更新目标曲线。东营公司通过建立动态纠偏机制，应对材料价格波动、施工方案变化、线路路径变更等不可控因素，相应调整目标曲线，实现项目形象进度、投资预算、现金支出、投资计划的动态实时管控。

2.动态追踪预算进度，支撑预算滚动调整

东营供电公司根据预算模型每月实时统计投资预算执行情况，滚动预测后期成本发生规模，为投资预算精准调整提供量化依据。首先，通过工程月度报表统计工程实际成本进度，对于实际成本进度与目标成本进度差异较大的项目，调查分析差异原因，确定需调整年度预算的重点项目。其次，利用目标成本曲线模型，用实际入账成本更新目标成本曲线中相应月份的初始预测成本，用总投资预算减去实际成本后的余额预测后期各月成本，更新生成项目各年度成本预算。最后，将初始年度预算与更新后年度预算对比，确定项目当年年中预算调整金额，也为后续年度投资预算安排提供量化参考。

3.在线执行偏差预警，强化投资风险管控

东营供电公司依托目标曲线模型，开展项目形象进度、投资预算、资金支付、投资计划执行偏差的实时监控和动态预警，提升工程年度投资预算执行准确率，促进工程“两算”和转增资产及时有效。

一是预警预算执行偏差。首先，选择不同电压等级、不同工程类型典型项目，分别测算四条实际曲线与目标曲线在不同建设阶段偏差经验值，建立分地域、分电压等级、分工程类型、分建设阶段的投资、成本、资金、进度偏差预警阈值区间标准。其次，实时计算在建项目实际曲线与目标曲线偏差，与阈值标准进行比对，根据偏差程度进行预警提示，督促业务部门及时分析偏差原因并采取纠偏措施。二是预警“两算”和转资及时性。基于业务部门项目里程碑计划，制定年度各月项目投运计划，应用目标进度曲线和实际进度曲线，对各月、各单位、各项目实际投运与计划投运差异进行实时比对，对偏差进行跟踪预警，对于投运后未在规定时间内完成增资及“两算”的项目推送至责任人，督促前端业务部门分析原因、采取措施，及时修正里程碑计划并加快推进“两算”和转资进度。

（五）优化分析评价体系，强化新经济下投资预算闭环管理

1.分析“三算”结余规律，提升工程造价管控水平

东营供电公司在搭建标准成本体系和应用目标曲线过程中，积累并挖掘大量竣工项目历史数据，按照单体工程、费用类型、里程碑节点等维度对可估概算、投资预算、竣工决算数据进行统计分析，总结差异原因及规律。一是将差异分析

结果发布到发展部、建设部、运检部等业务部门，作为考核评价可研编制单位、设计单位的重要参考，指导后续可研、初设的编制，不断提高可研和概算编制质量，精准管控工程造价；二是利用统计分析结果，对标准成本体系进行滚动修编，调整工程内控系数，提升预算编制工具的适用性及生命力，不断精准化工程投资预算。

2.完善预算考评机制，激发预算管控内生动力

东营供电公司建立对应的考核机制，财务部依据项目实际完成情况进行综合评价，并将评价结果纳入业绩考核，充分调动各单位、各部门的参与性、主动性和竞争性，激发投资预算执行内生动力。同时，公司引导各单位在编制工程投资预算时，能够按照标准成本和里程碑计划充分沟通、精准编制，形成“全面、全员、自觉”的预算管控氛围。

（六）优化分析评价体系，强化新经济下投资闭环管理

新经济学指出，价值驱动因素有两个，一个是创值率，一是新投资。闭环管理可以提升资本投资管控水平。工程投资预算管理环节多、链条长、数据多，为提升管控质量和效率，东营公司建立全口径管控模型，联系生产系统、SAP 等信息系统进行对比分析，全景展现工程价值链与业务链各环节多维度信息，切实发挥投资预算引领价值创造、调控资源配置、支撑管理决策、防范经营风险的作用。

在项目需求提报阶段，通过全链条上传储备需求。由市公司财务专责统一审核，对于不合理项目予以否决。在项目预算编制和发布阶段，接收投资预算编制信息，整合形成财务预算数据，发送 SAP 和项目管理平台等系统进行执行控制。在项目执行和分析阶段，动态反映投资预算全过程执行情况。在项目评价阶段，固化评价指标体系，整合业务与财务的关键数据，开展投资预算及项目在线评价。

三、新经济下的大数据投资管理模型应用效果

（一）支撑输配电价经营策略落地，加快有效资产形成速度

在投资规模方面，东营供电公司通过应用输配电价模式下的投资能力预测模型，从经营和输配电价核价两个视角，联动测算公司投资能力，统筹平衡公司投资能力和投资需求，合理安排公司投资规模。

在安排项目投资方面，东营供电公司以可研经济性和财务合规性的审核为抓手，深化项目可研经济性和财务合规性评价，提升储备项目质量，形成有效投资预算。公司重视投资效益，在选择投资方案时综合考虑电网安全、投资回报以及经济性等因素，优先选择能带来更多售电量增量的项目，减少不经济性的项目投入，为下一轮输配电价清算夯实资产规模，提升电网投资效益。2019 年公司共计评审项目 562 个、5.97 亿元；其中退回不合理项目 45 项，降低项目总预算 0.87亿元。

（二）科学提升投资预算编制水平，确保投资预算需求的合理安排

一是通过在使用过程中以 2015~2019 年竣工决算项目项数据为样本，编制 2019~2020 年年度投资预算时，剔除不合理成本 19 项。二是按照不同电压等级、不同工程类型，确立了各项成本预算控制标准，进一步健全完善了预算管理体系，2019 年初国网东营公司精准编制 19 项电网技改工程投资预算，使技改项目投资预算相比投资计划得到了有效压降，同比 2018 年预算占比投资计划比率下降 7%，使公司投资决策更加合理。三是在集中部署的环境下创新实现了工程资金需求动态预测。通过工程资金需求动态预测模型的建立，公司使用长期成本预测与短期成本预测两种方式，通过总投资预算、年度投资预算、项目估概算等信息，将投资预算归集到所属工程建设阶段，建立工程 WBS 与里程碑结点的对应关系；结合工程投资预算各成本费用发生期间的长短以及金额的大小，评估各类费用的占用比例和建设实施周期，进而确定工程费用成本分配时间区间，实现工程成本分摊和预测，为投资预算的合理安排提供参考依据，进一步压缩了工程投资预算，提高了投资预算编制的准确性、科学性。在管理部门申报基础上，公司压降本年投资预算 5.4 亿元。

（三）大力推动投资预算高效执行，全面加快有效资产价值积累

投资预算优化配置效率持续提高主要体现在两个方面：一是优化零星预算调整流程，提高了预算执行的高效性和及时性。2019 年，国网东营公司通过零星调整有效调整项目预算 123 项，其中单位内部调整 84 项，单位间调整 39 项。二是预算执行质量精益化水平提高。项目资金一体化平台的建立，使得实时监控各下属单位预算执行情况成了可能，并根据各单位预算执行情况引导各单位通过内部调整消化、单位间预算平衡等方式，优化资源配置和支出结构，将资源更多地投向国家重点战略工程和有助于提高安全、质量、服务、效益的项目上，有

效避免了基层单位预算完成带有目的性,造成不必要的资源浪费,使东营公司预算执行质量得到很大提升。2019 年,东营公司整体预算完成率达 99%以上,精准投资能力较以往年度大幅提升。

(四)提高投资预算优化配置效率,助力长期挂账在建工程清理

投资预算刚性控制项目成本费用的支出的同时,柔性配合工程整体建设。东营公司利用投资预算调整管理机制助力推动长期挂账在建工程清理工作,有效减少公司资金沉淀,盘活存量资产,提高工程资金使用效率;加速形成有效资产;适应输配电价改革,提升公司有效资产占比,提高电网投资效益。

2019~2020 年,东营供电公司完成在建工程清理项目 572 项,形成增量有效资产5.23 亿元,有效提升了有效资产形成的及时性。

(五)引导电网投资计划准确编制,全面提高有效资产形成规模

通过深入开展大数据结果分析,公司发现投资计划结余、投资预算与实际执行存在差距,发现的问题随后被及时反馈到项目建设前端环节,为前端估概算编制、计划下达提供了数据支撑,指导项目估概算编制朝着更为准确的方向改进,促使估概算趋于合理,提升了编制估概算的深度和质量。结合投资能力测算分析的结果可作为决策依据,科学评估公司总体承载能力,适度控制投资规模,压缩项目投资计划下达,优化公司整体资源配置,为投资预算编制奠定基础,缩小项目后期执行的偏差,推动有效资产增长,提升公司投资决策管理水平和效益。2020 年初,东营公司依据建设投资结余分析功能,对投资节余率进行了分析比较,比较了投资预算与竣工决算的偏差率,找出了影响计划与实际偏差的因素,同比 2019 年投资结余率压降了6.13%,有效引导了投资估算精准度。

(六)强化投资预算精益对比分析,工程结、决算治理取得阶段性成果

工程竣工决算管理是工程全过程财务管理的重要内容,工程竣工决算编制效率与质量对于及时准确转增资产、夯实有效资产认定基础、提高电网投资效率效益都具有重要意义。该项目的有效实施可以较好地适应输配电价改革形势,重点加快投资计划转资效率,全面提升公司有效资产规模,科学支撑输配电价核价。

成果创造人员:李华杰　崔凤云　刘　涛　刘　晨　辛少菲　王银忠　王婷婷

财务共享“六维”运营体系的构建与应用

中国石化集团共享服务有限公司东营分公司

摘要：围绕央企共享经济新业态，按照中国石化集团公司改革发展总体部署，围绕“客户价值最大化”这一目标，以“业务”为中心，以“流程”为主线，构建实施以“业务运行、质量管控、服务管控、绩效管理、人才培养、党建保障”为核心管理要素的财务共享“六维”运营体系，将六个维度的运营管控目标、措施融入财务共享运营体系中，以“升级自立”作为发展总要求，持续做细做精基础服务，全面推进优化提升，不断提高运控能力，积极拓展新领域新市场，探索构建全流程管控的财务共享“六维”运营体系，打造财务共享服务升级版，实现财务共享服务运营高质量发展，为建成“国内领先、国际一流”的共享服务公司奠定坚实基础。

中国石化集团积极响应中央关于国企深化改革、转型发展的战略部署，探索管理变革和商业模式创新，成立了中国石化集团全资子公司共享服务有限公司。经过几年探索实践，完成了财务共享、HR 共享、IT 共享、党务共享、商旅共享等专业化重组，建立起了涵盖中石化上中下游各板块的共享服务业务标准、系统平台、实施策略和管控模式，在统一业务标准、强化制度执行、加强监督及风险管控、促进管理水平提升等方面取得了显著成效，为集团公司及企业深化内部改革，推进转型升级和提质增效，实现全面可持续发展、迈向高质量发展提供了有力支撑。

一、财务共享“六维”运营体系的构建与应用背景

（一）提升业务“质量、效率、服务”的需要

近几年，财务共享服务形成了一套行之有效的常规管理体系，但随着大数

据、5G、云平台技术飞速发展,共享服务正从日常事务性工作标准化、流程化简单集中处理,向管理模式智能化、数字化全面升级,并不断向业务前端延伸。提升共享运营质量和服务能力,不仅是集团公司提供高质量财务信息、降低经营风险、助力企业财务转型的重要保障,也是财务共享服务建设的根本任务和责任,在新的发展形势下,亟待建立一套更加精准、高效、便捷的一体化业务运营体系,不断提升业务的"质量、效率、服务"水平。

(二)助力集团、企业转型发展的需要

中石化集团公司深入开展管理体制改革,要求推进公共服务业务共享,加快共享服务平台建设和应用,探索推进共享服务全球化进程,发挥共享服务支持保障作用。共享公司把全力支持集团深化改革、转型发展作为核心要务,通过打造"三个中心",不断提升共享服务能力,促进集团财务资源和管理纵向集中、业务与财务横向集成,助力企业财融合、财务转型纵深发展,在集团公司推进布局优化和结构调整、完善市场化经营机制、加快推进管理创新、防范化解重大风险上发挥更加积极作用。

(三)共享服务高质量发展的需要

围绕"打造世界领先洁净能源化工公司"愿景目标,共享公司制定了打造"国内领先、国际一流"共享服务公司的战略规划,在完成基础共享服务境内全覆盖的基础上,逐步完成海外交付中心的规划与功能定位,下一步还将走向外部市场,建立面向市场化业务的综合服务管理体系。面对紧迫的目标任务,以系统观念,全方位深层次地全面推进公司高质量发展,不断开创中国石化共享服务事业新局面成为今后工作的重中之重。

二、财务共享"六维"运营体系的构建与应用做法

按照集团公司改革发展总体部署,共享公司以"业务"为中心,以"流程"为主线,突出目标、问题、结果三个导向,以标准化规范化、管理与科技创新、素质与能力提升为主要依托,开创性地构建了高度集成、高度流程化和自动化的新型共享服务业务运行体系;构建了以六位一体管控机制、ISO质量认证管理、质量对标等为重点的高标准质量管控体系;构建了涵盖"五三一"服务体系、专家团队管理机制、服务产品清单管理的高水平服务管理体系;构建了以工时定额为基

础、组织与个人绩效综合管理的高效能绩效管理体系;构建了突出专业能力建设、激发自主创新能力的高端人才队伍培养体系;构建了打造财务共享品牌、深化“三本账”“三清单”应用、强化五小组长和三支队伍建设为主要内容的高质量党建保障体系。将六个维度的运营管控目标、措施融入财务共享运营体系中,以“升级自立”作为发展总要求,持续做细做精基础服务、全面推进优化提升、不断提高运控能力、积极拓展新领域新市场,探索构建全流程管控的财务共享“六维”运营体系,打造财务共享服务升级版,实现财务共享服务运营高质量发展,为建成“国内领先、国际一流”的共享服务公司奠定坚实基础。

(一)打造高效率业务运行体系

作为集团公司首家运营的共享企业,财务共享率先开展了财务共享服务运行体系设计、标准规范制定、系统搭建、标准化制定,构建了以客户价值为导向、以“基础+增值”服务为内容、职责界面清晰的共享服务运营体系,提供了一整套标准和业务模板,为共享服务快速发展奠定了坚实基础。

1.业务运行模式

(1)构建新型业务交互方式

财务共享服务模式下的业务交互运行具有以下特点:

划分清晰的业务界面。通过签订服务水平协议(SLA),合理划分业务界面、界定工作职责,明确服务质量标准,提高与客户的协调工作效率。按照服务维度,财务业务可分为管控型、经营型、专家型、规模型、现场型五类。目前专家型、规模型和部分现场型业务已被纳入共享服务的范畴,为企业提供总账、应付、应收、资产、资金、成本、费用报销的所有财务核算、财务报告、会计档案管理等业务服务以及管理咨询、人才培养、决策支持、大数据分析等增值服务。共享公司对核算正确性、及时性负责,确保所有业务核算都合法合规;企业提供支持会计核算的标准化、规范化原始资料,对业务的真实性、合法性负责。

标准化的制度规范。梳理上中下游企业核算范围和标准,推进标准化模板落地。梳理业务场景570项,按照重要性原则确定了附件ABCD分类共204项、电子附件分类55项、附件格式参考184项,凭证附件标准化有效提升。通过实施共享服务,业务核算进一步规范。

搭建高效的信息系统。建立以FSS、FSO、ERS为基础的共享操作平台,高效完成信息传递、业务处理。客户根据确定的业务界面和原始资料传递方式提交服务申请和原始资料;共享基于影像资料进行核算处理。共享操作平台由共享服务自助系统(FSS)、共享服务业务运营系统(FSO)、费用报销管理系统(ERS)构成,同时与会计核算系统(ERP、AIC)、相关业务管理系统(CMIS、TMS 等)紧密衔接,完成全流程业务处理(见图 1、表 1)。

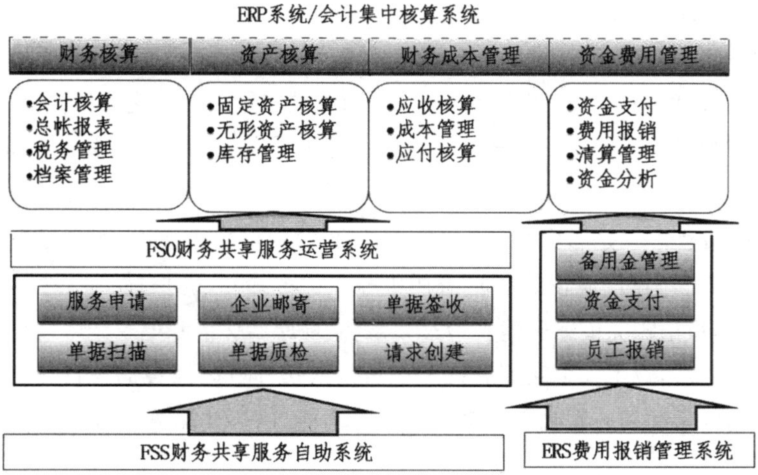

图 1　统一的财务共享服务技术平台

表 1　财务共享操作系统功能

系统名称	系统功能
共享服务自助系统(FSS)	企业与共享服务的业务交互平台:企业用户在自助平台系统提交财务业务处理申请;共享服务业务人员通过自助平台系统对财务业务进行单据交接过程管理、单据信息复核、扫描影像质检和单据归档等业务的处理
共享服务业务运营系统(FSO)	共享服务业务操作平台:主要由共享服务业务人员使用、创建、执行服务请求,通过与 ERP、AIC 等核算系统的界面集成,完成账务处理
费用报销系统(ERS)	共享服务对公、对私业务及付款业务处理平台:企业业务人员通过费用报销系统提报申请,经过内控审批,企业财务确认后交由共享公司进行账务处理;主要包括事前申请、费用报销、财务处理、支付申请、资金申请、对私付款及管理报表

实施统一的情景化提报场景。在共享自助系统和 ERS 系统应用的基础上,从业务视角出发,紧密围绕企业财务转型发展需求和端到端直联服务要求,重构以业务为主线的共享内部职责和工作流,为用户提供简洁智能界面服务。按照实际业务场景进行提报设计,新增常用场景,提报模板;重新设计提报界面,表单字段灵活定制,简化用户提报;新增电子附件自动校验,统一附件模板,满足财务明细核算数据同步传输,提报和处理的全流程智能化水平进一步提升。

建立明确的原始资料传递方式。目前的档案管理流程:一是共享负责档案管理,企业负责原始收集并送达或邮寄到共享,共享负责扫描形成影像资料,待业务处理完毕进行装订归档，定期移交企业。二是企业负责档案管理，企业负责原始单据收集，扫描形成影像资料，共享依据影像资料记账，企业负责原始单据装订归档。

(2)共享模式下档案集中管理

财务共享上线后，传统的会计档案管理模式发生改变，从传统意义上的纸质凭证、事后整理等工作转变为纵向统一的财务共享服务标准化流程，为企业集团内部管理和风险管控打下基础。一是革新传统档案管理模式。先后发布《中国石化会计档案管理办法》《财务共享模式下会计档案操作规范》等制度，推动档案电子化进程。二是影像“云”存储。依托高效扫描信息技术，实现原始凭证电子化集中存储，异地应用。三是纸质电子“双索引”。以扫描顺序进行实物归档，同时回写记账凭证编码建立检索关系，实现原始凭证和电子记账凭证双向系统查询，极大缩减了人工匹配装订工作量。四是开放影像查询与打印。实现电子档案的网络访问查看和文件离线复制等功能，进一步拓展会计档案数字化应用。

2.信息系统集成设计

为进一步加强财务共享业务规范应用、加大系统集成力度、提高数据质量，共享服务平台与集团内全面实施的ERP大集中、“中国石化合同管理信息系统”(CMIS)平台和ERS报销等系统进行功能融合，通过流程再造和系统设计开发，构建基于财务共享的业务前台、中台、后台系统流程，实现智能提报、移动审批和业务处理、运营监控，全面提升财务共享服务运营体系的标准化、集成化水平。

3.流程自动化、智能化开发取得突破

坚持创新发展战略，建立专家“揭榜挂帅”机制，在流程优化提升、自动化智能化、管理提效提质等方面持续取得突破。

智能化开发取得突破。积极研究智能化技术，综合利用图像识别信息、语义解析技术等人工智能技术，实现附件分类、标识项识别、关键信息项提取、信息融合与确认等，智能自动记账智能化开发项目实现突破，经分析验证，目前自动制证字段填充一致率已达91.2%，凭证一致率达77%。

RPA(机器人流程自动化)开发取得新成果。基于业务处理、客户服务需要，打造“享当当”智能化服务品牌，形成了成套的RPA解决方案，开发应用了108个RPA开发、80项功能优化，涵盖34个业务场景169个业务流程，月节约工时5200小时。其中：成本月结批处理RPA，实现了不同板块、不同公司代码的全流程成本月结自动化；资金TMS对账、代收代付、清算等5类RPA机器人，实现了大量重复性烦琐业务的自动化处理。

流程优化取得新成效。推广应用了发票 OCR 识别技术，实现了增值税发票信息“零时间”交换，提高了发票记账、认证、对账工作效率。探索实施了“会计工厂化”记账模式，实现记账流程的专业化分工、标准化处理、流水线作业，该项成果已取得软件著作权。持续推进 ERP 凭证模板智能化应用，累计部署 542 类 ERP 凭证模板、127 类 AIC 凭证模板。推进费用报销三段式流程优化，全面提升了业务处理效率。

创新实施三单匹配。推广应用物资采购、服务类“三单匹配”，实现采购订单、物资入库单、供应商发票的“三单”匹配功能和自动发票校验功能，企业、供应商、共享的工作效率均得到大幅提升。目前物资采购“三单匹配”已全面推广，企业物资采购类发票已经实现由供应商根据开票通知开票后直送共享公司，自动过账率达 65.79%。

（二）构建高标准的质量管控体系

1.强化六项质量管控运行机制

财务共享服务在建设升级过程中，逐步构建并完善了“六位一体”质量管控机制，实现了服务质量的闭环管理和全面提升。健全风险防控机制，定期梳理共享在业务处理和流程节点上存在的风险点；健全业务运行检查机制，严格全过程质量检查，梳理档案管理、业务处理、月结执行、报表出具等全过程质量检查点，及时进行整改；健全稽核审计机制，针对稽核中发现的问题，进行通报并跟踪整改，配合企业内审外查；健全质量分析机制，创新丰富质量活动载体；健全考核督导机制，切实抓好质量督导工作；推进信息化运行机制，实时更新“知识库”“问题库”“经验库”，探索质量分析、绩效考核、风险防控等信息化手段。

2.丰富特色质量控制活动

积极开展对标世界一流管理提升行动。通过实施基础业务收入、拓展业务收入、CRM 问题处理平均时长、自动制证率、业务及时率、业务准确率、客户满意度七类对标提升行动，管理理念和管理文化更加先进，服务能力和水平持续提升，核心竞争力和发展软实力明显增强；开展业务无差错竞赛。每月梳理分析凭证业务量和及时率、准确率，对无差错班组、个人进行奖励，并借助竞赛开展，进一步理顺强化三级质量分析、质量分级责任制、六级质量连带考核等工作机制，固化“业务无差错、服务无投诉”活动成果，形成质量 PDCA 闭环管理；开展“五比五赛”活动。创新开展以“比质量、赛精准，比效率、赛能力，比服务、赛评价，比作风、赛形象，比学习、赛创新”为主要内容的“五比五赛”劳动竞赛，在业务发展、人才成长、形象提升等方面取得显著成效。

3.借力 ISO 质量认证完善体系建设

随着财务共享业务的高速发展，对于质量管理的要求越来越高。建设完善的质量管理体系是提升自身的管理水平一个重要手段。财务共享建立健全管理体系，进一步规范内部管理流程，2019 年顺利通过劳氏集团的 ISO9001 质量管理体系、ISO27001 信息安全管理体系和 ISO20000 信息技术服务管理体系三项国际标准认证，进一步保障了核心知识产权和信息安全，同时依据国际标准和行业先进经验，全面提高企业风险管理（RM）能力，保持了公司在行业中的核心竞争优势。

（三）构建高水平服务管理体系

1.打造财务共享服务产品

为充分发挥财务共享服务在企业转型中的推动作用，持续做优基础服务、做强高端服务，确定了“专项资金财务共享服务”“规则内资金支付”“业务风险联动监控”等 8 项基础业务服务和“RPA 开发应用”“大数据深化应用”“专业咨询服务”等 9 项拓展业务服务清单，做到基础业务、拓展业务应接尽接，从客户实际需求与经营特点出发，量身定制拓展服务，不断提升客户价值。目前，结合各板块特色、企业关注点制定企业《财务信息分析报告》，定期向企业推送。与某油田企业签订《财务数据分析应用服务合作协议》，实现企业内部管理报表、经济活动分析报告系统自动、实时生成。

2.构建“五三一”服务管理体系

打造“五三一”服务管理体系，健全落实对客户需求首问负责、马上就办、日清日毕的“快速响应机制”，健全落实对业务交替环节客户沟通、业务处理无缝衔接的“业务交接机制”，健全落实外协联系人与客户负责人对外协业务处理和客户沟通协调负责的“双重负责机制”，健全落实与客户双向业务交流、定期推送业务分析报告及管理建议的“业务融入机制”，健全落实分层级、分岗位对质量效率服务做出承诺并践行的“服务承诺机制”，确保服务质量、服务效率、服务水平的全面提升，实现共享服务高质量可持续发展的目标。

3.打造高效专业客户服务团队

按企业设置客户经理、账表负责人、业务流程联系人，组建支持团队和拓展服务团队，对所负责企业提供业务咨询、问题建议反馈快速响应等一对一精准服务；通过客户座谈、业务交流、深入客户现场等方式，做好财务共享宣传，分析客户需求，扩大服务范围，为客户提供定制化服务；每年推荐业务骨干到服务企业开展3~6个月挂职交流，深入了解企业业务流程和生产经营情况，提升客户服务团队综合素质、服务能力。

4.建立多功能客户服务平台

客户通过客户服务平台提出问题与建议，由各级管理员回复反馈给客户，客户对回复意见进行评价。并通过Hana数据平台建立模型，每月系统自动取数生成客户服务反馈报告，自动向客户推动服务质量反馈邮件。通过数据服务平台集成各类业务系统数据，建立SLA协议级质量指标，形成SLA级质量指标，考核签订SLA协议条款执行准确性和及时性，规范和强化服务质量管理。

5.深化财务大数据应用

以信息化手段取代依靠“手工人力”的电子表格式管理报表模式，支持管理报表自动生成、定时推送、在线预览及下载本地，支持企业的周期性报告需求。通过直观可视化界面帮助企业快速生成报表，实现一次建设、服务全局，最大限度提升管理报表报告报送效率。

（四）构建高效能绩效管理体系

1.充分发挥绩效考核导向作用

建立两个维度、三级考核、六级连带的绩效管理体系，将考核责任逐级落实到各管理层级和员工。两个维度是指常规考核与重点事项从严考核两个考核维度；三级考核是指分公司考核服务部、服务部考核业务部、业务部考核业务组及员工；六级连带是指对业务处理人、业务组长、业务部分管副经理和经理、业务服务部分管副经理和经理实施连带责任考核。构建以工作量为核心指标，以质量、效率、服务、创新、制度执行为要素指标的“1+5”员工绩效考核体系，引导员工向质量效益和价值创造聚焦。

2.创新应用工时定额体系

按凭证、月结、报表3大类分类形成标准定额工时。凭证按照次数、张数、行项目、要素法4大类，次数、张数类按业务类型制定固定定额，项目工时按比例式、阶梯式计算，要素法按辅助核算字段工时汇总计算。月结分为月结前检查、月结执行、月结后检查三个部分，分类审定步骤工时。报表分流程编制、报表编制两个子模块，流程编制定额按照步骤赋予定额，报表编制定额以报表张数为基础赋予工时，确保准确反映员工真实工作量，用于绩效考核、部门劳效对标、优化定员,并可作为客户收费方案的参考依据。

3.实施《工效挂钩暂行办法》

考核指标与绩效工资挂钩,发挥绩效考核对各部门落实规划目标、提供卓越服务的指挥棒作用,确定利润成本类、专业管理类和约束性指标等3类考核指标,充分调动提升客户体验、创造客户目的价值的积极性,全面激发员工动力活力,为公司高效可持续发展提供机制保障。

(五)构建高层次人才培养体系

1.创新多维人才培养模式

建立“6+4”和“两横三纵”人才培养布局。“6”是指从基础业务人员、基层管理人员、全业务人员、海外业务人员、专家人才、精英人才六个方向培养人才;“4”是指计划、措施、监督、评价四项人才培养机制。“两横”是指依托理论知识和业务实践能力的提升;“三纵”是指实现基础操作、中间骨干、高端复合三个层次的人才建设。着力造就一批高素质、复合型、国际性的精英人才,为建设“国内领先、国际一流”共享服务公司提供有力的人才支撑。

2.加强专家团队建设

目前公司拥有注册会计师、注册税务师、美国注册管理会计师等职业资格证书53个,成立了“智能提升研究、数据分析应用、财税实务研究、风险防控研究、质量提升研究及流程创新研究”6个财务专家工作室,由公司财务分析、业务流程、财务信息等公司专家挂帅,培养专业型、流程型、创新型的业务专家和技能人才,提供企业并购、税收政策、共享规划等咨询服务。在2017年集团公司会计大赛中获得团体赛第二名和第四名,在集团公司ERP大赛中1人获得金奖,在集团公司财务信息竞赛中1人获得金奖。

(六)构建高质量党建引领保障体系

1.基层党建工作持续夯实

以党的政治建设为统领,以基层组织力提升为根本,不断推动党建工作水平上台阶。聚焦基本组织建设,坚持党的基层组织和公司行政组织同步建立,规范基层党组织设置。聚焦基本队伍建设,组织“支部书记示范行”,开展党务工作分段式培训,建设“三懂三会三过硬”的党支部书记队伍,持续激发基层组织队伍活力。聚焦基本制度建设,推行“3+A+1”主题党日,“党员八个一点、干部六个带头”标准,创新开展“党员先锋指数”量化考核,在疫情防控、攻坚创效行动中充分发挥党组织战斗堡垒和党员先锋模范作用。

2.优秀文化凝聚队伍合力

开展“一支部一品牌”建设及内涵诠释活动，积淀形成了“聚力共享、匠心筑梦”的匠心文化、“点星成河”的星河文化、“钉实服务、钉实质量、钉实规矩、钉实家和”的钉实文化、“同德一心、点石成金”的点金石文化等各具特色的支部品牌文化，实现品牌建设全覆盖。把支部品牌文化同基层党组织建设有机结合起来，培育了“严公精诚恒”的尺子文化，培育了“制度在心中，工作更轻松”的制度文化，“质量提升、基业长青”的质量文化，“控风险、强服务、助发展”的服务文化，打造了“坚持以提供超值服务为中心，坚持追求卓越的企业品格，坚持艰苦奋斗的优良传统”的核心价值观，不断激励员工争创一流业绩。

3.推进基层党建工作创新

搭建“三本账”“三清单”信息管理系统，通过财务人员熟悉的账目、表单，将党建年度总账、月度明细账、日常流水账与党委、党总支、党支部职责清单有机融合，建立起可遵循执行、可考核的标准体系，引领党建工作精准发力、规范执行，使每个基层党组织定有标尺、干有方向，将党建工作精准融入公司创新发展中，形成以党建带业务，以党建促发展的良好局面。

4.延伸基层党建工作触角

优化党组织设置模式，以党支部为核心，有效嵌入“五小组长”“三支队伍”等各类基层组织，实现党建触角有效延伸，党的工作有效覆盖，辐射效应不断扩大，功能作用发挥明显的目标，形成工作统筹、条块协同、上下联动的党建新格局。

5.推进“党建+服务”长效机制

针对财务共享业务特色，围绕客户需求，积极与服务企业党支部开展共建活动，畅通沟通渠道，在协同创新合作、服务范围拓展等多方面资源共享、共同发展，推动党建与服务客户深度融合，推动客户服务再升级。

三、财务共享“六维”运营体系的构建与应用效果

财务共享“六维”运营体系已在财务共享全面推广应用，实施两年多来，财务共享服务创新发展的内在动力得到有效激发，服务质效显著提升。

(一)通过集约化、智能化流程创新,有效促进财务人力资源效能提升

目前,公司为中国石化集团 216 家企业及国家管网公司等外部企业提供财务共享服务,其中东营分公司担负着为集团 113 家企业、232 个公司代码提供会计核算、报表编制、档案管理等任务,为 214 家企业提供费用报销服务。

2018 年集团境内企业全面完成财务共享上线,2019 年度财务基础核算业务大幅增加。根据项目组 EAQ 有效工作量分析及 FTE 测算,SLA 水平协议界面划分后财务共享负责账务核算、报表出具、对公对私费用报销等企业财务业务工作量占原企业财务工作量的 40.57%,东营分公司共需财务核算及报表等基础核算业务用工 5000 余人。为有效解决工作量增加带来的员工工作量持续增加,服务质量及效率下降的问题,通过构建实施“六维”运营体系,系统手工凭证持续降低,自动制证研究实现突破,流程优化初见成效,员工工作效率明显提升,人力资源得到进一步解放。通过近几年定额工时系统数据测算分析,财务共享持续实施“六维”运营体系实施前,由于企业集中批量上线造成企业及共享相关业务操作人员对共享业务标准流程、企业特殊业务等把握不够准确,造成反复转寄、多次外协沟通等无效工时占比较高,全员日均有效工时比仅为 46.5%。财务共享“六维”运营体系实施后,全员日均有效工时比已达 94.04%,工作效率升高到原来的 202%。目前,财务共享实际用工较“六维”运营体系全面推广实施前用工需求实现大幅节约,按照年平均人工成本计算,每年节约 54190.5 万元。

(二)通过标准化、规范化共享运营,有力促进风险防控能力提升

通过实施财务共享“六维”运营体系,一方面坚持“先标准、后上线”,在集团公司形成了统一的财务共享会计核算标准体系,集团公司根据共享建议对费用列支渠道、津贴补贴管理、账户及个人备用金管理等 7 类业务进行了规范。另一方面加强核算规范,强化风险管控,确保集团制度执行到位。细化修订《财务业务处理风险清单》,梳理共享端风险 11 类、72 项,制定完善防范措施 38 项。梳理企业端风险 21 项,着重对未及时合规提报非直联银行账户月对账申请、非财务公司户对外付款、个人账户办理对公业务等资金合规性检查点进行风险剖析,及时发现苗头性问题,第一时间向企业推送风险分析报告,确保企业资金安全;开展“企业财务账务处理权限整改”,完成 462 个 ERP 岗位、2455 个事务代码梳理工作,有效助力企业风险防控,风险防控管理效能得到进一步提升。

（三）通过集成化、数字化系统提升，有效促进数据资产开发应用

通过实施财务共享“六维”运营体系，创新数据资产开发应用，为企业提供公司代码、利润中心、成本中心三级管理分析，满足企业各层级精细化管理需求，推进数据链条向生产一线延伸，服务管理水平稳步提升，不断推进“两化融合”，加速数据资产开发应用，为企业数字化转型提供有力支撑。

（四）通过专业化、规模化共享服务，有效促进企业财务转型

通过实施财务共享“六维”运营体系，着力完善运营机制，深化系统集成，全面涵盖财务核算各业务流程，用22%的财务人员承接了40%的财务业务工作量，进一步提升了财务共享专业服务能力。为企业提供数据分析与咨询、无须提报申请与无纸质申请、员工培训等涵盖基础业务与拓展业务两部分17个项目的高附加值共享服务，充分发挥共享服务支持保障作用，不断推进服务升级，助力集团财务转型。

成果创造人员：樊继刚　张　冰　袁效军　刘　鹏　李占杰　刘国梁　周卫华

以提升国有资本投资公司核心竞争力为目标的投资审核工作机制创新

山东发展投资控股集团有限公司

摘要：为更好践行国企担当，山东发展投资集团认真分析国有资本投资公司项目审核决策现状，提出建立投资论证生态，强化功能定位落地，提升决策质量和投资效益，全力支持山东新旧动能转换。投资论证生态以机制创新、流程协同为核心手段，打造一二三四五六"智汇发投"投审模式，即：坚持战略"一盘棋"引领，体现绿色、科技两个产业特征，推进员工思想、上下力量、内外智慧三个统一，做好组织领导、考核奖惩、企业文化、清廉环境四种保障，创新项目储备、预审风控、专业审核、投后赋能、主体建设五类要素，突出制度工具箱、机制协同包、一票否决权、专家和项目储备库、结构化专家配置、信息化分析数据六个创新点，实现部室之间、权属企业之间、部室与权属企业之间战略同担、职能衔接、资源共享。通过投审工作机制创新，全面汇聚骨干力量和高端智慧，推动资金资本、高端人才、战略伙伴等各类要素资源向战略赛道聚焦，沿产业链做实做强做优主业，实现了以局部创新提升"山发绿色"行业话语权，为集团二次创业和高质量发展提供了重要支撑。

山东发展投资控股集团有限公司（以下简称"山东发展投资集团"或"集团公司"），2015 年 8 月由山东省政府批复运用省基建基金资产组建，同年 12 月正式挂牌运营，信用等级为国内公开市场最高的 AAA 级。公司注册资本 80 亿元，为省管功能型国有资本投资公司，兼有政策性功能和市场化运作属性，是支持全省基础设施建设和现代产业发展的投融资主体，拥有二级权属企业 10 家，参股企业 20 余家，实际控制 1 家主板上市公司。截至 2021 年年底，集团公司实现资产总额368.3亿元，比2016年翻了一番；完成利润总额7.1亿元，年均增长超过30%；累计上缴税收和国有资本收益超过5亿元。

成立以来，山东发展投资集团紧紧围绕省委、省政府决策部署，积极践行“推进绿色发展、建设美丽山东”使命担当，培育出了“绿色科技产业发展、绿色投融资与资产管理、园区运营与内引外联”三大业务平台，先后发起、参与设立基金41支，累计投资140亿元，撬动社会资本近1300亿元，高效完成海阳核电、济青高铁等30余个重点项目投融资任务，出资支持了浪潮大数据、济南圣泉石墨烯、硅基仿生、烟台绿叶新冠疫苗、中科院碳中和科技发展中心等一批“十强”现代优势产业项目，有力促进了全省重大基础设施建设和现代产业转型升级。

一、以提升国有资本投资公司核心竞争力为目标的投资审核工作机制创新的实施背景

（一）投资审核工作机制创新，是深化改革、实现国资国企“三做五力”标准的重要举措

党中央指出，要坚定不移把国企做强做优做大，不断增强国有经济竞争力、创新力、控制力、影响力、抗风险能力。国家和山东省出台的《国企改革三年行动方案（2020~2022）》，以增强企业活力、提高效率为中心，明确要求国企聚焦主责主业，健全市场化经营机制，提高核心竞争力。山东发展投资集团作为国有资本投资公司，以项目投审工作机制创新为牵引，系统完善战略管控、主业发展、企业治理、人才引育、风险防控、激励约束等多个层面建设，是在激烈的市场竞争中充满活力、发展壮大，进而实现国有资产保值增值、放大国有资本功能的有效途径。

（二）投资审核工作机制创新，是体现担当、助推山东率先实现“双碳目标”的战略需要

综合国家2030年碳排放达峰的目标及我省工业化、城镇化发展阶段和领先发展定位，山东省委、省政府确定碳排放达峰时间为2027年左右。当前，山东煤炭消费总量居全国前列，约占全省一次能源消费总量的74.5%，年碳排放量达到了9.5亿吨，要在2027年左右实现碳达峰，减煤降碳的压力和任务非常之重，对国有资本投资公司落实功能定位提出了更高要求。山东发展投资集团作为省管功能型国有资本投资公司，将“推动绿色发展，建设美丽山东”作为使命担当，积

极投资布局绿色能源、科技产业、节能环保等领域项目,以实际行动助推山东双碳目标落地。开展投审工作机制创新,可有效把控战略方向,使各权属企业按照集团公司划定的赛道,沿产业链挖掘、储备和落地项目,以实实在在的投资成效为山东碳达峰、碳中和作出积极贡献。

(三)投资审核工作机制创新,是凸显定位、塑造集团"绿色科技"产业特征的关键保障

山东发展投资集团成立以来,按照政策性、市场化兼具的功能属性,在完成省委、省政府重大交办任务的同时,开展了市场化投资业务。10 家二级权属企业中,7 家具有投资功能,3 家为新划转企业,由于大多成立时间较短,市场化投资业务尚不成熟,存在投资方向不够聚焦、领域不够集中的问题,行业话语权、投资影响力都还十分有限,与打造一流绿色产业投资控股集团和国有资本投资公司的目标还有较大差距。基于此,统筹塑造"绿色科技"产业特征,在省属企业中形成独特位势和优势,已经成为集团上下共同的心声和追求。打造"绿色科技"产业特征,必然需要创新投资审核工作机制,综合采取考核激励、政策引导等措施,督促各权属企业按照集团划定的赛道,心无旁骛攻主业,集中精力沿产业链打造拳头业务。

二、以提升国有资本投资公司核心竞争力为目标的投资审核工作机制创新做法

投资审核工作机制创新,以增强集团核心竞争力为根本目标,以机制创新、流程协同为核心手段,以建立"大投审"生态为支点,打造一二三四五六"智汇发投"投审模式,即:坚持战略"一盘棋"引领,体现绿色、科技两个产业特征,推进员工思想、上下力量、内外智慧三个统一,做好组织领导、考核奖惩、企业文化、清廉环境四种保障,创新项目储备、预审风控、专业审核、投后赋能、主体建设五类要素,突出制度工具箱、机制协同包、一票否决权、专家和项目储备库、结构化专家配置、信息化分析数据六个创新点,实现部室之间、权属企业之间、部室与权属企业之间战略同担、职能衔接、资源共享(见图 1)。通过投审工作机制创新,全面汇聚骨干力量和高端智慧,推动资金资本、高端人才、战略伙伴等各类要素资源向战略赛道聚焦,沿产业链做实做强做优主业,有效增强竞争力、创新力、控制力、影响力和抗风险能力,为集团二次创业和高质量发展提供重要支撑。主要做法包括:

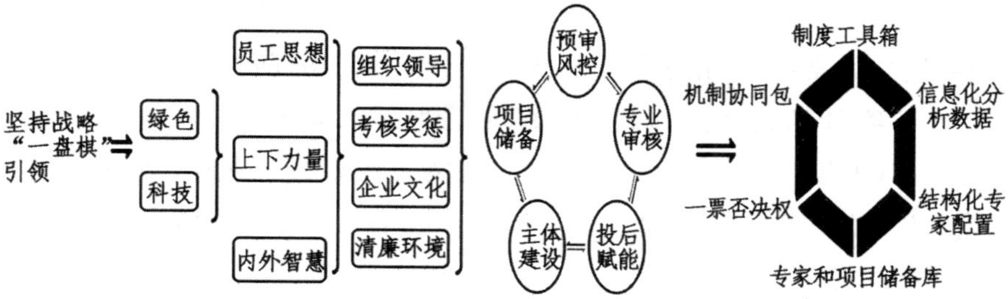

图1　投资审核工作机制创新内涵逻辑图

（一）明确思路目标，体现政策性、市场化双重属性

一直以来，山东发展投资集团认真贯彻省委、省政府赋予的功能定位，立足省级国有资本投资公司地位，围绕构建新发展格局和山东“七个走在前列”“九个强省突破”战略目标，聚焦“基础设施投融资、投资与资产管理”主责主业，坚持“政策性+市场化”投资理念，按照“建体系、集众智、培优势”的要求，以强烈的紧迫感、责任感、使命感，创新投审机制，构建协同平台，提升团队能力，打造独具特色的“智汇发投”投审品牌，增厚以绿色科技产业特征为核心的竞争优势。

在实施投审工作机制创新过程中，山东发展投资集团坚持四个原则：一是战略引领。紧紧围绕战略规划布局，统筹投资方向、投资阶段和投资方式，为集团公司塑造绿色科技产业特征，充分发挥国有资本战略引领作用夯实基础。二是质量优先。注重把握投资标的质量，优先遴选具有“护城河”优势、产业链关联、收益预期高的项目，争取投资收益最大化、产业布局链条化。三是业务协同。全流程统筹各阶段工作，匹配人员力量，强化业务协同，形成专业审核、风险防控、投后赋能等互为支撑的良好格局。四是流程规范。建立统一标准，规范统一流程，加强纪律约束和良好氛围营造，确保各项工作程序规范、公开透明、客观公正。

山东发展投资集团力争经过2~3年的实践探索，探索出一流的成熟协同机制，构建出一流的绿色产业链条，培育出一流的专业运作团队，营造出一流的廉洁从业生态，成为集团公司提升经营效益和发展质量的重要支撑，在省属企业中打响“智汇发投”投审品牌。

（二）统筹组织领导，夯实一体化、全覆盖支撑保障

1.通过顶层设计、党委决策固化创新理念

共同的理念追求凝聚强大的内生动力。集团公司董事长、总经理带队赴深

圳，考察深投控、深创投等标杆企业后，立足集团公司发展实际，提出打造投资决策参谋论证生态机制，相关设想以调研报告形式报省国资委主要领导，获得充分肯定。结合“十四五”规划编制，借助和君咨询等专业机构力量，系统研究了创新方向、品牌模式、保障措施，经集团公司党委会审议决策，成为支撑规划的重点举措。集团公司党委书记、董事长孟雷以专题党课形式，向集团全体干部员工进行了系统的宣传贯彻，进一步统一了思想，营造了全员主动参与投资审核工作机制创新的浓厚氛围。

同时，为使创新工作规范、科学和有效，山东发展投资集团立足于自身业务实际，按照“上下结合、左右调和、内外融合”的工作思路，区分职能、环节、流程、要素等创新需求，组织对各部室、权属企业、和省内外先进国企、头部机构等进行了深入调研，在全面掌握业务需求、发展痛点及未来发展潜力基础上，研究起草制度性实施方案，经过反复论证和修订打磨，研究出台了《关于建设“智汇发投”投审品牌的实施意见》（以下简称“实施意见”）《投资审核工作实施细则》（以下简称“投审细则”）两个支撑性制度文件。《实施意见》不仅提出了投资审核工作机制创新的指导思想、基本原则和总体目标，而且还根据集团实际情况，细化分解出 12 项重点任务和 4 类保障工程。《投审细则》则着眼实操性，明确了单位职责、创新流程和工作纪律。

《实施意见》《投审细则》是在省管企业中率先以文件形式制定印发的投资审核工作机制创新方案，有顶层设计、具体抓手、落实载体和保障措施，既具有一定首创性和探索性，又具备较强的指导性与可操作性。这两个制度文件的施行，将董事会、经营层、部室和权属企业业务骨干、外部各类专家纳入了审核论证环节，在对项目进行充分论证的同时，将项目内容审核变为了实质性决策，为总办会、党委会、董事会履行程序决策提供了质量保证。

2.建立上下衔接、左右协同组织领导架构

组织领导体系是投资审核工作机制创新的基础，是开展工作的根本保证。在集团公司领导的高度重视、全力推动下，公司成立了投资审核委员会，董事长、总经理分别担任主任委员、副主任委员，统筹领导投资审核工作机制创新工作。投审委下设投审委秘书处，集团相关分管领导担任秘书处秘书长，牵头组织机制创新各项工作。战略投资部门负责协调落实，统筹推进创新任务与项目审核。其他部室根据各自职能定位，开展业务协同。权属企业主要负责围绕“募投管退”环节进行嵌入衔接。集团公司通过建立健全组织领导体系，形成了层层负责、齐抓共管的工作格局，为投资审核工作机制创新工作的顺利开展奠定了坚实基础。

3.完善争先树优、奖优罚劣激励约束机制

好的设想，需要科学合理的激励约束机制保驾护航。山东发展投资集团充分考虑投资审核工作机制创新实际，配套制定了一系列个性化的机制办法。推行绩效考核全员挂钩，董事会与经营层、分管领导与部室和权属企业分别签订目标责任书，真正实现“以绩效论英雄”；出台《推进高质量双招双引工作奖励办法》，调动全体干部员工想方设法招商引资、招才引智；将主业培育纳入对权属企业绩效考核，分经营类、投资设计考核指标，引导权属企业聚焦主业方向猛攻发力；制定规范增资管理意见和内部借款办法，集聚优质资源支持优质权属企业发展；开展“明星项目、明星团队、明星投资人”年度评选活动，激励集团全员见贤思齐、个个争先。权属企业聚焦投融资能力建设，健全完善本级激励约束等投资管理办法，进一步降低投资风险，提升项目收益。

（三）分解创新要素，制定针对性、多维度任务目标

审核流程是投资审核工作机制创新工作的核心。为使集团公司投资审核各流程环环相扣，使业务部室之间、业务部室与权属企业之间实现无缝衔接，发挥流程最大效能，山东发展投资集团围绕“募、投、管、退”业务链条，从宏观、中观、微观 3 个维度上剖析了各业务流程可以赋予的创新要素，结合集团公司业务特点和优势，提炼、归纳出项目储备、协同预审、专业审核、投后赋能、主体建设 5 类业务环节创新要素，并根据创新要素需求，进一步分解细化为 13 类子要素，将其作为投资审核工作机制创新的融合点（见表 1）。在此基础上，对每一个融合点如何在业务部室之间、业务部室与权属企业之间实现协同共振展开研究，找出每个融合点下的投资审核工作机制创新重点任务。通过 13 类创新子要素的落地实施，打开流程通道，打破信息孤岛，形成互相协同、互为支撑、互促互进的投资审核工作机制创新良好生态。

表 1　投资审核工作机制创新要素及重点任务

创新要素	序号	子要素	重点任务
串联点线面，储备优质项目	1	点上，打造战略研究平台	组建落地创新发展战略研究院、碳中和科技发展中心、数字地理信息测绘中心、5G 产业创新中心、轻量化玻璃研发中心、环保固废处置技术研发中心、绿色能源技术研发中心“一院六中心”平台
	2	线上，建立三维储备体系	利用 3 个维度资源，分行业建立战略伙伴、十强产业和京津冀、长三角、粤港澳 5 个项目储备库，按照“四个一批”推进落地
	3	面上，编制可行投资计划	衔接战略规划、经营计划、年度预算等，确保集团年度投资计划投向精准、结构科学、规模适度
构筑防火墙，前置预审环节	4	预审作出初判	从产业政策、战略定位、主业方向和投融资能力等方面，初步判断项目的合理性与可行性，出具《项目预审意见》
组织论证会，实施专业审核	5	明确专家委员	明确内部专家委员和外部专家委员来源和层次
组织论证会，实施专业审核	6	结构配置专家	结构化配置 7～13 名行业、法律、财务、投融资等领域专家委员，原则上外部专家委员占比为 30%，提出审核通过标准，形成并反馈《项目审核论证意见》
	7	赋权一票否决	区别传统做法赋予主任委员、副主任委员“一票否决权”
算好效益账，强化投后赋能	8	健全投后管理体系	权属企业健全集投后管理流程、投后赋能、风险管理、绩效评价于一体的投后管理体系，建立“知情者”“管理顾问”“积极参与者”等差异化风险管理模式
	9	开展投后赋能提升	开展资本、产业、管理和价值赋能，帮助解决管理问题，专业化、高效化投后赋能
算好效益账，强化投后赋能	10	完善投后退出机制	将获取更高内部收益率作为衡量退出工作的重要标准，集团公司结合主业培育考核，适时将“投资收益”纳入考核指标，树立“投管退一体、责权利对等”的鲜明导向
	11	丰富投后评价维度	外部环境、战略契合度、价值创造、项目风险等多个维度，全面系统分析经验教训
抓实强支撑，打造两个主体	12	线下，培育高效运作团队	集团总部建立业务、行业、财务、法律、投融资等 5 类投审业务专家库，权属企业组建老中青合理搭配的项目团队
	13	线上，建立信息分析平台	完善集团线上投资管理模块，通过对各类指标、模型的测算分析，对投资决策进行全面支持

1.串联点线面,储备优质项目(见图2)

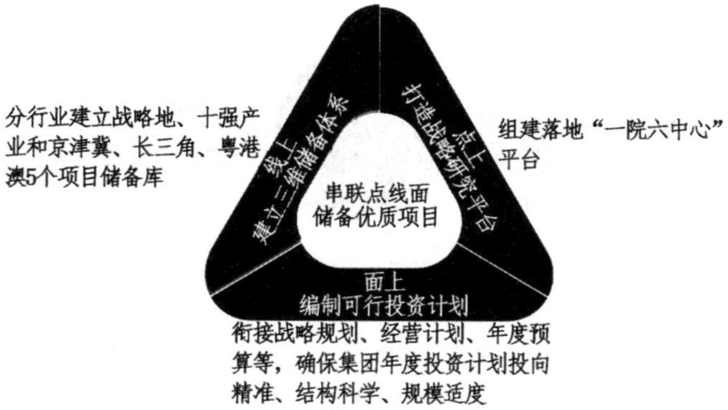

图2　储备项目要素创新逻辑

(1)点上,打造战略研究平台。落实集团公司战略任务,组建落地“一院六中心”平台。集团公司成立创新发展战略研究院,加强与中科院、和君咨询集团、清科集团等顶级科研机构、一流咨询机构、知名投资机构,以及国内“双一流”高校合作,组建集团博士后科研工作站,开展行业研究,提供战略咨询、投后赋能。相关权属企业搭建碳中和科技发展中心、数字地理信息测绘中心、5G产业创新中心、轻量化玻璃研发中心、环保固废处置技术研发中心、绿色能源技术研发中心“六中心”,依托主导产业优势,通过市场研究、资源整合、合作创新、技术引进等方式,提高发现投资机会、挖掘优质项目的能力。

(2)线上,建立三维储备体系。结合主业特点,区分集团公司战略伙伴、权属企业、窗口企业等3个维度优势资源,分行业建立战略伙伴、十强产业和京津冀、长三角、粤港澳5个项目储备库。集团公司战略投资部指导项目开发储备工作,建立项目库资源信息共享机制,定期梳理分析项目储备情况,对项目储备库实施动态管理,按照储备一批、审核一批、落地一批、退出一批“四个一批”的顺序,积极推进优质项目落地。

(3)面上,编制可行投资计划。权属企业严格按照集团公司投资管理办法、投审工作实施细则,落实拟投项目立项备案程序。组织尽调做到有的放矢,区分项目规模、行业特点、投资模式等,开展针对性尽调。对于重大投资项目,集团公司战略投资部视情协同相关部室,配合权属企业共同开展尽调工作。权属企业突出项目可行性,统筹战略定位、主业方向、资金来源,拟定本级年度投资计划。集团公司战略投资部会同财务部、权属企业,衔接战略规划、经营计划、年度预算等,确保集团年度投资计划投向精准、结构科学、规模适度。

2.构筑防火墙,前置预审环节(见图3)

图3　前置预审要素创新逻辑

预审作出初判。对权属企业立项的项目,投审委秘书处组织开展预审,重点从产业政策、战略定位、主业方向和投融资能力等方面,初步判断项目的合理性与可行性。完成预审3个工作日内,投审委秘书处出具《项目预审意见》,经秘书长审核同意后报集团公司领导,并反馈权属企业。权属企业根据《项目预审意见》调整完善项目方案和资料,提交投审委秘书处后落实后续流程。

3.组织论证会,实施专业审核(见图4)

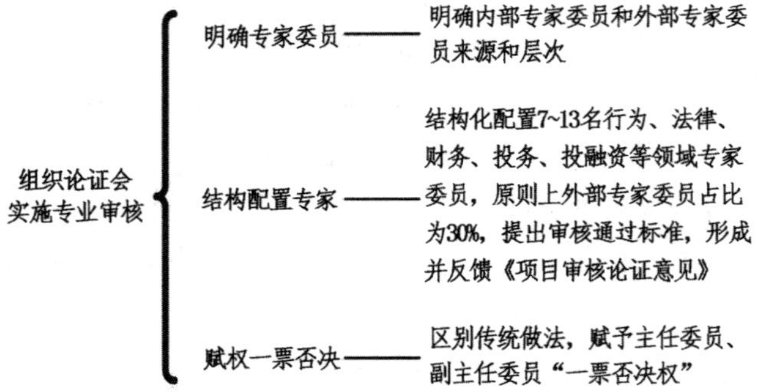

图4　专业审核要素创新逻辑

(1)明确专家委员。投审委委员分为内部专家委员和外部专家委员。其中内部专家委员从下列人员中产生:集团公司董事会、党委会、经营层成员;集团公司中高级职称、中层副职以上人员中,具备相关资质、职业资格、工作经验和业务专长能力的干部员工和高层次人才。外部专家委员从省内外产业、投融资、财务、法务、咨询等领域专家、企业高管中产生。

(2)结构配置专家。以专业保证投审质量,以专业提高投审效率。遵循"公开透明、独立表决、集体决策"原则,根据项目总体规模、产业趋势、投资模式、风险揭示等情况,结构化配置7~13名行业、法律、财务、投融资等领域专家委员,通过团队介绍、专家问询、正反辩论、委员投票等环节,经2/3(含)以上参会委员同意,且未被一票否决权的情况下,视为审核通过。立足省政府投融资平台的功能定位,原则上外部专家委员占比为30%,使战略意义大于经济效益的项目能够得到充分论证,保障上级交办的政策性项目顺利过审。

投审委秘书处根据会议情况起草《投审委项目审核论证意见》,3个工作日内向权属企业反馈。权属企业在落实相关意见后向秘书处提交说明,落实结果作为后续决策的重要依据。审核通过项目,按照《投资管理办法》有关规定履行后续决策程序。未通过的项目,权属企业修改完善项目方案后,可向投审委申请复议。复议未通过的项目,不得再次提交投审会。

(3)赋权一票否决(见图5)。基于集团公司总经理担负省国资委考核与集团董事会考核的双重责任,区别其他企业由外部专家或风控部门一票否决的传统做法,将"一票否决权"赋予了主任委员、副主任委员。对于存在违背产业政策、不符集团战略、超出主业领域等情形的项目,主任委员、副主任委员可对项目行使"一票否决权",确保集团落实功能定位,有效体现国有企业的经济责任、政治责任和社会责任。

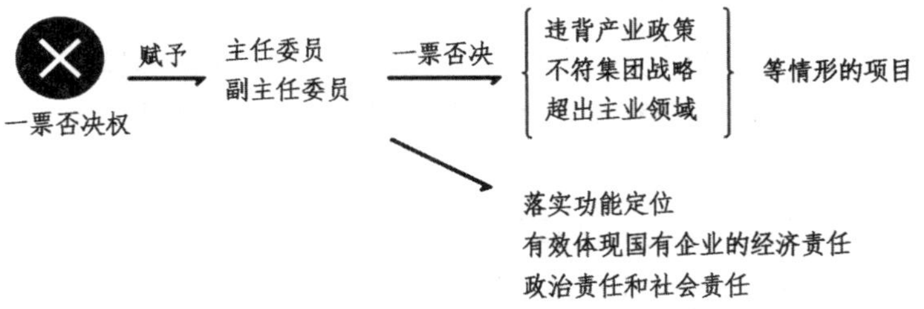

图5　一票否决逻辑

4.算好效益账,强化投后赋能(见图6)

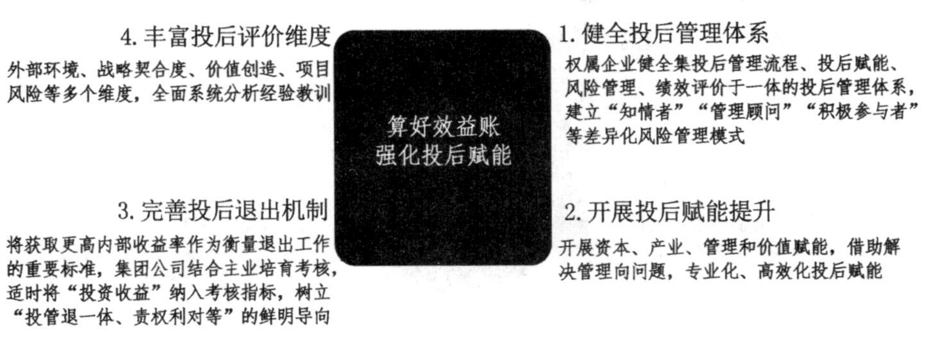

图6　投后赋能要素创新逻辑

（1）健全投后管理体系。按照“谁投资谁负责、谁受益谁负责”的原则，要求权属企业建立健全集投后管理流程、投后赋能、风险管理、绩效评价于一体的投后管理体系。构建结构化、跨部门、分层式的管理流程，满足资产规模扩张和投资多样性组合需求；根据投资标的类型和协同定位，建立“知情者”“管理顾问”“积极参与者”等差异化风险管理模式，客观分析和真实反映投资绩效。集团公司派出董监事配合做好项目公司投后跟踪管理。

（2）开展投后赋能提升。着眼专业化、高效化投后赋能，根据投资阶段、投资模式等情况，开展资本、产业、管理和价值赋能，帮助解决管理问题，在赋能项目的同时，提升项目收益，实现投资后的孵化效应。对重大战略投资项目，必要时权属企业组建专业团队或聘请外部咨询公司开展投后管理，进一步提升投资成功概率、投资收益和产业布局影响力。

（3）完善投后退出机制。按照投资决策时确定的方案，根据市场变化情况，确定退出路径。将获取更高内部收益率作为衡量退出工作的重要标准，集团公司结合主业培育考核，适时将“投资收益”纳入考核指标，树立“投管退一体、责权利对等”的鲜明导向。权属企业建立退出台账和预警机制，持续关注退出方案可行性，熟练掌握不同类别项目退出方式和渠道，努力把握好最佳退出时机。对退出预警项目，权属企业要及时向集团公司报告，采取积极措施做好资产保全和权益保障。

（4）丰富投后评价维度。权属企业落实投后评价第一责任人职责，坚持独立性、科学性、实用性、透明性和反馈性，从外部环境、战略契合度、价值创造、项目风险等多个维度，全面系统分析经验教训，为改进和完善项目决策水平提供借鉴参考。权属企业定期、不定期开展项目复盘，通过“解剖麻雀”发现问题不足，根据市场变化及时调整投资策略。集团公司统筹投后评价工作。

5.抓实强支撑，打造两个主体（见图7）

图7　主体建设要素创新逻辑

（1）线下，培育高效运作团队。坚持人才是第一资源理念，坚持实践是检验成效的唯一标准，建立业务、行业、财务、法律、投融资等5类投审业务专家库，根据评价情况持续吸收和调整。鼓励权属企业分行业组建项目团队，形成老中青合理搭配、专业协同的人才梯队。通过集团发展大讲堂、梧桐树论坛、战略分享汇等多种形式，持续提升业务骨干能力，进一步充实业务骨干队伍。

（2）线上，建立信息分析平台。围绕政策性与市场化投资需要，依托集团公司OA系统，完善集团线上投资管理模块，以业务操作为节点构建信息化处理流程，对投资公司线上及线下数据进行有效整合利用，形成以投资项目全流程管理、投资项目全景视图、投资资产总体控制、投资项目风险控制、投资资金计划管理等功能为一体的投资项目管理平台，实现在任一时点对任一项目全方位信息的随时调阅，通过对各类指标、模型的测算分析，对投资决策进行全面支持。

（四）强化落地管控，推行项目化、台账式考核督导

投资审核工作机制创新，牵涉各方利益、事关全局发展，必须以有力的抓手予以推进和落实。山东发展投资集团制定了“项目化”推进机制，以项目投审为纽带，实现资源统筹、信息共享与机制融合，把心气聚到一起、创新落在实处，通过项目储备、立项备案、预审论证、投审决策等一系列标准化流程，将省内外资源转化为一批批确定的、具体的实施项目（见图8）。

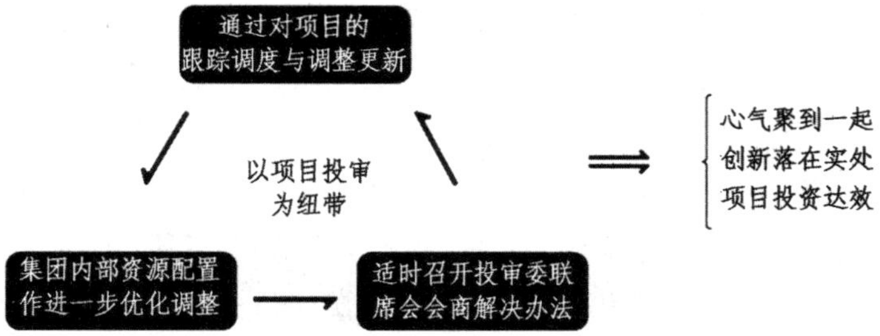

图8　项目化、台账式考核督导机制

在具体管理实施过程中，山东发展投资集团以《实施意见》和《投身细则》为依托，通过对项目的跟踪调度与调整更新，确保投资审核工作机制创新的扎实推进。项目经相关决策程序批准后，战略投资部与项目实施单位密切关注市场形势变化和工作进度，准确把握项目启动时机和工作节奏，确保时机成熟立即落地；战略投资部定期跟踪调度各实施项目进展情况及困难、问题，将有关情况进行汇总整理后，以《投审简报》形式提报投审委。投审委根据项目实施情况，对

集团内部资源配置做进一步优化调整，以最大力度支持项目的顺利实施。同时，对发现的困难和问题，适时召开投审委联席会，会商解决办法，逐项明确责任单位和完成时限，形成工作台账，由投审委秘书处定期调度、挂账销号。

（五）营造良好生态，激活内生性、系统性创新潜能

1.树立绿色导向。强化集团公司战略使命，在保证利润的同时，积极鼓励权属企业培育拳头主业，全面提升核心竞争力与行业话语权。集团公司统筹各类战略资源，对于发展效益显著的权属企业，予以合作伙伴、优质标的等资源倾斜和内部借款、板块整合等政策支持；发挥主业培育考核作用，根据实际情况动态调整考核指标，引导权属企业咬定主业投资不放松。权属企业要以产业为中心布局投资赛道，沿行业上下游实施投资业务，有效优化投后管理的协同性，增加同行业间并购、转让机会，增强项目退出主动性。

2.培育律动文化。坚持“担当作为、专业专注”的经营理念、“科学规范、人本高效”的管理理念、“德为先、善用贤”的人才理念、“严管控、防风险”的风控理念、“心有清廉、廉洁从业”的廉洁理念，增强集团文化自信，铸造坚实企业信仰。开展系列文化宣贯、行为规范等活动，实现企业文化核心理念广泛认同，员工行为明显规范，企业形象有效整合，企业文化凝聚作用和引领作用突出。制定企业文化推广实施工作计划，推动文化进思想、进制度、进形象，持续提升员工凝聚力和战斗力，促进企业内外形象一致，市场知名度和美誉度持续上升。

3.建设清廉发投。强化“清廉发投”建设，有效促进各类监督贯通融合，持续推动全面从严治党向纵深发展，切实使全体干部员工将“廉洁从业”理念内化于心、外化于行。落实项目廉洁风险防控责任，明确投审各项工作纪律，确保参与人员严格职业操守，杜绝弄虚作假。注重“防范前端，遏制后端”工作，将风险防控“探头”前移，加强对投审委员、项目成员等敏感岗位人员的常态化廉洁教育和管理，营造风清气正的廉洁从业环境。

4.强化内外宣传。战略投资部及时总结工作成效，形成可复制、可推广的经验，在把控好集团公司商业秘密的前提下，在大众日报、省国资委网站和集团公司网站、公众号、战略资讯等多个平台进行宣传展示，努力营造相学相长，奋勇争先的良好氛围，为集团公司业务发展作出了贡献，为省属企业管理创新提供了有益借鉴。

三、以提升国有资本投资公司竞争力为目标的投资审核工作机制创新的实施效果

投资审核工作机制创新经过一年多的实施实践，取得了多项积极效果，已成为集团公司上下的普遍共识，成为做实做强做优主业的有力保障，成为助推山东新时代现代化强省建设的重要手段。

（一）优化了投资结构，集团发展后劲持续增强

“智汇发投”投审品牌，强调国企功能定位和规划布局落地，集团公司2021年绿色科技产业投资占比达到81.7%。一是绿色科技特征凸显。与头部央企组建绿色能源投资公司，建设外电入鲁项目，助推全省能源结构三个“1/3”调整；建成“碳中和科技发展中心”，研究制定绿色标准体系；组建规模300亿元绿色基金群，创造性运用亚行、绿色信贷基金等国际金融组织资金，服务全省率先实现“双碳”目标。二是投资效益稳步提升。绿色能源、污泥发电等多个项目，资本金内部收益率比行业平均水平高出2个百分点左右。三是投资方式加快转型。收购了德州三自风电、华伟创新科技（济南）等股权，布局落地了诸城静脉产业园等项目，沿绿色能源、节能环保行业构建形成实体产业链，为后续发展夯实了产业基础。

（二）构建起科学体系，项目决策质量显著提升

通过创新投审工作机制，健全完善审核决策体系，大幅提升了项目决策质量。一是“百里挑一”理念深入人心。项目从发掘到投审论证通过率不到30%，倒逼权属企业将工作重心放在质量把控上，投资落地了一批明星项目。比如，硅基仿生项目不到1年估值翻了4倍，领投的圣泉石墨烯项目在A股主板上市，与中核集团合资建设高温气冷堆、华龙一号核电项目。二是数据辅助作用实时体现。运用线上投资管理系统，整合各个权属企业零散孤立的信息流与项目流，实现各类项目指标、模型的科学测算和关联分析，提升了数据作为决策参谋的价值。三是战略合作价值持续提升。利用30余家高端合作伙伴资源，定期开展投资发展大讲堂、梧桐树投资沙龙、战略投资分享汇等活动，先后邀请5C价值管理体系创始人魏斌、软银中国薛村禾、海尔金控创始人蔡正元等行业大咖开坛讲课，在交流提升投资管理、企业运营经验的同时，发现了优质投资机会。

(三)凝练出品牌模式,行业推广价值逐步凸显

通过品牌建设,实现了“集众人智慧、汇协作合力”,有力保障了投资决策质量。一是功能定位充分彰显。落地了一批战略引领力强(好看)、社会影响力好(好听)、效益支撑力大(好吃)的“三好”项目,实现了自身高质量发展与服务省委、省政府重大发展战略两不误、两促进。二是投资风险有效防控。战略布局等顶层设计有效防范政策产业风险,信息化系统实时辅助分析隐患,项目单位、集团业务部室、专家评估、决策会议等主体全流程监管,做到了关键环节及时监测、发现风险及时干预,构筑起了保值增值的“护城河”。三是示范效应反馈积极。品牌模式在全省示范推广,为其他同类省管企业搞活体制机制、提升决策质量、增强竞争优势、降低投资风险,建立了试点,蹚出了路子,济宁市国资委、山钢集团、土地集团、华鲁集团、浪潮集团等多个地方国资系统和省属企业进行了交流借鉴,体现了可复制、可推广的重要意义和示范价值。

成果创造人员:孟　雷　郭晓东　张希才　靳祥锋　张兴永　潘光杰

企业文化建设与人才队伍管理篇

基于打造人才发展“新高地”为目标的数智化人力资源管理

国网山东省电力公司

摘要：面对新时代下的人才强国新要求、新挑战、新诉求和新趋势，山东电力以打造人才发展新高地建设为目标，以“人才发展”为核心，以数字化转型为契机，围绕人才成长、人才培养、人才激励三大维度，通过打造“三中心一平台”的数智化人力资源管理，实施“人才成长生态优化工程、人才成长拓宽发展工程、人才成长动力激发工程”三大工程，有效提升人才服务的体验温度、人才培养的成长高度、人才动力的激励浓度。

本文围绕人才发展这一核心命题，将大数据、人工智能等技术与人力资源管理结合，为人力资源管理注入系统智能和数字智慧，创新提出打造“以服务人才成长为核心的全周期数智化体验中心、以助推人才培养为核心的全方位数智化学习中心、以驱动人才发展为核心的全覆盖数智化激励中心”三大中心。同时，搭建以“连接、智慧、体验”为核心的人才发展一体化云平台予以支撑，深挖全员全量数据价值，实现数据应用智慧。

国网山东省电力公司(以下简称“山东电力”)是国家电网有限公司的全资子公司，下辖18家市供电公司、17家业务单位、3家新兴产业单位及98家县供电公司，共有用工13.15万人，服务电力客户4915万。2020年，全省用电量6939.85亿千瓦时，公司售电量4126.9亿千瓦时，职工劳动生产率75.31万元/人·年。

山东电力以规划、投资、建设和运营山东电网为核心业务，负责所辖电网之间的电力交易和调度。山东电网通过1000千伏交流、±800千伏直流、±660千伏直流和500千伏交流线路，与华北、西北、东北电网联网，已成为特高压交直流混联大电网，接纳省外来电能力达到3000万千瓦以上，为全省经济社会发展和大气污染防治提供了坚强保障。多年来，山东电力走出了一条创新发展之路，成为全国第一家“中国一流管理的省级电力公司”,荣获全国五一劳动奖状、全国文明单位、中国电力行业责任沟通创新卓越企业奖、首届山东工业突出贡献奖、山东十大责任企业等称号,对标、业绩连续多年居国网公司前列。

一、基于打造人才发展“新高地”为目标的数智化人力资源管理的背景

(一)新时代下人才发展建设的新要求

在全国经济转向高质量发展的新时代,习近平总书记提出人才强国战略,山东省委和省政府提出人才强省战略。这种背景下,山东电力提出“一个统领、四个最好”的战略路径,实施“人才强企”行动,打造人才发展新高地,大力实施“人才成长生态优化工程,人才成长拓宽发展工程,人才成长动力激发工程”三大工程,是贯彻党中央对人才工作要求的自觉行动,是落实国家电网公司战略目标的有力支撑,是激发人才创新创业活力的有效途径,对于公司在践行国家电网公司战略目标中当先锋、作表率具有重要意义。

(二)新时代下人力资源管理的新挑战

虽然山东电力已建立较为完善的人力资源管理体系,但面向“十四五”规划发展的新时代,仍面临人力资源管理的新挑战。一是公司人力资源管理模式必须再升级。面对13万人的庞大队伍和更加艰巨的改革任务,需要更加灵活的管理体系,更敏捷的市场响应,有效满足融合协同、开放共享的业务生态。二是公司人力资源效率效益必须再提升。公司面临能源电力转型、改革攻坚等新任务,对标一流电力企业,山东电力在投入产出效率、劳动用工效率等方面仍存在差距。三是公司人才队伍建设必须再加强。推动电网向能源互联网升级,迫切需要一支规模充足、结构合理、素质优良、作风过硬的电网运营队伍。

(三)新时代下广大干部人才的新诉求

目前山东电力上下“坚持八个发展、建设现代化强企”,广大干部人才斗志昂扬,同时也对人力资源管理工作提出了大量诉求:一是员工对于了解自身定位、职业发展、成长路径的渴望更加突出,亟须人资部门提供全方位、全周期、一站式的人才发展服务;二是当前工作节奏的日益加快,工学矛盾日益突出,对碎

片化学习的呼声不断增强；三是各级负责人在选人用人、开展人才盘点方面，亟须人资部门提供信息响应，来辅助决策与判断；四是各专业部门加强专业队伍管理、开展专业数字化、智能化建设，也更加依赖组织、人事、人才等数据支撑。

（四）新时代下数智转型升级的新趋势

从传统经济到数字经济，从“互联网+”到“智能+”，企业管理的精细化、数字化、智能化要求越来越高。5G、物联网、云计算、大数据、人脸识别、区块链、人工智能、数字仿真等新技术不断渗透到企业管理的方方面面。这一趋势下，要求人力资源管理借助“大云物移智链”等技术，消除数据冗余和信息孤岛，感知、汇聚和整合各类人资业务数据，利用大数据技术进行数据挖掘，适时高效地提供数智化体验服务，精准分析洞察并解决人才管理问题，促使人才管理向数据驱动、分析驱动、智能驱动转变。

二、基于打造人才发展“新高地”为目标的数智化人力资源管理的主要做法

（一）以服务人才成长为核心的全周期数智化体验中心

围绕企业中员工成长发展的全寿命周期四个时期：从校园到招聘的引入期、从招聘到上岗的转变期、从上岗到进阶的成长期、从进阶到精益的成熟期，打造数智化体验中心，运用设计思维挖掘人才的需求和痛点，通过数智化工具不断地迭代来优化流程、系统和服务，以帮助、服务人才成长为核心，不断提升人才数智化体验（见图1）。

1.从校园到招聘的引入期数智化体验

依托招聘平台，实现招聘流程“四个统一”。通过国网招聘平台从源头到入职的精细规范管理，实现招聘统一入口管理、统一源头管理、统一招聘信息发布及简历收集、统一招聘过程管理的全流程“四个统一”，全过程信息可靠、过程可见、结果可控、流程统一、永久追溯，实现精准高效选人，持续提高人才引入素质。

依托社交工具，实现多种方式交互沟通。通过招聘公告增强应聘人才对公司认知，查询招聘专业需求、学历要求，应聘人才可根据自身专业、学历以及应聘地域要求等条件精准匹配应聘理想单位。通过社交工具，实现公司企业文化及公司介绍查询，实现在线简历提交，实现在线疑惑的问询和解答。

依托网络测评，实现人才甄别准确高效。通过招聘平台，应聘者可以了解测

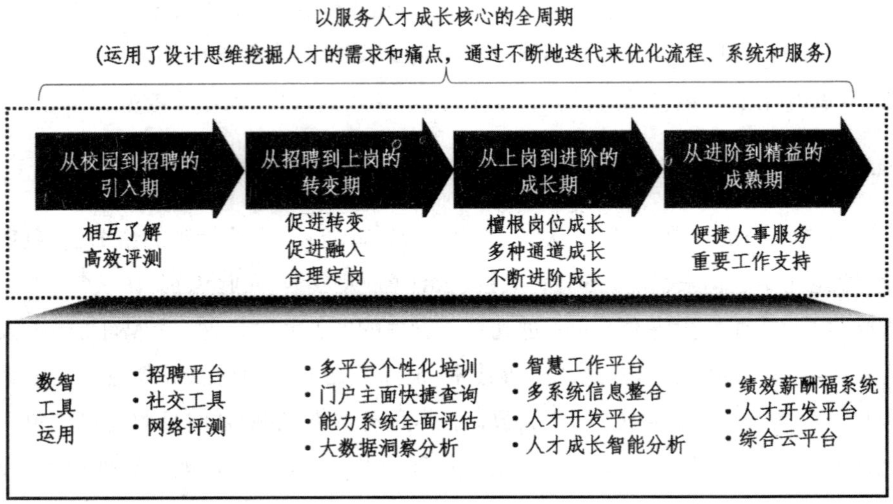

图 1　全周期数智化体验中心建设内容

试、考试的内容范围，提前备考，进行在线测评和考试。通过在线设置性格测试、逻辑测试和基础专业考试，自动计算得分和出具报告，为人才甄别提供量化依据，为人才面试打下良好基础。

2.从招聘到上岗的转变期数智化体验

采用牵引培训方式，帮助新进人才转变角色。基于能力模型和任职标准有针对性地构建系列课程库、知识库和试题库，对入职人才群体开展测评。结合招聘过程中的评价数据，有针对性地举办“金种子”起航训练营，设置锤炼作风、认知文化、成长之路等 5 个培训模块，利用网络大学、班组移动终端、手机 App 等多种平台，为新入职人才提供共性的线上、线下课程培训的同时，更针对性、个性化地提供知识和课程推荐，服务人才入职培养。

系统评估轮岗情况，帮助新进人才精准定岗。新进人才在多个岗位进行为期 1 年的轮岗学习，提升对业务运作事务和流程的熟悉度。轮岗期满之后，对新进人才在轮岗表现、业务熟悉度、能力素质进行全面评价；通过“金种子”微信公众号、一起培训 App，了解新进人才性格、业余爱好等个性特点，结合新进人才的个人诉求，安排合适的岗位，以实现人尽其才、人适其岗。

综合进行数据洞察，完善新进人才转变体验。对新进人才培养、入职信息、轮岗实习表现等进行大数据分析，洞察从入职到上岗流程中的关键改进区域，为入职流程的改进、入职引导方案、轮岗学习安排方案提供量化依据，优化新进人才从入职到上岗的有效性和愉悦性。比如对问询服务台问题进行分析提炼，形成入职常见问题数字化清单，提供给新进人才，一次性解决新进人才的常见疑虑和问题。

3.从上岗到进阶的成长期数智化体验

通过工作台连接知识服务，促进人才岗位成长。依托“五位一体”工作台，掌握与本人岗位相关的职责、流程、制度、标准、考核、风控等信息，关联与工作岗位相关的能力与任职标准库、知识库、课程库，个人可根据岗位任职资格和能力要求进行自我对照、测评，发现自身与岗位要求的差距，进行相关知识、课程的学习和提升，加速人才成长发展。

通过人才成长分析体系，服务人才进阶成长。构建人才成长分析体系，创新人才发展健康“体检”，运用神经网络、深度学习等预测算法，分析人才职业发展状态，提供针对个人的健康发展分析报告，综合研判个人综合素质，自动匹配专家人才、班组长等“继任计划”，推送相匹配的培训课程，助力人才加速成长。与此同时，遵循人才成长规律和下一步的晋升阶梯，设置人才专属素质提升闹铃，促使人才进阶提升。

通过全景式人才量化积分，支撑人才管理精准决策。在职业生涯快速成长阶段，利用人才开发管理平台，以人才大数据为基础、以人才评价标准为重点、以人才量化积分为核心，采用管理和技术手段提供快速、敏捷的人才量化积分，实现对人才的基本素质、绩效考核、论著课题等 9 个维度、30 个子维度、360 度“全景式”精确评价，不仅为人才提供高质量的自评服务，而且为企业战略发展提供人才决策支持（见图 2）。

4.从进阶到精益的成熟期数智化体验

采用数字智能手段，为广大人才提供人事服务。通过绩效全过程管理，在线填写目标和工作任务设定、工作任务完成情况自我评价、绩效反馈与沟通、绩效申述和绩效结果查看等功能；可随时更新个人信息，查看薪酬等情况。采用机器人智能客服，支撑全天候咨询服务，系统使用过程中遇到的业务、技术问题可随时调入机器人解答。

依托专业数据平台，为团队管理提供信息支持。利用人才开发平台帮助各级经理人对团队进行有效的分析，根据人才个性化能力水平匹配相应的工作事项和任务，以利于团队的组织分工。利用全员绩效管理系统帮助各级经理人进行团队工作的监控和分析。通过电子化人脸考勤系统，掌握本团队人员的工作状态，有针对性地进行工作指导、人文关怀。

利用数据智能分析，为领导决策提供数据支撑。利用人资综合云平台的领导驾驶舱、业绩看板系统、人资查询平台、智能人资业务诊断分析功能等，对公司的业绩、组织岗位与人才匹配度、干部及专业人才梯队能力等历史和趋势提供洞察数据，辅助公司领导作出有效的管理决策，并有效跟踪具体的执行情况。

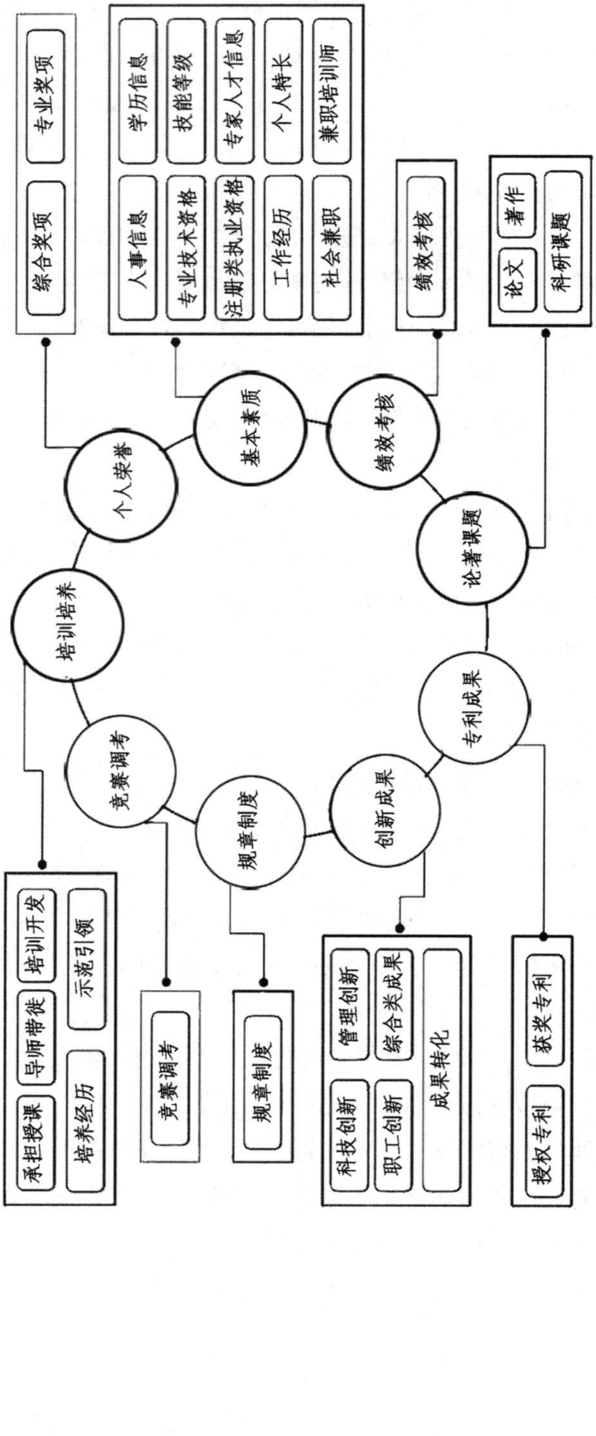

图2　三十个子维度的人才量化积分精确评价

(二)以助推人才培养为核心的全方位数智化学习中心

围绕员工个人的学习成长主线,以助推人才培养为核心,在深挖多元学习诉求基础上,运用学习智能引擎、移动数字、大数据共享、物联网仿真等技术,打造数智化学习中心,丰富“三性”(系统性、灵活性、针对性)学习资源,拓展“三式”(场景式、移动式、沉浸式)学习方式,提供“三智”(智慧校园、智慧软件、智慧硬件)学习设施,提供全方位的服务支撑,提升学习效率、质量(见图 3)。

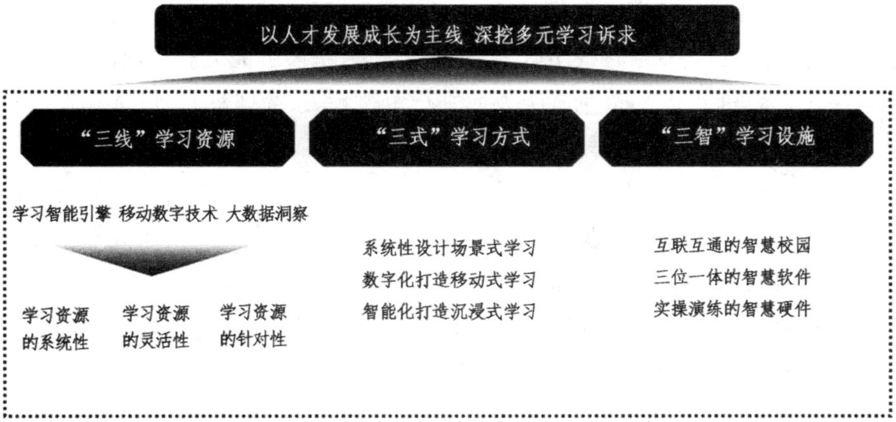

图 3　全方位数智化学习中心建设内容

1.基于人才和公司诉求,汇集“三性”学习资源(见图 4)

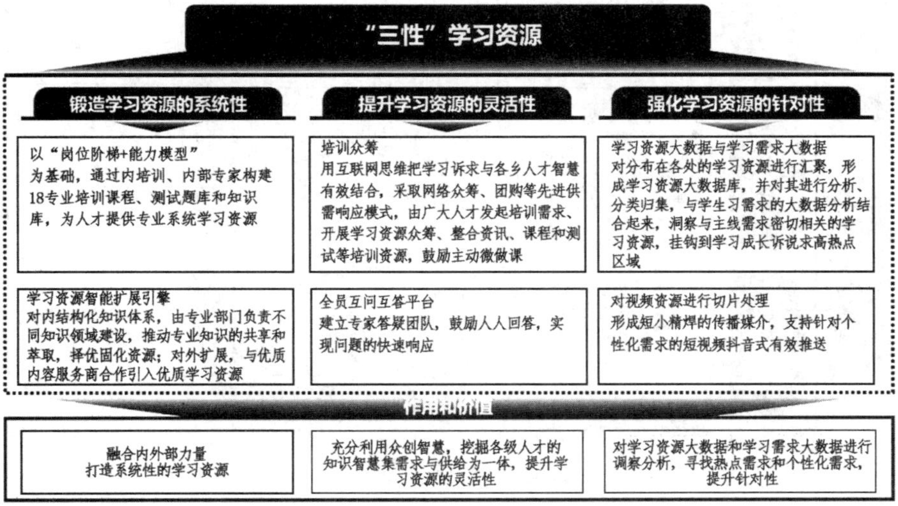

图 4　“三性”学习资源

开发学习资源智能引擎，锻造学习资源的系统性。以“岗位阶梯+能力模型”为基础，构建 18 个专业系统的学习资源。开发学习资源智能引擎，实现内部需求与外部资源的自动连接。对内由专业部门负责不同知识领域建设，共同推动专业知识的共享和萃取，择优固化为培训资源；对外延伸扩展，与优质培训内容服务商合作，引入优质学习资源。

采用移动网络技术机制，提升学习资源的灵活性。把学习诉求与各级人才智慧有效结合，采取网络“众筹”“团购”等互联网先进供需响应模式，由人才发起培训需求、开展学习资源众筹、共享结果收益；构建全员互问互答平台，实现问题的快速响应；建立专家答疑团队，发挥专家人才的作用；充分利用众创智慧，挖掘各级人才的知识智慧；鼓励各级人才进行短视频、录播课程、大讲堂和直播互动，沉淀数量庞大、形式多样的知识数据库。

依托大数据分析与洞察，强化学习资源的针对性。对分布在各处的资源进行汇聚，形成学习资源大数据库，并进行分析、分类归集，与学习需求大数据分析结果结合，将需求密切相关的学习资源与学习成长诉求高热点区域挂钩，形成对学习成长的强力支撑；对视频资源进行切片处理，形成短小精悍的传播媒介，支持针对个性化需求的短视频抖音式有效推送。

2.聚焦学习效率和体验，丰富“三式”学习方式（见图 5）

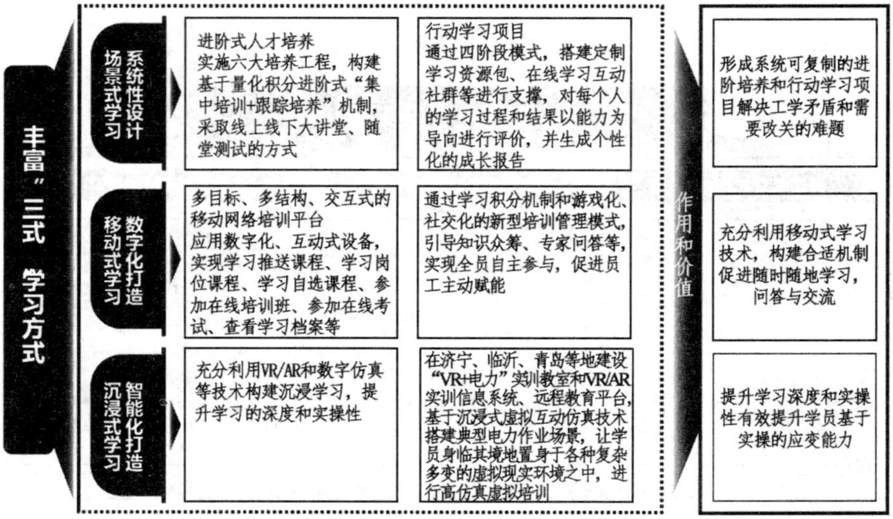

图 5　“三式”学习方式

为解决工学矛盾，系统性设计场景式学习。基于人才量化评估和战略发展诉求，健全“金种子”进阶式人才培养体系，实施新人才、班组骨干等六大培养工程，构建基于量化积分的进阶式“集中培训+跟踪培养”机制（见图6）。通过“在线预先学习”“集中培训研讨”“场景实战演练”“返岗深度实践”的四阶段行动学习，在每个阶段结束后，对每个人的学习过程和结果以能力为导向进行评价，并生成个性化的成长报告。

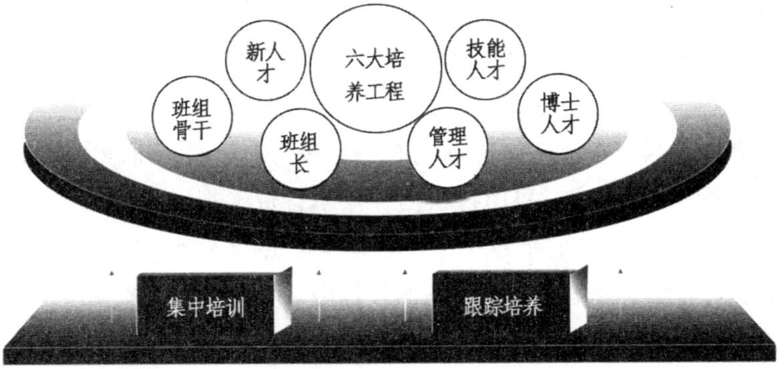

图6 “集中培训+跟踪培养”机制下六大人才培养工程

为提升学习便利性，数字化打造移动式学习。采取“数字化合作模式”，引进网络化虚拟技术，建立多目标、多结构、交互式的移动网络培训平台，应用数字化、互动式设备，实现推送课程、岗位课程、自选课程、在线培训、在线考试、查看学习档案等功能；通过学习积分机制和游戏化、社交化的新型培训模式，引导全员自主参与，促进人才主动赋能。

为提升学习实践深度，智能化打造沉浸式学习。在济宁、临沂、青岛等地建设“VR+电力”实训教室和VR/AR实训信息系统、远程教育平台，基于沉浸式虚拟互动仿真技术搭建典型电力作业场景，让学员身临其境地置身于各种复杂多变的虚拟现实环境之中，进行高仿真的虚拟培训，有效提升学员的应变能力和实操技能。

3.建立软硬件培训生态，打造“三智”学习设施

采用智能物联技术，建设互联互通的智慧校园。应用智慧物联新技术，打造智慧校园，实现数据共享和统一身份认证，促进环境、培训、管理、生活四方面的互联互通，实现对培训报名、报到、签到、学习行为、评估全过程的现场管控，实时掌握“四率”统计、学员课间不良行为分析、培训实训危险点预警、学员热力分布等规律。通过对培训主题、人数、地点、内容、教室资源、培训师资源与活动分布管控，实现培训活动存档、计划管控、工作绩效、过程信息以及人才学习记录五类数据的自动获取、归类、提取、挖掘。

采用数字移动技术，搭建三位一体的智慧软件。搭建数据管控、线上平台、移动终端三位一体的学习信息系统。教培大数据管控平台对内打造教培全业务协同、全数据贯通、全信息共享的数据流，对外打造供需无缝对接、过程有效管控、结果智能评估的业务流；网络大学借助互动式的数字设备，提供专业化、系统化的培训课程体系；一起培训 App 实现通过手机终端激活碎片学习和交流互动。三者互联互通，为人才提供高效的学习方式、互动交流的学习环境、丰富多样的培训内容。

利用智能仿真技术，打造实操演练的智慧硬件。针对大量面向安全设备、安全环境的实操性工作技能，采用物联网等技术打造模拟实操环境的仿真设施。例如山东电力胶州实训站"极速穿越"项目，包含生产、营销、综合 3 个主题 14 个实训场，将 39 个实训点融入仿真设施的设计中。受训人员需要灵活运用所学知识和技能，发散思维、团结协作，才能完成各实训场的穿越任务。

（三）以驱动人才发展为核心的全覆盖数智化激励中心

以激发人才奋发向上为目标，以驱动人才发展为核心，围绕物质、成长、精神三大激励诉求，打造数智化激励中心，采取数智化支持手段，基于工作大数据助力实现"四大物质激励"，基于人才大数据助力实现"三大成长激励"，基于职业大数据助力实现"多元精神激励"，从而全面覆盖员工的成长诉求各个方面，最大化地体现企业激励温度（见图 7）。

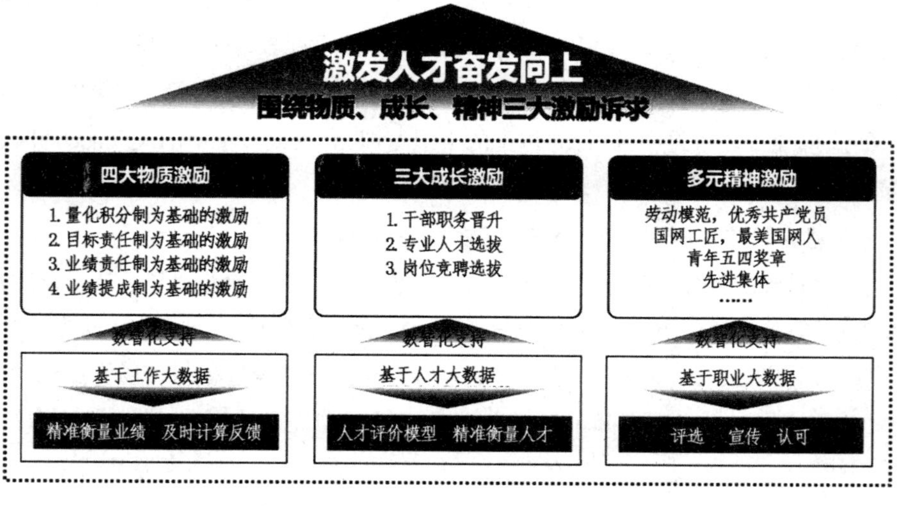

图 7　全覆盖数智化激励中心建设内容

1.基于工作大数据,实现精准及时的“四制”物质激励模式(见图8)

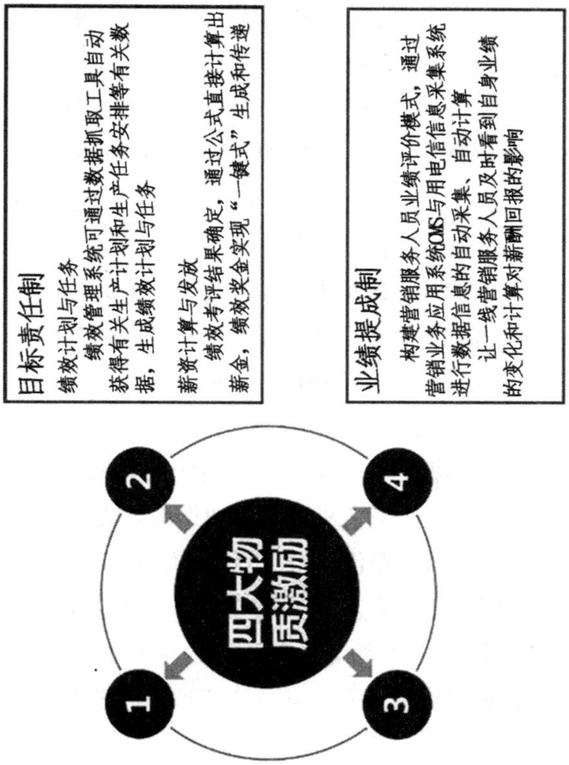

图8 基于“四制”的物质激励模式

以量化积分制为基础,精准、及时地实现对一线人员的激励。通过技术手段智能实现专业信息系统与绩效量化积分标准的对应关系,统一数据标准和传输规则,建立不同系统间映射逻辑,实现绩效管理系统与其他业务系统间数据的互联互通和量化积分的自动计算,提高积分数据计算、核算的准确性。同时,借助绩效看板功能,实时发布量化积分排名,绩效评价结果公开晾晒,及时有效激励人才。

以目标责任制为基础,精准、及时地实现对管理人员的激励。通过与生产管理等系统进行有效衔接,绩效管理系统可通过数据抓取工具自动获得有关生产计划和生产任务安排等有关数据,这些工作计划和生产任务安排构成目标责任制下的绩效计划与任务。在绩效考评结果确定后,通过公式直接计算出薪金,绩效奖金实现"一键式"生成和传递,精准及时地激励各部门经理与专业人员。

以业绩责任制为基础,精准及时实现对企业负责人的激励。设计自识别增强的指标得分评价模型,解决企业负责人业绩核心数据来源离散、数据处理流程复杂的问题,将指标数据管理关系、评价关系、考核标准等主题域、数据获取规则、指标算法等内置在系统中,将公开、责任和公平纳入考核结果评价和计算框架,自动从多个源系统抽取数据、进行数据的转化加载与指标自动计算,修正考核执行者评分尺度不一样的问题,提高对企业负责人业绩考核评价的科学性和客观公正性。

以业绩提成制为基础,精准及时实现对市场化单位人员的激励。构建营销服务人员业绩评价模型,通过营销业务应用系统 CMS 与用电信息采集系统进行数据信息的自动采集、自动计算,让一线营销服务人员及时看到自身业绩的变化和业绩提成计算对薪酬回报的影响,及时有效地激励一线营销人员的工作干劲。

2.基于人才大数据,支撑人岗匹配的成长激励

依托干部综合评价指标体系,量化干部职务晋升。根据干部综合评价指标体系,汇聚干部有关的各种数据,全方位、多角度对干部职务晋升候选人的过往经历、过往业绩、综合素质和管理水平进行评价信息的汇总分析,出具综合评价报告,为职务晋升提供量化依据。

汇聚专业人才多维评价信息,高效选拔专业人才。人才选拔工作依托人才开发管理信息平台开展,员工将论文专著、个人荣誉、承担授课、培训开发等业绩随时录入平台,各单位从学历、专业等基本条件,各类成果业绩以及绩效评分等各方面,对人才能力与专业人才标准进行匹配度自动化检测,高效识别适合选拔人才,提高人才选拔的速度和精准度。

基于大数据描述人才画像，精准岗位竞聘评价。在内部人才市场开展公开的岗位竞聘，实现岗位竞聘申报信息“一键式”填报、审核全过程线上管理；通过人才开发管理平台的人才大数据、人才画像，精准了解每个候选人的过往工作经历、过往业绩、培训经历、能力水平评价、人才关系图等全息信息，通过人才画像与岗位要求进行对比分析，发掘合适人才，成就优秀人才。

3.基于职业大数据，凸显企业文化的精神激励

基于“全员+民主”公平、公正、公开评选。公司开展各类荣誉评选时，根据相关责任部门公布评选的范围、数量、条件，通过人才大数据根据确定的条件进行数据汇聚、筛选，确保提升名额的合规性、科学性；开展全员的线上民主投票推荐，并对民主推荐投票结果进行量化计算，确定排名候选人的排名；根据排名结果确定推荐对象，并在本单位范围内进行公示，提高荣誉表彰工作的透明度和公信力。

开展“内网+外网”全方位、立体式宣传。积极应用新闻宣传新渠道、新方式，将内部网站、内部期刊等传统形式与微信、短视频等新兴媒体进行深度融合，扩大宣传力度，形成“内网+外网”的“立体式”宣传格局，全方位展现新时代下国网人才团结、拼搏、开拓、进取的卓越风采，提升优秀人才和集体的传播度和荣誉感，提高全员比学赶超的劲头和氛围。

采用“线上+线下”互动式、参与式认可。利用“线上+线下”结合的形式，设置广域参与的互动式点赞，提供面对面的沟通交流，增强先进典型的示范性和影响力，更好地激发广大干部职工以先进为榜样，甘于奉献、锐意进取，加快推进建设具有中国特色国际领先的能源互联网企业。

（四）以连接、智慧、体验为核心的人才发展一体化云平台（见图9）

以支撑上述三大中心为导向，综合利用各种先进设备、系统、技术和工具，扩展数据信息广度和深度，建设数智化人才发展一体化云平台，构建全员全息数据枢纽，建立人才信息画像，深挖数据智慧，提供一站式敏捷、深度式洞察、广度式协同的“体验、智慧、连接”服务体验，提升数字化、智能化水平，促进人力资源管理升级和数字化转型。

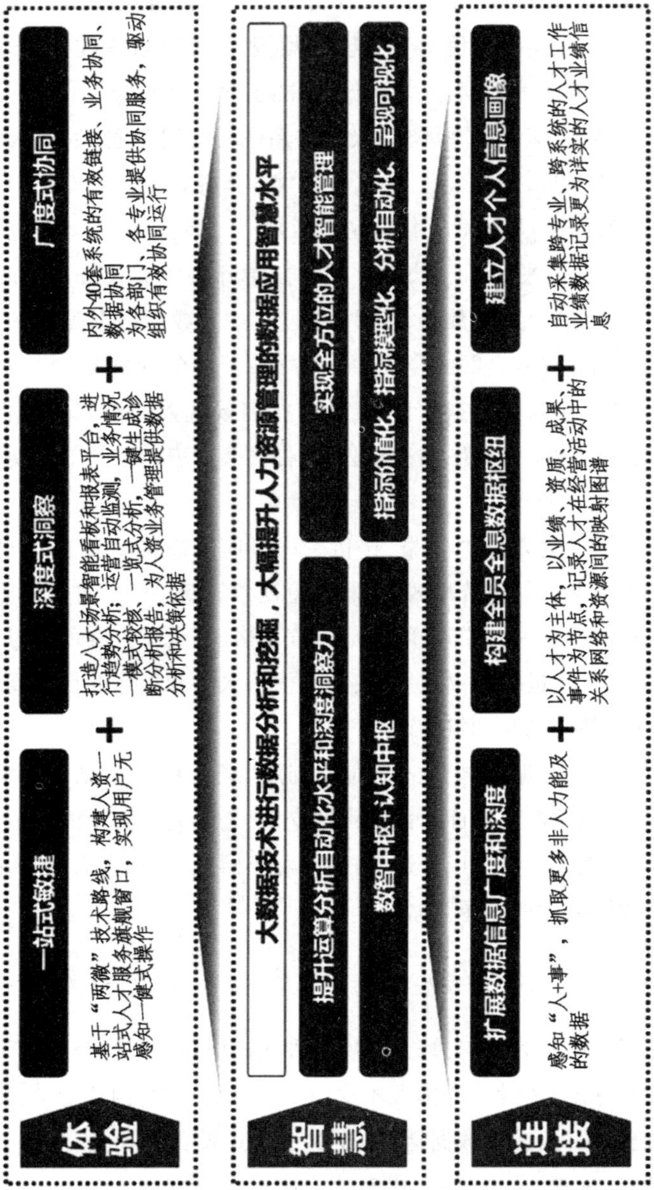

图9　人才发展一体化云平台建设内容

1.汇聚全员全量数据，实现数据智能连接

利用强大的感知中枢，扩展数据信息广度和深度。运用人脸识别、生物指纹、RFID感应、GPS定位等技术，以人的生物特征信息为核心映射到各项业务及以工作场景接触的人、事、物，进行多属性、多视角数字刻画，扩大信息采集的广度、深度，洞察感知人才的工作状态、学习状态、生活状态，创新应用数字人才技术，贯通内外数据，形成立体化人才状态数据。

构建全息数据枢纽，夯实一体化云平台数据基础。以人才为主体，以业绩、资质、成果、事件为节点，建立人才数据标签体系，包括按业务主体分为事实标签、模型标签以及策略标签，按公司核心业务划分主题标签，按技术特性划分特性标签，按实用情况划分热门标签等，记录人才在经营活动中的关系网络和资源间的映射图谱，使各类数据有机地组织和关联起来，能够透视事物与人的聚类关系，提供全新的视角分析解决问题，为搜索引擎、智能应答等高级应用奠定数据基础。

建立人才个人信息画像，支撑人才多维度决策分析。全景展现人才成长发展路径中的各类信息，自动采集跨专业、跨系统的人才工作业绩数据。借鉴“互联网社交”理念，在专业部门共同参与下，记录更为翔实的人才业绩信息，充分感知人才的软能力，推动人才识别方法从主观评价向客观数据量化的转变。

2.深挖全量数据价值，实现数据应用智慧

借助“大云物移智链”技术，提升人资数据应用智慧水平。以数据中台为核心数据源，感知、汇聚、沉淀、整合各类人资业务数据，利用大数据技术进行数据分析和挖掘，构筑用工全貌地图，搭建领导驾驶舱，充分发挥大数据辅助决策分析的能力，适时精准发现、分析并解决人才管理问题，进一步提升人力资源领域领导决策的准确性，为其他专业部门的人才梯队建设发展提供有效的指导建议和可靠的数据依据，促使人力资源管理由经验驱动、逻辑驱动向数据驱动、分析驱动、智能驱动转变。

利用数智认知两大中枢，提升运算分析及智能化水平。数智中枢通过数据智能技术，扩展分析角度，构建人资数据仓库和数据挖掘模型，部署自动化报表工具、自动化校验工具和自助式分析工具，减轻数据清理、加工、汇总的工作强度；认知中枢利用数据挖掘技术，构建面向人资业务场景的认知算法模型，沉淀大量电力行业通用知识并进行 AI 赋能，准确识别电力行业用词，业务意图准确理解，语义泛化能力强。整合大数据、智能化等多种技术手段，采用数据可视化技术，提升人才洞察力。

依托“四化”推动数据应用，实现全方位的人才管理智能。以指标价值化，推动指标提取和指标体系构建；以指标模型化，推动指标体系内嵌于系统并与元数据连接；以分析自动化，推动模型的数据自动获取和计算；以呈现可视化，推动分析展现的智能易用。例如，利用人才开发管理系统，实现“一键式”人才搜索、“全覆盖”人才评价、“全流程”人才培养，为科学选育人才、辅助决策提供技术支持,为加快推进人才发展新高地建设提供坚强的智能保障。

3.提升应用敏捷智慧,增强多元服务体验

简化应用烦琐复杂,为广大员工提供一站式敏捷服务。基于“两微”技术路线,构建人资一站式人才服务旗舰窗口,解决业务操作分散、效率不高、体验不佳等问题。设计云、边、端数据协调处理架构,实现数据在云和端的联通,变线条模式为集成模式。打通人资各业务系统的权限壁垒,实现系统之间的连接和共享,有效支撑前端业务变化,运用智能权限识别算法,解决历史系统不能重新设计的难点,完成权限标准的智能识别,实现用户无感知一键式操作。

深挖分析应用场景,为人资各专业提供深度式洞察服务。以数据中台为依托,根据人资全业务运营需要,打造场景全面的智能看板和报表平台,形成八大典型业务看板,能够分单位、分专业的横向展示分析和基于历史数据的纵向剖析,利于发现结构性、历史趋势性等深层规律和问题;每一看板兼具业务预警和监控纠偏功能,实现运营情况自动监测,业务情况一键式校核、一览式分析,并根据诊断分析指标,一键生成诊断分析报告,为人资业务管理提供数据分析依据和决策基础。

扩展数智应用范围,为各专业部门提供广度式协同服务。以数智化手段链接 11 套核心人资系统+10 套增强人资系统+19 大各部门专业系统,实现系统之间的有效链接、业务协同、数据协同,实现跨专业、跨部门、跨层级的纵横协同,将各个专业、部门、层级的信息有效共享利用、动态整合和交互协同,减少数据重复录入和资源浪费,为各部门、各专业提供协同服务,驱动组织有效协同运行。

三、基于打造人才发展“新高地”为目标的数智化人力资源管理的效果

(一)管理效益

基于打造人才发展“新高地”为目标的“三中心一平台”数智化人力资源管理已经在企业里广泛应用,有效促进了山东电力人才发展新高地的建设。在总体业绩方面,山东电力业绩考核保持国网系统内前三,荣获“国家电网有限公司人力资源先进单位”“人力资源专业对标标杆单位”等荣誉称号。人才发展一体化云平台获得发明专利共 16 项,荣获山东省大数据创新应用技能大赛一等奖、山东省企业培训与职工教育重点课题一等奖、中国电力创新奖二等奖等 19 项省部级荣誉,得到各方充分肯定。

在人才成长体验方面,人才当量密度大幅上升3.1%,四级四类人才5964名,竞赛调考9年7冠。青年人才队伍素质显著提升,本科及以上学历占比由34.7%提升至39.9%,技师及以上技能等级人员占比由62.8%提升至69.7%,中级及以上职称由51.3%提升至69.1%;在线信息查询6万人次,自助办理业务3万多笔,节约服务成本上千万元,人才服务满意度大幅度提升,离职率逐年下降2个百分点。

在人才学习培养方面,疫情期间组织移动学习培训167期,参培人员两万五千余人次。培养"金种子"人才7324人,1863名金种子优秀班组长中有639人走上中层和管理岗位,累计培养高端人才100多名,"金种子"优秀班组长进阶式培养获得"中国企业培训最佳学习项目奖"。

在人才有效激励方面,实现1166个班组长(供电所长)岗位、44个科级岗位、1105个管理技术等的聘任;655名县公司人才突破身份界限竞聘到省市公司,打破市县公司人员流动"天花板";累计执行降岗待岗382人,不在岗人员减少4675人,畅通人员出口,依法规范解除153人劳动合同,实现"能上能下、能增能减、能进能出"。

(二)经济效益

人力资源效能水平大幅跃升,带来极大的经济效益。

在降本方面,用工总量大幅下降1.53万人,节省了人力成本逾2亿元。系统应用大幅减少人资数据获取的时间成本,减少基层人员填报数据的时间成本,减少人才办理人事业务的时间成本,每年节省2750.8万元的人力成本。随着移动在线培训的大力推行和应用,有效减少了线下培训课程的安排,每年节省培训成本850.6万元。

在增效方面,从2016年到2020年,山东电力劳动生产率大幅上升5.3个百分点,人均服务客户数提升6.74%,人均输电线路长度提升64.4%,人均售电量提升13.15%。利润总额在国网系统排名提升至国网前三。大幅提升人力资源专业人员在基础人资业务、人才服务和数据统计上的工作效率,每年产生经济效益388.86万元。

(三)社会效益

在技术应用方面,大力采取"大云物移智链"先进技术,应用微服务技术、感知技术、数智技术、认知技术等多种技术,打造以连接、智慧、体验为核心的数智化人才发展一体化云平台，消除数据冗余和信息孤岛，感知、汇聚和整合各类人资业务相关的大量数据，推进云平台在人才服务体验、人才学习培养、人才有效激励方面的多应用、智能化，有效促进了人资的创新创效，为人力资源智慧管理提供了一套行之有效的解决方案。

在人资管理方面，将大数据、人工智能与人力资源管理结合应用进行了创新研究，能够全面支撑人才全周期发展、助推人才学习、驱动人才激励，充分发挥人力资源大数据智能的潜能和价值，助推了电力企业人资管理方式变革和企业数智化转型。围绕人才发展的数智化人力资源管理，大幅提升各级人才的体验感、获得感，为打造适合下一代的人才队伍建设、提升人力资源效率效益提供了强大助力。

在推广价值方面，基于打造人才发展“新高地”为目标的数智化人力资源管理建设和实践在数智化趋势下具有普适性。“三中心一平台”紧紧围绕人才发展这一具有共性的核心命题，针对人才的全周期成长发展、全方位学习培养、全覆盖驱动激励，通过数字化、智能化手段把人才发展推上一个新台阶。不仅为国网系统其他兄弟单位提供了数智化转型的借鉴样板，而且为中大型企业、政府机构、院校团体人力资源的数智化转型提供一个先行标杆，有助于解决人力资源管理中人才如何有效发展这一重要难题，有助于推进人才管理上台阶，为企业和社会创造更多价值。

成果创造人员：朱郑博　柳明辉　李伟鹏　万　青　李玉华　杨天峰　王　刚

卷烟生产企业以“六力钻石”班组建设为基础的“1+3+N”党业深度融合模式的研究与应用

山东中烟工业有限责任公司青州卷烟厂

摘要:在青州卷烟厂构建的“1+3+N”党业融合模式中,1即生产管理班组,3即党小组、工会小组、团小组,N即班组承担的党建、工艺、质量、安全、现场、设备、能耗、创新、培训等制造力指标。通过构建“1+3+N”党业融合模式,将党建工作延伸到企业各项工作最前端,打通基层党组织的“神经末梢”,延伸基层党建工作“触角”,深化了全面从严治党和党建引领;将班组和党小组、工会小组、团小组等基础建设以及党建、工艺、质量、现场、创新、安全等N项指标有机融合,建立组织构架、构建运行机制,党建引领、群团共建,激活班组内生动力,推进“六力钻石”班组建设,从根本上深化了党建带班建、带群建,深化了党建与生产经营的深度融合,深化了上级决策部署和企业目标任务落地落实,是贯彻落实行业“双基建设”部署的生动实践。

山东中烟工业有限责任公司青州卷烟厂位于历史文化名城青州北部,始建于1948年5月18日,在岗职工955人,固定资产17.56亿元,为山东中烟工业有限责任公司重点加工企业之一。企业先后荣获全国精神文明建设工作先进单位、全国守合同重信用企业、全国质量管理小组活动优秀企业、和谐劳动关系全国优秀企业、中国专利山东明星企业等称号,树立起了良好的烟草企业形象。

近年来,青州卷烟厂牢固树立科学发展理念,积极参加“优秀卷烟工厂”创建活动,扎实开展质量、环境、职业健康安全及标准化管理体系建设,推动企业在管理科学化、标准化、规范化道路上不断迈进。大力推进技术进步,快节奏、高标准实施“十一五”技改,引进全新制丝生产线,建设高效物流系统,增强能耗自控水平,强化质量在线管控,依托先进的信息化建设,形成了以ERP系统为决策层,MES系统为中间层,生产数据采集和制丝、卷包、能耗中控室为底层的智能化管理模式,精细化加工、数字化控制和柔性化制造达到了新水平。

一、以"六力钻石"班组建设为基础的"1+3+N"党业深度融合的研究与应用的背景

(一)推进党业融合是推动国有企业高质量发展的必然要求

2016年10月,在全国国有企业党的建设工作会议上,习近平指出,坚持党的领导、加强党的建设,是我国国有企业的光荣传统,是国有企业的"根"和"魂",是我国国有企业的独特优势。要坚持建强国有企业基层党组织不放松,确保企业发展到哪里、党的建设就跟进到哪里、党支部的战斗堡垒作用就体现在哪里,为做强做优做大国有企业提供坚强组织保证。2018年6月,习近平在到山东考察时强调,国有企业要深化改革创新,努力建成现代企业。要坚持党对国有企业的领导不动摇,坚持建强国有企业基层党组织不放松,为做强做优做大国有企业提供坚强组织保证。

作为中国共产党执政兴国的重要支柱和依靠力量,党领导的国家治理体系的重要组成部分,国有企业坚持党的领导、加强党的建设,关键就是深入贯彻落实习近平总书记系列讲话精神,推动党建工作与生产经营深度融合,以企业改革发展成果检验党组织工作成效,这是国有企业党建工作应当遵循的重要原则。

(二)推进党业融合是企业推动实现"党建引领建强厂"目标的必然要求

党的建设是国有企业一切工作和实现高质量发展的指南针、方向盘和助推器。青州卷烟厂将加强党的建设作为核心,提出"1+483"工作思路,要求坚持党建引领,以就地技改为抓手,打造"专精特"卷烟制造强厂,推动企业高质量发展。2020年2月28日,疫情期间,国家烟草专卖局批复山东中烟青州卷烟厂就地技术改造项目。山东中烟公司党组将青州卷烟厂就地技术改造项目作为落实行业高质量发展意见、实现山东中烟高质量发展战略的重要举措,赋予其重要的政治意义、经济意义和长远意义,并要求按照"五个一流"标准,把项目建设作为百年大计抓紧抓好抓实,建成一座现代化卷烟制造工厂。青州卷烟厂深刻学习理解行业上级部署精神,准确把握企业发展形势,提出"54321"工作要求,要求做到对标"五个一流"标准,践行"四个一"准则,坚持"三个重在"指导思想,聚焦

生产、技改两个现场，瞄准“党建引领建强厂”一个目标，干在实处、走在前列，为行业高质量发展和地方经济社会做出更大贡献。

为此，青州卷烟厂必须大力加强党的建设，学习弘扬党的优良传统和先进理论，不断提高运用党的理论指导实践、推动工作的能力，为企业高质量发展提供强劲动力。

（三）推进党业融合是推动烟草行业“双基建设”落实落地的必然要求

2020年1月，在全国烟草工作会议上，国家局局长张建民就做好“双基建设”工作提出要求，指出要加强基层建设和基础管理，筑牢行业高质量发展的坚实根基。我们认为，烟草企业基层建设应当包括党、工、团的基层建设和班组建设，基础管理应包括战略规划、目标管理、绩效考核、体系建设与标准化建设、创新管理、精益降本增效、现场管理、班组管理等各项基础工作。

基层建设是企业生产经营管理的着力点，更是党中央、行业上级和企业各项决策部署落地落实的落脚点，必须毫不动摇建好建强。在生产经营实践中，青州卷烟厂有力践行、落实行业“双基建设”工作部署要求，以抓牢基层建设为重点，抓实基础管理为根本，推进党建与业务在基层深度融合，进一步激发班组内生动力，筑牢企业发展根基，推动“双基建设”工作有效落地落实。

二、以“六力钻石”班组建设为基础的“1+3+N”党业深度融合做法

（一）统筹规划，明确党业深度融合总体规划

严格落实新时代党的建设总体要求，紧紧围绕行业“双基建设”部署精神及山东中烟公司“三个重在”指导思想，青州卷烟厂结合实际，探索创新党业深度融合的模式，打造“六力钻石”班组，推动企业制造力硬水平提升。

2020年，青州卷烟厂以组织力建设为基础，以文化力建设为起点，以执行力建设为抓手，以学习力建设为重点，以创新力建设为核心，以制造力建设为最终目标，深入推进“六力钻石”班组建设，大力提升企业制造力硬水平。实现班组制造力水平提升这一目标，需要通过党建、工艺、质量、安全、现场、设备、能耗、创新、培训等各项指标系统化提升来推动实现。在充分调查研究的基础上，确定总体规划，即：推动基层党业深度融合，充分发挥党、工、团基层组织优势作用，形成推进合力，有力提升班组的制造力指标水平，最终实现打造“六力钻石”班组的

目标(见图 1)。

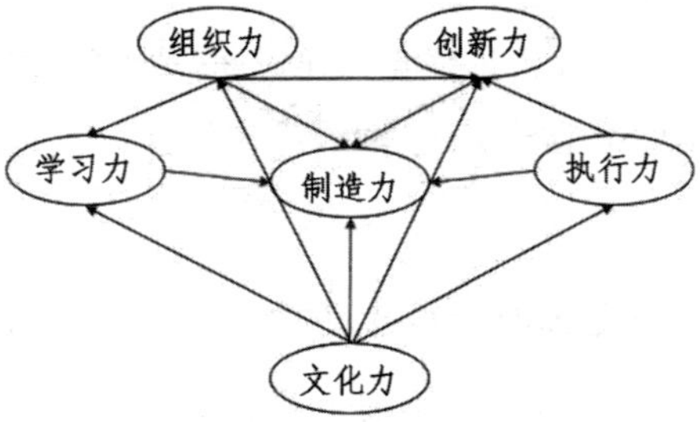

图 1 “六力钻石”模型

在“六力钻石”班组建设中,组织力建设是基础,文化力建设是起点,执行力建设是抓手,学习力建设是重点,创新力建设是核心,制造力水平提升是中心目标。实现班组制造力水平提升这一目标,需要组织力、文化力、执行力、学习力和创新力共同提升。

(二)建章立制,明确党业深度融合管理机制

青州卷烟厂将强化党建引领作用作为首要任务,准确把握推进党业深度融合这一方向,成立管理推进机构,建立健全推进机制,确保总体规划有序推进、有效落实。

1.成立管理推进机构

在企业层面,第一时间成立党业深度融合建设领导小组,由党委书记任组长,其他厂领导任副组长,负责整体规划和目标任务的领导、决策和资源配置等工作,领导小组下设办公室,成员为办公室、党建工作处、企业管理处、人力资源处、工会办公室、团委、计划调度处、生产车间等部门,主要负责具体工作实施方案制定,组织培训、指导、检查和考核等工作,形成了以上率下、层层落实的领导体制和工作机制。在车间层面,成立党业深度融合具体推进队伍,由党务、业务骨干组成,主要负责方案的具体实施以及推进过程发现问题的反馈、解决,做到迎头读时政、反头读经典,聚精会神读原著、学原文、悟原理,学深悟透党的优良传统和先进理论,运用党的理论指导实践。

2.建立健全推进机制

建立健全以领导决策、分工落实、督办评价为主要内容的全过程闭环推进机制,推动工作任务环环相扣、步步落实。健全领导决策机制,建立以党委会、党建工作领导小组会、办公会为主,以政工例会、生产调度会为辅的常态化领导决策

机制，第一时间调度工作进展、研究痛点难点、部署工作任务。健全分工落实机制，制定工作推进方案及配档表，明确各部门目标任务、责任人及完成时限等内容，以周报、月报、旬报为抓手，推动形成各司其职、各负其责、合力推进的工作格局。健全督办评价机制，将会议研究确定的任务作为重点督办内容，狠抓不落实的落实，对不落实或落实效果差的予以提醒，并限期整改完成，为工作有序推进、目标顺利达成提供保障。

（三）精准谋划，明确党业深度融合运行模式

1.模式构建

以“六力钻石”班组建设为基础，充分发挥党、工、团基层组织作用，推进党业深度融合，需要对原有组织形态进行变革，实现班组队伍内党建与业务的融合。“融合”作为变革的一种方式，变革模型的应用分析是明确“融合”重点的方法之一。美国著名管理学家哈罗德·李维特（Harold J.Leavitt）认为，组织是包含任务、人员、技术和结构四个重要变量的系统。这四个变量具有很强的依赖性和相关性，其中任何一个变量的变化，都可能引起其他变量的变化。因此，实施组织变革，有时主要针对一个变量，有时借助一个变量的变革来影响其他变量，有时对组织的多个变量同时实施变革。

在借助李维特“组织变革理论”构建党业融合模式过程中，我们主要做了以下分析：

任务（Task），是组织变革的目标和任务。组织变革任务代表着组织变革的方向，因此在组织变革中，需首先明确组织变革的任务。本次的任务，就是推动党建与业务深度融合，提升企业 N 项制造力指标。

人员（Staff），是组织变革的参与者。组织变革参与者完成任务的能力、态度、技能、期望、信念、风格等状况，都可能会对组织变革带来重大影响。在本次融合中，参与者即车间班组中的党、工、团队伍。

技术（Skill），是制造产品、维持经营的技术装备和工艺方法，组织系统技术水平的高低直接决定着组织变革后的运转效率。在本次融合中，技术就是打造“六力钻石”班组的创新方法；

结构（Structure），是组织结构，分为思想和行为两个层面：思想层面是指参与者的价值观、心理观念，行为层面是指工作的流程架构。本次融合中集中体现在，党小组、工会小组和团小组三个基层组织，既在思想层面可以实现对职工的思想引领，又在行为层面明确了党业融合的组织架构（见图 2）。

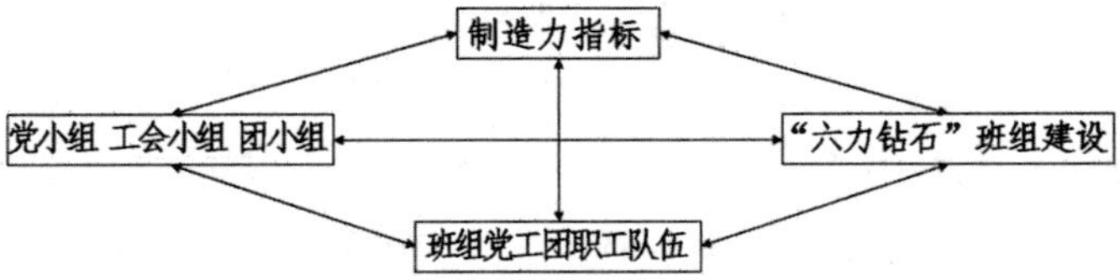

图 2　党业融合模型

模型中，制造力指标（N）即任务（Task），班组党工团职工队伍即人员（Staff），“六力钻石”班组建设即技术（Skill），党小组、工会小组和团小组即结构（Structure）。

因此，本次融合的关键因素分别为班组党工团队伍，打造“六力钻石”班组的创新方法技术，发挥党小组、工会小组、团小组三个基层组织作用，提升 N 项制造力指标，实现党建业务互融互促，推动卷烟工厂“双基建设”。基于此，得出以班组建设为融合主体，党建为引领，群团共建，党业互融互促、指标全面提升的“1+3+N”党业深度融合。

2.组织构建

按照“机构共建、力量联合、资源共享”的思路，统筹规划设计，创新性地把党小组、工会小组、团小组建在班组上，确保班组与党小组、工会小组和团小组的人员、职责范围一致，同时将党建、工艺、质量、现场、创新、安全等 N 项指标与工作职责有机融合，实现抓党建与抓生产经营、抓班子与抓队伍、抓点和抓面结合，构建了集中统一、分工协作的网格化管理体系。其组织构架详见图 3。

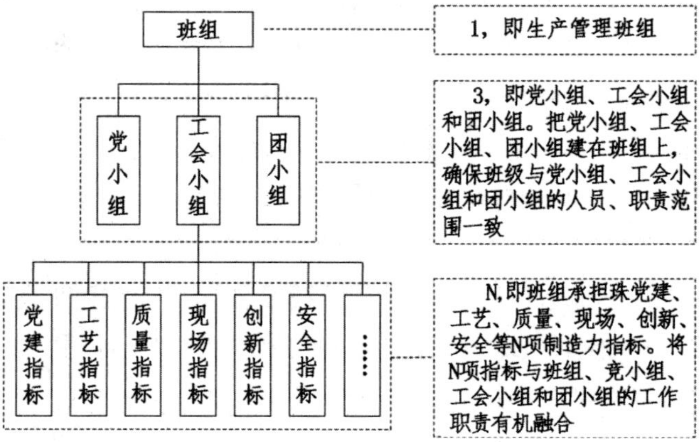

图 3　“1+3+N”党业融合组织构架

在“1+3+N”中,生产管理班组,就是“1”;党小组、工会小组和团小组,就是“3”;班组承担的党建、工艺、质量、现场、创新、安全等N项制造力指标,就是“N”。我们把党小组、工会小组、团小组建在班组上,确保班组与党小组、工会小组和团小组的人员、职责范围一致,将N项指标与班组、党小组、工会小组和团小组的工作职责有机融合,构建了集中统一、分工协作的网格化管理体系。

(四)导入理念,明确“六力钻石”班组支撑功能

以企业“1+483”工作思路和“54321”工作要求为指导,将班组建设与企业战略发展相结合,发挥“主力军”作用,全面导入“六力钻石班组”管理理念,结合班组规模和生产模式,建立“大班小组”管理架构,推动形成标准化班组管理机制,实现班组管理标准化目标。

一是以班组组织力建设为基础,搭建班组建设整体框架。细分班组设置,结合“大班小组”模式,完善班组自身组织结构,按照合理配置、精干高效和生产线相近、机型相近、工种相近的原则,科学合理设置若干班次小组(以下简称“小组”),细分班次管理小组单元,按规范要求配置班次小组,并加强班组核心岗位管理,提升班组管理效能。加强队伍建设,以“大班小组”模式为基础,设计推选班组骨干人员,分别在车间、大班、小组三个层面设置班组建设推进人员,制定《班组长选用管理办法》,明确班组长选拔、任用、培训、考核和问责等细则,选优配强班组长,实行动态考核,逐步实现班组长优胜劣汰、动态管理机制,最大限度地激发“兵头将尾”作用,实现班组自主管理,促进生产效率提升。优先培养青年后备管理人才,保持班组长队伍的活力。

二是以班组文化力建设为起点,营造班组建设文化氛围。建立厂领导联系基层班组制度,确定厂领导基层班组联系点,引导企业管理重心下移,走基层、进班组,亲职工、讲政策,解难题、促提升,搭建上下交流平台,激发员工干事创业活力。强化宣传引导,建立班组文化宣传平台,开展员工生活关怀、风采展示、班组名片评选等活动,调动班组建设文化氛围,打造宣传展示班组各项管理活动过程和结果的文宣平台。

三是以班组执行力建设为抓手,提升班组日常管理水平。在班组内部建立现场检查机制,融合安全、工艺、质量、设备、生产等各方面条线管理要求,进一步梳理现场检查的各项标准要求,形成班组检查标准并落实执行,通过机制的有效运行和持续开展,逐步推广运用PDCA闭环管理方法,推动班组执行水平不断提升。

四是以班组学习力为重点,提高班组基层技能水平。以生产现场需求为导向,以作业标准化为指引,以实操检验为重心,优化完善现有的班组员工技能提升机制,适时举行各种技能、素质培训班、岗位练兵、技术比武、知识竞赛、青春建功等活动,搭建基层班组知识共享平台,激发职工学理论、学业务、学技能、岗位建功的积极性,逐步提升班组基层专业技能水平,为班组制造力水平提升提供支撑。

五是以班组创新力建设为核心,提升班组制造力水平。导入问题处置机制,建立以问题清单为导向的改善机制,从基层班组日常管理需求出发,以自下而上班组建设新模式为抓手,运用各类创新工具和方法,不断提出和解决班组日常工作中遇到的瓶颈问题,进而提升班组制造力水平。在"六力钻石"班组各项工作机制全面导入并不断深化运行的基础上,建立企业层面班组交流机制,并以此为基础,优化班组评价激励机制,在企业和车间层面实现班组建设与管理闭环,实现班组管理水平的不断提高和进步。

(五)立体推进,构建党业深度融合格局

以加强党、工、团基层组织建设,充分发挥优势作用为目标,将"六力钻石"班组纳入党业深度融合格局,建立班组与党小组、工会小组、团小组有效融合机制,推动实现党业深度融合。

1.加强党、工、团组织基层建设,充分发挥优势作用

根据党、工、团基层组织的性质、功能和优势,结合班组实际,建立运行管理机制,进一步理清功能定位,明确目标任务,探索出党建与业务在基层深度融合的新路径。

(1)加强党小组建设,发挥党建引领作用。在生产车间党支部内,按照便于组织开展党建工作和党日活动的原则,将党小组建在班组上,把党小组的作用融入生产管理的各项工作中,使"支部建在连上"这一优良传统有了落脚点,引导充分发挥出党小组党建引领作用,推动党业在班组融合。

一是选优配强党小组长。以党性强、懂业务、善做群众工作为标准,按照个人申请、民主推荐、组织考察等程序,由生产车间党支部指定,选优配强党小组长,确保既能指导党小组建设,又能领导班组建设,最大限度发挥"领头雁"作用。

二是建立完善学习制度。注重发挥党小组政治功能,建立以党小组会、主题党日为载体的党员学习机制,和以职工政治业务学习为载体的职工学习机制,鼓

励党小组开展创新学习活动,利用学习强国、微信、QQ 等平台视频语音等功能,激发党员、职工学理论、学业务的积极性,打牢思想基础,推动班组学习力提升。以迎头读时政、反头读经典两方面内容学习为重点,培养打造一批懂理论、懂业务的党务骨干人才,引导从党的思想中寻找"金钥匙",对照生产经营中发现的急难新问题"解码开锁",将党的思想理论转化为解决生产难题的动力。

三是建立党员示范岗机制。根据生产车间党支部安排及生产经营实际需要,将党支部党务工作与生产车间生产操作类业务工作结合起来,我们从品牌建设、践行文化、推进党务、意识形态和示范带头五个方面明确党员示范岗工作职责。党员结合岗位实际,带头推动党建品牌建设,践行传播车间文化内涵,落实党支部标准化规范化建设指标,动态掌握职工思想脉搏,发挥引领示范、模范带头作用,既是党建思想宣传工作的传播者,又是攻坚克难的带头人,将党建工作从有形向有效转变,做到"哪里有职工群众,哪里就有党员引领,哪里就有先锋模范作用发挥"。

四是建立完善组织生活制度。依据《中国共产党支部工作条例(试行)》和党支部标准化规范化建设工作要求,将党支部建设重心下移,将党的组织生活"集中、规范"要求与党小组"小型、灵活"的特点相结合,建立党小组党员汇报、组织生活会制度。在党小组内,党员根据自身思想、岗位工作和示范带动情况,每半年向党小组进行汇报,汇报成长、对标先进、查找差距。坚持组织生活会制度"四项"议事原则,围绕思想、学习、作风、工作方面情况,开展批评和自我批评,达到纠正缺点、错误,消除思想和工作上的分歧,进一步达到增进团结力、凝聚力、战斗力的效果。

五是建立"六个一""政治生日"制度。固化发送一条祝福短信或微信、赠送一套政治理论书籍和"生日"贺卡、重读一次入党志愿、汇报一次思想或入党感受、重温一次入党誓词、开展一次谈心谈话"六个一""政治生日"制度,将党的关怀、党性体检、教育激励等结合起来,推动"政治生日"活动转变为党员的"连心桥"、初心的"体检室"和党性的"加油站",教育党员坚定理想信念,充分发挥先锋模范作用,干在实处、走在前列。

(2)加强工会小组建设,发挥"桥梁纽带"作用。我们结合生产班组实际,将工会小组职责与基础、安全、学习、精益管理工作结合起来,进一步规范工会小组工作内容、要求,并依托工人先锋岗,带动职工推进班组生产经营工作。

一是开展群体性文化活动。以三八妇女节、国际劳动节等传统节日为契机,利用各种途径及方式,开展形式多样、丰富多彩的文艺活动和体育活动,丰富员工业余生活，增强员工身体素质，陶冶情操、凝聚活力。同时，结合微信、QQ 等互联网手段，为活动增加创意，进一步增强了活动的吸引力和效果。

二是推动基础管理。以合理化建议、自主改善为主，引导员工聚焦生产管理难点、热点问题，集众智、聚群力，推动生产管理水平不断提升。以员工优秀操作法征集为辅，鼓励员工总结提炼本职岗位优秀操作方法，经论证评选后推广实施，进一步提升班组岗位生产制造水平提升。建立奖励激励模式，每季度评选表彰一批优秀合理化建设和自主改善成果，定期论证评选员工优秀操作法，激发员工“主人翁”意识，为班组创新力和制造力提升注入源头活水。

三是推动安全管理。加强岗位操作标准规范培训，从工艺、质量、现场及操作等方面入手，加强安全教育培训，打牢安全生产根基。围绕人身安全、公共安全、企业安全和生产安全等方面，定期开展安全教育培训班，提高员工安全意识，夯实安全管理基础，营造班组安全环境。

四是推动学习管理。以劳模、工匠创新工作室和职工之家为载体，开展“师带徒”人才培养计划，举办技术、质量经验交流会和岗位练兵等活动，在员工之间营造“比、学、赶、帮、超”的学习氛围。开展安全、工艺、能源、设备等全方面培训，不断提升员工理论水平、提高综合素质。依托技能竞赛、技能等级考试、优秀评比等活动，鼓励员工积极参与学习，在竞争中提升技能。

五是推动精益管理。以推行标准化作业法和防差错、可视化管理为目标，建立涵盖质量、产量、6S、安全、设备、能源等方面的考核办法，以考核为抓手，增强员工精益意识，夯实精益生产基础。

六是设立工人先锋岗。将工人先锋岗作为带动推动文化建设、现场管理、培训学习和生产指标提升的“关键点”，工人先锋结合自身岗位实际，带头推进班组文化提炼、星级现场创建、培训学习提升和降本增效、提升制造力的任务，达到以点带面、带动一片的效果。

(3)加强团小组建设，发挥“突击队”作用。我们把团小组作为增强班组活力、推动创新创效的单元，将团小组职能与青春建功活动、创新管理和志愿服务结合起来，依托青年标兵岗，为班组生产经营工作注入青春活力。

一是推动青春建功活动。积极落实上级党、团组织要求，打造“一团一品”品牌建设，推进“青年之家”建设，以组织举办形式多样的岗位建功活动为载体，传递青春正能量。

二是推动创新管理。搭建六西格玛项目、QC 活动、精益项目、技术和管理创新等科技创新平台，依托车间创新工作室、技师工作站等资源优势成立创新小组，引导团员青年充分释放激情活力，争做创新驱动的“带头人”。开展创新项目成果观摩交流，加大成果奖励力度，推动班组创新力和制造力不断提升。

三是推动志愿服务。以敬老爱老、节能环保、公益服务等为主题，组织团员青年积极参与、举办各类志愿者活动，弘扬奉献、友爱、互助、进步的宗旨，展现团员青年的青春风采。

四是设立青年标兵岗。将青年标兵岗作为激发班组活力、实现创新突破的“落脚点”，团员青年结合岗位职责，带头开展创新管理活动，做创新驱动“带头人”，攻难克艰“排头兵”，带头参加技能、文体、服务等各类活动，盘活人才队伍资源。

2.建立班组与党小组、工会小组、团小组有效融合机制

在“1”“3”运行管理机制推行的基础上，建立理念融合、机制融合、目标融合的“三融合”机制，横向打通企业最基层党、政、工、团之间的“壁垒”，延伸基层党建工作“触角”，深化党的建设和党建引领，纵向融合党建、工艺、质量、能耗、现场等考核指标，实现党建和业务工作标准化、清单化。一横一纵，构建起高效运行的网格化管理体系。

一是推进理念融合。将党的建设作为班组建设的政治引领、思想引领，班组建设作为党的建设的具体呈现与成果展示，发挥党的优势让班组建设“有根”，用好班组管理思维让党的建设“有效”。在具体推进中，将班组与党小组、工会小组、团小组的职能作用相融合，围绕班组承担的N项考核指标，推进党支部和班组标准化规范化“两化”建设，发挥党务和班务“两务”融合作用、党建和群团“两建”联动作用，提升班组活力和执行力“两力”指数。

二是推进机制融合。在班组和党小组、工会小组、团小组层面1+3的基础上，为充分发挥党员、工会成员和团员作用，推动各项指标落地落实，根据“大班小组”分级管理架构，依托班组下设的若干班次小组和设立的党员示范岗、工人先锋岗、青年标兵岗3个模范岗位，实现了各小组内的“1+3”，使得党建、群建、团建工作责任更具体，党建与业务进一步向深入融合，整体推动N项指标系统化提升，形成了基层党、工、团的工作合力。

三是推进目标融合。将党小组、工会小组、团小组承担的指标与班次小组承担的N项指标结合起来，设立通用考核指标（能耗类、现场类、学习类、创新类、通用类、否决项）和班次小组关键业绩指标（产量、工序质量、设备等），将指标分解到小组党员示范岗、工人先锋岗、青年标兵岗。模范岗位在示范引领的同时，承担相应制造力指标，带动小组骨干实现自我管理。通过各项指标融合，以目标

为导向，推动基层组织和N项指标的融合。

(六)应用评价，推动党业深度融合落地见效

在“1+3+N”党业深度融合模式的实践中，我们以PDCA循环为工具，构建了对标争先、问题导向、学习成长、创新改善、积分管理、评价激励和总结交流“七项机制”，形成了班组检查标准并落实执行。同时，对“1+3+N”党业深度融合模式进行全面分析，针对发现的问题选取试点进行改进、验证、提升，最终得到较好推广。

一是建立对标争先机制。按照目标化、可量化、有标准、有考核、有竞比的原则，建立小组对标争先机制，定指标、压担子。围绕业务、创新、学习、通用、否决五个方面，确定相应指标及考核标准，考核周期分为月度、季度、年度。设置考核目标项和权重比例，以积分制作为结果输出。

二是建立问题导向机制。从车间、班组工作重点任务、管理、技术难点等方面，推行课题项目制，推动问题解决。建立《班组问题整改清单》，将日常检查、考核、通过分析发现的问题项纳入清单管理，明确责任分工、整改(改善)时限、验证考核，形成闭环。鼓励班组自查问题并改进，取得效果经考核后进行奖励激励。

三是建立学习成长机制。按照机电维修师带徒、操作岗位一人多能、新员工培训、转岗培训、技能鉴定5个类别，立足班组内部完成帮学带教；鼓励小组成员积极参加自主学习取证、内训师、课件制作、各类劳动竞赛等，营造全员学习氛围，提升学习力；鼓励小组成员参加特长类技能学习和锻炼，满足车间和班组工作、活动需求。

四是建立创新改善机制。在班组内部建立各类创新小组，推动全员创新改善活动。将各类问题整改成果作为创新来源，以创新项目成果、自主改善、案例、合理化建议、优秀工作法、专利、论文等作为结果输出。

五是建立全员积分管理机制。深入推行全员积分制，对员工的业绩、学习、活力、成果进行全方位积分考核，实现以积分为依据推优评优，积分评优情况纳入企业后备管理人才档案，营造了选人用人的正确导向，激发了班组的内生动力。

六是建立评价激励机制。坚持正向激励与负面激励、物质激励与精神激励相结合原则，形成月度考核、季度评比和年度评优机制，对季度优秀班组长通过多形式进行宣传报道，强化模范作用；对年度优秀班组给予一定绩效奖励，由班

组自主分配。建立班组长个人成长档案及班组成长档案，作为评优推先的参考依据。建立组间竞争机制，实行末位淘汰，对连续4个季度排名末位小组长重新选拔上岗。

七是建立总结交流机制。建立班组计划总结制度，形成月度报告、年度总结，推进班组有计划地开展工作，及时总结经验得失。建立班组关键业务分析制度，按月度和年度提报分析报告，分析问题，查找改进。针对发现的问题，主要采取“自上而下”和“自下而上”两种方式进行完善。“自上而下”，即领导小组制定改进措施，从制丝车间、卷包车间、动力车间分别选取1个班组作为试点实施，不断改进提升；“自下而上”，即开展班组管理经验交流分享活动，评选推广优秀管理经验，并推荐参加上级交流。

三、以“六力钻石”班组建设为基础的“1+3+N”党业深度融合效果

（一）激发了基层生机活力，提升了整体管理效能

一是内生动力更具活力。通过推行“1+3+N”党业深度融合，实施全员积分制管理，实现了员工评价由结果到过程的转变，破解了以往评先树优结果与选人用人“两张皮”现象，64名员工入选青年后备管理人才库，34名职工被聘为首席员工，激发了班组内生动力。二是文化软实力持续提升。基层党、工、团、班一体推动，先后开展合理化建议“金点子”提报、员工优秀操作法征集、讲述“青州·青烟故事”等一系列文化宣传活动，40余条“金点子”推动就地技改项目更具人性化，30余项员工优秀操作法成为生产车间的靓丽风景线，“青州·青烟故事”更是成了企业的一张新名片……“传承、融合、创新、突破”的文化氛围更加浓厚，企业凝聚力进一步增强。三是创新提升明显增强。职工创新激情活力进一步激发，截至目前，先后提出自主改善195项，评选优秀成果64项。各小组优势充分发挥，依托工匠创新工作室和技师工作站，先后提报各类创新项目70项，7个QC成果、7个优秀小组、3个质量信得过班组推荐参加省评审，制丝车间青锋汇工匠创新工作室被青州市总工会命名为“青州市劳模（工匠）创新工作室”，全员创新氛围日趋浓厚，创新能力逐步提升。四是生产经营富有成效。生产效率方面，制丝设备故障停机率0.268%，卷接设备运行效率97.84%，包装设备运行效率91.04%，实现同比较大提升。能源消耗方面，1~5月份，万支卷烟综合能耗同比降低11.29%，生产万支卷烟综合能耗同比降低15.59%，制丝万支综合能耗

同比降低 11.80%,卷包万支卷烟综合能耗同比降低 36.89%。产品质量方面,上半年公司月度抽检 3 次 20 牌次,合格率均为 100%,开展日常质量监督抽检 523 牌次,包装、卷制质量平均得分 98.77 分,实现同比提高,"质量一流"的理念深入人心。

(二)推进了党业深度融合,打通了党建工作"最后一公里"

通过推行"1+3+N"党业深度融合,把党建工作延伸到了企业各项工作的最前端,实现了党建对业务的党建引领和强有力支撑,基层党组织推进党业融合的责任更加具体、氛围更加浓厚、效果更加明显,解决了一系列在班组建设中发现的痛点难点问题,如:基层组织各自为战,缺乏协调配合,没有形成整体合力;基层党建与生产经营还不同程度存在"两张皮"的现象;车间承接的各项生产经营指标对班组停留在硬分配上,班组承接方式停留在"上下一般粗"的被动接受上;班组管理模式"老套",停留在自上而下推动,缺乏内生动力;班组与员工之间缺乏有效契合的"中间层""黏合剂",员工与员工之间凝聚力不强、融合度不够,等等。成效不仅体现在班组整体工作上,还体现在党员的作用发挥上。广大党员立足岗位,结合党员示范岗,依托党建、工艺、质量、能耗、现场等 N 项指标,找准了作用发挥的"根据地"和"落脚点",以点带面、辐射一片,形成了党员示范引领、党员带动群众的生动局面,基层党建工作的成效正由原来的增强职工凝聚力,向提高班组制造力,提升企业创新力、制造力和战斗力转变。

成果创造人员:孟庆华　董志燕　李兴才　房　强　蔡传淇　郇　雪　韩翠翠

供电企业党建与业务融合管理体系

国网山东省电力公司青岛供电公司

摘要：青岛供电公司依托党的政治领导、思想领导、组织领导，将公司“党建+”系统工程与公司各项业务紧密深入融合，把融入中心、进入管理、发挥作用作为党建工作的基本点，把服务生产经营、推动改革发展作为党建工作的着力点，重点推进“党建+核心业务”融合、“党建+政治保电”融合、“党建+创新攻坚”融合，并进行深层梳理和系统完善，为各专业部门和基层党组织找准方向、把握重点、指导实践提供方向性指导，为公司当前和今后一个时期深化“党建+实践”提供理论和行动指南，实现党企共建、互促共赢。通过构建纵向“金字塔”型和横向“三级联创”的组织管理架构，打造多维互联、管理规范、高效运转的组织体系。以融入安全职责、融入设备管理、融入风险管控等措施推进“党建+核心业务”融合，实现安全生产坚强保障、电网建设高效开展、优质服务落在实处；以成立临时党支部、编制可行制度和开展联合作战等措施推进“党建+政治保电”融合；以结对共建、冲锋在前等措施推进“党建+创新攻坚”融合。依托量化积分方式，开展科学高效的评价考核；依托先模选树讲好党建与业务融合故事、打造党建与业务融合品牌，输出管理经验，形成可复制推广的“党建+”典型模式，为党建融合提供“青岛方案”。

国网青岛供电公司（以下简称“青岛供电公司”）是国网山东省电力公司直属供电企业，是国家电网公司大型供电企业之一，担负着青岛市七区三市供用电服务，供电面积1.13万平方公里，服务505万用电客户。公司设14个职能部门，辖胶州市、即墨区、黄岛区、平度市、莱西市5个县供电公司。截至2019年底，公司员工达7420人。青岛电网位于山东电网东部，以±660千伏直流、500千伏交流输电为主要走廊。截至2019年底，青岛电网有公用变电站359座/容量5084.68万千伏安。2019年，青岛全市全社会用电量达457.9亿千瓦时、同比增长6.04%。

青岛供电公司以客户为中心，坚持“稳、准、快”工作原则、“严、细、实”工作作风、“高、精、先”工作目标，为实现“具有中国特色国际领先的能源互联网企业”的战略目标不断奋斗。2019年,公司售电量达412.17亿千瓦时,营业收入达232.47亿元。近年来,公司先后荣获全国一流供电企业、全国文明单位、全国五一劳动奖状、中央企业先进集体、富民兴鲁劳动奖状、国网公司文明单位标兵等荣誉称号或奖励。

一、供电企业党建与业务融合管理体系背景

(一)坚决贯彻中央"加强党的全面领导"的需要

党的十九大站在新的历史起点上,以"坚持和加强党的全面领导"为根本原则,以"坚持党要管党、全面从严治党"为指导方针,提出了新时代党的建设总要求,指出党政军学民,东西南北中,党是领导一切的,并强调国有企业是国家的重要物质基础和政治基础,是我们党执政兴国的重要支柱和依靠力量;坚持党的领导、加强党的建设,是我国国有企业的光荣传统,是国有企业的"根"和"魂",是我国国有企业的独特优势。在新的历史时期,国有企业面临着前所未有的机遇和挑战,推进新时代国有企业党建工作,要从讲政治的高度深刻把握新时代中央企业的战略定位和目标追求,坚持服务企业生产经营不偏离,把提高企业效益、增强企业竞争实力、实现国有资产保值增值作为国有企业党组织工作的出发点和落脚点,把坚持党的领导、加强党的建设贯穿企业改革发展全过程各方面,把管党治党责任体系和现代企业制度体系有机结合起来,把党建工作全覆盖、全过程融合到各个业务领域,形成体系完备、路径清晰、实用管用、有效覆盖的党建与业务融合机制,成为建设党领导下的中国特色现代国有企业制度的时代要求。

(二)有力推动现代企业党建工作应用落地的需要

习近平总书记站在巩固和发展中国特色社会主义物质基础和政治基础的战略高度,对推进国企改革发展、加强国企党建多次作出重要指示、发表重要讲话。全国国有企业党的建设工作会议深刻阐明国有企业发展目标、历史定位,提出"两个一以贯之"的总要求,确立了加强国有企业党的建设重要纲领和依据。国家电网公司党委严格落实新时代党的建设总方略、践行现代国企党的建设总纲领,要求各下属省公司、地市公司因地制宜地打造"党建+"现代企业党建工作体系,加快构筑具有公司鲜明特色的国企党建新高地。"党建+"就是要实现党建工作和其他各项工作的有机结合,以基层党组织的战斗堡垒作用和党员的先锋模范作用,影响和带动群众为完成各项工作而努力拼搏,推动和促进各项工作任务出色完成。深化"党建+"工程,就是在总结实践经验基础上,对现代企业党建工作体系的再深化再提升,通过进一步探索"融合型"党建的实践方法和实施路

径，把每条战线、每个领域、每个环节的党建工作抓具体、抓深入、抓落实，把无形的党建力量转化为有形的发展优势，以党建工作促进发展，以发展反哺党建工作，实现党企共建、互促共赢。

（三）加快助力公司各项业务高质量发展的需要

一流企业需要一流党建，一流党建引领一流企业。深化党建与业务融合，能够更好地把党建工作与中心工作有机结合，更好地发挥基层党组织在各项工作中的组织领导作用和政治引领作用，更好地以党建工作引领和保障一流企业建设，为公司新时代高质量发展注入更强动能。然而通过前期国家电网公司巡视和党建工作绩效综合考评，公司党建与中心工作融合还不够，党委领导作用发挥还不充分，党建工作缺乏亮点和新动能，各级党组织组织生活制度执行还不规范、不到位，党建体系陈旧简单、缺乏创新活力和执行效率。因此，为了推进公司各项工作高质量发展，实现核心业务、政治保电和创新攻坚的卓越成效，必须在党建体系的顶层设计、载体实践、聚力方式上突破创新、激发活力、提升动能，在抓好党的建设中促进发展，以优秀业绩检验党建成效。实现党建与公司业务的有效融合发展，解决传统方法难以解决的问题；实现体系高度统一、思想高度一致、资源高度集中、行动整齐划一。

二、供电企业党建与业务融合管理体系做法

（一）明晰思路，形成体系建设主体格局

青岛供电公司以习近平新时代中国特色社会主义思想为指导，深刻把握新时代党的建设总要求和国有企业党建工作会议精神，建立以“党委统领抓总、专业融合主抓、支部落地抓实”为基本路径的党建与业务融合工程管理机制，推动各级党组织强化政治功能、提升组织力，激发国有企业党的建设强大势能，以一流党建引领保障一流企业建设，不断增创党建价值、增创发展优势，推动现代企业党建工作在具体应用实践中落地、助力新时代公司各项业务高质量发展。

党委统领抓总，就是将“党对一切工作的领导”贯穿到公司改革发展全过程、覆盖到工作各方面，充分发挥党委政治领导、思想领导和组织领导作用，紧紧围绕“抓什么”，强化“党建+”工程的顶层设计、平台搭建和全面指导，推动党建和业务工作深度融合。专业融合主抓，就是将“党建与业务融合并进”的理念传导到公司各专业，明确专业部门推动“党建+”工程的主导地位和主体责任，坚持把生产经营工作的难点作为抓党建工作的重点，把生产经营工作的需求作为对党建工作的要

求，以公司发展目标为出发点和落脚点，丰富“党建+”实践载体，拓宽“党建+”深度广度，始终做到党建与业务工作一起谋划、一起部署、一起考核。支部落地抓实，就是将“党的一切工作到支部、一切工作靠支部”的鲜明导向落实到基层党支部，发挥好党支部直接教育党员、管理党员、监督党员和组织群众、凝聚群众、服务群众的职责，打造坚强的战斗堡垒，调动和发挥广大党员先锋模范作用，进一步提升工作效率和工作质量。增创党建价值、增创发展优势，就是以价值创造理念指导党建工作实践创新，从科学理论、制度体系、创新方法、探索路径、效果评价等维度入手，构建系统完备、科学合理、运行有效、实用管用的“党建+”工作体系，使各级党组织和广大党员发挥作用组织化、制度化、具体化，让党建工作创造更大价值、发挥更大优势，并将这一优势和资源有效转化为企业核心竞争力。

（二）顶层设计，打造多维互联组织体系

1.纵向打造“金字塔”型组织管理架构

青岛供电公司内部成立党建工作领导小组，各专业层级党支部及下属党小组具体开展工作，打造覆盖全面、层级清晰、管理规范、运转高效的组织管理架构，建立党委统一领导、有关部门齐抓共管、基层单位狠抓落实的组织管理机制，加强对公司党建与业务融合工作的分级管理、分类实施、分层落实。明确各级党组织的活动定位、组织原则、工作机制和日常运行规范，使“党建+”工作全面嵌入公司日常管理，公司党委（党建工作领导小组）具体负责党建工作总体规划和执行方向把控、各专业部门党支部具体负责过程管控和上下协调、各基层党小组负责具体业务的执行和信息反馈，拧紧党建工作责任链条，实现“一岗双责”刚性职责。

2.横向构建“三级联创”互联组织体系

青岛供电公司坚持“互通、合作、提升”的共建路径，创新性构建“党委共建、支部联创、小组联合”的“三级联创”党建体系，公司党组织与不同行业、不同区域、不同性质的其他企业、重点客户、社会机构、军队院校等外部党组织互联互通，推进公司内外党委、支部、党小组之间的点对点共建活动，实现组织、人员、信息的共享共鉴，实现不同性质主体的有效联合，解决传统方法难以解决的问题。在业务开展过程中，坚持以政治建设为统领、以提升组织力为重点、以强化队伍建设为保障，根据共建双方的共同工作区域、急难险重任务内容、具体执行工作标准，成立工作单元，履行共同的安全生产责任、优质服务责任、党风廉政责任、帮带群众责任，等等。例如，通过“三级联创”横向组织互联，实现强企联合、有效聚合多方专业优势和经营管理经验，实现军民联合、探讨军民共建新路径，实现校企联合、加强前沿技术的合作研究与深化应用，实现政企联合、助力新兴产

业发展，实现企民联合、切实提升供需双方契合度，从而打造物联网新业务形态，最终达到双方党组织带动相关业务需求的“多维互联、共建共享、互通互利”。

3.设立特色“两队一区一岗”执行单元

组织体系能否高效运转、落地实施，关键在队伍、核心在党员。青岛供电公司在打造横纵向组织体系的基础上，同步设立“共产党员突击队、彩虹共产党员服务队、党员责任区、党员示范岗”的“两队一区一岗”执行单元，按照“优秀党员一带多”原则，列编划分攻坚小组，做到党员帮带全部队员，汇聚最强工作力量，把党委政治核心作用、党支部战斗堡垒作用和党员先锋模范作用融入公司业务执行的各阶段、各环节、全方位。把共产党员突击队建在攻坚克难第一线，让党员突击队大力发扬山东电力铁军优良传统，在急难险重任务中主动亮明身份、承担重任、冲锋在前，突出发挥党组织攻坚突击和党员先锋模范作用，做到“平常时刻看得出、关键时刻站得出、危难关头豁得出”，确保高质量高标准完成重点工程和重大任务；将彩虹共产党员服务队向客户延伸、向前端延伸，把服务队的工作价值体现在为客户上电、供电、用电、保电的全过程，把“当好先行官、架起连心桥”的要求落到实处；党员责任区、党员示范岗是党员锤炼党性的熔炉、展现作为的舞台、先锋引领的旗帜，通过规范设置责任区和示范岗，可以引导广大党员立足本职岗位创先争优，争当模范，用实际行动影响和带动身边职工群众，为公司各项工作走在前列贡献力量。

（三）立足基础，推进“党建+核心业务”融合

1.狠抓“三个融入”，筑牢安全生产坚强堡垒

安全生产是电网企业所有工作的重中之重，是一切业务开展的前提和基础，青岛供电公司每年结合年度安全生产重点工作滚动修编“党建+安全生产”落地实践方案，以党组织和党员的先锋模范作用提高本质安全水平，实现安全可控、能控、在控。一是将安全融入“三会一课”、主题党日等党的组织生活，策划开展安全事故大反思大讨论、“我要安全”谈心谈话等活动，提高党员带头保安全的责任意识，开展“党员讲安全”宣讲活动，忠实履行党员义务。二是将党建融入设备管理，开展相关专业党支部、党小组的设备隐患联合排查治理行动，严密组织供电设备春秋检计划，提前梳理春秋检安全风险，逐项审查一类作业风险及五级电网风险管控措施，共高质量协作完成供电设备春秋检 2338 项；定期开展“五查”专项行动，党员带头深入艰苦环境、偏远地区、一线站所，开展电网和设备隐患排查治理，解决主变重过载问题，推进老旧变电站改造，确保设备安全，共排查整改隐患问题 287 项，进一步筑牢了电网和设备安全运行基础。三是将党建融

入违章管控，深入开展“党员带头不违章、党员带头查违章、党员身边无违章”活动，党员自觉发挥示范带动作用，带头查纠违章行为，着力打造“红色工地、安全工地”，筑强公司安全根基；在现场设立“党员反违章示范岗”，制作发放“反违章党员示范岗”的袖标645个，覆盖公司生产、建设、营销、后勤等各类现场工作的党员同志，凡是参加现场工作的所有党员都佩戴“党员反违章示范岗”袖标，以党组织和党员的先锋作用提高安全生产示范作用。

2.开展“三亮三比”，助推电网建设高效开展

电网建设投入资金大、参与人员多、建设周期长、社会影响广，并且在建设过程中涉及安全、质量、进度、造价等各专业，工作内容和不可控因素多。公司对照电网建设、业务发展的具体要求，常态化开展党员创先争优“亮身份、亮承诺、亮成效，比学习、比奉献、比服务”的“三亮三比”活动。通过发挥各级党组织战斗堡垒作用和党员先锋模范作用，将各参建单位通过党组织关系凝聚到一起，将党建与工程管理深度融合，通过支部党员的“三亮三比”坚强履责带动参建人员形成合力，引导全员知责明责，有效解决工程中的突出问题，为电网建设提供坚强政治保障。形成“围绕项目抓党建、抓好党建促项目”良好局面，真正达到提高全员履责意识、凝聚全员奋进合力的目标。

3.倡导主动建功，确保优质服务落在实处

青岛供电公司党委围绕“做优基本服务、做好延伸服务、做亮特色服务”理念，准确把握地方政府、客户、群众等不同群体需求，找准工作结合点和着力点，精准施策、创新方式，提升工作效果。在优化营商环境方面，青岛供电公司积极推动市发改委、市公安局等十家单位联合印发《进一步优化提升青岛市简化获得电力专项行动的实施意见》，充分发挥共产党员彩虹服务队引领示范作用，结合主题教育学习，全面推动“三省”“三零”政策落地，率先成立柔性机构业扩报装快速响应中心，获得电力水平不断提升，真正实现了获得电力更快、更省、更便利，3403户小微企业实现电力接入表前零投资；在故障报修方面，公司以提升供电可靠性、减少客户停电感知为目标，依托党员突击队补齐配网短板，对配网运行历史数据进行深入分析，党员带动身边群众深挖配网薄弱环节，加快工程建设进度，加强可靠性时户数过程管控，实施停电时户数“预算式”管理，停电时户数较去年同期下降60%；在助力脱贫互助方面，扎实开展“党员联户、干部帮包”活动，加强党建在脱贫攻坚工作中的主导作用，通过党员联户、召开座谈会等方式积极传达学习市文明办等部门举办的“崇德尚志”“文化语录”“金钥匙”等，激发贫困群众的内生动力，变“要我脱贫”为“我要脱贫”，推动内源脱贫，并不定期实施定点帮扶村扶贫捐赠、购买扶贫农产品等活动。系列工作的开展，进一步拉近

了公司与用电客户之间的距离，搭建起优质服务的“连心桥”。

（四）凝聚合力，推进“党建+政治保电”融合

1.成立临时支部，凝聚前线政治力量

随着我国日益走进世界舞台中央和山东经济文化强省建设的大力推进，青岛市承办重大活动的机会将越来越多，仅2019年，青岛供电公司就承担了海军成立70周年多国海军活动、博鳌亚洲论坛和跨国公司领导人青岛峰会等重大活动的保电任务。公司把加强党的建设作为提高保电前线党的政治领导力、思想引领力、全员组织力的根本保证，弘扬“支部建在连上”的光荣传统，坚持将党组织建在保电最前沿，公司在海军节、博鳌亚洲论坛和跨国公司领导人青岛峰会等重大活动保电过程中，将支部建在各个具体保电项目上，成立了市县12个临时党支部。通过成立临时党支部，加强党的组织建设，建强纵向贯通、横向集约的战斗力矩阵，确保保电现场在哪里党组织就覆盖到哪里、党的建设就跟进到哪里，确保党建对保电活动的强大支撑力。

2.夯实制度基础，保电管理有章可循

为推进保电工作日常开展的规范化、标准化、可执行、能推广，青岛供电公司把制度建设贯穿于保电前线的党建管理，加强顶层设计、系统谋划，借鉴青岛上合组织峰会保电的制度经验，修订完善制定《重大保电政治保障工作方案》《重大保电临时党组织工作规范》《重大保电政治审查工作规范》等六项保电相关重要规章制度，配套下发思想政治工作、共产党员服务队组建、前线党建阵地、政治理论学习、作风纪律建设等领域的规范性文件，编制《员工关爱与心理关怀口袋书》下发给前线保电人员，从而形成一套针对性强、指导性大的保电标准制度体系，为重大保电政治保障工作奠定坚实制度基础，确保了保电管理有章可循、保电工作有文可依。

3.深化“三级联创”，共建互促联合作战

青岛供电公司在重大政治活动保电过程中，按照“政府主导、客户主体、电力主动”保电机制，与政府机构、重要客户等广泛开展“党委共建、支部联创、小组联合”的“三级联创”合作，保电期间与20个重要客户签订“三级联创”合作协议，把党组织作用发挥到“最后一纳米”；围绕军民融合深度发展，与某部队签订军民共建协议，等等。通过“三级联创”，压实重大活动保电责任，建立健全双方党委定期协商和重大事项实时对接机制，共建单位党委与所辖联创党支部、驻地联合党小组签订重大保电责任书。通过组织共建，构建与客户保电任务共管、资源共享、责任共担、过程共治的联合作战体系，确保重要客户用电万无一失、确保

政治保电全面胜利（见表1）。

表1　重大活动中公司与客户“三级联创”合作共建

共建联创形式	客户侧党组织	公司党组织	重大活动
军民共建	中国人民解放军某部队	青岛公司党委	海军节
党委共建	青岛古镇口军民融合创新示范区工委	黄岛区公司党委	海军节
	古镇口军民融合创新示范区工委	黄岛区公司党委	海军节
	青岛中铁博览城党委	黄岛区公司党委	博鳌亚洲论坛
支部联创	青岛市八大关宾馆党支部	青岛公司营业及电费室党支部	海军节
	青岛旅游集团有限公司景区运营管理公司党支部	青岛公司营销部党支部	海军节
	青岛动车小镇投资集团有限公司党支部	青岛公司北部客户服务分中心党支部	海军节
	青港国际供电分公司青岛变电队党支部	青岛公司营业及电费室党支部	海军节
	青岛机场党支部	青岛公司崂山客户服务分中心党支部	海军节
	中国人民解放军92805部队军港管理保障队一中队党支部	青岛公司营业及电费室党支部	海军节
	青岛市崂山区电力安装有限公司党支部	青岛公司崂山客户服务分中心党支部	海军节
	青岛军民融合发展集团有限公司工程中心党支部	黄岛区公司营销部党支部	海军节
	青岛古镇口军民融合创新示范区综合处党支部	黄岛区公司营销部党支部	海军节
	黄岛街道小石头社区总支部	黄岛区公司辛安供电所党支部	海军节
	黄岛街道办事处龙湾崖社区党支部	黄岛区公司保税区供电所党支部	海军节
	海军北海舰队第一招待所党支部	莱西市公司营业计量党支部	海军节
	铁路青岛北站党支部	莱西市公司营销部党支部	海军节
	黄海饭店党支部	莱西市公司营销部党支部	海军节
	东海饭店党支部	平度市公司营销党支部	海军节
	丽天大酒店党支部	平度市公司市场服务党支部	海军节
	青岛广电中心后勤党支部	即墨市公司客户侧保电临时党支部	海军节
	中铁置业山东（西海岸）公司西海岸项目党支部	黄岛区公司营销部党支部	博鳌亚洲论坛

(五)旗帜领航,推进"党建+创新攻坚"融合

1.结对共建,聚合团队攻坚力量

为了凝聚攻坚力量、形成专业合力,青岛供电公司党委统筹谋划,推进公司不同专业部门间的党支部结对共建,铸成牢固战斗堡垒,本着"共建联创、共促双赢"的原则实施"思想共识、学习互动,组织共建、优势互补,队伍共带、党员互比,过程共管、交叉互动,资源共享、载体互用,创新共进、模范互促,品牌共塑、文化互鉴"的"七共七互"联合行动。保证了公司在面临多项攻坚难题时能够横向多专业关联协同。如通过公司调度监控、变电运维、变电检修专业的"一体化"作战,实现了供电设备缺陷消除的闭环管理;通过公司经研院与安装公司的党支部结对共建,高效圆满地完成了杨兰埠牵引站/凤光站 GIS 间隔扩建工程交叉作业攻坚任务,等等。

特别是在线损治理方面,青岛供电公司以线损系统深化应用为契机,拓展"党建+"攻坚实践载体,积极推进党建与线损管理工作融合,查找短板、专项攻坚,稳步提升各项弱势指标,共同推进指标治理。党建部、发展部联合下发《关于发挥党建统领作用,加快推进同期线损指标提升的督办单》,推进同期线损指标提升,仅半年时间,公司同期线损综合指标在全省的排名就较实施前提升了七个名次;公司协同营业室、配电运检室、计量室等线损相关部门进行结对共建,在指标治理提升过程中专业互补、资源共享,共同完成 89 条线损异常线路排查,整改档案异常 367 处;发挥党员先锋模范作用,组建"联合党员突击队",以"站长+线损主责+台区经理小组"模式为纵向管理基础,组织普查线损异常台区 2349 台次,治理合格台区 1487 台次,台区线损指标较实施前提升了 6 个百分点。

2.冲锋在前,党建引领创新攻关

在创新攻关工作中,青岛供电公司按照"党委领航、支部领队、党员领头、骨干领先、共谋发展"的党建路线(见图 1),组织广大党员冲锋在 5G 智能电网实验室建设、精益化源网荷柔性互动控制系统建设、泛在物联网全息感知实时监测技术研发、"泛在物联"数字化台区建设、智慧供应链建设等等创新攻关项目的主战场、第一线、急难险重最前沿,在重点项目、重要区域、重点时段成立党员创新攻关突击队,突击队成员们通过一次次集结、一次次思想碰撞,将把方向、定目标、释疑惑,自觉用坚强的党性保安全、保质量、保工期,让党的旗帜高高飘扬在每一个科研现场、建设工地。依托创新攻关项目,青岛供电公司创新成果获奖数量大增,成果实施以来,公司获得省公司级及以上科技奖 21 项、管理创新奖 21

项，申请发明专利46项、授权发明专利17项。

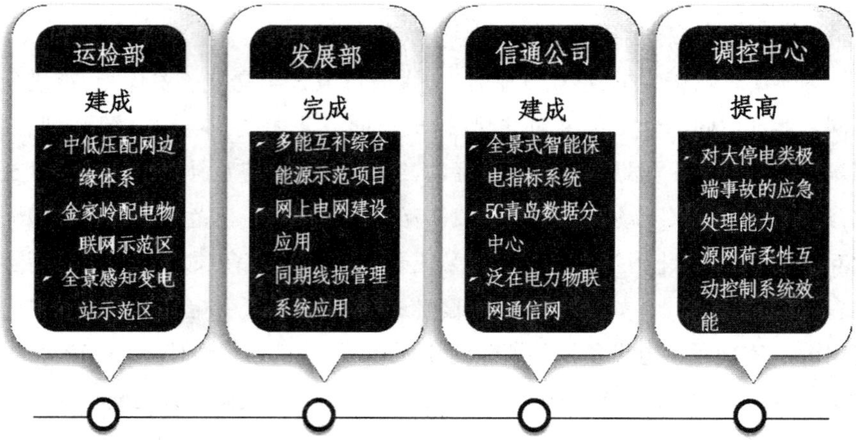

图1　党建引领公司各专业创新攻关成效

（六）积分量化，构建科学评价考核体系

为深化基层党支部标准化建设、规范化管理，青岛供电公司按照全面覆盖、简便易行、支部主导的原则，全面推行党员量化积分管理，构建科学评价考核体系，实现“四个合格”党员标准具体化、可评价，促进党员自觉践行宗旨、激发整体活力、充分发挥作用，为党建与业务融合各项工作开展提供坚强保证。党员量化积分管理围绕“四个合格”标准和党员先进性、纯洁性要求开展，分为基础积分、党员先进性积分、党员纯洁性积分三个部分，满分110分。同时设置一票否决项。

一是基础积分（共80分），包含政治合格、执行纪律合格、品德合格、发挥作用合格四个部分，达到要求分别积20分。其中政治合格主要考察是否树牢“四个意识”，坚定“四个自信”，坚决做到“两个坚决维护”等；执行纪律合格主要考察是否严格执行新形势下党内政治生活若干准则；品格合格主要考察是否积极践行党的宗旨，全心全意为人民服务，继承发扬党的优良传统和作风，忠诚企业、爱岗敬业、尽职尽责等；发挥作用合格主要考察是否模范执行党支部决策决议，主动承担党支部工作等。

二是党员先进性积分（共30分），包括党员立足岗位发挥骨干带头作用、党员履行义务发挥先锋模范作用和党员创先争优发挥示范带动作用三个部分，分值分别为10分，加满为止。其中立足岗位发挥骨干带头作用主要考察是否认真履行岗位职责，专业精通，技能过硬，善于创新提升工作质量和效率等；履行义务发挥先锋模范作用主要考察是否争当党员示范岗，在争创党员责任区和党员服务队、党员突击队等开展的活动中积极发挥应有作用；创先争优发挥示范带动作用主要考察是否获得所在公司级及以上荣誉、奖项，获得管理创新、科技创新等成果。

三是党员纯洁性积分，党员纯洁性积分为扣分项，对党员开展学习、组织纪律、道德建设、岗位履责等方面的负面表现明确扣分标准，相应扣减党员积分。同时对存在理想信念缺失、政治立场动摇、宗旨观念淡薄、工作消极懈怠、组织纪律散漫、道德行为不端等情况的党员采取一票否决。

每个党支部设一名记录员，负责本支部党员量化积分的记录、公示、上报。每月月底召开支委会/党员大会，按照党员量化积分管理评分标准为每位党员打出分数，实现月度评价；每季度第一个月，党支部书记对党员量化积分事项进行统计核实，并通过党员大会、党务公开等形式对党员积分进行公开公示，公示期不少于 5 个工作日，实现季度公示；党支部每年 12 月下旬汇总统计季度党员积分情况，提交支委会审议、党员大会通过后，确定党员年度积分，实现年度统计归档；党员年度积分结果作为民主评议党员的重要依据，按照党员民主评议得分高低确定党员评议等级，并纳入各类评先树优活动，实现结果运用。

（七）选树先模，培育党建融合特色品牌

为充分发挥党员的示范引领作用，青岛供电公司大力树模范、抓典型，培育评选先进基层党委、先锋党支部、先进班组、优秀党员、先进工作者、劳动模范等先进集体及先进个人，注重挖掘基层单位涌现的“党建+”先进事迹和党员典型，在基层单位开展“我为党建+”代言和著书立说“党建+”活动，讲好“党建+”故事和党员故事，深化先进典型的“全程全景式”选树，全方位扩大先模人物影响力，形成标杆效应，营造干事“强磁场”，实现变“要我干”为“我要干”，变“催着干”为“比着干”，变“推着干”为“争着干”，实现思想政治工作从“外在”向“内心”的着力点转移。用先进模范党员典型事迹引导人、教育人、激励人，不断鼓舞全部党员乃至公司全体职工，提升党建在业务融合中的感召力、影响力和助推力。

青岛供电公司依托内网专栏和国网党建系统平台，自上而下在各级党组织和党员中做好“党建+”项目实施宣传和培训宣贯，让全体党员充分了解“党建+”的重要意义，掌握“党建+”实施路径方法；加强经验总结发布，利用每年电网先锋党支部实践创新发布会和党建工作例会，在公司内开展最佳案例、典型经验稿

件和视频征集活动，定期编辑出版，组织基层单位做好“党建+”载体创新和落地实践方法探索经验交流和应用推广；做好在社会各界和国网系统内的宣传报道，输出管理经验，展现党建价值，提升公司形象，打造一批党建与业务融合的“金名片”，塑造独具特色的保电品牌、服务品牌、文化品牌（见图 2）。

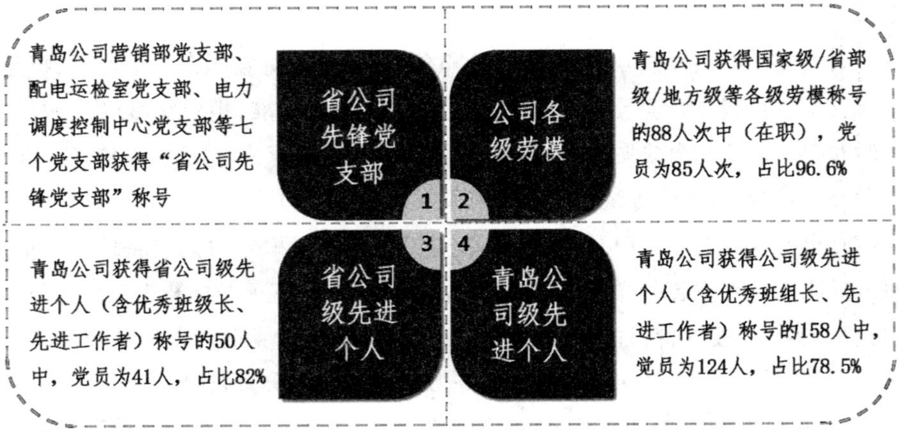

图 2　党员先模选树成效

三、供电企业党建与业务融合管理体系效果

（一）融合互促，业务管理效能不断优化

青岛供电公司通过党建与业务融合管理体系，很好地解决了党的建设弱化、淡化、虚化、边缘化问题，打造形成了“领航型、融合型、卓越型、专业化”的现代企业党建工作体系，通过党委把方向、管大局、保落实的路径载体，实现党政同心、协同发力，凝聚人心、促进发展，持续促进公司业务管理效能的不断优化，显著推动各项公司业务的出色完成，确保了公司发展政治方向不偏离、服务大局不偏离、发展目标不偏离。青岛供电公司在 2019 年的海军成立 70 周年多国海军活动、博鳌亚洲论坛和跨国公司领导人青岛峰会等重大活动的保电工作中，迅速列编 63 支彩虹共产党员服务队、37 支党员突击队，组织保电演练 820 场次、完成保电工作任务清单 355 项，圆满高效地完成了政治保电任务。作业现场安全监督效能明显提升，体系建设实施以来督促领导到岗到位 6450 人次、管理人员到岗到位 18822 人次、现场督察 5960 处、排查隐患和问题 287 项、及时喊话制止不安全行为 530 次，308 名党员获评无违章个人、公司年违章数量同比下降 91%。

（二）提质增效，公司经营效益显著提升

青岛供电公司通过党建与业务融合管理体系，以“两队一区一岗”为抓手，把“三支队伍”打造成各专业领域的“尖刀连”，公司各项工作提质增效效果明显、经营效益显著提升。青岛供电公司2019年10千伏及以下电网建设任务完成率实现100%，110千伏及以上变电设备故障停运率降至0.04次/百台·年、比目标值低60%，全口径供电可靠率99.9676%、同比提升0.1057个百分点，10千伏分线线损指标达标数量为2479条、同比提升79条。依托党建与业务融合管理体系开展线损治理、营业大普查等工作，年普查线损异常台区2349台次，治理合格台区1487台次，治理电源关系错误581处，查处窃电452户、累计追补480万元，发现整改计量异常104户，累计追补823万元。通过与其他企业、重点客户的合作，推进综合能源服务业务，完成综合能源业务收入1.1亿元。

（三）凝心聚力，样板示范效果逐步显现

通过党建与业务融合管理体系在政治保电工作中的出色实践，青岛供电公司凝聚了“保电有我、有我必胜”的最强合力，打造了保电服务的“金名片”，在社会和客户心中叫响了“旗帜领航·电靓青岛”品牌。通过重大活动、重点工作、重要任务，构建了“党员示范、骨干争先、全员落实”的干事创业新生态，锻炼出一支善学善思、善打善拼、善作善成的队伍，呈现出全员齐心协力、全面解放思想、全力狠抓落实的良好工作氛围，干部职工“扛就扛红旗、干就干最好、争就争第一”的状态和“能干事、会干事、干好事”的精气神得到充分激发。

中宣部、中组部先后到青岛供电公司调研党建工作，并给予高度评价。青岛供电公司彩虹共产党员服务队被评为“国家电网优秀共产党员服务队”；先后荣获国网公司先进集体、省委省政府峰会服务保障工作先进集体等称号；1名党支部书记被评为“中央企业劳动模范”，2名党支部书记被评为“山东省劳动模范”。1项党建成果获山东省企业管理现代化创新成果一等奖。党建与业务融合管理体系成果丰硕，示范效应逐步显现。

成果创造人员：孙旭日　卢　刚　李志泰　彭国平　姜思卓　程　超　朱瑞可

建筑施工企业以知事识人为导向的绩效管理

中铁十四局集团第五工程有限公司

摘要:2018年,习近平总书记在全国组织工作会议上强调,要建立日常考核、分类考核、近距离考核的知事识人体系。中铁十四局五公司以习近平总书记讲话精神为指引,提出从"知事—识人—民主测评"三个维度对员工进行全面的绩效管理,大力实施以"一书两清单"为载体,以重点工作关键指标为主要内容,以公司中层骨干人员为主要对象的业绩、能力和群众满意度的三维考核,形成上下衔接,全面覆盖、激励与约束并重的绩效管理体系。

中铁十四局集团第五工程有限公司(以下简称中铁十四局五公司),隶属于世界500强企业中国铁建旗下的十四局集团。集团前身是中国人民解放军铁道兵第四师,1984年由铁道兵集体转业并入铁道部,2001年改制为国有控股的现代企业,现为系统内的骨干和龙头企业。作为铁路铺架的王牌军,公司具有从线下施工到制梁、架梁、铺轨、高速道岔铺设、焊轨、大养再到特种设备安装拆卸、线路管养、既有线改造等一条龙施工能力。截至2020年,公司累计获省部级科技进步奖一等奖3项,鲁班奖2项,国家优质工程8项,詹天佑奖1项,获得国家授权专利54项,省部级工法19项,连续8年获"全国用户满意单位";连续14年获"全国守合同重信用企业";连续9年获"山东省用户满意单位";连续21年获"山东省守合同重信用企业"。

一、建筑施工企业以知事识人为导向的绩效管理背景

(一)落实国有企业三项制度改革的需要

国企"三项制度改革"对于完善国有企业市场化管理机制,促进企业高质量发展,充分调动员工工作积极性,增强企业竞争力、创新力具有重要意义。无论

是劳动分配改革,还是人事制度改革、分配制度改革,都必须做好薪酬分配的公平性,做到奖勤罚懒,有效激励,实现责权利相统一,否则改革工作难以取得实质性进展。这正是中铁十四局五公司开启以知事识人为导向的绩效管理的重要原因,也是建立适应未来市场化竞争需要的管理体系的客观要求。

(二)适应外部环境和提升核心竞争力的需要

当前在应对国际和国内错综复杂经济形势、加快提质增效步伐和落实公司发展战略目标的情况下,全面开启以知事识人为导向的绩效管理模式具有更加重要的现实意义。中铁十四局五公司通过管理体制创新、薪酬体系转换、创新发展方式,管理水平得到进一步提升。但与集团公司的要求及自身的发展期望相比,与自身和行业兄弟单位所处行业水平相比,与参与同行业竞争和增强公司整体竞争力水平相比,公司在核心竞争力与管理水平上还有一定差距。尤其是在管理标准化、成本集约化、制度流程化方面的问题一直制约着公司做优做强,这就需要先进的绩效管理理念和方法来促进公司核心竞争力和管理水平的提升。

(三)实现企业和员工共同发展的需要

中铁十四局五公司是涵盖了铁路、公路、城市轨道交通、房建、装配式建筑、生态环保、物流等多个业务板块的综合性施工企业。拥有工程技术、安全环保、设备物资等管理部门13个,在建施工项目70余个,各施工项目之间职能错综复杂,组织机构的繁多导致职能壁垒出现,信息交流不畅,项目之间资源共享效果欠佳,难以较好地贯彻公司经营战略。在面对日益激烈的外部竞争环境时,需要通过组织能力的提升实现内部的快速反应,更需要构建科学严谨的绩效管理模式以促进组织能力的提升。同时,因受传统管理模式影响,人员管理松散,人才培养不系统,员工晋升通道狭窄,激励机制缺失,导致年龄结构断层严重,人才结构不合理,核心人才缺乏,管理人才匮乏。员工职业发展规划不清晰,岗位工作目标不明确,自发工作动力不足,成长成才速度缓慢。项目之间协同性不足,员工工作积极性、主动性不够,在面对重大发展机遇时难以在短时间内组织起来并迅速形成强大战斗力的团队,员工素质急需靠绩效管理的改善来促进提升。

基于以上原因,中铁十四局五公司自2018年开始推进以知事识人为导向的绩效管理工作。

二、建筑施工企业以知事识人为导向的绩效管理的主要做法

(一)基于知事识人的绩效考核体系搭建

1.明确总体思路和设计原则

根据 PDCA 管理原理,结合公司绩效考核现状,为建立能更加精准地知事识人、实用、科学和规范的绩效考核体系,十四局五公司以目标管理、能力素质模型、九宫格理论作为理论支撑,按照“以目标管理为基础,以工作业绩、能力、态度考核为主要内容,以促进员工日常绩效提升和履职胜任能力提升为目的”的思路,坚持以“简单实用、客观真实;垂直评价、同类排名;分期分类、分层分级;明确公开、注重反馈”的原则,从组织体系、管理制度、考核评价、激励引导等方面构建形成以知事识人为导向的三维立体式绩效管理体系。三个体系具有内在逻辑关系,知事体系的考核结果为识人体系提供参考及依据,识人体系的结果运用能够推动知事体系进一步改进完善,相互促进、动态发展。

2. 构建组织保障体系,优化绩效管理机制

中铁十四局五公司将绩效管理工作置于引领和促进企业高质量发展的战略高度。一是成立公司绩效考核领导小组,负责审定对公司部门正(副)职、各单位正(副)职人员的绩效考核结果;负责审定对公司部门正(副)职人员的升降级结果;指导监督绩效考核工作小组工作;裁定公司领导班子副职、中层管理人员及其他人员的绩效申诉结果。

二是成立公司绩效考核工作小组,由公司主管领导亲自挂帅,负责对公司部门正(副)职、各单位正(副)职人员的绩效考核;负责对公司部门正(副)职人员的升降级工作;监督各系统的绩效考核工作小组的工作;处理公司领导班子副职、中层管理人员及其他人员的绩效申诉。

三是成立公司绩效考核工作专业小组,按专业系统分别成立绩效考核工作专业小组,负责制定本业务系统员工绩效考核实施具体办法;负责组织对所属业务系统人员的识人考核,并实现考核结果在本业务系统内排序,确定考核档次。

四是明确总部业务职能部门职责,即负责对公司副职领导、总部部门、所属单位的绩效指标的核实,并向公司绩效考核领导小组和绩效考核工作小组提供;落实本业务系统的绩效考核工作,制定本业务系统所属各岗位的绩效考核指标和具体评价标准。公司纪委工作部负责绩效考核过程的监督,受理员工的绩效申诉。

五是明确公司人力资源部职责,即负责绩效管理办法的制定和修改,负责绩效考核的组织实施、沟通协调工作,负责受理员工的绩效申诉。

六是明确所属各单位职责,即:制定本单位员工绩效考核实施细则,组织本单位人员日常绩效考核;制定本单位年度绩效考核的实施方案,组织本单位人员的年度绩效考核,按要求收集上报绩效考核的基础材料。

通过建立完善的绩效管理机构和工作机制,形成由管理层统一领导,公司各业务系统、各单位共同参与、协同联动的组织管理架构,为绩效管理工作落到实处提供强有力的组织保障和机制保障。

(二)建立基于目标管理的知事体系

知事体系的考核重在日常,对各岗位员工日常工作完成情况和行为表现实行近距离垂直考核。项目部建立以日工作纪实制度、周工作计划总结制度和月度绩效例会制度为基础的日常绩效管理体系。用目标管理推进员工日常绩效管理,以促进各部门、各岗位员工日常绩效提升来保证项目整体任务目标的实现。

1.明确日常考核主体

知事考核的主体由考核对象的直接上级来担任。因为知事考核内容基于日常工作任务的完成情况,所以考核人应由直接分配其工作任务的直接上级来评价,并制定相应的考核标准。为避免因考核人单一造成的评价结果容易出现偏差的问题,结合实际情况引入考评对象的业务分管领导作为考评人,由两人作为知事考核的考核主体。

2.界定日常考核依据

知事体系采取关键事件法考核,以员工工作日志和周工作计划总结报告为依据,通过月度知事考核表和月度绩效工作例会来实现。考核内容主要基于月度工作中的重点工作完成情况和突发紧急工作完成情况两部分。月度重点工作来源于部门或员工月度工作计划总结中的具体内容,突发紧急工作来源于上级领导的临时安排。知事考核内容和指标设计 7 个以内,考评双方在沟通的基础上,由本人提出本月的重点工作,然后其直接上级确定工作目标和评价标准,形成月度知事考核表。

(三)建立基于能力素质模型的识人体系

识人体系的考核重在全面,是对各员工的岗位职责履行情况和胜任能力情况实行统一的考核评价。考核主要依据“一书、两清单”。期初围绕项目管理目标,双方在有效沟通的基础上,各级应签订岗位目标责任书,明确岗位职责分工清单和重点工作清单。公司层面建立了全面的岗位说明书和关键岗位能力素质模型。用岗位能力素质模型对照员工胜任能力情况,推行岗位职务调整和工资收入调整,倒逼员工通过提升岗位胜任能力来促进全员绩效的提升,最终保证项目任务目标和公司战略目标实现。

1.明确年度考核主体

识人考核的主体根据考核维度不同,由公司层面不同的考评人或专业考评组织来完成。对于基于岗位职责的履职胜任力考核应由各专业系统人员考评委员会负责,公司按业务系统分别成立:工程技术管理(含质量管理)、现场管理(含生产、进度、调度)、安全环保管理、协调管理(含征地拆迁)、成本管理(含二次经营)、物资设备管理、财务管理、综合办公(含党群、劳资)管理等专业绩效考评委员会,对公司所属业务系统的人员进行履职能力的考核,并在系统内部进行分层排序,确定最终考评等级。对于基于任职资格条件认定的考核,由公司人力资源部门和相关业务部门牵头分别进行考核等级认定。

2.界定年度考核依据

识人体系以日常知事考核结果为参考,以岗位说明书和岗位胜任模型为依据,通过年度识人考核表和年度专业考评会议来实现。识人考核主要基于人才最重要的核心能力素质,内容分为岗位目标考核和综合评价两部分,主要通过履职情况表、三维评价认定表和专业考评委员会考评方式来实现。

岗位目标考核主要考察岗位履行情况;综合评价内容则基于知识、技能和能力素质,分为资格、资历、资质三个部分,根据工程项目管理人员的特点,建立“三维综合评价模型”。资格的评价指标包括年龄、学历、毕业院校、职称、资格证书、政治面貌等,考察考核对象基本的知识构成及专业或技能水平;资历部分包括从事的工作经历、取得的业绩及获得的荣誉,考察其实际工作业绩;资质部分包括职业素养、管理能力、专业能力等,考察其综合能力素质。

(四)建立基于满意度的民主测评体系

民主测评主体由被考核人所在单位的全体员工担任。

民主测评主要考核的是考核对象在开展工作中的综合表现。考核内容主要围绕敬业精神、劳动纪律、团队协作、工作能力、工作成效等五个方面测评。民主测评通过年度绩效考核大会,由全体员工共同参与,采取360度考评方式实现。

(五)分阶段管控全员考核,推进绩效考核体系落地

1.划定责任,落实考核依据

在公司层面、所属单位层面层层分解考核责任。公司总部、各专业分公司、所属单位以及中层及以上人员均签订“一书、两清单”，实现“千斤重担众人挑，人人肩上有指标”。

2.分阶段分层面实施

年度绩效考核分两个阶段、两个层面进行。第一阶段分为知事考核与民主测评，由公司各单位（公司总部、直属单位、分公司、项目部）自行组织实施，公司总部由公司党委组织考核。各单位召开职工大会宣读绩效考核方案，由员工进行现场述职和书面述职，考评主体在现场作出评价，并进行民主测评，考核工作小组认定考核结果并经人才校准会议研究形成报告后报公司人力资源部。

第二阶段为识人考核，由公司各专业考评小组完成。公司各专业考评小组负责对本业务系统人员分层分类考核，内容侧重考核员工岗位胜任能力和履职能力。各专业考评小组制定本业务系统人员的考核办法，组织业务小组考评会议确定本业务系统分层排名结果后报公司人力资源部。

3.引入校准评价机制

知事识人考核采用“背靠背打分+集中评议”评价规则、引入人才校准机制。根据初步打分评价结果预先排名，然后召开人才校准会议，将不同人员的认知差异通过会议研究达成评价共识，降低主观带来的评价偏差，保证结果公平公正。

（六）用好绩效考核结果，优化人力资源配置

1.搭建人才九宫格

中铁十四局五公司以九宫格理论为支持，利用知事识人考核结果进行人才盘点。主要包括两个维度；业绩盘点+能力评估。横轴是业绩或一些量化的结果，纵轴是能力。其中能力和业绩按照20%、70%、10%为分位值进行划分，分别对应高、中、低三个区间，即前20%为高区间，20%~70%之间为中区间，后10%为低区间。

通过九宫格工具，可以全方位梳理评价各级员工，提出不同的人才池，盘点核心/关键岗位继任者，确定干部能力与职业发展计划等。如此一来，就将干部人才档案标签化，并匹配组织需求进行人才推荐，实现了随时调配。

2.建立人才数据库

根据绩效盘点结果，中铁十四局五公司建立了“人才”九宫格，对关键岗位人才进行深入分析，形成了“五大人才池”。其中，第一类人才池包含1类人员，即工作业绩和胜任能力均为优秀的人员；第二类人才池包含2类人员，即工作业

绩达标但胜任能力优秀,或胜任能力达标但工作业绩优秀的人员;第三类人才池包含 3 类人员,即工作业绩优秀但胜任能力不达标,或工作业绩和胜任能力均达标,或工作业绩达标但胜任能力优秀的人员;第四类人才池包含 2 类人员,即工作业绩达标但胜任能力不达标,或胜任能力达标但工作业绩不达标的人员;第五类人员包含 1 类人员,即工作业绩和胜任能力均不达标的人员。

同时,中铁十四局五公司以关键岗位胜任能力模型为依据,根据关键岗位人员基础任职资格、业务知识与技能等评估结果,建立“三大数据库”,按照优秀、良好、合格三类,对全部关键岗位人员的评价结果进行登记,作为关键岗位人才开发与管理的基础数据支撑。

3.制定人才发展规划

中铁十四局五公司依据绩效盘点情况,制定人才发展“三项计划”。一是“进班子”计划。根据关键岗位人才需求,针对人才九宫格中第一梯队的人才实行“进班子”计划。2020 年度,按照“发现一批,培养一批、使用一批”的要求,首批选拔“进班子”计划年轻干部 15 名。二是“管培生”计划。将工作能力强和工作业绩达标且是近两年的 15 名重点高校毕业生作为公司未来核心高层次人才培养,为企业未来领导力的提升和高质量发展提供人才储备,保证企业急需时候拿得出、关键时候用得上、困难时候顶得住。三是“进步生”计划。针对工作业绩达标但胜任力不达标的人员,公司按照“358”人才成长规律,对于毕业 3 年未达到项目部长岗位、5 年未达到项目副职岗位、8 年未达到项目正职岗位的人员,根据业务知识和技能差距、胜任能力短板,制定有针对性的培养和帮扶计划。针对紧缺型岗位的人才,制定个性化的培训和实践锻炼计划,以帮助其尽快成长成才。

4.员工职业生涯规划

员工的职业生涯辅导人根据评价结果及时与员工进行沟通,修订其生涯规划或督促其改善工作绩效以适应职业生涯的发展。人力资源部根据绩效考核结果、能力素质评价结果、知识技能评价结果等,确定员工在原职业通道内的升降,或者调整到更为合适的发展通道。

5.绩效改进及职务调整

为合理、定量评价绩效工资与贡献之间的关系,中铁十四局五公司以月度考核为基准,对员工的绩效工资实行动态发放,鼓励员工多劳多得,凸显出“人人都可出彩”“努力就可多得”的绩效分配理念。等级为优秀的,具备跨职级晋升资格;等级为良好的,具备正常职级晋升资格;等级为称职的,当年不予晋升职级；等级为不称职的，当年降低一个职级。

岗位职务调整。正向调整时，员工年度考核等级为优秀的具有职务提升资格。负向调整时，手段主要有诫勉谈话、退回公司待岗再就业、降职降级、撤职、解聘或解除劳动合同等。

6.绩效沟通与绩效辅导

中铁十四局五公司将绩效沟通与绩效反馈作为关键岗位绩效管理的一项重要工作。在绩效考核结束后，各层级均对知事识人考核评价结果认真分析研判，并形成绩效考核结果应用报告。依据绩效考核报告，制定与员工绩效反馈和沟通的策略，由各单位主管组织开展绩效面谈工作。在绩效面谈过程中，重点反馈关键岗位员工在岗位胜任力方面存在的不足，帮助员工查找原因，找准症结，并给予员工相应的辅导和支持，帮助员工弥补自身不足。

（七）完善制度保障体系，实现考核管理高效运行

1.组织保障

为避免绩效考核管理的改善方案流于形式，公司总部成立由公司领导、各业务部门负责人共同组成的绩效考核管理委员会，为绩效考核工作的最高领导机构和决策机构。公司总部还成立了由分管领导、业务系统部门人员和专家人员组成的各专业委员会，负责本业务系统人员的全面管理和等级认定。公司人力资源部和各业务部门构建本业务系统的岗位职责体系和评价标准体系；公司各项目部负责本单位日常知事考核办法的制定和具体的实施。

2.人员保障

一是获得公司高层支持，发挥战略指导作用。绩效考核是企业的一项重要管理决策，获得公司高层的支持才能较好地将公司发展的战略目标与绩效管理有效结合，才能把绩效考核落到实处。二是赢得业务部门帮助，发挥制度执行作用。各业务部门负责制定本业务系统人员考核办法并编制各岗位考核标准，并对本业务系统人员分层分类分别进行评价排名。三是取得人事专员协助，发挥方案操作作用。公司所属单位均建立起人事专员制度，并对他们进行专业培训，保证绩效管理有序开展。在实施过程中，对于人事专员或兼职劳资员发现的方案设计上的不足之处，绩效考核监管部门及时进行修正和完善。

3.机制保障

一是建立系统的培训管理制度。通过对绩效考评制度的培训和交流，加强考评人员的理解和认同，确保其始终能够运用最新的考评方法实施考核。二是

建立考核结果反馈制度。对考核申诉要进行系统的调查和分析,经过小组评价审批后确定最终的考核结果,并将考核结果通过反馈表以书面形式正式反馈给被考评人。三是建立考核结果公示制度。在绩效考评结果确定后,及时报绩效管理委员会审核,并在审批通过后第一时间进行公示,接受外部的质询和监督,杜绝任何违规操作。四是建立奖惩制度。对有突出贡献的员工进行奖励,对违规操作的行为进行处罚,在企业内部指定专门的部门,对奖惩制度落实情况进行监督和管理,确保绩效考核方案的有效落实。

4.技术保障

加强绩效考核的信息化配套工作,建立信息系统考核组织架构,不同地区的考评人可以通过客户端远程登录绩效考核信息系统,在规定的时间内对被考核对象实施在线考核评价。

三、建筑施工企业以知事识人为导向的绩效管理效果

经过三年多的有效实践,中铁十四局五公司员工逐步树立起了"以实干论英雄、凭业绩用干部"的绩效管理理念,员工工作积极性明显提高,价值创造能力逐渐增强,创新创效水平持续提升。三能机制的建立得到员工广泛认可,有效支撑了公司发展战略目标的落地实施,促进员工绩效与组织效能提升的效果已逐步显现。

(一)三能机制建设获得有效突破

通过将项目绩效考核、员工绩效考核链接协同,逐步实现了"责权利"和"能绩酬"有机统一,有力引导员工、项目管理水平与公司整体效益可持续发展上同向而行,进而带动内部管理体制机制持续完善。公司放开部分岗位进行公开选拔优秀干部,参加竞聘干部年度考核必须连续两年良好以上水平,2018 年至今共计选拔项目主管等岗位 10 余人次。坚持严格考核、多劳多得的分配原则,使"收入是干出来的"观念深入人心,充分释放了内部活力。2020 年度,经过绩效考核公司所属各单位有 48 名正式员工被降职降级使用,35 名劳务派遣被解除派遣关系。

(二)绩效文化建设取得新成效

自成果实施以来,公司绩效管理经过 3 次迭代更新,绩效考核组织机构逐步

加强，制度体系持续优化，考核方式日趋科学，评价方法更加精准有效，初步形成一套行之有效、具有行业特色的绩效管理体系。通过持续的绩效管理宣贯和有效执行，打造优秀绩效管理文化，“铁交椅”“大锅饭”等固有观念逐渐被打破，“以实干论英雄、凭业绩用干部”的绩效管理理念不断深入人心，形成各级管理人员高度重视、全体员工理解认同、全方位协同推进绩效管理工作的合力，营造出群策群力促改革、齐心协力渡难关的浓厚氛围。中铁十四局五公司就以知事识人为导向的绩效管理的相关做法多次在集团公司进行经验介绍，引起各兄弟单位广泛关注。

（三）员工绩效和组织效能显著提升

三年来，公司结合“项目管理年”活动部署和公司年度重点工作安排，确定386项重点工作任务，并通过公司督察督办平台进行监督管理，任务申报完成率不断提升，再匹配以创新创效创誉激励措施的实施，员工创新意识得到加强，创新能力不断提升，从而进一步增强了员工绩效与组织效能。员工岗位匹配度明显提升，与2018年相比，2020年年度绩效考核结果优秀人员、当年度获得晋升的人员比例提升了30%，工作业绩与能力素质均为优秀的比例提高了18%，工作3~5年的员工被提名为后备干部的比率提升了35%。

成果创造人员：刘树周　关忠金　李方东　刘　勇　曹元均　朱　诚

基于精益管理和精优服务的大型国企公共服务品牌建设与实施

中国石化集团胜利石油管理局有限公司胜利宾馆

摘要：胜利宾馆在服务行业的品牌建设中全员参与，实施了一系列有力举措，以构建覆盖公共服务全过程和品牌生命周期的管理体系为手段，建立起从“品质、标准、创新、人才、诚信、文化”六个维度循环改进的“服务品牌提升管理模型”，对公共服务品牌的建设具有典型的借鉴意义。

胜利油田是中国石化下属第一大油田企业，胜利宾馆始建于 1972 年，1981 年 3 月由胜利油田第三招待所更名为“胜利油田胜利宾馆”，承担着胜利油田各项重要公共服务、接待保障任务，成功接待了多位党和国家领导人及多国外宾和驻华使节，先后荣获“中国会议酒店百强”“山东文化主题饭店 20 强”“新中国成立 70 周年山东饭店贡献金樽奖”“山东饭店业优秀企业”等荣誉称号或奖励。2019 年 12 月 ~2020 年 6 月，胜利油田撤销原驻济南、青岛、烟台、北京办事处，与原胜利宾馆统一整合组建为新的胜利宾馆，是胜利油田唯一从事宾馆服务业务的专业化单位，集接待服务、办事联络、会议培训、餐饮住宿、疗养保健等业务为一体，开启了大型国企公共服务业务专业化改革发展的新篇章。作为国有大型企业公共服务保障单位，胜利宾馆面对新形势下专业化、市场化要求，以品牌建设为切入点，始终秉承“与卓越相伴，与胜利同行”的企业精神、“质量第一，宾客至上”的工作宗旨以及“卓越的服务，从细微开始”的服务理念，深入发掘“油城文化”，全力打造中国石化知名服务品牌，争创全国服务行业一流。

一、基于精益管理和精优服务的大型国企公共服务品牌建设与实施的背景

（一）贯彻国家品牌战略的基本要求

品牌是国家实力以及核心竞争力的集中体现，拥有国际品牌的数量和质量，体现了一个国家的经济实力和科技水平。习近平总书记强调“推动中国制造向中国创造转变、中国速度向中国质量转变、中国产品向中国品牌转变”，为新形势下建设品牌强国、壮大品牌经济提供了科学指导和现实路径。国家《“十三五”规划纲要》要求“促进服务业优质高效发展”“培育知名服务品牌”。业务品牌是企业当前重要的无形资产，是参与市场竞争的重要手段和业务可持续发展的驱动力量。做强做优宾馆服务品牌，是避免同质化低利润竞争、从价值链低端向高端转变，贯彻落实习近平总书记重要指示精神和国家品牌战略部署的必由之路。因此，必须充分发挥品牌引领作用，大力推进品牌建设，促企业更快转型升级，助推中国经济向高质量纵深发展。

（二）落实中国石化品牌管理的重要举措

品牌是企业无形资产和软实力的集中体现，是市场竞争力和自主创新力的核心标志。加强服务业品牌建设、打造一流优秀服务品牌，成为服务业高质量发展的应有之义。近年来，中国石化抓住中国品牌迈向全球价值产业链中高端的历史契机，将品牌建设作为推动公司高质量发展的重要手段，实施公司《2018～2050 品牌战略行动方案》品牌战略，提出“培育全球著名品牌”的目标，塑造中国石化全球品牌形象；从集团品牌和业务品牌两方面双管齐下，打出“品牌创优”组合拳，形成一批具有中国石化特色、位居全球领先的一流品牌。为贯彻落实中国石化品牌建设工作部署，结合自身“打造百年胜利”的目标，胜利油田提出品牌化战略，助推中国石化打造具有国际竞争力和影响力的“中国名片”。我们应当要明确宾馆服务品牌定位，通过打造服务业特色品牌，做好品牌实践落地，实现与中国石化主品牌的协同发展，实现品牌创优，品牌创效。不断巩固竞争实力，带动在更宽领域、更高层次参与市场竞争，持续扩大市场规模，显著提升经济效益，让员工群众共享企业发展成果。

（三）推动企业高质量发展的必然选择

品牌是企业可持续、高质量发展能力的重要保障，代表着供给结构和需求结构的升级方向。进入新时代，国有企业加快推进改革步伐，胜利油田把宾馆业务作为融入社会转型、提升社会化服务能力的重要途径。加强宾馆服务品牌建设，契合了党中央、国家加快发展现代服务业、大力实施品牌战略的根本要求，也是推进供给侧结构性改革、推动存续经营业务转型发展、走出去拓市场的重要举措。作为胜利油田公共服务的专业化单位，如何顺应改革发展形势，以优质的服务促进企业提升市场竞争能力非常关键。实践证明，只有打造属于自己的品牌，才能增强市场竞争优势和可持续发展能力，才能在激烈的市场竞争中赢得主动。胜利宾馆以市场化为导向，把品牌战略融入企业发展，以塑造优质服务品牌为出发点和落脚点，以高质量、高品质的服务提升企业的品牌效益和品牌价值，以品牌升级撬动质量和服务升级，着力打造一流服务品牌，提升创效能力，从而提高市场竞争力，赢得市场发展空间，增强市场竞争力，推动企业更高质量、更有效益的发展。

二、基于精益管理和精优服务的大型国企公共服务品牌建设与实施的内涵

胜利宾馆服务品牌核心内涵是以客户和市场为中心，以“聚焦客户价值、提升服务品牌”为目标，以全员参与为基础，以构建覆盖公共服务全过程和品牌生命周期的管理体系为手段，建立从“品质、标准、创新、人才、诚信、文化”六个维度循环改进的“服务品牌提升管理模型”（见图1），找准品牌发展生命线，夯实品牌品质保障线，做强品牌创新技术线，做实品牌人才基准线，牢记品牌建设合规线，丰富品牌文化底蕴线，进行系统化品牌创建，坚持在深化改革中创立品牌、在市场开发中打造品牌、在持续发展中提升品牌、在精细管理中巩固品牌，增强了品牌专业化运营能力，提升了品牌服务知名度、美誉度，提高了客户认同度、忠诚度，进而促进品牌影响力和市场竞争力显著提升。

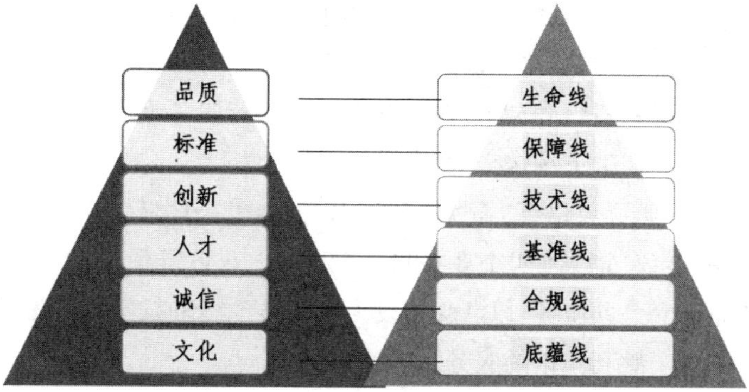

图 1　基于精优管理的服务品牌提升管理模型

三、基于精益管理和精优服务的大型国企公共服务品牌建设与实施的主要做法

(一)明确品牌建设战略目标和路径

认真研究后疫情时代的消费趋势变化,持续关注品质提升,塑造品牌,将品牌经营的创新思维渗透到运营、管理、服务等各个环节,建立从“品质、标准、创新、人才、诚信、文化”六个维度循环改进的“服务品牌提升管理模型”,培育高端品牌,把品牌优势转化为发展优势。

——品牌“三步走”战略。认真落实国家《关于发挥品牌引领作用推动供需结构升级的意见》《关于加强中央企业品牌建设的指导意见》以及中国石化《品牌战略行动方案(2018~2050)》,强化品牌战略引领,将品牌战略提升到油田发展战略高度,系统谋划胜利服务的品牌定位、品牌构架和品牌布局,确保品牌建设高标准设计、高效率推进、高质量发展,品牌建设分三步走,第一步实现区域一流,第二步实现行业一流,第三步实现永续经营。

——品牌“四大支撑”架构。运用品牌架构评估模型(CBM),综合分析品牌资源、品牌流程与制度的内部条件,科学研判服务市场的外部环境,对品牌架构进行评估,聚焦“胜利宾馆服务”品牌力的提升,着力培育餐饮、住宿、会议、培训等业务优势突出、成长性好,且具备高附加值、有市场差异化需求的同质业务品牌,打造层次分明的品牌管理架构,发挥业务协同效应,提升品牌的核心竞争力。

——品牌业务“一体化”融合路径。品牌战略和业务战略是硬币的两面,品牌运营需全流程覆盖。企业将品牌战略渗透到企业运营管理和市场开发的全过程,建立以市场为导向、聚焦价值创造为中心、培育同质业务竞争优势的品牌战略导向机制，促进品牌建设与业务发展的协同。通过分析研判市场走势，公司确定了市场开发定位，即：坚持轻资产、重技术、高端化“一条主线”，实现规模效益和品牌形象“两个提升”，推动由劳务服务型向运营服务型、单项业务向多元化业务、价值低端向高端市场转变的“三个转变”，坚持专业化、市场化、规模化“三化原则”，拓展高端会议培训、餐饮团队运营、酒店管理团队运营等市场，重点培育餐饮、客房、会议、培训“四个业务链”。发挥全业务链优势和专业化团队优势，提供成龙配套公共服务，以品牌建设为引领推动宾馆服务管理发展和资源整合，进一步提升了胜利宾馆的服务品牌价值。

（二）找准生命线，坚持以品质筑品牌

践行“质量第一、宾客至上”的工作方针，提升服务供给体系的质量和效率，提高服务品牌附加值，塑造服务品牌形象。

1.加强服务质量管理，创新“服务质量精优管理评价模型”

构建体系完善、科学规范的公共服务质量管理体系，实施全员、全过程、全方位、全生命周期的质量管理，从过程服务能力、过程交互质量、潜在质量、结果质量“四个维度”，开展服务质量绩效评价。以“过程管理的符合性”“结果的有效性”为考核评价重点，完善服务质量用户回访、督导检查等配套机制，建立顾客满意率、用户投诉处理完成率两大考核指标，调动了全员参与质量管理的积极性和主动性；开展质量跟踪回访和满意度考评，听取客户意见建议，改进服务方式，持续提升服务质量，受到了宾客好评（见图2）。

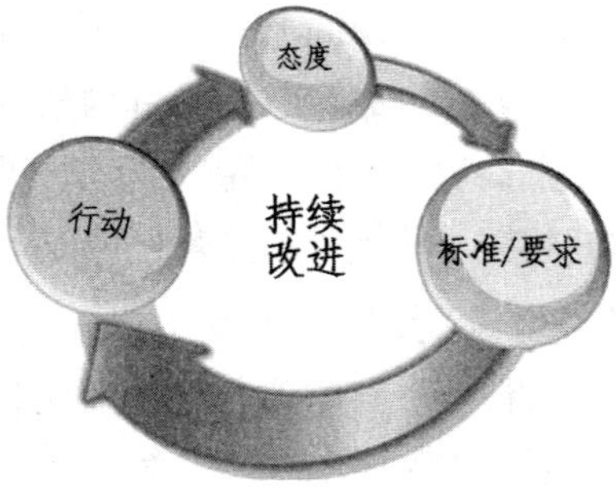

图2　服务质量持续改进的循环提升

2.聚焦客户需求导向，创新“一站式服务专家”品牌理念

围绕客户在营销、会务等业务方面遇到的难题，提供品控解决方案，打造基于酒店产品上下游延伸的创新创效项目，在运营模式、策划方案、管理输出等方面进行的创新探索，将市场需求转化为塑造品牌的动力，赢得客户信赖和市场竞

争优势。以培训业务为例,与中国石化集团公司、山东省委党校等各级培训中心共同建立高品质现代化培训基地,通过综合客房、餐饮、会议资源,在培训方案、场地布局、时间安排、物资准备等各个环节提供运行方案,紧扣每一个细节,与主办方课程设计深度融合,为客户提供了专业化解决方案,以服务品质提升品牌溢价。

3.聚焦价值创造,开展以精益管理为核心的基础质量提升活动

设立精益质量管控项目,基于目标拉动和过程管控从文化、服务、能力三个维度,夯实质量基础,改进、提升服务质量,为宾客提供增值服务,基于问题导向,开展质量提升小组课题研究(见图3)。近年来,累计取得优秀质量信得过班组4项,胜利油田优秀QCD成果13项、质量信得过班组3项。

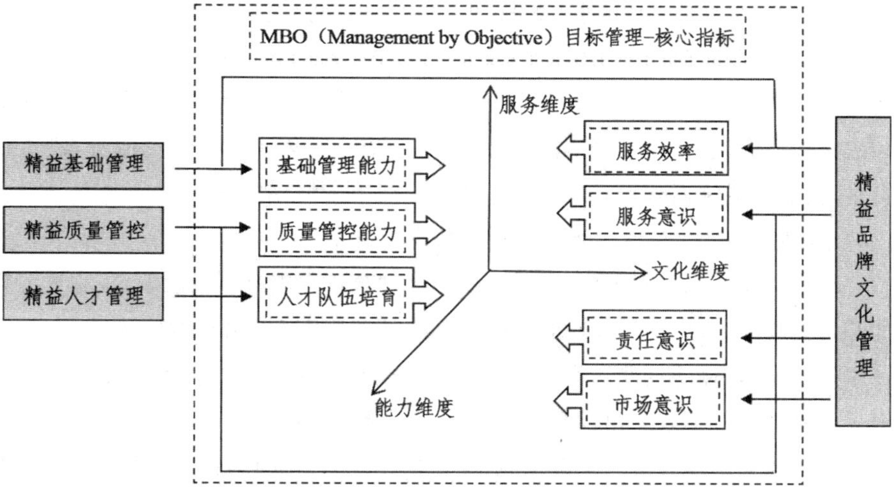

图3　以精益管理为核心的基础质量提升框架

(三)夯实保障线,坚持以标准立品牌

实施标准制修订和认证认可,推动质量升级和品牌发展,培育“习惯服从标准、标准成为习惯、结果达到标准”意识,促进了服务质量标准化,服务行为规范化,服务过程程序化,提升胜利宾馆服务品牌竞争力和影响力。

1.推进“三册”管理,推进服务标准体系迭代升级

依据国家及行业服务领先标准,制订实施了基于业务流的基层管理手册,基于产品线的班组管理手册,基于岗位管理的基层岗位操作手册,形成了较为完善的公共服务专业化标准体系。2020年根据防疫防控局势变化,以标准化升级推

进精准施控。1月紧急制定《新冠肺炎疫情防控办法》《公共服务卫生安全措施100条》;3月至4月,健全组织体系,完善并固化公共服务安全管理方案;5月迅速推行复工后的防疫措施,适应新形势下的会议模式和卫生管理模式。期间随疫情变化及国家、上级部门疫情防控政策动态调整公共卫生管理方案,并运用六何分析法等管理工具推动公共服务目标落实,提升效率和质量,确保各项措施实施到位,整改到位,形成管理闭环。对《绿色客房应知应会》《客房突发事件应急处置方案》等公共服务管理和应急预案进行全面优化修订。

2.全面深化"6S"现场管理,以规范行为夯实服务标准根基

在基层工作现场实施"6S"管理标准,从区域卫生和标识规范、安全操作、管理规定等实施标准化,提升员工素养,保证工作质量、提高服务效率。通过四级立体巡查机制,实现24小时监督管理全覆盖。针对员工基础行为、岗位操作进行标准化梳理和修订,采用"图像+文字"的方式,进行标准化的直观展示。基础行为方面包括员工服务礼仪与工装标准;岗位操作方面包括工作流程、操作标准和表单表格规范等;每日严格按《客房清洁日记表》《客房计划卫生运行表》进行日常清扫、器具清洁、卫生消毒,做到抹布分类、专物专用、一客一换。

3.聚焦精准化防控,构建高效安全的公共服务管理体系

依据时间流、业务流进行对公共服务活动全过程进行节点梳理,厘清管理界面和责任节点。以空间区域和管理职能区域形成双层网格化责任区,对全部生产生活要素、防疫防控要素进行风险识别和防控隐患排查。确保防控范围全面覆盖,不留空白、不余死角、不少一人、不落一环,充分彰显大型企业在特殊时期的责任担当。落实公共服务环节流程精准管理,如人的因素,精准掌握外来人员、内部干部职工情况、员工及家属流动情况,将供应商送货员、项目施工人员、外来维修绿化人员、员工家属等均纳入防控范围,划分防控责任区,落实防控责任人和行动轨迹。精准掌握到访客户流向和业务需求,将防疫防控要求转化为精准提供个性化的服务,进一步提升服务品质。

(四)做强技术线,坚持以创新铸品牌

发挥技术创新的支撑和引领作用,为服务品牌建设和市场开发赋能助力,提升品牌价值和市场占有率。

1.实施技术创新驱动,打造差异化增值服务竞争优势

在"后疫情"环境下,坚持技术与市场接轨,借助大数据、物联网、云端交互等手段,推行网络+模式,围绕"视频会议""云端集中授课""智慧课堂"高品质

会议培训业务,通过信息化、数字化、智能化改造,全面培育技术服务能力,升值服务品质,形成集技术链、价值链和市场链的运营模式,与省委党校、中国石化集团公司、油田各培训中心合作,共同完成多场次的高端高品质的培训任务。

2.立足岗位技术创新延伸对标平台,激发员工创效潜能

在原油田内部横向平台的基础上,延伸打造“小练兵+大竞赛”的服务行业纵向对标平台。通过参与省市级、国家级全国行业高技能人员创新创效活动,弘扬工匠精神,打造“岗位创新创效尖兵”,以点带面,向更高水准看齐,激发队伍士气和活力。我单位职工在外交部山东全球推介活动中参与制作了“济南油旋”“孔府豆糕”等菜品,菜品均为“中餐西做”,符合冷餐会国际化、精细化要求,充分展现出了鲁菜自然养生、大味中庸、营养均衡、技法全面等特点。职工原创特色菜品“烧芦花鲫鱼”荣获省级“好客山东·经典名菜”称号。2020 年在山东省商务厅主办的“全省餐饮业厉行节约反对浪费经验交流暨分餐制国家标准宣贯会议”上,荣获“山东省分餐制示范单位”荣誉称号,并作为典型示范单位向全省同行介绍经验。

3.新技术应用与服务创新有机结合,绿色赋能发展生态

针对客房及公共区域老旧设备、高能耗设施开展技术革新经济论证,实施自然采光与 LED 节能光源双效提升改造工程;升级客房新风和温控系统,充分利用自然环境调节客房空气质量;采用中空断桥铝隔热玻璃、符合环保及消防要求的隔音阻燃材料填充墙体等措施有效减少噪音的传递;引进新能源新技术,推进太阳能生活热水系统、太阳能光源、声控照明、客房灯光分段调节控制系统等绿色节能改造项目,加大清洁能源的广泛利用。以国家《绿色旅游饭店标准释义》(LB/T 007-2015)金叶级绿色旅游饭店评价指标为抓手,开展围绕绿色文化、绿色行为、绿色服务、绿色环境、绿色资源五大核心内容。“HSC”绿色品质客房是企业践行绿色发展理念实践创新成果之一,是设施品质高、智能化程度高,能源、资源消耗较低的“高效”客房。“HSC”分别指 Hygiene(卫生)、Safe(安全)、Comfortable(舒适)。2020 年面对疫情防控新常态化环境下客户需求,创新延伸 Health(健康)、Satisfy(满足)、Clean(洁净)绿色服务内涵,其中“+”表示时刻关注不同客户群体个性化绿色需求,持续引领提升绿色消费标准,全面升级人员防疫管理、环境设施安全管理、卫生消毒管理标准,如:退客房 100%进行紫光消毒消杀、客房内及公区 100%配备防疫防护用品,客房每日两次消毒并对开窗通风进行标准固化等,使室内环境满足人体健康要求,以实际行动践行“绿色宾馆,美好家园”的绿色发展理念。

(五)做实基准线,坚持以人才树品牌

运用“二八法则”针对不同培训对象特点和成长目标设计培训矩阵,制定精益人才培育计划,提升员工素质、技术能力与管理能力,并促进形成统一的价值观和行为标准。

1.聚焦专业化发展,通过精准定位设计培训体系

培训计划中80%的内容设计基于岗位实践和能力培养,以更加专业、更加精干为目标,培养集餐饮、客房、营销、运营服务等于一体的综合性专业人才队伍,提升业务集成服务水平和品牌溢价能力;以“服务优、专业精、市场熟”为导向,培养懂经营、会管理、通商务、善开拓的复合型、实用型管理人才。重点开展核心技术培训和交流,提高专业技术水平,培养全过程视角和思维,提升资源效率意识;通过对标一流企业,以行业交流、专家授课等方式,基于问题导向提高运营管理和目标管理能力。如开展“部门经理上讲台”活动,不仅有效地提高了中层以上管理人员的业务素质及管理能力,而且成为他们交流宾馆工作经验、分享学习成果的论坛,成为融合宾馆核心业务工作、集中破解管理难题的平台。培训计划中新型“师带徒”培训占20%,选择业务水平突出、政治素质过硬、专业经验丰富的技术人员担任师傅,与传统“师带徒”相比更注重实现业务能力和思想素质两手抓,传承和弘扬工匠精神,营造良好的人才成长环境。

2.打造复合型技能操作人才队伍,盘活内部资源

按照“项目+人才”模式,围绕主体专业、关键岗位开展模块化、实战化培训,创新以“通用培养、精准定位、定向培训、跟踪管理”为框架的“服务岗位员工复合能力培训模式”,加强转岗取证,组织员工现场学习,全方位了解岗位操作规范,鼓励“一人多证、一专多能”,实现人才“一岗精、二岗熟、三岗会”,在现有的条件下盘活宾馆内部人力资源,实现服务质量提升,做强、做优、做精核心业务。大力倡树“工匠精神”,为打造品牌提供不竭动力。在不同层次、不同岗位涌现出多个技能明星。多位员工先后荣获山东饭店业“齐鲁工匠泰樽奖”“山东饭店服务功勋至樽奖”“山东饭店服务贡献金樽奖”“山东省旅游饭店行业首席技师”“山东饭店业服务明星”等奖励或荣誉称号。

3.聚焦品牌建设,发挥专业化改革优势助力核心管理人才培育

采取专家授课、现场观摩、案例剖析等方式,开展品牌基本理论知识培训,组织参加中国饭店旅游业品牌建设培训班、中国质量协会“品牌经理”研修班,培养了素质高、能力强、负责任的品牌管理兼职团队。汇聚人力资源,整合北京、青

岛、烟台、济南、东营五地资源，优化人力资源，打破行业、工种、身份界限，实现人才跨界有序流动，推动了异地市场开拓和内部人才资源优化双向促进、联动发展，汇聚优秀技术服务人才，为市场拓展和品牌建设提供坚实的人才支撑。

（六）牢记合规线，坚持以诚信固品牌

把依法合规经营作为品牌建设的基本要素，构建系统完备、科学规范、有效管用的管理制度体系，厚植高品质和差异化的品牌优势，以良好的信誉赢得客户的信赖和支持。

1.强化客户评价和反馈管理机制建设，完善诚信管理体系

建立健全采购、经营、服务为一体的质量诚信体系，实施诚信承诺制度，积极兑现服务质量诚信承诺，自觉接受社会和客户的监督。建立客户评价和反馈管理机制，开展定期回访，有效征集不同客户群体意见建议。引入市场评价机制，以市场口碑促进服务品质、效率和意识提升。开展诚信教育，普及法律知识，引导干部员工树立诚信为本、操守为重的思想，促进了“依法、合规、公平、诚信”企业建设，塑造了诚信企业形象。

2.坚持依法合规经营，打造诚信服务团队

加强“五位一体”管控，对规章制度执行、合同履行、合规要求落实等情况严格监督，自觉抵制违法生产经营行为，为品牌管理提供良好条件。强化经营过程中的法律风险评估管控，健全运行有效的法律风险防控体系，有效防范安全生产、劳动用工、经济合同等法律风险。强化“服务第一，宾客至上”意识，坚持市场拓展到哪里，品牌就传播到哪里，形象就树立到哪里，以优质的服务、精湛的技术、过硬的质量、精致的管理，打造了金字招牌，建成了受尊敬负责任、重信誉守规矩的服务团队。

（七）丰富底蕴线，坚持以文化润品牌

以“爱我中华、振兴石化”“为美好生活加油”为使命，把石油精神和石化传统，以及油田核心价值观、企业文化、企业精神融入胜利宾馆服务品牌建设中。

1.涵养品牌内涵，规范品牌标识推广使用管理

品牌标识是构成品牌的视觉要素，是品牌的商业化识别和企业核心价值的负载符号。因此，胜利宾馆定位品牌标识LOGO（见图4），传达品牌名称专属性，为服务品牌建设打下基础。这一LOGO寓意企业文化源自艰苦创业、开疆拓土的石油基因，传承和发扬“与卓越相伴，与胜利同行”的企业精神。传统的回字纹，

寓意宾馆干净、规范、优雅的服务质量和创造美好生活的初心。整个标志造型体现了企业服务品牌开拓创新、争创一流的品牌精神。出台《关于加强胜利宾馆服务品牌标识推广应用管理的通知》,遵守规定的标识图样、大小比例、字体标准以及颜色搭配等基本要素,规范使用 LOGO,确保品牌形象的独立性、唯一性,确保品牌标识正确、统一、标准应用。

图形标识释义:

根据胜利宾馆的建筑物外观风格,结合品牌名称首字母“S”“L”的造型,融合字母“V”表示秉承胜利石油传统精神,同时加入中国古典回文元素,匠心独运地设计而成。

图 4　胜利宾馆品牌标识及释义

2.厚植品牌意识,锚定品牌文化传承坐标

利用耳濡目染的文化环境促成对品牌的情感认同,主动适应中国石化品牌战略需要,增强品牌建设的紧迫感,担负起加强品牌管理、提高发展实力的重要责任,按照国内一流标准打造胜利油田优良传统教育展厅,建设胜利油田重要的党性教育、石油石化优良传统教育、爱国主义教育基地。胜利油田优良传统展厅以石油精神、石化传统的挖掘、提炼、升华、展示、传播为主线,创新性地传承了石油石化红色基因。分“历史不能忘记”“我为祖国献石油”“从胜利走向胜利”三个篇章,通过 400 多幅图片、2 万多上版文字、9 个展柜 57 件展品,综合运用浮雕、圆雕、沙盘等表现方式,向宾客开放展示老一辈石油人的优良传统,追寻石油石化人闪光足迹,记述展示了胜利油田 60 年的光辉岁月和发展历程。宾馆以展厅打造为契机,培育胜利宾馆综合服务平台,致力于胜利文化与科技交流、康养保健、酒店服务产业的融合与发展。展厅充分利用胜利特有文化特色,传承发扬胜利精神,发展研学、工业旅游项目,用文化涵养品牌、点亮品牌、塑造品牌,赋予品牌鲜活的生命力,为品牌注入精神内涵,实现品牌文化为品牌建设定向凝心、定位铸魂、定义增值的目标。自党史教育活动开展以来,以累计接待省内外宾客 12000 余人次,以胜利文化、胜利精神为核心,以会议培训、餐饮住宿、康养保健、旅游业务为支柱的宾馆可持续发展格局已基本形成。

3.加强品牌理念宣贯,坚持以传播亮品牌

深化“做企业就是做品牌”“一流企业要有一流品牌,品牌是企业重要的无形资产”“品牌也是生产力”的思想认识,通过推进建设“书香宾馆”、企业文化墙、企业文化手册、“青年之家”等形式和载体,引导干部职工将品牌观念内化于心、外化于行。坚持客户价值导向，开展“满意+惊喜”服务升级行动，从增强客户品牌文化体验感出发，推动精益服务文化，充分发挥基层人员主观能动性，将个性化服务与标准化服务相结合，为客户创造“记忆+回忆”的体验式服务感受，把提供优质的服务转化为员工行动自觉，获得了良好的社会反响。在品牌传播方面：一是聚焦时效传播品牌。通过整合传统和新兴媒体渠道，开设“品牌行动”宣传专栏，编印胜利宾馆服务品牌宣传，制作专题片、微视频、微信公众号宣传美篇等，将品牌蕴含的先进理念、先进做法、管理经验传递给服务对象和社会公众，提升服务品牌的美誉度和影响力。二是聚焦客户推介品牌。制作《卓越与胜利》年刊、《走进胜利》形象片，到集团公司相关单位、山东省饭店旅游行业协会、东营市地方政府单位等进行推介 20 余次。借助八省酒店联谊会等重要会议（活动）、公众开放日等机会，展示专业化优势和综合实力。依托市场和客户强化品牌传播，做到运营一个项目、占领一个市场、竖起一个品牌，让市场和客户成为品牌的推介者和代言人，扩大了胜利宾馆服务品牌的忠诚度和竞争力。

四、基于精益管理和精优服务的大型国企公共服务品牌建设与实施的效果

通过推进以优质服务为保障的胜利宾馆服务品牌建设，培育高端品质，推动了油田公共服务板块的高质量专业化发展，扩大了品牌影响力，提高了市场竞争力，彰显了良好的品牌形象。

（一）促进了油田公共服务板块的专业化升级

胜利宾馆紧紧抓住国家政策机遇，围绕供给侧结构性改革这条主线，紧跟产业结构调整步伐，优化存量资源配置，充分发挥胜利宾馆服务品牌引领作用，主动适应新的经济生产格局，优化管理运行模式，提高公共服务的供给质量和效率，推动专业化发展。重点推进异地联动、项目共建、共融共创一体化发展，完成北京胜利饭店、青岛科技交流中心、烟台健康服务中心、济南石油大厦，宾馆东营本部的整合，推进体制改革等。推动后疫情时代经营服务业务调整，多向视频会议、云端交互式培训、定制配送等业务开发，由专业化、综合性向精细化、高品质转变，由低端价值链向中高端转变，为促进国有企业轻装上阵、集中资源做强主业，为油田新的发展格局下持续业务改革调整、提质增效，实现扭亏脱困，增强油田可持续发展动力。2020 年，宾馆视频会议、网络培训等接待人次达 33.98 万人

次，收入 1.19 亿元。在疫情开始截至目前的 400 多天，胜利宾馆一直双零，防控效果显著。

（二）得到了内外部市场宾客和单位的认可与信赖

胜利宾馆坚持“质量第一，宾客至上”，把宾客的体验感受作为自己的追求，充分发挥人才、技术、品牌、管理等资源优势，以信誉开拓市场，以品牌做大市场，以实力巩固市场，创建中石化一流服务品牌，打造胜利油田优质服务品牌窗口，形成了资源共享、优势互补，整体联动、共促发展的市场格局（见图 5）。通过服务品牌建设提升行动，形成了特色鲜明的企业服务与文化品牌亮点，我单位“会议服务”“礼仪服务”在区域市场成了行业标杆，多次受邀提供专业服务、进行礼仪培训。我单位采取劳务输出、运营服务总承包模式，提供完备的“服务产品包”，实行一体化服务和一流的运营管理，降低了甲方运营成本，提高了效率效益，增强了对胜利宾馆服务品牌的认同感和忠诚度。山东省委党校领导称赞“胜利宾馆服务队伍作风硬、素质高，为投产成功提供了坚实的后勤服务保障”。胜利工程公司主动把大型会议、高端培训等业务交给胜利宾馆。青岛上合峰会邀请选拔胜利宾馆高技能服务人员参与服务，“胜利服务”在全国性的高端会议得到了高度认可。胜利宾馆以其优质服务多次被山东省和东营市评定为“花园单位”、东营市“涉外安全宾馆”“餐饮业十佳单位”等，收到嘉奖令、感谢（表扬）信、锦旗 80 多件。

图 5　胜利宾馆以品牌建设促发展示意图

（三）实现了经济效益和品牌形象同步提升

胜利宾馆将个性化服务与标准化服务相结合，推出“主题茶歇”“智慧客房”“一站式”“管家式”服务，显著提升了客户对服务文化的感受度。顾客满意度从85.4%提升至99.7%，坚持客户价值导向、坚持不懈提升服务质量和管理能力的理念深入人心。依靠品牌效应做到内外部市场竞争制高点。坚持走“品牌化、品质化”创效之路，发挥公共服务成龙配套优势，加强品牌拓市创效，内外部市场呈现出良好态势，尤其根据新冠疫情的环境影响，增加两倍的视频会议室，开始大屏云端授课。2020年，全年客房出售率同比去年增幅40%，实现客房收入同比增幅49.5%。接待各类会议4600场次，同比增幅274%。实现营业收入1.16亿元，同比增幅为7.4%。胜利宾馆以专业化、市场化为目标，以企业文化为内涵，建设宾馆形象、企业文化和核心业务品牌形象，提升市场知名度和美誉度，提升服务品牌的市场价值和社会效益。

（四）践行了国有企业肩负的社会责任

胜利宾馆认真履行国有企业社会责任，创新校企共建合作培育机制，引进高等院校酒店管理专业实习生，有力推进了企业建立高素质、专业化的人才后备队伍，提升企业品牌知名度和社会责任。以国家金叶级绿色旅游饭店评价指标为抓手，围绕绿色文化、绿色行为、绿色服务、绿色环境、绿色资源五大核心内容，持续开展创建“HSC+”绿色品质客房，实现了社会效益和生态效益同步并进，能源消耗比同比降低10%，能源利用率显著提升。2020年胜利宾馆开放OTA网络平台订房，宾客满意度达到100%，综合网评达到4.9分（总分5分）。员工真正将绿色环保理念内化于心，外化于行，营造了“和而美”的绿色企业生态，赢得了宾客广泛赞誉。

成果创造人员：林　国　王　胜　赵红燕　文福生　张　勇　卫霆婕　张岱伟

将文化与企业管理融为一体的“365”企业文化建设

石横特钢集团有限公司

摘要:一个成熟的优秀的企业文化,会使企业产生凝聚力,提高创新力,扩大影响力,增强核心竞争力,最终推动企业生产力发展。石横特钢创建了企业文化三大体系,搭建了六个载体平台,建立了五个运行机制,使企业文化与企业管理紧密融合,相互促进、相互作用、相得益彰。石横特钢企业文化深深地扎根于企业,枝干流淌着企业血液,传承着文化基因,树冠盛结着企业累累硕果。文化力已经成为企业核心竞争力的重要组成部分。

石横特钢集团有限公司地处山东省肥城市境内,是一个集焦化、炼铁、炼钢、轧钢、发电、机械制造、钢铁物流于一体的大型钢铁联合企业。企业综合经济实力连续多年跨入中国企业500强、中国企业集团纳税500强之列。近年来,石横特钢以新旧动能转换为引领,实施“差异化+精细化”的企业战略,紧抓产品适应市场的能力、企业盈利能力、创新能力“三条生命线”,把转型升级、结构调整、循环经济、节能减排作为科学发展的主旋律,走出了一条以科学发展观为指导,以资源节约型、环境友好型为重点,以产品结构调整和打造知名品牌为目标的科学发展之路。企业被国务院评为“全国再就业先进企业”,被工信部评为绿色工厂,被科技部评为高新技术企业,并入选山东省百年品牌企业培育工程。在山东省先进钢铁制造产业基地发展规划中被确定为泰安特种建筑用钢产业集群,属中国钢铁企业综合竞争力特强A级,被山东省委省政府及各级组织授予“山东省履行社会责任示范企业”“山东省和谐劳动关系优秀企业”“山东省循环经济示范企业”“山东省最具幸福感企业”等荣誉称号。

一、将文化与企业管理融为一体的“365”企业文化建设的背景

（一）应对企业生存挑战的需要

随着钢铁企业之间的竞争日益激烈，特别是2008年国际金融危机发生以后，钢铁产能严重过剩，市场竞争愈加激烈，亏损、停产企业增多，且国家环保管控、产能调控力度持续加大，很多钢铁企业生产经营举步维艰，甚至到了难以为继的境地，对企业生存提出新的挑战。企业要在竞争中生存，必须要有优秀的企业文化做保障。

（二）推动企业科学发展的需要

十年企业靠制度，百年企业靠文化。正如管理大师彼得·德鲁克所说：“明天的商业竞争与其说是技术上的挑战，还不如说是文化上的挑战。”21世纪不仅是知识经济、网络经济时代，更是文化经济时代。企业之间的竞争，已经从局部的产品竞争、价格竞争、人才竞争、资金竞争、信息竞争等，发展到企业的整体竞争——即企业文化的竞争。这是最高层次的竞争。一个企业，首先要有自身的文化、理念，以此为指导制定战略规划、行动计划、配置相关资源、开展日常管理。也就是说，企业文化处于一种统帅、纲领、核心的地位，没有先进的、科学的、与时俱进的企业文化，企业就会失去长远方向，就不会有高尚的、远大的目标。企业文化是企业的DNA（基因），是企业最重要的无形资产，是推动企业科学发展的精神动力和文化软实力。

（三）做“长寿企业”的需要

文化的高度决定事业的高度。中国经济的高速发展，与众多企业的成功崛起密不可分。企业文化具有“内化于心，外化于形，固化于制，显化于物”的强大的内在动力，具有“偷不去，买不来，拆不开，带不走，忘不掉”的特性，也就是具有相对稳定性和不可复制性。企业文化是企业长寿的关键基因，也是基业长青的必然选择。要达成“做长寿企业”的目标，必须有一个与企业管理融为一体的优秀企业文化。

二、将文化与企业管理融为一体的“365”企业文化建设做法

(一)创建企业文化

企业文化与企业管理共生,在企业发展中逐步形成并助力发展,石横特钢的企业创建主要经历了五个阶段:

1.初创、探索培育期(2000 年以前)

1992 年石横特钢首次提出工厂方针:“以质量求生存,以品种求发展,以低耗求效益,深化改革,依靠科技,争创一流”。

1993 年提出了石特精神、石特作风。石特精神:团结务实,奉献创新,高效一流。石特作风:高标准,严要求,雷厉风行,生动活泼。

2000 年对已经实施 8 年的工厂方针和石特精神进行整合修订,确定了新的工厂方针、石特精神。工厂方针:“市场为生命,科技为依托,管理为基础,改革为动力”。石特精神:“团结创新,追求一流”。这是最早提出“追求一流”这个词语,与现在“争创一流”基本相同。

这个时期企业文化的特点是围绕着“工厂方针、企业精神、企业作风”不断修订、不断完善、不断深化,共进行了 3 次大的修订,这是一个企业文化培育的过程,也是一个认识不断提高、不断深化的过程。

2.认识提升期(2002~2005 年)

2002 年石横特钢首次召开企业文化总结会,会上总结概括了四个方面的企业理念体系:

(1)四个第一:成本是第一竞争力,质量是第一信誉,科技是第一生产力,人才是第一资源。

(2)坚持以经济效益为中心。

发展是硬道理——本质是提高生产力;管理的目标——追求效益的最大化;管理考核——重结果而不是过程。

(3)坚持改革、不断增强企业活力。其理念体系是:创新体制求发展——产权制度是核心;以人为本——一流的业绩是靠积极性创造出来的;实现两个转变——企业走向市场,员工亦走向市场;石特人的风格——迎难而上,永不满足。

在石横特钢的发展历史上,专门召开企业文化会议这是第一次,会议从企业文化的角度总结了企业的发展历史,这是一次重大的思想认识的飞跃,也是一次质的跨越,可以说从此吹响了企业文化建设的号角。

2005年，石横特钢董事长提出企业文化核心是“以人为本，争创一流”；企业精神是“没有借口才会成功”；企业灵魂是“不断创新”。把企业核心价值观从企业文化体系里提出，这是第一次，把不讲借口放在企业精神里表述也是第一次。

这一阶段，公司“以人为本”的理念首次提出并逐步深化，把“人”作为企业文化的核心，作为一流业绩的创造者，体现了企业对员工的尊重，也成了员工持续创造佳绩的不竭动力。

回顾以上企业文化发展历程可以看出，在不同的历史时期石横特钢提出了不同的工厂方针、企业精神、企业作风、企业理念等，也取得了重大的成效。但是，企业文化建设不够系统，不够科学，提法较多，没有形成一个规范的比较科学的体系。

3.完整、成熟期（2005年至今）

2005年12月，公司建立了企业文化理念识别体系。这个体系包括两个部分：一是企业文化纲领4条，有企业核心价值观、企业精神、企业作风、企业战略；二是企业基本理念，当时确定了10条企业基本理念。

2007年12月，建立了企业文化行为识别体系。这个体系包括组织行为规范、员工道德行为规范、员工公共行为规范、各类会议规范四大部分。

2012年6月，建立了企业文化视觉识别体系。主要包括基础设计（企业标识、产品商标、标准名称、标准字、标准色）和实际应用两部分。

2010年石横特钢董事长提出了“管理=控制+活力+消缺”的管理模式。后来，把“活力+消缺”改为“消缺+活力”。

2011年6月，石横特钢对企业文化体系再次进行了系统的修订完善。企业文化纲领由6条减为4条，取消了企业作风、企业使命。对企业战略（由原来的“优化结构，优化资源，降低成本，培育员工”改为“差异化+精细化”）、企业愿景做了修订。10条基本理念减去4条，保留其中的6条。

2012年石横特钢董事长撰写了《以人为本理念在企业管理中的实践》长篇文章，系统阐述了以人为本、满足员工五项需求的管理思想。从此，在企业核心价值观中增加了“以人为本”的内容，形成了核心价值观。2020年将“以人为本”调整为“以奋斗者为本”。

石横特钢的企业文化之所以有生命力、有效率，是因为它深深扎根于石横特钢的发展实践中。

纵观公司企业发展史和企业文化发展历程可以看出，石横特钢由小到大、由弱到强，其企业文化建设也经历了初创、探索、提升、完善、成熟5个阶段，实现了由零散到系统、由单一到综合、由表象到深层、由自发到自觉、由一般化活动到文化战略的根本性历史转变。

(二)形成文化体系

提炼总结企业文化创建经验,学习借鉴优秀企业先进做法,以企业价值观、企业精神、创新为精髓,全面建立起了企业文化三大体系(即理念识别体系、行为识别体系、视觉识别体系)。

1.核心价值观:以奋斗者为本,共创共赢

(1)坚持以奋斗者为本,尊重员工主体地位。石横特钢高管层认为,企业要实现基业长青,不可不坚持科学发展;科学发展,不可不以奋斗者为本。“一流业绩是靠员工积极性创造出来的”,“人才是第一资源”等企业理念的倡导,就是贯彻落实以奋斗者为本的具体体现。经营管理的首要标志,是员工的积极性是否被调动起来。只有员工实现了自觉劳动,才能做到共创共赢。

(2)践行核心价值观,满足员工五项需求。石横特钢始终坚持把以奋斗者为本的管理理念融入企业核心价值观,致力于满足员工五项需求,即安全需求、薪酬需求、劳动条件需求、尊重需求、人生价值需求,最大限度地调动员工的积极性,充分释放其潜藏的能量,让员工以极大的热情和创造力投身于企业建设和发展之中。

(3)共创共赢,企业与员工共同发展。企业与员工结成利益共同体,企业兴衰与员工息息相关,员工与企业同心同德,以高度的自觉性勤奋劳动,与企业共进步、共发展。

2. 企业精神:不讲借口,争创一流

石横特钢董事长指出,人是要有一点精神的,企业也需要一种精神。这种精神,就是胜不骄,败不馁,拖不垮,打不烂的精神,就是挑战自我,永无休止地去创造、去进取的精神,就是不唯客观、不怕困难,有条件要拼搏,没有条件创造条件也要拼搏的敢为人先的精神,就是不断挖掘内因动力去创造一流业绩的精神。概括起来就是“不讲借口、争创一流”的企业精神。

石横特钢依靠和发扬企业精神的典型案例举不胜举。如最近几年的轧钢切分轧制、超细晶粒钢轧制,炼钢工艺创新,以及管理创新、课题攻关、经济技术指标的改善,广大员工不断改革创新,向指标改善要效益,向不断提高管理水平要效益,向优化结构要效益,向深挖潜力、持续降低成本要效益,均创造出一流的业绩,彰显着全体员工敢于担当、不讲借口,敢于挑战、争创一流的企业精神。

3. 创新理念:创新是动力源泉

创新力是一个企业持久成长的动力源泉。石横特钢坚定不移地致力于制度创新、技术创新、商业模式创新,创新的力量促进了企业运行机制和经济增长方式的根本性转变。没有制度创新,就不能更好地调动人的积极性;没有技术创新,只围绕提高效率、改善产品、降低消耗进行的改革是无法完成的;没有商业模式创新,就难以实现"1+1>3"的目标。

(三)构建支撑体系

企业和二级单位分别成立企业文化推进委员会和领导小组,构建了坚实的企业文化网络系统。

石横特钢成立了企业文化推进委员会,委员会主任由党委书记担任。委员会主要职责是负责企业文化规划、计划的制定和工作的推进协调等。委员会下设办公室,主要职责是落实工作计划和项目,组织开展企业文化重大活动,督导检查二级单位企业文化教育培训和活动落实情况,负责日常管理与考评等工作。各二级单位、部门均成立企业文化建设领导小组,形成了自上而下的企业文化网络系统,为推进企业文化建设提供了组织保障。

(四)搭建载体平台

载体平台是以各种物化的和精神的形式承载、传播企业文化的媒介体和传播工具,是企业文化得以形成与扩散的重要途径与手段,也是保证企业文化落地生根、开花结果的有效措施。

1.舆论宣传平台

充分发挥企业内部各种宣传媒体的作用,通过多种形式大力传播企业价值观,使员工时刻都处于丰富企业文化氛围之中,通过耳濡目染融入企业文化,接受企业文化,达到家喻户晓、人人皆知。

目前舆论宣传平台的载体、渠道、工具有:

(1)广播站、电视台长期开设专题专栏,介绍企业文化知识,报道文化活动动态,宣传报道践行企业文化的典型人物等。

(2)编制通俗易懂、简明扼要的《企业文化手册》,员工人手一册,人人必读。

(3)充分利用广告牌、黑板报、宣传栏、宣传条幅等传统媒体,内外部网站、LED 电子屏、微信公众号等新媒体,宣传画册折页、中英文电视专题片、企业文化挂历、办公用品等,传播企业文化理念。

(4)借助社会媒体传播企业文化。如在《中国冶金报》、山东电视台等宣传董事长管理思想,编辑出版《管理与实践》《管理的力量》丛书等,传承企业文化。

2.教育培训平台

加强对员工的企业文化教育培训,提高员工对企业文化的认同度。培训原则:集中培训灌输与自我学习相结合,专题研讨和论坛交流相结合。培训方法:公司领导授课、专家授课、企业文化部授课、座谈交流等。

(1)举办企业文化教育培训,如新员工入职培训、团员青年干部培训等。

(2)组织收看企业文化专题讲座(光盘、视频等)。

(3)派出岗位人员外出学习培训,听取专家授课研讨。

(4)开设"管理论坛"。

(5)借助各类重要会议。例如职代会(股东代表大会)、专题报告会、新闻发布会、表彰会、研讨会、座谈会等。

(6)开展历史文化和爱国主义教育。例如组织党支部书记、优秀党员、优秀团干部和青年骨干参观红色教育基地,把现代企业文化与传统历史文化融为一体,把革命烈士的价值观与现代员工的价值观相对比相融合。

3.文化阵地平台

现有企业文化阵地有企业文化长廊、LED户外大屏、图书阅览室等。文化活动场所有娱乐中心、俱乐部、灯光运动场、离退休活动中心、健身房、舞厅、学校操场等。在充分利用好现有文化阵地的基础上,有计划地建设观赏性较强的文化阵地和娱乐设施,提升企业的文化品位,实现文化硬件上水平。

4.文体活动平台

文化体育活动是员工群众喜闻乐见、参与度高的活动平台。让员工群众在锻炼身体、愉悦心情、丰富精神文化生活的同时,有效传播企业文化理念和企业价值观。把企业文化的深刻内涵融入文体娱乐活动之中,使员工在文化活动中受到教育熏陶、潜移默化,做到寓教于文、寓教于乐、寓乐于学、寓学于美。

(1)举办大型文化活动。例如一年一度的大型元宵节晚会和灯会、职工运动会、厂庆大型晚会等,这些活动已经形成广泛的社会影响。

(2)组织开展文体活动。例如,元旦、春节、三五学雷锋、三八妇女节、四五清明节、五四青年节、六一儿童节、七一建党节、九九老年节、十一国庆节等。逢节有活动,活跃节日气氛。

(3)举办各类比赛活动。例如,排球比赛、篮球比赛、乒乓球比赛、拔河跳绳比赛、越野比赛、广场舞比赛等。做到月月有安排,周周有活动,每次活动都有一个主题,文化与体育有机结合。

(4)组织开展文化比赛。例如,不定期举办摄影、书法、绘画展以及菊展、板报展览等,举办企业文化知识竞赛、演讲比赛、安全知识抢答赛等。

(5)参加社会公益性文化活动。例如,组织方队参加肥城桃花旅游节开幕式等。

5.典范借鉴平台

注重发挥先进典型的示范引导作用,开展内部和外部学习借鉴活动。

(1)组织支部书记会议、分会主席会议、党群工作会议、宣传报道会议等,安排企业文化开展好的单位介绍工作经验等。

(2)组织相关人员到分厂、车间参观企业文化阵地。例如参观炼钢厂党群工作室、炼铁厂生态园、轧钢厂党群活动室、北山党群绿化基地、发电厂楼梯走廊历史文化展板、机制公司黑板报等。

(3)参加省委宣传部、省企业联合会、省企业文化学会,泰安市委宣传部、市企业联合会、市国资委组织的企业文化研讨会和学习参观活动,参观先进单位,学习企业文化建设经验。

6.子系统平台

推进企业文化立体化向纵深发展,倡导各专业管理系统、各部门及各生产单位根据职能职责定位、管理性质和工作实际,在贯彻落实和推进集团公司企业文化体系的基础上,自行建立自己的企业文化子系统,使企业文化建设呈现出百花齐放的良好局面。子系统文化建设是企业文化建设的长期任务,本着成熟一个提炼总结一个的原则,不搞“一刀切”。

目前,在专业管理方面的子系统有:安全文化、环境文化、质量文化、经营文化、廉政文化、品牌文化、服务文化等。生产单位的子系统有:炼铁厂文化、炼钢厂文化、轧钢厂文化、发电厂文化等。

(五)建立运行机制

通过建立协调、灵活、高效、长效的运行机制,使企业文化各因素更加融合、更加协调,相互促进、相互提高。

1.联动工作机制

对企业文化管理实行分级负责制。以企业文化部为主管牵头部门,各职能部门密切配合,分工落实,上下联动,形成逐级落实扎实推进的工作机制。

董事会、公司党委是企业文化建设的指导决策层,负责企业文化理念的提出，出思想、出思路、出对策，长远规划、系统思考；在制定方针政策、企业战略实施过程中，充分体现企业核心价值观，把握企业文化的总体方向，身体力行、率先垂范。

企业文化部是企业文化的综合管理、协调推进部门，负责企业文化体系的建立，制定推进工作计划和管理制度，负责教育培训和开展活动，整合企业文化资源，开展丰富多彩的活动，对各单位推进落实情况进行调度协调、督导检查和考核评价，保证体系持续高效运行。

各部门、各单位负责企业文化的学习宣传、教育培训，采取灵活多样的形式开展群众性企业文化活动，提高员工文化素养，营造健康、祥和、温馨的文化氛围。

2.检查督导机制

在企业文化推进过程中，公司每年初对企业文化建设进行部署安排。有计划、有目标、有任务、有标准、有要求。把检查督导与专题调研结合起来，及时总结和推广先进经验，发现和选树典型，探索工作规律，深化理论研究，细化操作方法，搞好分类指导，促进企业文化建设规范有序进行。

3.效果评价机制

企业文化部对各单位企业文化活动开展情况进行月度专业管理考核。肯定成绩，指出问题和不足，提出整改期限。

4.典范借鉴机制

公司每年派员外出学习 2 人次以上，一方面参加社会各级专业机构组织的企业文化培训交流，听取专家教授讲课，更新企业文化知识，接受前沿理论；一方面学习先进企业经验，参观企业文化示范基地，做到取长补短、博采众长、为我所用。

5.成果申报机制

对企业文化建设的阶段性成果，及时进行总结归纳，向省市各级专业管理部门进行优秀成果申报，打造集团公司企业文化的优秀品牌。

三、将文化与企业管理融为一体的“365”企业文化建设效果

（一）企业文化核心竞争力作用得到充分发挥

企业文化核心竞争力作用得到充分发挥，尤其是通过满足员工五项需求，企业凝聚力、向心力、创造力明显增强，企业单位产品效益在国内冶金行业始终处

于前三名。

(二)通过归纳总结提炼,形成了三部专著和一部纪录片

通过归纳总结提炼,形成了以三部专著《管理与实践》《管理的力量》《走长寿企业之路》和一部纪录片《足迹》为代表的企业文化成果,对内有利于提升职工的认识能力、管理能力,对外则有利于扩大企业的社会影响力。

(三)社会责任与荣誉意识拓展了企业文化的内涵

近10年公司来累计实现入库税金70多亿元,每年纳税总额位居泰安市前两名,为当地经济发展做出了巨大贡献。石特人以强烈的使命感和责任心,承担起越来越多的社会责任。多个集体和个人获得市级以上荣誉20多项,一方面个人价值得以体现;另一方面企业文化内涵得到拓展,石特的影响力进一步壮大。

企业文化之所以有生命力、有效率,就是因为它过去和现在一直生长在企业发展的土壤之中;未来要继续茁壮成长,也必须深深扎根于企业管理实践中。企业文化建设必须注重历史和现实,理论和实践、形式和内容有机统一。要持从企业自身实际出发,既要把握长期形成的历史传承,又要把握走过的发展道路,还要把握现实要求,着眼解决现实问题。企业文化与生产、管理紧密结合,企业文化已成为企业管理不可分割的组成部分。

企业文化是一种实践活动,是一种厚积薄发的积累过程,企业文化建设从提出到实施,必须坚持科学态度,采取统一协调办法,由表及里,由内到外,通过树榜样、入心田、成习惯、变物质、社会化这样一个过程,使企业文化付诸实践。要以足够的耐心、细心、决心,呵护企业文化之树,使其枝繁叶茂,结出累累硕果。

成果创造人员:纪　伟　傅光海　刘晓东　肖富君　李慧星　吕如峰　张武宗

基于促进企业高质量发展的党建与业务深度融合

东阿阿胶股份有限公司

【摘要】2020年以来，东阿阿胶股份有限公司（以下简称“东阿阿胶”）深入贯彻习近平总书记国企改革和党建思想，坚持问题导向，基于实现以数字转型和顾客运营为中心的高质量发展、实现打造党建工作的典范和品牌等要求，坚持用习近平新时代中国特色社会主义思想武装头脑，严格落实管党治党政治责任；坚持以党建与业务高度融合为抓手，推进党史学习教育往深里走、往心里走、往实里走；坚持以人民为中心的发展思想，牢固树立并践行“寿人济世”的价值观；坚持“抓基层、打基础”，全面提升基层建设工作水平；坚持“作风建设永远在路上”，全面加强党风廉政建设；坚持“创新、协调、绿色、开放、共享”新发展理念，推动东阿阿胶高质量发展。通过实施党建与业务深度融合这一创新载体，扎实谋划党建和业务深度融合的新篇章，推动公司快速转型发展、高质量发展、可持续发展。

东阿阿胶1952年建厂，1993年由国有企业改组为股份制企业，1996年在深交所挂牌上市。现有员工4800余人，总资产112亿元。东阿阿胶是全国最大的阿胶及系列产品生产企业，拥有行业内唯一的国家胶类中药工程技术研究中心，是国家胶类中药标准制定者、国家非物质文化遗产传承保护企业。公司业务涉猎中成药、保健品两大产业门类，是国家高新技术企业、国家级创新型企业、国家综合性新药研发技术大平台产业化示范企业，拥有院士工作站、博士后科研工作站、泰山学者岗位。东阿阿胶是中国滋补养生第一品牌、中成药最大单品，品牌价值371.34亿元。12次入围世界品牌实验室发布的“中国500最具价值品牌”，连续8年被评为最具发展力上市公司，连续6年荣登中国药品品牌榜·价值排行榜榜首，连续三届荣获“国家质量金奖”，山东省首届省长质量奖、全国质量奖、全球卓越绩效奖最高奖(世界级)、世博百年品牌企业、上海世博会“千年金奖”,3 次荣获山东省科技进步一等奖,拥有 3 枚中国驰名商标。2020 年,东阿阿胶位列京东购物节健康医药品类 TOP10 品牌第一,获得第五届双品汇主论坛“品牌引领奖”、中国社交电商杰出品牌奖。

一、基于促进企业高质量发展的党建与业务深度融合背景

面对业绩亏损和党建工作存在问题的现实,东阿阿胶新任党委一班人于 2020 年初提出党建与业务深度融合,牢固树立“围绕业务抓党建,抓好党建促发展”的工作思路,坚持抓党建促发展,以发展强党建,把党的建设和生产经营“揉”在一起抓,深度融合,和谐共赢,推动公司健康良性增长和高质量发展。

(一)以提升国有资本投资公司核心竞争力为目标的投资审核工作机制创新做法

党的十八大以来,习近平总书记先后作出一系列重大决策部署,对国有企业坚持党的领导、加强党的建设、全面从严治党,提出了明确要求。特别是习近平总书记 2016 年 10 月在全国国有企业党的建设工作会议上的重要讲话,深刻阐述了坚持和完善党对国有企业领导的一系列重大理论和实践问题,思想深刻,内涵丰富,是新形势下加强国有企业党的建设的根本遵循。这一重要讲话,是习近平新时代中国特色社会主义思想的重要内容,进一步丰富了党建的理论内涵,深刻蕴含着党建的历史逻辑、理论逻辑和实践逻辑,具有极强的思想性、战略性、理论性和指导性。全面深化国有企业改革,既不能重回厂长经理负责制的老路,也不能走全盘西化的歪路,关键是要立足中国国情,贡献中国智慧,提供中国方案。习近平总书记强调,中国特色现代国有企业制度,“特”就特在坚持把党的领导融入公司治理各环节,把企业党组织内嵌到公司治理结构之中,明确和落实党组织在公司法人治理结构中的法定地位。要按照两个“一以贯之”的要求,厘清党组织与其他治理主体的权责边界,形成各司其职、各负其责、协调运转、有效制衡的公司治理机制。实践充分证明,在新的历史方位下,国有企业必须做承担新历史使命的先锋队,解决“不平衡”“不充分”新矛盾的突击队,实践习近平总书记党建和国企改革思想的主力军,“做强做优做大”新征程的践行者,世界一流企业的领跑者。

(二)实施党建与业务深度融合是提升党建工作的迫切需要

行动上的自觉源自理论上的清醒。习近平总书记从历史到现实、从理论到实践科学地回答了国有企业的地位和作用,指出了加强国有企业党的建设的极端重要性和现实紧迫性。强调国有企业不仅要,而且要办好。强调坚持党的领导、加强党的建设是国有企业的"根"和"魂",国企党建只能加强,不能削弱。这些重要论断扫清了思想迷雾,起到了正本清源、把航定向的作用。习近平总书记总结党的十八大以来全面从严治党特别是加强国有企业党的建设的经验教训,坚持问题导向,就加强和改进国有企业党的建设提出了一系列新思想新理念新举措。第一次提出了国有企业"六个力量"定位;强调深化国有企业改革必须坚持"三个有利于"和两个"一以贯之"要求;明确了党对国有企业领导的主要内容、职责定位和实践途径;提出新形势下国企党建"四个坚持"的总要求;提出加强国有企业领导人员队伍建设和基层党组织建设的基本要求。坚持党的领导、加强党的建设是深化国企改革的着力点之一。作为推进国家现代化、保障人民共同利益的重要力量,国企是党和国家事业发展的重要物质基础和政治基础,而坚持党的领导、加强党的建设是国企的独特优势和确保国企的制度属性的重要保障。在协调推进"四个全面"战略布局的伟大进程中,必须毫不动摇地坚持党对国有企业的领导,毫不动摇地加强国有企业党的建设。

(三)实施党建与业务深度融合是推动公司高质量发展的现实需要

习近平总书记强调,要坚决防止以深化改革为名,在一片加强声中弱化党的领导、削弱党的建设。有的领导人员认为党建工作又不直接创造经济效益,是虚事情、软任务,"讲起来重要、做起来次要、忙起来不要"。国有企业发展史,就是一部坚持党的领导、加强党的建设的历史。没有党的坚强领导,没有国有企业各级党组织长期努力,没有国有企业广大党员、干部、职工不懈奋斗,就没有国有企业的今天。前几年,东阿阿胶党建工作与业务工作结合得还不紧密,抓理论学习有差距,存在着"先干后学、以干代学"的现象,集体学习的成效有待提升,学以致用成效不明显,在知行合一上存在差距。比如,习近平总书记强调要善于化危为机,抓住产业数字化、数字产业化赋予的机遇,抓紧布局数字经济。从 2020 年实践情况看,东阿阿胶在推动数字转型的过程中虽也有一些实践与探索,但作为一家几十年的传统企业,对部分新情况新问题没有做到提前预判,对推进数字转型的系统性、复杂性认识不够深刻,部分工作概念化,落地效率低。党的全面领导作用发挥不够充分，干部人才队伍建设存在短板，工作作风不够扎实。前几年，东阿阿胶对消费者年轻化、数字化、方便化需求、医药政策调整等外部环境变化不敏感，消费者洞察不够，消费者画像不清晰，战略规划缺乏科学依据和逻辑，目标设定不科学，没有来自市场调研的相关数据支持，偏离主营业务，产业链上下游过于延伸，增加了企业负担。这些问题，导致2019年出现严重亏损和业绩下滑。

二、基于促进企业高质量发展的党建与业务深度融合的做法

（一）坚持用习近平新时代中国特色社会主义思想武装头脑，严格落实管党治党政治责任

党的十九大报告强调："思想建设是党的基础性建设。"这一重要论断深刻揭示了思想建设在党的建设新的伟大工程中的基础性地位。思想建设在党的建设中具有引领性、贯通性、支配性的作用，是保持党的先进性和纯洁性、不断增强党的战斗力和创造力的关键所在。

1.抓思想从严，拧紧全面从严治党"总开关"

东阿阿胶始终把习近平新时代中国特色社会主义思想作为学习重点，要求全员学懂弄通，牢牢抓在手上，不断加深理解。2020年以来，通过个人自学、集体学习、专题研讨、座谈交流等方式，读原著、学原文、悟原理，确保做到学思用贯通、知信行统一。抓住党委理论学习中心组集体学习这个阵地，通过会前安排学习内容、撰写心得体会、集中学习发言等形式，把集中学习与经常性学习贯通起来，往深里走、往心里走、往实里走。对习近平总书记的重要讲话，做到第一时间学习，第一时间传达贯彻。邀请省委党校专家对《习近平谈治国理政》第三卷进行了专题辅导，增强了理论学习的针对性和实效性。公司党委组织开展了16次集体学习、6次集中学习研讨。公司党委书记分别以"融入时代，获得快乐人生，形成坚强堡垒""重拾奉献精神、担当践行使命、实现良性增长""关于学习《实践论》《矛盾论》的思考"为主题讲了3次党课，其他党委委员也都开展了讲党课活动。借助华润医药为期1个月的"十九届四中全会"网络培训班，参训范围扩大到全体党员，组织各党支部委员参加华润医药党建信息化培训，组织全体党员应用学习强国平台、润心学苑、博看书苑等学习资源进行学习，增强了学习的灵活性和参与性。

2.抓党建反思，开展全面从严治党的“体检”

先后召开党委会、行动学习研讨会等10次会议，从公司治理、文化和价值观、战略规划、战略执行、组织能力等6个方面进行反思，共查找问题24项。特别是在孔繁森纪念馆召开的党建工作反思会上，各党委委员和管理团队成员在重温入党誓词、聆听孔繁森同志感人事迹后，深深触动了心灵，也深感自身在思想上、工作上的差距，剖析深刻，问题找得准、找得深，真正做到了把自己摆进去、把自己亮出来、把问题找出来、把担子扛起来。

3.抓整改提升，严格落实管党治党政治责任

为加强党委会会议管理，公司专门下发了《加强党委会会议管理的通知》，从提高议题质量、增强工作计划性、严格会议程序、规范党委会记录等4个方面提出了明确要求，基本杜绝了临时动议，增强了党委会会议的严肃性，确保了党委会会议的质量。严格落实《党委议事规则》《“三重一大”事项决策制度实施办法》，凡属“三重一大”事项，均由党委依照规定前置研究讨论，切实发挥党委把方向、管大局、保落实的领导作用。公司多次召开党委（扩大）会议，研究“三重一大”事项246项，组织开展2019年度和2020年度党支部书记抓党建述职评议考核，以考核倒逼责任落实，确保全面从严治党责任、压力层层传导。

（二）坚持以党建与业务高度融合为抓手，推进党史学习教育往深里走、往心里走、往实里走

东阿阿胶党委以解决实际问题为切入点，建立“俯下身子 深入基层 理解顾客 服务一线”工作机制，以推动健康良性增长和高质量发展为落脚点，学党史，悟思想，办实事，开新局，推进党史学习教育往深里走、往心里走、往实里走，让党史学习教育“学起来、活起来、实起来、亮起来”。

1.学党史，学为先，学习汲取砥砺奋进的精神力量，让党史学习教育“学起来”

习近平总书记强调，党的历史是最生动、最有说服力的教科书。学习百年党史、83年红色华润史、69年东阿阿胶史，就要总结经验、把握规律、汲取营养，增强开拓奋发、砥砺前进的勇气和力量。一是组织专题活动推动员工深入学习党史。东阿阿胶党委组织开展“学党史厂史、颂党恩党情、永远跟党走”活动、“培根铸魂再出发”主题党日活动、“学党史，祭英烈，培根铸魂勇前行”活动、“学史增信守初心，汲取力量促增长”活动，学习党建工作先进经验，接受党性教育，激励党员经理人对标先进、担当作为。组织党员重温入党誓词，溯本求源、不忘初心，开展“入党为什么，在党干什么，为党留什么”大讨论。二是鼓励员工参与互

动体验学习党史。组织了党史故事“大讲赛”，党委委员、老党员们用生动鲜活的形式讲述党的故事、红色华润故事、东阿阿胶故事、优秀党员的故事、身边榜样的故事，使员工感悟党的初心使命，增进爱党之情。举办“我与东阿阿胶的那些年”老前辈与青年员工交流互动会，公司原董事长刘维鋕、原总经理章安等6名老同志，用自身的奋斗经历为80后、90后青年员工倾情讲述东阿阿胶创业发展、艰苦奋斗的光辉历程，激励年轻一代不负青春好年华、以勤奋书写精彩人生。三是开展党史竞赛大比拼，承办了华润集团山东区域工委“回首百年路，润泽新征程”系列主题活动，并荣获山东区域工委党史知识竞赛亚军。四是组织了为党庆生健康跑，组建了5支队伍共计400多人参与了“元气满载 健康未来”健康跑活动，使员工焕发了青春活力，做努力奔跑的追梦人。五是组织青春诗会念党情，举办“和诗以歌 与美以爱”青春诗会，赏中华诗词，寻文化基因，表达感恩党、感恩祖国永远听党话、跟党走之情。六是组织了红歌颂党庆百年，举办以“红歌铸魂 青春芳华”为主题的职工大合唱，通过歌唱爱国主义歌曲，歌颂党的光辉历史和取得的丰功伟绩。七是开展“党旗高高飘扬”“永远跟党走”活动，着重增强仪式感、参与感、现代感，营造团结奋进、开创新局的良好氛围。八是开展“一支部一特色”活动，基层党支部开展举行党员“政治生日”、与党旗合影、为群众办实事、祝福送给党、红色经典诵读、读书分享会等活动，形成“一支部一品牌”的丰富多彩、广泛参与的庆祝建党百年基层活动。九是开展“先锋引领”活动，设立党员责任岗、党员责任区并成立党员攻坚小组、党员突击队等，党员带领职工群众在研发、生产、营销、管理、服务等领域主动求变、攻坚克难、再立新功。

2.悟思想，悟真谛，悟透习近平新时代中国特色社会主义思想，让党史学习教育“活起来”

采用行动学习培训模式。东阿阿胶改变“一人讲、众人听”传统培训做法，统筹用好“线上+线下”“音频+PPT”等要素，增强党史学习教育的针对性和实效性。从2020年4月下旬开始至七一前夕，举办了5场“学史增信促发展”行动学习会，邀请党史教育专家陈燕楠同志讲授《我们走过的路》党史学习系列辅导。专题学习毛泽东同志《党委会的工作方法》、习近平总书记《谈谈调查研究》《坚持实事求是的思想路线》等内容，用具体问题引导党员经理人深入思考，结合工作实际，加强党委会、经理办公会议事程序相关规定、《“三重一大”决策制度实施管理办法》、开展调查研究和实事求是等专题培训，深入探讨形成研讨成果，推动公司实现决策更高质量、执行更高效率、落地更好效果。

3.办实事，担使命，办妥得人心暖人心稳人心的好事实事，让党史学习教育

"实起来"

学与做相辅相成,"办实事"就是践行党的宗旨,践行党的初心使命,把服务员工的实事办好,把服务顾客的好事办实。建立"俯下身子、深入基层、理解顾客、服务一线"工作机制。2021 年以来,管理团队成员、工会主席带头在一线现场办公、接待基层员工、到基层联系点调研,开展"守初心 访一线 转作风"活动,"下车间、站柜台、作店员、进驴棚",把产品和服务传递给广大的消费者,为他们提供高品质的产品和温馨贴心的服务。2021 年已在一线现场办公 30 余次,召开座谈会 40 余场次,深入基层联系点调研 40 多次,召开基层员工接待日 4 次,同基层员工一对一谈心交流(面对面集体座谈)160 多人次,征集问题意见建议 70 多项(件),办理解决率 93%,其他问题正在督办和办理过程中。同时,公民事还开展了"服务公司高质量发展 我为员工顾客办实事"实践活动。公司党员经理人深入一线,广泛听取意见、了解民生需求,各党支部面向全体职工征集职工群众"急难愁盼"问题,形成民生项目清单,建立台账,已征集民生事项 110 余项。

(三)坚持以人民为中心的发展思想,牢固树立并践行"寿人济世"的价值观

始终坚持全心全意为人民服务的根本宗旨,是我们党得到人民拥护和爱戴的根本原因。只有坚持以人民为中心,才能永葆党的创造力、凝聚力、战斗力。

1.传递温馨的东阿阿胶文化

借助 5000 平方米职工之家实体化建设,完善职工服务体系,已成为工会、关工委关爱职工、服务员工的精神文化乐园。每月面向一线员工开展"最美员工"评选活动,120 名在工作岗位上拼搏进取、乐于奉献的员工获此荣誉。开展以"降本增效、提高劳效、创新绩效"为主题的合理化建议活动,每月以竞赛榜形式对合理化建议提出情况考核公示,每季度对其跟踪评审并即时激励,2020 年征集合理化建议 2975 条,开创经济效益 100 多万元。开展群众性劳动技能竞赛活动,组织开展电焊、安全消防等劳动竞赛 100 多场次。面向职工一线开展争创"阿胶工匠"评选活动,发挥"阿胶工匠"示范引领作用,激励员工弘扬工匠精神,提升产品和服务质量,打造阿胶卓越品质,培养知识型、技能型、创新性高技能人才。在办公区、会议室、职工餐厅等场所,分别安装阿胶文化挂板,利用落地式电子显示屏对华润文化进行可视化宣传。在生产制造过程中推行"精益生产文化""工匠文化",倡导"以金牌的工作质量创金牌的产品质量"的精神,坚守"宁废一批料、不让一盒不合格的产品出厂"的阿胶品质,广大员工的幸福感、获得

感明显增强。

2.开展丰富多彩的文化活动

2020年组织开展全员健身活动,1000余人次参加网球、羽毛球、太极拳训练和"三人制"职工篮球比赛。东阿阿胶乒乓球俱乐部举办职工乒乓球比赛,已经成为具有文化特色的体育赛事品牌。坚持"送温暖、送健康、送服务、五必访"等关爱活动,提高员工满意度,促进建立和谐劳动关系,凝聚职工力量。在春节、中秋两节期间实施送温暖活动,救助慰问困难职工38人次,累计发放救助金7.3万元;组织金秋助学,发放助学金2.3万元。开展"夏送清凉"活动,深入基层走访一线员工306人。开展送健康活动,去年开展员工生日祝福2600多次,举办生日会159场次,参加人员5200多人次;组织举办健康知识系列讲座、职工疗养休养活动等50场次。结合各部门、车间、班组实际情况开展全方位、全覆盖的安全隐患排查整治活动,通过培训和实战演练,提升了一线员工的安全意识和应急处置能力。

3.以消费者为中心,全面履行社会责任

在抗疫期间,4500名员工全部投入疫情防控战斗,在党员中开展"亮出党员名片,社区防控报到""复工复产党员先锋岗"等活动,组织党员成立党员突击队,在厂区、社区一线报到,在复工复产中发挥先锋模范作用。先后向湖北武汉的华中科技大学同济医院、华润武钢总医院等8家医院捐赠价值199万元的复方阿胶浆;针对一线OTC连锁药店、基层医疗等,启动"复方阿胶浆免疫力关爱活动",面向湖北等24个省约15万名一线医护人员提供77.2万余支复方阿胶浆等体验产品;积极组织公司党员和广大员工开展"奉献爱心、抗击疫情"捐款活动,共捐款37.6万元。同时,通过开展"疫情关爱 静待花开"活动、复方阿胶浆3万名员工身边的癌友关爱行动、"阿胶奉亲,颐养天年"——关爱员工身边的75岁以上老年人行动等活动,回馈社会,温情关爱广大员工和众多消费者。

(四)坚持"抓基层、打基础",全面提升基层建设工作水平

只有持之以恒抓基层、打基础,充分发挥基层党支部战斗堡垒作用,才能使让党支部"活"起来、"动"起来、"强"起来。

1.强化组织重塑

积极探索"大业务、小总部"组织模式,搭建"前中后台"组织架构(见图1),关注顾客需求与市场变化,坚持内部协同一体、外部连接战略伙伴,注重市场化、敏捷化、生态化、平台化。经调整之后,减少27个组织单元,整合为24个组织单元(药品增长事业中心、新零售增长事业中心、制造中心等一级组织,新设立功

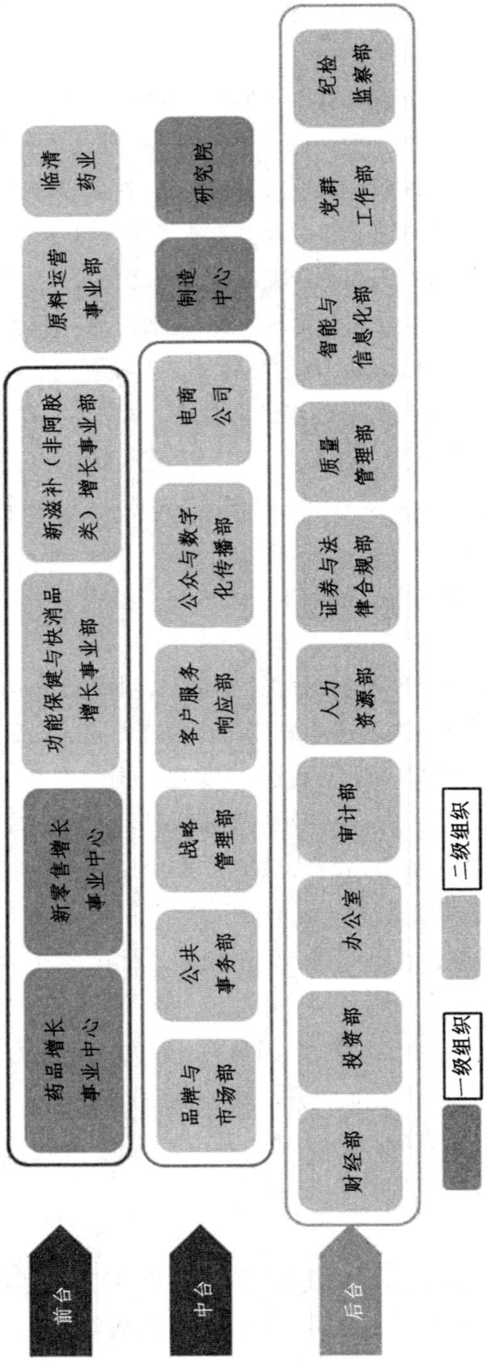

图1 组织重塑搭建“前中后台”组织架构

能保健与快消品增长事业部、新滋补增长事业部、驴产业事业部等二级组织)，即前台部门6个、中台部门8个、后台10个(包含2个党委工作机构)。成立“营销数字加速器”等3个跨部门虚拟组织，推动数字化转型；成立“社交新零售”等市场化项目组织，探索业务增长新路径、新模式。

2.强化党的基层建设

为加强营销系统党建工作，在营销系统新成立了4个党支部。以组织健全、制度完善、运行规范、活动经常、档案齐备、作用突出“六个标准”为重点，大力推进党支部标准化建设，让党支部唱主角、挑大梁。针对基层党建薄弱支部和突出问题排查情况，组织结对支部召开座谈会，开展“结对互促、整改包保”，提升薄弱党支部战斗力。强化党建考核，提升党建工作质量。制定了《党支部及党员积分考核管理办法》《党建工作评价考核办法》，党建工作要求及落实情况实现了可量化、可评价。

3.推进“1234”党建工作理念落地见效

公司各级党组织认真推进“1234”党建工作理念落地见效，开展党员攻坚小组、党员责任区、党员先锋岗创建活动，将党建活动与员工素质能力提升相结合，开展技能竞赛、练兵比武等活动，推动党员队伍素质提升。

所谓“1234”党建工作理念，即：“一个体系”，搭建党建高质量发展体系；“两个注重”，注重抓党建促发展，注重抓党建促服务；“三个作用”，坚决扛起政治责任、经济责任、社会责任，切实发挥党委领导作用、党支部战斗堡垒作用、党员先锋模范作用，努力做到关爱员工、关注顾客、关心群众；“四线工作法”，在生产一线、研发一线、营销一线、管理一线抓基层党建，扎实谋划好党建和业务深度融合的新篇章(见图2)。

4.强化主题教育活动的实效性

按照集团的要求，扎实开展“抗疫情、保目标”主题活动。组建25支“党员突击队”，围绕战略检讨、顾客运营、数字化转型、降本增效、技术攻坚开展攻关活动，引导广大党员、职工立足本职，克难攻坚，扎实做好今年各项工作。借助重要节日、重要活动，组织开展“守初心 担使命 唱响新时代劳动赞歌”职工大合唱、“青春未来 元气满载”员工日、“重走长征路、重塑价值观”以及“不忘初心、牢记使命”主题演讲比赛、创先争优表彰、“弘扬黄河精神、凝聚发展力量”黄河诗会、东阿阿胶冬令滋补季等主题活动，号召全体党员，铭记初心使命，继续不懈奋斗。同时，健全由内部网站、微信公众号、多媒体、《东阿阿胶党建简报》等媒介组成的宣传平台，成立由50余人组成的“娇小编”宣传队，搭建起全方位宣传

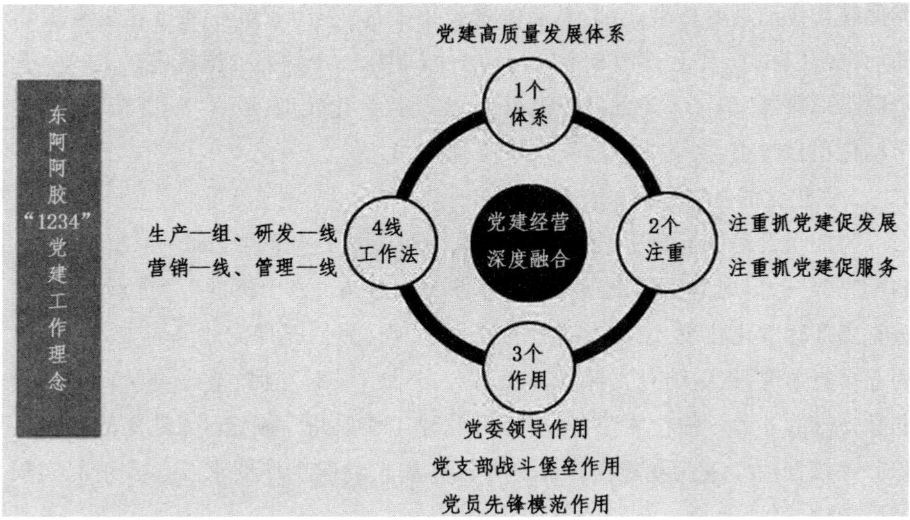

图 2　东阿阿胶“1234”党建工作理念

网络,弘扬主旋律、传播正能量。东阿阿胶诵读社是公司 16 员工自发组建的兴趣社团,其自发录制的音频、视频 40%的作品在华润集团“润心学苑”发表并深受好评。例如,东阿阿胶牌阿胶粉上市营销传播以产品 IP 化、传播社交化、风格年轻化为亮点,重磅推出“健康小金条”——东阿阿胶粉的传播概念,紧密围绕东阿阿胶粉产品功效,借助微博话题营销、访谈视频等社交传播,人民日报客户端、新华网等 570 家主流媒体参与报道,全网覆盖人数 4.07 亿,曝光量 6.97 亿次,微博话题累计阅读量 3.6 亿;近期“东阿阿胶 · 冬令滋补季”开展仅一周,发布内容(含转发)1.21 万篇,品牌曝光 3.64 亿次。

(五)坚持“作风建设永远在路上”,全面加强党风廉政建设

2020 年以来,东阿阿胶党委构建起党委主体责任、纪委监督责任、职能部门监管责任、群众积极参与的监督大格局。开展政治监督,积极配合中央巡视、华润医药巡察,做好巡视巡察整改监督。加强日常监督,督促业务部门近 700 余项问题的整改落实,加强选人用人监督,监督经理人选拔 7 人次,出具廉洁意见函 19 份,开展经理人任职谈话 3 次、40 人次。深化标本兼治,开展以案促改,发布纪律检查建议书 5 份,制定《廉洁警示教育工作方案》,组织开展警示教育 7 次,修改完善《巡察工作实施办法》,加强中央八项规定精神落实的监督检查,发布廉洁过节通知 3 次,函询 1 人,严防“四风”反弹回潮。

（六）坚持“创新、协调、绿色、开放、共享”新发展理念，推动东阿阿胶高质量发展

东阿阿胶认真践行创新、协调、绿色、开放、共享的发展理念，积极履行使命，在实施创新驱动等方面下力气，推动东阿阿胶向高质量方向发展，打造具有核心竞争力的一流企业。

1.坚持协调发展，提升整体效能

加快单一产品向阿胶类、非阿胶类多元转型，加快结构调整，加大资本运营力度，深化降本增效，努力提升质量和效益。基于消费者洞察，开发了创新产品——阿胶粉和阿胶燕窝，与华润三九实施阿胶珠双品牌战略合作，开发创新产品（鹿类+参类）。牢固树立过紧日子、苦日子和量入为出的意识，在全公司范围内推行成本压降，持续推进优化非主业资产。2020 年销售及管理费用同比减少 2.8 亿元，下降 15%以上。对上游无棣基地、内蒙天龙研究院、高台基地等低效养驴板块资产盘活，积极推动养殖基地退出。坚持以健康事业、美丽事业、新渠道为主的投资方向，完成了临清药业有限公司 100%股权收购项目。

2.坚持绿色发展，推进转型升级

通过装备自动化、智能化、精益化、绿色化，带动公司技术水平的提升，保障公司优质产品供应。深化 12 台关键设备的维护体系，完成自主保全 3 阶段预基准书的制作，查找不合理因素 953 条。降低能耗，优化工艺，阿胶耗皮量降低 5.8%，复方阿胶浆成品率提升 0.74%，节约原料成本 1100 多万元。2020 年重点实施的“构建高效协同的胶类产品智能制造生产管理体系”项目荣获全国设备管理与技术创新成果一等奖，并荣获 2020 年度山东省智能制造标杆企业。

3.坚持共享发展，实现战略转型和升级

结合自身实际，深入市场和消费者中间调研，反复研讨论证，制定了“十四五”战略规划。“十四五”战略规划的主要思路是，以夯实基石消费者的护城河为根本，以消费者的需求和行为作为中心，以品牌势能、研发储备与阿胶品类特征功效为延伸，培育与尝试新的品类、进入新的行业；建设自有消费者数据中台，转型新商业模式，以消费者资产运营为核心，培育第二增长曲线，逐步摆脱驴皮原料限制；通过内涵式母品牌延伸与外延式投资并购，实现持续健康增长；未来将在中式健康滋补方面取得更大突破，成为中国消费者最为信任的首选大健康企业。“十四五”期间，公司将通过运营品牌顾客资产，做实中式滋补健康引领

者,向世界一流企业迈进。

三、基于促进企业高质量发展的党建与业务深度融合效果

党建与业务深度融合模式是从2020年提出的,截至目前,仍在全力推进实施。经过一年多的实践与探索,东阿阿胶对党建与业务深度融合模式的思想认识越来越统一,目标任务越来越明确,工作措施越来越有力,取得的成效越来越显著。

(一)"十四五"战略发展方向更加清晰

通过实施党建与业务深度融合模式,东阿阿胶把握新时代的新特征、新要求,积极应对竞争和挑战,在危机中育先机,于变局中开新局。从宏观政策看,我国发展进入新阶段,正在落实新理念、构建新格局,经济发展仍处于重要战略机遇期,进入高质量发展阶段;国家围绕不断满足人们对美好生活的向往,更加重视健康中国、美丽中国建设;国家构建以预防为主的大健康体系,中医药发展迎来黄金机遇期。从商业环境看,消费健康市场总体增长势头良好,互联网新零售方兴未艾;消费者80后、90后养生呈C位趋势,产品需求更趋多样化、年轻化、即食化、零食化;消费观念与行为明显变化,内容消费常态化,购物渠道多元化、去中心化。从内在动力看,东阿阿胶数字化转型迈出坚实步伐,认知和实践逐步深化,团队能力持续提升,模式渐趋成熟;新产品研发能力明显提高,新滋补、功能食品、美妆产品等得以加快培育。通过科学分析形势,公司确定"十四五"时期总的思路是:认真落实新发展理念,响应国家推进中医药传承创新发展的号召,把握中医药事业发展的黄金机遇期,以服务人民健康为中心,延伸现有品牌品类,培育上市新品,建设自有消费者数据中台,抓好顾客运营,加快数字转型和商业模式创新,深入推进价值重塑、业务重塑、组织重塑、精神重塑,努力成为消费者信任的中式滋补健康引领者和中药企业高质量发展的典范。

(二)数字转型和顾客运营的成效更加明显

2020年以来,东阿阿胶通过一揽子措施加速推进数字化转型,引领企业供给侧结构性改革。随着传统滋补品线上销量持续走高,数字化赋能的东阿阿胶在延续品牌影响力的同时也迎来了更大的发展机遇期。数字化的生活方式推动商业模式发生深刻变革,产品到达顾客的方式以及顾客的反向定制方式都发生

了巨大的变化。基于已有的良好硬件基础，东阿阿胶着力在软件上做文章，着眼数字经济，把互联网作为基础设施，综合运用5G、物联网、人工智能等技术，打通原料、生产、营销全链路，线上线下相互融合，使产品和服务更好地抵达消费者。这为东阿阿胶"一路向C"（C是consumer的简称，指消费者），即一切经营围绕消费者展开、不断为消费者创造价值的供给侧结构性改革奠定了基础。着眼于为顾客提供个性化的产品和服务，东阿阿胶通过"创客空间"、"娇生活"新零售平台、美妆健康、"工厂直达顾客"个性化定制项目等四个平台，多维度地满足消费需求，拉升产品销量。东阿阿胶将更多精力转向关注顾客本身，实现了一线终端有需求、总部服务有支撑。着力构建"小总部、大业务"的服务体系，东阿阿胶整合利用公司原有的信息技术平台、网络电商平台、自媒体平台等资源，打造面向顾客、面向员工、面向社会的平台体系，打破公司内部层级管理结构，构建起支撑数字化转型的长效运行机制，提升了阿胶产业整体竞争力和发展空间。通过组织体系调整、成立"数字化转型加速器"、组建"内容俱乐部"等方式，加快了企业数据治理体系建设。为顾客创造价值的同时，东阿阿胶的产业效率和效益也发生了喜人的变化，2020年运营成本下降30%，效率和效益提高了50%。东阿阿胶在加快产品创新数字化、推进用户服务敏捷化、装备技术升级及利用"互联网+大数据"方面都有了新的突破，新技术、新理念、新模式的运用也大大提高了企业的运营能力、服务顾客能力和产品创新能力，带来了更大的市场空间，为阿胶行业传统企业转型升级提供了参考经验。

（三）党建工作和业务工作更加融合

1.企业凝聚力和战斗力增强

东阿阿胶党委认真落实全面从严治党政治责任，从党委会入手，充分发扬民主，坚持集体决策，政治生态明显优化。党建和文化系列活动调动了全员积极性、主动性和创造性，增强了企业凝聚力和战斗力，公司上下、广大员工心怀大局，积极作为，协同发力，干事创业氛围浓厚，共同促成了目标达成。公司党委坚持刀刃向内，反躬自省，积极整改。从政治思想和价值观入手，反思初心和使命；从修复政治生态入手，反思决策机制及管理方式；从国企性质入手，反思党建与业务的融合，凝聚了广大员工的智慧和力量。

2.公司创新活力明显增强

2020年，公司获得中国专利奖优秀奖1项，基础研发获省级以上奖5项，申请专利32件，注册商标114件；公司获得山东省企业管理创新奖5项。产品创新步伐加快,“东阿阿胶粉”实现销售 5134 万元,燕窝销售 5000 万元。医理药效研究取得系列成果,证实了阿胶在心血管、化疗骨髓损伤、补充胶原蛋白等方面的疗效,复方阿胶浆在癌因性疲乏、肿瘤、脑血管等方面的疗效。生产自动化、智能化水平进一步提升,胶类中药全流程协调智能制造新模式项目通过工信部验收,高效协同胶类产品智能制造项目荣获全国一等奖,公司荣获山东省智能制造标杆企业称号。营销创新不断推进,打造了品牌社群 IP 营销模式,把冬至滋补节升级为冬令滋补季,首创东阿阿胶“员工日”,员工及家属 3200 多人参与,现场展示部门创新成果 69 项。

3.公司品牌焕新进一步加快

公司蝉联中国药品品牌价值榜冠军,荣获中国社交电商杰出品牌奖、中国医药企业“EHS 社会责任奖”、全国质量诚信标杆典型企业、“中国品牌价值评价信息发布”榜老字号第 3 名、山东省制造业高端品牌培育企业、山东省“品质鲁药”建设示范企业等奖项或荣誉称号。公司 24 个 QC 成果获得全国医药行业一等奖。“阿胶文化体验工厂”入选国家文化产业发展首批入库项目,公司成为全国研学旅行基地。2020 年营业收入达 33.92 亿元,同比增长 15.2%;净利润达 4097 万元,同比增长 4.86 亿元;经营性净现金流达 8.01 亿元,同比增长 19.21 亿元。

成果创造人员:高登锋　卢家轩　魏华南　冯　东　汪立新

科技企业人力资源策略的横向整合实践

超越科技股份有限公司

摘要：党的十八届三中全会把军民融合科技领域企业发展改革纳入全面深化改革总体布局加以推进，国产整机厂商迎来市场新“蓝海”，企业自主创新核心竞争力提升成为关键。当前新生代人才成为企业主力，传统管理措施显现出无效疲软的态势，公司整体管理策略亟待变革。

超越科技股份有限公司（以下简称“超越公司”）是国内领先的全固安全计算机供应商，是国内最早涉足专用加固安全计算机的高新技术。企业面向专用、党政、工控市场，聚焦抗恶劣环境和安全可信等应用场景，研发国产自主安全信息平台，为客户、合作伙伴提供具有竞争力的解决方案和信息终端。

超越公司是国防科技工业专用计算机核心能力建设重点单位、国防科技工业信息化技术创新中心副理事长单位、军事云计算安全综合论证工作组副组长单位，拥有国家级技术创新中心、省级重点实验室、工程技术研究中心、工程实验室等创新平台。掌握行业技术壁垒——高可靠加固计算和高安全可信计算两大关键核心硬科技，累计申请专利2100余项，其中发明专利1500余项，现有授权825项，自主可控专利500余项，软件著作权62项。作为主要起草单位，先后编写了6项国家军用标准。“2019中国企业创新能力1000强榜单”中位列山东省第25位、电子信息类企业前5名。

超越公司是国防科技工业“民参军”标杆企业，参与了10项国防科技重大专项、5项武器装备重大工程建设配套任务，保障了“嫦娥三号”“嫦娥五号”“长征五号”“长征六号”“北斗”“天和”发射任务和运7、运8、运9的系统改制任务。先后承担了军委、陆军、海军、火箭军、战支多型重大信息化系统项目研制，生产的25型产品参加了抗战胜利和建国70周年阅兵，受到军方表彰。

超越公司针对传统军民融合科技领域企业管理僵化、人员构成复杂等特点，以组织变革为切入点，以干部盘点和人才发展作为人力资本增值的主要方法，严格维护绩效规则权威的同时，完善薪酬战略牵引，通过文化建设着力提升员工满意度和幸福感，柔性引导形成精神向心力，促动人力资本增值，以活性人力资本输入激发组织活力。

基于战略牵引，横向整合人力资源策略，超越公司全面深入地诊断整体组织情况，在组织及流程科学合理设置的基础上，建立绩效综合考核体系，严格退出机制，从人才流动性层面带动组织活力。

作为强绩效约束的补充措施，以人为本的员工关怀能在很大程度上降低强绩效的弊端，充分调动员工主观能动性。为此，超越公司完成奖励形式全岗位覆盖，提升核心人才的荣誉感；上线福利平台，改造基础设施，将员工福利与公益扶贫相结合，并设计了贯穿全年 12 个月的主题文化系列活动，建立员工兴趣社群，提升了员工的企业自豪感和归属感。

改革当年，超越公司新增职员 140 人，同比增长 68.7%，211 以上人员占比达 54%；针对行业特点，引入 15 名高端人才；绩优人员年度调薪平均增幅 13%；培训 4233 人次，人均 61.3 学时，课程开发数同比增长 22%，以能力提升带动人效提升。改革次年，员工年度满意度增长 7.19%，绩优人员离职率同比下降 9.8%，三年内新员工离职率同比下降 17%，企业销售收入翻番增长，组织激活效果显著。

一、超越公司企业人力资源策略横向整合实践背景

（一）企业竞争形势需要

1.军民融合科技领域企业发展改革机遇

党的十八届三中全会把军民融合科技领域企业发展改革纳入全面深化改革总体布局加以推进，面对当前全球信息化发展变局，国家网络安全战略升级，中国关键行业拉开去 IOE（IBM、Oracle、Emc）大幕，IT 和通信网络设施国产化创新的进程加速。后疫情时代，在“新基建”等国家政策指导下，国产整机厂商协同国产服务器、操作系统、数据库、芯片等企业迎来新“蓝海”。

2.核心竞争力压力

为在蓝海中破浪领航，传统整机制造企业面临着核心竞争力不断升级以及自主创新研发技术、产品快速迭代更新等压力。超越公司需要以创新管理模式发掘高端人才，深度发挥潜在能力。

3.产业变革加速

以华为、联想、阿里、京东等公司的实践为代表,信息互联网与制造业加速融合,智能制造生产方式变革提升产业化能效,冲击传统整机制造企业市场份额。超越公司为适应高速变化的市场环境,引入新型产业人才、创新管理方式成为企业常态化的管理战略。

未来,超越公司将以高可靠加固计算技术和高安全可信计算技术两大硬科技为支撑,广泛协同生态合作伙伴,推动自主安全领域的科研攻关与产业升级,向客户提供高质量的产品服务和解决方案,引领中国全固安全计算发展,努力成为中国领先的全固安全计算解决方案供应商。

(二)公司内部管理革新需求

1.新生代人才促动管理措施变革

随着时间推移,95 后甚至 00 后员工进入职场,新生代员工已经成为我国就业人员中不可忽视的主力军。截至 2020 年 7 月,超越公司 80 后员工已占员工总数的88.5%。

新生代员工普遍具有较高的文化水平和学习能力。公司 94%以上的新生代员工接受过本科教育,36.2%以上的新生代员工拥有研究生学历,48.6%以上的新生代员工毕业于“985”“211”院校。受社会互联网化的影响,知识更新速度和信息传播速度加快,新生代员工对知识和信息的接收速度普遍较快。

新生代员工追求自由平等和文化开放。区别于务实的父辈,新生代员工个性张扬,追求自由,自我意识强,渴望得到尊重和理解,文化认同感和企业归属感需求强烈,对自己认为不公正的现象反应激烈,会主动、直接地表达自己的不满,管理难度大大提高。

新生代员工在职场中更注重自我价值实现,关注职业发展规划,他们期望在企业中得到更好的发展、更公平的待遇以及持续学习的机会,更热衷于具有挑战性的工作,看重所在企业是否可以培养自己可转移的竞争力。

社会环境压力大,新生代员工抗压性不足。新生代员工成长环境优渥,进入社会后更感现实和理想的差距大,加之繁重忙碌的工作压力,容易导致心理承受能力脆弱,无法正确地面对挫折和失败。

2.传统管理措施无效影响组织发展

在新的竞争和人才形势下,传统的军民融合科技企业管理措施已经渐渐显现出无效疲软的态势,会对组织造成不同程度的影响。

重制度轻文化,过度强调硬性规则中的被动行为,忽视文化影响下的自发动机,在强自我逻辑中,规则约束的有效性会大打折扣。

重物轻人,重视技术、研发、核心科技,强调公司核心实力,忽视创造核心生产力的人才资源,人员流动引发的技术流失现象严重,反而不利于企业技术积累。

重有形轻无形,注重物理物质空间,忽视精神、信息空间,对基础设施的优化提升作为企业形象工程被赋予比较高的优先级,而内部办公系统等信息空间的建设、员工归属氛围等精神空间的营造则进步缓慢,与员工的需求层级一定程度上有所背离。

重竞争轻协作,强调你追我赶的竞争氛围,忽略由此带来的社会资本、关系资本的浪费,造成部门墙林立、管理内耗高,影响了企业效率。

3.管理策略变革应对内部革新需求

综上所述背景,公司整体管理策略亟待变革。

超越公司认为,管理理论产生的最初目标是提高生产作业的效率,结合公司实际,管理变革的目标应由追求利润最大化的短期目标向追求整体价值最大化的战略性目标转变,管理对象也应将人从“劳动力”向“人力资源”转变,最终达到“人力资本”的转化目的。

与此相对应,规则监控式的管理应该向牵引授权型管理转型,达到令人力资本自觉激发潜能的目的,从而实现人力资本的价值增值。因此,管理措施中的激励方式也面临着必不可少的变革,比如推动短期激励向长期激励转变、物质动因激励向情感动因激励转变,最终向精神动因激励靠拢。

在策略转型的过程中,管理者角色也应从监督督促者向教练指导者转型,这对管理者的管理技能和素养也提出了更高的要求,金字塔式的权力集中结构也会逐渐向团队式的管理运作模式靠拢,从而完成由人力资本激发组织活力、由组织活力带动企业竞争力提升、企业竞争力吸引人力资本增值的良性互动。

将刚性规则和柔性激励有机结合,在控制双向措施的有效力度的前提下,形成向上发展的弹性合力,是超越公司管理改革的理想方向。

二、超越公司企业人力资源策略横向整合实践做法

为激发组织活力,提升整体战斗力,超越公司结合人力资源管理策略横向整合的内在要求,努力在提升个人能力的同时激发组织活力,使公司在组织结构、流程制度、激励措施、文化氛围方面发挥最大限度地正向牵引作用。

为此，超越公司改革组织架构，盘点干部队伍，强化绩效约束，合理薪酬激励，注重人才发展牵引、人文关怀辅助，在推进个人能力最大化的基础上促使组织战斗力实现最大化，相继推出了一系列创新型举措。

（一）组织诊断启发管理变革

组织需要依据内外部环境变化，及时地调整及完善自身的结构和功能，变革是企业实现动态平衡的常态阶段，打破原有的稳定不是组织变革的目的，在不断的变革中达到新的平衡是激发组织活力的必要手段。

1.基于战略牵引展开组织诊断

超越公司致力于成为中国全固安全计算机引领者，企业战略对组织的战略规划与布局能力、营销交付能力、产品整体实力都提出了新的挑战。

基于战略牵引，超越公司引入了国际知名人力资源战略咨询公司，历时三个月，通过战略解码、SWOT 分析、产品特点分析、高层领导访谈等方法，对公司整体组织情况进行了全面深入的诊断。

2.深入剖析组织现有的问题

根据诊断分析，超越公司发现了组织流程现存的主要问题：部门设置过多，导致业务流程整体运作效率缓慢；部分部门职责归口不清、横向交叉、运行不畅；事业部和子公司定位边界不明确；核心流程不畅、导向不明；流程体量过大，信息化支撑不足。组织流程的设计初衷来自企业管理战略规划，需要通过组织体系、动力体系、能力体系配合驱动实现企业人力资本增值，流程则是企业管理中重要的衔接环节。这些问题可能会导致市场影响能力、营销交付能力、质量保障能力、产品规划能力等核心能力建设受限，致使战略目标的实现受阻。

3.针对性地设计全面解决方案

通常企业组织流程体系设计应该有明确的导向排序，在诊断访谈和组织流程梳理过程中发现，超越公司当前理论上应该将质量和成本排在前位。基于这一定位，以未来发展视角为导向，明确了“超越公司本部”与“事业部”或“子公司”的二级管理架构，基于战略要求建立管控层级理念，为未来业务规模扩大、管控体系复杂化夯实了应对基础。

组织调整共涉及 26 个部门，新设 2 各部门，合并 8 个部门，对本部部门 98 个职能模块进行重新设置划分，管理幅度方面彻底实行大部制改革，对部门层级、管理岗位设置规则，推行双通道管理机制，对各级管理者管理权限进行了重新明确（见图 1）。

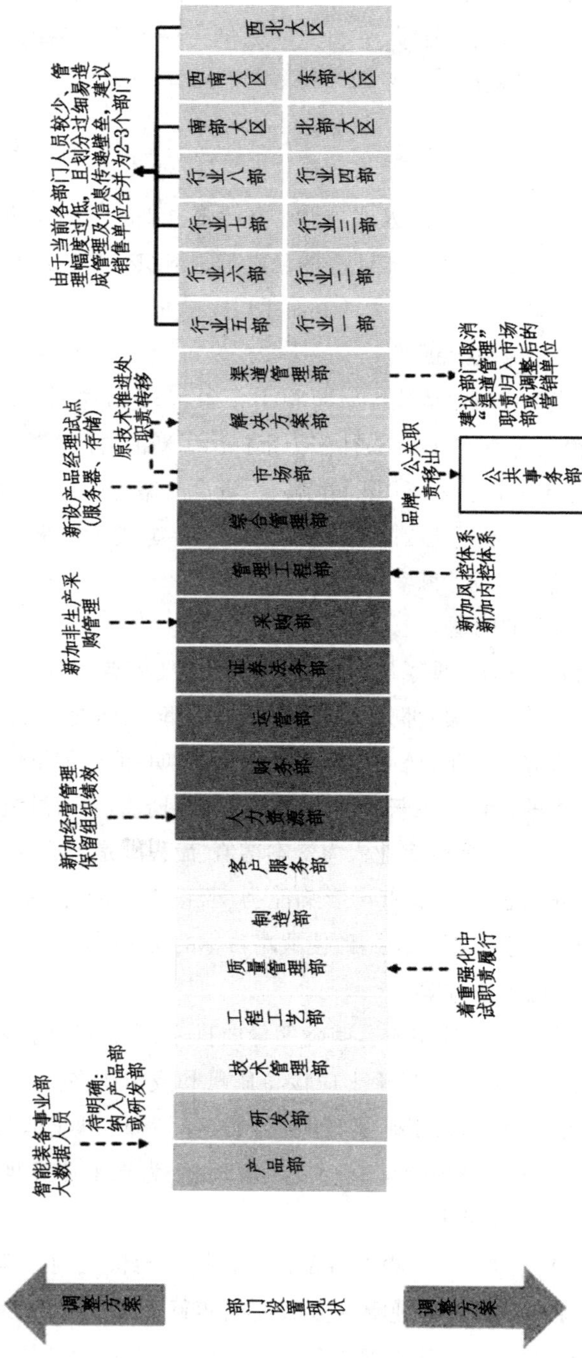
调整方案
部门设置现状
调整方案
产品部
研发部
技术管理部
工程工艺部
质量管理部
制造部
客户服务部
人力资源部
财务部
运营部
证券法务部
采购部
管理工程部
综合管理部
市场部
解决方案部
渠道管理部
行业五部
行业六部
行业七部
行业八部
南部大区
西南大区
西北大区
行业一部
行业二部
行业三部
行业四部
北部大区
东部大区
公共事务部
智能装备事业部大数据人员
待明确：纳入产品部或研发部
着重强化中试职责履行
新加经营管理 保留组织绩效
新加非生产采购管理
新加风控体系 新加内控体系
新设产品经理试点(服务器、存储)
原技术推进处职责转移
品牌、公关职责移出
建议部门取消“渠道管理”职责归入市场部或调整后的营销单位
由于当前各部门人员较少，管理幅度过低，且划分过细易造成管理及信息传递壁垒，建议销售单位合并为2-3个部门

图1 组织调整示意图

组织业务流程方面,优化的总体目标是"简、快、好、省",通过流程优化工具:导入精益工具实施流程分析、优化、再造。组织流程改革围绕着质量、产品、成本展开,以产品为导向,建立围绕产品的研发组织,实行产品经理负责制为主导的产品全过程把控;提升快速响应能力,明确部门职责,合并、调整或减少冗余环节,加强协作沟通效率;减少审批层级和环节,明确流程主责任人并赋予考核权,实现流程执行到位,权责一致;强化质量全过程监督,提升产品质量保障,为公司做大、做强奠定基础(见图2)。

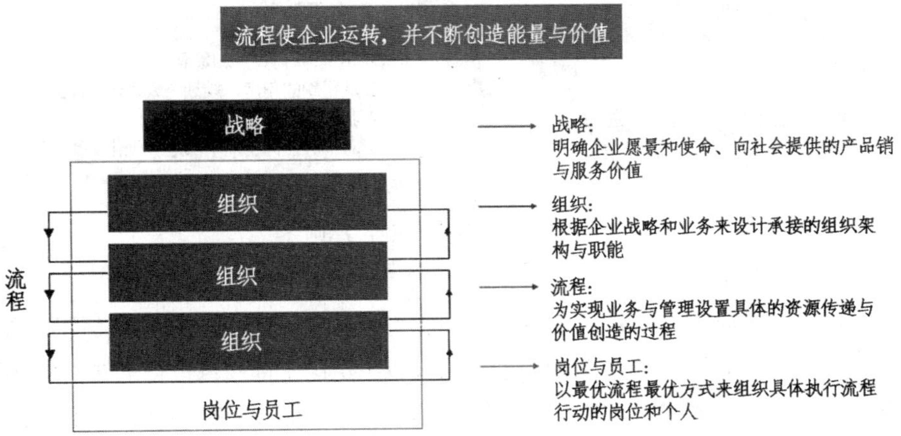

图2　科学业务流程创造能量与价值

(二)实行干部盘点,激活管理团队

干部是企业人才队伍的中坚力量,对干部能力的清晰掌握和弹性调整是人力资本增值的重中之重。超越公司需要通过专业的评估方式展现对干部个体的全面评估,为公司在识人用人方面提供清晰科学的建议,并对整个干部队伍的能力水平有清晰的判断,在盘点的过程中,不仅要盘点过去和现在,更要用发展的眼光牵引干部成长的方向。

1.清晰掌握干部能力

超越公司在干部盘点的过程中,摸索出"三看"原则(见图3):看业绩、看能力、看潜力。确定盘点范围后,公司依据关键绩效指标(KPI)达成指标综合加权看业绩;以360°考评为基础,综合各个能力素质要素看能力;以潜力素质模型为标准看潜力,细化项目评价标准,共设置发展意愿、敏捷学习、成熟度、诚信领导力等4个维度,吃苦耐劳、发现错误、专业视野、人际敏感、积极影响、真诚正直、使命必达等20个标准,提升评价的针对性和有效性。盘点结束后,公司对盘点结果进行了严格的应用执行,保持政策刚性及公信度,明确了公司在干部队伍建设过程中的价值导向。

图 3　干部盘点“三看”原则

2.弹性调整干部队伍

在组织架构调整结束后,公司严格贯彻“公开、平等、竞争、择优”的原则,结合员工意愿和干部盘点结果,对所有中层及以下层级干部岗位进行重新竞聘,所有岗位空置待岗,能者上,庸者下。在一周的竞聘时间内,各级干部共 110 位竞聘者对自己之前的工作进行了全面的复盘总结,为更多的骨干员工提供了展示才华和能力的机会。干部竞聘在导向性、开放性、灵活性、公正性方面具有明显的优势,彻底激活了干部队伍。

(三)严格绩效管理,树立刚性权威

科学的绩效管理是监督员工做好本职工作的有效方法,同时也能一定程度上发掘员工潜能,激发工作热情。认真把控绩效政策执行层面的严格性、执行人员的公信度,建立绩效管理的刚性权威,是实行弹性人力资源管理的制度基础。

1.建立综合考评体系

作为弹性人力资源管理的刚性规则保证,超越公司着力改革了绩效体系,开始从原有的单一性考评政策向多元化的绩效综合考评体系转化(见图 4)。

公司确定了业绩、能力、态度三项考核重点,综合使用 MBO、KPI、360°等多种考核评价工具,以月度、季度、年度为考核周期节点,采用定量和定性相结合的指标分析方法,根据员工所处的不同职业阶段和岗位类别进行加权赋值,最终得出每一位员工的综合考评分数及分区。

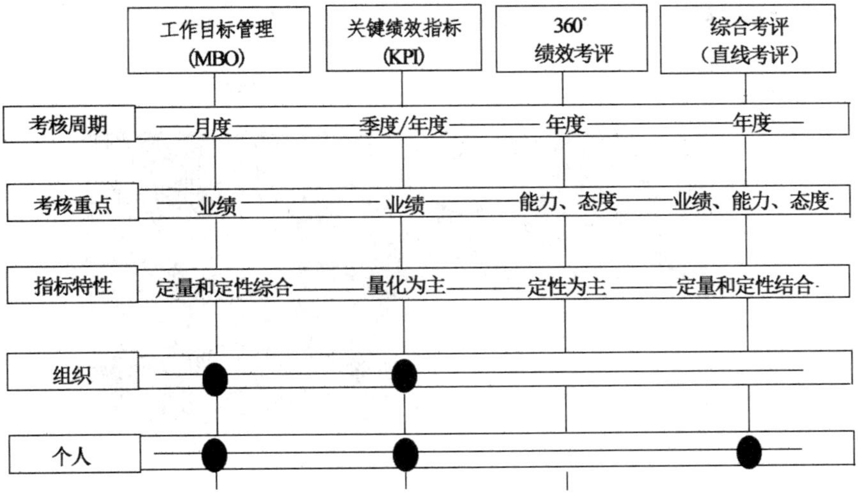

图4 综合考评体系

根据强绩效规则的要求,综合考评的结果将会在股权期权、薪酬福利、职位升降、职级调整、培训机会、职业发展、评优评奖、团建奖励等多个维度进行强效应用,保证绩效规则切实落地。

2.严格执行淘汰政策

由于岗位性质的区分,超越公司对绩效规则淘汰政策的强应用在销售人员和其他岗位人员群体中做了区分。

销售人员采用红黄牌淘汰制度(见图5),根据入职方式和入职时间确定是否参加红黄牌考核,依据单季度KPI得分和累计KPI得分判定具体的红黄牌类型,此项政策遵循无例外原则,并将结果应用到销售月度绩效的发放中。

其余岗位员工同样实行以业绩为导向的考核政策,对于绩效综合考评不达标、违反廉政建设规则、关键事件评价不合格的干部员工采用降职、免职、淘汰等严格的规范措施。

➤ **根据累计KPI得分和单季度KPI得分判定具体的红黄牌类型，遵循无例外原则**

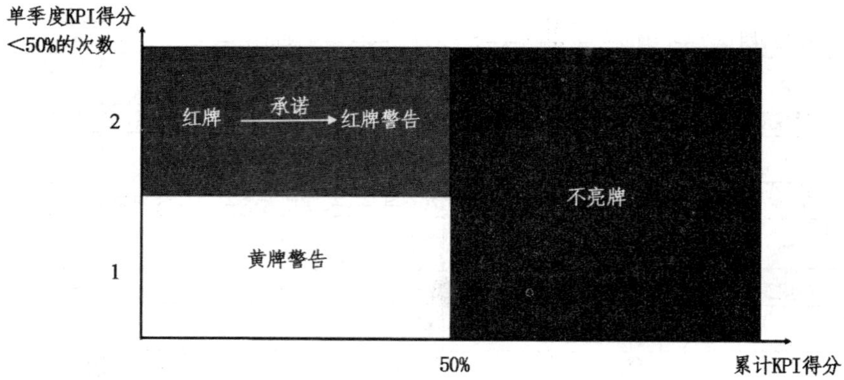

图 5　红黄牌政策

淘汰政策作为超越公司绩效牵引手段中最严厉的措施,对绩效政策的科学性和精准性提出了反向要求,同时也是保障公司整体价值观传递有序进行、避免员工触碰组织红线的手段。

但是在实际应用过程中发现,强绩效应用容易催生部分员工的负面情绪,影响个人效率甚至组织业绩,所以在保证绩效政策的刚性权威的基础上,为形成弹性合力,最大限度地激发组织活力,超越公司在薪酬福利、人才发展、员工关怀等正向牵引方面也进行了一系列创新性改革。

(四)促进薪酬合理,助力人效提升

超越公司认为薪酬管理的重要性在于其是最直观地向员工传递企业价值观的方式,它在为员工建立支付报酬的政策和体系的同时,也在明确地告知员工,在当前组织中什么是有价值的,借此将员工行为引导到企业战略目标的实现过程中。作为一项持续的组织行为,在激发组织活力的过程中,超越公司薪酬政策也需要不断调整,来保障其导向有效性,薪酬管理是弹性人力资源管理的重要牵引方法。

1.以正向政策牵引保证薪酬导向性

超越公司在进行薪酬基础政策改革时,十分重视薪酬管理的业务导向性。在进行薪酬设计时,从企业战略角度分析薪酬体系中哪些因素是相对重要的,并赋予这些因素以相应的权重系数,以此来区分岗位价值在薪酬中的体现。

超越公司作为技术创新型企业,在薪酬基础设计的过程中,对研发岗、销售岗的薪酬有明显的偏重,以提高研发、市场人员的受重视程度。同时超越公司秉承业绩导向的原则,将个人绩效与薪酬回报进行关联,在年终绩效分配时,改良了原有模式中个体基薪在绩效分配中占比过大的缺陷。将部门整体业绩与个人绩效挂钩,进行第一轮个体实际目标年终绩效分配,个人绩效未达到一定目标要求的员工仅参与第一轮分配;依据岗位系数、个体评价系数、职位系数确定个体年终绩效分配系数,进行第二轮分配,加强绩效对业绩的牵引,保证薪酬的导向性。

2.以灵活薪酬激励激发潜在生产力

薪酬制度的弹性不仅在于原则上的导向性,更要打破遗留在薪酬政策角落中的"平均主义"问题,灵活地使用薪酬杠杆,激发人效潜力。根据公司战略,超越公司在奖励性薪酬中设立业务拓展奖励、科技发展奖励、政府扶持奖励,以激励各岗位员工在做好本职工作的同时,在新的领域取得质的突破(见图6)。

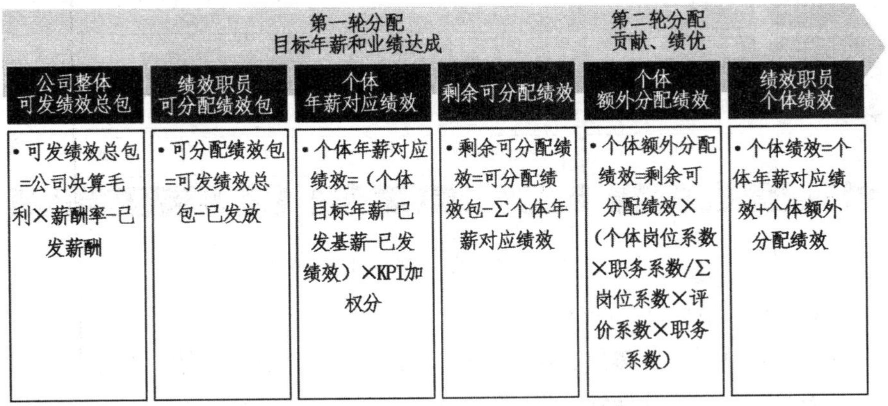

图6　业务导向的奖励薪酬分配模式

为使员工通过努力享受到公司发展带来的红利,超越公司针对销售岗位员工设立"同心共享"利润奖励机制,在原有的销售业绩考核基础上,鼓励员工创造更多的利润,将这一部分收益拿出来与员工共享,向高人效方向进行业绩牵引。

(五)重视人才发展,带动业绩增长

1.建立超越学院,完善培训体系

企业大学把培训和人才发展与企业的业务战略有机结合在一起,是超越公司人才战略的重要组成部分。企业大学需要明确员工所需的知识、技能和能力

的类型,并提供全流程的学习方案解决模板。

超越公司根据自身情况及战略定位,成立超越学院,按照内部业务条线和人员类别,分设管理系、营销系、技术系、供应链系四大院系,聘任院系长、教务主任两级管理领导,负责学院及下属院系整体管理及教务工作。超越学院拥有完整的培训体系(见图 7),采用培训分级制,超越学院层面主要致力于公司整体层面具有共性需求的培训,同时也会督促各体系、部门基于岗位、产品线、业务线展开培训,并提供一定的技术指导和资源支持;各院系需承担体系、部门内培训建设,共同致力于建设学习型组织。通过培训体系建设,2019 财年培训覆盖达 4233 人次,人均 61.3 学时。

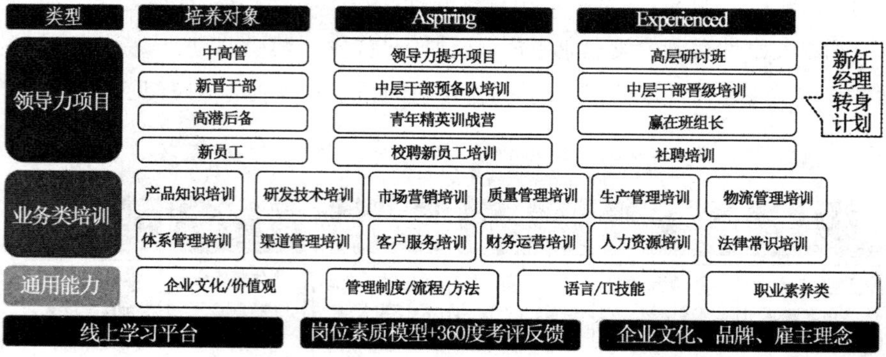

图 7　超越学院培训体系

2.重视新人培训,提升团队力量

新员工培训是企业将新聘任员工从学生、社会人向企业人转变的开端,通过培训使新员工了解企业发展历程,熟悉企业文化,适应工作岗位,从而更好地实现企业发展与个人成长的统一。尤其对于校聘新员工来讲,进入社会的第一课将会对其职业观产生重要影响,因此超越公司十分重视新人培训。

超越公司校聘新员工培训分为三个阶段:第一阶段为入模子培训,由公司领导及业务骨干担任讲师,通过互动式课堂的集中设计,在企业文化、制度流程,产品业务等多个方面,采用集中讲授、世界咖啡、训战结合的形式,使新员工对公司整体有一个清晰的认识。第二阶段为体验式培训,针对每一批校聘新员工测评报告中展示的性格特征,针对性地设计主题,新员工需通过群策群力的团队拓展达成培训目标。采用体验式培训的形式后,校聘新员工之间产生了明显的"同侪效应",团队凝聚力显著提升。第三阶段为轮岗培养他,根据新员工意向选择和部门需求,在进行完善的职业生涯规划的指导的基础上,展开长达三个月的轮岗实习，校聘新员工往往对自己的职业发展规划不甚清晰，在各个部门岗位有过实地体验后，进行双向选择定岗，使合适的人处于合适的岗位，最大限度地保证人力资本升值的可能性。

3.挖掘沉淀知识，梳理知识体系

培训知识体系是整个培训体系不可或缺的重要组成部分，知识体系需建立在企业战略发展目标和部门业务需求的基础上，以解决业务困难为最终目标，进行精确定位，同时知识体系的建立也是内部讲师体系建设的基础。

超越学院根据知识获取的方式，将知识库体系（见图8）划分为三个层次，每个财年初都对各部门的需求进行针对性的调研，除传统的知识库学习外，更关注指导交流、工作实践带来的知识沉淀和能力提升。2019财年课程开发数同比增长22%，通过经验总结、方法论传授、外部获取等途径来丰富知识库，让员工在专题分享、研讨会、师徒制实践的过程中增加指导交流的知识沉淀，在训战项目、一线市场环境中加强工作实践方面知识的积累，而雄厚的技术积累正是企业长效发展的基石。

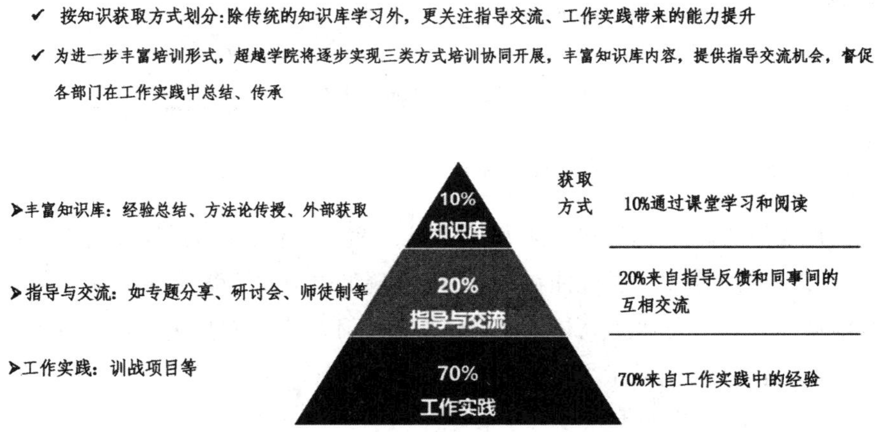

图8　超越学院知识库体系

4.建设讲师队伍，注重经验传承

企业讲师队伍大多来自公司内部的绩优员工和业务骨干，内部讲师制度不仅能激励员工加强自我学习，锻炼整体干部队伍，更可以充分整合资源，加强内部知识的分享和继承，实现企业知识技术的良性发展。

超越学院制定了讲师管理办法，形成了完整的讲师库体系（见图9）。对内外部讲师进行入库管理，经过部门提报、试讲授课、认证培训、考核定级等多项流程后方可纳入内部讲师库，保持了讲师队伍的质量水准。讲师级别不与职务级别挂钩，完全取决于对公司培训的贡献度与专业能力、授课能力。为鼓励业务骨干当讲师，使优秀经验可传承可复制，超越学院每月根据讲师授课时长和讲师级别发放奖励，并在每年9月10日教师节对优秀培训工作者进行表彰。2019财年讲师数量同比增长36%，优秀的讲师队伍保证了人才队伍拥有合格的技术积淀带头人，是企业业绩提升的人才基础。

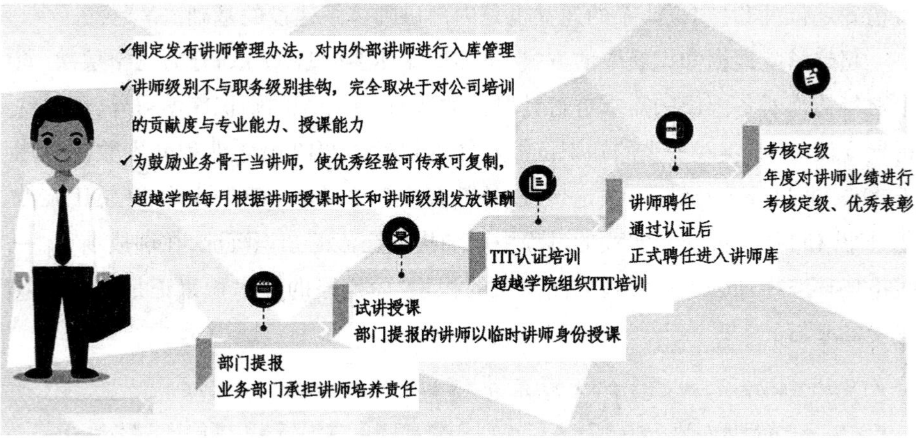

图9　超越学院讲师库体系

（六）坚持以人为本，提升员工体验

为形成弹性合力，激发组织活力，实现人力资本增值，作为强绩效约束的补充措施，以人为本的员工关怀能在很大程度上降低强绩效的弊端，充分调动员工主观能动性，使整个企业经营体系在稳定有序的环境中自发高速运转。为提升员工体验，超越公司进行了如下尝试：

1.奖励形式丰富，提升核心人才荣誉感

人才与企业的现代关系是一对多的关系，单纯的强绩效约束容易造成人员流动性过大，员工心态不稳定，额外的关怀激励制度必须在发展的基础上不断创新变化，根据实际情况做出适当的调整。

超越公司根据自身现阶段发展状况，形成了多种形式的全岗位奖励制度，包括以年终评优为代表的对绩优人员的直接奖励、以持续贡献为代表的对长期在岗人员的团队建设奖励、专为校聘新员工设立的股权期权等长期激励、对研发人员的技术创新奖励、对销售人员的业绩达成奖励等。各种奖励形式都十分注重仪式感，设有专门的表彰大会，提升核心人才的荣誉感。

2.福利平台优化,满足不同需求个性化

科学的企业福利可以起到良好的人才向心作用,稳定绩优人员,留住人才,节约招聘培训成本,同时也能提升企业形象,增强企业的人才竞争力。薪酬是短暂的,福利是长远的,越来越多的员工对于福利的关注度超过了薪酬。员工福利的实质属于物质激励形式的一种,怎样在福利发放的过程中设身处地地为员工考虑,将物质激励有效转化为精神激励,是超越公司探索变革的核心要点。

传统福利发放方式最大的缺点在于灵活性不足,对员工个体无用的物质激励相当于激励失效。超越公司引入商城形式,期望通过个性采购定制的线上订购方式解决这一问题。几乎所有的节日福利在等价的前提下,均以线上商城积分的形式提供到员工手中,同时与合作商达成协议,以低于市场价的价格进行全品类采购,切实为员工最大限度地争取福利。在福利预算不上涨的前提下,满足不同员工个体对福利的个性需求,当年员工对于福利发放的满意度大幅提升至97%。同时,超越公司为更好地履行社会责任,创造性地将员工福利与公益助农结合在一起,为员工树立了榜样,提升了员工的企业自豪感。

3.基础设施升级,增强全体员工归属感

从“衣食住行”入手,细化员工关怀。对公司进行全方位的基础设施改造,其中包括引进自助售卖机、咖啡机、添置办公区衣架、医药箱等,其中自助售卖机的每月成交交易可达3700单,咖啡机每月销量可达950杯,为员工带来极大的便利,员工满意度大幅提升。

4.文化活动覆盖,提高企业成员满意度

超越公司以员工体验为核心,设计了覆盖全年12个月的主题文化系列活动(见图10),包括健康文化月、亲子文化月、公益文化月、军事文化月、超越感恩季、工程师文化月、超越美好时光、市场文化月、新春文化月、读书学习月等。此外还举办了员工入司周年纪念仪式、教师节表彰活动、摄影大赛等10余项主题雇主活动,录制“超越因你而美好”VCR,记录每一次美好瞬间。

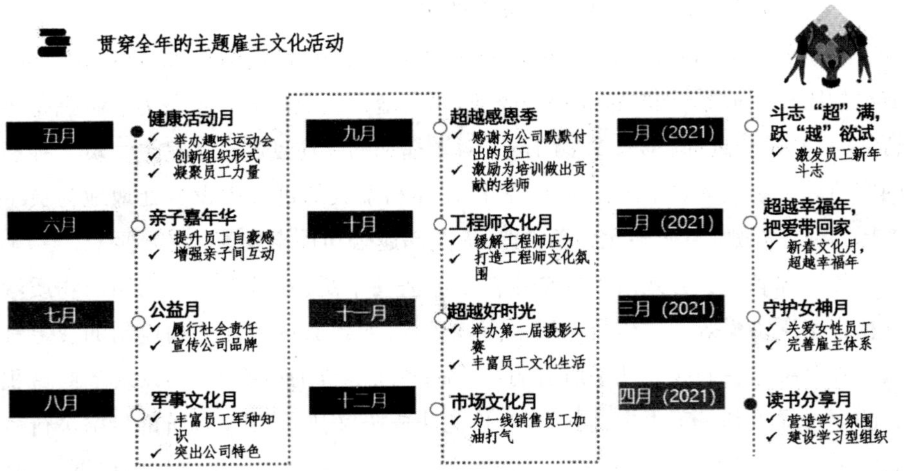

图 10　超越公司全年主题文化活动

为了形成雇主文化氛围，公司创建了人力资源微信公众号平台“超人成长社”，发布内容涉及岗位招聘公司、员工福利、薪酬问答、榜样宣传等，微信公众号运营一个月后关注率即突破 90%，发布推文最高阅读量达 6000+，相当于员工总人数的 10 倍。对于干部群体，开展干部素拓活动，百余名干部参与，提升了干部能力，增强了干部凝聚力；开通干部家庭健身卡，鼓励他们带领家庭成员健身；开展超越青春照相馆活动，记录超越奋进身影，极大地提升了核心员工的向心力和团队凝聚力。

5.运营兴趣社群，丰富文化生活多样性

社群即是链接，员工与企业仅在工作方面单层次链接，是员工主动流失的重要原因之一。通过员工的个人兴趣，将员工与同事、组织更紧密地联系在一起，使员工在提及个人爱好时条件反射式地联想到企业，同时丰富员工的业余文化生活，是超越公司运营线下兴趣社区的初衷。

截至目前，超越公司共成立了四大兴趣社群——舞蹈社、瑜伽社、篮球社、乒羽社，共有 100 余位员工参加社群的线下活动。各个社团由爱好者自行运营，企业为其提供资源支持，包括聘请教练讲师、开拓活动场地、建设硬件环境等，真正使员工与企业实现深层多向链接，提高企业黏性，对提高人效大有裨益。

三、超越公司企业人力资源策略整合实践效果

(一)公司业绩翻红

人力资本增值带动组织活力激发,组织活力提升带来组织效益翻红,超越公司的管理革新在公司领导的带领下,取得了阶段性的成果。

在专用业务方面,签单持续增长。承研12个关键项目,收入增长335%;打造专用领域首个自主分布式存储系统,实现国产高性能存储的历史性突破;加固笔记本广泛应用于专用多种应用场景,市场占有率全国第一;在建国70周年阅兵中,研发的10型计算装备被应用于6个作战方队,受到表彰。

在党政业务方面,全面推进国产化创新工程。从无到有研发并建立基于三大国产处理器的生态体系,自主可控产品率先在军队实现批量应用,并将军队的先进技术和领先优势推向党政领域,主导了13个省市、9个部委的国产化创新试点工程,市场占有率全国第一。

截至2019年底,超越公司已累计申请专利2108项,其中发明专利1502项(含国防专利10项),自主可控专利506项,位居整机厂商全国第一,牵头参与制定、修订国家军用标准4项,获国防科技进步奖、保密科技进步奖等近10项。

在构建国产化产业链,先后与山大、山师、龙芯、江南所、中标麒麟、军办某所、中创、中孚等20余家自主可控产业链上下游企业、信息安全厂商以及总部机关、科研院所签署战略合作协议,带动了山东省自主安全产业发展,实现百亿产值。

(二)业务流程便捷

在组织优化的基础上,公司的业务流程更加便捷通畅,改革以来共识别公司8大关键业务流程,识别422个需修订流程,识别95个新增流程,作废流程379个,截至目前,修订流程完成率100%,新增流程完成率100%,关键业务流程基于CRM和全新OA系统上线运行,客制产品需求评审流程、销售合同评审流程、投标评审流程、产品定价/特价流程等业务核心流程最长耗时由31天缩短至17天,从工具层面提高了人均效率。

(三)核心员工保留

为支撑公司业务快速发展,改革当年超越公司新增职员140人,同比增长

68.7%,211以上人员占比达54%;针对行业特点,引入15名高端人才,充实安全机要、大数据领域的专业人才,人员结构持续改善;强化综合考评在年度调薪、职级职务调整、股权激励等方面的应用,绩优人员年度调薪平均增幅13%;培训4233人次,人均61.3学时,课程开发数同比增长22%,以能力提升带动人效提升;鼓励研发人员深入钻研,提供技术晋升通道,聘任架构师19人;打造雇主文化,举办17场次专题活动,通过文化宣导,增强员工归属感。

在一系弹性管理政策影响下,员工年度满意度增长7.19%,绩优人员离职率同比下降9.8%,三年内新员工离职率同比下降17%。

(四)干部能上能下

超越公司强化"业绩导向",严格执行红黄牌考核制度,累计挂牌58人次,降职、免职、淘汰共计31人;加强年轻干部储备,35岁以下干部占比80%;通过干部九宫格盘点和干部竞聘,识别后备干部20人,建立关键岗位后备人才库,晋升、替换公司高管1人、中层管理者5人、基层管理者11人,真正实现了"干部能上能下"。

超越公司在人力资源改革的过程中,将理论与实践结合,以组织变革为切入点,以干部盘点和人才发展作为人力资本增值的主要促动方法,在严格维护绩效规则刚性权威的同时,完善薪酬战略牵引,通过文化建设着力提升员工满意度和幸福感,以柔性引导增强精神向心力,刚柔并济,以弹性人力资源管理改革促动人力资本增值,通过将活性人力资本输入组织改变军民融合科技企业僵硬现状,达到激发组织活力的目的。而今,超越公司以变应变,依然在路上。

成果创造人员:封桂荣　李　梦　刘　峰　曾令烨　朱　琦　王金凤

数字化转型与智能化服务篇

供应链数字化转型驱动下的物资质量管理

国网山东省电力公司潍坊供电公司

摘要：国网潍坊供电公司在现代（智慧）供应链建设工作推进过程中，聚焦采购设备质量提升重点工作，持续开展供应链数字化转型，在组织架构、管理流程、信息平台、技术应用等四方面进行整合、再造、提升。通过优化管理架构，打破业务、组织、系统及公司内外部隔离，统筹做好顶层设计。依托供应链创新技术，对业务流程进行优化、再造，将计划管理型转变为数字驱动型，流程管控由原来关键节点离散式管控转变为全链条连续式管控。搭建信息平台将流程固化到业务操作层，针对物资检测开展检测试验标准化、体系管理规范化、样品流转高效化、数据采集智能化“四化”管理。最后通过持续挖掘数据应用、改进升级硬件设施、开展数字化安全管控、建立运营分析机制等措施，质量监督管理精益化水平有了显著提升，采购设备质量管控能力显著增强，为“质量强网”建设提供了强有力的保障。

国网山东省电力公司潍坊供电公司（以下简称“潍坊公司”或“公司”）是山东省电力公司直属供电企业，担负着潍坊市 12 个县（市、区）的供电经营与管理任务。公司设置 14 个职能部门和 13 个业务支撑实施机构，现有 9 个县级供电公司，106 个供电所，用工总量 1.23 万人，服务全市客户 397 万户。潍坊市区位优势明显，是山东省西电东送枢纽、特高压重要承接地。截至 2020 年底，潍坊境内有 1000 千伏变电站 1 座、±800 千伏换流站 1 座、500 千伏变电站 7 座、220 千伏变电站 45 座、35 千伏～110 千伏变电站 321 座。2020 年，全市全社会用电量 643.04 亿千瓦时，全网最高负荷 1003.4 万千瓦；售电量 479.97 亿千瓦时，连续 9 年保持全省第一。公司先后获得全国一流供电企业、全国文明单位、全国五一劳动奖状、全国模范劳动关系和谐企业、国家电网公司文明单位标兵、国家电网公司先进集体等荣誉称号，多次被评为省公司先进单位、先进基层党委。

一、供应链数字化转型驱动下的物资质量管理背景

当前,供应链复杂程度正急剧增加,企业如何利用新技术解决管理瓶颈问题,实现供应链数字化转型至关重要。质量是电网发展的基石,在数字化转型进程中创新管控手段,不断提升采购设备质量,是供应链创新的关键。

(一)理顺供应链条,提高业务协同的需求

物资质量监督是电网企业设备质量管理的第一道关口,责任重大。但长期以来由于供应到货时间不可控因素多、现场需求变化大、物资检测力量薄弱等问题,物资质量监督长期并行于供应链主要业务链条,与仓储、配送业务关联度、配合度不高,导致工作衔接脱节,经常出现物资到货后长时间未下达抽检计划、抽检计划下达后因物资已安装使用无法抽检等问题,弱化了到货抽检阶段质量管控力度,影响物资高质量供应。因此需要在供应链数字化转型过程中,重构管理流程,利用数字化手段,促进业务协同配合,将物资抽检串入业务链,阻断不合格物资进入电网通道。

(二)实现业务升级,提升管理效率的需求

当前物联网技术突飞猛进,供应链数字化转型为管理效率的提升带来质的飞跃。在现有的工作模式中,检测数据采集仍以手工录入为主,业务处理仍主要采取线下模式,“数据多跑路,人员少跑腿”仍有很大提升空间。人的影响因素在整个质量监督环节仍占有很大比重,为管理带来了很大的困难和负担。为有效避免人员因素干扰,同时提高质量监督工作效率,需要对检测业务系统、检测设备、辅助设施等进行全方位升级改造,利用技术手段堵塞管理风险点,提高管理效率、效益。

(三)突破管理瓶颈,挖掘数据价值的需求

物资质量监督管理的一个关键要求是对到货物资实现种类、批次、供应商“三个百分百”全覆盖,长期以来各单位都在检测数量多而全上下功夫,质量好的与质量差的物资占用同样的检测资源,造成了检测资源利用效能不高的问题。同时,多年来物资抽检形成的海量数据因为技术手段不足未能有效利用,质量监督结果的作用主要还是对不合格产品的检出与惩罚,没有对生产阶段质量管控、

抽检计划制定等形成很好的指导作用。因此,迫切需要利用技术手段对质量监督数据进行分析挖掘,找出数据潜在价值,指导开展物资精准化抽检,提高检测资源利用效能。同时,对生产制造、安装调试、运行维护等阶段质量管理提供数据参考。

二、供应链数字化转型驱动下的物资质量管理主要做法

供应链数字化转型驱动下的物资质量管理主要从优化管理架构、再造业务流程、打造信息平台、推进技术升级四方面开展业务数字化转型,主要做法如图1所示。

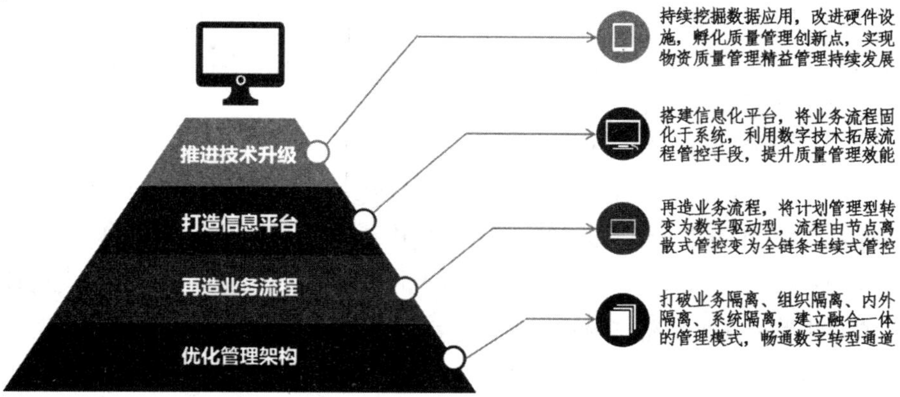

图1 供应链数字化转型驱动下的物资质量管理框架图

(一)优化物资质量管理架构,畅通数字化转型通道

1.打破业务隔离,实现"检储配"一体化运作

按照"就地抽检、检后入库、集中储备、按需配送"的原则,打破质量、仓储、配送业务界面,开展一体化运作。将原检测中心搬迁至物资仓库同址,升级建设潍坊"检储配"一体化基地。下发"检储配"一体化基地设立通知,明确人员岗位职责。将原有物资抽检与仓储、配送并行的管理模式,变为检、储、配串行模式。在该模式下,检测作业系统利用仓储管理系统实时获取到货数据,根据抽检策略,自动生成检测任务,取样、封样的全过程监控,检测完成结果将通过检测作业系统回传给仓储管理系统,仓储管理系统根据检测结果判定到货物资能否入库操作。实现了"先检后储、按需配送"。通过业务的整合,一是预留了物资抽检

时间,解决了因抽检物资现场已经安装无法取样问题;二是检测结果实现了即时闭环反馈,杜绝不合格物资入库,有效防止设备带病入网。

2.打破组织隔离,实施市县协同质量管控

统筹市县公司人、物资源,以市公司“检储配”一体化基地,辐射带动周边县公司,建立高效协同的质量管控机制,解决市公司缺人、县公司缺物的问题。在抽检计划制定方面,以市县全量物资为样本库,在其中随机抽取检测样品开展检测,保证了整体质量管控。在抽检取样方面,由于各县公司仓库位置分散,现场不具备远程监控条件,因此利用市县质量监督人员队伍,开展片区交叉异地取样,由市公司随机抽取异地监督对县公司现场取样环节全程记录,保证样品的真实性、随机性和代表性,规避取样环节风险。在质量问题处理方面,抽检发现不合格样品后,由市公司组织供应商进行问题确认并根据质量问题级别确定后续处理措施。对发生质量问题的供应商,要求其在市县全域范围内对同类产品进行全面排查、全面处理,保证问题治理成效。

3.打破内外隔离,开展检测中心对标管理

体系管理方面:对标 CNAS、CMA 检测实验室认证成果建设检测中心制度管理体系,编制质量手册、程序手册,完善检测中心管理制度,明确检测环境、检测设备、安全管理等各项要求。确定检测中心的组织架构,根据常用电网物资属性及检测能力设置线圈类、开关类、线缆类、材料类四个专业组,每个专业组设置专业主管,固定专业检测人员,实施班组化管理。中心设置授权签字人、质量负责人、技术负责人、综合管理人员,岗位职责全部在质量手册中明确,中心人员各司其职,为各项制度的落地及物资检测工作的高质量运转奠定基础。

检测管理方面:编制开展项目的作业指导书,明确检测作业流程步骤、使用的检测设备及安全注意事项。编制设备操作说明书及维修、保养、定检记录,保证检测使用设备处于良好状态。建立与省电科院及外部检测机构的数据比对机制。定期抽取检测过的样品,送至省电科院或外部检测机构进行复检,比对数据差异。对差异超出误差范围的,从检测试验环境、检测方法、试验流程、检测设备等方面查找检测过程存在的问题,对查找出的问题点严格按照程序控制文件进行更正。

人员培训方面:构建“外培+内培”相结合的人员培训机制。外培是将新入职的检测人员、负责新增项目检测人员分批安排到省级检测机构“以工代训”。外培培训周期长,以技能养成为目的,要求每名检测人员具备熟悉 4 类物资、精通 2 类物资检测的技能。内培是中心内部每周开展集中培训,主要学习质量管理体系、检测标准制度、安全管理要求等内容。内培时间灵活，培训内容侧重管理提升。每年根据中心人员技能水平及国网、省公司物资质量监督重点工作，制定全年培训方案，通过常态化培训为“检测过程规范、检测数据准确、检测结果可靠”目标的实现提供人力资源保障。

4.打破系统隔离，形成跨系统数据资源池

针对业务信息系统数量多、功能分散重叠，制约专业之间信息传递和高效沟通的现状，开展信息系统的汇集，利用供应链运营平台，汇集各业务数据，建立数据模型，开展跨业务协同。一是打通现有仓储WMS系统、质量抽检管理系统、物资调配系统的数据传输通道，实现业务数据资源共享，解决系统切换频繁、数据多次录入、信息不对称等问题，提高检、储、配业务工作效率。二是对检测、仓储、配送等设施开展物联网智能化改造，配合硬件升级改造现有信息系统，加快实物流、信息流在物资管理流程节点的传递速度。三是在信息系统中增加自主决策功能，将线下业务转移到线上自动处理，通过信息技术手段减少人为因素对检测管理的干扰。

（二）再造物资质量业务流程，绘制数字化转型蓝本

1.抽检计划由定期编制转变为即时生成

通过信息系统整合，检测业务能够即时获取实物到库信息，在此基础上变原有的按月制定抽检计划模式为到货后即时制定抽检计划，随机开展抽检。物资到货后，仓储人员维护到货信息，系统自动将到货信息推送至抽检管理系统。根据设定的抽检策略，抽检管理系统自动生成抽检计划，并推送给仓储人员、取样人员。仓储人员、取样人员根据抽检计划即时完成取样、送检。物资到货后即时生成抽检计划，解决了原有根据物资月度供应计划制定抽检计划模式下待抽检物资不能准时到货，抽检计划无法刚性执行问题。同时抽检计划即时生成、即时取样，减少了抽检信息泄露风险。物资到货、取样、送样过程全部视频监控，杜绝取样过程中人为因素干扰。检测中心收样检测后将检测结果回传至仓储系统，根据检测结果，判定是否入库。

2.抽检取样由本地实施转变为异地监督

对于不入“检储配”基地仓库的物资，通过市县一体异地取样机制管控。将市县共10家单位，按照地域划分为3个区域，区域内的单位配合开展交叉异地取样。抽检管理系统得到某批物资到货指令后，自动生成抽检计划，同时在该区域其他单位随机抽取一名监督人员。系统将抽检计划推送至样品所在单位仓

储、取样人员及抽取的取样监督人员。取样监督人员接到通知后，到样品所在单位监督取样、送样过程，避免发生取错样、取假样问题。通过实时下达抽检计划、异地交叉取样，实现物资到货 2 日内抽检样品送达检测中心。

3.检测过程由项目管理转变为工位管理

原有模式下检测设备分散化，检测过程根据样品的不同检测项目依次选择不同的检测人员、检测场地、检测设备，检测流程长，管理复杂。现以物资类别设置检测工位，在工位上配齐该类物资检测设备，并对检测设备进行集成化改造，实现一次接线、多项目检测。每个检测工位专人负责，收样后，检测中心工作负责人仅需安排调度检测工位，极大缩短了检测周期。同时实施工位化管理，为样品自动检测、数据自动采集打下了基础。通过对工位的数据接口改造，检测管理系统可以方便地对样品的各项检测数据直接读取。

4.检测数据由线下报送转变为线上直传

打通“检测设备→检测中心信息系统→国网公司数据中台”数据传输通道，将原线下编制报告、线下审批、手工录入模式，转变为自动生成报告、线上审批、一键直传，实现检测数据传输过程“不落地”。一是逐步对检测设备开展信息化改造，实现检测中心信息系统直接从检测设备读取数据，提高检测效率的同时减少人员因素的干扰。二是按照国网公司数据中台数据接入要求，改造检测中心信息系统，实现检测结果一键推送至国网数据中台，省去人工录入环节。三是按照国网平台对检测数据的要求，优化 30 类物资检测流程及原始记录、检测报告模板，提前开展检测人员系统应用培训，保障信息系统高效应用，确保检测数据真实、准确，传输过程“不落地”。

5.建立供应商问题约谈处理标准化流程

为解决在约谈供应商过程中处理问题效率不高、言语不规范造成供应商投诉，响应优化营商环境工作要求，编制《供应商问题约谈工作准则》，对供应商约谈工作进行标准化管理。以规范、严谨、高效为目标，从授权书管理、约谈场所管理、复检程序管理、填写单据管理四个方面优化流程。制定“四热四冷”原则开展模拟场景实操训练，即计划要热、控制要冷，组织要热、指挥要冷，氛围要热、程序要冷，服务要热、追责要冷，质量问题处理过程更加规范可靠。制定供应商服务忌语，杜绝在供应商约谈、供应商服务等沟通过程中出现歧视性、争议性语句。

6.建立物资抽检质量问题复检工作流程

在质量问题处理过程中，经常发生供应商对检测结论不认可问题。针对此类问题，建立供应商质量问题复检工作流程。在质量问题约谈处理时，如果供应商不认可检测结论,则进入复检工作流程。由供应商提出书面复检申请,由物资部组织,现场物资人员、检测人员、供应商人员、监督人员四方见证下开展复检工作。明确30类物资各检测项目具体的复检要求,复检需在原样品上复检,对破坏性检测项目不予复检。复检的全过程需录像留证。四方人员对复检结果签字确认,并作为最终结论开展后续质量问题处理及供应商处罚。如果复检结果与原结果不一致,由检测中心查明原因,出具书面的说明材料,开展问题整改。

(三)打造物资质量信息平台,驱动数字化转型提速

信息平台是物资质量管理数字化管理中枢,是整体业务的支撑平台。潍坊公司综合物资检测全流程业务,通过信息系统建设,开展质量检测"四化"管理,提高物资抽检效能,为物资质量监督工作提供坚实支撑。

1.质量检测平台建设思路

依托"检储配"基地硬件设施及业务流程改造成果,建立物资质量检测实验室信息管理一体化平台,它利用数字化手段集成了物资质量管理的业务流程及数据,紧密连接"人"与"物",有效拓展管理深度和精度。平台架构分为检测试验管理、实验室体系管理、样品流转管控、数据采集处理四个模块,在此基础上实施检测试验标准化、体系管理规范化、样品流转高效化、数据采集智能化"四化"管理,打造物资质量检测管理样板。

2.检测试验标准化

检测试验管理是承载物资质量检测的管理基础,该模块覆盖样品检测全过程,以检测标准化管理为目标,规范样品检测过程管理,确保检测结果准确、可靠。该模块主要从试验方案、试验项目、试验报告三方面实施标准化改造。

(1)试验方案方面:为统筹考虑抽检比率及抽检效能,根据试验项目难度及重要程度,将常用电网物资的检测试验分为A、B、C三个等级,要求每个样品检测项目至少要覆盖C级检测项目;另外,每一个供应商每年供应的每一类物资至少做两次B级项目、做一次A级项目。试验方案管理功能可以根据待检测样品的物资类别、检测级别在系统中分配相应的检测编号、检测工位、检测设备、检测人员、检测时间及样品流转路线。

(2)试验项目方面:对检测中心具备检测能力的试验项目全部纳入系统管理,涉及试验项目内容、检测条件、判定标准、仪器基本性能要求、具备检测能力的人员、试验记录表等,每一个检测项目都有一套标准化的实施模板,提高检测项目实施速度,避免过程偏差。

(3)试验报告方面:将开展检测的30类物资检测报告模板、检测项目标准值固化于信息系统,设置实测值数据规则,避免输入错误。同时嵌入审核、批准流程,加快审核速度。

3.数据采集智能化

数字化转型过程中,大量物联网、智能化设备广泛应用,在此情况下信息系统的数据采集、分析功能尤为重要。物资质量信息平台以智能化为目标,统筹规划各仓储、物流、检测设备间的数据传输、汇集及分析应用,主要具备数据采集与监控、数据交换、数据分析处理功能。

(1)数据采集与监控功能。统一、规范数据接口,自动化设备全面接入信息平台,可以通过信息平台实时获取自动化检测设备试验数据实体。同时利用二维码采集终端、监控设备可以对检测样品流转、检测任务执行情况及实验室环境进行监控。

(2)数据交换服务功能。信息平台对外连接仓储、配送业务系统,对内连接不同检测设备,通过数据交换服务,消除技术差异,开展不同服务之间的自动通信、信息整合和协作,实现"信息集成、上下贯通"。

(3)数据分析处理功能。提供专业的数据分析方式来可视化实验过程数据,以提高物资抽检工作效率。通过数据分析和挖掘工具能够把数据的工作流程、数据之间的关系清晰地展现出来,为实现精确的业务决策提供强大的支持。同时具备试验参数曲线查询功能,即对某个试验项目的试验数据横向或纵向对比分析,实现对试验数据的初步分析。

4.体系管理规范化

实验室管理体系是检测工作的基础条件,潍坊公司对标CNAS、CMA认证要求,依托信息平台,建立完善检测中心实验室管理体系。该模块能够实现实验室人(人员)、机(仪器)、料(样品、材料)、法(方法、质量)、环(环境、通讯)全面资源在线管理,是实验室信息管理系统主要业务功能实现的基础支撑。主要从以下方面开展规范化管理:一是对人员、检测设备、基础设施、检测标准文件等登记归档,实现基础数据管理规范;二是根据设定规则,进行人员资质证书有效期、检测设备定检有效期提醒,实现人员、设备管理规范;三是对实验室环境温度、湿度、能耗进行监控,实现环境管理规范;四是对检测方法、检测标准的修订进行线上审批,实现程序管理规范。

5.样品流转高效化

物资质量信息平台基于"检储配"一体化运作,抽检样品的流转速度是影响检测效率的重要因素。物流周转管控模块能够实现对样品实物在检测试验全流程中的状态监控,并能够配合 AGV 小车实现样品自动流转,是检测中心实物流的主要管控手段。检测中心的样品流转程序如图 2 所示。

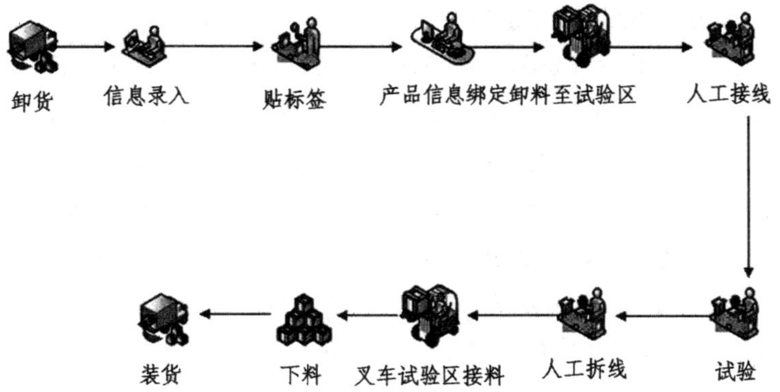

图 2　检测试验流程图

检测中心内部根据检测样品流转过程分别设置封样区、待检区、检测区、已检区、不合格区等功能区域。样品在检测中心从待检区至检测区至已检区的流转过程中,物流调度模块可以实现检测样品在检测中心流转控制和状态记录等功能。检测样品到达检测中心后,会由收样人员进行信息录入、封样,并生成专属二维码。手持终端通过扫描二维码,工作人员能够实时、准确地掌握被试品检测试验项目的进展情况以及各试验区的工作情况,有助于检测中心资源的合理分配,能有效提高质量检测效率。

(四)推进物资质量技术升级,深化数字化转型应用

1.“三清单”助力抽检策略优化

运用大数据技术,对近两年国网系统物资抽检发现质量问题进行数据分析,从供应商被通报次数、各类物资抽检发现问题数量、质量问题的试验项目三个维度进行数据挖掘。根据分析结果制定了问题供应商、问题物资种类、问题检测项目三个负面清单,精准锁定 80 家易发问题供应商、40 类频发质量问题物资、10 大类物资的 86 个不合格项目。“三清单”按季度进行更新,覆盖周期为两年,能够比较充分的反应当下采购物资质量状况。利用“三清单”,优化抽检策略,对在清单内的供应商实施到货前预警,到货后抽检全覆盖;对在清单内的物资种类,加大抽检频次,由每月抽检改为每周抽检;对在清单内的检测项目,具备检测能力的做到每件样品此项目必检,不具备检测能力的通过购置仪器设备、外委等

方式开展检测。“三清单”的使用提高了质量检测针对性，有效避免了物资设备“带病”入网。同时，“三清单”还可以作为现场施工、交接验收、运行维护的重要参考，为各专业提供高效的物资协同支撑。

2.升级改造一体化智能检测工位

按照检测工位化管理思路，对检测设备进行模块化一体式集成，将相近类型的不同类物资检测设备模块化集成在一个工位内。试验人员完成接线后，能够一键自动完成检测项目，信息系统自动读取检测数据，大幅提高了检测效率，解决了检测数量增加、检测周期缩短、检测质量提升的矛盾问题，极大节省了检测人力资源投入。通过一体化智能检测设备，可以实现检测数据直接上传管理平台，省去检测人员记录、出具报告、审核的环节，避免人为因素干扰，检测结果更加真实、可靠。同时配备半自动模式，实现一机多用，可以针对特殊的检测样品、外出现场检测等场景灵活应用。目前已经完成配变、开关类、避雷器和互感器的一体化智能改造。

3.开展新型检测设备研制

针对当前抽检过程复杂、难度大的物资创新检测手段，提高检测覆盖面。一是开展水泥杆无损检测设备研制。常规方法下，水泥杆检测需要将其运输至检测试验场地，对其进行破坏性试验，由于水泥杆运输复杂，导致检测周期长、成本高，制约了抽检数量。针对该问题开展无损检测装置研制，实现对水泥杆保护层厚度、钢筋骨架规格及尺寸进行无损检测，开展到货水泥杆质量“预筛检”，解决水泥杆检测难度大的问题。二是开展电缆自动化制样设备研制。电缆是电网建设使用量较高的物资，抽检数量多。线缆检测中试样制作是耗时长的环节，针对该问题，研制线缆样品制作机，采用流水线方式，将线缆样品放置到设备中，可以实现自动化剥皮、切割、制作切片试样和哑铃状试样，极大减轻了检测人员的劳动强度。

4.开展数字化安全监督管理

利用信息化平台的监控功能，开展数字化安全监督，对检测过程安全、检测中心消防安全、检测中心安保等安全管理模式优化提升。在安全监控方面：设置电子版安全围栏、门禁系统等安全设施，系统接入视频监控、安全门控、能源监控、人员定位等多路信息，监控各试验区的试验安全、人员安全、设备安全以及实验设施安全。在环境监控方面：监控各试验区域温湿度及大气压值，对检测中心的环境进行全面监控。在试验监控方面：实时监控各检测区域运行状况，通过数据接口实时查看各种检测工位运行情况、预警、告警信息，并利用声光及各种可视化方式进行展现,便于对检测工位运行状况、检测人员操作情况进行监控,及时发现并处理安全隐患和问题。

5.建立质量监督工作分析机制

建立物资质量月份分析机制,利用供应链运行中心数据支持,每月对物资质量监督工作开展专题分析,重点分析当前质量监督工作存在的困难、问题,监控一段期间内指标执行情况,辅助制定下一步质量监督工作策略。现已建立抽检计划覆盖率、各类物资抽检比率、检测能力需求等分析模型,通过这些数据分析模型,可以迅速、便捷地开展数据分析、挖掘,建立 PDCA 循环,指导质量监督工作。同时将数据分析模型固化至供应链运营平台,由定期分析变为实时监控预警,利用数字化数段,细化管控手段,加大管控深度,不断提升质量管控水平。

三、供应链数字化转型驱动下的物资质量管理效果

(一)“检储配”一体运行,业务协同更高效

检储配一体化基地建成后,一方面根据国网公司物资检测能力建设导则,不断增加检测设备,拓展物资抽检种类和抽检项目,检测能力大幅增加。另一方面不断完善抽检、仓储、配送业务间的配合、衔接流程,业务协同处理能力不断提升。2020 年底,经国网公司验收组现场评估,潍坊“检储配”基地已经具备 8 类 B 级、22 类 C 级物资检测能力,实现了对常见 30 类物资的全覆盖抽检,在检测时做到应检必检,样品检测无漏项,充分把好物资检测质量关。基地的检测能力、信息化建设、一体化运作、价值提升等方面整体水平获评“先进”等级,为下一步物资质量监督工作打下坚实基础。

(二)平台数据一体贯通,管理效率再提速

仓储作业系统、抽检管理系统、物资调配系统等业务系统数据实现一体贯通,各流程节点信息即时传递至下一环节,有效解决信息差造成的管理效率瓶颈。通过数字转型,物资检测效能不断提升,中心的检测承载力也不断增加。2021 年物资抽检平均取样、送样周期为 1.24 天,是 2020 年平均时长的 1/7。样品检测周期由 2020 年的平均 7.32 天,缩短至目前平均 4.03 天。月平均检测量由 135 件提升至 199 件。检测结果准确性有了可靠保障,运行一年来未出现复检结论与初检不一致问题。

（三）全网信息一体应用，数据价值显成效

利用大数据手段，建立起全网抽检质量问题分析模型，定期更新两年内国网公司通报的供应商抽检质量问题，分析得出容易发生质量问题的物资种类、供应商及对应的检测项目，以此动态优化抽检策略，提高质量监督精益化管理水平。针对质量问题多发的金具、水泥杆、变压器、电力电缆等物资开展多次专项抽检，对问题供应商的严肃处理，及后续重点抽检，在供应商方面形成有力震慑，各类物资抽检合格率提升 2.5%。

成果创造人员：王晓辉　王晓彤　高经国　张　峰　张秀华　张红涛　郑代花

基于类神经网络架构的用户体验度量体系的构建与实践

国网泰安供电公司

摘要：公司围绕数字化应用全生命周期运营，基于类神经网络架构，构建"一个中心、两个转变、三个建设、四个提升"的用户体验度量体系，打造精益服务，赋能基层管理，着力推进从系统开发者向用户体验服务者转变、从信息化管理向数字化运营转变，开展用户体验度量模型、评价方法、度量平台、体验生态建设，全面提升用户体验管控、用户工作效率、系统满意度、品牌感知度。

国网山东省电力公司泰安供电公司(以下简称"泰安公司"或"公司")始建于1973年，下辖11个职能部室、8个业务支撑和实施机构，6个集体企业及新泰、肥城、宁阳、东平4个县公司，管理基层供电所86个，其中直供区27个，县公司59个。公司担负着为全市560余万人口、228.8万户客户及7762平方公里的安全供用电任务。市公司现有全民职工921人、县公司3199人。泰安电网以220千伏为主网架，网内有500千伏变电站3座，220千伏变电站22座，市、县公司所属35千伏及以上变电站161座，变电总容量15559兆千伏安；35千伏及以上输电线路498条，线路长度5156公里；10千伏配电线路910条，线路长度11175.公里；2020年，全市全社会用电量204.72亿千瓦时，公司售电量166.22亿千瓦时，截至2021年7月13日，公司实现连续安全生产8337天。

一、基于类神经网络架构的用户体验度量体系的构建与实践背景

公司结合业务特性和信息化建设现状，转变数字化发展思路与理念，梳理公司在数字化用户体验管控方面存在的问题，在落实上下功，突出系统实用实效导

向，推进用户体验建设，推动用户体验模式从传统的“被动响应式”向“主动赋能式”转变，支撑用户体验度量智能化、标准化落地应用。

(一)电网数字化转型的内在驱动

国民经济和社会发展十四五规划和2035年远景目标纲要提出，要加快数字化发展，推进数字产业化和产业数字化转型，建设数字中国。国网公司明确具有中国特色国际领先的能源互联网企业战略目标，提出“一业为主、四翼齐飞、全要素发力”发展布局，为公司数字化转型指明了方向、明确了目标。紧扣山东省“建设数字山东”战略，推进数字化转型新征程，信息支撑体系作为能源互联网建设的神经中枢，互联网专业需要加快数字化建设，提升技术中台、数字化应用服务能力。泰安公司积极把握“数字化转型”战略新机遇，立足电网发展的热点、痛点、难点，积极推进信息技术与业务的融合，打造数字化特色实践。为促进信息系统优化提升、助力公司数字化转型，率先探索数字化能力建设、运营模式升级，构建先进的用户体验度量体系，以度量驱动创新，不断提升平台支撑的“深度、准度和效度”。

(二)公司信息化发展的迫切需要

“十三五”期间，公司加快数字化应用建设，已基本建成覆盖人财物等企业核心资源和电网规划、建设、运维、营销、调度等主营业务的数字化应用，为数字化转型奠定了坚实基础。随着信息系统的不断建设，重建设轻运营的问题也逐渐凸显，立项阶段需求调研不彻底，信息系统主要还是依靠专业统建统管，仅在立项阶段需求调研时调研部分基层用户需求，未开展全面、多维度的用户需求调研，服务基层作业需求不足。建设阶段用户参与不及时，系统建设开发与试运行时，缺少基层用户参与，需求反馈与响应不及时，导致应用功能与基层测验脱节，作业流程不连通、支撑现场作业能力有待提升。深化应用阶段未形成行之有效的反馈提升体系，应用过程中存在评价机制不完善、用户问题响应慢、部分系统性能差稳定性等问题，无法精准洞悉用户需求痛点、及时快速解决问题，部分业务系统流程烦琐、业务功能重复等，一定程度上加大了基层一线用户负担，削弱了用户体验感。在公司信息化建设过程中缺乏完善的用户体验度量体系，深入用户内心，发掘用户的根本需求，让技术满足用户而非用户适应技术。

（三）用户体验智能化落地的重大实践

用户体验度量作为有效衡量产品用户体验的工具，随着体验设计逐渐走向深耕，用户体验在国内外互联网行业得到了广泛应用。国外方面，Google 于 2010 年提出了以用户为中心的网页应用度量体系-HEART 度量模型，设定愉悦度、参与度、接受度、留存率、任务完成率五项指标，作为一套完善的用户体验设计成果评估标准被国内外相继引用来提升用户体验，打造更好的产品。国内方面，以体验科技助力业务增长为愿景，支付宝 UED 团队构建的 PTECH 模型，将定性与定量分析相结合，让产品体验可量化、可优化、可监控。阿里云设计中心提出了云产品使用体验度量系统 UES，提供了一套方法论与可运行的体系，并将 UES 加入产品商业化发布流程，推动阿里云的快速迭代升级。国网系统方面，公司持续开展信息系统深化应用工作，深挖系统功能、用户体验、应用成效等方面问题和薄弱点，但缺少一套全面的、灵活有效的用户体验管控体系，多方连接研发、运维、用户等。泰安公司探索构建基于类神经网络模型的用户体验度量体系，做到细化模型、精准评价、智能体验、智慧赋能、价值共创，使信息系统用户体验数字化、可视化、可操作化，提升电网整体的用户体验水平，填补了电力行业用户体验度量评价的空白。

二、基于类神经网络架构的用户体验度量体系的构建与实践做法

（一）构建用户体验度量模型，推动用户体验从“抽象”到“具象”

1.开展用户体验度量研究

国际标准化组织 ISO 对于用户体验的定义是“个人对产品、系统或服务的使用和/或预期使用所产生的感知和反应”，并提出了三条注释解释了三个用户体验的特性：动态性、综合性、可用性。管理学大师彼得·德鲁克说过：如果你无法度量它，你就无法改进它。用户体验度量是通过一套可靠的测量体系量化体验的过程，阿里、腾讯等先进的互联网公司多年的用户体验实践证明了用户体验的重要性和价值体现。泰安公司坚持问题导向、需求导向、目标导向、基层导向，试点引入用户体验度量理念，将用户体验贯穿到数字化建设全生命周期，构建具有国网业务特点的用户体验度量体系。参考国内外行业度量模型，结合国网公司业务特性和产品形态，制定深度结合业务的度量框架，充分考虑用户对信息系统“易用性”“简约化”“标准性”等主要体验指标的关切，研究适用于国网数字化产

品的用户体验度量模型。

2.确定用户体验度量维度

用户体验度量体系实践路径是以用户最优体验为中心，对体验的目标进行度量，明确体验问题定位，并持续跟踪用户体验。以用户最优体验为核心，聚焦系统设计、易用性、操作可用性、稳定性开展体验度量指标设计，邀请百度、腾讯等外部专家开展指标模型研讨2次，基于主观和客观的模型建构，制定一致性、易用性、任务体验、性能体验4个维度18项53个指标点，持续提升用户数字化产品使用体验，实现系统衡量评估“指标化”。

一致性用于规范系统原型、交互设计，考量数字化产品呈现给用户的状态与设计规范的匹配程度，视觉呈现、交互框架、核心交互模式等是否符合用户的使用行为习惯，涵盖系统框架、界面风格、场景组件3类9项度量指标。

易用性是数字化产品在用户使用时，被理解、学习、使用和吸引用户的能力，是度量模型的核心特性，与用户的操作效率和任务完成率密切相关，涵盖易操作性、易学性和易见性3类14项度量指标。

任务体验是度量系统的操作可用性，从数字化产品核心功能被用户的使用程度、系统内某一或某些流程的完成度和完成时间综合考量，涵盖崩溃率、操作可用性、平均使用时长、使用率、请求错误率5类15项度量指标。

性能体验是量化数字化产品性能的指标。国网系统的数字化产品往往是承载着专业内多个业务逻辑和场景，从用户关切的打开页面体感时间入手，综合打开页面的加载时间、点击操作的响应时间、操作的流畅度分析数字化产品的操作效能。针对桌面端与移动端的架构特征，桌面端制定涵盖HTTP加载、页面渲染、白屏、首屏、IS错误率、慢页面、页面可交互时间7类12项度量指标，移动端制定涵盖请求响应时间、慢请求次数、成功请求次数、错误请求次数、启动次数、页面可交互时间、首屏7类15项度量指标。

3.优化用户体验度量模型

针对基层用户对信息系统的体验满意度进行调研，确定四类维度之间的关系和其所对应的维度对用户体验的影响度，如用户希望信息系统简洁，一致性度量了用户的感官体验，易用性影响用户进行业务流程操作的完成度和效率，对用户体验度量结果的载荷度较高。每个度量点的结果作为因子影响总体用户体验结果，为了保证用户体验模型建立的精确度，我们创新引入了神经网络来确定和优化模型。

综合分析用户体验度量体系以及神经网络各组成要素的特点，首次将神经网络的架构分析引入用户体验度量体系中。依据用户体验度量体系中四个维度指标项之间的关系，将神经网络的层次确定为四层，并逐个用户体验度量体系与神经网络中各层次节点及要素的对应关系，形成可量化、可分解、可比较、可评价的度量基准（见表1）。

表1　用户体验度量体系与神经网络的对应关系

神经网络组成要素	用户体验度量指标要素	对应数据实际含义
输入层	用户体验60个度量点	60个度量点的完成度
第一层隐藏层	用户体验度量18项指标项	18项度量指标的完成度
第二层隐藏层	用户体验度量4大维度	用户体验主观、客观维度度量完成度
输出层	用户体验度量结果	系统用户体验度量完成度
输入层与第一层隐藏层间的权重	用户体验度量点在对应度量指标项中的占比	60个度量点对度量指标项的支撑度
第一层隐藏层与第二层隐藏层间的权重	用户体验18项度量指标项在对应度量维度中的占比	18项度量指标项对4个度量维度的支撑度
第二层隐藏层与输出层间的权重	用户体验4个度量维度在用户体验度量总分项中的占比	4个度量维度对系统用户体验度的支撑度

（二）构建动态指标评价方法，促进用户体验评价从“玄学”到“科学”

通过引入神经网络优化用户体验度量模型，研究分析每个维度对度量结果的影响量，确定每个维度的总体载荷，探索设计基于数字化度量、体现多角度分析、强调客观评估的度量指标评价方法，确保度量结果的完整性、规范性、准确率、可用率。

1.“两个度”确保指标评价的深度

在用户体验度量模型中包含两个“度”，完成度体现了对于度量系统每项度量点的度量结果，确保用户体验度量的完整性，支撑度体现了层级度量对下一层级度量结果的影响权重，确保体验度量结果的准确性。用户体验度量指标的完成度、用户体验维度的支撑度确保用户体验评价体系的深度。

2.四维度确保指标评价的广度

一系统一方案地制定用户体验度量实践计划，针对系统特性制确定四个维度度量方案。

一致性体验度量规范系统设计、交互，提升用户使用系统时的感官体验。针对系统的框架制定一致性度量用例，应用李克特量表设计一致性规范检查，由度量专家开展一致性度量。

易用性体验度量评价系统内各功能模块的操作烦琐度下降，易用性提升，可以促进操作效率和任务完成率的提升，降低学习成本，提升用户体验和满意度。针对每套系统业务流程，选取一线用户，通过问卷调查应用、I 国网问卷多种途径开展了用户体验调研，同时对专业专家开展应用座谈，通过多维度、深层次挖掘用户体验问题。优化数据计算机制，增加数据清洗环节，增加用户评测问卷验证可靠性验证，提高数据分析的信度与结果的效度。

任务体验、性能体验度量通过系统线上开展。首先通过性能测试工具初步测试应用耗费的性能，模拟用户点击每步操作，监测 CPU、FPS 指标波动情况。开发 UEM 用户体验监测工具，实时采集性能、任务各项数据，综合打开网页的加载速度、点击操作的响应速度、操作的可用性三个方面综合检测分析系统的操作效能（见图 1）。

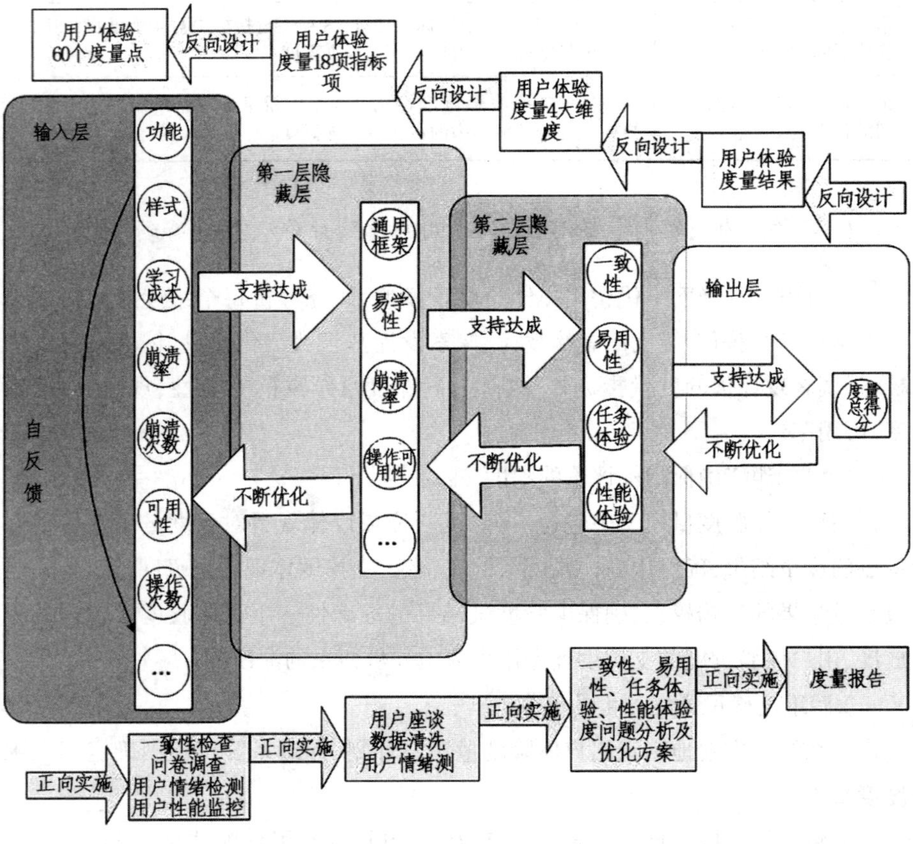

图 1　类神经网络的用户体验度量实践

(三)构建智能体验度量平台,支撑用户体验管控从“碎片”到“完整”

1.顶层设计,规划用户体验度量平台

围绕类神经网络架构的用户体验度量体系建设,按照“体验聚合、智能响应、敏捷交付、价值共创”的思路,建设“一个平台”,深化数字化建设全过程、基层用户体验感“两个服务”,促进用户体验管理、系统精准建设、基层员工体验获得感“三个提升”,支撑用户体验体系高质量、高弹性落地实践(见图1)。

平台采用微服务微应用基础开发框架(MMF框架)开发,前端业务微应用使用VUE+Element UI,后端微服务使用SpringBoot。应用大数据、人工智能等技术,建设内容包括用户体验团队建设、度量实践管理、度量能力建设、运营支撑四大功能模块,实现用户体验度量三个“可视化”。度量过程可视化,将专家招募、度量准备、制定度量计划、度量实施、结果输出等环节统一管理,实现系统度量全环节、全维度在线监测;度量得分可视化,将一致性、易用性、任务体验、性能体验四维度指标评价按照类神经网络架构算法模型化,实现度量得分的自适应计算分析;系统用户体验可视化,展示度量系统四大维度及度量指标的过程值、改进值、目标值,直观展现系统用户体验问题和优化改进,实现指标可视化图表、动态体验管理等动态精益化管控(见图2)。

2.技术驱动,强化体验度量能力建设

立足高效、智能开展体验度量工作,结合数字化应用使用体验质量的方法和行动框架,以价值作用和实用实效为导向,通过大数据等手段调研用户的真实诉求,研发用户体验智能监测工具集,提升信息系统实用性和适用性,实现用户与科技创新的“共生发展”。

创新集成开源设计工具。引入用户体验设计师的专业经验,制定整体样式设计、交互框架等基线标准,并将经验标准固化到该工具中。通过设计工具对系统的高保真设计度进行一键标注,快速直观地呈现出系统界面字体大小间距、样式设计间距、功能菜单对称、色调等信息,准确识别出系统一致性方面存在的问题,综合度量专家一致性走查结果综合加权,最大程度降低度量专家们的主观影响,实现主观维度客观量化,确保一致性度量的准确性。

研发人工智能情绪监测算法。建立面向用户体验度量的人脸表情分析模型,使用深度学习技术实现人脸的自动注册、自动跟踪和表情分析。使用机器学习技术,建立用户表情池、表情等级划分、趋势判断等分析模型,实现自动分析用户当前表情以及短期内表情变化趋势,提高用户体验度量的数据多源性和自动化水平。在用户体验度量中心开展用户调研和座谈时增加用户情绪捕捉，综合情绪分析结果、对调研、座谈结果进行多维交叉、深入分析，提高用户座谈的信度和效度。

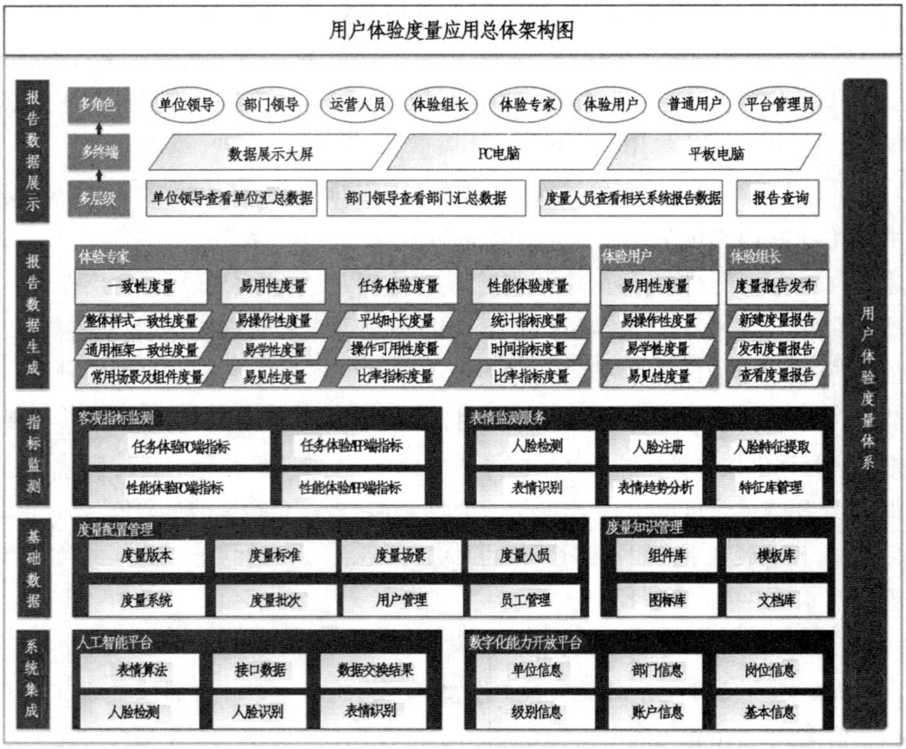

图 2　用户体验度量平台总体架构

开发 UEM 用户体验监测工具，结合体验度量的方法和行动框架，自动采集评测任务、性能维度等指标。从用户关切的打开界面的体感时间入手，重点关注网络性能、服务响应等各项指标，网络分析方面，重点监测请求次数、请求响应时间、错误率、传输速率等，服务响应方面，监测应用启动、页面交互、操作流畅性等，综合打开网页的加载速度、点击操作的响应速度、操作的可用性三个方面综合分析系统的操作效能。

（四）培育用户体验生态，推动用户体验度量从“理论”到“实践”

以用户为中心、以服务为导向，建立涵盖系统建设单位、运营团队、度量专家、基层用户共同参与的用户体验度量机制，增强基层员工作为信息系统使用者的参与感，打造用户体验运营生态，以信息系统管理与运营流程数据作为量化分析、智能研判的基本载体,推进信息系统的资源最优配置、业务高效协同,推动信息系统最优运营。

1.规范“体验五同步”,明确度量实施路径

通过对数字化项目建设全过程的分析研究,首次将用户体验管控融入系统建设全生命周期管理,制定“体验五同步”,即“需求分析—概设评审—上线测试—验收—后评估”五个环节同步开展用户体验度量,为系统建设单位、运维单位、运营团队提供一套系统化的体验度量路径,支撑规范化、规模化开展用户体验度量工作(见图3)。

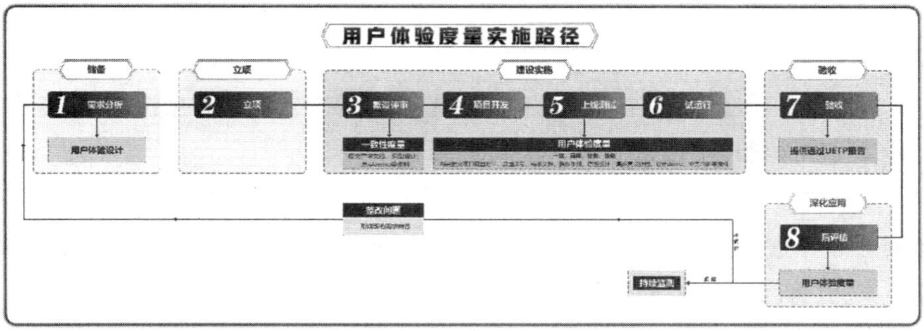

图3 用户体验度量实施路径

需求分析阶段是对系统建设必要性、建设内容进行评审,项目建设内容中需要同步补充系统可用性、易用性、性能等相关建设内容,作为后续用户体验度量指标评价的依据。

概设评审阶段是对系统原型设计进行评审,建设单位提交系统原型设计、高保真设计图,度量团队同步开展一致性维度的体验度量。

上线测试阶段是对系统进行安全性、功能性等第三方测试,建设单位需要提交度量系统登录环境、测试账号、可研报告、用户手册等系统建设相关材料,度量团队针对系统的功能特性同步实施一致性、易用性、任务体验、性能体验全维度的用户体验度量,详细客观地评测出系统体验问题及优化方案,最后对度量结果形成度量(UETP)报告。

系统试运行三个月后,项目建设单位需要出具UETP报告,度量得分7.0分,作为验收材料之一申请项目验收,严把上线关卡,确保上线即好用。

按照数字化项目建设流程,需要持续跟踪系统使用情况开展后评估,结合信息系统深化应用工作持续开展用户体验度量,坚持以用户为中心围绕原型设计、可用性、操作效能等持续强化用户体验管控,制定优化方案,不断提升系统的实

用性、易用性，度量结果作为系统下线、项目评价、问题转需求储备的依据，推进系统应用迭代，实现整体上线向聚焦核心、迭代完善转变。

2.建立“精益五步法”，明确度量实践流程

制定“精益五步法”体验度量标准工作流程，即“专家招募—度量准备—制定计划—执行度量—分析结果”，以度量促提升。

专家招募阶段，每期系统用户体验度量实践抽选3名度量专家、3名业务专家组成该系统度量小组，专家以领取工作任务单形式参与度量实践工作。

度量准备阶段，度量小组首先审核项目单位提交的项目建设相关材料，调研系统建设内容和体验度量需求，明确度量实践工作内容，在度量中心部署度量环境。

制定计划阶段，度量小组针对系统功能特性制定一致性、易用性、任务体验、性能体验四个维度的度量方案。

执行度量阶段，度量专家通过组织招募一线用户座谈、用例测试、用户体验监测工具自动采集客观指标等开展度量，详细客观地评测出系统体验问题及优化方案，并将问题反馈给项目建设单位。

分析结果阶段，度量小组对最后对度量结果形成度量报告，度量通过的系统会在深化应用阶段持续开展度量实践，对于首次度量未通过的系统，会根据建设单位问题整改进度组织第二轮度量工作。

3.开通体验反馈“双通道”，推进系统迭代完善

建立用户体验反馈专项通道，在用户体验度量平台、数字化能力开放平台中设置用户反馈双入口，积极引导用户进行主动反馈，深度掌握、分析问题及需求，实现快速响应。以“提升用户体验，增强系统实效”为目标，聚焦系统功能、用户体验等方面的问题和薄弱点，深度分析系统功能、好不好用、用户体验如何等问题；深度研究基层一线要什么、系统缺什么等短板；重点聚焦用户提出的影响面大、回报率高、受众群广的迫切实际需求与优化建议，精准发力，推动基层用户系统问题与需求“件件回复、敏捷响应、随需迭代”，实现系统体验问题和用户需求闭环处理，切实提升系统实用化水平与用户获得感。

4.打造应用研发“生态圈”，加强度量结果应用

结合国网公司一体化研发仿真平台建设，打造需求—研发—应用一体化“生态圈”。统筹分析原型设计、研发、运行等阶段生态，选取业务专家参与易用性度量，构建系统建设一站式服务，建立“用户体验改进计划”和“用户体验反馈机制”，加强用户体验闭环管理，以服务形态推进公司信息系统用户体验规范建

设。结合信息系统深化应用,定期开展运行系统用户体验度量,制定优化方案,不断提升系统的实用性、易用性,推进系统应用迭代,实现整体上线向聚焦核心、迭代完善转变。

(五)总结典型用户体验经验,助力用户体验标准从“摸索”到“规范”

总结固化管理经验,重点围绕标准规范、人才队伍、评价改进方面打造并转化工作成果,形成管理闭环,推动用户体验度量体系可复制、可借鉴、可推广,持续推进用户体验管控水平不断提升。

1.建立度量标准

聚焦数字化产品用户体验设计、度量全环节,编制完善相关制度标准,将建设成果进行固化。编制《国网山东省电力公司移动应用用户体验设计规范》,统一移动应用页面呈现、交互设计标准,为移动端应用开发提供统一的设计标准和框架;编制《国网山东省电力公司信息系统用户体验度量规范》,统一用户体验一致性、易用性、任务体验、性能体验等技术标准,为全维度用户体验管控、数字化产品建设应用提供统一的技术标准和框架。结合数字化项目建设管理流程规范用户体验管理行动准则,支撑用户体验管理规范化、标准化发展。

2.强化队伍建设

基于用户体验度量需求,整合用户体验软硬件培训资源,开展专业人才队伍建设,夯实人才基础,激发人才活力。联合鲁软科技、电科院、地市公司成立省级用户体验度量柔性团队,开展专题培训和现场经验交流,持续提升人员的专业素质和业务能力。提高用研能力,与百度、新华三开展合作交流,邀请用户体验专家开展体验管理、体验设计等特色讲座,培养前沿理论与业务实践相融合的实用型人才,提高团队用户体验思维、素质和能力,建立分层级、分专业的度量团队。

全省范围内招募用户体验度量专家和业务专家,按照“申报推荐资格审查评审公示”的流程开展专家选拔工作,形成度量专家库。度量专家主要依托省市两级数字化运营团队选拔,业务专家针对营销、设备、安监、信通等9类专业,选拔有系统建设、业务应用推广、技术攻关等相关经验的基层业务骨干。

3.构建用户体验智库

沉淀用户体验经验成果,构建集成公共组件库、模板库、图标库、典型案例库的用户体验智库。引进阿里、腾讯等互联网公司先进的设计交互工具,结合国网公司的业务框架,制定桌面端、移动端用户体验设计基线,发布公共组件、工具集、图标集,提高系统设计及开发人员的开发效能,使系统模块的可集成性、稳定性和可延续性更高，促进资源共享、技术迭代、服务升级，使用户体验技术更可持续、更有价值。

4.建立评价改进机制

用户体验度量体系是动态的、可持续、可实践的可靠性体系，通过有量化的评测结论佐证与指引，结合明确的行动目标、清晰的行动路径，建立体验度量体系动态提升计划，在用户体验度量实践中完善提升，打造业务用户、技术人员、运营人员多方参与的交流圈，构建敏捷、高效的信息系统运营管理模式，聚合体验数据，闭环体验问题，优化体验管理，强化用户行为主动分析，动态优化用户体验度量体系及评价标准，持续提升用户获得感、认同感、愉悦感。

三、基于类神经网络架构的用户体验度量体系的构建与实践效果

全面贯彻公司数字化转型新战略和新要求，创新探索用户体验度量工作视角和方式方法，持续完善用户体验度量模型、技术手段和运营机制，现阶段已完成了创模型、搭平台、建机制、运营提升的阶段性任务，用户体验的作用得到充分发挥，正趋于实现管理三创新、度量三转变、运营三提升。

（一）构建用户体验长效机制，实现了"三个创新"

国网系统内首创用户体验度量体系。填补了电力行业用户体验度量评价的空白，加强了数字化应用用户体验管控，提升电网整体的用户体验水平，形成了安全高效的数字运营生态。应用体系开展了供电所综合业务数字化平台等7套系统的用户体验度量实践，多维度、深层次地发现和改进用户体验问题158项，提出了涵盖6大类158个提升点的优化方案，督查系统建设单位进行整改完善，优化了内网移动门户应用交互、i配网缺陷工单录入操作性等问题89项，系统评分平均度量得分提高1.2分，切实提高了系统的实用性、易用性。

创新类神经网络的用户体验度量模型。基于类神经网络自身所具有的自学习和自适应特性，以用户体验四个维度度量反馈为核心切入点，将获取的主客观数据进行清洗后作为模型的输入样本，不断提高用户体验度量结果的合理性、客观性、准确性。度量模型弥补了传统的度量模型分解不彻底、评价不全面、量化不精准的不足，形成可量化、可分解、可比较、可评价的度量模型。应用此模型对内网移动门户等7个信息系统及应用进行度量实践，为系统体验建设提供了可

靠的数据和改进方案。

创新用户体验管控机制。结合数字化建设全过程制定用户体验实施路径，规范需求评审、建设实施、上线测试、验收、后评估等项目各环节的用户体验度量实践工作流程。用户参与系统全过程的功能测试并反馈，打通了用户与研发的桥梁，针对用户体验问题进行实时的跟踪与修复，实现了用户体验从洞察到闭环，解决了供电所综合业务数字化平台工单维护、i 配网巡视工单填报等基层用户体验问题 69 项，切实提升了用户的体验感、愉悦感、获得感。

（二）首创体验度量体系，实现了“三个转变”

实现从“独立作战”到“协同作战”的转变。创新用户“体验+监测”度量方法，改变原有的用户独自、单向、无反馈的体验模式，由度量专家和基层用户共同参与，动态优化用户体验度量体系及评价标准，培育人人都是用户体验官的良好氛围，持续提升用户获得感、认同感、愉悦感。

实现从“主观体验”到“客观量化”的转变。引入业界主流的设计工具，改变原有主观、感性、难以量化的体验模式，形成了“一致性、易用性、任务体验、性能体验”4 维度、18 项 53 个指标点的度量模型，同时在基层用户的访谈中创新引入情绪分析，应用类神经网络评价多维度量化得分，度量精度由 64% 提升至 92%，实现了精准度量。

实现了从“人工作业”到“智能体验”的转变。应用大数据、云计算等新技术，开发 UEM 用户体验智能监测工具，自动化采集评测任务、性能维度等指标数据，综合打开应用的加载速度、用户点击操作的响应速度和操作的可用性三方面监测分析系统的操作效能，实现了问题代码级定位，监测效率提升了 80%，信息系统用户体验数字化、可视化、智能化成为现实。

（三）打造体验文化生态，实现了“三个提升”

提升了基层员工工作效率。打造业务用户、技术人员、运营人员多方参与的交流圈，建立“用户体验改进计划”和“用户体验反馈机制”，以服务形态推进用户体验规范建设，有效提升了基层员工工作效率。经调研，与 2020 年相比，系统操作时间由平均 1.6 小时下降至 0.8 小时，操作步骤由 8 步减少至 5 步，工作效率同比增长 32%。

提升了系统建设精益化水平。将信息系统用户体验度量体系融入数字化项目建设全过程管控，规范公司信息系统需求管理、设计管理和功能管理工作，结合基层一线作业痛点、堵点精准建设，提高信息系统项目建设实用化、易用化水平，有效避免了系统的重复建设，实现了电网数字化项目精准投资，降低了管理成本。应用此体系对光储充实时监控平台等3套系统进行了上线度量，2套系统度量平台7.0以上达到上线标准转上线运行，提升了数字化项目管理细度与效益。

提升了国网品牌可识别度和统一感知度。通过持续用户体验管控，打造了内网微信、掌上信通2个精品应用，形成了“度量精准、服务精细、应用精品”的国网公司用户体验度量品牌，全面提高了信息系统的实用化、易用化水平，提高了对外展示友好度，提升了服务品质，助力了公司的数字化转型战略。

成果创造人员：杜慧珺　刘　晗　张　营　石鑫磊　薛念明　雷现惠　朱　龙

高速公路企业财务数字化转型为导向的财务共享中心的建设与运营

山东高速股份有限公司

摘要：山东高速股份有限公司为深入贯彻落实习近平总书记关于深化国企改革的重要批示精神，认真落实国务院关于财务信息化建设和财务共享中心建设、国资委关于加快推进国有企业数字化转型工作的决策部署，紧紧围绕省国资委财务共享中心试点工作指导意见，根据山东高速集团规划指引提出的“多主业并联”的“高速模式”的建设要求、“整体规划、分步实施、逐渐完善”的工作思路、“一主多分过渡，多分聚合归一”的建设路径开展财务共享中心建设工作。建设目标是打造山东高速集团交通运营行业分中心，创国内同行业财务共享中心精品，推动公司财务管理模式向“战略财务引领、共享财务服务、业务财务支持、智能财务增效”转型。

山东高速股份有限公司（以下简称“山东高速”）成立于 1999 年，由山东高速集团有限公司控股；2002 年 3 月，在上海证券交易所上市，注册资本 48.11 亿元。公司主要从事交通基础设施的运营与建设，以及高速公路产业链、价值链上相关行业、金融、环保等领域的股权投资。2020 年，公司实现营业收入 113.65 亿元，实现归母净利润 20.39 亿元；截至 2020 年年底，公司总资产 929.17 亿元，归母净资产 314.51 亿元。

目前，山东高速运营管理路桥总里程 2587 公里，其中所辖自有路桥资产里程 1314 公里，受托管理山东高速集团所属的路桥资产里程 1273 公里。山东高速自成立以来，在运营管理、主业拓展、资本市场、全面质量管理等方面取得了骄人的成绩。先后入选上证 180 指数、沪深 300 指数、上证公司治理指数和红利指数，荣获中国上市公司百强企业奖，中国卓越 IR 信披奖；全国质量奖、全国质量奖卓越项目奖、全国工人先锋号、全国先进基层党组织、全国巾帼文明岗、全国交通建设系统"工人先锋号"等荣誉称号或奖励。

一、高速公路企业财务数字化转型为导向的财务共享中心的建设与运营背景

(一)适应国家加速数字化转型新形势的要求

21世纪以来,全球科技创新进入密集活跃期,从自动化加速走向智能化、网络化、数字化,"大智移云物区"带动新技术、新业态、新模式大规模涌现,深刻影响着全球产业生态格局、科技创新版图和经济社会走向。数字技术已成为会计转型升级的关键驱动力量,甚至会引起会计行业历史性变革。科技革命驱动业务模式转变对财务管理模式提出新的更高要求,灵活高效的财务管理和服务能力亟待提升,财务数字化转型迫在眉睫。

党的十九大以来,习近平总书记、李克强总理关于发展数字经济,加快推动数字产业化作出了一系列批示,强调数据已成为现在和未来的第五大生产要素。要充分发挥数据要素驱动作用,打破传统要素有限供给对企业增长的制约。要发展数字经济,加快推动数字产业化,依靠信息技术创新驱动,不断催生新产业新业态新模式,用新动能推动新发展。要推动产业数字化,利用互联网新技术新应用对传统产业进行全方位、全角度、全链条的改造,提高全要素生产率,释放数字对经济发展的放大、叠加、倍增作用。

(二)适应财政部、国资委提倡建立财务共享中心的需要

2014年10月,财政部财会〔2014〕27号印发《关于全面推进管理会计体系建设的指导意见》,提倡建设企业财务共享中心。鼓励大型企业和企业集团充分利用专业化分工和信息技术优势,建立财务共享服务中心,加快会计职能从重核算到重管理决策的拓展,促进管理会计工作的有效开展。

2020年6月,山东省国资委在《关于开展省属企业财务共享中心建设试点工作的指导意见》中提出促进省属企业财务管理优化转型,提升国资国企财务监管水平,实现做强做优做大国有资本目标,省国资委决定在部分省属企业开展财务共享中心建设试点工作,选取山东高速集团有限公司为试点单位。

(三)适应集团公司财务数字化转型的需要

山东高速集团公司阐明了集团"十四五"发展的总体思路和目标路径:建设

政治坚定、组织过硬的“红色山高”，结构合理、融合发展的“卓越山高”，机制灵活、技术领先的“创新山高”，科学规范、模式高效的“活力山高”，提质增效、行稳致远的“质量山高”，开放包容、和谐共享的“文化山高”。同时，集团公司对2021年改革发展工作要求画好“八张图”，其中重要的一张图便是以加强数字化企业建设为抓手，画好集团“数字转型规划图”，努力实现管理能力现代化。加速建设以财务数字化转型为导向的财务共享中心，是公司数字化转型的重要举措之一。

二、高速公路企业财务数字化转型为导向的财务共享中心建设与运营的主要做法

（一）搭建财务共享系统架构，支撑财务数字化转型

山东高速股份财务共享中心，通过搭建财务共享服务平台、银企直联、资金结算等模块，形成了集报账、预算管控、财务审批、资金管理、会计核算、发票税务、电子档案管理于一体的上下贯通、左右联动的系统架构。财务共享中心的系统架构主要由报账业务前台、共享中台以及财务管理后台三部分构成，集成连接了资金系统等异构信息系统，融合了电子影像系统和电子会计档案系统。财务事项中台将前端业务经营平台的交易级数据全面、实时、准确地传递到后端智能财务平台，是企业财务实现“实时会计、智能财务”的基础保障，为推动山东高速财务共享的全面实施提供了系统保障。

1.业务前台

业务前台是对前端财务应用服务共有功能的聚合，实现了后端财务资源到前台易用能力的转化。业务前台包括财务共享报账门户、影像管理平台。报账人员通过登录报账门户填写报账单，通过影像管理系统扫描上传发票等凭证的电子影像。在报账流程中，将发票查验功能嵌入影像系统中，增加发票池和发票的查重验伪。共享报账平台与国税系统进行端口连接，对所有增值税发票进行查真验伪，不仅严格打击了虚假发票的报销，同时也能有效杜绝电子发票重复使用。通过OCR识别等智能采集模式，自动获取税务系统发票信息和推送销售开票信息，实现了包括发票的查重验证、真伪验证、合规验证、发票管理等功能。通过业务前台即财务共享报账门户，实现了企业全员报账，进一步保障了企业的业财数据的一致性，提升业务的时效性。

业务前台通过智能移动终端——“友报账App”，实现了移动审批，为员工提

供了移动审批、报账查询提供便捷化的移动应用服务,突破时间、地域的限制,提高了报账及审批的时效性,并可为各部门及各权属单位提供更优质、更及时的财务共享服务。集成企业微信实现了审批实时提醒,为审批流程的快速流转提供了有力支持。

2.共享中台

共享中台是财务共享中心作业平台及运营管理平台。财务共享中心人员根据作业任务进行专业化分组作业,分为成本费用作业组、收入作业组、往来作业组等不同作业组。通过业务前台的报账单经审批后进入财务共享作业平台的作业池,共享中心各作业小组成员根据自身组别从“作业池”中随机提取报账单,作业人员在审核时采用“抢单+派单”模式,提取报账单后,审核报账单及电子影像的合规性、准确性,由于专业化分组作业,可充分发挥规模效应,提升了作业处理质量与效率,提高了会计核算的统一性和规范性。

经过作业小组处理的单据,通过财务系统与资金系统的基础数据的协同共享,付款信息可以自动传递至资金系统,无须任何修改即可自动付款。由于财务系统与资金系统对公、对私业务的无缝集成,实现了支付关键数据一次性携带,传统需要出纳人员通过手工操作在资金系统内提交付款信息的环节被自动化替代。资金支付成功后会自动与共享系统交互,结算生成凭证,实现了付款自动化、凭证生成自动化。这体现了高速股份财务共享中心先行先试的经验积累和价值所在。

运营管理平台由经营管理驾驶舱、财务管理驾驶舱、公路运营驾驶舱、财务共享驾驶舱组成,可将财务数据、公路运营数据、资金数据以及作业平台数据进行整合分析,实时大屏进行呈现。公路运营驾驶舱通过实时反映各运管中心及路段最近一段时间的通行费收入及车流量状况,对接公司运营管理系统,调取相关运营数据与财务数据融合,形成了业财融合的大数据分析成果;经营管理驾驶舱实时反映权属单位财务状况、经营情况;财务管理驾驶舱反映合并、权属单位考核指标执行情况及各单位收入和成本支出情况。通过“智多星”可视化分析系统,财务数据分析更加清晰,主要指标图形化、可视化,可将枯燥的数字进行形象化展示,便于管理层及时、清晰地获取数据,动态掌握公司运营情况,有效支撑管理层决策。

共享中台运营平台通过共享作业人员的绩效看板,为共享作业人员赋能。大屏展示实时更新的共享中心作业绩效与质量管理情况,作业人员可以实时看到当前作业处理情况、小组成员的作业处理情况,通过这些实时指标数据,可以评定作业人员的工作绩效，为员工绩效考核提供依据，激发作业人员工作效能。

3.财务后台

财务后台包括了总账报表、资金结算、电子会计档案管理系统、税务信息化系统等。电子会计档案管理系统将会计档案从传统的纸质化管理逐步向数据化管理进行转换。电子会计档案管理系统负责保存会计凭证、总账、明细账、日记账等会计账簿、财务报告等电子会计资料。通过平台自动匹配、自动归档管理，依托电子影像系统，将会计资料全面影像化，建立电子会计档案索引关系，实现随时调阅电子会计账簿，并且可以快速查询会计档案实际存放地点。通过这些，中心实现了电子档案从采集、整理、保管、利用到销毁的全生命周期的电子化闭环管理。

税务信息化系统在后台对所有发票信息及数据进行管控与分析。对于进项发票数据，系统进行查重、验真与发票认证管理，有效进行发票全生命周期管理，为纳税申报、税务分析、税收筹划等提供了数据支撑。通过对大量进项发票数据进行智能化处理分析，也为精准预测未来采购价格走向、智能服务采购业务、完整萃取供应商的"数字画像"、集成供应商的"数字档案"、建立与供应商的"关联数据链"奠定了基础，为企业在供应链的全链条上作出理性决策提供了助力。对于销项发票数据，系统综合历史及内外部信息，通过角度智能描绘客户动态"画像"，建立了客户数据库，将客户信息纳入公司生态链，精准寻觅高价值客户，打通客户、产品、渠道的匹配关系，采用智能客户关联数据推送技术，向客户精准推送公司产品、服务、优惠等信息，实行针对性的营销策略。税务信息化基于发票信息的汇总以及纳税申报表的整理分析，能够直观高效地展示税负金额、税务流程、税收优惠等内容，实现了智能税收筹划。

（二）重构"三位一体"财务人员体系，服务财务管理转型

山东高速股份财务共享中心建立了业务财务、共享财务、战略财务"三位一体"的财务人员体系架构。共享财务负责集中处理财务会计业务，发挥监督管控职能，提高业务操作的准确性、及时性和真实性，可保证会计信息质量，防范财务风险；权属单位设置业务财务人员从事管理会计工作，辅助经营，支持管理；战略财务归属于计划财务部。该组织体系释放了大量处理会计基础工作的财务人员，将财务人员从基础繁杂的工作中解放出来，实现了从传统的总、分财务模式转型为战略财务引领、共享财务服务、业务财务支持的现代企业财务人员管理体系，为推动山东高速的管理会计转型升级奠定了组织基础、人力基础。

（三）规范标准化制度，业务流程标准化再造

1.建立完善的财务共享制度体系。山东高速股份财务共享中心建立了制度类、业务规范类、流程操作及手册类财务共享制度，统一会计政策，统一会计科目，统一数据标准，规范的制度体系为规范化、统一化业务处理、财务共享中心的规范化运转提供了制度保障。流程操作手册为员工报账提供了便捷、有效的指引。随着财务共享系统的优化改进，财务共享中心实时更新“共享报账系统普通用户操作手册”等操作手册，完善了制度更新机制，确保制度更新及时。

2.业务流程标准化再造。财务共享中心的业务流程覆盖费用报销、采购到付款、资金结算、总账到报表、固定资产核算、存货到成本核算、档案管理、税务管理、成本管理、预算管理、绩效经营分析等。按照“求同存异”的原则，理清业务现状，构建完善的流程框架。将同类型的业务进行归并优化，由专人组织负责标准化管理工作，统一会计科目、政策及制度，统一数据标准。梳理差异化的业务场景，将财务业务流程在规范化和标准化要求的基础上实现再造，实现财务共享中心稳定、高效、规范运作。

（四）借助 RPA 技术，提升财务自动化水平

机器人流程自动化（RPA）技术可实现异构系统间的连接，辅助财务人员完成交易量大、重复性高、易于标准化的基础业务，提高业务处理效率和质量。山东高速结合公司自身的业务特点，开发了自动结算、自动收款、自动对账 3 个 RPA 流程化自动机器人，RPA 机器人替代了传统人工检索、收集、整理等简单、重复、低附加值的劳动，降低人为误差，提高了业务处理准确性，提升财务自动化水平，能够 7×24 小时不间断工作，提高业务处理效率，降低人工误差，降低运营成本。

1.开发自动收款机器人，实现收入入账自动化

山东高速股份财务共享中心针对高速公路通行费收入的主要业务，开发自动收款机器人。自动收款机器人自动抓取资金系统收入流水，根据银行流水的关键摘要信息实现非结构化的智能分析与判断，判断该笔收入的归属组织，匹配成功之后将自动生成收款单，并自动提取到共享中心作业平台进行自动化审批，完全替代了人工录入工作。按照传统录入程序，一张收款单的分拣和录入时间是 3 分钟，自动收款机器人的分拣和入账时间是 6 秒，将工作效率提升了 30 倍。

2.开发自动结算机器人，实现凭证生成自动化

共享报账平台和资金系统的集成后，自动结算机器人可以将银行支付成功的数据实时推送到财务系统，进而自动完成结算、自动生成凭证，代替人为结算引起的审批和支付两张皮现象，有效解决了业务、财务、资金互相割裂分离的问题。

3.开发自动对账机器人，实现银企对账自动化

针对银行账户繁多，由此对账耗时长的问题，山东高速开发了自动对账机器人。自动对账工作机器人在规则控制下自动提取来自企业财务和银行流水的数据，通过既定对账规则进行比对，自动生成银行存款余额调节表，原本一个银行账户对账需耗时30分钟左右，现在2分钟左右就可以对账完毕，效率大幅提升。自动对账机器人支持多个银行账户同时对账，同时生成银行存款余额调节表，提高对账效率与质量，节省人工对账成本。

（五）通过"系统控制+稽核控制"双核措施，提高内部控制水平

1.实施共享报账系统内前置预算控制，加强预算事前管控。实行内部控制流程化管理，将预算管理前置，报账单实时联查预算，预算执行实行刚性控制，强化预算预警功能，超出预算将进行预算预警，加强预算的事前管控。通过预算模块，对所有会计科目纳入预算收支项目管理，实现了对全员、全业务、全过程的预算管理。

2.实施共享报账系统内资金支付信息控制，加强资金风险管控。财务系统新增维护了客商与报账人员银行账户信息，支付信息直接在报账阶段选择，降低了资金支付错误率，极大提高了资金安全性。资金系统接受共享报账单传输的支付信息，自动付款，为防控资金风险，在报账系统内对资金支付信息进行系统设置控制，严禁支付信息的修改变动，消除资金支付风险，加强资金风险管控，提高风险防范能力。

3.建立三级财务稽核体系，加强会计核算风险防控。遵循全面覆盖、突出重点的原则，实行三级财务稽核体系。从组织内部横向稽核到专业职能部门纵向稽核、再到全视角财务共享稽核，实现对财务核算全过程稽核。整个共享稽核体系有效增强了财务风险防控水平，提高了财务稽核效率和效率，结合内控体系进一步实现了对财务核算的规范化和标准化管理，加强对会计核算的风险控制。

（六）创新双效沟通机制，持续优化财务共享系统

1.建立线上实时反馈机制，及时解决员工用户、运管中心及子公司在使用财

务共享系统的疑惑与问题。设置专人专岗,为日常业务提供各项咨询和服务,实时答复员工在系统操作中遇到的问题,确保反馈及时、顺畅。

2.建立管理建议书机制,提升员工、运管中心及子公司的共享系统使用水平。山东高速股份财务共享中心将各运管中心、子公司当月的工作绩效、预算执行情况、发现的问题及管理提升建议等形成管理建议书,改善了各单位业务管理水平不均衡的状况,促进了公司整体管理水平的提升。

3.畅通渠道,收集系统运行、使用的需求及建议,持续优化共享系统。设有固定系统管理人员,专门负责收集员工、业务财务提交的需求建议,与共享系统开发方协调优化系统。开展线上及线下问卷调查,至运管中心、子公司开展调研,以多种方式畅通双效沟通渠道,不断探索更优的共享服务模式。

(七)应用大数据分析,为管理层提供决策支持

用数据赋能企业管理,构建企业的数智大脑。获取结构化和非结构化信息,构建巨大复杂的数据库,充分挖掘数据潜力,用数据支撑决策。利用大数据分析技术,借助智能分析平台,通过对接公司运营管理系统,获取相关运营数据,运营数据与财务数据融合,形成了业财融合的大数据分析成果。共享平台定义了不同的分析维度、分析量度和分析层次、分析方法,对关键经营指标、财务指标、各单位的收入和支出完成情况,预算执行情况,资金分布情况等进行分析,便于为管理层提供数据,以便其动态掌握公司运营情况,有效地支撑了管理层决策,同时分析决策模型可辅助企业决策,逐步替代了流程驱动与经验决策,提高了财务的参谋作用。

三、高速公路企业财务数字化转型为导向的财务共享中心的建设与运营效果

(一)数字化转型效果显著,发挥财务价值创造功效

一是降本增效,财务价值创造功效凸显。财务共享中心自建设以来,完成了18名核算人员到业务财务岗位的转型,负责权属单位的财务管理工作,优化转岗财务人员20名,专业化水平提高,运营成本降低。二是财务自动化水平提高,数字化带来财务管理效能大幅提升。通过自动化技术及规模效应,财务共享中心目前同时处理46个账套的业务,单据量约10000单/月,提高处理效率与质量,财务效能持续提升。财务报销周期较传统模式缩短了20多个小时,报销效

率大幅提升，员工满意度提高。发票验伪自动化，财务审核时间大大减少。测试数据显示，在RPA自动对账业务中，RPA每次耗时仅为2分钟，远少于手工业务每次耗时的20~30分钟，二者效率比为1500%。自动收款机器人、自动结算机器人、自动对账机器人使作业效率提高，凭证自动化率约95%，累计节省60000个工时，累计实现经济效益约300万元。

（二）推动管理会计转型升级，发挥财务监督管控职能

一是形成财务全程闭环管控体系，监督管控能力提升。加强了事前信息收集、经营预测管控、事中管理审批、内控稽核以及事后分析报告、绩效考核、优化建议。通过共享中心专业化分工、规范化处理，会计核算管控能力提升。通过重构财务人员体系，确保了共享财务人员的独立性，保障了财务监督职能的有效发挥。对所属各单位的财务进行集中管理和监控，全过程监测经营过程中的财务风险点。二是会计信息质量持续提高。所属单位的共享系统使用水平不断提高，报账单质量持续提高，单据驳回率呈逐渐下降趋势，单据驳回率下降35%，各运管中心、子公司财务管理水平显著提高。三是实现了资源有效整合、有效提升了公司的核心竞争力，发挥了财务的决策支持作用，推动了公司战略实现。

（三）企业社会形象提升

山东高速企业财务共享中心打造符合山东高速多业态特点的财务共享模式，支撑山东高速“大交通”战略的实现，在全国交通类企业中，走在财务数字化转型的前沿。2020年12月获得了首届中国智能财务最佳实践提名奖，截至2021年6月份，山东高速股份财务共享中心累计迎接山东省国资委、山东省税务局、财政部山东监管局、济南市人大、江苏交投、淄博热力、河北高速等多家单位的指导和参观交流，受到社会各界广泛认可。2021年5月份承办了用友公司济南峰会——企业数智化财务体验会，接受了来自全国各地200多名企业嘉宾参观访问，股份公司财务共享中心作为集团公司代表展现了财务共享建设取得的初步成果并获得了一致好评，彰显了山东高速的品牌和信誉，提升了行业影响力，为财务共享创新理念广泛地推广和应用、为同行业企业的财务共享中心建设提供了参考与方向。

成果创造人员：周　亮　陈　芳　曲　璐　石　强　施雪瑞　王成友　南文超

基于现代供应链的供电企业仓储配送智慧管理

国网山东省电力公司聊城供电公司

摘要:2020 年以来,国网山东省电力公司聊城供电公司围绕仓储配送业务,充分应用国网公司“数字物流在泛在电力物联网中的应用”管理创新成果,基于现代供应链,深入挖掘数字物流技术在智能仓储方面的创新点和突破点,通过物联网技术、信息化技术与仓储配送业务深度融合,智能开展仓储管理、配送管理、作业模式等业务创新,加快形成了“智慧化决策、自动化作业、信息化支撑”的智慧仓储配送管理新模式。

国网山东省电力公司聊城供电公司(以下简称“聊城供电公司”或“公司”)是国网山东省电力公司直属大型供电企业,担负着“江北水城”聊城市 5 区、6 县(市)的供电任务,服务客户 275.26 万户。聊城供电公司现有 15 个职能部门,10 个业务支撑和实施机构,7 个县(市、区)供电公司,2 个省管产业单位,98 个供电所,全口径用工 8111 人。2020 年,全社会用电量 652.57 亿千瓦时,同比增长 1.63%,全网最高负荷 412.6 万千瓦。聊城供电公司售电量 200.093 亿千瓦时、同比增长 11.52%。

多年来,聊城供电公司认真贯彻国网山东省电力公司和聊城市委市政府工作部署,践行“人民电业为人民”的企业宗旨,为全市经济社会发展提供坚强电力保障,各项工作保持良好发展态势。公司先后荣获全国文明单位、全国五一劳动奖状、全国一流供电企业、全国先进基层党组织、全国安全文化示范企业、全国电力双文明单位、全国精神文明建设工作先进单位、全国职业道德建设先进单位、富民兴鲁劳动奖状、山东省安全生产先进单位、山东省思想政治工作优秀企业、聊城市直党建工作先进单位等荣誉称号或奖励。

一、基于现代供应链的供电企业仓储配送智慧管理体系背景

仓储配送是现代供应链建设运营的关键环节,也是物资供应保障的重要支撑,发挥着缓解供需矛盾、及时响应需求的本质作用。随着现代供应链管理的智慧化发展、“大云物移智链”等数字化技术的应用和“降成本、降风险、提效率”等管理要求的提出,仓储配送管理创新既拥有了实施条件和技术支撑,也面临着智慧转型、提档升级等重大发展机遇。

(一)仓储配送管理创新是能源互联网企业高质量发展的必然要求

当前一段时期,既是国网公司、省公司加快建设一流能源互联网企业的决胜阶段,也是落实山东省新旧动能转换、优化电力营商环境的关键时期。公司全面加快坚强智能电网和电采暖、业扩配套、贫困村改造等配农网项目建设,电网发展任务繁重,物资采购具有体量庞大、时效性强和频度高等特征。电网的大规模投入、高强度建设,以及大量新技术、新材料、新设备相继投入使用,对公司物力资源的储备调配能力、供应保障能力提出新的要求。同时,面对国企和电力体制改革的形势要求,加强企业内部管理、大力推进降本增效成为各项工作的重要抓手,亟须借助新理念、新技术、新手段,推进物资供应保障系统升级和仓储配送智慧管理水平提高。

(二)仓储配送管理创新是现代供应链技术成果深化应用的现实需要

党的十九大报告提出,要进一步推动互联网、大数据、人工智能和实体经济深度融合,在现代供应链等领域培育新增长点、形成新动能。2018 年国网公司提出要“推动规划、设计、采购、建设、运维全过程高效协同,打造现代智慧供应链”;2020 年是国网公司现代智慧供应链建设“三年行动”计划的收官之年。三年来,以“大云物移智”为代表的新技术蓬勃发展,人工智能进入发展快车道,数字物流作为现代智慧供应链的三大业务链之一,通过不断变革创新,已逐步实现由传统物资管理向现代物流体系管理的转变,为实施智慧仓储配送奠定了坚实的基础。面对新形势新要求,公司应牢牢把握住加快供应链创新与应用的新机遇,深化现代供应链智慧场景应用和数字资源利用,推动仓储配送智慧管理,实现现代供应链技术成果落地、协同发展。

（三）仓储配送管理创新是提高供应保障质量和效率的必然选择

与供应保障提质增效的要求相比，公司物资管理还存在薄弱环节，物资仓储管理相对粗放，仓储管理的现代化、信息化程度与先进公司存在差距。仓储配送与计划、合同、质量等关键业务之间协同性不强，物资供应链管理缺少全过程、可视化的管控手段，物资安全存在一定风险隐患。部分业务之间存在关联性和交叉点，重复作业行为和资源浪费情况时有发生。部分县公司管理基础薄弱，市县一体化管理亟待加强。在物资需求集中时或应急情况下，供应保障手段不足。深化供应链和物联网技术应用、实施仓储配送智慧管理、提升保障供应效率效益迫在眉睫。

二、基于现代供应链的供电企业仓储配送智慧管理体系做法

基于现代供应链的供电企业仓储配送智慧管理体系的基本做法如下：

（一）确定仓储配送智慧管理体系的设计思路与原则

1.统一管理思路

聚焦仓储配送所发挥的缓解供需矛盾、提升供应时效等基础性作用，以“降成本、降风险、提质效”为目标，基于现代智慧供应链建设成果，推进仓储配送业务提档升级，通过物联网、信息化技术与物流业务深度融合，有序开展智能仓配、配送等业务创新，加快建成实用高效的仓储配送服务体系。同时，通过数据资源复用、建立监控机制、实施过程考核等手段，全面监控实物流、作业流、信息流流转状态，及时解决仓储配送层面影响物资供应保障的困难和问题，确保实现实物安全、效率提升、压降成本、保障质量的目标。

2.明确实施原则

在成果推广应用和仓储配送智慧管理中应坚持以下原则：一是发挥各核心专业的骨干力量，充分协同配合，形成管理合力，保证建设质量，扎实推进体系建设，确保各项建设任务务期必成；二是要坚持“实用适用管用”原则，合理选用新技术，提升物流业务智慧水平，同时充分认识管理和技术应用“一体两面、相互促进”的辩证关系，以管理机制建设确保技术应用落地；三是应用好数据挖掘和分析的方法，构建坚实的数据支撑能力；四是促进供应业务数据的深度应用，使数据价值深入到业务运营管理的各个方面。

（二）构建一体运行的综合物流服务基地

围绕供应链成果落地和仓储配送体系建设，扩展区域仓储配送中心功能，建立供应链监控中心和质量检测中心，完善相应的运营模式和机制，形成“高质量、一体化”的综合物流服务基地，有序开展仓储配送管理标准化智能化作业。同时实时收集、预警、执行物资供应各节点信息，开展物资仓储、配送和质量全过程监控，实现“物资业务运行全面在控、实物流转状态实时可视、仓储配送全程智慧管理”。

1.区域仓储配送中心

根据仓储网络规划和智慧管理需求，设立区域仓储配送中心（包括智能化立体仓库 1 座、综合仓库 1 座、废旧、配网专业仓库各 1 座、室外堆场等），合理分区、标准化运作，除直接运送至施工现场的大型物资外，所有到货物资均运送至区域仓储配送中心集中存储，根据各部门、单位配送需求和工程建设实际情况，对供应商配送物资、库存物资、区域配送物资进行统一调配，统筹开展仓储智能作业和成套化配送。

2.供应链运营监控中心

为监控仓储配送业务及相关业务运转情况，设立供应链监控中心，自动汇集、智慧处理从供应链信息系统、App 收集的物资供应链全程信息，实现线上线下操作同步，为供应链全程管控提供信息支持。实施常态化监控机制，每天由中心自动监控供应链全过程的 18 个节点并进行监控预警提示，实现“超前预警、过程管控”。

针对仓储配送业务，供应链监控大厅大屏幕实时在线监控各仓库和仓储点实物库存情况，并通过二维码和卫星定位轨迹跟踪全景展示项目现场和物资流转状态，实时了解工程进度现场信息，掌握重点物资到货情况，实现物资全程在线可视化监控。作为统一的物流服务指挥中心，对内统一受理物资到货需求、统一进行履约协调、统一进行物资手续办理；对外统一受理供应商履约问题、统一通知供应商发货，实现计划管理、合同管理、履约服务全流程紧密衔接，通过主动协调履约，全力保障物资供应。对监控到但未及时执行的业务，由大厅专责发出预警通知并跟踪督办。

3.物资质量检测中心

按照国网公司“检储配”一体化运行战略，在公司区域配送中心建立公司级物资质量检测中心，与仓储、配送协同作业，减少运输成本和时间成本，提高抽检效率、风险防控能力和供应时效。利用现场监控、随身记录仪（或手机）和抽检全流程轨迹监控 App 对质量抽检计划生成、取样、送检等各环节和全过程进行可视化跟踪监控，保障抽检工作质量，规避质量和廉洁风险。

4.检储配一体化运行

按照“就地抽检、检后入库、集中储备、按需配送”的原则，优化“检储配”一体化基地运作机制，实施“先检后储、按需配送”的业务模式，优化“检储配”业务链条，深化质量监督与供应配送业务的整体联动和协同。对于自动化作业仓库，实时获取到货数据，根据抽检策略，自动生成检测任务，随机选取样品并精准提供样品所在货位信息。取样、封样的全过程始终通过视频监控系统予以跟踪和记录，保证样品的真实性、唯一性和封样规范性，实现过程可追溯。对于非自动化仓库，封样结束后第一时间通过人工方式或自动转运系统进行样品运输，实现无缝衔接。检测中心完成检测后，检测结果应在第一时间回传至仓库作业系统，仓库作业人员视情况进行后续处置或发运。

（三）拓展智能化仓储基础建设

传统仓库存在着占地面积大、存取货物时间长、劳动效率低、人力成本高、盘点准确率低等种种问题，针对这些问题，聊城供电公司为拓展仓储基础建设，提高仓库空间使用率，建设了全省首家全封闭式无人自动化立体仓库。自动化立体仓库是采用高层货架及有轨巷道堆垛机，配合多种周边设备，实现自动存取和货物管理的一种新型的现代化仓库。采用计算机控制和管理技术使立体库的功能得以最大限度的发挥，转变以人工为主的传统仓储作业模式，提高作业精准率，全面提高仓库智能化水平。

1.仓储作业全部实现自动化

仓库占地面积 1945 平方米，配置横梁式立体货架 1 套，总体高为 5.3 米，宽 20 米。其中重型货架 4 列，248 个仓位，设计承重 1.5 吨，用于存放油浸式变压器、柱上断路器、电流互感器、DTU 等配农网设备类物资；轻型货架 8 列，1344 个仓位，设计承重 500 公斤，用于存放绝缘子、避雷器、电缆终端、金具等小型材料类物资。仓库以链条输送机、巷道堆垛机、移动作业终端等现代智能物流设备为支撑，应用 WMS、实物 ID、二维码等信息手段，快速便捷采集物资身份信息，有效降低作业人员劳动强度，大幅提升仓库存储效率、出入库作业精准度，实现仓储作业自动化，为下一步主动配送业务开展提供了坚实的硬件支撑和充分的技术保障。

2.自动化立体仓库特点及作业流程

自动化立体库(AS/RS)是物流技术的革命性成果,可以在计算机系统控制下完成单元货物的自动存取作业,是利用自动化存储设备同计算机管理系统的协作来实现立体仓库的高层合理化,并结合不同类型的仓库管理软件、图形监控及调度软件、条形码识别跟踪系统、搬运机器人、AGV 小车、货物分拣系统、堆垛机认址系统、堆垛机控制系统、货位探测器等构成一套完整的现代化立体化仓储管理系统。

(四)开展仓储智慧化新技术应用

针对原有传统仓储系统作业效率低、作业易错率高的问题,应用仓储智慧化新技术,对仓储管理各环节进行智能化管理,推广实物 ID 应用和数字化仓位管理,进一步优化出入库作业流程,强化智能化手段应用,逐步完善仓储智能化管理。

1.各环节融入智慧管理理念

(1)远程验收。对现场出现的问题,可通过手机 App 传递图像至供应链监控中心,有关专家可在调配中心进行会商。

(2)二维码管理。所有物资按仓位精准存放并录入信息平台,所有物资分配一个二维码身份证,后期的盘点、出库、查询等功能都可以通过二维码来方便地实现。

(3)快速盘点。利用手机 App 扫描物资二维码,可以快速盘点物资的全面信息,大大缩短了盘点时间,提高了盘点的准确度。

(4)状态预警。通过设置各种物资预警条件,可汇总物资保质期、最大量、最小量等预警信息,确保物资安全及满足应用,系统自动生成预警信息。

(5)物资领用线上审批。各个单位可建立独立的审核流程,经过审核程序后,完成物资的线上审批、线下领用。除此之外,为方便领用人,系统增加手机 App 领用、审核功能,达到方便、快捷的目的。

2.推广实物 ID 应用和数字化仓位管理

充分借鉴物资在 NC 采购阶段的物料属性编码和 ERP 系统内的物料编码,对全部物资分别定义单个物料的实物 ID 号,并将该识别号以二维码为介质赋予其中,在物资到货验收环节,通过便携式打印机输出该二维码标签,粘贴于物料的显著位置,并进行防晒、防水处理,后期使用手机 App 扫描二维码标签,即可获取物料的相关流转信息、具体属性、详细参数等数据。

对现有库区(含各专业仓)进行库区仓位数字化标识改造,打破原有仓储管理过程中按照物料类型、项目属性分区摆放的固化思维,将库区按照数字化网格进行划分,以物资存放单个最小仓位为唯一索引项,通过系统记录具体仓位而识别物料存储状态,反之,查询物料后自动带出存储仓位,实现快速定位物料位置,并有效加快后期物资盘点效率。

3.优化出入库管理流程

(1)入库管理

入库管理的优化后流程如下(见图1):

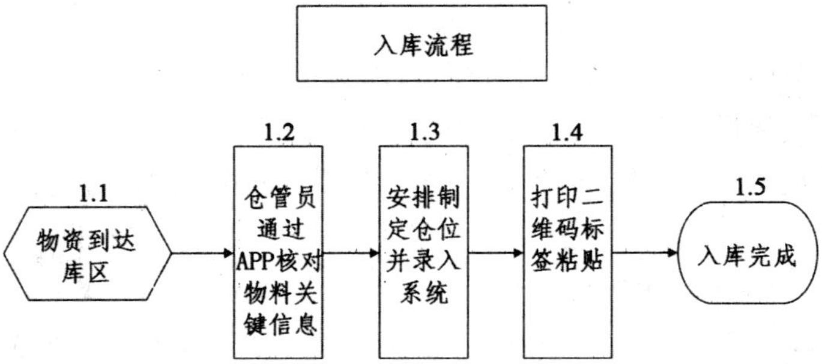

图1　入库管理优化流程

业务说明:供应商提前2天告知仓库管理员即将到货信息,包含物料种类、数量、具体到达时间等;仓管员通过供应商提供信息,在App内查询物料的所属订单、项目并与现场实物进行核对;物料交接验收无误后,选取适合仓位进行存放,并将仓位信息录入App; App自动打印已存入仓位物料的二维码标签,由仓管员进行粘贴定位;App数据同步传递至供应链管控系统,入库完成,该项目对应需求单位即可同步查看存储状态信息。

现场工作流程:

a.实物预入库。实物到货前,经配送专责维护到货地点信息后,各配送点自动生成收货任务;各配送点管理人员提前安排仓位,完成实物预入库。

b.初验。实物到货后,配送点管理人员进行货物初验。初验时存有疑问的,可使用App对物料问题情况进行拍照留存和详细描述,计入该供应商评价系统。

c.入库。完成初验后,配送点管理人员安排作业人员将物资搬运、装卸至预定仓位,通过手机App完成信息系统入库操作;作业人员利用手持式打印机输出二维码标签(含有物资和项目信息),粘贴至实物指定位置。

d.盘点。配送点管理人员定期或不定期对仓库进行盘点,盘点时,不再以账找物,而是利用手机 App,扫描物资二维码,根据二维码信息核对实体物资,做到“让物资开口说话”。

e.分拣。配送点管理人员按照配送需求,安排作业人员进行物资分拣并成套化归置。

(2)出库管理

出库管理的优化后流程如下(见图 2):

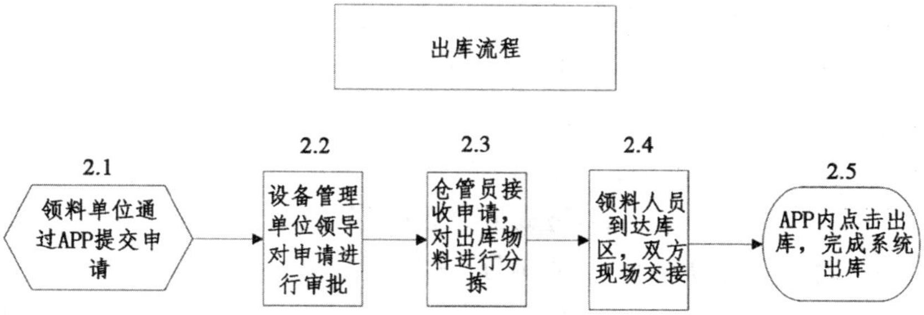

图 2　出库管理优化流程

业务说明:领料人通过 App 查询对应项目物料库存情况,可以项目名称为索引,向设备管理单位提交领料申请;设备管理单位领导使用 App 对申请进行审批;仓管员接收设备管理单位的审批申请后,依据 App 提供物料存储的相应仓位,对即将出库物料进行定位、下架、分拣等工序;领料人员到达库区现场,双方完成实物交接;仓管员在 App 内点击出库,信息同步在供应链管控系统内完成出库。

App 出入库管理基本操作流程:

将以往需要通过纸质单据申领、人员手工传递单据的方式,升级为线上 App 操作,数据流自动传输,降低空间距离造成的信息传递延时,同时也将人员往返审批单位、物资单位的签批时限降低至最低。

a.入库阶段。物资到达仓库现场(施工现场)后,通过使用 App 按照供应商、项目名称、物料描述等信息查询落实合同订单号,按照合同数量、型号等规定要求进行逐项验收。

b.申领阶段。各项目专工在手机 App 内查询对应项目的物料存储状态,并根据工程进度实际需求选取库存物料,该物料申请经审核后,将在线上传递至各库区仓管员客户端。

(五)开展成套化智能配送

物资成套智能化配送是指物资部门按照确保安全、准时快捷、服务优质、配送优化的原则,依据项目部门的物资需求,通过标准物资成套打包形式,通过第三方配送的方式,将物资从仓库及时、准确地配送到指定地点。以智能仓储基地为依托,以深化物资优质服务为重点,借助移动应用、App、泛在式物联网等新技术,创新开展成套化智能配送业务模式,通过向需求单位开放库存资源信息,支持移动端点选下单,实现通用标准物资“集中储备、一触即发”,在物资供应相应时效、客户体验等方面提升优质服务,打通物资供应的“最后一公里”,推动配网物资供应保障工作由需求侧向供给侧转变。

1.推行物资标准化包装,打造成套化配送新方案

(1)深度发掘需求侧诉求,制定可行性方案。面对各需求单位领料的物资尺寸、大小和重量的不一,给物资的领用和配送造成不便,以及其带来的整体成本高、配送效率低、风险隐患多等问题和现状,从深度服务需求单位物资配送需求角度出发,制定物资单元化与模块化包装方案,进而建立与运输车辆和装卸车辆相适应的作业形式。

(2)与供货方协调合作,完善物资属性信息。实现配送物资的标准化包装,必须掌握供应物资的规格尺寸、物资形态、形状重量及是否堆叠等维度信息,供应商对本公司生产物资信息掌握最为全面,通过实物 ID 信息补充、铭牌标注等方式进行信息共享。选择标准化程度相对较高的物资品类进行物资单元化与模块化包装方案制定。

(3)多维度综合考量,构建标准化模型。分析规格尺寸、物资形态、形状重量及是否堆叠等信息,根据配送物资类别,综合考虑物资空间占比、防碰易碎特性和装卸车顺序等因素,将物资以合理的方式进行组合,并选择相匹配的配置车辆,制定空间定置分布图,合理利用车载空间,兼顾包装材料成本和包装方式便捷性,构建标准化包装模型。

2.运用大数据分析,实现配送方案智能推送

通过实体物资供应链管理系统、ERP 系统、ECP 系统、PMS 系统提取仓库库存信息、出入库信息、物资需求计划、项目实施计划,通过以上数据整合分析,分析以往项目实施周期与仓库不同物资品类的出入库时间的相关性,根据各类物资装车条件及不同车型运输成本,生成经济、精准、及时的高效配送计划,物资需求单位可一键下达配送计划,即确保了配送计划精准实施,缓解物资供应压力,

加快库存物资周转,也便捷物资需求单位对于物资的管理,减少管理成本及资源浪费,更好地服务电网建设的物资保障工作。

通过仓储及配送数据、物资需求计划、项目实施计划整合共享,为高效配送提供了基础数据。同时,对上述数据进行分析挖掘,可提取项目物资在库时间并提供开展高效配送的有效信息;补充完善承运商及项目现场信息,进一步优化配送体系。作为物资需求单位,只要查询项目名称,便可得到一个输出表格为在库物资的配送计划表,通过配送平台可一键下达配送任务。

3.搭建智慧配送平台,实现智能配送

自主研发的现代智慧供应链平台加上配套应用、移动应用 App,构建了科学合理的现代物流网络,实现了配送需求提报、配送计划生成、配送订单、配送过程、实物交接全程在线执行。这一平台将响应速度要求高、标准化层度高的配物资集中储备到仓库,利用第三方物流资源,开展集中配送和成套化配送,将物资及时配送至材料站现场,各方实时跟踪运输轨迹,移动办理实物交接,提高了物资配送的及时性和准确性。

(1)充分发挥资源集中统筹优势。通过库存资源池实现库存信息开放共享,通过合作承运商对资源进行集中管控,通过配送任务实现配送任务的智能调配,进一步提升了公司配农网物资供应保障能力和响应时效。

(2)以服务为导向,延伸服务领域。以需求为导向,强化前端融合,主动对接各方物资服务需求,基于移动应用技术和主动配送机制,增强需求部门用户的服务体验,提升配网物资优质服务水平,及时化解供需矛盾,精准高效地支撑配农网物资服务保障。

(3)实现物资部门、项目单位、承运商的信息贯通。利用移动互联网技术共享物流信息,贯通配送需求、配送计划、配送过程监控、到货交接全业务覆盖,对配送业务实现端到端的流程管控,提升物流全过程的可视化能力、信息协同能力、资源调配能力。在运输成本控制、物流效率提升、物资调配等方面提供决策支撑。

(六)强化仓储配送智慧管理支撑保障

1.实施外委服务辅助机制

公司引入供应链专业化服务机构,穿插于管理部门、需求单位、供应商三方之间,在智能仓库运维、实物出入库、区域配送、现场交接、信息采集等业务流程中,对装卸搬运、货物运输等非核心业务提供专业化服务,力促实物基础作业提升工效、提高标准、降低成本。业务外委范围包括供应链信息平台的研发维护和技术服务、供应链全过程的管理咨询服务、仓库运维服务、出入库管理辅助及物资装卸、搬运、配送服务、设备安装运行过程中的信息采集辅助服务等。界定外委服务机构职责界面,编制外委服务管理与作业两个“标准化运营手册”,建立标准化服务流程,强化作业执行,约束违规行为。

2.完善仓储配送信息化建设

(1)优化供应链管控信息平台。优化操作界面,增设语音互动模块,提供更加人性智能的互动体验。丰富仓储配送、质量管控、物资调配、信息查询等全业务信息化业务模块,实现线下实物与线上数据的互联互通。增加账号安全性设置,根据不同角色和业务设置不同权限的账号及界面,确保信息安全。

(2)优化应用物资二维码。物资到货后,为每一样设备粘贴一张具有唯一身份标识的二维码,实施“一物一码”管理。作为物资管理的信息媒介,二维码涵盖项目名称、物资信息、供应商信息、质量信息、安装运行等信息,并贯穿物资仓储、配送、安装、运行的始终。扩展二维码标签应用范围,通过深化应用配农网物资树形结构,试行在成套化物资粘贴二维码标签。

(3)拓展应用多种手机 App。以物资二维码为媒介,以移动互联网为平台,开发“手机盘点 App”“手机出库 App”“手机审核 App”“手机远程验收 App”“手机配送监控 App”,全方位、多层次地满足供应链全过程运行需求。以 App 为信息载体,形成智能化的作业模式。

3.加强专业人才队伍建设

为提升仓储配送管理水平,提升电网物资服务保障能力,公司把提升专业队伍综合素质作为重要支撑。一是系统地制定市县一体化年度培训计划,从在岗继续教育、职业资格取证考试、岗位技能培训三种方式安排好培训计划,重点强化仓储运维、智能配送、信息系统、法律法规培训。二是将部门培训、职工学习情况纳入公司和部门的绩效考核,将职工学习成绩与工作实效紧密结合,作为部门评先争优和职工提升晋级的重要考核指标。三是加强专家队伍建设,统筹市县公司物资管理骨干人员,分别建立了仓储、配送管理专家库,定期进行专项培训,组织参加创新创效、教育培训活动,提升了仓储配送的专业化管理水平。

三、基于现代供应链的供电企业仓储配送智慧管理体系效果

通过实施课题研究,全面深化仓储配送业务智慧管理,推动仓储配送管理向

数字物流方向提档升级，公司的仓储配送业务运作更加优质规范，物资保障效率效益和服务质量有效提升。

1.经济效益显著提升

2020年，公司完成物资到货入库12.6亿元，通过实施仓储配送智慧管理，仓储配送效率效益显著提升。智能仓库的建立、检储配模式和仓储智慧应用的实施减少了仓库租赁数量和作业量，降低了物资运输成本和人工成本，仓储成本每年压降175万元。智能成套化配送模式的实施减少了重复配送、错误配送和无效配送，平均每个项目节约配送资金1.03万元，一年降低配送成本240余万元。依托仓储配送智慧管理体系开展库存物资调配利库，库存水平不断降低，2020年盘点账期6个月以上的库存物资2600余万元、利库处置积压废旧物资556万元。

2.管理效益显著提升

仓储智慧管理的实施，使跨项目物资调拨成为可能，通过库存信息可视化共享，物资和项目管理部门之间能够协同开展库存信息查询和利库，解决了部分因社会、政府、设计变更等内外部因素造成项目延期或缓建而导致的物资积压问题，在一定程度上降低了实物总体库存水平。自2019以来，全市共进行跨项目调拨100余次，物料总条目2600余条，总金额约3600万元。压降风险方面，通过实施可视化监控，提高了仓储配送各类基础作业的专业化、标准化、规范化水平，有力地保障了物资安全和作业安全，规避了因分散管理造成的实物流失、装卸费收费混乱、基层作业人员涉廉等风险，全年未出现物资安全、作业安全事件。

3.需求响应能力提升

通过实物的集约管理和物资管理部门、项目管理部门、建设单位的三方协同，履行实物预先分拣和领料事前审批流程，对配农网项目实施主动“成套化配送”，既能实现实物入场与施工实情的高度匹配，又能高效满足施工队伍的物资需求，避免了“机井通”“煤改电”等实施周期短、工程规模大的项目出现“工地人等料、仓库料等人”的不协调现象。配送频次降低为原值的45%，重复率减为零，提高了配送的准确率，保障了业扩配套电网工程的施工进度。近3年来，供应物资25.5亿元，有效保障了各级主、配网工程建设物资供应。

4.入网物资质量提升

检储配一体化运行模式的构建和实施，涵盖了物资从到货验收、物资抽检到入库盘点、主动配送的全过程，公司扩大了物资抽检的范围，提高了抽检计划实施效率，入库物资实现了应检必检，入网物资质量得到进一步提升。同时，注重仓储配送与物资质量环节的贯通和协同,实现了物资质量全生命周期所有相关信息的全程流通、衔接和协同,物资质量抽检管理真正落到了实处。

5.物资队伍素质提升

通过仓储配送业务的智慧转型、提档升级,管理和作业人员的管理意识、创新意识、技能水平得到显著提升。外委机制和智能化作业的实施,减轻了仓储配送管理人员装卸、搬运、盘点等非核心业务工作量,管理人员和外委人员各司其职,实现了“专业的人干专业的事”。同时,新型业务模式的建立和应用,使得人才队伍得到优化整合和合理配置,对仓储配送智慧管理形成了有力支撑。

成果创造人员:张　鼎　王向玉　刘　飞　王　瑜　赵　磊

基于用户端能源绿色化转型的智慧能源管理

青岛海尔能源动力有限公司

摘要：顺应绿色低碳、节能环保的时代发展要求，海尔基于自身能源管理实践，基于用户端能源管理智慧化、绿色化升级的需求，应用大数据、5G、云计算等新一代信息技术，打造集平台系统、评估指标体系、数据运维、资源生态、对外赋能、驱动机制等于一体的智慧能源管理体系和线上、线下全流程服务体系，实现线上碳资产跟踪，线下碳减排项目建设，通过对能源使用的动态监控、数据分析和精准预测，以大数据驱动企业能源管理升级，实现系统性节能降耗。通过实施该项管理，海尔打造了目前全国最大的智慧能源定制平台，也是全球家电行业唯一一个实现智慧能源互联控制的平台，有效承接了国家生态文明战略，对内实现了海尔全国 15 个工业园区、14 种能源介质在能源转化、输配、消耗等全过程的信息化智能控制，加速构建企业绿色生产体系，并打造了全国首个碳中和“灯塔基地”，对外实现了向中小企业提供节能减排、绿色升级的赋能服务，助力国家碳达峰碳中和“3060”目标落地。

海尔集团公司创业于 1984 年，是全球领先的美好生活解决方案服务商，致力于携手全球一流生态合作方持续建设高端品牌、场景品牌与生态品牌，构建衣食住行康养医教等物联网生态，为全球用户定制个性化的智慧生活。创业以来，海尔始终以用户体验为中心，连续 3 年作为全球唯一物联网生态品牌蝉联最具价值全球品牌（BrandZ）全球百强，连续 12 年稳居欧睿国际世界家电第一品牌，旗下子公司海尔智家位列《财富》世界 500 强；集团拥有 3 家上市公司，拥有海尔、卡萨帝、Leader、GE Appliances、Fisher &Paykel、AQUA、Candy 等七大全球化高端品牌和全球首个场景品牌“三翼鸟”，构建了全球引领的卡奥斯工业互联网平台，成功孵化 5 家独角兽企业和 37 家瞪羚企业。

青岛海尔能源动力有限公司，是海尔集团旗下公司，成立于 1993 年 5 月 20

日，业务范围包括为海尔各工业园区提供水、电力、蒸汽热供应、信息服务及售电业务等。在长期的能源管理与服务实践中，公司从传统的内部能源管控转型成为物联网时代智能能源服务提供商，创新打造了智慧能源定制平台，是家电行业首个、也是唯一一个实现智慧能源互联控制的平台，已成为全球最大的智慧能源智慧服务定制平台。

一、基于用户端能源绿色化转型的智慧能源管理的背景

（一）绿色低碳是时代发展的必然要求

在应对全球气候变化的时代背景下，绿色低碳成为当前世界各国的发展潮流，全球经济形势和能源格局深刻调整，新一轮能源革命正蓬勃兴起，绿色经济、低碳经济已经成为重要的发展趋势。在日益稀缺的碳排放空间约束下，人类社会正在积极寻求低碳发展道路，从而实现更大、更好、更可持续的发展，用更低的碳排放代价支撑经济社会更好地发展。

党的十八大以来，我国坚持贯彻落实绿色发展理念，深入推进生态文明建设，向世界郑重承诺中国二氧化碳排放力争在 2030 年前达到峰值，努力争取 2060 年前实现碳中和的目标。这也就要求中国经济向绿色、低碳发展转型。如何实现能源的绿色、低碳、智能发展，是能源行业所面临的重要课题。探索能源管理的智慧化、绿色化转型升级，推进企业能源结构调整、节能减排，已成为是经济转型、社会发展的必然要求。

（二）绿色低碳发展是企业高质量发展的内在要求

高质量发展阶段，我国积极推进发展方式绿色化转型，建立健全绿色低碳循环发展的经济体系，绿色低碳、节能环保已成为企业高质量发展的客观要求和重要内涵。随着企业管理的日益科学化、系统化，能源管理成为企业提升经营绩效的重要领域，但在实践中，企业能源管理依然存在诸多不足。如能源管理精细化程度不够，只做点上的功夫，哪里不行改哪里；节能潜力挖潜不彻底，不少企业采购先进节能设备、更换老旧设备的节能方式，只做到对大功率设备的监控，忽略员工意识以及日常生产中的点滴节能，造成了现场能源管理差距；众多企业不能有效利用企业数据优化企业经营，能源数据与生产订单不关联，不能指导和赋能企业生产，直接导致企业能源数据的失效等。

作为家电行业巨头，海尔将绿色理念深入到企业发展战略中，实施“绿色设

计，绿色制造，绿色经营，绿色回收”的绿色4G发展战略，探索物联网时代能源管理的智慧化、绿色化升级，既是海尔承担、履行企业的社会责任的行为自觉，也是海尔落实绿色发展理念，加快产业绿色化升级、实现高质量发展的应有之意。

（三）新技术为企业能源管理创新创造了契机

大数据、物联网、人工智能等新一代信息技术的发展和应用为企业发展智慧能源、实现绿色低碳发展创造了契机。尤其是新冠疫情带动全社会“智慧化”提速，包括能源在内的大多数行业与数字技术加速融合，能源产业面临着结构和竞争力重塑的历史性机遇。随着新兴技术的融合应用，企业能源管理已经不仅仅是追求扩大可利用能源资源的规模，而是更多地通过数据分析来减低能耗，通过智慧的方式主动预测能源的使用从而助力节能减排，以及自主地改造能源、提高能源的利用率。

与此同时，国家相关部委的规划和政策等也为企业能源管理创新提供了发展方向和空间的指导。例如，《关于推进“互联网+”智慧能源发展的指导意见》《关于扩大战略性新兴产业投资，培育壮大新增长点增长极的指导意见》等指导性政策，提出“互联网+”智慧能源，建设智能微电网、分布式能源、新型储能、氢能设施、燃料电池系统等基础设施网络，大力开展综合能源服务等工作方向，提出多种能源综合协同、绿色低碳、智慧互动的供能模式等。这些为企业利用新一代信息技术探索创新能源管理，实现企业向绿色低碳发展模式升级提供了有效的切入点。

二、基于用户端能源绿色化转型的智慧能源管理做法

适应绿色低碳、节能环保的时代发展要求，海尔基于自身能源管理实践，应用5G、大数据、云计算等新一代信息技术，打造集平台系统、评估体系、数据运维、对外赋能、资源生态、驱动机制等于一体的智慧能源管理体系和线上、线下全流程服务体系，基于用户端能源绿色化升级需求，提供全流程的、定制化的智慧能源解决方案，线上碳资产跟踪，线下碳减排项目建设，实现对能源使用各个环节的动态监控和实时管理，以大数据驱动企业能源智慧化管理、绿色化升级，实现系统性节能降耗。通过实施该项管理，海尔打造了目前全国最大的智慧能源定制平台，也是全球家电行业唯一一个实现智慧能源互联控制的平台，有效承接了国家生态文明战略，对内实现了海尔全国15个工业园区14种能源介质在能

源转化、输配、消耗等全过程信息化智能控制，加速构建企业绿色生产体系，并打造了全国首个碳中和“灯塔基地”，对外赋能中小企业节能减排、绿色升级，助力国家碳达峰碳中和“3060”目标落地。主要做法如下：

（一）明确智慧能源管理的战略规划和领导组织

在成果实施过程中，海尔首先明确并坚定绿色发展的集团战略，确定能源管理从传统模式向智慧化、绿色化迭代升级的战略方向，并搭建专门的委员会组织保障集团能源转型战略落地。

1.明确能源管理的工作原则和升级规划

适应互联网、物联网时代的发展变化，海尔深入推进企业绿色生产体系建设，致力于节能减排、环境保护及环境治理，持续提升节能环保管理绩效，积极探索企业与自然和谐发展，为推进生态文明建设、创造美好生活、实现人类社会可持续发展做出贡献。集团明确节能环保工作原则，包括：遵守节能环保相关法律法规及标准要求；践行人单合一管理模式；预防为主，持续改进；搭建并联交互平台，打造开放式绿色低碳生态圈；实施全流程精细化管理，践行节能环保与经济发展有效融合。

在具体实践中，海尔明确企业能源管理向智慧化、绿色化转型升级的战略规划，制定了近三年的短期发展目标，积极推进将大数据、5G、人工智能、云计算等新一代信息技术融入企业能源管理，推动能源管理的数字化升级，以大数据驱动企业能源管理，带动对能源使用的精准预测和高效管理，帮助企业构建绿色生产体系，实现节能降耗提效减排。

2.建立智慧能源管理的委员会组织

为深入推进企业能源管理转型升级，确保环境保护目标的达成，海尔建立覆盖集团、各业务板块、生产运营终端的环境保护管理网络及管理体系，明确各节点责任承接，协同推进集团环境保护绩效持续引领。

具体来看，海尔建立集团环境保护委员会，由集团总裁担任委员会主任，各领域负责人担任领导小组成员，按照一流基地、一流服务商、一流项目团队、一流机制流程的推进思路，建立健全“集团—园区—线体工厂”三级节能环保和安全管理模式。同时，集团环境保护委员会下设环委会办公室以及在各产业板块的节点接口，实现节能减排责任到自主经营体、到小微。此外，立足海尔产品多样化、园区多地域的企业布局特点，海尔在全国各区域园区都派有专职员工，融入当地工厂运营，在总平台的指导与支持下，具体负责园区能源管理的目标规划、实施与管理，节能减排责任到价值岗位、到人，推进全员参与，保障集团目标与业务需求的有效对接。

（二）建立企业能源管理的评价指标体系

为有效评估企业能源使用情况，更好地以能源数据指导企业生产经营、提升能源使用效率，海尔建立起企业能源管理的综合评价体系，横向涉及不同能源种类的能源使用评价，纵向覆盖“产品→产线→园区”的能源使用指标，为企业能源管理提供客观、可视的评价和考核优化依据。

1.建立能源使用全流程评价指标

在能源输入前端，海尔建立能源质量评价体系，通过能源质量评价模型，对入厂能源进行测评，确保采购绿色高效能源。在能源使用过程中，海尔建立传输效率评价体系，通过在能源供配线路增加温感、压变等感应装置，对供配线路效率进行监控，杜绝传输过程中的不必要损耗，同时，建立能源转换效率评价体系，通过对工厂班组、设备能源转化效率进行网络评价，减少转换过程能源损失。此外，海尔部署大规模可再生能源并网，采用更加灵活和智能的系统调度技术，加强对可再生能源的预测能力，增加系统的灵活性（如灵活发电、需求侧管理、电网互联、鼓励机制等），以应对可再生能源发电带来的不确定性。

同时，在对碳排放成本评价方面，海尔通过运用资源价值流转分析方法，从输入端、消耗过程和输出端分别构建指标，用以评价企业单位工序的碳排放成本状况，让能源消耗真正有迹可循，帮助企业找出能源薄弱环节，为企业管理者发现减少碳排放成本的潜力点提供依据，并提出针对性降费解决方案。此外，在对碳排放成本减少持续改进效果的评价中，借鉴价值工程的思想构建指标体系，海尔运用层次分析等方法引入时间价值维度，对成本优化的可持续效果进行评价，进而构建单台能源成本评价体系。

2.建立单台产品能源成本评价指标

海尔建立同一产品的众多不同型号的能耗考评指标和机制，实现不同区域同一产品的能源消耗结构对比分析，以及对每一条产线每一台产品的能耗进行评价，并通过“能源-订单”匹配模型，推进工厂能源使用效率最大化。

以冰冷产业为例，海尔在全国拥有12家冰箱、冷柜工厂，分布于青岛经济技术开发区、合肥、大连、武汉、重庆、佛山、沈阳等10个园区，生产的产品型号超过3000种，由于不同产品工艺、容量大小，造成不同型号产品消耗能源数量、能源种类不同，这种状况往往难以形成有效的单台能源消耗对比分析。对此，海尔执行“标准台”机制，根据每个型号产品的工艺以及工序复杂程度，设定不同的标准台系数，将所有产品折算成标准台产量，建立起同一产品类型不同产品型号的单台能耗对比模型。

同时，针对众多不同类型产品乃至不同类型产业的能源使用，海尔建立起综合能源考评指标，实现产品产线的同期对比，进而帮助对产品能源使用结构进行调整，提升节能空间。

（三）自主开发建设智慧能源定制平台

为加快能源管理数字化、智慧化转型，海尔应用大数据、人工智能、5G 等新一代信息技术，聚焦用户端能源需求，自主创新打造智慧能源定制平台，实现能源流、数据流、碳追溯流“三流合一”，通过集中、直观的动态监控和数字化管理，改进和优化企业能源平衡度，实现对能源的系统管控和调度。同时，海尔不断迭代技术创新，推进打造具有独立知识产权的碳资产管理平台，为用户提供高端定制式的智慧“碳”管家服务。

1.创新打造多系统、多能源介质并联运行的能源管理平台

基于海尔工业园区能源管理实践，海尔自主创新打造智慧能源定制平台，建设 12 个主模块、61 个子模块、563 个应用场景，实现了跨区域的多系统、多介质的并联运行——智慧能源定制平台集成水力、电力、蒸汽、压缩空气、天然气、污水、电梯、空压机运行光伏发电等 9 大管理系统，同时集中 14 类能源介质：电、自来水、纯水、软化水、生活污水、生产废水、蒸汽、压缩空气、天然气、液化气、高温热水、余热回收热水、太阳能发电、中水的调度，实现了对数据的曲线分析及限值管控。同时，平台积极推进监测手段的多样化，通过对分布在不同区域的全国 55 个智能制造工厂，采用视频监控、曲线监测，限值报警的方式进行系统管理，实现了企业全过程的能源管控。

目前，海尔智慧能源定制平台是全国唯一一家实现跨多区域、多能源介质并联运行的能源管理平台，构建起全工厂、全部位、全产品的能源保障体系，可精准地对生产现场每一种能源介质的运行、效率进行分析，并形成运行报告，驱动企业能源管理由事后维修变为事前预测，深化终端服务，在及时有效地监控能源现场安全、保障能源供应的同时，达到安全生产、节能增值的效果。例如，2018 年 2 月 11 日，海尔智慧能源定制平台总控中心通过工厂运行曲线发现，海尔胶南洗衣机在停产情况下，流量仍然为 80 吨/天，分析显示现场存在漏水问题，平台总控中心随即通知胶南评审人员进行现场检查，结果发现现场水管裂缝，流量达到

3 吨/小时，工厂端立即采取措施，联系自来水公司人员进行管路抢修，并当日恢复自来水供应。通过该项措施，公司减少水资源浪费约 60 吨。

2.搭建开源的智慧能源管理平台架构

针对智慧能源定制平台迭代升级，搭建打造开放式绿色低碳生态圈，海尔搭建适应集团级、多组织的跨域管理和协同框架，提供强大的二次开发支持，实现了能源管理平台的良好适应性和扩展性，使现有系统的功能扩展和新业务系统的快速开发更加方便。平台支持利益攸关方进行二次开发，解决方案可相互调用，例如，在海尔内部，智慧能源定制平台通过与卡奥斯工业互联网平台、海尔智家平台的并联打通，实现了智能化工业园区模式升级。

目前，智慧能源定制平台上系统模块功能可实现 5000+用户同时操作、60 套子系统并联运行，平台已经设计了贴近企业生产需要的 236 个运营模块，根据安全管理需求设计了 3 种预测模块、9 大应急预警模块、15 类预警模块，以及根据节能减排需求设计了 6 类节能模块、5 种技术模块等，可供用户自主选择功能模块。

（四）推进企业多系统数据融合，以大数据驱动能源管理

依托智慧能源定制平台，海尔打通能源管理系统与集团 BM、KMES、BCC、财务等系统，实现与产量、产值等多系统的数据融合，通过对海量数据异构分析，在用户端、需求侧形成能源使用的分析结果和安全报警，实现能源运行的精准预测和动态管理优化，并可以为交易收益、综合能源利用、资产利用、运维管理等方面提供全方位的能源数据化服务。

1.以大数据为驱动，精准预测企业用能

海尔智慧能源定制平台通过对各项用能设施的实时在线监控，对能源运行设备进行全天 24 小时监视和安全预警，可有效地避免安全事故发生，保障用能安全、稳定。例如，2018 年 4 月 2 日，海尔智慧能源定制平台总控中心出现限值报警，显示青岛园区信息塑胶工厂压缩气压力降低至 0.4MPa，严重影响产品质量。海尔智慧能源定制平台随即通过邮件、短信、手机 App 三种方式推送报警信息给现场人员，进行现场检查，工厂端发现压缩空气主管路泄露，随即停止压缩空气使用并开展维修、修复到位，有效保障了工厂的现场生产。

更为关键的是，海尔依托智慧能源定制平台，推动企业驱动能源管理实现由事后转到事前的转型。传统的能源管理为资源获取式，即使用多少就向资源方购入多少，无使用预算，不考虑集团订单及能源效率，是事后的管控。海尔智慧

能源定制平台通过打通企业生产、财务等系统，依托企业经营运行的大数据分析，实现对企业能源使用的精准预测。

目前，通过3年的平台运行探索，根据集团161订单，海尔智慧能源定制平台可以精准地预测每一天、每一个月的能源消费量，推进企业合理用能、科学用能。2017年，海尔开发区园区电力预测差异小于3%，达到了售电业务申请量与实际使用量差距不高于3%的要求，海尔集团成为山东省唯一一家全电量直供电的企业。

2.优化能源使用结构，改变能源供给模式

依托智慧能源定制平台，海尔基于平台收集到的各方面能源数据，实现对企业自身用能结构的解构分析，进而根据目前的能源形势，采取必要的能源管控措施，调结构、变模式，达到最优的能源配比，助推绿色节能，有效减少碳排放。

海尔打造了全球首个碳中和“灯塔基地”——中德海尔工业园，通过智慧能源定制平台改变原有能源供给模式，把分布式光伏、分布式风电和热电有机结合，采用“自发自用，余量上网”的新能源供给模式，年发电量超1500万度，可减少约1.3万吨二氧化碳排放；同时降低单台生产能耗，每年减排二氧化碳3.26万吨，约合植树造林1.33万亩。

（五）建立项目制管理机制及增值分享的激励机制

1.以项目制实现能源管理精细化

海尔每年设定节能减排目标，由各区域各工厂负责人员自下而上地抢出目标，并量化出具体的节能项目进行精细化管理。例如，海尔锁定每一产品线年度单台能源消耗降低6.5%，并与工厂第一责任人签订能效考核对赌协议，以月度薪酬20%作为对赌，目标完成率与员工绩效挂钩。2020年，围绕节能减排目标，海尔共识别、抢出109个项目，真正实现目标承接有路径、有团队。

与此同时，在考核机制上，海尔智慧能源定制平台集成了冰箱、空调、洗衣机、热水器、厨电等产品产线，以及彩板加工、新材料部件合成等配件产品产线工厂55家，设立了多元化的考核机制，形成对不同的产品及服务，如公寓、办公楼宇等用能单位的能耗对比体系。对于冰箱、空调、洗衣机、热水器、厨电等产品产线，设定单台产品能耗考核机制，与上一年同期进行对比；对于彩板加工，新材料部件合成等配件产品产线，设定产值能耗考核机制；对于办公楼宇，执行平均办公面积能耗考核体系；对于公寓、餐厅等，执行入住人次及餐饮人次考核指标体系等。

2.建立增值分享的激励机制

基于“人单合一”模式与开放共赢的链群合约，海尔创新以用户付薪为核心的激励机制。不同于传统的企业付薪，海尔的用户付薪机制坚持创客创造价值与分享价值的统一，创客的薪酬不是由企业根据岗位、资历支付，而是根据创客创造的用户价值的大小，由用户支付给创客相应的薪酬，让创客在创造用户价值的过程中实现自我价值。在此过程中，包括海尔、用户、资源方等在内的利益攸关方围绕用户痛点，共创解决方案、做大价值“蛋糕”，每个攸关方共享成果，都可以获得增值分享。

以海尔智慧能源赋能从事制冷压缩机研发生产的武汉东贝电器为例，针对如何在低成本、低能耗的生产运行中保证产品高质量、企业高效益的问题，海尔为其定制了高品质压缩气托管解决方案，并以一种企业 0 投资的能源合同管理的模式赋能生产实践。所谓 0 投资，就是指东贝在不需要投资、不用投入运营的前提下，可直接享受海尔智慧能源所提供的“托管式”服务。由此，黄石东贝完成了空压站的数字化转型，实现管理流程从粗放到精细化的飞跃，仅在压缩空气这一项能源成本上，每年就为企业节省上百万度电，综合成本降低了 20%。与此同时，在该方案中，资源方也从传统的卖设备变为卖服务，原来只有一次性的产品销售收入，现在转变为以压缩空气计费，可以获得持续的收入。

（六）搭建开放的智慧能源共创生态

海尔基于物联网生态转型的整体战略，着力打造智能能源开放共赢的生态全，打破企业边界，聚焦用户痛点，开放整合企业工厂、员工创客、院校机构、行业协会、能源服务商等多方资源，共同输出定制化的能源使用解决方案。

例如，海尔打造的智慧能源定制平台，不是一个简单的信息化系统，而是一个动态开放的平台，构建了一个开放共享的智慧能源管理体系、能源生态系统，所有的内、外部资源、攸关方都可以参与进来，共同输出、迭代能源解决方案，共建平台、共享成果。如海尔各工厂包括普通员工都可以在平台上发掘用能痛点，交互解决方案，驱动能源管理优化。目前在海尔，全国各工厂都根据自身能源使用情况，发掘节能空间，自主地为企业能源使用和优化交互获提出解决方案。其中物流厂房叉车司机张某发现，与居民用电白昼价格一致不同，工业用电有峰谷平电价差，于是动员所有叉车司机夜间对叉车进行充电，确保实现最大的能源费用节约。智慧能源定制平台在对案例进行发掘分析的基础上，对叉车充电部位、集团办公区域等加装了时间继电器，进一步保障了叉车充电的最低能源费用以及办公区域的能源安全。

目前,海尔围绕智慧能源管理,已聚集院校、专家、企业等1900多个生态资源方,支持绿色节能技术、应用以及服务方案的创新,持续共创定制化的能源解决方案。例如,海尔引入东北大学能源专家教授,建立能源互联网工业化发展路径,实现由传统能源向能源+互联网方向发展;与山东大学合作,建立光伏、智能微电网项目,实现园区光-储-充一体化运行体系。

三、基于用户端能源绿色化转型的智慧能源管理效果

(一)有力地推进了集团的绿色化发展

该项管理成果的实施,有效提升了海尔的能源配置和利用效率,每年为集团内部节约能源成本约0.9亿元,打造了企业绿色发展的示范样板。据统计,依托海尔智慧能源定制平台,在“十三五”期间,海尔单位产值能耗减少30.3%,单位产值水耗减少19.3%,废水产生量削减16.1%,单位产值COD减排19.8%,减排二氧化碳11.05万吨。

基于平台的创新性和实践成果,海尔智慧能源管理荣获2016年度轻工企业管理现代化创新成果一等奖、中国节能协会节能减排企业贡献奖一等奖。同时,海尔还荣获了山东省政府颁发的2017年度“山东能突出贡献单位”、(国际)清洁能源部长级会议颁发的“2019全球能源管理领导奖”、生态环境部直属新闻单位——中国环境报社颁发的“2021年度环境社会责任企业”等多个权威奖项。

(二)打造了可对外服务、赋能的智慧能源平台

通过实施该项管理成果,海尔打造了解决方案可复制、可操作的智慧能源对外赋能平台,可为中小企业提供定制化的智慧能源管理解决方案。以青岛港为例,通过海尔智慧能源定制平台智慧电力全生命周期管理系统及AI全智能中压开关设备DT1的应用,青岛港实现了设备的智能化升级,设备维修次数减少了50%,停机时间减少了80%,极大地降低了电能损耗;在完成对开关设备的整体智能化升级和替代后,青岛港集团预计每年可降低管理费用约30万元,同时减少3.98万吨二氧化碳排放,相当于每年植树2.9万亩。

同时,海尔智慧能源定制平台也为政府提供一站式管理服务创造了实施载体。以天津八里台镇为例,海尔利用5G、云计算、AI等技术手段,为该镇打造了5G+智慧园区平台,对园区进行“源-网-荷-储”全方位能源管理,园区系统已接

入能源设备 1700 多台/套、现地仪表 2500 多块，具有应用场景 16 个，将孵化园区内 400 多家企业数据平台汇集，实现了整个园区企业信息数据全流程管控，真正做到了政府一站式管理，实现把综合用能情况、碳数据变成指导企业经济运行、活动的重要参考指数，特别是对于政府调整区域内的产业结构、引导企业能源消费行为等有更直接、有效的认知，便于及时做出相应调整。

目前，海尔智慧能源解决方案已经推广至汽车、纺织、陶瓷、服装等 7 类行业，已吸引 450 多家企业上平台、用平台，每年外部赋能企业节约能源成本总计约 1.02 亿元。

成果创造人员：周云杰　杨传新　柴纪强　张玉波　郑子辉　赵建华　朱　亮

数字化转型助力省管产业单位存货全生命周期管理体系建设

济南森源控股有限公司

摘要：存货全生命周期管理体系建设，是贯彻落实国资委、国网公司要求，以“提质增效，支撑发展”为主线，实现省管产业单位效益保增长的重要路径。完成“适应外部监管，强化内部管理”的双重任务，是深入推进“改革攻坚、质效提升、资源调配、风险防控”各项工作的有效开展的必然途径。济南森源控股通过健全组织架构，加强组织领导，完善制度流程，促进规范管理，推动存货全产业链信息系统集成，促进业财融合，构建物资共享调控平台，提升闲置物资利用效益，构建长效管理机制，系统性清理超期未结工程项目等一系列做法，实现了超期未结工程得到有效清理，有效盘活存量资产。公司物资管控更加合规合理，有效保障了资产安全。实现了存货价值管理的动态监控、分析、预警（四）业财进一步融合，有效提升了管控质效。

济南森源控股有限公司成立于 1996 年，为国网济南供电公司直属产业单位。截至 2020 年底，公司拥有资产总额 76.88 亿元，员工 3853 人。济南森源控股有限公司下设 1 家分公司——彩虹酒店，2 个业务中心——森源物业管理中心、森源传媒中心。全资控股 3 家子公司，其中，电力建安企业 1 家——济南鲁源电气集团有限公司，电力工程勘察设计企业 1 家——山东格瑞德设计咨询有限公司，电力服务企业 1 家——济南光明电力服务有限责任公司；参股设备制造企业 1 家——山东爱普电气设备有限公司。公司经营区域覆盖济南各区县，业务涵盖电力工程施工总承包、电力工程勘察设计、电力工程项目咨询、电力设备制造、酒店经营、物业管理、印刷业务及广告传媒等，其中施工和设计为两大支柱产业。

一、存货全生命周期管理体系建设的背景

（一）建设存货全生命周期管理体系是国资委提出压降“两金”的严格要求

国资委印发《关于加强地方国有企业债务风险管控工作的指导意见》的通知，指出要坚决贯彻落实国企改革三年行动要求，督促指导企业通过全面深化改革破解风险难题。通过加强“两金”管控、亏损企业治理、低效无效资产处置、非主业非优势企业（业务）剥离等措施，提高企业资产质量和运营效率。这对于省管产业单位的应收账款、存货压降提出了更高、更严格的要求。

（二）建设存货全生命周期管理体系是国网公司提高资产周转效率的必由之径

1.建设存货全生命周期管理体系是压降资产负债率的重要手段

国网公司2018年工作会议强调深化应收账款和存货“两金”清理，提高资金周转效率，对压降“两金”和资产负债率提出了更高要求。而以规范存货价值管理为基础，以深化改革为手段，优化存货管理监督体系，以有力有序发展为目标，全面提升核心工程施工业务竞争力和业务承载力，是加快建设面向市场、独立经营、自负盈亏的法人实体和市场主体的关键路径。

当前山东省管产业单位存货账面信息与项目实际进度不匹配，已完工未结算项目比重过高，导致合同负债率一直处于偏高水平。通过电子化手段将采购、存货、项目、运维全链条贯通，打破财务与项目之间的信息壁垒，从根源上杜绝已完工未完结项目的形成，长期来看有助于降低合同负债率，从而降低资产负债率。

2.建设存货全生命周期管理体系是公司提质增效的有效途径

国网公司确定了“建设具有中国特色的国际领先的能源互联网企业”的战略目标，对省管产业存货全生命周期价值管理提出了更高的要求。当前各省管产业单位、各施工项目之前信息相对闭塞，数字化共享能力不足，项目间的闲置存货难以有效利用。通过对存货全产业链进行数字化管理，可实现盈余存货跨单位、跨项目调拨，减少存货闲置导致的资源占用及浪费现象，提升存货使用效率，加快存货周转率，降低存货运营成本。

存货全生命周期管理体系建设，也是贯彻落实省管产业单位年度重点工作目标，坚持以“提质增效，支撑发展”为主线，实现公司效益保增长的要求，完成“适应外部监管，强化内部管理”的双重任务，深入推进“改革攻坚、质效提升、资

源调配、风险防控”各项工作的有效途径。

3.建设存货全生命周期管理体系是公司精益化管理的重要组成部分

电网企业是天然的资产密集、技术密集型企业，具有资产量级大、覆盖范围广、经营维护成本高等特点。国网山东电力积极推进电网资产的精益化管理，细化工作流程，量化工作标准，积极推进资产信息化建设，资产管理水平逐步提升。

存货作为省管产业单位核心资产，围绕存货生命周期开展价值链管理，实现存货管理关键环节价值增值，是落实国家电网公司精益化管理的重要内涵，也是省管产业单位市场化运作的坚实基础。

4.建设存货全生命周期管理体系是深化财力集约的迫切要求

围绕“价值引领、资源统筹、业财融合”三个维度，深化财力集约、谋求利益最大是公司始终坚持的经营思路。通过存货全生命周期管理体系建设，将“采购—存货—工程—运维”全产业链条打通，实现物资采购到项目应用及运营维护全过程的可控在控，实现价值引领。强化存货全链条预算管控和审批程序，实现资源统筹。以信息化为手段，持续深化财力集约化，强化工程项目规范化管理，促进业财深度融合。

（三）省管产业单位存货价值链管理存在不足

山东省管产业单位积极落实国网工作要求，促进省管产业单位加快资金周转、压降两金余额、降低融资成本，对应收、存货、负债进行全面梳理，发现财务资产负债表中的存货数据与项目实际存货存在偏差，偏差主要原因在于存在大量已完工未结算工程项目，同时已完工未结算工程项目直接导致合同负债率的提高，不利于公司资产负债率的压降。因此如何解决财务存货与项目实际的不匹配，系统性清理已完工未结算项目成为压降“两金”及资产负债率的重要手段。本课题将围绕“采购—存货—项目—运维”存货全生命周期（见图1）开展价值研究，通过数字化手段提供相应解决方案。

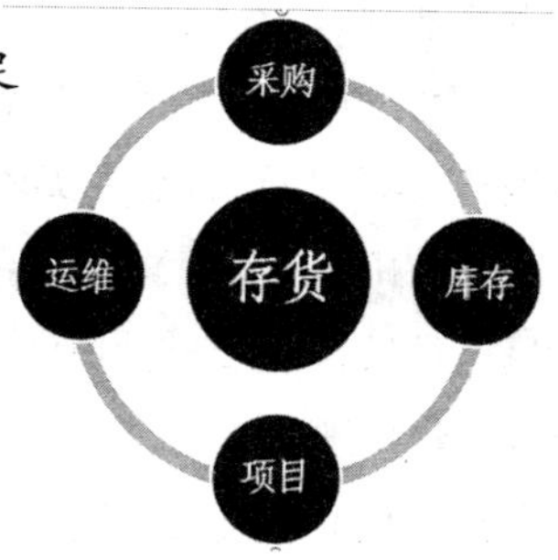

图1　存货全生命周期管理

1.制度流程不健全，存货价值管理根基不稳

当前省管产业存货管理内部控制制度不健全，对存货在产业链的各环节流转流程、流转上报时间、流转上报材料等缺少有效规范，导致财务对存货过程核算管理缺乏有效支撑。存货的历史账务也未建立起定期实地盘点、对账和询证

制度，导致存货账面价值与实际存在出入，甚至出现单边挂账的现象。

从组织架构的顶层设计层面看，缺少存货生命周期价值管理牵头领导和统一部署，岗位职责权限不明，且部分地区省管产业未设真实仓库，存货管理人员数量较少，管理部门人员相互兼职较多，对存货各环节流转控制和管理缺乏有效认识。存货全生命周期价值管理牵扯面广泛，涉及部门较多，需要财务与相关业务部门加强配合，但业务部门往往更加关注项目本身的进度及收入成本控制，对存货关键阶段的价值流转是否及时并不重视，未设置相关明晰职位与管理人员进行监督，导致员工对已完工未结算项目涉及的存货款项清理缺乏责任心与积极性，仅在形式上开展工作，存货价值管理的根基尚不稳固。

2.未实现存货全生命周期管理，价值链条不完整

存货管理业财链路未贯通，在流程、信息、控制方面存在关键环节断点，财务未能实时跟踪采购、存货、项目、运维及更新的全过程价值信息，信息孤岛现象严重。

目前省管产业单位存货产业链“采购→存货→项目→运维”各环节状态的更新，均为事后上报财务做存货状态流转，导致财务存货余额信息更新滞后，与实际存在出入。且由于省管产业施工项目涉及存货多为大宗商品，多数项目建设所需存货往往一次性领用至项目，未经实际入库处理，也未与物料需求计划严格匹配，无法通过库存出库时间及数量跟踪项目进度，检查财务存货价值更新的及时性。存货流入工程项目后，盘点跟踪不及时，基本脱离财务价值管控体系。且施工项目前端目前均未建立存货台账，账实情况难以核对，给财务存货余额检查更新造成一定困难。调研中发现，产业单位较多已关停项目未同步到财务及时结项，存货未能及时转入在建工程或固定资产，导致合同负债率高企，不利于资产负债率的压降。

3.存货管理数字化手段不足，价值赋能缺少有效支撑

目前省管产业单位存货管理方式相对落后，特别是在工程项目成本预算、施工过程监控、工程结算方面，更多的依赖手工统计、线下报送等方式，存货管理数据散落分布在各项目中。项目系统 2017 年虽已上线，但与财务系统尚未完全打通，财务无法实时掌握项目更新状态信息，导致项目实际进度与财务账面进度不匹配，甚至出现财务根据预算情况倒逼工程项目结转工程成本的情况，不利于存货价值管理。而且由于历史原因，项目系统上线较晚，财务部门和业务部门之间存在一定的信息壁垒，系统上线前的历史遗留已完工未结算项目，部分工程项目相关结算资料已经遗失，补充较为困难，例如由于以前年度会计核算及供应商档案建立不规范，供应商可能挂账有误，部分供应商为便于记录使用简称，造成后

续财务在存货账务处理时，选择了名称相近的辅助核算科目，会出现同一项目分散挂账或者多个项目合并挂账的情况，对日后的存货结转核对工作造成一定的麻烦。

4.项目间存货信息未实现共享，物资闲置影响价值实现

各省管产业单位、施工项目的存货以自行申领自行使用为主，当存货存在阶段性盈余时，通常采取退库或变卖的方式处理，不同项目之间、不同单位之间的闲置存货无法实现实时共享，导致存货容易产生积压，存货的精细化管控措施不足，甚至部分项目存货因闲置时间过久已经报废，无形中占用了公司大量流动资金，造成资金周转速度减缓，一定程度上影响了企业的正常生产经营活动，不利于公司经营效率及竞争力的提升。

而且公司未对项目存货占用、闲置情况进行系统性统计，存货在财务端的信息更新均来自项目事后上报，存货价值未能实现实时更新。因前期制度层面存货定期盘点机制不健全，财务未对闲置存货是否已经出现跌价减值迹象、是否应做资产减值处理作出及时评估，也在一定程度上影响了公司存货价值记录的准确性。

二、存货全生命周期管理体系建设的主要做法

针对山东省管产业单位当前存货价值链条不完整、存货管理业财链路未贯通、存货管理数字化手段不足等问题，本课题在梳理公司存货管理要求的基础上，从存货全生命周期管理的视角，借助数字化管理手段，提出以下创新做法：

（一）健全组织架构，加强组织领导

省管产业单位数字化存货全生命周期价值管理是公司着眼全局，加强存货周转，降低资金占用，优化项目管理的重要手段，是“做好省管产业”工作的重要载体，是省管产业提质增效、精益化管理的必经之路，各单位要深刻理解，高度重视，端正工作态度，加强组织领导，健全工作机构，周密安排部署，层层落实责任，强化预算管控，确保按期保质完成工作任务。

1.搭建组织架构，确保责任到位

设立省管产业单位存货全生命周期价值管理领导小组，组长由省管产业单位董事长担任，副组长由分管领导担任，组员为省管产业及主业相关部室负责人。领导小组负责对存货上游采购到下游项目应用、运维更新进行统一领寻和

部署,定期组织召开专题会议,协调解决存货价值管理工作中遇到的重大问题,对存货产业链相关工作进行监督考评。领导小组下设存货全生命周期价值管理工作小组,工作小组根据领导小组的指示开展存货管理相关工作,制定存货产业链价值管理工作方案,组织开展存货盘点,确保项目更新状态及财务存货余额的匹配性、一致性。工作小组下设存货全生命周期管理办公室作为存货生命周期管理的日常办事机构,办公室设在财务资产部(见图2)。

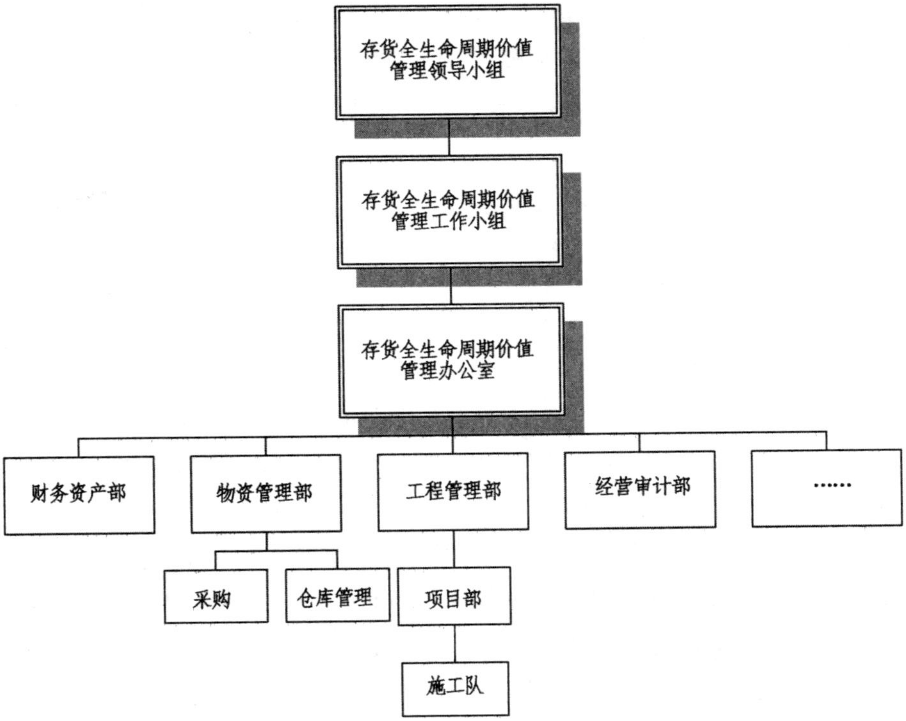

图2　存货全生命周期价值管理组织结构示意图

2.界定职责权限,各部门协同推进

在统一组织机构设置基础上,将存货全生命周期价值管理的全部任务逐一细化分解至各部门,明确各部门职责分工和工作标准,确保存货产业链价值管理体系建设的有效落地。

由财务资产部牵头,梳理存货价值管理的难点及痛点问题,制定解决方案,明确各部门的具体责任分工,经存货全生命周期价值管理领导小组上会通过后下发执行。涉及施工项目的,施工企业可以根据上层下发的解决方案,设计个性化的推进实施方案,保证项目存货使用进度及时传递至相关部门,提升财务存货价值管理水平。

3.加强沟通协调,形成监督合力

存货全生命周期价值管理体系建设,是一项全局性、系统性的管理模式,涉及各个专业部门、项目部。财务在主导推动时,要注重“通盘思维,全盘考虑”,建立起多部门协同联动机制。定期召开存货全生命周期价值管理交流会,集中反映存货产业链管理相关问题。通过建立双向循环信息交流机制,管理层、专业部门以及项目部进行闭环沟通,实现跨专业、跨部门协同,推动各部门深入落实存货产业链价值管控的要求及措施,促进目标的实现;同时各部门根据存货应用实际,提出存货价值管控的合理化建议,形成上下沟通畅通,信息传递及时、改进提升高效的沟通机制。

(二)完善制度流程,促进规范管理

1.存货流转流程规范

由于省管产业施工项目涉及存货多为大宗商品,多数项目施工所需存货往往一次性领用至项目,未经实际入库处理,财务对存货在项目中的实际应用情况跟踪困难。项目完工后自行结项自行关停,未将财务审核作为前置项,存货成本也未能同步结转,导致财务存货记录与实际不一致。因此要建立存货全生命周期价值管理,就必须先规范存货流转流程,财务需要介入存货流转的每个过程:采购阶段,严格控制项目预算,财务通过采购预算控制存货采购数量,确保采购及入库物资与项目需求计划相匹配。出库时,依据物料需求计划及项目进度计划,控制出库量,确保与物料需求计划保持一致。项目施工过程中,财务要联合相关部门定期组织物资盘点,尤其是项目达到里程碑节点时,财务要根据盘点情况,检查财务账面记录是否与台账中存货的价值相匹配。项目每完成一个施工阶段,财务需及时结转相应存货成本,未经财务结转成本并签字的项目,不得在项目平台中结项。项目停工前,财务账面余额应为零。运维阶段,利用存货全产业链信息系统跟踪存货的应用流向,当资产维修或定期维护时,财务及时记录相关运维成本,并定期对存货(资产)历史运维成本进行分析,提供基于价值管理的存货运维管理建议。

2.存货流转上报时间规范

目前省管产业单位存货产业链“采购→存货→项目→运维”各环节状态的更新,均为事后上报财务做存货状态流转,未在关键阶段节点限定上报时间,导致财务存货余额信息更新滞后。因此要建立存货全生命周期价值管理,就必须要规范存货流转上报时间。建议财务联合工程部、审计部、财务部等各相关部门,围绕存货产业链,结合《济南公司集体企业工程管理办法》等制度要求,明确工程完工后结算时间限制及内部监督流程,督促各单位及时办理付款及结算手续,加快项目结转进度。未及时上报存货状态更新的项目或单位,将纳入绩效考核,定期进行通报。

另外,项目端应建立存货的管理台账制度,定期上报财务备案留存。存货管理台账中应记录项目名称、项目地点、存货领用至该项目的时间、领用数量、领用型号、项目施工所处阶段及项目实际使用数量等,对领用至施工项目的存货做到逐一登记,以便存货盘点核查。

3.存货流转提报材料规范

当前财务信息系统对存货流转提报材料及数据的要求比较高,但由于三集五大、人员变动等历史原因,部分项目提供材料不规范,例如供应商名称使用简称,无法满足系统结项要求,且补充提供材料难度较大。对于这部分项目建议公司制定系统性材料简化清理方案,制定历史遗留项目(2017 年以前)结项材料提供标准,及时清理。

同时,根据存货流转流程及项目类型,制定标准化存货流转材料要求,并将存货流转提报材料清单转发各单位执行,各单位在规定时间内提交材料,财务负责审核结算资料是否完整、准确,内控程序是否履行,入账手续是否完备,金额是否准确,杜绝未来出现因提报材料不规范无法结项的情况。

(三)推动存货全产业链信息系统集成,促进业财融合

针对目前省管产业存货价值管理业财链路未贯通、关键环节断点、信息孤岛现象严重等问题,建议对存货进行统一编码设置,结合新一代系统的应用,完成ERP、PMS、物资仓储移动作业等系统的融合与升级改造,实现基于实物 ID 的存货信息全流程贯通,消除财务系统与采购系统、物资管理系统、项目系统之间的信息壁垒。财务通过全过程跟踪存货线上数据流转,实现存货产业链全流程价值管控。

1.梳理存货信息流,构建基于价值管理的存货全生命周期共享反馈机制

立足存货业务实际情况,开展全产业链业务流程梳理,形成基于价值管理的存货全过程管理业务流程框架,包括存货购入、存货使用、存货处置三个部分,涵盖采购预算控制、存货出入库及库存管理、项目建设、运维检修、退役处置五个部分,横跨财务、基建、物资、运行、检修等多个专业。以实物 ID 贯穿采购、库存、项

目、运维、退役处置全流程,实现存货产业链全流程可视化展示、各阶段信息及时共享及反馈。财务将基于存货实物流转业务信息梳理存货价值流转动向,并在存货账面价值中及时结转。

2.基于BIM技术实现物资采购精益管理,加强预算控制

基于区块链及BIM技术将项目立项、规划设计、物资采购、物资入库、物资耗用、项目移交等数据中台化融合,实现采购与项目需求的"无缝"连接。在项目前期策划阶段,制定方案模型,进行可行性研究和设计方案的优化修正,完成数据信息采集。提前介入客户需求,往产业链前端延伸,结合市场营销促成项目承接,通过平台展示对技术图纸进行精细化建模,通过可视化模型实现碰撞检查、技术交底等功能。

依托信息化平台,将财务管理前移,实现采购预算与物资需求计划的精准匹配。项目部在提报项目采购资金预算时,以基于BIM模型生成的物料需求计划为依托,由以往的"多多益善"转变为现在的"精准匹配",强化各级管理人员的预算管理意识,提高采购预算管理的准确性和可靠性。将采购预算作为存货全生命周期管理的管控主线,将基于BIM技术的物料需求计划作为采购预算控制的抓手,物资出入库严格按照按照物料需求计划进行阶段性匹配。当采购或出库实际需求超出计划时,系统自动触发预算预警。

同时,财务及物资部可以依托信息化系统,根据物资出入库情况,判断项目开展进度,对未按计划进度执行的项目及时预警。通过信息系统及BIM技术的应用,深度整合入数据资产,建立省管产业的"数据银行",充分发挥数据在存货价值提升方面的分析、预警作用,建立数据流、信息流、价值流为"三流一体"的信息化,推动成果落地、业财深度融合。

3.利用信息集成,多维分析项目存货

存货流入项目后,财务及相关部门应及时跟踪,在项目关键节点及时盘点、更新存货价值,对盘盈盘亏进行情况进行深入分析、总结,明确产生问题的原因。在项目的全过程中,财务应不定期查询项目的单项工程挂账、收付款、工程结算等数据,了解项目进度与存货状态的匹配情况。

将项目的存货使用情况及存货价值更新整合入新一代系统,观察存货在整个项目周期中的变化趋势,将异常数据进行标识。当同类型项目数量积累到一定程度,可以从项目整体层面对存货数据的使用展开分析,为未来项目的物料需求计划模型提供指引,防止异常数据的出现。财务根据分析反馈修正的物料需求计划进一步控制采购预算,实现省管产业单位存货利用价值的提升。

4.整合资产运维数据,实现资产预运维保养预警

目前省管产业在项目结束—存货结转完成后,对存货缺乏后续跟踪,仅在客户对资产维保提出需求时,运维组提供运维保养服务,财务记录运维成本,未对运维成本数据系统性保存及分析。新一代系统使用后,可以利用其后期运行及评估模块,及时提供有关工程项目使用情况、入住维修记录、财务状况等集成信息。通过云端自动归集项目各类原始数据,自动形成工程项目等资源消耗量指标、资产历史运维成本数据指标。财务可以利用云端数据,对历史运维成本展开分析,将物资类别、规格型号、生产日期、入库日期、保质期等基础信息作为基本参数,建立客户资产智能运维模型,并结合主业资产状况、维修期间、维修频率、维修内容,变被动维保为智能主动维保,提升客户满意度、运维效率,为客户提供后存货式增值服务。自动生成预运维保养预警信息,建立保养综合计划。

(四)构建物资共享调控平台,提升闲置物资利用效益

针对目前省管产业单位存货管理分散、使用效率不高、存货存在积压、部分存货面临过期报废等问题,通过构建省管产业单位物资共享调控平台,建立物资联采、联储、共享机制,实现省、市、县省管产业单位及单体项目的区域物资共享,合理调配产业单位存货配置。在共享系统范围内的单位及项目的物资需求,优先调配系统内部临期存货,内部库存不足的,再按规定采购剩余部分,实现物资调配使用智能化、物资运用效率最大化。

1.梳理物资主数据目录,建立区域联合储备库存

获取济南市省管产业单位及配合单位历史库存、耗用、需求订单等数据资料,梳理省管产业单位物资主数据目录。抽取部分仓库实地调研,调研其仓储设施情况、周边交通情况、主要供应商、供应商仓库位置、应急物资储备额度、35KV 以上在建项目分布等情况。对调研数据展开分析,综合考虑区域内各所属企业现有仓储设施、仓库布点、交通便利性、供应商数据、应急物资储备额度等数据,设置仓库优先等级及各所属企业储备配额,各所属企业储备物资均视为区域内部联合储备库存,在系统范围内共享,优先在内部调剂利库后,再按规定实施采购。

2.设计物资调配流程制度,建立全方位管控体系

为保障物资共享平台的建设及实施,加快推动区域共享所属企业物资调剂调配工作,降低库存,提升物资管理水平,济南市省管产业牵头拟订物资联采联储配套方案及流程,建立横向覆盖区域各所属企业、纵向贯通物资全过程的工作协同机制。

（1）平台层面，从区域物资共享战略层面出发，明确仓库优先等级及物资联合储备目录，设置分级分类标准，明确不同等级仓库的调配权限，建立分级分工储备制度，并下发至各企业进行制度流程的实施，确保物资共享战略目标的实现。同时，平台公司定期或不定期抽查物资联储联采制度的执行情况，充分发挥平台管控职能。

（2）区域所属各企业按照平台下发的联采联储制度流程，开展具体采购储备业务实施。对于企业自主储备类物资，可根据自身业务情况自行建立储备方案，提升物资管理综合水平。

（3）在项目存货流转的各关键阶段建立存货盘点机制，财务及时监盘，确保闲置物资全部统计入平台。同时建立起考核通报机制，对未及时上报到物资共享调控平台的闲置物资所处项目进行通报，并进行绩效考核扣分处理。

3.开发物资共享平台，构建智能一体化仓储体系

根据物资管控体系和联合储备分级分类管理方案，制定物资共享平台技术方案和平台实施规划节点，基于与 ERP 等信息系统的对接，以跨系统、跨单位的数据综合应用分析为突破口对物资产业链各环节的数据进行整合，构建形成省管产业单位物资共享平台，实现物资基础数据、业务需求数据、流程数据、管理数据在平台内部的有效传递和应用，实现物资出入库、借用、调剂手续实时系统内办理，实现省、市、县、省管产业单位及单体项目的区域物资共享。

（五）构建长效管理机制，系统性清理超期未结工程项目

通过对超期未结工程项目的系统性梳理，总结超期未结工程形成的原因，大致分为三类：2017 年之前历史性原因导致的超期未结工程项目、因项目计划变更或其他影响项目的因素导致项目长期未完工、项目已正常完工却未通知财务结算而自行关停。

对于项目系统上线前，因历史性原因导致的超期未结工程项目，建议根据未结项原因进行系统性清理：对于已完工未收回款项的未结工程项目，建议加大款项催收力度，定期向债务单位发出询证函，或者借助法律途径确定还款期限，避免形成呆账坏账；对于分包单位已完工未支付的款项，及时进行支付，降低合同负债率；对于债务单位已破产或遭遇其他严重债务危机无力偿还的情况，及时确认坏账损失，结清工程项目；对于因时间久远相关材料无法提供到位导致的无法结项，建议制定系统性材料简化清理方案，制定历史遗留项目（2017 年以前）结项材料提供标准，及时清理。

对于因项目计划变更或其他影响项目的因素导致项目长期未完工的情况，建议对影响因素逐一进行分析，确定项目是否具备继续开展的条件，如确认继续开展，在系统内更改项目状态，标记再次施工计划及时间等，对之前项目进行阶段性完工结项处理；如(2~3 年内)不具备继续开展的条件，则及时对在建工程进行减值准备处理，已发生的支出转入固定资产清理，清理净亏损转入营业外支出。

对于项目已正常完工却未通知财务结算而自行关停的项目，由财务牵头进行系统性结算处理，清理项目要具体落实清理责任人及清理时间，确保超期未结工程项目的清理工作顺利完成。

总之，省管产业单位存货全生命周期价值管理工作，时间紧、任务重、角度高、系统性强，各项工作计划需紧密衔接，环环相扣。公司将加强统筹协调，建立信息报告、实地调研、工作会商约谈等工作机制，各单位要做好工作对接，提供必要的数据信息支持，细化工作方案，强化过程管控，不等不靠，主动作为，全力配合，确保工作按时落实到位。

三、存货全生命周期管理体系建设的实施效果

本项目围绕省管产业单位物资管理，从采购、入库、存储、出库、参与项目、运营维护等维度，结合公司实际情况，从物资的前期采购、中期使用、后期维护等方面开展物资管理价值提升实践，在物资采购、联合存储、项目实施控制、客户维护等方面均取得显著成效，有效降低公司资金占用、提升物资运营效益，主要效果如下：

(一)超期未结工程得到有效清理，有效盘活存量资产

通过全面梳理工程项目清单，找出超期未结工程项目，分析其超期未结原因，总结归纳，提出具有针对性的解决方案，有效清理了超期未结工程项目，释放了省管产业单位占用的项目资金，相应资产得以盘活，随着各项目顺利推进，实现库存压降。

各省管产业单位将释放出的资金和相应资产投入到其他更有价值的领域，如加大市场营销开拓力度、更新产品、提升客户体验感等，为省管产业市场化运作提供保障。

(二)物资管控更加合规，有效保障资产安全

通过构建省管产业单位物资共享调控平台，建立物资联采、联储、共享机制，

统筹储备计划，实现省、市、县、省管产业单位及单体项目的区域物资共享，集中物资管理，减少重复储备，扩大储备范围，提高了物资使用效率，降低了库存积压，发挥行业或区域规模优势，对行业或区域通用、订货周期长、价值高的备品配件效益非常明显。

通过对工程物资全生命周期管理，实现物资全流程追踪，打通了物资在流程、信息、控制方面关键环节的断点，打破物资管理的信息孤岛现象，物资管控精细化程度明显提高。

通过在项目中结合 BIM 技术，弥补了工程项目缺少全流程标准化数据的不足，精细化控制项目成本，解决了传统手算工程量无法追踪的问题。

（三）实现存货价值管理的动态监控、分析、预警

通过构建基于价值链的存货全生命周期管理体系，在采购阶段通过智能采购模型实现了多维综合评估，减少了人工判断，分析过往采购行为，对异常采购输出预警分析报告，提高采购效率及采购效益；以大数据手段获取了大宗物资市场波动信息，引导采购策略实现，实现采购价格与资金效率的平衡，满足决策层、管理层、操作层对于存货数据的管理需求。

（四）业财进一步融合，有效提升管控质效

通过进一步梳理业务流程，明确在采购、存储、项目控制、项目后运营维护中各部门职责权限及财务部门的控制规范，加入信息技术支撑，在企业资源有限的前提下，及时准确地提供公司物资和项目进度的情况，通过各种模型分析，从价值角度对前台业务进行事前预测，为公司管理者对物资流动保存和项目进度变化方面的决策提供参考。

在推动物资管控数字化过程中，实现了业财进一步融合，完成了业务伙伴财务“战略伙伴”“解决方案集成者”“流程执行者”“变革推动者”等角色转变，提供了端到端的解决方案，为公司战略目标、经营计划等落地提供了组织保障，帮助企业实现了有效的资源配置。

成果创造人员：李　庆　于　蕾　迟　峰　姬莹钰　李　杰　周晓爽　吴晓萌